प्रेम-संदेश
नया नियम

बाइबिल सोसाइटी ऑफ इंडिया
206 महात्मा गांधी रोड
बेंगलोर - 560 001

THE MESSAGE OF LOVE
The New Testament
Hindi - O.V. (Re-edited)
20H 0232/2014/3M PB
ISBN 81-221-1649-3
BSI/ 02. 05. 02

© *The Bible Society of India*

COPYRIGHT NOTICE

Written permission must be obtained from the Bible Society of India as copyright holder, prior to the reproduction of any part of this publication in any form or by any means, electronic or mechanical, including photocopying, recording, or any information storage and retrieval system.

Published by:
The Bible Society of India
206 Mahatma Gandhi Road
Bangalore - 560 001

Printed in India

नये नियम की पुस्तकों का
सूचीपत्र

पुस्तकों के नाम	अध्याय	पृष्ठ
मत्ती	28	1
मरकुस	16	51
लूका	24	80
यूहन्ना	21	129
प्रेरितों के काम	28	164
रोमियों	16	207
1 कुरिन्थियों	16	227
2 कुरिन्थियों	13	245
गलातियों	6	257
इफ़िसियों	6	264
फिलिप्पियों	4	270
कुलुस्सियों	4	276
1 थिस्सलुनीकियों	5	281
2 थिस्सलुनीकियों	3	285
1 तीमुथियुस	6	288
2 तीमुथियुस	4	293
तीतुस	3	298
फिलेमोन	1	301
इब्रानियों	13	302
याकूब	5	317
1 पतरस	5	322
2 पतरस	3	328
1 यूहन्ना	5	332
2 यूहन्ना	1	337
3 यूहन्ना	1	338
यहूदा	1	340
प्रकाशितवाक्य	22	342

मत्ती रचित सुसमाचार

भूमिका

मत्ती रचित सुसमाचार यह शुभ संदेश देता है कि यीशु मसीह ही वह उद्धारकर्ता है जिसके आने की भविष्यद्वाणी की गई थी। परमेश्वर ने पुराना-नियम में हजारों साल पहले अपने लोगों से की गई वाचा को उसी उद्धारकर्ता के द्वारा पूरा किया। यह शुभ संदेश केवल यहूदी लोगों के लिए ही नहीं है, जिनमें यीशु पैदा हुआ और पाला-पोसा गया, परन्तु सारे संसार के लिए है।

मत्ती रचित सुसमाचार को बहुत ही सावधानीपूर्वक व्यवस्थित किया गया है। इसका आरम्भ यीशु मसीह के जन्म के विवरण से होता है, फिर उसके बपतिस्मा और परीक्षा का वर्णन है, और तब गलील प्रदेश में प्रचार, शिक्षा और चंगा करने की सेवा का वर्णन है। इसके बाद इस सुसमाचार में यीशु की गलील से यरूशलेम तक की यात्रा तथा यीशु के जीवन के अन्तिम सप्ताह की घटनाओं का वर्णन है, जिसकी पराकाष्ठा उसका क्रूस पर चढ़ाया जाना और पुनरुत्थान है।

इस सुसमाचार में यीशु को एक महान् गुरु के रूप में प्रस्तुत किया गया है। उसको परमेश्वर की व्यवस्था की व्याख्या करने का अधिकार है और वह परमेश्वर के राज्य की शिक्षा देता है। उसकी शिक्षाओं को पाँच भागों में बाँटा जा सकता है : (1) पहाड़ी उपदेश, जो स्वर्ग-राज्य के नागरिकों के चरित्र, कर्तव्य, विशेषाधिकार और अन्तिम आशा से सम्बन्धित है (अध्याय 5-7); (2) बारह शिष्यों को सेवाकार्य के लिए प्रशिक्षण देना (अध्याय 10); (3) स्वर्ग के राज्य से सम्बन्धित दृष्टान्त (अध्याय 13); (4) शिष्यता से सम्बन्धित शिक्षाएँ (अध्याय 18); और (5) स्वर्ग-राज्य के आगमन और वर्तमान युग के अन्त से सम्बन्धित शिक्षाएँ (अध्याय 24, 25)।

रूप-रेखा :

वंशावली और यीशु मसीह का जन्म 1:1—2:23
यूहन्ना बपतिस्मा देनेवाले का सेवाकार्य 3:1-12
यीशु का बपतिस्मा और परीक्षा 3:13—4:11
गलील में यीशु की जनसेवा 4:12—18:35
गलील से यरूशलेम तक यात्रा 19:1—20:34
यरूशलेम में अन्तिम सप्ताह 21:1—27:66
प्रभु यीशु का पुनरुत्थान और उसका दिखाई देना 28:1-20

यीशु की वंशावली

(लूका 3:23-38)

1 अब्राहम* की सन्तान, दाऊद की सन्तान†,
यीशु मसीह§ की वंशावली।
2 अब्राहम से इसहाक* उत्पन्न हुआ, इसहाक
से याकूब† उत्पन्न हुआ, याकूब से यहूदा§ और
उसके भाई उत्पन्न हुए, 3 यहूदा और तामार से
फिरिस व जेरह उत्पन्न हुए*, फिरिस से हिस्रोन
उत्पन्न हुआ, और हिस्रोन से एराम उत्पन्न हुआ,

1:1 * उत्प 22:1-19; गला 3:16 † 2 शमू 7:12, 13; यशा 9:6,7; 11:1; यिर्म 23:5,6; मत्ती 9:27; लूका 1:32,69
§ अथवा, *ख्रीस्त, अर्थात् परमेश्वर का अभिषिक्त* 2 * उत्प 21:1-12 † उत्प 25:19-28 § उत्प 29:35; 49:8-10 3 * उत्प 38:27-30

4 एराम से अम्मीनादाब उत्पन्न हुआ, अम्मीनादाब
से नहशोन, और नहशोन से सलमोन उत्पन्न हुआ,
5 सलमोन और राहाब से बोअज उत्पन्न हुआ,
बोअज* और रूत से ओबेद उत्पन्न हुआ, और
ओबेद से यिशै उत्पन्न हुआ, 6 और यिशै से
दाऊद राजा उत्पन्न हुआ।*

और दाऊद से सुलैमान उस स्त्री से उत्पन्न
हुआ जो पहले उरिय्याह की पत्नी थी†, 7 सुलैमान
से रहबाम उत्पन्न हुआ, रहबाम से अबिय्याह
उत्पन्न हुआ, और अबिय्याह से आसा उत्पन्न
हुआ, 8 आसा से यहोशाफात उत्पन्न हुआ,
यहोशाफात से योराम उत्पन्न हुआ, और योराम
से उज्जियाह उत्पन्न हुआ*, 9 उज्जियाह से
योताम उत्पन्न हुआ, योताम से आहाज* उत्पन्न
हुआ, और आहाज से हिजकिय्याह उत्पन्न
हुआ, 10 हिजकिय्याह* से मनश्शिह उत्पन्न
हुआ, मनश्शिह से आमोन उत्पन्न हुआ, और
आमोन से योशिय्याह उत्पन्न हुआ; 11 और
बंदी होकर बेबीलोन जाने के समय* में
योशिय्याह† से यकुन्याह§, और उस के भाई उत्पन्न
हुए।

12 बंदी होकर बेबीलोन पहुँचाए जाने के
बाद यकुन्याह* से शालतिएल उत्पन्न हुआ,
और शालतिएल से जरुब्बाबिल† उत्पन्न हुआ,
13 जरुब्बाबिल से अबीहूद उत्पन्न हुआ, अबीहूद
से इल्याकीम उत्पन्न हुआ, और इल्याकीम से
अजोर उत्पन्न हुआ, 14 अजोर से सदोक उत्पन्न
हुआ, सदोक से अखीम उत्पन्न हुआ, और अखीम
से इलीहूद उत्पन्न हुआ, 15 इलीहूद से इलियाजार
उत्पन्न हुआ, इलियाजार से मत्तान उत्पन्न हुआ,
और मत्तान से याकूब उत्पन्न हुआ, 16 याकूब से
यूसुफ उत्पन्न हुआ, जो मरियम का पति था,
और मरियम से यीशु जो मसीह* कहलाता है,
उत्पन्न हुआ।

17 इस प्रकार अब्राहम से दाऊद तक चौदह
पीढ़ी हुई, और दाऊद से बेबीलोन को बंदी होकर
पहुँचाए जाने तक चौदह पीढ़ी, और बंदी होकर
बेबीलोन को पहुँचाए जाने के समय से मसीह
तक चौदह पीढ़ी हुई।

यीशु का जन्म

(लूका 1:26-38; 2:1-7)

18 यीशु मसीह का जन्म इस प्रकार से
हुआ, कि जब उसकी माता मरियम की मंगनी
यूसुफ के साथ हो गई, तो उनके इकट्ठा होने* से
पहले ही वह पवित्र आत्मा की ओर से गर्भवती†
पाई गई। 19 अतः उसके पति यूसुफ ने जो
धर्मी था और उसे बदनाम करना नहीं चाहता था,
उसे चुपके से त्याग देने का विचार किया।
20 जब वह इन बातों के सोच ही में था तो
प्रभु का स्वर्गदूत उसे स्वप्न में दिखाई देकर
कहने लगा, "हे यूसुफ! दाऊद की संतान, तू
अपनी पत्नी मरियम को अपने यहाँ ले आने
से मत डर, क्योंकि जो उसके गर्भ में है, वह
पवित्र आत्मा की ओर से है। 21 वह पुत्र जनेगी
और तू उसका नाम यीशु* रखना, क्योंकि
वह अपने लोगों का उनके पापों से उद्धार
करेगा†।"

22 यह सब इसलिए हुआ कि जो वचन प्रभु
ने भविष्यद्वक्ता के द्वारा कहा था, वह पूरा हो :
23 "देखो, एक कुँवारी गर्भवती होगी और एक
पुत्र जनेगी, और उसका नाम इम्मानुएल रखा
जाएगा," जिसका अर्थ है – परमेश्वर हमारे
साथ*। 24 तब यूसुफ नींद से जागकर प्रभु के
दूत की आज्ञा के अनुसार अपनी पत्नी को अपने
यहाँ ले आया; 25 और जब तक वह पुत्र न जनी
तब तक वह उसके पास न गया*: और उसने
उसका नाम यीशु† रखा।

1:5* रूत 4:13,21,22 **6*** 1 शमू 16:1; 17:12 † 2 शमू 12:24 **8*** 1 इति 3:10-14 **9*** 2 राजा 15:38 **10*** 2 राजा 20:21
11* 2 राजा 24:14,15; 2 इति 36:5-21; यिर्म 27:20; 29:1-4; दानि 1:1,2 † 1 इति 3:15,16 § अथवा, *अहोकिन* **12*** 1 इति 3:17
† एज्रा 3:2,8 **16*** लूका 2:11; यूह 4:25,26 **18*** अर्थात् *एक तन होने से पहले* † लूका 1:35 **21*** *इब्रानी नाम यहोशू का यूनानी रूप यीशु है,* जिसका अर्थ है, *प्रभु उद्धार करता है।* लूका 1:31; 2:21 † भजन 130:8; लूका 2:11; यूह 3:17; प्रेरि 5.30,31; तीतुस 2:14
23* यशा 7:14; 9:6,7 **25*** अर्थात् *उसके साथ सहवास नहीं किया* † लूका 2:21

ज्योतिषियों का आगमन

2 हेरोदेस राजा* के दिनों में जब यहूदिया के बैतलहम में यीशु का जन्म हुआ, तो पूर्व से कई ज्योतिषी यरूशलेम में आकर पूछने लगे, 2 "यहूदियों का राजा जिसका जन्म हुआ है, कहाँ है?* क्योंकि हमने पूर्व में उसका तारा देखा है और उसको प्रणाम करने आए हैं।" 3 यह सुनकर हेरोदेस राजा और उसके साथ सारा यरूशलेम घबरा गया। 4 तब उसने लोगों के सब प्रधान याजकों* और शास्त्रियों को इकट्ठा करके उनसे पूछा, "मसीह का जन्म कहाँ होना चाहिये?" 5 उन्होंने उससे कहा, "यहूदिया के बैतलहम में,* क्योंकि भविष्यद्वक्ता के द्वारा यों लिखा गया है :

6 "हे बैतलहम, तू जो यहूदा के प्रदेश में है,
तू किसी भी रीति से यहूदा के अधिकारियों में
सबसे छोटा नहीं; क्योंकि तुझ में से एक अधिपति
निकलेगा, जो मेरी प्रजा इस्राएल की रखवाली
करेगा।"*

7 तब हेरोदेस ने ज्योतिषियों को चुपके से बुलाकर उनसे पूछा कि तारा ठीक किस समय दिखाई दिया था, 8 और उसने यह कहकर उन्हें बैतलहम भेजा, "जाओ, उस बालक के विषय में ठीक-ठीक मालूम करो, और जब वह मिल जाए तो मुझे समाचार दो ताकि मैं भी आकर उस को प्रणाम करूँ।"

9 वे राजा की बात सुनकर चले गए, और जो तारा उन्होंने पूर्व में देखा था वह उनके आगे-आगे चला; और जहाँ बालक था, उस जगह के ऊपर पहुँचकर ठहर गया। 10 उस तारे को देखकर वे अति आनन्दित हुए। 11 उन्होंने उस घर में पहुँचकर उस बालक को उसकी माता मरियम के साथ देखा, और मुँह के बल गिरकर बालक को प्रणाम किया,* और अपना-अपना थैला खोलकर उसको सोना, और लोबान†, और गन्धरस की भेंट चढ़ाई। 12 तब स्वप्न में यह चेतावनी* पाकर कि हेरोदेस के पास फिर न जाना, वे दूसरे मार्ग से अपने देश को चले गए।

मिस्र देश को जाना

13 उनके चले जाने के बाद प्रभु के एक दूत ने स्वप्न में यूसुफ को दिखाई देकर कहा, "उठ, उस बालक को और उसकी माता को लेकर मिस्र देश को भाग जा; और जब तक मैं तुझ से न कहूँ, तब तक वहीं रहना; क्योंकि हेरोदेस इस बालक को ढूँढ़ने पर है कि उसे मरवा डाले।"

14 तब वह रात ही को उठकर बालक और उसकी माता को लेकर मिस्र को चल दिया, 15 और हेरोदेस के मरने तक वहीं रहा। इसलिये कि वह वचन जो प्रभु ने भविष्यद्वक्ता के द्वारा कहा था पूरा हो : "मैंने अपने पुत्र को मिस्र से बुलाया।"*

16 जब हेरोदेस ने यह देखा, कि ज्योतिषियों ने उसके साथ धोखा किया है, तब वह क्रोध से भर गया, और लोगों को भेजकर ज्योतिषियों द्वारा ठीक-ठीक बताए गए समय के अनुसार बैतलहम और उसके आस-पास के स्थानों के सब लड़कों को जो दो वर्ष के या उससे छोटे थे, मरवा डाला। 17 तब जो वचन यिर्मयाह भविष्यद्वक्ता के द्वारा कहा गया था, वह पूरा हुआ :

18 "रामाह में एक करुण-नाद सुनाई दिया,
रोना और बड़ा विलाप;
राहेल अपने बालकों के लिए रो रही थी,
और शांत होना न चाहती थी, क्योंकि वे
अब नहीं रहे।"*

मिस्र देश से लौटना

19 हेरोदेस के मरने के बाद, प्रभु के दूत ने मिस्र में यूसुफ को स्वप्न में दिखाई देकर कहा, 20 "उठ, बालक और उसकी माता को लेकर इस्राएल के देश में चला जा, क्योंकि जो बालक के प्राण लेना चाहते थे, वे मर गए हैं।" 21 वह

2:1 * लूका 1:5   † मीका 5:2; लूका 2:4–7   2 * यिर्म 23:5; जक 9:9; मत्ती 27:11; मर 15:2; लूका 2:11; 23:38; यूह 1:49; 18:33–37
4 * 2 इति 36:14   5 * यूह 7:42   6 * मीका 5:2   11 * यशा 60:3   † यशा 60:6   12 * मत्ती 27:19; इब्रा 8:5; 11:7
15 * होशे 11:1   18 * यिर्म 31:15

उठा, और बालक और उसकी माता को साथ
लेकर इस्राएल के देश में आया। 22 परन्तु यह
सुनकर कि अरखिलाउस अपने पिता हेरोदेस की
जगह यहूदिया पर राज्य कर रहा है, वहाँ जाने से
डरा। फिर स्वप्न में परमेश्वर से चेतावनी पाकर
गलील प्रदेश में चला गया, 23 और नासरत नामक
नगर में जा बसा, ताकि वह वचन पूरा हो, जो
भविष्यद्वक्ताओं के द्वारा कहा गया था : ''वह
नासरी कहलाएगा*।''

यूहन्ना बपतिस्मा देनेवाला

(मरकुस 1:1-8; लूका 3:1-18;
यूहन्ना 1: 6-8, 15-34)

3 उन दिनों में यूहन्ना बपतिस्मा देनेवाला*
आकर यहूदिया के जंगल में यह प्रचार करने
लगा : 2 ''मन फिराओ, क्योंकि स्वर्ग का राज्य*
निकट आ गया है।'' 3 यह वही है जिसकी
चर्चा यशायाह भविष्यद्वक्ता के द्वारा की गई :

''जंगल में एक पुकारनेवाले का शब्द हो रहा
है, कि प्रभु का मार्ग तैयार करो,
उसकी सड़कें सीधी करो।''*

4 यह यूहन्ना ऊँट के रोम का वस्त्र* पहिने
था, और अपनी कमर में चमड़े का कटिबन्ध
बाँधे हुए था। उसका भोजन टिड्डियाँ† और वनमधु
था।§ 5 तब यरूशलेम और सारे यहूदिया, और
यरदन के आस-पास के सब स्थानों के लोग
उसके पास निकल आए। 6 उन्होंने अपने-अपने
पापों को मानकर यरदन नदी में उससे बपतिस्मा
लिया।

7 जब उसने बहुत से फरीसियों* और सदू-
कियों† को बपतिस्मा के लिए अपने पास आते
देखा, तो उनसे कहा, ''हे साँप के बच्चो, § तुम्हें
किसने जता दिया कि आनेवाले क्रोध‡ से भागो?
8 इसलिये मन फिराव के योग्य फल लाओ;*
9 और अपने-अपने मन में यह न सोचो कि
हमारा पिता अब्राहम है;* क्योंकि मैं तुम से
कहता हूँ कि परमेश्वर इन पत्थरों से अब्राहम के
लिए संतान उत्पन्न कर सकता है। 10 अब
कुल्हाड़ा पेड़ों की जड़ पर रखा हुआ है, इसलिये
जो-जो पेड़ अच्छा फल नहीं लाता, वह काटा
और आग में झोंका जाता है।*

11 ''मैं तो पानी से* तुम्हें मन फिराव का
बपतिस्मा देता हूँ†, परन्तु जो मेरे बाद आने वाला
है, वह मुझ से शक्तिशाली है; मैं उसकी जूती
उठाने के योग्य नहीं। वह तुम्हें पवित्र आत्मा
और आग से बपतिस्मा देगा।§ 12 उसका सूप
उस के हाथ में है, और वह अपना खलिहान
अच्छी रीति से साफ करेगा,* और अपने गेहूँ को
तो खत्ते में इकट्ठा करेगा,† परन्तु भूसी§ को उस
आग में जलाएगा जो बुझने की नहीं‡।''

यूहन्ना द्वारा यीशु का बपतिस्मा

(मरकुस 1: 9-11; लूका 3: 21,22;
यूहन्ना 1: 31-34)

13 उस समय यीशु गलील से यरदन के
किनारे यूहन्ना के पास उससे बपतिस्मा लेने
आया। 14 परन्तु यूहन्ना यह कह कर उसे रोकने
लगा, ''मुझे तो तेरे हाथ से बपतिस्मा लेने की
आवश्यकता है, और तू मेरे पास आया है?''
15 यीशु ने उसको यह उत्तर दिया, ''अब तो
ऐसा ही होने दे, क्योंकि हमें इसी रीति से सब
धार्मिकता को पूरा करना उचित है।'' तब उसने
उसकी बात मान ली। 16 और यीशु बपतिस्मा
लेकर तुरन्त पानी में से ऊपर आया, और देखो,
उसके लिए आकाश खुल गया,* और उसने
परमेश्वर के आत्मा† को कबूतर के समान उतरते

2:23 * मर 1:9,24; लूका 2:39,51; 4:16; यूह 1:45,46 **3:1** * मत्ती 11:2-14; 14:1-12; लूका 1:13, 57-66; प्रेरि 19:3,4 **2** * मत्ती 4:17; 7:21; मर 1:15; लूका 10:9; 11:20; 17:20,21; 21:31; यूह 3:3,5 **3** * यशा 40:3; मला 3:1; लूका 1:76 **4** * 2 राजा 1:8; जक 13:4
† *यूनानी भाषा का यह शब्द कनान देश में उत्पन्न होनेवाले 'करोब' नामक वृक्ष की खाने योग्य फलियों को भी व्यक्त करता है।* § लैव्य 11:22
7 * मत्ती 16:1,11,12; 23:13-36; प्रेरि 23:6,7 † मत्ती 22:23; प्रेरि 5:17; 23:8 § मत्ती 12:34; 23:33 ‡ रोम 1:18; 1 थिस्स 1:10
8 * प्रेरि 17:30; 26:20; इफि 5:8,9 **9** * यूह 8:33,39,53 **10** * भजन 92:12-14; मत्ती 7:19; लूका 13:7-9; यूह 15:2,6
11 * *अथवा, में* † मर 1:4,8; प्रेरि 1:5; 19:4 § प्रेरि 2:3,4; 11:16 **12** * मला 3:3 † मत्ती 13:29,30 § मला 4:1 ‡ यशा 66:24; मत्ती 13:41,42; मर 9:43,48 **16** * यहेज 1:1; यूह 1:51; प्रेरि 7:55,56; 10:11; प्रका 4:1; 19:11 † यशा 11:2; 42:1; यूह 1:32

और अपने ऊपर आते देखा। 17 और देखो, यह आकाशवाणी हुई : ''यह मेरा प्रिय पुत्र है,* जिससे मैं अत्यन्त प्रसन्न हूँ।''†

यीशु की परीक्षा

(मरकुस 1:12-13; लूका 4:1-13)

4 तब आत्मा यीशु को जंगल में ले गया ताकि इब्लीस* से उस की परीक्षा† हो। 2 वह चालीस दिन, और चालीस रात,* निराहार रहा, तब उसे भूख लगी। 3 तब परखनेवाले* ने पास आकर उस से कहा, ''यदि तू परमेश्वर का पुत्र है†, तो कह दे, कि ये पत्थर रोटियाँ बन जाएँ।'' 4 यीशु ने उत्तर दिया : ''लिखा है,

'मनुष्य केवल रोटी ही से नहीं,
परन्तु हर एक वचन से जो परमेश्वर के मुख से निकलता है,
जीवित रहेगा।''' *

5 तब इब्लीस उसे पवित्र नगर* में ले गया और मन्दिर के कंगूरे पर खड़ा किया, 6 और उससे कहा, ''यदि तू परमेश्वर का पुत्र है, तो अपने आप को नीचे गिरा दे; क्योंकि लिखा है :

'वह तेरे विषय में अपने स्वर्गदूतों को आज्ञा देगा,
और वे तुझे हाथों-हाथ उठा लेंगे;
कहीं ऐसा न हो कि तेरे पाँवों में पत्थर से ठेस लगे।''' *

7 यीशु ने उससे कहा, ''यह भी लिखा है : 'तू प्रभु अपने परमेश्वर की परीक्षा न कर।''' *

8 फिर इब्लीस उसे एक बहुत ऊँचे पहाड़ पर ले गया और सारे जगत के राज्य और उसका वैभव* दिखाकर 9 उससे कहा, ''यदि तू गिरकर मुझे प्रणाम करे, तो मैं यह सब कुछ तुझे दे दूँगा।'' 10 तब यीशु ने उससे कहा, ''हे शैतान* दूर हो जा, क्योंकि लिखा है :

'तू प्रभु अपने परमेश्वर को प्रणाम कर,
और केवल उसी की उपासना कर।'''†

11 तब शैतान उसके पास से चला गया,* और देखो, स्वर्गदूत आकर उसकी सेवा करने लगे।†

यीशु के सेवा-कार्य का आरम्भ

(मरकुस 1:14, 15; लूका 4:14, 15, 31)

12 जब उसने यह सुना कि यूहन्ना बन्दी बना लिया गया है,* तो वह गलील को चला गया। 13 और वह नासरत को छोड़कर कफर-नहूम* में, जो झील के किनारे जबूलून और नप्ताली के देश में है, जाकर रहने लगा; 14 ताकि जो यशायाह भविष्यद्वक्ता के द्वारा कहा गया था, वह पूरा हो :

15 ''जबूलून और नप्ताली के देश,
झील के मार्ग से यरदन के पार,
अन्यजातियों* का गलील —
16 जो लोग अंधकार में बैठे थे,
उन्होंने बड़ी ज्योति देखी;
और जो मृत्यु के देश और छाया में बैठे थे,
उन पर ज्योति चमकी।'' *

17 उस समय से यीशु ने प्रचार करना और यह कहना आरम्भ किया, ''मन फिराओ क्योंकि स्वर्ग का राज्य निकट आया है।''*

प्रथम चेलों का बुलाया जाना

(मरकुस 1:16-20; लूका 5:1-11; यूहन्ना 1:35-42)

18 गलील की झील* के किनारे फिरते हुए उस ने दो भाइयों अर्थात् शमौन को जो पतरस†

3:17 * उत्प 22:2; भजन 2:7; प्रेरि 13:33; इब्रा 1:1-5; 5:5 † मत्ती 12:18; 17:5; मर 9:7; लूका 9:35; यूह 12:28; 2 पत 1:17,18
4:1 * या, *शैतान* † इब्रा 2:18; 4:15 **2** * निर्ग 34:28; 1 राजा 19:8 **3** * अर्थात् *शैतान*; उत्प 3:1-7 † मत्ती 14:33; 16:15-17; 27:54; मर 3:11; लूका 1:35; 22:70; यूह 1:34,49; 5:25; 11:27; 20:31; प्रेरि 9:20; रोम 1:4; 1 यूह 5:10-13, 20; प्रका 2:18 **4** * व्य 8:3
5 * अर्थात् *यरूशलेम*; नहे 11:1; दानि 9:24; मत्ती 27:53 **6** * भजन 91:11,12 **7** * व्य 6:16 **8** * 1 यूह 2:15-17
10 * 1 इति 21:1; अय्यू 1:6-9,12; 2:1-7; मत्ती 16:23; मर 4:15; लूका 13:16; 22:3,31; रोम 16:20; 2 कुर 2:11; 11:14; 2 थिस्स 2:9; प्रका 12:9 † व्य 6:13; 10:20; यहो 24:14; 1 शमू 7:3; 12:24 **11** * याकू 4:7 † मत्ती 26:53; लूका 22:43; इब्रा 1:6,14
12 * मत्ती 14:3; मर 6:17; लूका 3:19,20 **13** * मर 1:21; 2:1,2; 9:33; लूका 4:23, 31; यूह 2:12 **15** * अर्थात् *गैरयहूदियों*
16 * यशा 9:1,2; 42:6,7; 60:3; लूका 2:30-32; यूह 1:4,5,9 **17** * मत्ती 3:2 **18** * मत्ती 15:29; मर 7:31; लूका 8:22-25; यूह 6:1,19 † मत्ती 10:2; 16:18; यूह 21:15-19

कहलाता है, और उसके भाई अन्द्रियास को झील
में जाल डालते देखा; क्योंकि वे मछवे थे।
19 यीशु ने उन से कहा, ''मेरे पीछे चले आओ,
तो मैं तुम को मनुष्यों के पकड़नेवाले बनाऊँगा।''
20 वे तुरन्त जालों को छोड़कर उसके पीछे हो
लिए।

21 वहाँ से आगे बढ़कर, यीशु ने और दो
भाइयों अर्थात् जब्दी के पुत्र* याकूब और
उसके भाई यूहन्ना को देखा। वे अपने पिता
जब्दी के साथ नाव पर अपने जालों को सुधार
रहे थे। उसने उन्हें भी बुलाया। 22 वे तुरन्त नाव
और अपने पिता को छोड़कर उसके पीछे हो
लिए।

यीशु का रोगियों को चंगा करना

(लूका 6:17-19)

23 यीशु सारे गलील में* फिरता हुआ उन
के आराधनालयों में उपदेश करता†, और राज्य§
का सुसमाचार प्रचार करता,‡ और लोगों की हर
प्रकार की बीमारी और दुर्बलता को दूर करता✧
रहा। 24 और सारे सीरिया देश* में उसका यश
फैल गया; और लोग सब बीमारों को, जो नाना
प्रकार की बीमारियों और दु:खों में जकड़े हुए
थे, और जिन में दुष्टात्माएँ† थीं, और मिर्गीवालों§
और लकवे के रोगियों ‡ को, उसके पास लाए ✧
और उस ने उन्हें चंगा किया। 25 गलील और
दिकापुलिस*, यरूशलेम, यहूदिया और यरदन
नदी के पार से भीड़ की भीड़ उसके पीछे
हो ली।†

यीशु का पहाड़ी उपदेश

5 वह इस भीड़ को देखकर पहाड़ पर चढ़
गया,* और जब बैठ गया तो उसके चेले
उसके पास आए। 2 और वह अपना मुँह
खोलकर* उन्हें यह उपदेश† देने लगा :

धन्य वचन

(लूका 6:20-23)

3 ''धन्य हैं वे, जो मन के दीन हैं, क्योंकि
स्वर्ग का राज्य उन्हीं का है।*
4 ''धन्य हैं वे, जो शोक करते हैं, क्योंकि वे
शांति पाएँगे।*
5 ''धन्य हैं वे, जो नम्र हैं, क्योंकि वे पृथ्वी
के अधिकारी होंगे।*
6 ''धन्य हैं वे, जो धार्मिकता के भूखे और
प्यासे हैं, क्योंकि वे तृप्त किए जाएँगे।*
7 ''धन्य हैं वे, जो दयावन्त हैं, क्योंकि उन
पर दया की जाएगी।*
8 ''धन्य हैं वे, जिन के मन शुद्ध हैं, क्योंकि
वे परमेश्वर को देखेंगे।*
9 ''धन्य हैं वे, जो मेल करानेवाले हैं, क्योंकि
वे परमेश्वर के पुत्र कहलाएँगे।*
10 ''धन्य हैं वे, जो धार्मिकता के कारण सताए
जाते हैं, क्योंकि स्वर्ग का राज्य उन्हीं का है।*
11 ''धन्य हो तुम, जब मनुष्य मेरे कारण
तुम्हारी निन्दा करें, और सताएँ और झूठ बोल
बोलकर तुम्हारे विरोध में सब प्रकार की बुरी
बात कहें।* 12 तब आनन्दित और मगन होना,

4:21 * मत्ती 10:2; 20:20,21; 26:37; 27:56; मर 10:35-45 **23** * मर 1:39; लूका 4:14,15,44 † मत्ती 9:35; 13:54; मर 1:21; लूका 4:15; यूह 6:59; 18:20 § अर्थात् *परमेश्वर का राज्य* ‡ मर 1:14; लूका 4:43; प्रका 14:6
✧ मत्ती 8:16; 14:14;15:30,31; 19:2; मर 1:34; 3:10; लूका 7:21,22; प्रेरि 10:38 **24** * लूका 2:2; प्रेरि 15:23
† मत्ती 8:16, 28,33; 9:32; 12:22; 15:22; मर 1:32; 5:15-18 § मत्ती 17:15 ‡ मत्ती 8:6; 9:2,6; मर 2:3-5,9
✧ मर 1:32,33; लूका 4:40 **25** * अर्थात् दस *नगरों का समूह*; मर 5:20; 7:31 † मर 3:7,8; लूका 6:17
5:1 * मत्ती 15:29; मर 3:13; यूह 6:3,15 **2** * मत्ती 13:35 † मत्ती 4:23; 7:29; मर 12:35; यूह 8:2
3 * भजन 40:17; 51:17; नीति 16:19; 29:23; यशा 66:2; मत्ती 19:14; मर 10:14 **4** * यशा 61:2,3; यूह 16:20; प्रका 7:17
5 * भजन 37:11; 25:9; 147:6; यशा 29:19 **6** * यशा 55:1,2; लूका 1:53; यूह 4:14; 6:48-51; 7:37,38
7 * भजन 41:1; नीति 11:17; मत्ती 18:33-35; मर 11:25; याकू 2:13 **8** * भजन 24:3,4; 73:1; इब्रा 12:14; 1 यूह 3:2,3; प्रका 22:4
9 * मत्ती 5:44,45; रोम 8:14; 14:19; याकू 3:18 **10** * 2 कुरि 4:17; याकू 1:2,12; 1 पत 3:14; 4:13,14
11 * यशा 51:7; यूह 15:20,21; 1 पत 4:14

क्योंकि तुम्हारे लिये स्वर्ग में बड़ा फल है। इसलिये
कि उन्होंने उन भविष्यद्वक्ताओं को जो तुम से
पहले थे इसी रीति से सताया था।*

नमक और ज्योति

(मरकुस 9:50; लूका 14:34, 35)

13 ''तुम पृथ्वी के नमक हो; परन्तु यदि
नमक का स्वाद बिगड़ जाए, तो वह फिर किस
वस्तु से नमकीन किया जाएगा? फिर वह किसी
काम का नहीं, केवल इसके कि बाहर फेंका जाए
और मनुष्यों के पैरों तले रौंदा जाए।* 14 तुम
जगत की ज्योति हो। जो नगर पहाड़ पर बसा
हुआ है वह छिप नहीं सकता।* 15 और लोग
दीया जलाकर पैमाने* के नीचे नहीं परन्तु दीवट
पर रखते हैं, तब उस से घर के सब लोगों को
प्रकाश पहुँचता है। 16 उसी प्रकार तुम्हारा
उजियाला मनुष्यों के सामने ऐसा चमके कि वे
तुम्हारे भले कामों को देखकर तुम्हारे पिता की,
जो स्वर्ग में है, बड़ाई करें।*

व्यवस्था की शिक्षा

17 ''यह न समझो, कि मैं व्यवस्था या
भविष्यद्वक्ताओं की पुस्तकों* को लोप करने आया
हूँ, लोप करने नहीं, परन्तु पूरा करने आया हूँ।
18 क्योंकि मैं तुम से सच कहता हूँ, कि
जब तक आकाश और पृथ्वी टल न जाएँ, तब
तक व्यवस्था से एक मात्रा या एक बिन्दु
भी बिना पूरा हुए नहीं टलेगा।*. 19 इसलिये
जो कोई इन छोटी से छोटी आज्ञाओं में से
किसी एक को तोड़े, और वैसा ही लोगों को
सिखाए, वह स्वर्ग के राज्य में सब से छोटा
कहलाएगा; परन्तु जो कोई उन आज्ञाओं का
पालन करेगा और उन्हें सिखाएगा, वही स्वर्ग के
राज्य में महान् कहलाएगा।* 20 क्योंकि मैं
तुम से कहता हूँ, कि यदि तुम्हारी धार्मिकता
शास्त्रियों और फरीसियों की धार्मिकता* से
बढ़कर न हो, तो तुम स्वर्ग के राज्य में कभी
प्रवेश करने न पाओगे।

क्रोध और हत्या

21 ''तुम सुन चुके हो, कि पूर्वकाल के लोगों
से कहा गया था कि 'हत्या न करना*', और 'जो
कोई हत्या करेगा वह कचहरी में दण्ड के
योग्य होगा।' 22 परन्तु मैं तुम से यह कहता हूँ,
कि जो कोई अपने भाई पर क्रोध करेगा,* वह
कचहरी† में दण्ड के योग्य होगा, और जो कोई
अपने भाई को निकम्मा§ कहेगा वह महासभा‡
में दण्ड के योग्य होगा; और जो कोई कहे 'अरे
मूर्ख' वह नरक की आग✧ के दण्ड के योग्य
होगा। 23 इसलिये यदि तू अपनी भेंट वेदी पर
लाए, और वहाँ तू स्मरण करे, कि तेरे भाई के
मन में तेरे लिये कुछ विरोध* है, 24 तो अपनी
भेंट वहीं वेदी के सामने छोड़ दे, और जाकर
पहले अपने भाई से मेल मिलाप* कर और तब
आकर अपनी भेंट चढ़ा। 25 जब तक तू अपने
मुद्दई के साथ मार्ग ही में है,* उस से झटपट मेल
मिलाप कर ले कहीं ऐसा न हो कि मुद्दई तुझे
हाकिम को सौंपे, और हाकिम तुझे सिपाही को
सौंप दे, और तू बन्दीगृह में डाल दिया जाए।
26 मैं तुझ से सच कहता हूँ कि जब तक तू
कौड़ी-कौड़ी भर न दे तब तक वहाँ से छूटने न
पाएगा।

5:12* 2 इति 36:16; नहे 9:26; मत्ती 6:1; 23:31,37; प्रेरि 5:41; 7:52; 2 कुरि 12:10; 1 थिस्स 2:15; इब्रा 11:36–40; याकू 1:2; 5:10,11; 1 पत 1:6; 4:13 **13*** कुलु 4:6 **14*** नीति 4:18; यूह 8:12; 9:5; 12:35,36,46; इफि 5:8,9; फिलि 2:15; 1 थिस्स 5:5 **15*** यूनानी *मोडियन; वह बरतन जिससे डेढ़ मन अनाज नापा जाता था;* मर 4:21; लूका 8:16; 11:33
16* मत्ती 9:8; यूह 15:8; 1 कुरि 10:31; इफि 5:8,9; फिलि 1:11; 1 पत 2:12 **17*** रोम 3:31; 10:4–10
18* भजन 119:89; यशा 40:8; 55:11; मत्ती 24:35; मर 13:31; लूका 16:17; 21:33 **19*** याकू 2:10
20* मत्ती 18:3; लूका 18:11,12; यूह 3:5; रोम 3:20; 10:3 **21*** निर्ग 20:13; 21:12; लैव्य 24:17; व्य 5:17
22* भजन 37:8; नीति 14:17,29; 16:32; 19:11; सभो 7:9; गला 5:20,21; इफि 4:26; याकू 1:19,20 **†** व्य 16:18
§ मूल शब्द *राका* **‡** मूल शब्द *सैन्‌इड्रिन, यहूदियों का सर्वोच्च न्यायालय;* मत्ती 26:59; यूह 11:47
✧ मत्ती 18:9; मर 9:43,48; लूका 12:5; 16:24; याकू 3:6 **23*** मर 11:25 **24*** रोम 12:17,18; 14:19
25* नीति 25:8,9; लूका 12:58,59

मत्ती 5:27–45

व्यभिचार

27 "तुम सुन चुके हो कि कहा गया था, 'व्यभिचार न करना।'* 28 परन्तु मैं तुम से यह कहता हूँ, कि जो कोई किसी स्त्री पर कुदृष्टि डाले वह अपने मन में उस से व्यभिचार कर चुका।* 29 यदि तेरी दाहिनी आँख तुझे ठोकर खिलाए, तो उसे निकालकर फेंक दे; क्योंकि तेरे लिये यही भला है कि तेरे अंगों में से एक नष्ट हो जाए और तेरा सारा शरीर नरक में न डाला जाए।* 30 यदि तेरा दाहिना हाथ तुझे ठोकर खिलाए, तो उस को काटकर फेंक दे; क्योंकि तेरे लिये यही भला है कि तेरे अंगों में से एक नष्ट हो जाए और तेरा सारा शरीर नरक में न डाला जाए।*

तलाक

(मत्ती 19: 9; मरकुस 10:11, 12; लूका 16:18)

31 "यह भी कहा गया था, 'जो कोई अपनी पत्नी को तलाक देना चाहे, तो उसे त्यागपत्र दे।'* 32 परन्तु मैं तुम से यह कहता हूँ कि जो कोई अपनी पत्नी को व्यभिचार के सिवा किसी और कारण से तलाक दे, तो वह उससे व्यभिचार करवाता है; और जो कोई उस त्यागी हुई से विवाह करे, वह व्यभिचार करता है।*

शपथ

33 "फिर तुम सुन चुके हो कि पूर्वकाल के लोगों से कहा गया था, 'झूठी शपथ न खाना, परन्तु प्रभु के लिये अपनी शपथ को पूरी करना।'* 34 परन्तु मैं तुम से यह कहता हूँ कि कभी शपथ न खाना;* न तो स्वर्ग की, क्योंकि वह परमेश्वर का सिंहासन है;† 35 न धरती की, क्योंकि वह उसके पाँवों की चौकी है; न यरूशलेम की, क्योंकि वह महाराजा का नगर* है। 36 अपने सिर की भी शपथ न खाना क्योंकि तू एक बाल को भी न उजला, न काला कर सकता है। 37 परन्तु तुम्हारी बात 'हाँ' की 'हाँ,' या 'नहीं' की 'नहीं' हो; क्योंकि जो कुछ इस से अधिक होता है वह बुराई* से होता है।

प्रतिशोध

(लूका 6:29, 30)

38 "तुम सुन चुके हो कि कहा गया था, 'आँख के बदले आँख, और दाँत के बदले दाँत।'* 39 परन्तु मैं तुम से यह कहता हूँ कि बुरे का सामना न करना; परन्तु जो कोई तेरे दाहिने गाल पर थप्पड़ मारे, उसकी ओर दूसरा भी फेर दे।* 40 यदि कोई तुझ पर नालिश करके तेरा कुरता लेना चाहे, तो उसे दोहर भी ले लेने दे। 41 जो कोई तुझे कोस भर बेगार में ले जाए, तो उसके साथ दो कोस चला जा। 42 जो कोई तुझ से माँगे, उसे दे; और जो तुझ से उधार लेना चाहे, उससे मुँह न मोड़।*

शत्रुओं से प्रेम

(लूका 6: 27, 28, 32-36)

43 "तुम सुन चुके हो कि कहा गया था, 'अपने पड़ोसी से प्रेम रखना, और अपने बैरी से बैर।'* 44 परन्तु मैं तुमसे यह कहता हूँ कि अपने बैरियों से प्रेम रखो और अपने सतानेवालों के.लिए प्रार्थना करो,* 45 जिस से तुम अपने स्वर्गीय पिता की सन्तान ठहरोगे क्योंकि वह भले और बुरे दोनों पर अपना सूर्य उदय करता

5:27 * निर्ग 20:14; व्य 5:18   28 * अय्यू 31:1; मत्ती 15:19; याकू 1:14,15   29 * मत्ती 18:9; मर 9:47; कुलु 3:5
30 * मत्ती 18:8; मर 9:43   31 * व्य 24:1-4; मत्ती 19:7; मर 10:2-4   32 * मत्ती 19:9; मर 10:11,12; लूका 16:18; 1 कुरि 7:10-12
33 * लैव्य 19:12; गिन 30:2; व्य 23:21,23; मत्ती 23:16-22   34 * याकू 5:12   † यशा 66:1; प्रेरि 7:49   35 * भजन 48:2
37 * अर्थात् शैतान की ओर से; मत्ती 6:13; 13:19,38; यूह 17:15; 2 थिस्स 3:3; याकू 5:12; 1 यूह 2:13,14; 3:12; 5:18,19
38 * निर्ग 21:24; लैव्य 24:19,20; व्य 19:21   39 * लैव्य 19:18; नीति 24:29; यशा 50:6; विलाप 3:30; यूह 18:22,23;
रोम 12:17,19; 1 कुरि 6:7; 1 पत 2:23; 3:9   42 * व्य 15:7-11; 1 तीमु 6:18   43 * लैव्य 19:18; भजन 139:21,22; मत्ती 19:19; 22:39;
मर 12:31; लूका 10:27; रोम 13:9; गला 5:14; याकू 2:8   44 * निर्ग 23:4,5; नीति 25:21,22; लूका 23:34; प्रेरि 7:59,60;
रोम 12:14,20; 1 कुरि 4:12; 1 पत 2:23

है, और धर्मी और अधर्मी दोनों पर मेंह बरसाता
है।* 46 क्योंकि यदि तुम अपने प्रेम रखनेवालों
ही से प्रेम रखो, तो तुम्हारे लिये क्या फल होगा?
क्या महसूल लेनेवाले* भी ऐसा ही नहीं करते?
47 ''यदि तुम केवल अपने भाइयों ही को
नमस्कार करो, तो कौन सा बड़ा काम करते हो?
क्या अन्यजाति भी ऐसा नहीं करते? 48 इसलिये
चाहिये कि तुम सिद्ध बनो, जैसा तुम्हारा स्वर्गीय
पिता सिद्ध है।*

दान

6 ''सावधान रहो! तुम मनुष्यों को दिखाने के
लिये अपने धर्म के काम न करो,* नहीं तो
अपने स्वर्गीय पिता से कुछ भी फल न पाओगे।†
2 ''इसलिये जब तू दान करे, तो अपने आगे
तुरही न बजवा, जैसे कपटी, सभाओं और गलियों
में करते हैं, ताकि लोग उन की बड़ाई करें। मैं
तुम से सच कहता हूँ कि वे अपना प्रतिफल पा
चुके। 3 परन्तु जब तू दान करे, तो जो तेरा
दाहिना हाथ करता है, उसे तेरा बायाँ हाथ न
जानने पाए। 4 ताकि तेरा दान गुप्त रहे, और तब
तेरा पिता जो गुप्त में देखता है, तुझे प्रतिफल
देगा।*

प्रार्थना

(लूका 11: 2-4)

5 ''जब तू प्रार्थना करे,* तो कपटियों के
समान न हो, क्योंकि लोगों को दिखाने के लिये
आराधनालयों में और सड़कों के मोड़ों पर खड़े
होकर प्रार्थना करना उनको अच्छा लगता है। मैं
तुम से सच कहता हूँ कि वे अपना प्रतिफल पा
चुके। 6 परन्तु जब तू प्रार्थना करे, तो अपनी
कोठरी में जा; और द्वार बन्द कर के अपने पिता
से जो गुप्त में है प्रार्थना कर। तब तेरा पिता जो
गुप्त में देखता है, तुझे प्रतिफल देगा।* 7 प्रार्थना
करते समय अन्यजातियों* के समान बक-बक
न करो, क्योंकि वे समझते हैं कि उनके बहुत
बोलने से उनकी सुनी जाएगी।† 8 इसलिये तुम
उन के समान न बनो, क्योंकि तुम्हारा पिता तुम्हारे
माँगने से पहले ही जानता है कि तुम्हारी क्या-
क्या आवश्यकताएँ हैं।*
9 ''अत: तुम इस रीति से प्रार्थना किया करो*:
'हे हमारे पिता†, तू जो स्वर्ग में है; तेरा नाम
पवित्र माना जाए।
10 'तेरा राज्य आए। तेरी इच्छा जैसी स्वर्ग
में पूरी होती है, वैसे पृथ्वी पर भी हो।*
11 'हमारी दिन भर की रोटी आज हमें दे।*
12 'और जिस प्रकार हम ने अपने अपरा-
धियों* को क्षमा किया है, वैसे ही तू भी हमारे
अपराधों† को क्षमा कर।§
13 'और हमें परीक्षा* में न ला, परन्तु बुराई†
से बचा; (क्योंकि राज्य और पराक्रम और महिमा
सदा तेरे ही हैं।' आमीन।)§
14 ''इसलिये यदि तुम मनुष्य के अपराध
क्षमा करोगे, तो तुम्हारा स्वर्गीय पिता भी तुम्हें
क्षमा करेगा।* 15 और यदि तुम मनुष्यों के अपराध
क्षमा न करोगे, तो तुम्हारा पिता भी तुम्हारे अपराध
क्षमा न करेगा।*

उपवास

16 ''जब तुम उपवास* करो, तो कपटियों
के समान तुम्हारे मुँह पर उदासी न छाई रहे,
क्योंकि वे अपना मुँह बनाए रहते हैं, ताकि लोग
उन्हें उपवासी जानें। मैं तुम से सच कहता हूँ कि

5:45* प्रेरि 14:17; रोम 8:14 **46*** *वे यहूदी जो रोमी सरकार के लिए चुंगी वसूल करने को नियुक्त किये जाते थे* **48*** उत्प 17:1; लैव्य 11:44; 19:2; व्य 18:13; मत्ती 19:21; 2 कुरि 7:1; इफि 5:1; कुलु 1:28; 4:12; याकू 1:4; 1 पत 1:15,16 **6:1*** मत्ती 23:5 **†** मत्ती 5:16; 1 कुरि 3:12-14 **4*** यिर्म 17:10; लूका 14:12-14; कुलु 3:23,24 **5*** मर 11:25; लूका 18:10-14 **6*** 2 राजा 4:33; मत्ती 26:36-39 **7*** अर्थात् *जिन्हें परमेश्वर का ज्ञान नहीं* **†** 1 राजा 18:25-29; सभो 5:2 **8*** मत्ती 6:32; लूका 12:30 **9*** इफि 6:18; 1 थिस्स 5:17 **†** मला 2:10; 1 पत 1:17 **10*** मत्ती 26:39,42; लूका 22:42 **11*** नीति 30:8,9; यशा 33:15,16 **12*** मूल में, *कर्ज़दार* **†** मूल में, *कर्ज़* **§** भजन 32:1; मत्ती 18:21-35 **13*** मत्ती 26:41; याकू 1:13-15; 2 पत 2:9 **†** यूह 17:15; 2 थिस्स 3:3; 1 यूह 5:18 **§** *कुछ प्राचीन हस्तलेखों में यह वाक्य नहीं पाया जाता;* 1 इति 29:11-13 **14,15*** मत्ती 7:2; 18:35; मर 11:25,26; इफि 4:32; कुलु 3:13 **16*** यशा 58:1-7

वे अपना प्रतिफल पा चुके। 17 परन्तु जब तू
उपवास करे तो अपने सिर पर तेल मल और मुँह
धो, 18 ताकि लोग नहीं परन्तु तेरा पिता जो गुप्त
में है, तुझे उपवासी जाने। इस दशा में तेरा पिता
जो गुप्त में देखता है, तुझे प्रतिफल देगा।*

स्वर्गीय धन

(लूका 12: 33, 34)

19 "अपने लिये पृथ्वी पर धन इकट्ठा न
करो, जहाँ कीड़ा और काई बिगाड़ते हैं, और
जहाँ चोर सेंध लगाते और चुराते हैं।* 20 परन्तु
अपने लिये स्वर्ग में धन इकट्ठा करो, जहाँ न तो
कीड़ा और न काई बिगाड़ते हैं, और जहाँ चोर न
सेंध लगाते और न चुराते हैं।* 21 क्योंकि जहाँ
तेरा धन है वहाँ तेरा मन भी लगा रहेगा।

शरीर की ज्योति

(लूका 11: 34-36)

22 "शरीर का दीया आँख है : इसलिये
यदि तेरी आँख निर्मल हो, तो तेरा सारा शरीर
भी उजियाला होगा। 23 परन्तु यदि तेरी आँख
बुरी हो, तो तेरा सारा शरीर भी अन्धियारा
होगा; इस कारण वह उजियाला जो तुझ में है
यदि अन्धकार हो तो वह अन्धकार कैसा बड़ा
होगा!

परमेश्वर और धन

(लूका 16:13; 12: 22-31)

24 "कोई मनुष्य दो स्वामियों की सेवा नहीं
कर सकता, क्योंकि वह एक से बैर और दूसरे से
प्रेम रखेगा, या एक से मिला रहेगा और दूसरे को
तुच्छ जानेगा। तुम परमेश्वर और धन दोनों की
सेवा नहीं कर सकते।* 25 इसलिये मैं तुम से
कहता हूँ कि अपने प्राण के लिये यह चिन्ता न
करना* कि हम क्या खाएँगे और क्या पीएँगे;
और न अपने शरीर के लिये कि क्या पहिनेंगे।
क्या प्राण भोजन से, और शरीर वस्त्र से बढ़कर
नहीं? 26 आकाश के पक्षियों को देखो! वे न
बोते हैं, न काटते हैं, और न खत्तों में बटोरते हैं;
फिर भी तुम्हारा स्वर्गीय पिता उनको खिलाता
है।* क्या तुम उनसे अधिक मूल्य नहीं रखते?
27 तुम में कौन है, जो चिन्ता करके अपनी आयु
में एक घड़ी* भी बढ़ा सकता है?

28 "और वस्त्र के लिये क्यों चिन्ता करते
हो? जंगली सोसनों पर ध्यान करो कि वे कैसे
बढ़ते हैं; वे न तो परिश्रम करते, न कातते हैं।
29 तौभी मैं तुम से कहता हूँ कि सुलैमान भी,
अपने सारे वैभव में उनमें से किसी के समान
वस्त्र पहिने हुए न था।* 30 इसलिये जब परमेश्वर
मैदान की घास को, जो आज है और कल भाड़
में झोंकी जाएगी, ऐसा वस्त्र पहिनाता है, तो हे
अल्पविश्वासियो, तुम को वह इनसे बढ़कर क्यों
न पहिनाएगा?*

31 "इसलिये तुम चिन्ता करके यह न कहना
कि हम क्या खाएँगे, या क्या पीएँगे, या क्या
पहिनेंगे। 32 क्योंकि अन्यजातीय* इन सब
वस्तुओं की खोज में रहते हैं, पर तुम्हारा स्वर्गीय
पिता जानता है कि तुम्हें इन सब वस्तुओं की
आवश्यकता है।† 33 इसलिये पहले तुम परमेश्वर
के राज्य और उसके धर्म की खोज करो तो ये
सब वस्तुएँ भी तुम्हें मिल जाएँगी।* 34 अतः
कल की चिन्ता न करो, क्योंकि कल का दिन
अपनी चिन्ता आप कर लेगा; आज के लिये
आज ही का दुःख बहुत है।

दूसरों पर दोष न लगाना

(लूका 6: 37, 38, 41, 42)

7 "दोष* मत लगाओ कि तुम पर भी दोष
न लगाया जाए। 2 क्योंकि जिस प्रकार
तुम दोष लगाते हो, उसी प्रकार तुम पर भी

6:18* मत्ती 6:4,6; 10:41,42 **19*** नीति 23:4; लूका 12:21; इब्रा 13:5; याकू 5:1-3 **20*** मत्ती 19:21; मर 10:21; लूका 18:22; कुलु 3:1,2; 1 तीमु 6:17-19 **24*** याकू 4:4; 1 यूह 2:15 **25*** लूका 10:41; फिलि 4:6,7; 1 पत 5:7
26* अय्यू 38:41; भजन 104:27,28; 136:25; 145:15,16; 147:9; मत्ती 10:29-31 **27*** यू० *हाथ* **29*** 1 राजा 10:4-7; 2 इति 9:3-6, 20-22 **30*** मत्ती 8:26; 14:31; 16:8 **32*** अर्थात् *सांसारिक लोग* **†** मत्ती 6:8; फिलि 4:19 **33*** 1 राजा 3:13,14; भजन 37:4,25; मत्ती 19:28,29; मर 10:29,30; लूका 18:29,30; रोम 14:17,18 **7:1,2*** यहेज 35:11; मर 4:24; रोम 2:1; 14:3,4,10,13; 1 कुरि 4:3-5; 5:12; याकू 4:11,12

दोष लगाया जाएगा; और जिस नाप से तुम नापते हो, उसी नाप से तुम्हारे लिये भी नापा जाएगा।*

3 ''तू क्यों अपने भाई की आँख के तिनके को देखता है, और अपनी आँख का लट्ठा तुझे नहीं सूझता?* 4 जब तेरी ही आँख में लट्ठा है, तो तू अपने भाई से कैसे कह सकता है, 'ला मैं तेरी आँख से तिनका निकाल दूँ?' 5 हे कपटी, पहले अपनी आँख में से लट्ठा निकाल ले, तब तू अपने भाई की आँख का तिनका भली भाँति देखकर निकाल सकेगा।

6''पवित्र वस्तु कुत्तों को न दो, और अपने मोती सूअरों के आगे मत डालो;* ऐसा न हो कि वे उन्हें पाँवों तले रौंदें और पलटकर तुम को फाड़ डालें।

माँगो तो पाओगे
(लूका 11: 9-13)

7 ''माँगो, तो तुम्हें दिया जाएगा;* ढूँढ़ो तो तुम पाओगे; खटखटाओ, तो तुम्हारे लिये खोला जाएगा। 8 क्योंकि जो कोई माँगता है, उसे मिलता है; और जो ढूँढ़ता है, वह पाता है;* और जो खटखटाता है, उसके लिये खोला जाएगा।

9 ''तुम में से ऐसा कौन मनुष्य है, कि यदि उसका पुत्र उससे रोटी माँगे, तो वह उसे पत्थर दे? 10 या मछली माँगे, तो उसे साँप दे? 11 अत: जब तुम बुरे होकर,* अपने बच्चों को अच्छी वस्तुएँ देना जानते हो, तो तुम्हारा स्वर्गीय पिता अपने माँगनेवालों को अच्छी वस्तुएँ क्यों न देगा?† 12 इस कारण जो कुछ तुम चाहते हो कि मनुष्य तुम्हारे साथ करें, तुम भी उनके साथ वैसा ही करो;* क्योंकि व्यवस्था और भविष्यद्वक्ताओं की शिक्षा यही है।

सकरा और चौड़ा मार्ग
(लूका 13: 24)

13 ''सकेत फाटक से प्रवेश करो, क्योंकि चौड़ा है वह फाटक और सरल है वह मार्ग जो विनाश को पहुँचाता है; और बहुत से हैं जो उस से प्रवेश करते हैं। 14 क्योंकि सकेत है वह फाटक और कठिन है वह मार्ग जो जीवन को पहुँचाता है; और थोड़े हैं जो उसे पाते हैं।*

जैसा पेड़ वैसा फल
(लूका 6: 43, 44, 46: 13: 25-27)

15 ''झूठे भविष्यद्वक्ताओं से सावधान रहो, जो भेड़ों के भेस में तुम्हारे पास आते हैं,* परन्तु अन्तर में वे फाड़नेवाले भेड़िए हैं।† 16 उनके फलों से तुम उन्हें पहचान लोगे।* क्या लोग झाड़ियों से अंगूर, या ऊँटकटारों से अंजीर तोड़ते हैं? 17 इसी प्रकार हर एक अच्छा पेड़ अच्छा फल लाता है और निकम्मा पेड़ बुरा फल लाता है।* 18 अच्छा पेड़ बुरा फल नहीं ला सकता, और न निकम्मा पेड़ अच्छा फल ला सकता है। 19 जो जो पेड़ अच्छा फल नहीं लाता, वह काटा और आग में डाला जाता है।* 20 इस प्रकार उनके फलों से तुम उन्हें पहचान लोगे।

21 ''जो मुझ से, 'हे प्रभु! हे प्रभु!' कहता है,* उनमें से हर एक स्वर्ग के राज्य में प्रवेश न करेगा, परन्तु वही जो मेरे स्वर्गीय पिता की इच्छा पर चलता है। 22 उस दिन बहुत से लोग मुझ से कहेंगे, 'हे प्रभु, हे प्रभु, क्या हम ने तेरे नाम से भविष्यद्वाणी नहीं की, और तेरे नाम से दुष्टात्माओं को नहीं निकाला, और तेरे नाम से बहुत से

7:3 * 1 कुरि 10:12; गला 6:1   6 * नीति 9:7,8; 23:9; मत्ती 15:26   7 * 1 राजा 3:5; मत्ती 18:19; 21:22; मर 11:24; यूह 14:13; 15:7,16; 16:23,24; याकू 1:5; 4:3; 1 यूह 3:22; 5:14,15   8 * नीति 8:17; यिर्म 29:12,13   11 * उत्प 6:5; 8:21
† भजन 84:11; रोम 8:32; याकू 1:17   12 * लूका 6:31   14 * यिर्म 21:8; प्रेरि 14:22
15 * व्य 13:1-3; यिर्म 14:14; 23:16; 27:15; यहेज 22:28; मत्ती 24:4,5,11,24; मर 13:22; 2 पत 2:1; 1 यू 4:1; प्रका 16:13
† यहेज 22:27; प्रेरि 20:29   16 * मत्ती 12:33; याकू 3:12   17 * मत्ती 12:33,35;   याकू 3:12
19 * मत्ती 3:10; लूका 3:9; 13:7; यूह 15:2,6   21 * यशा 29:13; मत्ती 25:11; रोम 2:13; तीतु 1:16; याकू 1:22

आश्चर्यकर्म नहीं किए?'* 23 तब मैं उनसे खुलकर कह दूँगा, 'मैंने तुम को कभी नहीं जाना। हे कुकर्म करनेवालो, मेरे पास से चले जाओ।'*

घर बनाने वाले दो मनुष्य : बुद्धिमान और मूर्ख

(लूका 6: 47-49)

24 ''इसलिये जो कोई मेरी ये बातें सुनकर उन्हें मानता है,* वह उस बुद्धिमान मनुष्य के समान ठहरेगा जिसने अपना घर चट्टान पर बनाया। 25 और मेंह बरसा, और बाढ़ें आईं, और आन्धियाँ चलीं, और उस घर से टकराईं, फिर भी वह नहीं गिरा, क्योंकि उसकी नींव चट्टान पर डाली गई थी। 26 परन्तु जो कोई मेरी ये बातें सुनता है और उन पर नहीं चलता, वह उस निर्बुद्धि मनुष्य के समान ठहरेगा जिसने अपना घर बालू पर बनाया। 27 और मेंह बरसा, और बाढ़ें आईं, और आन्धियाँ चलीं, और उस घर से टकराईं और वह गिरकर सत्यानाश हो गया।''

28 जब यीशु ये बातें कह चुका, तो ऐसा हुआ कि भीड़ उसके उपदेश से चकित हुई,* 29 क्योंकि वह उनके शास्त्रियों के समान नहीं परन्तु अधिकारी के समान उन्हें उपदेश देता था।

कोढ़ के रोगी को चंगा करना

(मरकुस 1: 40-45; लूका 5: 12-16)

8 जब वह उस पहाड़ से उतरा, तो एक बड़ी भीड़ उसके पीछे हो ली। 2 और देखो, एक कोढ़ी* ने पास आकर उसे प्रणाम किया† और कहा, ''हे प्रभु, यदि तू चाहे, तो मुझे शुद्ध कर सकता है।'' 3 यीशु ने हाथ बढ़ाकर उसे छुआ, और कहा, ''मैं चाहता हूँ, तू शुद्ध हो जा।'' और वह तुरन्त कोढ़ से शुद्ध हो गया। 4 यीशु ने उससे कहा, ''देख, किसी से न कहना,* परन्तु जाकर अपने आप को याजक को दिखा और जो चढ़ावा मूसा ने ठहराया है उसे चढ़ा,† ताकि लोगों के लिए गवाही हो।''

एक सूबेदार का विश्वास

(लूका 7: 1-10)

5 जब वह कफरनहूम में आया तो एक सूबेदार ने उसके पास आकर उस से विनती की, 6 ''हे प्रभु, मेरा सेवक घर में लकवा रोग से बहुत दु:खी पड़ा है।'' 7 उसने उससे कहा, ''मैं आकर उसे चंगा करूँगा।'' 8 सूबेदार ने उत्तर दिया, ''हे प्रभु, मैं इस योग्य नहीं कि तू मेरी छत तले आए, परन्तु केवल मुख से कह दे* तो मेरा सेवक चंगा हो जाएगा। 9 क्योंकि मैं भी पराधीन मनुष्य हूँ, और सिपाही मेरे अधीन हैं। जब मैं एक से कहता हूँ, 'जा!' तो वह जाता है; और दूसरे से, 'आ!' तो वह आता है; और जब अपने दास से कहता हूँ, 'यह कर!' तो वह करता है।''*

10 यह सुनकर यीशु को अचम्भा हुआ, और जो उसके पीछे आ रहे थे उनसे कहा, ''मैं तुम से सच कहता हूँ कि मैंने इस्राएल में भी ऐसा विश्वास* नहीं पाया। 11 और मैं तुम से कहता हूँ कि पूर्व और पश्चिम से बहुत से लोग* आकर अब्राहम और इसहाक और याकूब के साथ स्वर्ग के राज्य में बैठेंगे। 12 परन्तु राज्य* के सन्तान बाहर अन्धकार में डाल दिए जाएँगे : वहाँ रोना और दाँतों का पीसना होगा।†'' 13 तब यीशु ने सूबेदार से कहा, ''जा, जैसा तेरा विश्वास है, वैसा ही तेरे लिये हो।''* और उसका सेवक उसी घड़ी चंगा हो गया।

7:22 * प्रेरि 19:13 **23** * भजन 6:8; मत्ती 13:40,41; 25:12,41 **24** * मत्ती 5:13; याकू 1:22-25
28 * मत्ती 13:54; 22:33; मर 1:22; 6:2; 11:18; लूका 4:22,32; यूह 7:46 **8:2** * निर्ग 4:6; लैव्य 13:1-46; गिन 12:10-15; मत्ती 10:8; 11:5; 26:6; लूका 17:12 † मत्ती 2:11; 9:18; 15:25; 18:26; 20:20 **4** * मत्ती 9:30; 12:16; 17:9; मर 3:12; 5:43; 7:36; 8:30; 9:9; लूका 8:56; 9:21 † लैव्य 13:49; 14:2-32; लूका 17:14 **8** * भजन 107:20 **9** * मर 1:27 **10** * मत्ती 15:28
11 * भजन 107:3; यशा 49:12; 59:19; मला 1:11; लूका 13:28,29 **12** * अर्थात् *परमेश्वर के राज्य की सन्तान;* मत्ती 13:38; 21:43
† मत्ती 13:42,49,50; 22:13; 24:51; 25:30; लूका 13:28 **13** * मत्ती 9:22,29,30; 15:28; लूका 7:50; 8:48,50

मत्ती 8:14 — 9:2

अनेक रोगियों को चंगा करना
(मरकुस 1: 29-34; लूका 4: 38-41)

14 यीशु जब पतरस के घर आया, तो उसने उसकी सास* को ज्वर में पड़ी देखा। 15 उसने उसका हाथ छुआ और उसका ज्वर उतर गया, और वह उठकर उसकी सेवा करने लगी। 16 जब संध्या हुई तब वे उसके पास बहुत से लोगों को लाए जिनमें दुष्टात्माएँ थीं और उसने उन आत्माओं को अपने वचन से निकाल दिया; और सब बीमारों को चंगा किया।* 17 ताकि जो वचन यशायाह भविष्यद्वक्ता के द्वारा कहा गया था वह पूरा हो : ''उसने आप हमारी दुर्बलताओं को ले लिया और हमारी बीमारियों को उठा लिया।''*

यीशु का शिष्य बनने का मूल्य
(लूका 9: 57-62)

18 यीशु ने जब अपने चारों ओर एक बड़ी भीड़ देखी तो झील के उस पार जाने की आज्ञा दी।* 19 तब एक शास्त्री ने पास आकर उससे कहा, ''हे गुरु, जहाँ कहीं तू जाएगा, मैं तेरे पीछे हो लूँगा।'' 20 यीशु ने उससे कहा, ''लोमड़ियों के भट और आकाश के पक्षियों के बसेरे होते हैं; परन्तु मनुष्य के पुत्र के लिये सिर धरने की भी जगह नहीं है।'' 21 एक और चेले ने उससे कहा, ''हे प्रभु, मुझे पहले जाने दे कि अपने पिता को गाड़ दूँ।'' 22 यीशु ने उससे कहा, ''तू मेरे पीछे हो ले,* और मुरदों को अपने मुरदे गाड़ने दे।''

तूफान को शान्त करना
(मरकुस 4 : 35-41; लूका 8 : 22-25)

23 जब वह नाव पर चढ़ा, तो उसके चेले उसके पीछे हो लिए। 24 और देखो, झील में एक ऐसा बड़ा तूफान उठा कि नाव लहरों से ढँकने लगी, और वह सो रहा था। 25 तब चेलों ने पास आकर उसे जगाया और कहा, ''हे प्रभु, हमें बचा, हम नष्ट हुए जाते हैं।'' 26 उसने उनसे कहा, ''हे अल्पविश्वासियो,* क्यों डरते हो?'' तब उसने उठकर आँधी और पानी को डाँटा, और सब शान्त हो गया।† 27 और वे अचम्भा करके कहने लगे, ''यह कैसा मनुष्य है कि आँधी और पानी भी उसकी आज्ञा मानते हैं।''

दुष्टात्मा-ग्रस्त मनुष्यों को चंगा करना
(मरकुस 5 : 1-20; लूका 8 : 26-39)

28 जब वह उस पार गदरेनियों के देश में पहुँचा, तो दो मनुष्य जिनमें दुष्टात्माएँ थीं कब्रों से निकलते हुए उसे मिले। वे इतने प्रचण्ड थे कि कोई उस मार्ग से जा नहीं सकता था। 29 उन्होंने चिल्लाकर कहा, ''हे परमेश्वर के पुत्र, हमारा तुझ से क्या काम? क्या तू समय से पहले हमें दु:ख देने यहाँ आया है?''* 30 उनसे कुछ दूर बहुत से सूअरों का एक झुण्ड चर रहा था। 31 दुष्टात्माओं ने उससे यह कहकर विनती की, ''यदि तू हमें निकालता है, तो सूअरों के झुण्ड में भेज दे।''32 उसने उनसे कहा, ''जाओ!'' और वे निकलकर सूअरों में पैठ गईं और देखो, सारा झुण्ड कड़ाड़े पर से झपटकर पानी में जा पड़ा, और डूब मरा। 33 उनके चरवाहे भागे, और नगर में जाकर ये सब बातें और जिनमें दुष्टात्माएँ थीं उनका सारा हाल कह सुनाया। 34 तब सारे नगर के लोग यीशु से भेंट करने को निकल आए, और उसे देखकर विनती की कि हमारी सीमा से बाहर चला जा।*

लकवे के रोगी को चंगा करना
(मरकुस 2:1-12; लूका 5:17-26)

9 फिर वह नाव पर चढ़कर पार गया, और अपने नगर में आया। 2 और देखो, कई लोग लकवा के एक रोगी को खाट पर रखकर

8:14* 1 कुरि 9:5   16* मत्ती 4:23,24   17* यशा 53:4; 1 पत 2:24   18* मर 4:35; लूका 8:22
22* मत्ती 4:19; 9:9; मर 2:14; यूह 1:43; 21:19   26* मत्ती 6:30; 14:31; 16:18   † भजन 65:7; 89:9; 107:29
29* मर 1:24; लूका 4:34; 2 पत 2:4   34* लूका 5:8; प्रेरि 16:39

उसके पास लाए। यीशु ने उनका विश्वास देखकर, उस लकवे के रोगी से कहा, ''हे पुत्र, ढाढ़स बाँध; तेरे पाप क्षमा हुए।''* 3 इस पर कई शास्त्रियों ने सोचा, ''यह तो परमेश्वर की निन्दा करता है।''* 4 यीशु ने उनके मन की बातें जानकर* कहा, ''तुम लोग अपने-अपने मन में बुरा विचार क्यों कर रहे हो? 5 सहज क्या है? यह कहना, 'तेरे पाप क्षमा हुए', या यह कहना, 'उठ और चल फिर।' 6 परन्तु इसलिये कि तुम जान लो कि मनुष्य के पुत्र को पृथ्वी पर पाप क्षमा करने का अधिकार है।*'' तब उसने लकवे के रोगी से कहा, ''उठ, अपनी खाट उठा, और अपने घर चला जा।'' 7 वह उठकर अपने घर चला गया। 8 लोग यह देखकर डर गए और परमेश्वर की महिमा करने लगे* जिसने मनुष्यों को ऐसा अधिकार दिया है।

मत्ती का बुलाया जाना

(मरकुस 2:13-17; लूका 5: 27-32)

9 वहाँ से आगे बढ़कर यीशु ने मत्ती नामक एक मनुष्य को महसूल की चौकी* पर बैठे देखा, और उससे कहा, ''मेरे पीछे हो ले।†'' वह उठकर उसके पीछे हो लिया।

10 जब वह घर में भोजन करने के लिए बैठा तो बहुत से महसूल लेनेवाले और पापी आकर यीशु और उसके चेलों के साथ खाने बैठे।* 11 यह देखकर फरीसियों ने उसके चेलों से कहा, ''तुम्हारा गुरु महसूल लेनेवालों और पापियों के साथ क्यों खाता है?''* 12 यह सुनकर यीशु ने उनसे कहा, ''वैद्य भले चंगों के लिए नहीं परन्तु बीमारों के लिए आवश्यक है। 13 इसलिये तुम जाकर इसका अर्थ सीख लो : 'मैं बलिदान नहीं परन्तु दया चाहता हूँ।'* क्योंकि मैं धर्मियों को नहीं, परन्तु पापियों को बुलाने आया हूँ।''

उपवास का प्रश्न

(मरकुस 2:18-22; लूका 5: 33-39)

14 तब यूहन्ना के चेलों ने उसके पास आकर कहा, ''क्या कारण है कि हम और फरीसी इतना उपवास करते हैं, पर तेरे चेले उपवास नहीं करते?'' 15 यीशु ने उनसे कहा, ''क्या बराती, जब तक दूल्हा* उनके साथ है, शोक कर सकते हैं? पर वे दिन आएँगे जब दूल्हा उनसे अलग किया जाएगा, उस समय वे उपवास करेंगे। 16 कोरे कपड़े का पैबन्द पुराने वस्त्र पर कोई नहीं लगाता, क्योंकि वह पैबन्द उस वस्त्र से कुछ और खींच लेता है, और वह अधिक फट जाता है। 17 और लोग नया दाखरस पुरानी मशकों में नहीं भरते हैं, क्योंकि ऐसा करने से मशकें फट जाती हैं, और दाखरस बह जाता है और मशकें नष्ट हो जाती हैं; परन्तु नया दाखरस नई मशकों में भरतें हैं और वे दोनों बचे रहते हैं।''

मृत लड़की और बीमार स्त्री

(मरकुस 5: 21-43; लूका 8: 40-56)

18 वह उनसे ये बातें कह ही रहा था, कि देखो, एक सरदार* ने आकर उसे प्रणाम किया और कहा,† ''मेरी पुत्री अभी मरी है, परन्तु चलकर अपना हाथ उस पर रख, तो वह जीवित हो जाएगी।'' 19 यीशु उठकर अपने चेलों समेत उसके पीछे हो लिया। 20 और देखो, एक स्त्री ने जिसको बारह वर्ष से लहू बहने का रोग था, पीछे से आकर उसके वस्त्र के आँचल को छू लिया। 21 क्योंकि वह अपने मन में कहती थी, ''यदि मैं उसके वस्त्र ही को छू लूँगी तो चंगी हो जाऊँगी।''* 22 यीशु ने फिरकर उसे देखा और कहा, ''पुत्री ढाढ़स बाँध; तेरे विश्वास ने तुझे चंगा किया है।*''अत: वह स्त्री उसी घड़ी चंगी हो गई। 23 जब यीशु उस सरदार के घर में

9:2 * लूका 7:48 **3** * मत्ती 26:65; यूह 10:33 **4** * भजन 94:11; 139:2; मत्ती 12:25; लूका 6:8, 9:47; 11:17; यूह 2:25 **6** * यूह 5:27
8 * मत्ती 5:16; 15:31; लूका 2:20; 7:16; 23:47; यूह 15:8; प्रेरि 4:21; 11:18; 21:20 **9** * अर्थात् *चुंगी-चौकी* † मत्ती 4:19; 8:22
10,11 * मत्ती 11:19; लूका 15:1,2; 19:7 **13** * 1 शमू 15:22; होशे 6:6; मीका 6:6-8; मत्ती 12:7 **15** * यूह 3:29
18 * *यहूदियों के आराधनालय का एक अधिकारी* † मत्ती 8:2; 15:25;20:20 **21** * मत्ती 14:36; मर 6:56; लूका 6:19
22 * मत्ती 8:13; 9:29; 15:28; मर 10:52; लूका 7:50; 17:19; 18:42

पहुँचा और बाँसली बजानेवालों और भीड़* को हुल्लड़ मचाते देखा, 24 तब कहा, ''हट जाओ, लड़की मरी नहीं, पर सोती है।'' इस पर वे उसकी हँसी करने लगे। 25 परन्तु जब भीड़ निकाल दी गई, तो उसने भीतर जाकर लड़की का हाथ पकड़ा, और वह जी उठी।* 26 और इस बात की चर्चा उस सारे देश में फैल गई।*

दो अंधों को दृष्टिदान

27 जब यीशु वहाँ से आगे बढ़ा, तो दो अंधे* उसके पीछे यह पुकारते हुए चले, ''हे दाऊद की सन्तान,† हम पर दया कर!'' 28 जब वह घर में पहुँचा, तो वे अंधे उसके पास आए, और यीशु ने उनसे कहा, ''क्या तुम्हें विश्वास है* कि मैं यह कर सकता हूँ?'' उन्होंने उससे कहा, ''हाँ, प्रभु!'' 29 तब उसने उनकी आँखें छूकर कहा, ''तुम्हारे विश्वास के अनुसार तुम्हारे लिये हो।*'' 30 और उनकी आँखें खुल गईं। यीशु ने उन्हें चिताकर कहा, ''सावधान, कोई इस बात को न जाने।''* 31 पर उन्होंने निकलकर सारे देश में उसका यश फैला दिया।*

एक गूँगे को चंगा करना

32 जब वे बाहर जा रहे थे, तो देखो, लोग एक गूँगे को जिसमें दुष्टात्मा थी, उसके पास लाए; 33 और जब दुष्टात्मा निकाल दी गई, तो गूँगा बोलने लगा।* इस पर भीड़ ने अचम्भा करके कहा, ''इस्राएल में ऐसा कभी नहीं देखा गया।'' 34 परन्तु फरीसियों ने कहा, ''यह तो दुष्टात्माओं के सरदार की सहायता से दुष्टात्माओं को निकालता है।''*

मजदूर थोड़े हैं

35 यीशु सब नगरों और गाँवों में फिरता रहा और उनके आराधनालयों में उपदेश करता, और राज्य* का सुसमाचार प्रचार करता, और हर प्रकार की बीमारी और दुर्बलता को दूर करता रहा।† 36 जब उसने भीड़ को देखा तो उसको लोगों पर तरस आया, क्योंकि वे उन भेड़ों के समान जिनका कोई रखवाला* न हो, व्याकुल और भटके हुए से थे। 37 तब उसने अपने चेलों से कहा, ''पके खेत तो बहुत हैं पर मजदूर थोड़े हैं।* 38 इसलिये खेत के स्वामी से विनती करो कि वह अपने खेत काटने के लिए मजदूर भेज दे।''

यीशु के बारह चेले

(मरकुस 3 : 13–19; लूका 6 : 12–16)

10 फिर उसने अपने बारह चेलों को पास बुलाकर, उन्हें अशुद्ध आत्माओं पर अधिकार दिया कि उन्हें निकालें और सब प्रकार की बीमारियों और सब प्रकार की दुर्बलताओं को दूर करें।*

2 इन बारह प्रेरितों* के नाम ये हैं : पहला शमौन, जो पतरस कहलाता है, और उसका भाई अन्द्रियास; जब्दी का पुत्र याकूब, और उसका भाई यूहन्ना; 3 फिलिप्पुस, और बरतुल्मै, थोमा, और महसूल लेनेवाला मत्ती, हलफई का पुत्र याकूब, और तद्दै, 4 शमौन कनानी, और यहूदा इस्करियोती जिसने उसे पकड़वा भी दिया।*

बारह प्रेरितों का सेवा-कार्य

(मरकुस 6: 7–13; लूका 9: 1–6; 10: 4–12)

5 इन बारहों को यीशु ने यह आज्ञा देकर भेजा : ''अन्यजातियों* की ओर न जाना, और सामरियों† के किसी नगर में प्रवेश न करना। 6 परन्तु इस्राएल के घराने ही की खोई हुई भेड़ों

9:23 * 2 इति 35:25; यिर्म 9:17,18 **25** * मर 9:27; लूका 7:14, 15; यूह 11:44; प्रेरि 9:40; 20:10 **26** * मत्ती 4:24; 9:31; 14:1; मर 1:28, 45; 7:36; लूका 4:14,37; 5:15; 7:17 **27** * मत्ती 20:30,31; मर 10:47,48; लूका 18:38,39 † मत्ती 1:1; 12:23; 15:22; 21:9,15; 22:42; मर 12:35; लूका 20:41 **28** * प्रेरि 14:9 **29** * मत्ती 8:13; 9:22; मर 10:52; लूका 7:50; 17:19 **30** * मत्ती 8:4; मर1:44; 7:36; लूका 5:14 **31** * मर 1:45; 7:36 **33** * मत्ती 12:22,23; लूका 11:14 **34** * मत्ती 10:25; 12:24; मर 3:22; लूका 11:15
35 * अर्थात् *परमेश्वर का राज्य* † मत्ती 4:23; मर 1:39; 6:6; लूका 4:44 **36** * अर्थात् *चरवाहा*; गिन 27:17; 1 राजा 22:17; 2 इति 18:16; यहेज 34:5,6; जक 10:2; मर 6:34 **37** * लूका 10:2; यूह 4:35 **10:1** * मर 6:7; लूका 9:1 **2** * यूनानी में '*अपोस्टोलोस*'
2-4 * प्रेरि 1:13,16 **5** * अर्थात् *गैरयहूदियों* † 1 राजा 16:24; 2 राजा 17:24; लूका 9:52; 10:33; 17:16; यूह 4:9,39,40; प्रेरि 8:5,25

के पास जाना।* 7 और चलते-चलते यह प्रचार करो : 'स्वर्ग का राज्य निकट आ गया है।'* 8 बीमारों को चंगा करो, मरे हुओं को जिलाओ, कोढ़ियों को शुद्ध करो, दुष्टात्माओं को निकालो। तुम ने सेंतमेंत* पाया है, सेंतमेंत दो। 9 अपने पटुकों में न तो सोना, और न रूपा, और न ताँबा रखना; 10 मार्ग के लिये न झोली रखो, न दो कुरते, न जूते और न लाठी लो, क्योंकि मजदूर को उसका भोजन मिलना चाहिए।*

11 ''जिस किसी नगर या गाँव में जाओ, तो पता लगाओ कि वहाँ कौन योग्य है। और जब तक वहाँ से न निकलो, उसी के यहाँ रहो। 12 घर में प्रवेश करते हुए उसको आशीष देना।* 13 यदि उस घर के लोग योग्य होंगे तो तुम्हारा कल्याण उन पर पहुँचेगा, परन्तु यदि वे योग्य न हों तो तुम्हारा कल्याण तुम्हारे पास लौट आएगा। 14 जो कोई तुम्हें ग्रहण न करे और तुम्हारी बातें न सुने, उस घर या उस नगर से निकलते हुए अपने पाँवों की धूल झाड़ डालो।* 15 मैं तुम से सच कहता हूँ कि न्याय के दिन* उस नगर की दशा से सदोम और अमोरा के देश† की दशा अधिक सहने योग्य होगी।

आने वाला संकट

(मरकुस 13: 9-13; लूका 21:12-17)

16 ''देखो, मैं तुम्हें भेड़ों के समान भेड़ियों के बीच में भेजता हूँ,* इसलिये साँपों के समान बुद्धिमान और कबूतरों के समान भोले बनो†। 17 परन्तु लोगों से सावधान रहो, क्योंकि वे तुम्हें महासभाओं* में सौंपेंगे, और अपनी पंचायतों में तुम्हें कोड़े मारेंगे।† 18 तुम मेरे लिये हाकिमों और राजाओं के सामने उन पर, और अन्यजातियों पर गवाह होने के लिए पहुँचाए जाओगे।* 19 जब वे तुम्हें पकड़वाएँगे तो यह चिन्ता न करना कि हम किस रीति से या क्या कहेंगे, क्योंकि जो कुछ तुम को कहना होगा, वह उसी घड़ी तुम्हें बता दिया जाएगा।* 20 क्योंकि बोलनेवाले तुम नहीं हो, परन्तु तुम्हारे पिता का आत्मा* तुम में बोलता है।

21 ''भाई, भाई को और पिता पुत्र को, घात के लिए सौंपेंगे, और बच्चे माता-पिता के विरोध में उठकर उन्हें मरवा डालेंगे।* 22 मेरे नाम के कारण सब लोग तुम से बैर करेंगे, पर जो अन्त तक धीरज धरे रहेगा उसी का उद्धार होगा।* 23 जब वे तुम्हें एक नगर में सताएँ, तो दूसरे को भाग जाना। मैं तुमसे सच कहता हूँ, तुम इस्राएल के सब नगरों में न फिर चुकोगे कि मनुष्य का पुत्र आ जाएगा।

24 ''चेला अपने गुरु से बड़ा नहीं होता; और न दास अपने स्वामी से।* 25 चेले का गुरु के, और दास का स्वामी के बराबर होना ही बहुत है। जब उन्होंने घर के स्वामी को शैतान* कहा तो उसके घरवालों को क्या कुछ न कहेंगे!

किस से डरें?

(लूका 12: 2-7)

26 ''इसलिये मनुष्यों से मत डरना; क्योंकि कुछ ढँका नहीं जो खोला न जाएगा, और न कुछ छिपा है जो जाना न जाएगा।* 27 जो मैं तुम से अन्धियारे में कहता हूँ, उसे तुम उजियाले में कहो; और जो कानों कान सुनते हो, उसे छतों पर से प्रचार करो। 28 जो शरीर को घात करते हैं, पर आत्मा को घात नहीं कर सकते, उनसे मत डरना; पर उसी से डरो, जो आत्मा और शरीर दोनों को नरक में नष्ट कर सकता है।* 29 क्या पैसे में दो गौरैयें नहीं बिकतीं? तौभी तुम्हारे पिता की इच्छा के बिना उनमें से एक भी भूमि पर नहीं गिर सकती। 30 तुम्हारे सिर के बाल भी

10:6* मत्ती 15:24 **7*** मत्ती 3:2; 4:17 **8*** अर्थात् *बिना मूल्य चुकाए* **9,10*** लूका 22:35,36; 1 कुरि 9:7,14; 1 तीमु 5:18
12* 1 शमू 25:6 **14*** प्रेरि 13:51; 18:6 **15*** मत्ती 12:36; प्रेरि 17:31; 2 पत 2:9; 3:7; 1 यूह 4:17; यहू 6; प्रका 20:11,12
† उत्प 18:20; 19:24-28; मत्ती 11:24; 2 पत 2:6; यहू 7 **16*** लूका 10:3; फिलि 2:15 **†** रोम 16:19; 1 कुरि 14:20
17* मत्ती 5:22 **†** मत्ती 24:9; लूका 12:11; यूह 16:2; प्रेरि 5:40 **18*** प्रेरि 25:23 26; 27:24; 2 तीमु 4:17
19* निर्ग 4:12; लूका 12:11,12 **20*** 2 शमू 23:2; लूका 12:12 **21*** मीका 7:6; मत्ती 10:35,36 **22*** मत्ती 24:9,13; यूह 15:18; प्रका 2:10 **24*** लूका 6:40; यूह 13:16; 15:20 **25*** मूल में, *बालज़बूल*; मत्ती 9:34; 12:24; मर 3:22; लूका 11:15
26* मर 4:22; लूका 8:17; 1 कुरि 4:5 **28*** यशा 8:12,13; इब्रा 10:31

सब गिने हुए हैं।* 31 इसलिये डरो नहीं; तुम बहुत गौरैयों से बढ़कर हो।*

यीशु को स्वीकार या अस्वीकार करना

(लूका 12 : 8, 9)

32 ''जो कोई मनुष्यों के सामने मुझे मान लेगा, उसे मैं भी अपने स्वर्गीय पिता के सामने मान लूँगा।* 33 पर जो कोई मनुष्यों के सामने मेरा इन्कार करेगा, उस से मैं भी अपने स्वर्गीय पिता के सामने इन्कार करूँगा।*

यीशु के आगमन का परिणाम

(लूका 12 : 51-53; 14 : 26, 27)

34 ''यह न समझो कि मैं पृथ्वी पर मिलाप कराने आया हूँ; मैं मिलाप कराने नहीं, पर तलवार चलवाने आया हूँ। 35 मैं तो आया हूँ कि :

'मनुष्य को उसके पिता से, और बेटी को उसकी माँ से, और बहू को उसकी सास से अलग कर दूँ; 36 मनुष्य के बैरी उसके घर ही के लोग होंगे।'*

37 ''जो माता या पिता को मुझ से अधिक प्रिय जानता है, वह मेरे योग्य नहीं; और जो बेटा या बेटी को मुझ से अधिक प्रिय जानता है, वह मेरे योग्य नहीं;* 38 और जो अपना क्रूस लेकर मेरे पीछे न चले वह मेरे योग्य नहीं।* 39 जो अपने प्राण बचाता है, वह उसे खोएगा; और जो मेरे कारण अपना प्राण खोता है, वह उसे पाएगा।*

प्रतिफल

(मरकुस 9: 41)

40 ''जो तुम्हें ग्रहण करता है, वह मुझे ग्रहण करता है; और जो मुझे ग्रहण करता है, वह मेरे भेजनेवाले को ग्रहण करता है।* 41 जो भविष्यद्वक्ता को भविष्यद्वक्ता जानकर ग्रहण करे, वह भविष्यद्वक्ता का बदला पाएगा; और जो धर्मी को धर्मी जानकर ग्रहण करे, वह धर्मी का बदला पाएगा। 42 जो कोई इन छोटों में से एक को मेरा चेला जानकर केवल एक कटोरा ठंडा पानी पिलाए, मैं तुम से सच कहता हूँ, वह किसी रीति से अपना प्रतिफल न खोएगा।''*

यीशु और यूहन्ना बपतिस्मा देनेवाला

(लूका 7:18-35)

11 जब यीशु अपने बारह चेलों को आज्ञा दे चुका, तो वह उनके नगरों में उपदेश और प्रचार करने को वहाँ से चला गया।

2 यूहन्ना ने बन्दीगृह* में मसीह के कामों का समाचार सुना और अपने चेलों को उससे यह पूछने भेजा, 3 ''क्या आनेवाला* तू ही है, या हम किसी दूसरे की बाट जोहें?'' 4 यीशु ने उत्तर दिया, ''जो कुछ तुम सुनते हो और देखते हो, वह सब जाकर यूहन्ना से कह दो, 5 कि अंधे देखते हैं और लंगड़े चलते फिरते हैं, कोढ़ी शुद्ध किए जाते हैं और बहिरे सुनते हैं, मुर्दे जिलाए जाते हैं, और कंगालों को सुसमाचार सुनाया जाता है।* 6 और धन्य है वह, जो मेरे कारण ठोकर* न खाए।''

7 जब वे वहाँ से चल दिए, तो यीशु यूहन्ना के विषय में लोगों से कहने लगा, ''तुम जंगल में क्या देखने गए थे? क्या हवा से हिलते हुए सरकण्डे को? 8 फिर तुम क्या देखने गए थे? क्या कोमल वस्त्र पहिने हुए मनुष्य को? देखो, जो कोमल वस्त्र पहिनते हैं, वे राजभवनों में रहते हैं। 9 तो फिर क्यों गए थे? क्या किसी भविष्यद्वक्ता* को देखने को? हाँ, मैं तुम से कहता हूँ कि भविष्यद्वक्ता से भी बड़े को। 10 यह वही है जिसके विषय में लिखा है :

'देख, मैं अपने दूत को तेरे आगे भेजता हूँ,
जो तेरे आगे तेरा मार्ग तैयार करेगा।'*

10:30* लूका 21:18 **31*** मत्ती 6:26; 12:12 **32,33*** मर 8:38; लूका 9:26; 2 तीमु 2:12 **35,36*** मीका 7:6; मत्ती 10:21 **37*** व्य 33:9; लूका 9:23 **38*** मत्ती16:24; मर 8:34; लूका 9:23; 14:27; प्रेरि 14:22; 1 पत 2:21 **39*** मत्ती 16:25; मर 8:35; लूका 9:24; 17:33; यूह 12:25 **40*** मर 9:37; लूका 9:48;10:16; यूह 12:44; 13:20 **42*** नीति 14:31; 19:17 इब्रा 6:10
11:2* मत्ती 4:12; 14:3; मर 6:17 **3*** भजन 118:26; यूह 6:14; 11:27 **5*** यशा 29:18,19; 35:5,6; 61:1; लूका 4:18,19 **6*** मत्ती 13:21; 26:31 **9*** लूका 1:76 **10*** मला 3:1; लूका 1:76; यूह 3:38

11 मैं तुम से सच कहता हूँ कि जो स्त्रियों से जन्मे हैं, उनमें से यूहन्ना बपतिस्मा देनेवाले से कोई बड़ा नहीं हुआ; पर जो स्वर्ग के राज्य में छोटे से छोटा है वह उससे बड़ा है। 12 यूहन्ना बपतिस्मा देनेवाले के दिनों से अब तक स्वर्ग के राज्य में बलपूर्वक प्रवेश होता रहा है, और बलवान उसे छीन लेते हैं।* 13 यूहन्ना तक सारे भविष्यद्वक्ता और व्यवस्था भविष्यद्वाणी करते रहे।* 14 और चाहो तो मानो कि एलिय्याह जो आनेवाला था, वह यही है।* 15 जिस के सुनने के कान हों, वह सुन ले।*

16 "मैं इस समय के लोगों की उपमा किससे दूँ? वे उन बालकों के समान हैं, जो बाजारों में बैठे हुए एक दूसरे से पुकार कर कहते हैं : 17 'हम ने तुम्हारे लिये बाँसली बजाई, और तुम न नाचे; हम ने विलाप किया, और तुम ने छाती नहीं पीटी।' 18 क्योंकि यूहन्ना न खाता आया और न पीता,* और वे कहते हैं, 'उसमें दुष्टात्मा है।' 19 मनुष्य का पुत्र खाता-पीता आया, और वे कहते हैं 'देखो, पेटू और पियक्कड़ मनुष्य, महसूल लेनेवालों और पापियों का मित्र!'* पर ज्ञान अपने कामों से सच्चा ठहराया गया है।"

अविश्वास पर हाय

(लूका 10:13-15)

20 तब वह उन नगरों को उलाहना देने लगा, जिनमें उसने बहुत से सामर्थ्य के काम किए थे, क्योंकि उन्होंने अपना मन नहीं फिराया था। 21 "हाय, खुराजीन! हाय, बैतसैदा! जो सामर्थ्य के काम तुम में किए गए, यदि वे सूर और सैदा* में किए जाते, तो टाट ओढ़कर, और राख में बैठकर वे कब के मन फिरा लेते। 22 परन्तु मैं तुम से कहता हूँ कि न्याय के दिन* तुम्हारी दशा से सूर और सैदा† की दशा अधिक सहने योग्य होगी। 23 हे कफरनहूम, क्या तू स्वर्ग तक ऊँचा किया जाएगा? तू तो अधोलोक तक नीचे जाएगा!* जो सामर्थ्य के काम तुझ में किए गए हैं, यदि सदोम† में किए जाते, तो वह आज तक बना रहता। 24 पर मैं तुम से कहता हूँ कि न्याय के दिन तेरी दशा से सदोम की दशा अधिक सहने योग्य होगी।*"

बोझ से दबे लोगों के लिए विश्राम

(लूका 10: 21, 22)

25 उसी समय यीशु ने कहा, "हे पिता, स्वर्ग और पृथ्वी के प्रभु, मैं तेरा धन्यवाद करता हूँ कि तू ने इन बातों को ज्ञानियों और समझदारों से छिपा रखा, और बालकों पर प्रगट किया है।* 26 हाँ, हे पिता, क्योंकि तुझे यही अच्छा लगा।

27 "मेरे पिता ने मुझे सब कुछ सौंपा है;* और कोई पुत्र को नहीं जानता, केवल पिता; और कोई पिता को नहीं जानता, केवल पुत्र; और वह जिस पर पुत्र उसे प्रगट करना चाहे।†

28 "हे सब परिश्रम करनेवालो और बोझ से दबे हुए लोगो, मेरे पास आओ; मैं तुम्हें विश्राम दूँगा।* 29 मेरा जूआ अपने ऊपर उठा लो, और मुझ से सीखो;* क्योंकि मैं नम्र और मन में दीन हूँ :† और तुम अपने मन में विश्राम पाओगे।§ 30 क्योंकि मेरा जूआ सहज और मेरा बोझ हलका है।"*

सब्त का प्रभु

(मरकुस 2: 23-28; लूका 6:1-5)

12 उस समय यीशु सब्त के दिन* खेतों में से होकर जा रहा था, और उसके चेलों को भूख लगी तो वे बालें तोड़-तोड़कर

11:12 * लूका 13:24; 16:16 **13** * लूका 16:16 **14** * मला 4:5; मत्ती 17:10-13; मर 9:11-13 **15** * मत्ती 13:9,43; मर 4:9,23; लूका 8:8; 14:35; प्रका 2:7; 3:6; 13:9 **18** * मत्ती 3:4; लूका 1:15 **19** * मत्ती 9:10,11; लूका 5:29,30; 15:2
21 * यशा 23:1-18; यहेज 26:1 — 28:26; योए 3:4-8; आमो 1:9,10; जक 9:2-4 **22** * मत्ती 10:15 † पद 21 देखें
23 * यशा 14:13-15 † उत्प 19:24-28 **24** * मत्ती 10:15; लूका 10:12 **25** * 1 कुरि 1:26-28; 2:8
27 * मत्ती 28:18; यूह 3:35; 13:3; 17:2 † यूह 1:18; 6:46; 10:15; 17:25,26 **28** * निर्ग 33:14; यिर्म 31:25; यूह 7:37
29 * यूह 13:15; फिलि 2:5; 1 पत 2:21-23; 1 यूह 2:6 † यूह 13:14; फिलि 2:7,8 § यिर्म 6:16 **30** * 1 यूह 5:3
12:1 * अर्थात् *विश्राम-दिवस; सातवाँ दिन;* उत्प 2:2,3

खाने लगे।† 2 फरीसियों ने यह देखकर उससे कहा, "देख, तेरे चेले वह काम कर रहे हैं, जो सब्त के दिन करना उचित नहीं।*" 3 उसने उनसे कहा, "क्या तुम ने नहीं पढ़ा, कि दाऊद ने, जब वह और उसके साथी भूखे हुए तो क्या किया? 4 वह कैसे परमेश्वर के घर में गया, और भेंट की रोटियाँ खाईं,* जिन्हें खाना न तो उसे और न उसके साथियों को पर केवल याजकों को उचित था† ? 5 या क्या तुम ने व्यवस्था में नहीं पढ़ा कि याजक सब्त के दिन मन्दिर* में सब्त के दिन की विधि को तोड़ने पर भी निर्दोष ठहरते हैं?† 6 पर मैं तुम से कहता हूँ कि यहाँ वह है जो मन्दिर से भी बड़ा है।* 7 यदि तुम इसका अर्थ जानते, 'मैं दया से प्रसन्न होता हूँ, बलिदान से नहीं,'* तो तुम निर्दोष को दोषी न ठहराते। 8 मनुष्य का पुत्र तो सब्त के दिन का भी प्रभु है।"

सूखे हाथ वाले मनुष्य को चंगा करना

(मरकुस 3:1-6; लूका 6: 6-11)

9 वहाँ से चलकर वह उन के आराधनालय में आया। 10 वहाँ एक मनुष्य था, जिसका हाथ सूखा हुआ था। उन्होंने यीशु पर दोष लगाने के लिये उससे पूछा, "क्या सब्त के दिन चंगा करना उचित है?" 11 उसने उनसे कहा, "तुम में ऐसा कौन है जिसकी एक ही भेड़ हो, और वह सब्त के दिन गड़हे में गिर जाए, तो वह उसे पकड़कर न निकाले?* 12 भला, मनुष्य का मूल्य भेड़ से कितना बढ़कर है!* इसलिये सब्त के दिन भलाई करना उचित है।" 13 तब उसने उस मनुष्य से कहा, "अपना हाथ बढ़ा।" उसने बढ़ाया, और वह फिर दूसरे हाथ की तरह अच्छा हो गया। 14 तब फरीसियों ने बाहर जाकर उसके विरोध में सम्मति की कि उसे किस प्रकार नष्ट करें।*

परमेश्वर का चुना हुआ सेवक

15 यह जानकर यीशु वहाँ से चला गया। और बहुत लोग उसके पीछे हो लिए, और उस ने सब को चंगा किया,* 16 और उन्हें चिताया कि मुझे प्रगट न करना, 17 ताकि जो वचन यशायाह भविष्यद्वक्ता के द्वारा कहा गया था, वह पूरा हो :

18 "देखो, यह मेरा सेवक है, जिसे मैंने चुना है; मेरा प्रिय, जिससे मेरा मन प्रसन्न है : मैं अपना आत्मा उस पर डालूँगा, और वह अन्य-जातियों को न्याय का समाचार देगा।

19 वह न झगड़ा करेगा, और न धूम मचाएगा,
और न बाजारों में कोई उसका शब्द सुनेगा।
20 वह कुचले हुए सरकण्डे को न तोड़ेगा,
और धूआँ देती हुई बत्ती को न बुझाएगा,
जब तक वह न्याय को प्रबल न कराए।*
21 और अन्यजातियाँ उसके नाम पर आशा
रखेंगी।*"

यीशु और बालज़बूल

(मरकुस 3: 20-30; लूका 11:14-23)

22 तब लोग एक अंधे-गूँगे को जिसमें दुष्टात्मा थी, उसके पास लाए; और उसने उसे अच्छा किया, और वह बोलने और देखने लगा।* 23 इस पर सब लोग चकित होकर कहने लगे, "यह क्या दाऊद की सन्तान है!" 24 परन्तु फरीसियों ने यह सुनकर कहा, "यह तो दुष्टात्माओं के सरदार बालज़बूल* की सहायता के बिना दुष्टात्माओं को नहीं निकालता।"† 25 उसने उनके मन की बात जानकर* उनसे कहा, "जिस किसी राज्य में फूट होती है, वह उजड़ जाता है; और कोई नगर या घराना जिसमें फूट होती है, बना न रहेगा। 26 और यदि शैतान ही शैतान को निकाले, तो वह अपना ही विरोधी हो गया है; फिर उसका राज्य कैसे बना रहेगा? 27 भला, यदि मैं शैतान

12:1† व्य 23:25 **2*** निर्ग 20:8-11; 23:12; व्य 5:12-15; लूका 13:14; 14:3; यूह 5:10; 7:23; 9:16 **3,4*** 1 शमू 21:1-6 † निर्ग 29:32,33; लैव्य 8:31; 24:5-9 **5*** *यरूशलेम में परमेश्वर की आराधना के लिए बनाया गया भवन;* 2 शमू 7:1-17; 1 इति 17:1-15; 1 राजा 6:38(5:1—6:38); 2 इति 5:1 (2:1—7:11) † गिनती 28:9,10; यूह 7:22,23 **6*** 2 इति 6:18; यशा 66:1,2 **7*** होशे 6:6; मीका 6:6-8; मत्ती 9:13 **11*** लूका 14:5 **12*** मत्ती 6:26; 10:31 **14*** मत्ती 26:4; 27:1; मर 14:1; लूका 22:2; यूह 5:18; 7:30; 11:53 **15*** मत्ती 4:23 **18-20*** यशा 42:1-4 **21*** रोम 15:12 **22*** मत्ती 4:24; 9:32,33 **24*** अर्थात् *शैतान* † मत्ती 9:34;10:25 **25*** मत्ती 9:4

की सहायता से दुष्टात्माओं को निकालता हूँ, तो
तुम्हारे वंश किसकी सहायता से निकालते हैं?
इसलिये वे ही तुम्हारा न्याय करेंगे। 28 पर यदि
मैं परमेश्वर के आत्मा की सहायता से दुष्टात्माओं
को निकालता हूँ, तो परमेश्वर का राज्य* तुम्हारे
पास आ पहुँचा है। 29 या कैसे कोई मनुष्य
किसी बलवन्त के घर में घुसकर उसका माल
लूट सकता है जब तक कि पहले वह उस बलवन्त
को न बांध ले? तब वह उसका घर लूट लेगा।
30 जो मेरे साथ नहीं वह मेरे विरोध में है,* और
जो मेरे साथ नहीं बटोरता वह बिखेरता है।
31 इसलिये मैं तुम से कहता हूँ कि मनुष्य का
सब प्रकार का पाप और निन्दा क्षमा की जाएगी,
परन्तु पवित्र आत्मा की निन्दा क्षमा न की जाएगी।*
32 जो कोई मनुष्य के पुत्र के विरोध में कोई
बात कहेगा, उसका यह अपराध क्षमा किया
जाएगा, परन्तु जो कोई पवित्र आत्मा के
विरोध में कुछ कहेगा, उसका अपराध न तो
इस लोक में और न परलोक में क्षमा किया
जाएगा।*

पेड़ और उसका फल

(लूका 6: 43-45)

33 ''यदि पेड़ को अच्छा कहो, तो उसके
फल को भी अच्छा कहो, या पेड़ को निकम्मा
कहो, तो उसके फल को भी निकम्मा कहो;
क्योंकि पेड़ अपने फल ही से पहचाना जाता
है।* 34 हे साँप के बच्चो,* तुम बुरे होकर
कैसे अच्छी बातें कह सकते हो? क्योंकि जो
मन में भरा है, वही मुँह पर आता है।† 35 भला
मनुष्य मन केभले भण्डार से भली बातें
निकालता है, और बुरा मनुष्य बुरे भण्डार से बुरी
बातें निकालता है।* 36 और मैं तुम से कहता
हूँ कि जो जो निकम्मी बातें मनुष्य कहेंगे, न्याय
के दिन वे हर एक उस बात का लेखा देंगे।
37 क्योंकि तू अपनी बातों के कारण निर्दोष,
और अपनी बातों ही के कारण दोषी ठहराया
जाएगा।*''

स्वर्गीय चिह्न की माँग

(मरकुस 8:11, 12; लूका 11: 29-32)

38 इस पर कुछ शास्त्रियों और फरीसियों ने
उससे कहा, ''हे गुरु, हम तुझ से एक चिह्न
देखना चाहते हैं।''* 39 उसने उन्हें उत्तर दिया,
''इस युग के बुरे और व्यभिचारी लोग चिह्न
ढूँढ़ते हैं, परन्तु योना भविष्यद्वक्ता के चिह्न को
छोड़ कोई और चिह्न उनको न दिया जाएगा।*
40 योना तीन रात दिन जल-जन्तु के पेट में रहा,
वैसे ही मनुष्य का पुत्र तीन रात दिन पृथ्वी के
भीतर रहेगा।* 41 नीनवे के लोग न्याय के दिन
इस युग के लोगों के साथ उठकर उन्हें दोषी
ठहराएँगे,* क्योंकि उन्होंने योना का प्रचार सुनकर
मन फिराया; और देखो, यहाँ वह है जो योना से
भी बड़ा है। 42 दक्षिण की रानी न्याय के दिन
इस युग के लोगों के साथ उठकर उन्हें दोषी
ठहराएगी, क्योंकि वह सुलैमान का ज्ञान सुनने
के लिए पृथ्वी के छोर से आई;* और देखो, यहाँ
वह है जो सुलैमान से भी बड़ा है।

अधूरे सुधार से विपत्ति

(लूका 11: 24-26)

43 ''जब अशुद्ध आत्मा मनुष्य में से निकल
जाती है, तो सूखी जगहों में विश्राम ढूँढ़ती फिरती
है, और पाती नहीं। 44 तब कहती है, 'मैं अपने
उसी घर में जहाँ से निकली थी, लौट जाऊँगी।'
और लौटकर उसे सूना, झाड़ा-बुहारा और सजा-
सजाया पाती है। 45 तब वह जाकर अपने से
और बुरी सात आत्माओं को अपने साथ ले आती
है, और वे उसमें पैठकर वहाँ वास करती हैं,
और उस मनुष्य की पिछली दशा पहले से भी
बुरी हो जाती है।* इस युग के बुरे लोगों की दशा
भी ऐसी ही होगी।''

12:28* दानि 2:44; मत्ती 3:2 **30*** मर 9:40; लूका 9:50 **31,32*** लूका 12:10; इब्रा 6:4-6; 10:26,29; 1 यूह 5:16
33* मत्ती 7:16-20 **34*** मत्ती 3:7; 23:33; लूका 3:7 **†** मत्ती 15:18 **35*** नीति 10:14,20,21; मत्ती 13:52; इफि 4:29; कुलु 4:6
37* अय्यू 15:6; नीति 18:21 **38*** मत्ती 16:1; लूका 11:16; यूह 2:18; 6:30; 1 कुरि 1:22 **39*** मत्ती 16:4 **40*** योना 1:17
41* योना 1:2; 3:5 **42*** 1 राजा 10:1-13; 2 इति 9:1-12 **45*** इब्रा 6:7,8; 2 पत 2:20-22

यीशु की माता और भाई

(मरकुस 3: 31-35; लूका 8:19-21)

46 जब वह भीड़ से बातें कर ही रहा था, तब उसकी माता और भाई* बाहर खड़े थे और उससे बातें करना चाहते थे। 47 किसी ने उससे कहा, ''देख, तेरी माता और तेरे भाई बाहर खड़े हैं, और तुझ से बातें करना चाहते हैं।'' 48 यह सुन कर उसने कहनेवाले को उत्तर दिया, ''कौन है मेरी माता? और कौन हैं मेरे भाई?'' 49 और अपने चेलों की ओर अपना हाथ बढ़ा कर कहा, ''देखो, मेरी माता और मेरे भाई ये हैं।* 50 क्योंकि जो कोई मेरे स्वर्गीय पिता की इच्छा पर चले,* वही मेरा भाई, और मेरी बहिन, और मेरी माता है।''

बीज बोने वाले का दृष्टान्त

(मरकुस 4:1-9; लूका 8: 4-8)

13 उसी दिन यीशु घर से निकलकर झील के किनारे जा बैठा। 2 और उसके पास ऐसी बड़ी भीड़ इकट्ठी हुई कि वह नाव पर चढ़ गया, और सारी भीड़ किनारे पर खड़ी रही।* 3 और उसने उनसे दृष्टान्तों में बहुत सी बातें कहीं : ''एक बोनेवाला बीज बोने निकला। 4 बोते समय कुछ बीज मार्ग के किनारे गिरे और पक्षियों ने आकर उन्हें चुग लिया। 5 कुछ बीज पथरीली भूमि पर गिरे, जहाँ उन्हें बहुत मिट्टी न मिली और गहरी मिट्टी न मिलने के कारण वे जल्द उग आए। 6 पर सूरज निकलने पर वे जल गए, और जड़ न पकड़ने से सूख गए। 7 कुछ बीज झाड़ियों में गिरे और झाड़ियों ने बढ़कर उन्हें दबा डाला। 8 पर कुछ बीज अच्छी भूमि पर गिरे, और फल लाए, कोई सौ गुना, कोई साठ गुना, और कोई तीस गुना। 9 जिस के कान हों वह सुन ले।*''

दृष्टान्तों का उद्देश्य

(मरकुस 4:10-12; लूका 8: 9,10)

10 चेलों ने पास आकर उससे कहा, ''तू लोगों से दृष्टान्तों में क्यों बातें करता है?'' 11 उस ने उत्तर दिया, ''तुम को स्वर्ग के राज्य के भेदों की समझ दी गई है,* पर उनको नहीं। 12 क्योंकि जिसके पास है, उसे दिया जाएगा, और उसके पास बहुत हो जाएगा; पर जिसके पास कुछ नहीं है, उससे जो कुछ उसके पास है, वह भी ले लिया जाएगा।* 13 मैं उनसे दृष्टान्तों में इसलिये बातें करता हूँ कि वे देखते हुए नहीं देखते और सुनते हुए नहीं सुनते, और नहीं समझते।* 14 उनके विषय में यशायाह की यह भविष्यद्वाणी पूरी होती है :

'तुम कानों से तो सुनोगे, पर समझोगे नहीं;
और आँखों से तो देखोगे, पर तुम्हें न सूझेगा।*
15 क्योंकि इन लोगों का मन मोटा हो
गया है,
और वे कानों से ऊँचा सुनते हैं और उन्होंने
अपनी आँखें मूंद ली हैं;
कहीं ऐसा न हो कि वे आँखों से देखें,
और कानों से सुनें और मन से समझें,
और फिर जाएँ, और मैं उन्हें चंगा
करूँ।'*

16 पर धन्य हैं तुम्हारी आँखें, कि वे देखती हैं; और तुम्हारे कान कि वे सुनते हैं।* 17 क्योंकि मैं तुम से सच कहता हूँ कि बहुत से भविष्यद्वक्ताओं ने और धर्मियों ने चाहा कि जो बातें तुम देखते हो, देखें, पर न देखीं; और जो बातें तुम सुनते हो, सुनें, पर न सुनीं।*

बीज बोनेवाले दृष्टान्त की व्याख्या

(मरकुस 4:13-20; लूका 8:11-15)

18 ''अब तुम बोनेवाले के दृष्टान्त का अर्थ

12:46 * मत्ती 13:55; मर 6:3 **49** * यूह 20:17 **50** * यूह 15:14 **13:2** * लूका 5:1-3
9 * मत्ती 11:15; मर 4:9,23; लूका 8:8; प्रका 2:7; 13:9 **11** * मत्ती 16:17; यूह 6:65; 1 कुरि 2:10,14; 1 यूह 2:20,27
12 * मत्ती 25:29; मर 4:25; लूका 8:18; 19:26 **13** * व्य 29:4; यिर्म 5:21; यहेज 12:2
14,15 * यशा 6:9,10; यूह 12:40; प्रेरि 28:26,27; रोम 11:8 **16,17** * लूका 10:23,24; इब्रा 11:13; 1 पत 1:10-12

सुनो : 19 जो कोई राज्य का वचन सुनकर नहीं समझता, उसके मन में जो कुछ बोया गया था, उसे वह दुष्ट* आकर छीन ले जाता है। यह वही है, जो मार्ग के किनारे बोया गया था। 20 और जो पथरीली भूमि पर बोया गया, यह वह है, जो वचन सुनकर तुरन्त आनन्द के साथ मान लेता है। 21 पर अपने में जड़ न रखने के कारण वह थोड़े ही दिन का है, और जब वचन के कारण क्लेश या उपद्रव होता है, तो तुरन्त ठोकर खाता है।* 22 जो झाड़ियों में बोया गया, यह वह है, जो वचन को सुनता है, पर इस संसार की चिन्ता* और धन का धोखा वचन को दबाता है,† और वह फल नहीं लाता। 23 जो अच्छी भूमि में बोया गया, यह वह है, जो वचन को सुनकर समझता है, और फल लाता है; कोई सौ गुना, कोई साठ गुना, और कोई तीस गुना।''

जंगली बीज का दृष्टान्त

24 यीशु ने उन्हें एक और दृष्टान्त दिया : ''स्वर्ग का राज्य* उस मनुष्य के समान है जिसने अपने खेत में अच्छा बीज बोया। 25 पर जब लोग सो रहे थे तो उसका शत्रु आकर गेहूँ के बीच जंगली बीज* बोकर चला गया। 26 जब अंकुर निकले और बालें लगीं, तो जंगली दाने के पौधे भी दिखाई दिए। 27 इस पर गृहस्थ के दासों ने आकर उससे कहा, 'हे स्वामी, क्या तू ने अपने खेत में अच्छा बीज न बोया था? फिर जंगली दाने के पौधे उसमें कहाँ से आए?' 28 उसने उनसे कहा, 'यह किसी शत्रु का काम है।' दासों ने उससे कहा, 'क्या तेरी इच्छा है, कि हम जाकर उनको बटोर लें?' 29 उसने कहा, 'नहीं, ऐसा न हो कि जंगली दाने के पौधे बटोरते हुए तुम उनके साथ गेहूँ भी उखाड़ लो। 30 कटनी तक दोनों को एक साथ बढ़ने दो, और कटनी के समय मैं काटनेवालों से कहूँगा कि पहले जंगली दाने के पौधे बटोरकर जलाने के लिए उनके गट्ठे बाँध लो, और गेहूँ को मेरे खत्ते में इकट्ठा करो'।*''

राई के बीज का दृष्टान्त

(मरकुस 4: 30-32; लूका 13:18,19)

31 उसने उन्हें एक और दृष्टान्त दिया : ''स्वर्ग का राज्य* राई के एक दाने के समान है, जिसे किसी मनुष्य ने लेकर अपने खेत में बो दिया। 32 वह सब बीजों से छोटा तो होता है पर जब बढ़ जाता है तब सब साग-पात से बड़ा होता है; और ऐसा पेड़ हो जाता है कि आकाश के पक्षी आकर उसकी डालियों पर बसेरा करते हैं।*''

खमीर का दृष्टान्त

(लूका 13: 20,21)

33 उसने एक और दृष्टान्त उन्हें सुनाया : ''स्वर्ग का राज्य* ख़मीर के समान है जिसको किसी स्त्री ने लेकर तीन पसेरी† आटे में मिला दिया और होते-होते वह सब खमीरा हो गया।''

दृष्टान्तों का प्रयोग

(मरकुस 4: 33, 34)

34 ये सब बातें यीशु ने दृष्टान्तों में लोगों से कहीं, और बिना दृष्टान्त वह उनसे कुछ न कहता था,* 35 कि जो वचन भविष्यद्वक्ता के द्वारा कहा गया था, वह पूरा हो :

''मैं दृष्टान्त कहने को अपना मुँह खोलूँगा* :
मैं उन बातों को जो जगत की उत्पत्ति से
गुप्त रही हैं प्रगट करूँगा†।''

जंगली बीज के दृष्टान्त की व्याख्या

36 तब वह भीड़ को छोड़कर घर में आया, और उसके चेलों ने उसके पास आकर कहा, ''खेत के जंगली दाने का दृष्टान्त हमें समझा

13:19* मत्ती 5:37 **21*** यहेज 33:31,32; प्रेरि 14:22 **22*** रोम 12:2 † मत्ती 19:23; मर 10:23; लूका 18:24; 1 तीमु 6:9,10,17
24* मत्ती 13:31,33,44,45,47; 18:23; 20:1; 22:2; 25:1; मर 4:26,30; लूका 13:18,20
25* मूल में, *जिजयानियुन* **30*** मत्ती 3:12 **31*** मत्ती 13:24 **32*** यशा 2:2,3; मीका 4:1,2 **33*** मत्ती 13:24
† *लगभग 12 किलो* **34*** यूह 16:25 **35*** भजन 78:2 † भजन 78:2; रोम 16:25,26; 1 कुरि 2:7; इफि 3:9; कुल 1:26

दे।'' 37 उसने उनको उत्तर दिया, ''अच्छे बीज का बोनेवाला मनुष्य का पुत्र है। 38 खेत संसार है, अच्छा बीज राज्य की सन्तान, और जंगली बीज दुष्ट की सन्तान हैं। 39 जिस शत्रु ने उनको बोया वह शैतान* है; कटनी जगत का अन्त है, और काटनेवाले स्वर्गदूत हैं।† 40 अत: जैसे जंगली दाने बटोरे जाते और जलाए जाते हैं वैसा ही जगत के अन्त में होगा। 41 मनुष्य का पुत्र अपने स्वर्गदूतों को भेजेगा, और वे उसके राज्य में से सब ठोकर के कारणों को और कुकर्म करनेवालों को इकट्ठा करेंगे*, 42 और उन्हें आग के कुण्ड में डालेंगे, जहाँ रोना और दाँत पीसना होगा।* 43 उस समय धर्मी अपने पिता के राज्य में सूर्य के समान चमकेंगे।* जिसके कान हों वह सुन ले।†

छिपे हुए खजाने का दृष्टान्त

44 ''स्वर्ग का राज्य* खेत में छिपे हुए धन के समान है, जिसे किसी मनुष्य ने पाया और छिपा दिया, और मारे आनन्द के जाकर अपना सब कुछ बेच दिया† और उस खेत को मोल ले लिया।

अनमोल मोती का दृष्टान्त

45 ''फिर स्वर्ग का राज्य* एक व्यापारी के समान है जो अच्छे मोतियों की खोज में था। 46 जब उसे एक बहुमूल्य मोती मिला तो उसने जाकर अपना सब कुछ बेच डाला और उसे मोल ले लिया।

जाल का दृष्टान्त

47 ''फिर स्वर्ग का राज्य* उस बड़े जाल के समान है जो समुद्र में डाला गया, और हर प्रकार की मछलियों को समेट लाया। 48 और जब जाल भर गया, तो मछुए उसको किनारे पर खींच

लाए, और बैठकर अच्छी-अच्छी तो बर्तनों में इकट्ठा कीं और निकम्मी निकम्मी फेंक दीं। 49 जगत के अन्त में ऐसा ही होगा। स्वर्गदूत आकर दुष्टों को धर्मियों से अलग करेंगे,* 50 और उन्हें आग के कुण्ड में डालेंगे। जहाँ रोना और दाँत पीसना होगा।*

पुरानी और नई शिक्षा का महत्त्व

51 ''क्या तुम ने ये सब बातें समझीं?'' उन्होंने उससे कहा, ''हाँ।'' 52 उसने उनसे कहा, ''इसलिये हर एक शास्त्री जो स्वर्ग के राज्य का चेला बना है, उस गृहस्थ के समान है जो अपने भण्डार से नई और पुरानी वस्तुएँ निकालता है।''

नासरत में यीशु का अनादर

(मरकुस 6:1-6; लूका 4:16-30)

53 जब यीशु ये सब दृष्टान्त कह चुका, तो वहाँ से चला गया। 54 और अपने नगर में आकर* उनके आराधनालय में उन्हें ऐसा उपदेश देने लगा† कि वे चकित होकर कहने लगे, ''इसको यह ज्ञान और सामर्थ्य के काम कहाँ से मिले? 55 क्या यह बढ़ई का बेटा नहीं? और क्या इसकी माता का नाम मरियम और इसके भाइयों के नाम याकूब, यूसुफ, शमौन और यहूदा नहीं?* 56 और क्या इसकी सब बहिनें हमारे बीच में नहीं रहतीं?* फिर इसको यह सब कहाँ से मिला?†''

57 इस प्रकार उन्होंने उसके कारण ठोकर खाई,* पर यीशु ने उनसे कहा, ''भविष्यद्वक्ता का अपने देश और अपने घर को छोड़ और कहीं निरादर नहीं होता†।'' 58 और उसने वहाँ उनके अविश्वास के कारण बहुत से सामर्थ्य के काम नहीं किए।

13:39* यूनानी, इब्लीस, † योए 3:13; मत्ती 13:49; 24:3; प्रका 14:15 41* मत्ती 7:23; 18:7 42* मत्ती 8:12
43* दानि 12:3 † मत्ती 11:15; मर 4:9; लूका 8:8; प्रका 2:7 44* मत्ती 13:24 † मत्ती 19:21,29; लूका 14:33; फिलि 3:7,8
45* मत्ती 13:24 47* मत्ती 13:24 49* मत्ती 25:32 50* मत्ती 8:12 54* लूका 4:16 † भजन 22:22
55,56* मत्ती 12:46 यूह 6:42 † यूह 7:15 57* मत्ती 11:6; यूह 6:61 † लूका 4:24; यूह 4:44

यूहन्ना बपतिस्मा देनेवाले की हत्या

(मरकुस 6:14–29; लूका 9:7–9)

14 उस समय चौथाई देश* के राजा हेरोदेस† ने यीशु की चर्चा सुनी, 2 और अपने सेवकों से कहा, ''यह यूहन्ना बपतिस्मा देनेवाला है! वह मरे हुओं में से जी उठा है, इसी लिये उससे सामर्थ्य के काम प्रगट होते हैं।''

3 क्योंकि हेरोदेस ने अपने भाई फिलिप्पुस की पत्नी हेरोदियास के कारण, यूहन्ना को पकड़कर बाँधा और जेलखाने में डाल दिया था।* 4 क्योंकि यूहन्ना ने उससे कहा था कि इसको रखना तेरे लिए उचित नहीं है।* 5 इसलिये वह उसे मार डालना चाहता था, पर लोगों से डरता था क्योंकि वे उसे भविष्यद्वक्ता मानते थे।*

6 पर जब हेरोदेस का जन्मदिन आया, तो हेरोदियास की बेटी ने उत्सव में नाच दिखाकर हेरोदेस को खुश किया। 7 इस पर उसने शपथ खाकर वचन दिया, ''जो कुछ तू माँगेगी, मैं तुझे दूँगा।'' 8 वह अपनी माता के उसकाने से बोली, ''यूहन्ना बपतिस्मा देनेवाले का सिर थाल में यहीं मुझे मँगवा दे।'' 9 राजा दुःखी हुआ, पर अपनी शपथ के, और साथ बैठनेवालों के कारण, आज्ञा दी कि दे दिया जाए। 10 और उसने जेलखाने में लोगों को भेजकर यूहन्ना का सिर कटवा दिया; 11 और उसका सिर थाल में लाया गया और लड़की को दिया गया, जिसे वह अपनी माँ के पास ले गई। 12 तब यूहन्ना के चेले आए और उसके शव को ले जाकर गाड़ दिया, और जाकर यीशु को समाचार दिया।

पाँच हजार पुरुषों को खिलाना

(मरकुस 6:30–44; लूका 9:10–17; यूहन्ना 6:1–14)

13 जब यीशु ने यह सुना, तो वह नाव पर चढ़कर वहाँ से किसी सुनसान जगह को, एकान्त में चला गया। लोग यह सुनकर नगर–नगर से पैदल ही उसके पीछे हो लिए। 14 उसने निकलकर एक बड़ी भीड़ देखी और उन पर तरस खाया,* और उनके बीमारों को चंगा किया।

15 जब साँझ हुई तो उसके चेलों ने उसके पास आकर कहा, ''यह सुनसान जगह है और देर हो रही है; लोगों को विदा किया जाए कि वे बस्तियों में जाकर अपने लिये भोजन मोल लें।'' 16 पर यीशु ने उनसे कहा, ''उनका जाना आवश्यक नहीं! तुम ही इन्हें खाने को दो।'' 17 उन्होंने उससे कहा, ''यहाँ हमारे पास पाँच रोटी और दो मछलियों को छोड़ और कुछ नहीं है।''* 18 उसने कहा, ''उनको यहाँ मेरे पास ले आओ।'' 19 तब उसने लोगों को घास पर बैठने को कहा, और उन पाँच रोटियों और दो मछलियों को लिया; और स्वर्ग की ओर देखकर धन्यवाद किया* और रोटियाँ तोड़–तोड़कर चेलों को दीं, और चेलों ने लोगों को।† 20 जब सब खाकर तृप्त हो गए, तो चेलों ने बचे हुए टुकड़ों से भरी हुई बारह टोकरियाँ उठाईं।* 21 और खानेवाले स्त्रियों और बालकों को छोड़कर, पाँच हजार पुरुषों के लगभग थे।

यीशु का पानी पर चलना

(मरकुस 6: 45–52; यूहन्ना 6:15–21)

22 तब उसने तुरन्त अपने चेलों को नाव पर चढ़ने के लिए विवश किया कि वे उससे पहले पार चले जाएँ, जब तक वह लोगों को विदा करे। 23 वह लोगों को विदा करके, प्रार्थना करने को अलग पहाड़ पर चला गया;* और साँझ को वह वहाँ अकेला था। 24 उस समय नाव झील के बीच* लहरों से डगमगा रही थी, क्योंकि हवा सामने की थी। 25 और यीशु रात के चौथे पहर झील पर चलते हुए उनके पास आया। 26 चेले उसको झील पर चलते हुए देखकर

14:1* *राजा हेरोदेस की मृत्यु के उपरान्त उसका राज्य चार भागों में बँट गया था; इनमें से प्रत्येक भाग चौथाई देश (Tetrarch) कहलाता था*
† लूका 3:1 **3*** मत्ती 4:12; 11:2; लूका 3:19,20 **4*** लैव्य 18:16; 20:21 **5*** मत्ती 21:26; लूका 20:6 **14*** मत्ती 9:36; 15:30
17* मत्ती 16:9; मर 8:19 **19*** लूका 24:30; प्रेरि 27:35; रोम 14:6; 1 तीमु 4:4 **†** मत्ती 15:36; मर 8:6,7
20* 2 राजा 4:44; मत्ती 16:9; मर 8:19 **23*** लूका 6:12; 9:18,28 **24*** अथवा *किनारे से कुछ किलोमीटर दूर*

घबरा गए।* और कहने लगे, "यह भूत है!" और डर के मारे चिल्लाने लगे।† 27 तब यीशु ने तुरन्त उनसे बातें कीं और कहा, "ढाढ़स बाँधो! मैं हूँ, डरो मत!"* 28 पतरस ने उसको उत्तर दिया, "हे प्रभु, यदि तू ही है, तो मुझे अपने पास पानी पर चलकर आने की आज्ञा दे।" 29 उसने कहा, "आ!" तब पतरस नाव पर से उतरकर यीशु के पास जाने को पानी पर चलने लगा। 30 पर हवा को देखकर डर गया, और जब डूबने लगा तो चिल्लाकर कहा, "हे प्रभु, मुझे बचा!" 31 यीशु ने तुरन्त हाथ बढ़ाकर उसे थाम लिया और उससे कहा, "हे अल्पविश्वासी, तू ने क्यों सन्देह किया?"* 32 जब वे नाव पर चढ़ गए, तो हवा थम गई। 33 इस पर उन्होंने जो नाव पर थे, उसे दण्डवत् करके कहा, "सचमुच, तू परमेश्वर का पुत्र है।"*

गन्नेसरत में रोगियों को चंगा करना
(मरकुस 6:53-56)

34 वे पार उतरकर गन्नेसरत में पहुँचे। 35 वहाँ के लोगों ने उसे पहचान लिया और आस-पास के सारे देश में समाचार भेजा, और सब बीमारों को उसके पास लाए, 36 और उससे विनती करने लगे कि वह उन्हें अपने वस्त्र के आँचल ही को छूने दे; और जितनों ने उसे छुआ, वे चंगे हो गए।*

परम्परा पालन का प्रश्न
(मरकुस 7:1-13)

15 तब यरूशलेम से कुछ फरीसी और शास्त्री यीशु के पास आकर कहने लगे, 2 "तेरे चेले पूर्वजों की परम्पराओं को क्यों टालते हैं, कि बिना हाथ धोए रोटी खाते हैं?"* 3 उसने उनको उत्तर दिया, "तुम भी अपनी परम्पराओं के कारण क्यों परमेश्वर की आज्ञा टालते हो? 4 क्योंकि परमेश्वर ने कहा है, 'अपने पिता और अपनी माता का आदर करना', और 'जो कोई पिता या माता को बुरा कहे, वह मार डाला जाए।'* 5 पर तुम कहते हो कि यदि कोई अपने पिता या माता से कहे, 'जो कुछ तुझे मुझ से लाभ पहुँच सकता था, वह परमेश्वर को भेंट चढ़ाया जा चुका', 6 तो वह अपने पिता का आदर न करे, इस प्रकार तुम ने अपनी परम्परा के कारण परमेश्वर का वचन टाल दिया। 7 हे कपटियो, यशायाह ने तुम्हारे विषय में यह भविष्यद्वाणी ठीक ही की है :

8 'ये लोग होठों से तो मेरा आदर करते हैं,
  पर उनका मन मुझ से दूर रहता है।*
9 और ये व्यर्थ मेरी उपासना करते हैं,
  क्योंकि मनुष्यों की विधियों को धर्मोपदेश
  करके सिखाते हैं।*'"

अशुद्ध करने वाली बातें
(मरकुस 7:14-23)

10 तब उसने लोगों को अपने पास बुलाकर उनसे कहा, "सुनो, और समझो : 11 जो मुँह में जाता है, वह मनुष्य को अशुद्ध नहीं करता,* पर जो मुँह से निकलता है, वही मनुष्य को अशुद्ध करता है।" 12 तब चेलों ने आकर उससे कहा, "क्या तू जानता है कि फरीसियों ने यह वचन सुनकर ठोकर खाई?" 13 उसने उत्तर दिया, "हर पौधा जो मेरे स्वर्गीय पिता ने नहीं लगाया, उखाड़ा जाएगा। 14 उन को जाने दो; वे अंधे मार्गदर्शक हैं और अंधा यदि अंधे को मार्ग दिखाए, तो दोनों ही गड़हे में गिर पड़ेंगे।"*

15 यह सुनकर पतरस ने उससे कहा, "यह दृष्टान्त हमें समझा दे।" 16 उसने कहा, "क्या तुम भी अब तक नासमझ हो? 17 क्या तुम नहीं जानते कि जो कुछ मुँह में जाता वह पेट में पड़ता है, और सण्डास से निकल जाता है? 18 पर जो कुछ मुँह से निकलता है, वह मन से निकलता है, और वही मनुष्य को अशुद्ध करता

14:26* अय्यू 9:8 † लूका 24:37 27* मत्ती 9:2; 17:7; लूका 1:13,30; 5:10; प्रेरि 18:9; 23:11
31* मत्ती 6:30 33* भजन 2:7; मत्ती 4:3 36* मत्ती 9:20,21; मर 6:56; लूका 6:19; प्रेरि 19:12
15:2* लूका 11:38 4* निर्ग 20:12; 21:17; लैव्य 19:3; 20:9; व्य 5:16; 27:16; नीति 20:20; 23:22; 30:17; इफि 6:2
8,9* यशा 29:13 11* प्रेरि 10:14,15; रोम 14:14,17,20; 1 तीमु 4:3-5 14* यशा 9:16; मत्ती 23:16,24; लूका 6:39

है।* 19 क्योंकि बुरे विचार, हत्या, परस्त्रीगमन,
व्यभिचार, चोरी, झूठी गवाही और निन्दा मन ही
से निकलती है।* 20 ये ही हैं जो मनुष्य को
अशुद्ध करती हैं, परन्तु हाथ बिना धोए भोजन
करना मनुष्य को अशुद्ध नहीं करता।''

कनानी जाति की स्त्री का विश्‍वास

(मरकुस 7:24-30)

21 यीशु वहाँ से निकलकर, सूर और सैदा के
प्रदेश की ओर चला गया। 22 उस प्रदेश से एक
कनानी स्त्री निकली, और चिल्लाकर कहने लगी,
''हे प्रभु! दाऊद की सन्तान, मुझ पर दया कर!*
मेरी बेटी को दुष्टात्मा बहुत सता रहा है।''
23 पर उसने उसे कुछ उत्तर न दिया। तब उसके
चेलों ने आकर उससे विनती की, ''इसे विदा
कर, क्योंकि वह हमारे पीछे चिल्लाती हुई आ
रही है।'' 24 उसने उत्तर दिया, ''इस्राएल के
घराने की खोई हुई भेड़ों को छोड़ मैं किसी के
पास नहीं भेजा गया।*'' 25 पर वह आई, और
यीशु को प्रणाम करके कहने लगी*, ''हे प्रभु,
मेरी सहायता कर।'' 26 उसने उत्तर दिया,
''लड़कों की रोटी लेकर कुत्तों के आगे डालना
अच्छा नहीं।''* 27 उसने कहा, ''सत्य है प्रभु,
पर कुत्ते भी वह चूरचार खाते हैं, जो उनके
स्वामियों की मेज से गिरते हैं।'' 28 इस पर
यीशु ने उसको उत्तर दिया, ''हे स्त्री, तेरा विश्‍वास
बड़ा है। जैसा तू चाहती है, तेरे लिये वैसा ही
हो।'' और उस की बेटी उसी घड़ी से चंगी
हो गई।*

अनेक रोगियों को चंगा करना

29 यीशु वहाँ से गलील की झील के पास
आया, और पहाड़ पर चढ़कर बैठ गया। 30 तब
भीड़ पर भीड़ उसके पास आई। वे अपने साथ
लंगड़ों, अंधों, गूँगों, टुण्डों और अन्य बहुतों को
उसके पास लाए, और उन्हें उसके पाँवों पर डाल
दिया, और उसने उन्हें चंगा किया।* 31 जब
लोगों ने देखा कि गूँगे बोलते, और टुण्डे चंगे
होते, और लंगड़े चलते, और अंधे देखते हैं तो
अचम्भा करके इस्राएल के परमेश्‍वर की बड़ाई
की*।†

चार हजार लोगों को खिलाना

(मरकुस 8:1-10)

32 यीशु ने अपने चेलों को बुलाया और
कहा, ''मुझे इस भीड़ पर तरस आता है,* क्योंकि
वे तीन दिन से मेरे साथ हैं और उनके पास कुछ
खाने को नहीं है। मैं उन्हें भूखा विदा करना नहीं
चाहता, कहीं ऐसा न हो कि मार्ग में थककर रह
जाएँ।'' 33 चेलों ने उससे कहा, ''हमें इस जंगल
में कहाँ से इतनी रोटी मिलेगी कि हम इतनी
बड़ी भीड़ को तृप्त करें?'' 34 यीशु ने उनसे
पूछा, ''तुम्हारे पास कितनी रोटियाँ हैं?'' उन्होंने
कहा, ''सात, और थोड़ी सी छोटी मछलियाँ।''
35 तब उसने लोगों को भूमि पर बैठने की आज्ञा
दी। 36 और उन सात रोटियों और मछलियों को
लिया, धन्यवाद करके तोड़ा,* और अपने चेलों
को देता गया, और चेले लोगों को। 37 इस
प्रकार सब खाकर तृप्त हो गए और चेलों ने बचे
हुए टुकड़ों से भरे हुए सात टोकरे उठाए।*
38 खानेवाले स्त्रियों और बालकों को छोड़ चार
हज़ार पुरुष थे। 39 तब वह भीड़ को विदा करके
नाव पर चढ़ गया, और मगदन देश की सीमा में
आया।

स्वर्गीय चिह्न की माँग

(मरकुस 8:11-13; लूका 12: 54-56)

16 फरीसियों और सदूकियों ने पास आकर
उसे परखने के लिये उससे कहा, ''हमें
स्वर्ग का कोई चिह्न दिखा।*'' 2 उसने उनको
उत्तर दिया, ''साँझ को तुम कहते हो, 'मौसम
अच्छा रहेगा, क्योंकि आकाश लाल है', 3 और

15:18 * मत्ती 12:34,35; लूका 6:45 **19** * गला 5:19-21 **22** * मत्ती 9:27 **24** * मत्ती 10:6 **25** * मत्ती 8:2 **26** * मत्ती 7:6
28 * मत्ती 9:22; लूका 7:9 **29-31** * यशा 35:5,6; मत्ती 4:23,24; 11:5; लूका 7:22,23 † मत्ती 5:16; 9:8 **32** * मत्ती 9:36; 14:14
36 * मत्ती 14:19; यूह 6:11,23 **37** * मत्ती 16:10 **16:1** * मत्ती 12:38; 1 कुरि 1:22

भोर को कहते हो, 'आज आँधी आएगी, क्योंकि
आकाश लाल और धूमिल है।' तुम आकाश के
लक्षण देखकर उसका भेद बता सकते हो, पर
समयों के चिह्नों का भेद क्यों नहीं बता सकते?
4 इस युग के बुरे और व्यभिचारी लोग चिह्न
ढूँढ़ते हैं, पर योना के चिह्न को छोड़ उन्हें और
कोई चिह्न न दिया जाएगा।*'' और वह उन्हें
छोड़कर चला गया।

फरीसियों और सदूकियों की शिक्षा का खमीर

(मरकुस 8:14-21)

5 चेले झील के उस पार पहुँचे, पर वे रोटी
लेना भूल गए थे। 6 यीशु ने उनसे कहा, ''देखो,
फरीसियों और सदूकियों के खमीर से सावधान
रहना।*'' 7 वे आपस में विचार करने लगे,
''हम रोटी नहीं लाए इसलिये वह ऐसा कहता
है।'' 8 यह जानकर, यीशु ने उनसे कहा, ''हे
अल्पविश्वासियो, तुम आपस में क्यों विचार
करते हो कि हमारे पास रोटी नहीं है?* 9 क्या
तुम अब तक नहीं समझे? क्या तुम्हें उन पाँच
हजार की पाँच रोटियाँ स्मरण नहीं, और न
यह कि तुमने कितनी टोकरियाँ उठाई थीं?*
10 और न उन चार हजार की सात रोटियाँ, और
न यह कि तुमने कितने टोकरे उठाए थे?*
11 तुम क्यों नहीं समझते कि मैंने तुमसे
रोटियों के विषय में नहीं कहा,परन्तु यह कि तुम
फरीसियों और सदूकियों के खमीर से सावधान
रहना।*'' 12 तब उनकी समझ में आया कि
उसने रोटी के खमीर से नहीं, पर फरीसियों और
सदूकियों की शिक्षा से सावधान रहने को कहा
था।

पतरस का यीशु को 'मसीह' स्वीकार करना

(मरकुस 8: 27-30; लूका 9:18-21)

13 यीशु कैसरिया फिलिप्पी के प्रदेश में आया,
और अपने चेलों से पूछने लगा, ''लोग मनुष्य
के पुत्र को क्या कहते हैं?'' 14 उन्होंने कहा,
''कुछ तो यूहन्ना बपतिस्मा देनेवाला* कहते हैं,
और कुछ एलिय्याह†, और कुछ यिर्मयाह या
भविष्यद्वक्ताओं§ में से कोई एक कहते हैं।''
15 उसने उनसे कहा, ''परन्तु तुम मुझे क्या कहते
हो?'' 16 शमौन पतरस ने उत्तर दिया, ''तू जीवते
परमेश्वर का पुत्र मसीह* है।'' 17 यीशु ने उसको
उत्तर दिया, ''हे शमौन, योना के पुत्र,* तू धन्य
है; क्योंकि मांस और लहू ने नहीं†, परन्तु मेरे
पिता ने जो स्वर्ग में है, यह बात तुझ पर प्रगट की
है। 18 और मैं भी तुझ से कहता हूँ कि तू
पतरस* है, और मैं इस पत्थर† पर अपनी
कलीसिया§ बनाऊँगा, और अधोलोक के फाटक
उस पर प्रबल न होंगे। 19 मैं तुझे स्वर्ग के राज्य
की कुंजियाँ दूँगा : और जो कुछ तू पृथ्वी पर
बाँधेगा, वह स्वर्ग में बंधेगा; और जो कुछ तू
पृथ्वी पर खोलेगा, वह स्वर्ग में खुलेगा।''*
20 तब उस ने चेलों को चिताया कि किसी से न
कहना कि मैं मसीह हूँ।*

अपनी मृत्यु के विषय यीशु की भविष्यद्वाणी

(मरकुस 8: 31-33; लूका 9: 22)

21 उस समय से यीशु अपने चेलों को बताने
लगा, ''अवश्य है कि मैं यरूशलेम को जाऊँ
और पुरनियों, और प्रधान याजकों, और शास्त्रियों

16:4* योना 1:17; मत्ती 12:39,40; लूका 11:29,30 **6*** लूका 12:1; 1 कुरि 5:6-8 **8*** मत्ती 6:30,31
9* मत्ती 14:17-21; मर 6:36-44; लूका 9:12-17; यूह 6:5-13 **10*** मत्ती 15:32-38; मर 8:1-9 **11*** लूका 12:1
14* मत्ती 14:1,2; मर 6:14; लूका 9:7 **†** मत्ती 17:10; मर 6:15; लूका 9:8 **§** मर 6:15; लूका 9:8
16* मत्ती 4:3; यूह 6:68,69; 11:27; प्रेरि 8:37; 1 यूह 4:15
17* मत्ती 4:18; 17:4,5; यूह 1:42 **†** 1 कुरि 15:50; गला 1:16; इफि 6:12; इब्रा 2:14
18* मूल में, पैट्रोस; अर्थात् *एक छोटा पत्थर*; यूह 1:42 **†** मूल में, पैट्रा, अर्थात् *विशाल चट्टान*; यशा 28:16; 1 कुरि 3:11; इफि 2:20
§ यूनानी शब्द *'एक्कलीसियां' से निकला, अर्थात् चुने हुए लोग*; प्रेरि 2:41,47; इफि 1:23; 5:23; कुल 1:18
19* मत्ती 18:18; यूह 20:23 **20*** मर 8:30

के हाथ से बहुत दु:ख उठाऊँ; और मार डाला जाऊँ; और तीसरे दिन जी उठूँ।''* 22 इस पर पतरस उसे अलग ले जाकर झिड़कने लगा, ''हे प्रभु, परमेश्वर न करे! तेरे साथ ऐसा कभी न होगा।'' 23 उसने मुड़कर पतरस से कहा, ''हे शैतान, मेरे सामने से दूर हो! तू मेरे लिये ठोकर का कारण है; क्योंकि तू परमेश्वर की बातों पर नहीं, परन्तु मनुष्यों की बातों पर मन लगाता है।''*

यीशु के पीछे चलने का अर्थ

(मरकुस 8: 34 –9:1; लूका 9: 23-27)

24 तब यीशु ने अपने चेलों से कहा, ''यदि कोई मेरे पीछे आना चाहे, तो अपने आप का इन्कार करे और अपना क्रूस उठाए, और मेरे पीछे हो ले।* 25 क्योंकि जो कोई अपना प्राण बचाना चाहे, वह उसे खोएगा; और जो कोई मेरे लिये अपना प्राण खोएगा, वह उसे पाएगा।* 26 यदि मनुष्य सारे जगत को प्राप्त करे, और अपने प्राण की हानि उठाए, तो उसे क्या लाभ होगा? या मनुष्य अपने प्राण के बदले क्या देगा?* 27 मनुष्य का पुत्र अपने स्वर्गदूतों के साथ अपने पिता की महिमा में आएगा,* और उस समय 'वह हर एक को उसके कामों के अनुसार प्रतिफल देगा।†' 28 मैं तुमसे सच कहता हूँ कि जो यहाँ खड़े हैं, उनमें से कुछ ऐसे हैं कि वे जब तक मनुष्य के पुत्र को उसके राज्य में आते हुए न देख लेंगे, तब तक मृत्यु का स्वाद कभी न चखेंगे।''

यीशु का रूपान्तर

(मरकुस 9 : 2-13; लूका 9 : 28-36)

17 छः दिन के बाद यीशु ने पतरस और याकूब और उसके भाई यूहन्ना को साथ लिया,* और उन्हें एकान्त में किसी ऊँचे पहाड़ पर ले गया। 2 वहाँ उनके सामने उसका रूपान्तर हुआ, और उसका मुँह सूर्य के समान चमका और उसका वस्त्र ज्योति के समान उजला हो गया।* 3 और मूसा और एलिय्याह उसके साथ बातें करते हुए उन्हें दिखाई दिए।

4 इस पर पतरस ने यीशु से कहा, ''हे प्रभु, हमारा यहाँ रहना अच्छा है। यदि तेरी इच्छा हो तो मैं यहाँ तीन मण्डप बनाऊँ; एक तेरे लिये, एक मूसा के लिये, और एक एलिय्याह के लिये।'' 5 वह बोल ही रहा था कि एक उजले बादल ने उन्हें छा लिया, और उस बादल में से यह शब्द निकला : ''यह मेरा प्रिय पुत्र है, जिस से मैं प्रसन्न हूँ : इस की सुनो।*'' 6 चेले यह सुनकर मुँह के बल गिर गए और अत्यन्त डर गए। 7 यीशु ने पास आकर उन्हें छुआ, और कहा, ''उठो, डरो मत।*'' 8 तब उन्होंने अपनी आँखें उठाईं और यीशु को छोड़ और किसी को न देखा।

9 जब वे पहाड़ से उतर रहे थे तब यीशु ने उन्हें यह आज्ञा दी, ''जब तक मनुष्य का पुत्र मरे हुओं में से न जी उठे, तब तक जो कुछ तुम ने देखा है किसी से न कहना।*'' 10 इस पर उसके चेलों ने उससे पूछा, ''फिर शास्त्री क्यों कहते हैं कि एलिय्याह का पहले आना अवश्य है?*'' 11 उसने उत्तर दिया, ''एलिय्याह अवश्य आएगा, और सब कुछ सुधारेगा। 12 परन्तु मैं तुम से कहता हूँ कि एलिय्याह आ चुका है,* और लोगों ने उसे नहीं पहचाना; परन्तु जैसा चाहा वैसा ही उसके साथ किया।† इसी रीति से मनुष्य का पुत्र भी उनके हाथ से दु:ख उठाएगा।§'' 13 तब चेलों ने समझा कि उसने हमसे यूहन्ना बपतिस्मा देनेवाले के विषय में कहा है।

16:21* मत्ती 17:22,23; 20:18,19; मर 9:31; 10:33; लूका 18:31–33 **23*** रोम 8:7 **24*** मत्ती 10:38; लूका 14:27
25* मत्ती 10:39; लूका 17:33; यूह 12:25 **26*** भजन 49:7,8 **27*** मत्ती 24:27,37; 25:31; मर 13:26; लूका 21:27; प्रेरि 1:11; 1 थिस्स 4:16; 2 थिस्स 1:7 प्रका 1:7; 22:7 **†** भजन 62:12; रोम 2:6; 2 कुरि 5:10; प्रका 22:12
17:1* मत्ती 26:37; मर 5:37; 14:33; लूका 8:51 **2*** 2 पत 1:17,18 **5*** उत्प 22:2; व्य 18:15; भजन 2:7; यशा 42:1; मत्ती 3:17; 12:18; मर 1:11; लूका 3:22; 2 पत 1:17,18 **7*** मत्ती 14:27 **9*** मत्ती 16:20,21; मर 8:30
10* मला 4:6; लूका 1:16,17 **12*** मत्ती 11:14 **†** मत्ती 14:10; मर 6:27; लूका 9:9 **§** मत्ती 16:21

दुष्टात्मा-ग्रस्त बालक को चंगा करना

(मरकुस 9:14-29; लूका 9: 37-43)

14 जब वे भीड़ के पास पहुँचे, तो एक मनुष्य उसके पास आया, और घुटने टेक कर कहने लगा, 15 ''हे प्रभु, मेरे पुत्र पर दया कर! क्योंकि उसको मिर्गी आती है, और वह बहुत दु:ख उठाता है; और बार-बार आग में और बार-बार पानी में गिर पड़ता है। 16 मैं उसको तेरे चेलों के पास लाया था, पर वे उसे अच्छा नहीं कर सके।'' 17 यीशु ने उत्तर दिया, ''हे अविश्वासी और हठीले लोगो,* मैं कब तक तुम्हारे साथ रहूँगा? कब तक तुम्हारी सहूँगा? उसे यहाँ मेरे पास लाओ।'' 18 तब यीशु ने दुष्टात्मा को डाँटा, और वह उसमें से निकल गई*; और लड़का उसी घड़ी अच्छा हो गया।

19 तब चेलों ने एकान्त में यीशु के पास आकर कहा, ''हम उसे क्यों नहीं निकाल सके?'' 20 उसने उनसे कहा, ''अपने विश्वास की घटी के कारण, क्योंकि मैं तुम से सच कहता हूँ, यदि तुम्हारा विश्वास राई के दाने के बराबर भी हो, तो इस पहाड़ से कह सकोगे, 'यहाँ से सरककर वहाँ चला जा', तो वह चला जाएगा; और कोई बात तुम्हारे लिये असम्भव न होगी।* 21 [पर यह जाति बिना प्रार्थना और उपवास के नहीं निकलती।*]''

अपनी मृत्यु के विषय यीशु की पुनः भविष्यद्वाणी

(मरकुस 9: 30-32; लूका 9: 43-45)

22 जब वे गलील में थे, तो यीशु ने उन से कहा, ''मनुष्य का पुत्र मनुष्यों के हाथ में पकड़वाया जाएगा;* 23 वे उसे मार डालेंगे, और वह तीसरे दिन जी उठेगा।*'' इस पर वे बहुत उदास हुए।

मन्दिर का कर

24 जब वे कफरनहूम पहुँचे, तो मन्दिर का कर* लेनेवालों ने पतरस के पास आकर पूछा, ''क्या तुम्हारा गुरु मन्दिर का कर नहीं देता?'' 25 उसने कहा, ''हाँ, देता है।'' जब वह घर में आया, तो यीशु ने उसके पूछने से पहले ही उससे कहा, ''हे शमौन, तू क्या सोचता है? पृथ्वी के राजा महसूल या कर किन से लेते हैं? अपने पुत्रों से या परायों से?'' 26 पतरस ने उससे कहा, ''परायों से।'' यीशु ने उस से कहा, ''तो पुत्र बच गए। 27 तौभी इसलिये कि हम उन्हें ठोकर न खिलाएँ, तू झील के किनारे जाकर बंसी डाल, और जो मछली पहले निकले, उसे ले; उसका मुँह खोलने पर तुझे एक सिक्का* मिलेगा, उसी को लेकर मेरे और अपने बदले उन्हें दे देना।''

स्वर्ग के राज्य में बड़ा कौन?

(मरकुस 9: 33-37, लूका 9: 46-48)

18 उस घड़ी चेले यीशु के पास आकर पूछने लगे, ''स्वर्ग के राज्य में बड़ा कौन है?*'' 2 इस पर उसने एक बालक को पास बुलाकर उनके बीच में खड़ा किया, 3 और कहा, ''मैं तुम से सच कहता हूँ कि जब तक तुम न फिरो और बालकों के समान न बनो*, तुम स्वर्ग के राज्य में प्रवेश करने नहीं पाओगे।† 4 जो कोई अपने आप को इस बालक के समान छोटा करेगा, वह स्वर्ग के राज्य में बड़ा होगा।* 5 और जो कोई मेरे नाम से एक ऐसे बालक को ग्रहण करता है वह मुझे ग्रहण करता है।*

17:17* मूल में, *पीढ़ी* **18*** लूका 4:41 **20*** मत्ती 21:21; मर 11:23; लूका 17:6; 1 कुरि 13:2

21* *कुछ प्राचीन हस्तलेखों में यह पद नहीं मिलता* **22,23*** मत्ती 16:21; मर 8:31; लूका 9:22; 24:6,7; प्रेरि 3:13-15

24* मूल में, *दिद्राख्मा (चाँदी का एक सिक्का, दो दिन की मज़दूरी के बराबर)*; निर्ग 30:13; 38:26

27* मूल में, *स्तातेर (चाँदी का एक सिक्का, चार दिन की मज़दूरी के बराबर)* **18:1*** लूका 22:24-27

3* भजन 131:2; 1 कुरि 14:20 **†** मत्ती 19:14; मर 10:15; लूका 18:16,17 **4*** मत्ती 20:27; 23:11; मर 9:35

5* मत्ती 10:40

पाप करने की परीक्षाएँ

(मरकुस 9: 42-48; लूका 17:1, 2)

6 ''पर जो कोई इन छोटों में से जो मुझ पर
विश्वास करते हैं एक को ठोकर खिलाए*, उसके
लिये भला होता कि बड़ी चक्की का पाट उसके
गले में लटकाया जाता, और वह गहरे समुद्र में
डुबाया जाता। 7 ठोकरों के कारण संसार पर
हाय! ठोकरों का लगना अवश्य है; पर हाय उस
मनुष्य पर जिसके द्वारा ठोकर लगती है।
8 ''यदि तेरा हाथ या तेरा पाँव तुझे ठोकर
खिलाए, तो उसे काटकर फेंक दे; टुण्डा या लंगड़ा
होकर जीवन में प्रवेश करना तेरे लिये इससे
भला है कि दो हाथ या दो पाँव रहते हुए तू
अनन्त आग में डाला जाए।* 9 यदि तेरी आँख
तुझे ठोकर खिलाए, तो उसे निकालकर फेंक दे;
काना होकर जीवन में प्रवेश करना तेरे लिये
इससे भला है कि दो आँख रहते हुए तू नरक की
आग* में डाला जाए।

खोई हुई भेड़ का दृष्टान्त

(लूका 15: 3-7)

10 ''देखो, तुम इन छोटों में से किसी को
तुच्छ न जानना; क्योंकि मैं तुम से कहता हूँ कि
स्वर्ग में उनके दूत मेरे स्वर्गीय पिता का मुँह सदा
देखते हैं।* 11 [क्योंकि मनुष्य का पुत्र खोए
हुओं को बचाने आया है।*]
12 ''तुम क्या सोचते हो? यदि किसी मनुष्य
की सौ भेड़ें हों, और उनमें से एक भटक जाए,
तो क्या वह निन्यानबे को छोड़कर, और पहाड़ों
पर जाकर, उस भटकी हुई को न ढूँढ़ेगा?
13 और यदि ऐसा हो कि उसे पाए, तो मैं तुम से
सच कहता हूँ कि वह उन निन्यानबे भेड़ों के
लिये जो भटकी नहीं थीं, इतना आनन्द नहीं
करेगा जितना कि इस भेड़ के लिये करेगा।
14 ऐसा ही तुम्हारे पिता की जो स्वर्ग में है
यह इच्छा नहीं कि इन छोटों में से एक भी नष्ट
हो।*

अपराधियों के प्रति व्यवहार

15 ''यदि तेरा भाई तेरे विरुद्ध अपराध करे,
तो जा और अकेले में बातचीत करके उसे समझा;
यदि वह तेरी सुने तो तू ने अपने भाई को पा
लिया।* 16 यदि वह न सुने, तो एक या दो जन
को अपने साथ और ले जा, कि 'हर एक बात दो
या तीन गवाहों के मुँह से निश्चित की जाए।'*
17 यदि वह उनकी भी न माने, तो कलीसिया से
कह दे, परन्तु यदि वह कलीसिया की भी न माने
तो तू उसे अन्यजाति और महसूल लेनेवाले
जैसा जान।*

रोकना और अवसर देना

18 ''मैं तुम से सच कहता हूँ, जो कुछ तुम
पृथ्वी पर बाँधोगे, वह स्वर्ग में बंधेगा और जो
कुछ तुम पृथ्वी पर खोलोगे, वह स्वर्ग में खुलेगा।*
19 फिर मैं तुम से कहता हूँ, यदि तुम में से दो
जन पृथ्वी पर किसी बात के लिए एक मन होकर
उसे माँगें, तो वह मेरे पिता की ओर से जो स्वर्ग
में है, उनके लिए हो जाएगी।* 20 क्योंकि जहाँ
दो या तीन मेरे नाम पर इकट्ठा होते हैं, वहाँ मैं
उनके बीच में होता हूँ।''

निर्दयी सेवक का दृष्टान्त

21 तब पतरस ने पास आकर उस से कहा,
''हे प्रभु, यदि मेरा भाई अपराध करता रहे, तो मैं
कितनी बार उसे क्षमा करूँ?* क्या सात बार
तक?'' 22 यीशु ने उससे कहा, ''मैं तुझ से यह
नहीं कहता कि सात बार तक वरन् सात बार के
सत्तर गुने तक।*
23 ''इसलिये स्वर्ग का राज्य* उस राजा के

18:6* 1 कुरि 8:12 8* मत्ती 5:30 9* यू. *आग के नरक में,* मत्ती 5:29 10* भजन 34:7; इब्रा 1:14
11* *कुछ प्राचीन हस्तलेखों में यह पद भी मिलता है;* लूका 19:10 14* 1 तीमु 2:4 15* लूका 17:3; गला 6:1; याकू 5:19.20
16* व्य 17:6; 19:15; यूह 8:17; 2 कुरि 13:1; 1 तीमु 5:19; इब्रा 10:28 17* 1 कुरि 6:1-6; रोम 16:17; 2 थिस्स 3:6
18* मत्ती 16:19; यूह 20:23 19* मत्ती 7:7 21* लूका 17:3,4 22* उत्प 4:24; मत्ती 6:14; कुलु 3:13 23* मत्ती 13:24

समान है, जिसने अपने दासों से लेखा लेना चाहा।
24 जब वह लेखा लेने लगा, तो एक जन उसके
सामने लाया गया जो दस हजार तोड़े* का क़र्जदार
था। 25 जबकि चुकाने को उसके पास कुछ न
था, तो उसके स्वामी ने कहा, 'यह और इसकी
पत्नी और बाल-बच्चे और जो कुछ इसका है
सब बेचा जाए, और क़र्ज चुका दिया जाए।'
26 इस पर उस दास ने गिरकर उसे प्रणाम किया,
और कहा, 'हे स्वामी धीरज धर, मैं सब कुछ
भर दूँगा।' 27 तब उस दास के स्वामी ने तरस
खाकर उसे छोड़ दिया, और उसका क़र्ज भी
क्षमा कर दिया।*

28 ''परन्तु जब वह दास बाहर निकला, तो
उसके संगी दासों में से एक उस को मिला जो
उसके सौ दीनार* का क़र्जदार था; उसने उसे
पकड़कर उसका गला घोंटा और कहा, 'जो कुछ
तुझ पर क़र्ज है भर दे।' 29 इस पर उसका संगी
दास गिरकर उससे विनती करने लगा, 'धीरज
धर, मैं सब भर दूँगा।' 30 उसने न माना, परन्तु
जाकर उसे बन्दीगृह में डाल दिया कि जब तक
क़र्ज भर न दे, तब तक वहीं रहे। 31 उसके संगी
दास यह जो हुआ था देखकर बहुत उदास हुए,
और जाकर अपने स्वामी को पूरा हाल बता दिया।
32 तब उसके स्वामी ने उस को बुलाकर उस से
कहा, 'हे दुष्ट दास, तू ने जो मुझ से विनती की,
तो मैं ने तेरा वह पूरा क़र्ज क्षमा कर दिया।
33 इसलिये जैसे मैं ने तुझ पर दया की, वैसे ही
क्या तुझे भी अपने संगी दास पर दया करना नहीं
चाहिए था?' * 34 और उसके स्वामी ने क्रोध में
आकर उसे दण्ड देनेवालों के हाथ में सौंप दिया,
कि जब तक वह सब क़र्ज भर न दे, तब तक उन
के हाथ में रहे।*

35 ''इसी प्रकार यदि तुम में से हर एक
अपने भाई को मन से क्षमा न करेगा, तो मेरा
पिता जो स्वर्ग में है, तुम से भी वैसा ही करेगा।'' *

तलाक के विषय यीशु की शिक्षा

(मरकुस 10:1-12)

19 जब यीशु ये बातें कह चुका, तो गलील
से चला गया; और यरदन के पार
यहूदिया के प्रदेश में आया। 2 तब बड़ी भीड़
उसके पीछे हो ली, और उसने वहाँ उन्हें चंगा
किया।*

3 तब फरीसी उसकी परीक्षा करने के लिए
पास आकर कहने लगे, ''क्या हर एक कारण से
अपनी पत्नी को त्यागना उचित है?'' 4 उसने
उत्तर दिया, ''क्या तुम ने नहीं पढ़ा कि जिसने
उन्हें बनाया, उसने आरम्भ से नर और नारी
बनाकर* कहा,

5 'इस कारण मनुष्य अपने माता-पिता से
अलग होकर अपनी पत्नी के साथ रहेगा और वे
दोनों एक तन* होंगे?'
6 अत: वे अब दो नहीं, परन्तु एक तन हैं।
इसलिये जिसे परमेश्वर ने जोड़ा है, उसे मनुष्य
अलग न करे।''* 7 उन्होंने उससे कहा, ''फिर
मूसा ने यह क्यों ठहराया कि त्यागपत्र देकर उसे
छोड़ दे?''* 8 उसने उनसे कहा, ''मूसा ने
तुम्हारे मन की कठोरता के कारण तुम्हें अपनी-
अपनी पत्नी को छोड़ देने की आज्ञा दी, परन्तु
आरम्भ से ऐसा नहीं था।* 9 और मैं तुम से
कहता हूँ, कि जो कोई व्यभिचार को छोड़ और
किसी कारण से अपनी पत्नी को त्यागकर दूसरी
से विवाह करे, वह व्यभिचार करता है; और जो
उस छोड़ी हुई से विवाह करे, वह भी व्यभिचार
करता है।''*

10 चेलों ने उससे कहा, ''यदि पुरुष का स्त्री
के साथ ऐसा सम्बन्ध है, तो विवाह करना अच्छा
नहीं।'' 11 उसने उनसे कहा, ''सब यह वचन
ग्रहण नहीं कर सकते, केवल वे जिनको यह दान
दिया गया है।* 12 क्योंकि कुछ नपुंसक ऐसे हैं,

18:24* मूल में. *तालन्तौन, एक तालन्तौन बराबर लगभग 20 किलो चाँदी* **27*** लूका 7:42 **28*** *एक दीनार बराबर एक दिन की मजदूरी*
33* मत्ती 6:12 **34*** मत्ती 5:26 **35*** मत्ती 6:14,15; मर 11:26 **19:2*** मत्ती 4:23 **4*** उत्प 1:27; 5:2 **5*** उत्प 2:24; इफि 5:31
6* 1 कुरि 7:10,11 **7*** व्य 24:1-4; मत्ती 5:31 **8*** मला 2:16 **9*** मत्ती 5:32; लूका 16:18; 1 कुरि 7:10,11
11* 1 कुरि 7:2,7,9,17

जो माता के गर्भ ही से ऐसे जन्मे; और कुछ नपुंसक ऐसे हैं, जिन्हें मनुष्य ने नपुंसक बनाया; और कुछ नपुंसक ऐसे हैं, जिन्होंने स्वर्ग के राज्य के लिए अपने आप को नपुंसक बनाया है।* जो इसको ग्रहण कर सकता है, वह ग्रहण करे।''

बालकों को आशीर्वाद

(मरकुस 10:13-16; लूका 18:15-17)

13 तब लोग बालकों को उसके पास लाए कि वह उन पर हाथ रखे और प्रार्थना करे, पर चेलों ने उन्हें डाँटा। 14 यीशु ने कहा, ''बालकों को मेरे पास आने दो, और उन्हें मना न करो, क्योंकि स्वर्ग का राज्य ऐसों ही का है।''* 15 और वह उन पर हाथ रखकर वहाँ से चला गया।

धनी युवक और अनन्त जीवन

(मरकुस 10:17-31; लूका 18:18-30)

16 एक मनुष्य यीशु के पास आया और उससे कहा, ''हे गुरु, मैं कौन सा भला काम करूँ कि अनन्त जीवन पाऊँ?*'' 17 उसने उससे कहा, ''तू मुझ से भलाई के विषय में क्यों पूछता है? भला तो एक ही है*, पर यदि तू जीवन में प्रवेश करना चाहता है, तो आज्ञाओं को माना कर।†'' 18 उसने उससे कहा, ''कौन सी आज्ञाएँ?'' यीशु ने कहा, ''यह कि

हत्या न करना, व्यभिचार न करना, चोरी न करना, झूठी गवाही न देना*, 19 अपने पिता और अपनी माता का आदर करना*, और अपने पड़ोसी से अपने समान प्रेम रखना।''†

20 उस जवान ने उससे कहा, ''इन सब को तो मैंने माना है; अब मुझ में किस बात की घटी है?'' 21 यीशु ने उससे कहा, ''यदि तू सिद्ध होना चाहता है तो जा, अपना माल बेचकर कंगालों को दे, और तुझे स्वर्ग में धन मिलेगा*; और आकर मेरे पीछे हो ले।'' 22 परन्तु वह जवान यह बात सुन उदास होकर चला गया, क्योंकि वह बहुत धनी था।

23 तब यीशु ने अपने चेलों से कहा, ''मैं तुम से सच कहता हूँ कि धनवान का स्वर्ग के राज्य में प्रवेश करना कठिन है।* 24 तुमसे फिर कहता हूँ कि परमेश्वर के राज्य में धनवान के प्रवेश करने से ऊँट का सूई के नाके में से निकल जाना सहज है।'' 25 यह सुनकर चेलों ने बहुत चकित होकर कहा, ''फिर किसका उद्धार हो सकता है?'' 26 यीशु ने उनकी ओर देखकर कहा, ''मनुष्यों से तो यह नहीं हो सकता, परन्तु परमेश्वर से सब कुछ हो सकता है।''* 27 इस पर पतरस ने उससे कहा, ''देख, हम तो सब कुछ छोड़ के तेरे पीछे हो लिए हैं :* तो हमें क्या मिलेगा?'' 28 यीशु ने उनसे कहा, ''मैं तुम से सच कहता हूँ कि नई सृष्टि में जब मनुष्य का पुत्र अपनी महिमा के सिंहासन पर बैठेगा, तो तुम भी जो मेरे पीछे हो लिए हो, बारह सिंहासनों पर बैठकर इस्राएल के बारह गोत्रों का न्याय करोगे।* 29 और जिस किसी ने घरों, या भाइयों, या बहिनों, या पिता, या माता, या बाल-बच्चों, या खेतों को मेरे नाम के लिए छोड़ दिया है, उसको सौ गुना मिलेगा, और वह अनन्त जीवन का अधिकारी होगा।* 30 परन्तु बहुत से जो पहले हैं, पिछले होंगे; और जो पिछले हैं, पहले होंगे।*

बारी के मजदूरों का दृष्टान्त

20 ''स्वर्ग का राज्य* किसी गृहस्वामी के समान है, जो सबेरे निकला कि अपनी दाख की बारी में मजदूरों को लगाए। 2 उसने मजदूरों से एक दीनार* रोज पर ठहराया

19:12* 1 कुरि 7:32,34 **14*** मत्ती 5:3; 18:2,3 **16*** मत्ती 25:46; लूका 10:25 **17*** नहू 1:7 **†** लैव्य 18:5
18* निर्ग 20:13-16; व्य 5:17-20; रोम 13:9; याकू 2:11 **19*** निर्ग 20:12; व्य 5:16; मत्ती 15:4 **†** निर्ग 20:17; व्य 5:20; लैव्य 19:18; मत्ती 22:39; रोम 13:9,10; गला 5:14; याकू 2:8 **21*** मत्ती 5:48; 6:20; लूका 12:33 **23*** मत्ती 13:22; 1 तीमु 6:9,10
26* उत्प 18:14; अय्यू 42:2; यिर्म 32:17; रोम 4:21 **27*** मत्ती 4:19,20; लूका 5:11 **28*** मत्ती 25:31; लूका 22:29,30; प्रका 3:21; 4:4; 20:4 **29*** मत्ती 6:33 **30*** मत्ती 20:16; 21:31,32; लूका 13:30 **20:1*** मत्ती 13:24 **2*** *एक दीनार बराबर एक दिन की मजदूरी*

और उन्हें अपनी दाख की बारी में भेजा। 3 फिर
एक पहर दिन चढ़े उसने निकलकर अन्य लोगों
को बाजार में बेकार खड़े देखा, 4 और उनसे
कहा, 'तुम भी दाख की बारी में जाओ, और
जो कुछ ठीक है, तुम्हें दूँगा।' अतः वे भी
गए। 5 फिर उसने दूसरे और तीसरे पहर के
निकट निकलकर वैसा ही किया। 6 एक घंटा
दिन रहे उसने फिर निकलकर दूसरों को खड़े
पाया, और उनसे कहा, 'तुम क्यों यहाँ दिन भर
बेकार खड़े रहे?' उन्होंने उससे कहा, 'इसलिये
कि किसी ने हमें मजदूरी पर नहीं लगाया।'
7 उसने उनसे कहा, 'तुम भी दाख की बारी में
जाओ।'

8 "साँझ को दाख की बारी के स्वामी ने
अपने भण्डारी से कहा, 'मजदूरों को बुलाकर
पिछलों से लेकर पहलों तक उन्हें मजदूरी दे
दे।'* 9 जब वे आए जो घंटा भर दिन रहे लगाए
गए थे, तो उन्हें एक एक दीनार मिला। 10 जो
पहले आए उन्होंने यह समझा कि हमें अधिक
मिलेगा, परन्तु उन्हें भी एक एक दीनार ही मिला।
11 जब मिला तो वे गृहस्वामी पर कुड़कुड़ा के
कहने लगे, 12 'इन पिछलों ने एक ही घंटा काम
किया, और तू ने उन्हें हमारे बराबर कर दिया,
जिन्होंने दिन भर का भार उठाया और धूप सही?'
13 उसने उनमें से एक को उत्तर दिया, 'हे मित्र,
मैं तुझ से कुछ अन्याय नहीं करता। क्या तूने ही
मुझसे एक दीनार न ठहराया था? 14 जो तेरा है,
उठा ले और चला जा; मेरी इच्छा यह है कि
जितना तुझे दूँ उतना ही इस पिछले को भी दूँ।
15 क्या यह उचित नहीं कि मैं अपने माल से जो
चाहूँ सो करूँ? क्या मेरे भले होने के कारण तू
बुरी दृष्टि से देखता है?*' 16 इसी रीति से जो
पिछले हैं, वे पहले होंगे; और जो पहले हैं, वे
पिछले होंगे।"*

अपनी मृत्यु के विषय यीशु की तीसरी भविष्यद्वाणी

(मरकुस 10: 32-34; लूका 18: 31-34)

17 यीशु यरूशलेम को जाते हुए बारह चेलों
को एकान्त में ले गया, और मार्ग में उनसे कहने
लगा, 18 "देखो, हम यरूशलेम को जाते हैं;
और मनुष्य का पुत्र प्रधान याजकों और शास्त्रियों
के हाथ पकड़वाया जाएगा, और वे उसको घात
के योग्य ठहराएँगे।* 19 और उसको अन्यजातियों
के हाथ सौंपेंगे कि वे उसे ठट्ठों में उड़ाएँ, और
कोड़े मारें, और क्रूस पर चढ़ाएँ, और वह तीसरे
दिन जिलाया जाएगा।"*

एक माँ की विनती

(मरकुस 10:35-45)

20 तब जब्दी के पुत्रों की माता ने, अपने
पुत्रों के साथ यीशु के पास आकर प्रणाम किया,
और उससे कुछ माँगने लगी। 21 उसने उससे
कहा, "तू क्या चाहती है?" वह उससे बोली,
"यह वचन दे कि मेरे ये दो पुत्र तेरे राज्य में एक
तेरे दाहिने और एक तेरे बाएँ बैठे।"* 22 यीशु
ने उत्तर दिया, "तुम नहीं जानते कि क्या माँगते
हो। जो कटोरा मैं पीने पर हूँ, क्या तुम पी सकते
हो?"* उन्होंने उससे कहा, "पी सकते हैं।"
23 उसने उनसे कहा, "तुम मेरा कटोरा तो
पीओगे, पर अपने दाहिने और बाएँ किसी को
बैठाना मेरा काम नहीं, पर जिनके लिये मेरे पिता
की ओर से तैयार किया गया, उन्हीं के लिये
है।"*

24 यह सुनकर दसों चेले उन दोनों भाइयों
पर क्रुद्ध हुए। 25 यीशु ने उन्हें पास बुलाकर
कहा, "तुम जानते हो कि अन्यजातियों के हाकिम
उन पर प्रभुता करते हैं; और जो बड़े हैं, वे उन पर

20:8* लैव्य 19:13; व्य 24:15 **15*** रोम 9:16-21 **16*** मत्ती 19:30; मर 10:31; लूका 13:30
18, 19* मत्ती 16:21; 27:2; मर 15:1, 16-20; लूका 9:51; प्रेरि 2:23,24 **21*** मत्ती 19:28
22* मत्ती 26:39,42; मर 14:36; लूका 12:50; 22:42; यूह 18:1 **23*** रोम 8:17; प्रका 1:9

अधिकार जताते हैं।* 26 परन्तु तुम में ऐसा नहीं
होगा; परन्तु जो कोई तुम में बड़ा होना चाहे, वह
तुम्हारा सेवक बने;* 27 और जो तुम में प्रधान
होना चाहे, वह तुम्हारा दास बने;* 28 जैसे कि
मनुष्य का पुत्र; वह इसलिये नहीं आया कि उसकी
सेवा टहल की जाए, परन्तु इसलिये आया कि
आप सेवा टहल करे, और बहुतों की छुड़ौती के
लिये अपने प्राण दे।''*

दो अन्धों को दृष्टिदान

(मरकुस 10:46-52; लूका 18:35-43)

29 जब वे यरीहो से निकल रहे थे, तो एक
बड़ी भीड़ उसके पीछे हो ली। 30 और दो अन्धे,
जो सड़क के किनारे बैठे थे, यह सुनकर कि
यीशु जा रहा है, पुकारकर कहने लगे, ''हे
प्रभु, दाऊद की सन्तान,* हम पर दया कर।''
31 लोगों ने उन्हें डाँटा कि चुप रहें; पर वे और
भी चिल्लाकर बोले, ''हे प्रभु, दाऊद की सन्तान,
हम पर दया कर।'' 32 तब यीशु ने खड़े होकर,
उन्हें बुलाया और कहा, ''तुम क्या चाहते हो कि
मैं तुम्हारे लिये करूँ?'' 33 उन्होंने उससे कहा,
''हे प्रभु, यह कि हमारी आँखें खुल जाएँ।''
34 यीशु ने तरस खाकर उनकी आँखें छूईं,
और वे तुरन्त देखने लगे; और उसके पीछे हो
लिए।*

यरूशलेम में विजय प्रवेश

(मरकुस 11:1-11; लूका 19: 28-40;
यूहन्ना 12:12-19)

21 जब वे यरूशलेम के निकट पहुँचे और
जैतून पहाड़* पर बैतफगे के पास आए,
तो यीशु ने दो चेलों को यह कहकर भेजा,
2 ''सामने के गाँव में जाओ। वहाँ पहुँचते ही
एक गदही बँधी हुई, और उसके साथ बच्चा तुम्हें
मिलेगा। उन्हें खोलकर मेरे पास ले आओ।
3 यदि तुम से कोई कुछ कहे, तो कहना कि
प्रभु को इनका प्रयोजन है, तब वह तुरन्त उन्हें
भेज देगा।'' 4 यह इसलिये हुआ कि जो वचन
भविष्यद्वक्ता के द्वारा कहा गया था, वह पूरा हो:
5 ''सिय्योन की बेटी से कहो,
'देख, तेरा राजा तेरे पास आता है;
वह नम्र है, और गदहे पर बैठा है;
वरन् लादू के बच्चे पर।'''*
6 चेलों ने जाकर, जैसा यीशु ने उनसे कहा था,
वैसा ही किया। 7 और गदही और बच्चे को
लाकर, उन पर अपने कपड़े डाले, और वह उन
पर बैठ गया। 8 तब बहुत से लोगों ने अपने
कपड़े मार्ग में बिछाए, और अन्य लोगों ने पेड़ों
से डालियाँ काटकर मार्ग में बिछाईं। 9 जो भीड़
आगे-आगे जाती और पीछे-पीछे चली आती
थी, पुकार-पुकार कर कहती थी, ''दाऊद के
सन्तान को होशाना*, धन्य है वह जो प्रभु के
नाम से आता है, आकाश† में होशाना।''§
10 जब उसने यरूशलेम में प्रवेश किया, तो सारे
नगर में हलचल मच गई, और लोग कहने लगे,
''यह कौन है?'' 11 लोगों ने कहा, ''यह गलील
के नासरत का भविष्यद्वक्ता यीशु है।''*

मन्दिर से व्यापारियों का निकाला जाना

(मरकुस 11:15-19; लूका 19: 45-48;
यूहन्ना 2:13-22)

12 यीशु ने परमेश्वर के मन्दिर में जाकर उन
सब को, जो मन्दिर में लेन-देन कर रहे थे,
निकाल दिया, और सर्राफों के पीढ़े और कबूतर
बेचनेवालों की चौकियाँ उलट दीं*; 13 और
उनसे कहा, ''लिखा है, 'मेरा घर प्रार्थना का घर
कहलाएगा';* परन्तु तुम उसे डाकुओं की खोह
बनाते हो।†''

20:25-27* मत्ती 23:11; मर 9:35; लूका 22:25-27 **28*** यशा 53:10-12; मत्ती 8:20; 26:28; लूका 22:27; यूह 11:51,52; 13:4,13,14; 2 कुरि 8:9; फिलि 2:7,8; 1 तीमु 2:6; तीतु 2:14; इब्रा 9:28; 1 पत 1:18,19; प्रका 1:5 **30*** यहेज 37:21-25
30-34* मत्ती 9:27-31 **21:1*** जक 14:4; मत्ती 24:3; 26:30; मर 13:3; 14:26; लूका 21:37; 22:39; यूह 8:1; प्रेरि 1:12
5* यशा 62:11; जक 9:9 **9*** अर्थात् *हमें बचा* † मूल में, *ऊँचे से ऊँचे स्थान* § भजन 118:25,26; मत्ती 23:39
11* व्य 18:15; मत्ती 21:46; मर 6:15; लूका 7:16; 13:33; 24:19; यूह 4:19; 6:14; 7:40; 9:17; प्रेरि 3:22; 7:37
12* मला 3:1 **13*** यशा 56:7 † यिर्म 7:11

14 तब अंधे और लंगड़े, मन्दिर में उसके पास आए, और उसने उन्हें चंगा किया।* 15 परन्तु जब प्रधान याजकों और शास्त्रियों ने इन अद्भुत कामों को, जो उसने किए, और लड़कों को मन्दिर में 'दाऊद के सन्तान' को होशाना'† पुकारते हुए देखा, तो वे क्रोधित हुए, 16 और उससे कहने लगे, ''क्या तू सुनता है कि ये क्या कहते हैं?'' यीशु ने उनसे कहा, ''हाँ; क्या तुमने यह कभी नहीं पढ़ा : 'बालकों और दूध पीते बच्चों के मुँह से तू ने अपार स्तुति कराई?'*'' 17 तब वह उन्हें छोड़कर नगर के बाहर बैतनिय्याह* को गया और वहाँ रात बिताई।

फल-रहित अंजीर का पेड़

(मरकुस 11:12-14, 20-24)

18 भोर को जब वह नगर को लौट रहा था तो उसे भूख लगी। 19 सड़क के किनारे अंजीर का एक पेड़ देखकर वह उसके पास गया, और पत्तों को छोड़ उसमें और कुछ न पाकर* उससे कहा, ''अब से तुझ में फिर कभी फल न लगें।'' और अंजीर का पेड़ तुरन्त सूख गया। 20 यह देखकर चेलों को अचम्भा हुआ और उन्होंने कहा, ''यह अंजीर का पेड़ तुरन्त कैसे सूख गया?'' 21 यीशु ने उनको उत्तर दिया, ''मैं तुम से सच कहता हूँ, यदि तुम विश्वास रखो और संदेह न करो, तो न केवल यह करोगे जो इस अंजीर के पेड़ से किया गया है, परन्तु यदि इस पहाड़ से भी कहोगे, 'उखड़ जा, और समुद्र में जा पड़', तो यह हो जाएगा।* 22 और जो कुछ तुम प्रार्थना में विश्वास से माँगोगे वह सब तुम को मिलेगा।*''

यीशु के अधिकार पर प्रश्न

(मरकुस 11: 27-33; लूका 20:1-8)

23 वह मन्दिर में जाकर उपदेश कर रहा था, तो प्रधान याजकों और लोगों के पुरनियों ने उसके पास आकर पूछा, ''तू ये काम किसके अधिकार से करता है? और तुझे यह अधिकार किसने दिया है?'' 24 यीशु ने उनको उत्तर दिया, ''मैं भी तुम से एक बात पूछता हूँ; यदि वह मुझे बताओगे, तो मैं भी तुम्हें बताऊँगा कि ये काम किस अधिकार से करता हूँ। 25 यूहन्ना का बपतिस्मा कहाँ से था? स्वर्ग की ओर से या मनुष्यों की ओर से?'' तब वे आपस में विवाद करने लगे, ''यदि हम कहें 'स्वर्ग की ओर से', तो वह हम से कहेगा, 'फिर तुम ने उसका विश्वास क्यों न किया?' 26 और यदि कहें 'मनुष्यों की ओर से', तो हमें भीड़ का डर है, क्योंकि वे सब यूहन्ना को भविष्यद्वक्ता मानते हैं।*'' 27 अत: उन्होंने यीशु को उत्तर दिया, ''हम नहीं जानते।'' उसने भी उनसे कहा, ''तो मैं भी तुम्हें नहीं बताता कि ये काम किस अधिकार से करता हूँ।

दो पुत्रों का दृष्टान्त

28 ''तुम क्या सोचते हो? किसी मनुष्य के दो पुत्र थे; उसने पहले के पास जाकर कहा, 'हे पुत्र, आज दाख की बारी में काम कर।' 29 उसने उत्तर दिया, 'मैं नहीं जाऊँगा', परन्तु बाद में पछता कर गया।* 30 फिर पिता ने दूसरे के पास जाकर ऐसा ही कहा, उसने उत्तर दिया,'जी हाँ जाता हूँ, परन्तु नहीं गया। 31 इन दोनों में से किसने पिता की इच्छा पूरी की?'' उन्होंने कहा, ''पहले ने।'' यीशु ने उनसे कहा, ''मैं तुम से सच कहता हूँ कि महसूल लेनेवाले और वेश्याएँ तुम से पहले परमेश्वर के राज्य में प्रवेश करते हैं।* 32 क्योंकि यूहन्ना धर्म का मार्ग दर्शाते हुए तुम्हारे पास आया, और तुम ने उसका विश्वास न किया; पर महसूल लेनेवालों और वेश्याओं ने उसका विश्वास किया : और तुम यह देखकर बाद में भी न पछताए कि उसका विश्वास कर लेते।*

21:14* मत्ती 4:23,24 15* मत्ती 9:27 † भजन 118:25 16* भजन 8:2 17* मत्ती 26:6; मर 11:1,11,12; 14:3; लूका 19:29; 24:50; यूह 11:1,18; 12:1 19* यिर्म 8:13; लूका 13:6-9 21* मत्ती 17:20; लूका 17:6; 1 कुरि 13:2; याकू 1:6 22* याकू 5:16; 1 यूह 3:22; 5:14,15 26* मत्ती 11:9; 14:5; मर 6:20 29* मत्ती 7:21 31* लूका 7:29, 37-50; 18:14 32* लूका 3:12,13; 7:29,30

मत्ती 21:33 — 22:12

दुष्ट किसानों का दृष्टान्त

(मरकुस 12:1-12; लूका 20: 9-19)

33 "एक और दृष्टान्त सुनो : एक गृहस्वामी था, जिसने दाख की बारी लगाई, उसके चारों ओर बाड़ा बाँधा, उसमें रस का कुंड खोदा और गुम्मट बनाया,* और किसानों को उसका ठेका देकर परदेश चला गया। 34 जब फल का समय निकट आया, तो उसने अपने दासों को उसका फल लेने के लिये किसानों के पास भेजा।* 35 पर किसानों ने उसके दासों को पकड़ के, किसी को पीटा, और किसी को मार डाला, और किसी पर पथराव किया।* 36 फिर उसने पहलों से अधिक और दासों को भेजा, और उन्होंने उनसे भी वैसा ही किया। 37 अन्त में उसने अपने पुत्र को उनके पास यह सोच कर भेजा कि वे मेरे पुत्र का आदर करेंगे। 38 परन्तु किसानों ने पुत्र को देखकर आपस में कहा, 'यह तो वारिस है, आओ, इसे मार डालें और इसकी मीरास ले लें।'* 39 अत: उन्होंने उसे पकड़ा और दाख की बारी से बाहर निकालकर मार डाला।* 40 इसलिये जब दाख की बारी का स्वामी आएगा, तो उन किसानों के साथ क्या करेगा?" 41 उन्होंने उससे कहा, "वह उन बुरे लोगों को बुरी रीति से नष्ट करेगा; और दाख की बारी का ठेका दूसरे किसानों को देगा, जो समय पर उसे फल दिया करेंगे।"* 42 यीशु ने उनसे कहा, "क्या तुमने कभी पवित्रशास्त्र में यह नहीं पढ़ा :

'जिस पत्थर को राजमिस्त्रियों ने निकम्मा ठहराया था,

वही कोने के सिरे का पत्थर हो गया ?*

यह प्रभु की ओर से हुआ, और हमारी दृष्टि में अद्भुत है।'†

43 इसलिये मैं तुम से कहता हूँ कि परमेश्वर का राज्य तुम से ले लिया जाएगा और ऐसी जाति को जो उसका फल लाए, दिया जाएगा। 44 जो इस पत्थर पर गिरेगा, वह चकनाचूर हो जाएगा; और जिस पर वह गिरेगा, उसको पीस डालेगा।'"* 45 प्रधान याजक और फरीसी उसके दृष्टान्तों को सुनकर समझ गए कि वह उनके विषय में कहता है। 46 और उन्होंने उसे पकड़ना चाहा, परन्तु लोगों से डर गए क्योंकि वे उसे भविष्यद्वक्ता मानते थे।*

विवाह-भोज का दृष्टान्त

(लूका 14:15-24)

22 यीशु फिर उनसे दृष्टान्तों में कहने लगा, 2 "स्वर्ग का राज्य* उस राजा के समान है, जिसने अपने पुत्र का विवाह किया।† 3 और उसने अपने दासों को भेजा कि निमन्त्रित लोगों को विवाह के भोज में बुलाएँ*; परन्तु उन्होंने आना न चाहा। 4 फिर उसने और दासों को यह कहकर भेजा, 'निमन्त्रित लोगों से कहो : देखो, मैं भोज तैयार कर चुका हूँ, मेरे बैल और पले हुए पशु मारे गए हैं, और सब कुछ तैयार है; विवाह के भोज में आओ।' 5 परन्तु वे उपेक्षा करके चल दिए : कोई अपने खेत को, कोई अपने व्यापार को। 6 अन्य लोगों ने जो बच रहे थे उसके दासों को पकड़कर उनका अनादर किया और मार डाला। 7 तब राजा को क्रोध आया, और उसने अपनी सेना भेजकर उन हत्यारों का नाश किया, और उनके नगर को फूँक दिया। 8 तब उसने अपने दासों से कहा, 'विवाह का भोज तो तैयार है परन्तु निमन्त्रित लोग योग्य नहीं ठहरे।* 9 इसलिये चौराहों पर जाओ और जितने लोग तुम्हें मिलें, सबको विवाह के भोज में बुला लाओ।'* 10 अत: उन दासों ने सड़कों पर जाकर क्या बुरे क्या भले, जितने मिले, सबको इकट्ठा किया; और विवाह का घर अतिथियों से भर गया।

11 "जब राजा अतिथियों को देखने भीतर आया, तो उसने वहाँ एक मनुष्य को देखा, जो विवाह का वस्त्र नहीं पहिने था। 12 उसने उससे पूछा, 'हे मित्र; तू विवाह का वस्त्र पहिने

21:33 * भजन 80:8,9; यशा 5:1-4 34 * मत्ती 22:3 35 * 2 इति 36:16; नहे 9:26; मत्ती 5:12; 23:34,37; प्रेरि 7:52; इब्रा 11:36,37
38 * भजन 2:2; मत्ती 12:14; 27:1; यूह 11:53 39 * प्रेरि 2:23 41 * प्रेरि 13:46; 18:6 42 * प्रेरि 4:11; 1 पत 2:7 † भजन 118:22, 23
44 * लूका 2:34 46 * मत्ती 21:11; लूका 7:16; यूह 7:40 22:2 * मत्ती 13:24 † प्रका 19:7,9 3 * मत्ती 21:34 8 * प्रेरि 13:46 9 * मत्ती 13:47

बिना यहाँ क्यों आ गया?' उसका मुँह बंद हो गया। 13 तब राजा ने सेवकों से कहा, 'इसके हाथ–पाँव बाँधकर उसे बाहर अन्धियारे में डाल दो, वहाँ रोना और दाँत पीसना होगा।'* 14 क्योंकि बुलाए हुए तो बहुत हैं परन्तु चुने हुए थोड़े हैं।''

कैसर को कर देना

(मरकुस 12:13–17; लूका 20: 20–26)

15 तब फरीसियों ने जाकर आपस में विचार किया कि उसको किस प्रकार बातों में फँसाएँ।* 16 अत: उन्होंने अपने चेलों को हेरोदियों के साथ* उसके पास यह कहने को भेजा, ''हे गुरु, हम जानते हैं कि तू सच्चा है, और परमेश्वर का मार्ग सच्चाई से सिखाता है, और किसी की परवाह नहीं करता, क्योंकि तू मनुष्यों का मुँह देखकर बातें नहीं करता। 17 इसलिये हमें बता तू क्या सोचता है? कैसर को कर देना उचित है कि नहीं।''* 18 यीशु ने उनकी दुष्टता जानकर कहा, ''हे कपटियो, मुझे क्यों परखते हो? 19 कर का सिक्का मुझे दिखाओ।'' तब वे उसके पास एक दीनार* ले आए। 20 उसने उनसे पूछा, ''यह छाप और नाम किसका है?'' 21 उन्होंने उससे कहा, ''कैसर का।'' तब उसने उनसे कहा, ''जो कैसर का है, वह कैसर को;* और जो परमेश्वर का है, वह परमेश्वर को दो।'' 22 यह सुनकर उन्होंने अचम्भा किया, और उसे छोड़कर चले गए।

पुनरुत्थान और विवाह

(मरकुस 12:18–27; लूका 20: 27–40)

23 उसी दिन सदूकी जो कहते हैं कि मरे हुओं का पुनरुत्थान है ही नहीं*, उसके पास आए और उससे पूछा, 24 ''हे गुरु, मूसा ने कहा था कि यदि कोई पुरुष बिना सन्तान मर जाए, तो उसका भाई उसकी पत्नी से विवाह करके अपने भाई के लिये वंश उत्पन्न करे।* 25 अब हमारे यहाँ सात भाई थे; पहला विवाह करके मर गया, और सन्तान न होने के कारण अपनी पत्नी को अपने भाई के लिये छोड़ गया। 26 इसी प्रकार दूसरे और तीसरे ने भी किया, और सातों तक यही हुआ। 27 सबके बाद वह स्त्री भी मर गई। 28 अत: जी उठने पर वह उन सातों में से किसकी पत्नी होगी? क्योंकि वह सब की पत्नी हो चुकी थी।'' 29 यीशु ने उन्हें उत्तर दिया, ''तुम पवित्रशास्त्र और परमेश्वर की सामर्थ्य नहीं जानते; इस कारण भूल में पड़े हो।* 30 क्योंकि जी उठने पर वे न विवाह करेंगे और न विवाह में दिए जाएँगे परन्तु स्वर्ग में परमेश्वर के दूतों के समान होंगे। 31 परन्तु मरे हुओं के जी उठने के विषय में क्या तुम ने यह वचन नहीं पढ़ा जो परमेश्वर ने तुम से कहा : 32 'मैं अब्राहम का परमेश्वर, और इसहाक का परमेश्वर, और याकूब का परमेश्वर हूँ'?* वह मरे हुओं का नहीं, परन्तु जीवतों का परमेश्वर है।'' 33 यह सुनकर लोग उसके उपदेश से चकित हुए।*

सबसे बड़ी आज्ञा

(मरकुस 12 : 28–34; लूका 10: 25–28)

34 जब फरीसियों ने सुना कि यीशु ने सदूकियों का मुँह बन्द कर दिया, तो वे इकट्ठा हुए। 35 उनमें से एक व्यवस्थापक ने उसे परखने के लिये उससे पूछा, 36 ''हे गुरु, व्यवस्था में कौन सी आज्ञा बड़ी है?'' 37 उसने उससे कहा, ''तू परमेश्वर अपने प्रभु से अपने सारे मन और अपने सारे प्राण और अपनी सारी बुद्धि के साथ प्रेम रख।* 38 बड़ी और मुख्य आज्ञा तो यही है। 39 और उसी के समान यह दूसरी भी है कि तू अपने पड़ोसी से अपने समान प्रेम रख।* 40 ये ही दो आज्ञाएँ सारी व्यवस्था और भविष्यद्वक्ताओं का आधार हैं।''*

22:13* मत्ती 8:12; 25:30; लूका 13:28 **15*** यूह 8:6 **16*** मर 3:6; 12:13 **17*** मत्ती 17:25
19* *एक दीनार बराबर एक दिन की मज़दूरी* **21*** मत्ती 17:25; रोम 13:7 **23*** प्रेरि 23:6,8; 1 कुरि 15:12
24* उत्प 38:8; व्य 25:5,6 **29*** यूह 20:9 **32*** निर्ग 3:6,16; प्रेरि 7:32 **33*** मत्ती 7:28 **37*** व्य 6:5; 10:12; 30:6
39* लैव्य 19:18; मत्ती 19:19 **40*** मत्ती 7:12

मसीह किसका पुत्र है?

(मरकुस 12: 35-37; लूका 20: 41-44)

41 जब फरीसी इकट्ठे थे, तो यीशु ने उन से पूछा, 42 ''मसीह के विषय में तुम क्या सोचते हो? वह किसका पुत्र है?'' उन्होंने उससे कहा, ''दाऊद का।''* 43 उसने उनसे पूछा, ''तो दाऊद आत्मा में होकर उसे प्रभु क्यों कहता है?
44 'प्रभु ने, मेरे प्रभु से कहा, मेरे दाहिने बैठ, जब तक कि मैं तेरे बैरियों को तेरे पाँवों के नीचे न कर दूँ।'* 45 भला, जब दाऊद उसे प्रभु कहता है, तो वह उसका पुत्र कैसे ठहरा?''
46 इसके उत्तर में कोई भी एक बात न कह सका। उस दिन से किसी को फिर उससे कुछ पूछने का साहस न हुआ।*

शास्त्रियों और फरीसियों से सावधान

(मरकुस 12: 38, 39;
लूका 11: 43, 46; 20: 45, 46)

23 तब यीशु ने भीड़ से और अपने चेलों से कहा, 2 ''शास्त्री और फरीसी मूसा की गद्दी पर बैठे हैं*; 3 इसलिये वे तुमसे जो कुछ कहें वह करना और मानना, परन्तु उनके से काम मत करना; क्योंकि वे कहते तो हैं पर करते नहीं। 4 वे एक ऐसे भारी बोझ को जिनको उठाना कठिन है, बाँधकर उन्हें मनुष्यों के कन्धों पर रखते हैं; परन्तु स्वयं उसे अपनी उंगली से भी सरकाना नहीं चाहते।* 5 वे अपने सब काम लोगों को दिखाने के लिये करते हैं* : वे अपने ताबीजों† को चौड़ा करते और अपने वस्त्रों की कोरें§ बढ़ाते हैं। 6 भोज में मुख्य-मुख्य स्थान*, और सभा में मुख्य-मुख्य आसन, 7 बाजारों में नमस्कार, और मनुष्य में रब्बी कहलाना उन्हें भाता है। 8 परन्तु तुम रब्बी न कहलाना, क्योंकि तुम्हारा एक ही गुरु है, और तुम सब भाई हो। 9 पृथ्वी पर किसी को अपना पिता न कहना, क्योंकि तुम्हारा एक ही पिता है*, जो स्वर्ग में है। 10 और स्वामी भी न कहलाना, क्योंकि तुम्हारा एक ही स्वामी है*, अर्थात् मसीह। 11 जो तुम में बड़ा हो, वह तुम्हारा सेवक बने।* 12 जो कोई अपने आप को बड़ा बनाएगा, वह छोटा किया जाएगा : और जो कोई अपने आपको छोटा बनाएगा, वह बड़ा किया जाएगा।*

शास्त्रियों और फरीसियों के पाखण्ड की भर्त्सना

(मरकुस 12:40; लूका 11:39-42, 44,52; 20:47)

13 ''हे कपटी शास्त्रियो और फरीसियो, तुम पर हाय! तुम मनुष्यों के लिए स्वर्ग के राज्य का द्वार बन्द करते हो, न तो स्वयं ही उसमें प्रवेश करते हो और न उस में प्रवेश करनेवालों को प्रवेश करने देते हो। 14 [हे कपटी शास्त्रियो और फरीसियो, तुम पर हाय! तुम विधवाओं के घरों को खा जाते हो, और दिखाने के लिए बड़ी देर तक प्रार्थना करते रहते हो : इसलिये तुम्हें अधिक दण्ड मिलेगा।*]

15 ''हे कपटी शास्त्रियो और फरीसियो, तुम पर हाय! तुम एक जन को अपने मत में लाने के लिये सारे जल और थल में फिरते हो, और जब वह मत में आ जाता है तो उसे अपने से दूना नारकीय बना देते हो।

16 ''हे अंधे अगुवो*, तुम पर हाय! जो कहते हो कि यदि कोई मन्दिर की शपथ खाए तो कुछ नहीं, परन्तु यदि कोई मन्दिर के सोने की सौगन्ध खाए तो उससे बंध जाएगा। 17 हे मूर्खो और अंधो, कौन बड़ा है; सोना या वह मन्दिर जिससे सोना पवित्र होता है?* 18 फिर कहते हो कि यदि कोई वेदी की शपथ खाए तो कुछ नहीं, परन्तु जो भेंट उस पर है, यदि कोई उसकी शपथ खाए तो बंध जाएगा। 19 हे अंधो, कौन

22:42* मत्ती 9:27; यूह 7:42 **44*** भजन 110:1; प्रेरि 2:34,35; 1 कुरि 15:25; इब्रा 1:13; 10:13 **46*** लूका 14:6; 20:40
23:2* एज्रा 7:6, 25 **4*** प्रेरि 15:10; गला 6:13 **5*** मत्ती 6:1,2,5,16 **†** व्य 6:8; 11:18 **§** गिनती 15:38,39; व्य 22:12
6* लूका 14:7 **9,10*** मला 1:6 **11*** मत्ती 20:26,27; मर 9:35; 10:43,44; लूका 22:26 **12*** 1 शमू 2:7,8; भजन 18:27; नीति 15:33; 29:23; लूका 1:52; 14:11; 18:14; याकू 4:6; 1 पत 5:5 **14*** *कुछ हस्तलेखों में यह पद नहीं मिलता;* मर 12:40
16* मत्ती 15:14; 23:24 **17*** निर्ग 30:29

बड़ा है; भेंट या बेदी जिससे भेंट पवित्र होती है?* 20 इसलिये जो वेदी की शपथ खाता है, वह उसकी और जो कुछ उस पर है, उसकी भी शपथ खाता है। 21 जो मन्दिर की शपथ खाता है, वह उसकी और उसमें रहनेवाले की भी शपथ खाता है। 22 जो स्वर्ग की शपथ खाता है, वह परमेश्वर के सिंहासन की और उस पर बैठनेवाले की भी शपथ खाता है।*

23 ''हे कपटी शास्त्रियो और फरीसियो, तुम पर हाय! तुम पोदीने, और सौंफ, और जीरे का दसवाँ अंश तो देते हो*, परन्तु तुम ने व्यवस्था की गम्भीर बातों को अर्थात् न्याय, और दया, और विश्वास को छोड़ दिया है;† चाहिये था कि इन्हें भी करते रहते और उन्हें भी न छोड़ते। 24 हे अंधे अगुवो, तुम मच्छर को तो छान डालते हो, परन्तु ऊँट को निगल जाते हो।

25 ''हे कपटी शास्त्रियो और फरीसियो, तुम पर हाय! तुम कटोरे और थाली को ऊपर ऊपर से तो मांजते हो परन्तु वे भीतर अन्धेर और असंयम से भरे हुए हैं। 26 हे अंधे फरीसी, पहले कटोरे और थाली को भीतर से मांज कि वे बाहर से भी स्वच्छ हों।*

27 ''हे कपटी शास्त्रियो और फरीसियो, तुम पर हाय! तुम चूना फिरी हुई कब्रों के समान हो जो ऊपर से तो सुन्दर दिखाई देती हैं, परन्तु भीतर मुर्दों की हड्डियों और सब प्रकार की मलिनता से भरी हैं।* 28 इसी रीति से तुम भी ऊपर से मनुष्यों को धर्मी दिखाई देते हो, परन्तु भीतर कपट और अधर्म से भरे हुए हो।*

शास्त्रियों और फरीसियों पर दण्ड की भविष्यद्वाणी

(लूका 11: 47-51)

29 ''हे कपटी शास्त्रियो और फरीसियो, तुम पर हाय! तुम भविष्यद्वक्ताओं की कब्रें सँवारते और धर्मियों की कब्रें बनाते हो, 30 और कहते हो, 'यदि हम अपने बापदादों के दिनों में होते तो भविष्यद्वक्ताओं की हत्या में उनके साझी न होते।' 31 इससे तो तुम अपने पर आप ही गवाही देते हो कि तुम भविष्यद्वक्ताओं के हत्यारों की सन्तान हो।* 32 अत: तुम अपने बापदादों के पाप का घड़ा पूरी तरह भर दो।* 33 हे साँपो, हे करैतों के बच्चो, तुम नरक के दण्ड से कैसे बचोगे?* 34 इसलिये देखो, मैं तुम्हारे पास भविष्यद्वक्ताओं और बुद्धिमानों और शास्त्रियों को भेजता हूँ; और तुम उनमें से कुछ को मार डालोगे और क्रूस पर चढ़ाओगे, और कुछ को अपने आराधनालयों में कोड़े मारोगे और एक नगर से दूसरे नगर में खदेड़ते फिरोगे।* 35 जिससे धर्मी हाबिल से लेकर बिरिक्याह के पुत्र जकरयाह तक, जिसे तुम ने मन्दिर* और वेदी के बीच में मार डाला था, जितने धर्मियों का लहू पृथ्वी पर बहाया गया है वह सब तुम्हारे सिर पर पड़ेगा।† 36 मैं तुम से सच कहता हूँ, ये सब बातें इस समय के लोगों पर आ पड़ेंगी।

यरूशलेम के लिए विलाप

(लूका 13: 34, 35)

37 ''हे यरूशलेम, हे यरूशलेम! तू भविष्यद्वक्ताओं को मार डालता है, और जो तेरे पास भेजे गए, उन पर पथराव करता है। कितनी ही बार मैं ने चाहा कि जैसे मुर्गी अपने बच्चों को अपने पंखों के नीचे इकट्ठा करती है, वैसे ही मैं भी तेरे बालकों को इकट्ठा कर लूँ*, परन्तु तुमने न चाहा। 38 देखो, तुम्हारा घर तुम्हारे लिये उजाड़ छोड़ा जाता है।* 39 क्योंकि मैं तुम से कहता हूँ कि अब से जब तक तुम न कहोगे, 'धन्य है वह, जो प्रभु के नाम से आता है'* तब तक तुम मुझे फिर कभी न देखोगे।''

23:19* निर्ग 29:37 **22*** भजन 11:4; यशा 66:1; मत्ती 5:34 **23*** लैव्य 27:30 † मत्ती 9:13; 12:7 **26*** मर 7:4 **27*** प्रेरि 23:3 **28*** लूका 16:15 **31*** मत्ती 5:12 **32*** 1 थिस्स 2:16 **33*** मत्ती 3:7; 12:34; लूका 3:7 **34*** 2 इति 36:15,16; मत्ती 10:23; 21:34,35; प्रेरि 7:58,59; 1 थिस्स 2:15 **35*** अर्थात् *पवित्रस्थान* † उत्प 4:8; 2 इति 24:20,21; जक 1:1; इब्रा 11:4 **37*** भजन 17:8; 57:1; 61:4; 91:4; यशा 31:5 **38*** 1 राजा 9:7,8; यिर्म 22:5 **39*** भजन 118:26; मत्ती 21:9

मन्दिर के विनाश की भविष्यद्वाणी

(मरकुस 13:1, 2; लूका 21: 5, 6)

24 जब यीशु मन्दिर से निकलकर जा रहा था, तो उसके चेले उसको मन्दिर की रचना दिखाने के लिये उसके पास आए। 2 उसने उनसे कहा, ''तुम यह सब देख रहे हो न! मैं तुम से सच कहता हूँ, यहाँ पत्थर पर पत्थर भी न छूटेगा जो ढाया न जाएगा।''*

संकट और क्लेश

(मरकुस 13: 3–13; लूका 21: 7–19)

3 जब वह जैतून पहाड़* पर बैठा था, तो चेलों ने एकान्त में उसके पास आकर कहा, ''हमें बता कि ये बातें कब होंगी? तेरे आने† का और जगत के अन्त§ का क्या चिह्न होगा?'' 4 यीशु ने उनको उत्तर दिया, ''सावधान रहो! कोई तुम्हें न भरमाने पाए*, 5 क्योंकि बहुत से ऐसे होंगे जो मेरे नाम से आकर कहेंगे, 'मैं मसीह हूँ', और बहुतों को भरमाएँगे।* 6 तुम लड़ाइयों और लड़ाइयों की चर्चा सुनोगे, तो घबरा न जाना क्योंकि इन का होना अवश्य है, परन्तु उस समय अन्त न होगा। 7 क्योंकि जाति पर जाति, और राज्य पर राज्य चढ़ाई करेगा, और जगह जगह अकाल पड़ेंगे, और भूकम्प होंगे। 8 ये सब बातें पीड़ाओं का आरम्भ होंगी। 9 तब वे क्लेश देने के लिये तुम्हें पकड़वाएँगे, और तुम्हें मार डालेंगे, और मेरे नाम के कारण सब जातियों के लोग तुम से बैर रखेंगे।* 10 तब बहुत से ठोकर खाएँगे, और एक दूसरे को पकड़वाएँगे, और एक दूसरे से बैर रखेंगे। 11 बहुत से झूठे भविष्यद्वक्ता उठ खड़े होंगे, और बहुतों को भरमाएँगे।* 12 अधर्म के बढ़ने से बहुतों का प्रेम ठण्डा पड़ जाएगा,* 13 परन्तु जो अन्त तक धीरज धरे रहेगा, उसी का उद्धार होगा।* 14 और राज्य* का यह सुसमाचार सारे जगत में प्रचार किया जाएगा†, कि सब जातियों पर गवाही हो, तब अन्त आ जाएगा।

महासंकट का आरम्भ

(मरकुस 13:14–23; लूका 21: 20–24)

15 ''इसलिये जब तुम उस उजाड़नेवाली घृणित वस्तु को जिसकी चर्चा दानिय्येल भविष्यद्वक्ता के द्वारा हुई थी, पवित्र स्थान में खड़ी हुई देखो* (जो पढ़े, वह समझे), 16 तब जो यहूदिया में हों वे पहाड़ों पर भाग जाएँ। 17 जो छत पर हो, वह अपने घर में से सामान लेने को न उतरे; 18 और जो खेत में हो, वह अपना कपड़ा लेने को पीछे न लौटे।*

19 ''उन दिनों में जो गर्भवती और दूध पिलाती होंगी, उन के लिये हाय, हाय।* 20 प्रार्थना किया करो कि तुम्हें जाड़े में या सब्त के दिन भागना न पड़े। 21 क्योंकि उस समय ऐसा भारी क्लेश होगा, जैसा जगत के आरम्भ से न अब तक हुआ और न कभी होगा।* 22 यदि वे दिन घटाए न जाते तो कोई प्राणी न बचता, परन्तु चुने हुओं के कारण वे दिन घटाए जाएँगे। 23 उस समय यदि कोई तुम से कहे, 'देखो, मसीह यहाँ है!' या 'वहाँ है!' तो विश्वास न करना।*

24 ''क्योंकि झूठे मसीह और झूठे भविष्यद्वक्ता उठ खड़े होंगे, और बड़े चिह्न, और अद्भुत काम दिखाएँगे कि यदि हो सके तो चुने हुओं को भी भरमा दें।* 25 देखो, मैं ने पहले से तुम से यह सब कुछ कह दिया है। 26 इसलिये यदि वे तुम से कहें, 'देखो, वह जंगल में है', तो बाहर न निकल जाना; या 'देखो, वह कोठरियों में है', तो विश्वास न करना।*

27 ''क्योंकि जैसे बिजली पूर्व से निकलकर पश्चिम तक चमकती है, वैसे ही मनुष्य के पुत्र

24:2* 1 राजा 9:7; लूका 19:44 **3*** मत्ती 21:1 **†** मत्ती 16:27; 24:27,37,39; लूका 17:27,30; 1 थिस्स 5:1,2
§ यू० *युग की समाप्ति;* मत्ती 13:39; 28:20 **4*** यिर्म 29:8; इफि 5:6; कुलु 2:8,18; 2 थिस्स 2:3 **5*** यिर्म 14:14; मत्ती 24:11, 23,24
9* मत्ती 10:22; यूह 15:18,21; 16:2 **11*** मत्ती 7:15 **12*** 2 तीमु 3:1–5 **13*** मत्ती 10:22 **14*** मत्ती 4:23 **†** रोम 10:18
15* दानि 9:27; 11:31; 12:11 **17,18*** लूका 17:31 **19*** लूका 23:29 **21*** यहेज 5:9; दानि 12:1; प्रका 7:14
23* लूका 17:23; 21:8 **24*** प्रका 13:13; 19:20 **26,27*** लूका 17:23,24

का भी आना होगा।* 28 जहाँ लोथ हो, वहीं गिद्ध इकट्ठे होंगे।*

मनुष्य के पुत्र का पुनरागमन

(मरकुस 13: 24–27; लूका 21: 25–28)

29 ''उन दिनों के क्लेश के तुरन्त बाद सूर्य अन्धियारा हो जाएगा, और चन्द्रमा का प्रकाश जाता रहेगा, और तारे आकाश से गिर पड़ेंगे और आकाश की शक्तियाँ हिलाई जाएँगी।* 30 तब मनुष्य के पुत्र का चिह्न आकाश में दिखाई देगा, और तब पृथ्वी के सब कुलों के लोग छाती पीटेंगे; और मनुष्य के पुत्र को बड़ी सामर्थ्य और ऐश्वर्य के साथ आकाश के बादलों पर आते देखेंगे।* 31 वह तुरही के बड़े शब्द के साथ अपने दूतों को भेजेगा, और वे आकाश के इस छोर से उस छोर तक, चारों दिशाओं से उसके चुने हुओं को इकट्ठा करेंगे।*

अंजीर के पेड़ का उदाहरण

(मरकुस 13: 28–31; लूका 21: 29–33)

32 ''अंजीर के पेड़ से यह दृष्टान्त सीखो : जब उसकी डाली कोमल हो जाती और पत्ते निकलने लगते हैं, तो तुम जान लेते हो कि ग्रीष्म काल निकट है। 33 इसी रीति से जब तुम इन सब बातों को देखो, तो जान लो कि वह निकट है, वरन् द्वार ही पर है।* 34 मैं तुम से सच कहता हूँ कि जब तक ये सब बातें पूरी न हो लें, तब तक इस पीढ़ी का अन्त नहीं होगा। 35 आकाश और पृथ्वी टल जाएँगे, परन्तु मेरी बातें कभी न टलेंगी।

जागते रहो

(मरकुस 13: 32–37; लूका 17: 26–30, 34–36)

36 ''उस दिन और उस घड़ी के विषय में कोई नहीं जानता*, न स्वर्ग के दूत और न पुत्र, परन्तु केवल पिता। 37 जैसे नूह के दिन थे*, वैसा ही मनुष्य के पुत्र का आना भी होगा। 38 क्योंकि जैसे जल-प्रलय से पहले के दिनों में, जिस दिन तक कि नूह जहाज पर न चढ़ा*, उस दिन तक लोग खाते-पीते थे, और उनमें विवाह होते थे। 39 और जब तक जल-प्रलय आकर उन सब को बहा न ले गया*, तब तक उनको कुछ भी मालूम न पड़ा; वैसे ही मनुष्य के पुत्र का आना भी होगा। 40 उस समय दो जन खेत में होंगे, एक ले लिया जाएगा और दूसरा छोड़ दिया जाएगा। 41 दो स्त्रियाँ चक्की पीसती रहेंगी, एक ले ली जाएगी और दूसरी छोड़ दी जाएगी। 42 इसलिये जागते रहो, क्योंकि तुम नहीं जानते कि तुम्हारा प्रभु किस दिन आएगा।* 43 परन्तु यह जान लो कि यदि घर का स्वामी जानता होता कि चोर किस पहर आएगा तो जागता रहता, और अपने घर में सेंध लगने न देता।* 44 इसलिये तुम भी तैयार रहो, क्योंकि जिस घड़ी के विषय में तुम सोचते भी नहीं हो, उसी घड़ी मनुष्य का पुत्र आ जाएगा।*

विश्‍वासयोग्य दास और दुष्‍ट दास

(लूका 12: 41–48)

45 ''अत: वह विश्‍वासयोग्य और बुद्धिमान दास कौन है, जिसे स्वामी ने अपने नौकर-चाकरों पर सरदार ठहराया कि समय पर उन्हें भोजन दे? 46 धन्य है वह दास, जिसे उसका स्वामी आकर ऐसा ही करते पाए। 47 मैं तुम से सच कहता हूँ, वह उसे अपनी सारी संपत्ति पर अधिकारी ठहराएगा। 48 परन्तु यदि वह दुष्‍ट दास सोचने लगे कि मेरे स्वामी के आने में देर है, 49 और अपने साथी दासों को पीटने लगे, और पियक्कड़ों के साथ खाए-पीए।* 50 तो उस दास का स्वामी ऐसे दिन आएगा, जब वह उसकी बाट न जोहता हो, और ऐसी घड़ी जिसे वह न जानता हो,

24:28* लूका 17:37 **29*** यशा 13:10; 24:23; 34:4; यहेज 32:7; योए 2:10,31; 3:15; आमो 5:20; 8:9; सप 1:15; प्रेरि 2:20; 2 पत 3:10; प्रका 6:12–14 **30*** दानि 7:13; जक 12:10–14; मत्ती 26:64; प्रका 1:7 **31*** व्य 30:4; 1 कुरि 15:52; 1 थिस्स 4:16,17 **33*** याकू 5:9 **36*** प्रेरि 1:7 **37*** उत्प 6:5–8,11–13 **38*** 1 पत 3:20 **39*** उत्प 7:6–24 **42*** मत्ती 25:13; लूका 12:40; 21:36 **43*** लूका 12:39; 1 थिस्स 5:2; प्रका 3:3; 16:15 **44*** मत्ती 25:13; लूका 12:40; 1 थिस्स 5:6 **49*** लूका 21:34

51 तब वह उसे भारी ताड़ना देगा और उसका
भाग कपटियों के साथ ठहराएगा : वहाँ रोना
और दाँत पीसना होगा।*

दस कुँवारियों का दृष्टान्त

25 ''तब स्वर्ग का राज्य* उन दस कुँवारियों
के समान होगा जो अपनी मशालें लेकर
दूल्हे से भेंट करने को निकलीं।† 2 उनमें पाँच
मूर्ख और पाँच समझदार थीं। 3 मूर्खों ने अपनी
मशालें तो लीं, परन्तु अपने साथ तेल नहीं
लिया; 4 परन्तु समझदारों ने अपनी मशालों के
साथ अपनी कुप्पियों में तेल भी भर लिया।
5 जब दूल्हे के आने में देर हुई, तो वे सब ऊँघने
लगीं और सो गईं।*

6 ''आधी रात को धूम मची : 'देखो, दूल्हा
आ रहा है! उससे भेंट करने के लिये चलो।'
7 तब वे सब कुँवारियाँ उठकर अपनी मशालें
ठीक करने लगीं। 8 और मूर्खों ने समझदारों से
कहा, 'अपने तेल में से कुछ हमें भी दो, क्योंकि
हमारी मशालें बुझी जा रही हैं।'* 9 परन्तु
समझदारों ने उत्तर दिया, 'कदाचित् यह हमारे
और तुम्हारे लिये पूरा न हो; भला तो यह है कि
तुम बेचनेवालों के पास जाकर अपने लिये मोल
ले लो।' 10 जब वे मोल लेने को जा रही थीं तो
दूल्हा आ पहुँचा, और जो तैयार थीं, वे उसके
साथ विवाह के घर में चली गईं और द्वार बन्द
किया गया।* 11 इसके बाद वे दूसरी कुँवारियाँ
भी आकर कहने लगीं, 'हे स्वामी, हे स्वामी,
हमारे लिये द्वार खोल दे!'* 12 उसने उत्तर दिया,
'मैं तुम से सच कहता हूँ, मैं तुम्हें नहीं जानता।'*
13 इसलिये जागते रहो, क्योंकि तुम न उस दिन
को जानते हो, न उस घड़ी को।*

तोड़ों का दृष्टान्त

(लूका 19:11-27)

14 ''क्योंकि यह उस मनुष्य की सी दशा है
जिसने परदेश जाते समय अपने दासों को बुलाकर
अपनी संपत्ति उनको सौंप दी।* 15 उसने एक
को पाँच तोड़े*, दूसरे को दो, और तीसरे को
एक; अर्थात् हर एक को उसकी सामर्थ्य के
अनुसार दिया†, और तब परदेश चला गया।
16 तब, जिसको पाँच तोड़े मिले थे, उसने तुरन्त
जाकर उनसे लेन-देन किया, और पाँच तोड़े
और कमाए। 17 इसी रीति से जिसको दो मिले
थे, उसने भी दो और कमाए। 18 परन्तु जिसको
एक मिला था, उसने जाकर मिट्टी खोदी, और
अपने स्वामी के रुपये छिपा दिए।

19 ''बहुत दिनों के बाद उन दासों का स्वामी
आकर उनसे लेखा लेने लगा। 20 जिसको पाँच
तोड़े मिले थे, उसने पाँच तोड़े और लाकर कहा,
'हे स्वामी,तू ने मुझे पाँच तोड़े सौंपे थे, देख, मैं
ने पाँच तोड़े और कमाए हैं।' 21 उसके स्वामी
ने उससे कहा, 'धन्य, हे अच्छे और विश्वासयोग्य
दास, तू थोड़े में विश्वासयोग्य रहा; मैं तुझे बहुत
वस्तुओं का अधिकारी बनाऊँगा।* अपने स्वामी
के आनन्द में सहभागी हो।'

22 ''और जिसको दो तोड़े मिले थे, उसने
भी आकर कहा, 'हे स्वामी, तू ने मुझे दो तोड़े
सौंपे थे, देख, मैंने दो तोड़े और कमाए।'
23 उसके स्वामी ने उससे कहा, 'धन्य, हे अच्छे
और विश्वासयोग्य दास, तू थोड़े में विश्वासयोग्य
रहा; मैं तुझे बहुत वस्तुओं का अधिकारी बनाऊँगा।
अपने स्वामी के आनन्द में सहभागी हो।'

24 ''तब जिसको एक तोड़ा मिला था, उसने
आकर कहा, 'हे स्वामी, मैं तुझे जानता था कि तू
कठोर मनुष्य है : तू जहाँ कहीं नहीं बोता वहाँ
काटता है, और जहाँ नहीं छींटता वहाँ से बटोरता
है। 25 इसलिये मैं डर गया और जाकर तेरा
तोड़ा मिट्टी में छिपा दिया। देख, जो तेरा है, वह
यह है।' 26 उसके स्वामी ने उसे उत्तर दिया, 'हे
दुष्ट और आलसी दास, जब तू यह जानता था कि
जहाँ मैंने नहीं बोया वहाँ से काटता हूँ, और जहाँ

24:51 * मत्ती 8:12; 25:30 **25:1** * मत्ती 13:24 † लूका 12:35 **5** * 1 थिस्स 5:6 **8** * लूका 12:35 **10** * प्रका 19:9
11,12 * लूका 13:25,27 **13** * मत्ती 24:42,44; मर 13:35-37 **14** * मत्ती 21:33; मर 13:34
15 * मूल में, *तालन्तौन, एक तालन्तौन बराबर लगभग 20 किलो चाँदी* † रोम 12:6 **21** * मत्ती 24:45-47; लूका 16:10

मैं ने नहीं छींटा वहाँ से बटोरता हूँ; 27 तो तुझे
चाहिए था कि मेरा रुपया सर्राफों को दे देता,
तब मैं आकर अपना धन ब्याज समेत ले लेता।
28 इसलिये वह तोड़ा उससे ले लो, और जिसके
पास दस तोड़े हैं, उसको दे दो। 29 क्योंकि जिस
किसी के पास है, उसे और दिया जाएगा; और
उसके पास बहुत हो जाएगा : परन्तु जिसके पास
नहीं है, उससे वह भी जो उसके पास है, ले
लिया जाएगा।* 30 और इस निकम्मे दास को
बाहर के अंधेरे में डाल दो, जहाँ रोना और दाँत
पीसना होगा।'*

न्याय का दिन

31 ''जब मनुष्य का पुत्र अपनी महिमा में
आएगा और सब स्वर्गदूत उसके साथ आएँगे, तो
वह अपनी महिमा के सिंहासन पर विराजमान
होगा।* 32 और सब जातियाँ उसके सामने इकट्ठा
की जाएँगी; और जैसे चरवाहा भेड़ों को बकरियों
से अलग कर देता है, वैसे ही वह उन्हें एक दूसरे
से अलग करेगा।* 33 वह भेड़ों को अपनी दाहिनी
ओर और बकरियों को बाईं ओर खड़ा करेगा।
34 तब राजा अपनी दाहिनी ओर वालों से कहेगा,
'हे मेरे पिता के धन्य लोगो, आओ, उस राज्य के
अधिकारी हो जाओ, जो जगत के आदि से तुम्हारे
लिये तैयार किया गया है।* 35 क्योंकि मैं भूखा
था, और तुमने मुझे खाने को दिया; मैं प्यासा था,
और तुमने मुझे पानी पिलाया; मैं परदेशी था,
और तुम ने मुझे अपने घर में ठहराया; 36 मैं
नंगा था, और तुमने मुझे कपड़े पहिनाए; मैं बीमार
था, और तुमने मेरी सुधि ली, मैं बन्दीगृह में था,
और तुम मुझसे मिलने आए।'*

37 ''तब धर्मी उसको उत्तर देंगे, 'हे प्रभु,
हम ने कब तुझे भूखा देखा और खिलाया? या
प्यासा देखा और पानी पिलाया? 38 हमने कब
तुझे परदेशी देखा और अपने घर में ठहराया? या
नंगा देखा और कपड़े पहिनाए? 39 हमने कब
तुझे बीमार या बन्दीगृह में देखा और तुझसे मिलने
आए?' 40 तब राजा उन्हें उत्तर देगा, 'मैं तुम से
सच कहता हूँ कि तुमने जो मेरे इन छोटे से छोटे
भाइयों में से किसी एक के साथ किया, वह मेरे
ही साथ किया।'*

41 ''तब वह बाईं ओर वालों से कहेगा, 'हे
शापित लोगो, मेरे सामने से उस अनन्त आग में
चले जाओ, जो शैतान* और उसके दूतों के
लिये तैयार की गई है।† 42 क्योंकि मैं भूखा था,
और तुमने मुझे खाने को नहीं दिया; मैं प्यासा
था, और तुमने मुझे पानी नहीं पिलाया; 43 मैं
परदेशी था, और तुम ने मुझे अपने घर में नहीं
ठहराया; मैं नंगा था, और तुमने मुझे कपड़े नहीं
पहिनाए; मैं बीमार और बन्दीगृह में था, और
तुमने मेरी सुधि न ली।'

44 ''तब वे उत्तर देंगे, 'हे प्रभु, हमने तुझे
कब भूखा, या प्यासा, या परदेशी, या नंगा, या
बीमार, या बन्दीगृह में देखा, और तेरी सेवा टहल
न की?' 45 तब वह उन्हें उत्तर देगा, 'मैं तुम
से सच कहता हूँ कि तुमने जो इन छोटे से छोटों
में से किसी एक के साथ नहीं किया, वह मेरे
साथ भी नहीं किया।'* 46 और ये अनन्त
दण्ड भोगेंगे परन्तु धर्मी अनन्त जीवन में प्रवेश
करेंगे।''*

यीशु के विरुद्ध षड्यन्त्र

(मरकुस 14:1,2; लूका 22:1,2; यूहन्ना 11: 45-53)

26 जब यीशु ये सब बातें कह चुका तो
अपने चेलों से कहने लगा, 2 ''तुम
जानते हो कि दो दिन के बाद फसह का पर्व* है,
और मनुष्य का पुत्र क्रूस पर चढ़ाए जाने के लिए
पकड़वाया जाएगा।†''

3 तब प्रधान याजक और प्रजा के पुरनिए
काइफा नामक महायाजक* के आँगन में इकट्ठा

25:29* मत्ती 13:12; मर 4:25; लूका 8:18; 19:26 **30*** मत्ती 8:12; 22:13; लूका 13:28 **31*** मत्ती 16:27; 19:28
32* यहेज 34:17,20; मला 3:18 **34*** 1 कुरि 15:50 **35,36*** यशा 58:7; यहेज 18:7; याकू 1:27; 2:15,16
40* नीति 19:17; मत्ती 10:40,42; इब्रा 13:2 **41*** मूल में, *इब्लीस* † मत्ती 3:12; 7:23; लूका 3:17; यहू 7; प्रका 20:10,15
45* नीति 14:31; 17:5 **46*** दानि 12:2; यूह 3:36; 5:29; 17:2,3; रोम 2:7,8; गला 6:8; 1 यूह 5:11,12
26:2* निर्ग 12:1-27; यूह 11:55 † मत्ती 20:18 **3*** मत्ती 26:57; लूका 3:2; यूह 11:47-53; 18:13,14,24,28; प्रेरि 4:6

हुए, 4 और आपस में विचार करने लगे कि यीशु
को छल से पकड़कर मार डालें।* 5 परन्तु वे
कहते थे, ''पर्व के समय नहीं, कहीं ऐसा न हो
कि लोगों में बलवा मच जाए।''

बैतनिय्याह में यीशु का अभ्यंजन

(मरकुस 14: 3–9; यूहन्ना 12:1–8)

6 जब यीशु बैतनिय्याह* में शमौन कोढ़ी के
घर में था, 7 तो एक स्त्री संगमरमर के पात्र में
बहुमूल्य इत्र लेकर उसके पास आई*, और जब
वह भोजन करने बैठा था तो उसके सिर पर
उंडेल दिया। 8 यह देखकर उसके चेले रिसियाए
और कहने लगे, ''इसका क्यों सत्यानाश किया
गया? 9 इसे तो अच्छे दाम पर बेचकर कंगालों
को बाँटा जा सकता था।'' 10 यह जानकर यीशु
ने उनसे कहा, ''स्त्री को क्यों सताते हो? उसने
मेरे साथ भलाई की है। 11 कंगाल तो तुम्हारे
साथ सदा रहते हैं*, परन्तु मैं तुम्हारे साथ सदैव
न रहूँगा। 12 उसने मेरी देह पर जो यह इत्र
उंडेला है, वह मेरे गाड़े जाने के लिये किया है।*
13 मैं तुम से सच कहता हूँ, कि सारे जगत में
जहाँ कहीं यह सुसमाचार प्रचार किया जाएगा,
वहाँ उसके इस काम का वर्णन भी उसके स्मरण
में किया जाएगा।''

यहूदा इस्करियोती का विश्वासघात

(मरकुस 14:10, 11; लूका 22: 3–6)

14 तब यहूदा इस्करियोती ने, जो बारह चेलों
में से एक था, प्रधान याजकों के पास जाकर
कहा, 15 ''यदि मैं उसे तुम्हारे हाथ पकड़वा दूँ
तो मुझे क्या दोगे?'' उन्होंने उसे तीस चाँदी
के सिक्के तौलकर दे दिए।* 16 और वह
उसी समय से उसे पकड़वाने का अवसर ढूँढ़ने
लगा।

चेलों के साथ फसह का अन्तिम भोज

(मरकुस 14:12–21; लूका 22: 7–13, 21–23; यूहन्ना 13: 21–30)

17 अख़मीरी रोटी के पर्व* के पहले दिन,
चेले यीशु के पास आकर पूछने लगे, ''तू कहाँ
चाहता है कि हम तेरे लिये फसह खाने की
तैयारी करें?'' 18 उसने कहा, ''नगर में अमुक
व्यक्ति के पास जाकर उससे कहो, 'गुरु कहता
है कि मेरा समय निकट है।* मैं अपने चेलों
के साथ तेरे यहाँ पर्व मनाऊँगा'।'' 19 अत:
चेलों ने यीशु की आज्ञा मानी और फसह तैयार
किया।

20 जब साँझ हुई तो वह बारहों के साथ
भोजन करने के लिये बैठा। 21 जब वे खा रहे थे
तो उसने कहा, ''मैं तुम से सच कहता हूँ कि
तुम में से एक मुझे पकड़वाएगा।'' 22 इस पर वे
बहुत उदास हुए, और हर एक उससे पूछने लगा,
''हे गुरु, क्या वह मैं हूँ?'' 23 उसने उत्तर दिया,
''जिसने मेरे साथ थाली में हाथ डाला है, वही
मुझे पकड़वाएगा।* 24 मनुष्य का पुत्र तो जैसा
उसके विषय में लिखा है*, जाता ही है; परन्तु
उस मनुष्य के लिये शोक है जिसके द्वारा मनुष्य
का पुत्र पकड़वाया जाता है : यदि उस मनुष्य का
जन्म ही न होता, तो उसके लिये भला होता।''
25 तब उसके पकड़वानेवाले यहूदा ने कहा, ''हे
रब्बी, क्या वह मैं हूँ?'' उसने उससे कहा, ''तू
कह चुका।''

प्रभु-भोज

(मरकुस 14: 22–26; लूका 22:14–20; 1 कुरिन्थियों 11: 23–25)

26 जब वे खा रहे थे तो यीशु ने रोटी ली,
और आशीष माँगकर तोड़ी, और चेलों को देकर
कहा, ''लो, खाओ; यह मेरी देह है।'' 27 फिर

26:4* भजन 2:2; मत्ती 12:14 **6*** मत्ती 21:17 **7*** लूका 7:36–50 **11*** व्य 15:11
12* यूह 19:40 **15*** जक 11:12 **17*** निर्ग 12:18; व्य 16:5–8
18* यूह 7:6,8,30; 8:20; 12:23; 13:1; 17:1 **23*** भजन 41:9; यूह 13:18
24* यशा 53; दानि 9:26; मत्ती 26:31,54,56; मर 9:12; लूका 24:25–27,46; प्रेरि 17:2,3; 26:22,23; 1 पत 1:10,11

उसने कटोरा लेकर धन्यवाद किया*, और उन्हें देकर कहा, ''तुम सब इसमें से पीओ, 28 क्योंकि यह वाचा का मेरा वह लहू है, जो बहुतों के लिये पापों की क्षमा के निमित्त बहाया जाता है।* 29 मैं तुम से कहता हूँ कि दाख का यह रस उस दिन तक कभी न पीऊँगा, जब तक तुम्हारे साथ अपने पिता के राज्य में नया न पीऊँ।''

30 फिर वे भजन गाकर जैतून पहाड़ पर गए।

पतरस के इन्कार की भविष्यद्वाणी

(मरकुस 14: 27–31; लूका 22: 31–34; यूहन्ना 13: 36–38)

31 तब यीशु ने उनसे कहा, ''तुम सब आज ही रात को मेरे विषय में ठोकर खाओगे*, क्योंकि लिखा है : 'मैं चरवाहे को मारूँगा, और झुण्ड की भेड़ें तितर-बितर हो जाएँगी।'† 32 परन्तु मैं अपने जी उठने के बाद तुम से पहले गलील को जाऊँगा।''* 33 इस पर पतरस ने उससे कहा, ''यदि सब तेरे विषय में ठोकर खाएँ तो खाएँ, परन्तु मैं कभी भी ठोकर न खाऊँगा।'' 34 यीशु ने उससे कहा, ''मैं तुझ से सच कहता हूँ कि आज ही रात को मुर्ग़ के बाँग देने से पहले, तू तीन बार मुझ से मुकर जाएगा।''* 35 पतरस ने उससे कहा, ''यदि मुझे तेरे साथ मरना भी पड़े, तौभी मैं तुझसे कभी न मुकरूँगा।'' और ऐसा ही सब चेलों ने भी कहा।

गतसमनी में प्रार्थना

(मरकुस 14: 32–42; लूका 22: 39–46)

36 तब यीशु अपने चेलों के साथ गतसमनी नामक एक स्थान में आया और अपने चेलों से कहने लगा, ''यहीं बैठे रहना, जब तक मैं वहाँ जाकर प्रार्थना करूँ।'' 37 वह पतरस और जब्दी के दोनों पुत्रों को साथ ले गया*, और उदास और व्याकुल होने लगा।† 38 तब उसने उनसे कहा, ''मेरा जी बहुत उदास है, यहाँ तक कि मेरा प्राण निकला जा रहा है। तुम यहीं ठहरो और मेरे साथ जागते रहो।'' 39 फिर वह थोड़ा और आगे बढ़कर मुँह के बल गिरा, और यह प्रार्थना की, ''हे मेरे पिता, यदि हो सके तो यह कटोरा मुझ से टल जाए*, तौभी जैसा मैं चाहता हूँ वैसा नहीं, परन्तु जैसा तू चाहता है वैसा ही हो।†'' 40 फिर उसने चेलों के पास आकर उन्हें सोते पाया और पतरस से कहा, ''क्या तुम मेरे साथ एक घड़ी भी न जाग सके? 41 जागते रहो, और प्रार्थना करते रहो कि तुम परीक्षा में न पड़ो : आत्मा तो तैयार है, परन्तु शरीर दुर्बल है।''* 42 फिर उसने दूसरी बार जाकर यह प्रार्थना की, ''हे मेरे पिता, यदि यह मेरे पीए बिना नहीं हट सकता तो तेरी इच्छा पूरी हो।'' 43 तब उसने आकर उन्हें फिर सोते पाया, क्योंकि उनकी आँखें नींद से भरी थीं। 44 उन्हें छोड़कर वह फिर चला गया, और उन्हीं शब्दों में फिर तीसरी बार प्रार्थना की। 45 तब उसने चेलों के पास आकर उनसे कहा, ''अब सोते रहो, और विश्राम करो : देखो, घड़ी आ पहुँची है*, और मनुष्य का पुत्र पापियों के हाथ पकड़वाया जाता है। 46 उठो, चलें; देखो, मेरा पकड़वानेवाला निकट आ पहुँचा है।''

यीशु का धोखे से पकड़ा जाना

(मरकुस 14: 43–50; लूका 22: 47–53; यूहन्ना 18: 3–12)

47 वह यह कह ही रहा था कि यहूदा जो बारहों में से एक था आया, और उसके साथ प्रधान याजकों और लोगों के पुरनियों की ओर से बड़ी भीड़, तलवारें और लाठियाँ लिये हुए आई। 48 उसके पकड़वानेवाले ने उन्हें यह संकेत दिया था : ''जिसको मैं चूम लूँ वही है; उसे पकड़ लेना।'' 49 और तुरन्त यीशु के पास आकर

26:27* 1 कुरि 10:16 **28*** निर्ग 24:6–8; यिर्म 31:31–34; जक 9:11; मला 2:5; मत्ती 20:28; इब्रा 9:20; 10:29
31* मत्ती 11:6 † जक 13:7; यूह 16:32 **32*** मत्ती 28:7,10,16 **34*** मत्ती 26:75; मर 14:72; लूका 22:61; यूह 18:27
37* मत्ती 17:1 † यूह 12:27; इब्रा 5:7 **39*** मत्ती 20:22; यूह 18:11 † भजन 40:6–8; यूह 4:34; 5:30; 6:38; इब्रा 5:8
41* मत्ती 6:13 **45*** मत्ती 26:18

कहा, ''हे रब्बी, नमस्कार!'' और उसको बहुत
चूमा। 50 यीशु ने उससे कहा, ''हे मित्र, जिस
काम के लिये तू आया है, उसे कर ले।'' तब
उन्होंने पास आकर यीशु पर हाथ डाले और उसे
पकड़ लिया। 51 यीशु के साथियों में से एक ने
हाथ बढ़ाकर अपनी तलवार खींच ली* और
महायाजक के दास पर चलाकर उस का कान
उड़ा दिया। 52 तब यीशु ने उससे कहा, ''अपनी
तलवार म्यान में रख ले क्योंकि जो तलवार चलाते
हैं वे सब तलवार से नष्ट किए जाएँगे।* 53 क्या
तू नहीं जानता कि मैं अपने पिता से विनती कर
सकता हूँ, और वह स्वर्गदूतों की बारह पलटन
से अधिक मेरे पास अभी उपस्थित कर देगा?*
54 परन्तु पवित्रशास्त्र की वे बातें कि ऐसा ही
होना अवश्य है, कैसे पूरी होंगी?*'' 55 उस
समय यीशु ने भीड़ से कहा, ''क्या तुम तलवारें
और लाठियाँ लेकर मुझे डाकू के समान पकड़ने
के लिये निकले हो? मैं हर दिन मन्दिर में बैठकर
उपदेश दिया करता था*, और तुम ने मुझे नहीं
पकड़ा। 56 परन्तु यह सब इसलिये हुआ है कि
भविष्यद्वक्ताओं के वचन* पूरे हों।'' तब सब
चेले उसे छोड़कर भाग गए।

महासभा के सामने यीशु

(मरकुस 14: 53-65; लूका 22: 54,55, 63-71; यूहन्ना 18:13,14, 19-24)

57 तब यीशु के पकड़नेवाले उसको काइफा
नामक महायाजक* के पास ले गए, जहाँ शास्त्री
और पुरनिए इकट्ठा हुए थे। 58 पतरस दूर ही दूर
उसके पीछे-पीछे महायाजक के आँगन तक गया*,
और भीतर जाकर अन्त देखने को प्यादों के
साथ बैठ गया।† 59 प्रधान याजक और सारी
महासभा* यीशु को मार डालने के लिये उसके
विरोध में झूठी गवाही की खोज में थे, 60 परन्तु
बहुत से झूठे गवाहों के आने पर भी न पाई।
अन्त में दो जन आए, 61 और कहा, ''इसने
कहा है कि मैं परमेश्वर के मन्दिर को ढा सकता
हूँ और उसे तीन दिन में बना सकता हूँ।*''
62 तब महायाजक ने खड़े होकर यीशु से
कहा, ''क्या तू कोई उत्तर नहीं देता? ये लोग तेरे
विरोध में क्या गवाही देते हैं?'' 63 परन्तु यीशु
चुप रहा। तब महायाजक ने उससे कहा, ''मैं
तुझे जीवते परमेश्वर की शपथ देता हूँ कि यदि तू
परमेश्वर का पुत्र मसीह है, तो हम से कह दे।''*
64 यीशु ने उससे कहा, ''तू ने आप ही कह
दिया; वरन् मैं तुम से यह भी कहता हूँ कि अब
से तुम मनुष्य के पुत्र को सर्वशक्तिमान* के
दाहिनी ओर बैठे, और आकाश के बादलों पर
आते देखोगे।'' 65 इस पर महायाजक ने अपने
वस्त्र फाड़े और कहा, ''इसने परमेश्वर की निन्दा
की है*, अब हमें गवाहों का क्या प्रयोजन?
देखो, तुम ने अभी यह निन्दा सुनी है! 66 तुम
क्या सोचते हो?'' उन्होंने उत्तर दिया, ''यह वध
होने के योग्य है।*'' 67 तब उन्होंने उसके मुँह
पर थूका और उसे घूँसे मारे, दूसरों ने थप्पड़ मार
के* कहा, 68 ''हे मसीह, हम से भविष्यद्वाणी
करके कह कि किसने तुझे मारा?''

पतरस का इन्कार

(मरकुस 14: 66-72; लूका 22: 56-62; यूहन्ना 18:15-18, 25-27)

69 पतरस बाहर आँगन में बैठा हुआ था कि
एक दासी उसके पास आई और कहा, ''तू भी
यीशु गलीली के साथ था।'' 70 उसने सब के
सामने यह कहते हुए इन्कार किया, ''मैं नहीं
जानता तू क्या कह रही है।'' 71 जब वह बाहर
डेवढ़ी में गया, तो दूसरी दासी ने उसे देखकर
उनसे जो वहाँ थे कहा, ''यह भी तो यीशु नासरी
के साथ था।'' 72 उसने शपथ खाकर फिर इन्कार
किया : ''मैं उस मनुष्य को नहीं जानता।''

26:51* लूका 22:36,38 **52*** उत्प 9:6; निर्ग 21:12; प्रका 13:10 **53*** 2 राजा 6:17; मत्ती 4:11 **54*** मत्ती 26:24
55* मर 12:35; लूका 19:47; 21:37; यूह 7:14,28 **56*** यू० *पवित्रशास्त्र;* मत्ती 1:22; 26:24 **57*** मत्ती 26:3
58* मत्ती 26:69; मर 14:66; लूका 22:55 **†** मर 15:16; लूका 11:21; यूह 7:32,45,46 **59*** मत्ती 5:22 **61*** यूह 2:19-21
63* लैव्य 5:1 **64*** मूल में, *सामर्थ्य;* दानि 7:13; मत्ती 16:27; 24:30 **65*** मत्ती 9:3; यूह 10:33 **66*** लैव्य 24:16; यूह 19:7
67* यशा 50:6; मत्ती 16:21

73 थोड़ी देर बाद लोगों ने जो वहाँ खड़े थे, पतरस के पास आकर उससे कहा, ''सचमुच तू भी उनमें से एक है, क्योंकि तेरी बोली तेरा भेद खोल देती है।'' 74 तब वह धिक्कारने और शपथ खाने लगा : ''मैं उस मनुष्य को नहीं जानता।'' और तुरन्त मुर्ग़ ने बाँग दी। 75 तब पतरस को यीशु की कही हुई बात स्मरण हो आई : ''मुर्ग़ के बाँग देने से पहले तू तीन बार मेरा इन्कार करेगा।*'' और वह बाहर जाकर फूट फूट कर रोया।

पिलातुस के सामने यीशु

(मरकुस 15:1; लूका 23:1,2; यूहन्ना 18: 28-32)

27 जब भोर हुई तो सब प्रधान याजकों और लोगों के पुरनियों ने यीशु को मार डालने की सम्मति की।* 2 उन्होंने उसे बाँधा और ले जाकर पिलातुस हाकिम के हाथ में सौंप दिया।

यहूदा द्वारा आत्महत्या

(प्रेरितों के काम 1:18,19)

3 जब उसके पकड़वानेवाले यहूदा ने देखा कि वह दोषी ठहराया गया है तो वह पछताया और वे तीस चाँदी के सिक्के प्रधान याजकों और पुरनियों के पास फेर लाया 4 और कहा, ''मैंने निर्दोष को घात के लिए पकड़वाकर पाप किया है!*'' उन्होंने कहा, ''हमें क्या? तू ही जान।'' 5 तब वह उन सिक्कों को मन्दिर* में फेंककर चला गया, और जाकर अपने आप को फाँसी दी।

6 प्रधान याजकों ने उन सिक्कों को लेकर कहा, ''इन्हें, भण्डार में रखना उचित नहीं, क्योंकि यह लहू का दाम है।'' 7 अत: उन्होंने सम्मति करके उन सिक्कों से परदेशियों के गाड़े जाने के लिए कुम्हार का खेत मोल ले लिया। 8 इस कारण वह खेत आज तक लहू का खेत कहलाता है। 9 तब जो वचन यिर्मयाह भविष्यद्वक्ता के द्वारा कहा गया था वह पूरा हुआ : ''उन्होंने वे तीस सिक्के अर्थात् उस ठहराए हुए मूल्य को (जिसे इस्राएल की सन्तान में से कितनों ने ठहराया था) ले लिया*, 10 और जैसे प्रभु ने मुझे आज्ञा दी थी वैसे ही उन्हें कुम्हार के खेत के मूल्य में दे दिया।''*

पिलातुस के प्रश्न

(मरकुस 15: 2-5; लूका 23: 3-5; यूहन्ना 18: 33-38)

11 जब यीशु हाकिम के सामने खड़ा था तो हाकिम ने उससे पूछा, ''क्या तू यहूदियों का राजा* है?'' यीशु ने उससे कहा, ''तू आप ही कह रहा है।'' 12 जब प्रधान याजक और पुरनिए उस पर दोष लगा रहे थे, तो उसने कुछ उत्तर नहीं दिया।* 13 इस पर पिलातुस ने उससे कहा, ''क्या तू नहीं सुनता कि ये तेरे विरोध में कितनी गवाहियाँ दे रहे हैं?'' 14 परन्तु उसने उसको एक बात का भी उत्तर नहीं दिया, यहाँ तक कि हाकिम को बड़ा आश्चर्य हुआ।

मृत्यु-दण्ड की आज्ञा

(मरकुस 15: 6-15; लूका 23:13-25; यूहन्ना 18: 39 — 19:16)

15 हाकिम की यह रीति थी कि उस पर्व में लोगों के लिये किसी एक बन्दी को जिसे वे चाहते थे, छोड़ देता था। 16 उस समय उनके यहाँ बरअब्बा नामक एक माना हुआ बन्दी था। 17 अत: जब वे इकट्ठा हुए, तो पिलातुस ने उनसे कहा, ''तुम किसको चाहते हो कि मैं तुम्हारे लिये छोड़ दूँ? बरअब्बा को, या यीशु को जो मसीह कहलाता है?'' 18 क्योंकि वह जानता था कि उन्होंने उसे डाह से पकड़वाया है।* 19 जब वह न्याय की गद्दी पर बैठा हुआ था तो उसकी पत्नी ने उसे कहला भेजा, ''तू उस धर्मी के मामले में हाथ न डालना, क्योंकि मैंने

26:75* मत्ती 26:34; यूह 13:38 **27:1*** मत्ती 12:14; लूका 22:66 **4*** मत्ती 27:24 **5*** मूल में, *पवित्रस्थान* **9,10*** जक 11:12,13
11* मत्ती 2:2 **12*** यशा 53:7; मर 14:61 **18*** यूह 11:47,48; 12:19

मत्ती 27:20-44

आज स्वप्न में उसके कारण बहुत दुःख उठाया है।*''

20 प्रधान याजकों और पुरनियों ने लोगों को उभारा कि वे बरअब्बा को माँग लें, और यीशु का नाश कराएँ।* 21 हाकिम ने उनसे पूछा, ''इन दोनों में से किस को चाहते हो कि मैं तुम्हारे लिये छोड़ दूँ?'' उन्होंने कहा, ''बरअब्बा को।'' 22 पिलातुस ने उनसे पूछा, ''फिर यीशु को, जो मसीह कहलाता है, क्या करूँ?'' सब ने उससे कहा, ''वह क्रूस पर चढ़ाया जाए!'' 23 हाकिम ने कहा, ''क्यों, उसने क्या बुराई की है?'' परन्तु वे और भी चिल्ला-चिल्लाकर कहने लगे, ''वह क्रूस पर चढ़ाया जाए!'' 24 जब पिलातुस ने देखा कि कुछ बन नहीं पड़ता परन्तु इसके विपरीत हुल्लड़ बढ़ता जाता है, तो उसने पानी लेकर भीड़ के सामने अपने हाथ धोए और कहा, ''मैं इस धर्मी के लहू से निर्दोष हूँ; तुम ही जानो।''* 25 सब लोगों ने उत्तर दिया, ''इसका लहू हम पर और हमारी सन्तान पर हो!*'' 26 इस पर उसने बरअब्बा को उनके लिये छोड़ दिया, और यीशु को कोड़े लगवाकर* सौंप दिया, कि क्रूस पर चढ़ाया जाए।

सिपाहियों द्वारा यीशु का अपमान
(मरकुस 15:16-20; यूहन्ना 19: 2, 3)

27 तब हाकिम के सिपाहियों ने यीशु को किले में ले जाकर सारी पलटन उसके चारों ओर इकट्ठी की, 28 और उसके कपड़े उतारकर उसे लाल रंग का बागा पहिनाया, 29 और काँटों का मुकुट गूँथकर उसके सिर पर रखा, और उसके दाहिने हाथ में सरकण्डा दिया और उसके आगे घुटने टेककर उसे ठट्ठों में उड़ाने लगे और कहा, ''हे यहूदियों के राजा, नमस्कार!'' 30 और उस पर थूका;* और वही सरकण्डा लेकर उसके सिर पर मारने लगे। 31 जब वे उसका ठट्ठा कर चुके, तो वह बागा उस पर से उतारकर फिर उसी के कपड़े उसे पहिनाए, और क्रूस पर चढ़ाने के लिये ले चले।

यीशु का क्रूस पर चढ़ाया जाना
(मरकुस 15: 21-32; लूका 23: 26-43; यूहन्ना 19:17-27)

32 बाहर जाते हुए उन्हें शमौन नामक एक कुरेनी मनुष्य मिला। उन्होंने उसे बेगार में पकड़ा कि उसका क्रूस उठाकर ले चले। 33 उस स्थान पर जो गुलगुता अर्थात् खोपड़ी का स्थान कहलाता है, पहुँचकर 34 उन्होंने पित्त मिलाया हुआ दाखरस उसे पीने को दिया*, परन्तु उसने चखकर पीना न चाहा। 35 तब उन्होंने उसे क्रूस पर चढ़ाया, और चिट्ठियाँ डालकर उसके कपड़े बाँट लिये*, 36 और वहाँ बैठकर उसका पहरा देने लगे। 37 और उसका दोषपत्र उसके सिर के ऊपर लगाया, कि ''**यह यहूदियों का राजा यीशु है**''। 38 तब उसके साथ दो डाकू* एक दाहिने और एक बाएँ, क्रूसों पर चढ़ाए गए। 39 आने-जाने वाले सिर हिला-हिलाकर उसकी निन्दा करते थे*, 40 और यह कहते थे, ''हे मन्दिर के ढानेवाले और तीन दिन में बनानेवाले*, अपने आप को तो बचा! यदि तू परमेश्वर का पुत्र है, तो क्रूस पर से उतर आ।'' 41 इसी रीति से प्रधान याजक भी शास्त्रियों और पुरनियों समेत ठट्ठा कर करके कहते थे, 42 ''इसने औरों को बचाया, और अपने आप को नहीं बचा सकता। यह तो 'इस्राएल का राजा' है। अब क्रूस पर से उतर आए तो हम उस पर विश्वास करें। 43 उसने परमेश्वर पर भरोसा रखा है; यदि वह इस को चाहता है, तो अब इसे छुड़ा ले*, क्योंकि इसने कहा था, 'मैं परमेश्वर का पुत्र हूँ' ।'' 44 इसी प्रकार डाकू भी जो उसके साथ क्रूसों पर चढ़ाए गए थे, उसकी निन्दा करते थे।

27:19* अय्यू 33:14-16   20* प्रेरि 3:14   24* व्य 21:6-9; भजन 26:6; मत्ती 27:4   25* प्रेरि 5:28   26* यशा 53:5
30* यशा 50:6   34* भजन 69:21   35* भजन 22:18   38* यशा 53:12   39* भजन 22:7; 109:25   40* मत्ती 26:61; यूह 2:19
43* भजन 22:8

यीशु का प्राण त्यागना

(मरकुस 15: 33-41; लूका 23: 44-49;
यूहन्ना 19: 28-30)

45 दोपहर से लेकर तीसरे पहर तक उस सारे
देश में अन्धेरा छाया रहा। 46 तीसरे पहर के
निकट यीशु ने बड़े शब्द से पुकारकर कहा,
''एली, एली, लमा शबक्तनी?'' अर्थात् ''हे
मेरे परमेश्वर, हे मेरे परमेश्वर, तूने मुझे क्यों
छोड़ दिया?''* 47 जो वहाँ खड़े थे, उनमें से
कितनों ने यह सुनकर कहा, ''वह तो एलिय्याह
को पुकारता है।'' 48 उनमें से एक तुरन्त दौड़ा,
और स्पंज लेकर सिरके में डुबोया, और सरकण्डे
पर रखकर उसे चुसाया।* 49 औरों ने कहा,
''रह जाओ, देखें एलिय्याह उसे बचाने आता है
कि नहीं।'' 50 तब यीशु ने फिर बड़े शब्द से
चिल्लाकर प्राण* छोड़ दिए। 51 और देखो,
मन्दिर का परदा* ऊपर से नीचे तक फटकर दो
टुकड़े हो गया : और धरती डोल गई और चट्टानें
तड़क गईं, 52 और कब्रें खुल गईं, और सोए
हुए पवित्र लोगों के बहुत से शव जी उठे,
53 और उसके जी उठने के बाद वे कब्रों में से
निकलकर पवित्र नगर में गए और बहुतों को
दिखाई दिए। 54 तब सूबेदार और जो उसके
साथ यीशु का पहरा दे रहे थे, भूकम्प और जो
कुछ हुआ था उसे देखकर अत्यन्त डर गये और
कहा, ''सचमुच यह परमेश्वर का पुत्र* था!''
55 वहाँ बहुत सी स्त्रियाँ जो गलील से यीशु की
सेवा करती हुई उसके साथ आई थीं*, दूर से यह
देख रही थीं। 56 उनमें मरियम मगदलीनी, और
याकूब और योसेस की माता मरियम, और जब्दी
के पुत्रों की माता थीं।

यीशु का गाड़ा जाना

(मरकुस 15:42-47; लूका 23:50-56; यूहन्ना 19:38-42)

57 जब साँझ हुई तो यूसुफ नामक अरिमतिया
का एक धनी मनुष्य, जो आप ही यीशु का चेला
था, आया। 58 उसने पिलातुस के पास जाकर
यीशु का शव माँगा। इस पर पिलातुस ने दे देने
की आज्ञा दी। 59 यूसुफ ने शव लिया, उसे
उज्ज्वल चादर में लपेटा, 60 और उसे अपनी नई
कब्र में रखा, जो उसने चट्टान में खुदवाई थी,
और कब्र के द्वार पर बड़ा पत्थर लुढ़काकर चला
गया। 61 मरियम मगदलीनी और दूसरी मरियम
वहाँ कब्र के सामने बैठी थीं।

कब्र पर पहरा

62 दूसरे दिन जो तैयारी के दिन के बाद का
दिन था, प्रधान याजकों और फरीसियों ने पिलातुस
के पास इकट्ठे होकर कहा, 63 ''हे महाराज, हमें
स्मरण है कि उस भरमानेवाले ने जब वह जीवित
था, कहा था, 'मैं तीन दिन के बाद जी उठूँगा।*'
64 अत: आज्ञा दे कि तीसरे दिन तक कब्र
की रखवाली की जाए, ऐसा न हो कि उसके
चेले आकर उसे चुरा ले जाएँ* और लोगों से
कहने लगें, 'वह मरे हुओं में से जी उठा है।'
तब पिछला धोखा पहले से भी बुरा होगा।''
65 पिलातुस ने उनसे कहा, ''तुम्हारे पास पहरुए
तो हैं। जाओ, अपनी समझ के अनुसार रखवाली
करो।'' 66 अत: वे पहरुओं को साथ लेकर
गए, और पत्थर पर मोहर लगाकर कब्र की
रखवाली की।

यीशु का पुनरुत्थान

(मरकुस 16:1-10; लूका 24:1-12;
यूहन्ना 20:1-10)

28 सब्त के दिन के बाद सप्ताह के पहले
दिन पौ फटते ही मरियम मगदलीनी
और दूसरी मरियम कब्र को देखने आईं।*
2 और देखो, एक बड़ा भूकम्प हुआ, क्योंकि
प्रभु का एक दूत स्वर्ग से उतरा और पास आकर
उसने पत्थर को लुढ़का दिया, और उस पर बैठ

27:46* भजन 22:1 48* भजन 69:21 50* यू० *आत्मा* 51* निर्ग 26:31-33; इब्रा 9:3,8; 10:19,20 54* मत्ती 17:5
55* लूका 8:2,3 63* मत्ती 12:40; 16:21; 17:33; 20:19; मर 8:31; 9:31; 10:33, 34; लूका 9:22; 18:31-33 64* मत्ती 28:13
28:1* मत्ती 27:56; लूका 8:2

गया। 3 उसका रूप बिजली का सा और उसका वस्त्र पाले के समान उज्ज्वल था।* 4 उसके भय से पहरुए काँप उठे, और मृतक समान हो गए। 5 स्वर्गदूत ने स्त्रियों से कहा, ''मत डरो*, मैं जानता हूँ कि तुम यीशु को जो क्रूस पर चढ़ाया गया था ढूँढ़ती हो। 6 वह यहाँ नहीं है, परन्तु अपने वचन के अनुसार जी उठा है। आओ, यह स्थान देखो, जहाँ प्रभु पड़ा था, 7 और शीघ्र जाकर उसके चेलों से कहो कि वह मृतकों में से जी उठा है, और वह तुमसे पहले गलील को जाता है, वहाँ उसका दर्शन पाओगे! देखो, मैं ने तुम से कह दिया।''

8 वे भय और बड़े आनन्द के साथ कब्र से शीघ्र लौटकर उसके चेलों को समाचार देने के लिए दौड़ गईं। 9 तब यीशु उन्हें मिला।* और कहा, ''सलाम''। उन्होंने पास आकर और उसके पाँव पकड़कर उसको दण्डवत् किया। 10 तब यीशु ने उनसे कहा, ''मत डरो; मेरे भाइयों* से जाकर कहो कि गलील को चले जाएँ, वहाँ मुझे देखेंगे।''

पहरुओं की सूचना

11 वे जा ही रही थीं कि पहरुओं में से कुछ ने नगर में आकर पूरा हाल प्रधान याजकों से कह सुनाया। 12 तब उन्होंने पुरनियों के साथ इकट्ठे होकर सम्मति की और सिपाहियों को बहुत चाँदी देकर कहा, 13 ''यह कहना कि रात को जब हम सो रहे थे, तो उसके चेले आकर उसे चुरा ले गए।* 14 और यदि यह बात हाकिम के कान तक पहुँचेगी, तो हम उसे समझा लेंगे और तुम्हें जोखिम से बचा लेंगे।'' 15 अत: उन्होंने रुपए लेकर जैसा सिखाए गए थे, वैसा ही किया। यह बात आज तक यहूदियों में प्रचलित है।

यीशु का दिखाई देना और अन्तिम आज्ञा

(मरकुस 16:14-18; लूका 24: 36-49; यूहन्ना 20:19-23; प्रेरितों के काम 1: 6-8)

16 ग्यारह चेले गलील में उस पहाड़ पर गए, जिसे यीशु ने उन्हें बताया था।* 17 उन्होंने उसके दर्शन पाकर उसे प्रणाम किया, पर किसी किसी को सन्देह हुआ। 18 यीशु ने उनके पास आकर कहा, ''स्वर्ग और पृथ्वी का सारा अधिकार मुझे दिया गया है।* 19 इसलिये तुम जाओ, सब जातियों के लोगों को चेला बनाओ*; और उन्हें पिता, और पुत्र, और पवित्र आत्मा के नाम से बपतिस्मा दो†, 20 और उन्हें सब बातें जो मैं ने तुम्हें आज्ञा दी है, मानना सिखाओ : * और देखो, मैं जगत के अन्त तक सदा तुम्हारे संग हूँ।†''

28:3* यूह 20:12 **5*** मत्ती 14:27 **9*** यूह 20:14-18 **10*** मत्ती 12:50; मर 3:34; यूह 20:17; रोम 8:29; इब्रा 2:11-13,17
13* मत्ती 27:64 **16*** मत्ती 26:32; 28:7,10; मर 14:28 **18*** दानि 7:13,14; यूह 3:35; इफि 1:20-22; फिलि 2:9,10
19* यशा 49:6 **†** प्रेरि 1:8; रोम 6:3,4; गला 3:27; कुल 2:12 **20*** यूह 14:26; प्रेरि 2:42
† व्य 31:6; 1 राजा 8:57; मत्ती 18:20; प्रेरि 18:10

मरकुस रचित सुसमाचार

भूमिका

मरकुस रचित सुसमाचार इस कथन से आरम्भ होता है, ''परमेश्वर के पुत्र यीशु मसीह का सुसमाचार।'' इसमें यीशु को एक अधिकार-सम्पन्न और क्रियाशील व्यक्ति के रूप में दर्शाया गया है। उसका अधिकार उसकी शिक्षाओं में, दुष्टात्माओं पर उसके अधिकार में, और लोगों के पापों को क्षमा करने में प्रगट हुआ है। इसमें यीशु स्वयं को 'मनुष्य का पुत्र' कहता है। वह इसलिये आया कि लोगों को पापों से स्वतन्त्र करने के लिए अपने प्राण दे।

मरकुस यीशु के वचन और शिक्षाओं पर नहीं बल्कि उसके कार्यों पर बल देता है। इसलिये वह उसकी कथा को सीधे, सरल और प्रभावशाली रूप में प्रस्तुत करता है। यूहन्ना बपतिस्मा देनेवाला और यीशु का बपतिस्मा तथा उसकी परीक्षाओं से सम्बन्धित एक संक्षिप्त भूमिका के बाद, लेखक तुरन्त ही यीशु के चंगाई और शिक्षा सेवाकार्य का वर्णन करने लगता है। जैसे-जैसे समय बीतता गया वैसे-वैसे यीशु के अनुयायी उसे और अच्छी तरह समझते गए, परन्तु यीशु के विरोधी और अधिक उग्र होते गए। अंत के अध्याय यीशु के पार्थिव जीवन के अन्तिम सप्ताह की घटनाओं का वर्णन प्रस्तुत करते हैं, जिनमें प्रमुख हैं, उसका क्रूस पर चढ़ाया जाना और उसका पुनरुत्थान।

रूप-रेखा

सुसमाचार का आरम्भ 1:1-13
गलील में यीशु की जनसेवा 1:14 — 9:50
गलील से यरूशलेम तक यात्रा 10:1-52
यरूशलेम में अन्तिम सप्ताह 11:1 — 15:47
यीशु का पुनरुत्थान 16:1-8
जी उठे प्रभु का दिखाई देना और स्वर्गारोहण 16:9-20

यूहन्ना बपतिस्मा देनेवाले का प्रचार

(मत्ती 3:1-12; लूका 3:1-18; यूहन्ना 1:19-28)

1 परमेश्वर के पुत्र* यीशु मसीह के सुसमाचार का आरम्भ। 2 जैसा यशायाह भविष्यद्वक्ता की पुस्तक में लिखा है

''देख, मैं अपने दूत को तेरे आगे भेजता हूँ,
जो तेरे लिये मार्ग सुधारेगा।*

3 जंगल में एक पुकारनेवाले का शब्द सुनाई दे रहा है कि

प्रभु का मार्ग तैयार करो, और उसकी
सड़कें सीधी करो।''*

4 यूहन्ना आया, जो जंगल में बपतिस्मा देता, और पापों की क्षमा के लिये मनफिराव के बपतिस्मा का प्रचार करता था।* 5 सारे यहूदिया प्रदेश के, और यरूशलेम के सब रहनेवाले निकलकर उसके पास गए, और अपने पापों को मानकर यरदन नदी में उस से बपतिस्मा लिया।

6 यूहन्ना ऊँट के रोम का वस्त्र पहिने और अपनी कमर में चमड़े का कटिबन्ध बाँधे रहता

1:1 * मत्ती 4:3 2 * मला 3:1; मत्ती 11:10; लूका 7:27 3 * यशा 40:3; यूह 1:23 4 * यूह 1:26,33; प्रेरि 1:5,22;13:24;18:25;19:3,4

था* तथा टिड्डियाँ† और वन मधु खाया करता था,§ 7 और यह प्रचार करता था, ''मेरे बाद वह आने वाला है, जो मुझ से शक्तिमान है; मैं इस योग्य नहीं कि झुककर उसके जूतों का बन्ध खोलूँ।* 8 मैं ने तो तुम्हें जल से बपतिस्मा दिया है पर वह तुम्हें पवित्र आत्मा से* बपतिस्मा देगा।''†

यीशु का बपतिस्मा और परीक्षा

(मत्ती 3:13 —4:11; लूका 3:21, 22; 4:1–13)

9 उन दिनों में यीशु ने गलील के नासरत* से आकर, यरदन में यूहन्ना† से बपतिस्मा लिया। 10 और जब वह जल से निकलकर ऊपर आया, तो तुरन्त उसने आकाश को खुलते और आत्मा को कबूतर के समान अपने ऊपर उतरते देखा।* 11 और यह आकाशवाणी हुई, ''तू मेरा प्रिय पुत्र है, तुझ से मैं प्रसन्न हूँ।''*

12 तब आत्मा ने तुरन्त उसको जंगल की ओर भेजा। 13 जंगल में चालीस दिन* तक शैतान ने उसकी परीक्षा की;† और वह वन पशुओं के साथ रहा, और स्वर्गदूत उसकी सेवा करते रहे।

यीशु के सेवाकार्य का आरम्भ

(मत्ती 4:12–17; लूका 4:14,15)

14 यूहन्ना के पकड़वाए जाने के बाद* यीशु ने गलील में आकर परमेश्वर के राज्य का सुसमाचार प्रचार किया,† 15 और कहा, ''समय पूरा हुआ है,* और परमेश्वर का राज्य निकट आ गया है; मन फिराओ और सुसमाचार पर विश्वास करो।''†

मछुवों का बुलाया जाना

(मत्ती 4:18–22; लूका 5:1–11)

16 गलील की झील के किनारे किनारे जाते हुए, उसने शमौन और उसके भाई अन्द्रियास को झील में जाल डालते देखा; क्योंकि वे मछुवे थे। 17 यीशु ने उनसे कहा, ''मेरे पीछे आओ; मैं तुम को मनुष्यों के मछुवे बनाऊँगा।'' 18 वे तुरन्त जालों को छोड़कर उसके पीछे हो लिए।

19 कुछ आगे बढ़कर, उस ने जब्दी के पुत्र याकूब, और उसके भाई यूहन्ना को, नाव पर जालों को सुधारते देखा। 20 उसने तुरन्त उन्हें बुलाया; और वे अपने पिता जब्दी को मजदूरों के साथ नाव पर छोड़कर, उसके पीछे हो लिए।

दुष्टात्माग्रस्त व्यक्ति को चंगा करना

(लूका 4:31–37)

21 तब वे कफरनहूम में आए, और वह तुरन्त सब्त के दिन आराधनालय में जाकर उपदेश करने लगा।* 22 और लोग उसके उपदेश से चकित हुए; क्योंकि वह उन्हें शास्त्रियों के समान नहीं, परन्तु अधिकारी के समान उपदेश देता था।* 23 उसी समय, उनके आराधनालय में एक मनुष्य था, जिसमें एक अशुद्ध आत्मा थी। 24 उसने चिल्लाकर कहा, ''हे यीशु नासरी,* हमें तुझ से क्या काम?† क्या तू हमें नष्ट करने आया है? मैं तुझे जानता हूँ, तू कौन है? परमेश्वर का पवित्र जन§!'' 25 यीशु ने उसे डाँट कर कहा, ''चुप रह; और उसमें से निकल जा।'' 26 तब अशुद्ध आत्मा उसको मरोड़कर, और बड़े शब्द से चिल्लाकर उसमें से निकल गई।* 27 इस पर सब लोग आश्चर्य करते हुए* आपस में वाद–विवाद करने लगे, ''यह क्या बात है? यह तो कोई नया उपदेश है! वह अधिकार के साथ अशुद्ध आत्माओं को भी आज्ञा देता है, और वे उसकी आज्ञा मानती हैं।'' 28 और उसका नाम तुरन्त गलील के आसपास के सारे प्रदेश में फैल गया।*

1:6* 2 राजा 1:8 † *यूनानी भाषा का यह शब्द कनान देश में उत्पन्न होनेवाले 'करोब' नामक वृक्ष की खाने योग्य फलियों को भी व्यक्त कर सकता है।* § लैव्य 11:22 **7*** प्रेरि 13:35 **8*** यू. में † यशा 44:3; योए 2:28; यूह 1:33; प्रेरि 1:5; 2:4; 11:16; 19:4–6
9* मत्ती 2:23 † मत्ती 3:1 **10*** यूह 1:32 **11*** उत्प 22:2; भजन 2:7; यशा 42:1; मत्ती 12:18; मर 9:7 **13*** निर्ग 24:18; 1 राजा 19:8 † मत्ती 4:10; इब्रा 4:15 **14*** मत्ती 3:1; 4:12 † मत्ती 4:23 **15*** रोम 5:6; गला 4:4; इफि 1:10 † मत्ती 3:2; यूह 3:15; प्रेरि 20:21
21* मत्ती 4:23; मर 10:1 **22*** मत्ती 7:28,29 **24*** मत्ती 2:23; लूका 24:19; यूह 1:45,46; प्रेरि 4:10; 24:5 † मत्ती 8:29
§ भजन 16:10; यशा 41:14,16,20; लूका 1:35; यूह 6:69; प्रेरि 3:14; 1 यू 2:20 **26*** मर 9:20 **27*** मर 10:24, 32 **28*** मत्ती 9:26

बहुत से बीमारों को चंगा करना

(मत्ती 8:14-17; लूका 4:38-41)

29 वह तुरन्त आराधनालय में से निकलकर,
याकूब और यूहन्ना के साथ शमौन और अन्द्रियास
के घर आया। 30 शमौन की सास ज्वर से पीड़ित
थी, और उन्होंने तुरन्त उसके विषय में उससे
कहा। 31 तब उसने पास जाकर उसका हाथ
पकड़ के उसे उठाया; और उसका ज्वर उतर
गया, और वह उनकी सेवा-टहल करने लगी।
32 संध्या के समय जब सूर्य डूब गया तो
लोग सब बीमारों को और उन्हें, जिनमें दुष्टात्माएँ
थीं, उसके पास लाए।* 33 और सारा नगर द्वार
पर इकट्ठा हुआ। 34 उसने बहुतों को जो नाना
प्रकार की बीमारियों से दु:खी थे, चंगा किया,*
बहुत सी दुष्टात्माओं को निकाला, और दुष्टात्माओं
को बोलने न दिया, क्योंकि वे उसे पहचानती
थीं।†

एकान्त में यीशु का प्रार्थना करना

(लूका 4:42-44)

35 भोर को दिन निकलने से बहुत पहले,
वह उठकर निकला, और एक जंगली स्थान में
गया और वहाँ प्रार्थना करने* लगा। 36 तब
शमौन और उसके साथी उसकी खोज में गए।
37 जब वह मिला, तो उससे कहा, ''सब लोग
तुझे ढूँढ़ रहे हैं।'' 38 उसने उनसे कहा, ''आओ;
हम और कहीं आसपास की बस्तियों में जाएँ,
कि मैं वहाँ भी प्रचार करूँ, क्योंकि मैं इसी लिये
निकला हूँ।''* 39 अत: वह सारे गलील में
उनके आराधनालयों में जा जाकर प्रचार करता
और दुष्टात्माओं को निकालता रहा।*

कोढ़ के रोगी को चंगा करना

(मत्ती 8:1-4; लूका 5:12-16)

40 एक कोढ़ी उसके पास आया, उससे विनती
की, और उसके सामने घुटने टेककर उससे कहा,
''यदि तू चाहे तो मुझे शुद्ध कर सकता है।''
41 उसने उस पर तरस खाकर हाथ बढ़ाया, और
उसे छूकर कहा, ''मैं चाहता हूँ तू शुद्ध हो जा।''
42 और तुरन्त उसका कोढ़ जाता रहा, और वह
शुद्ध हो गया। 43 तब उसने उसे चिताकर तुरन्त
विदा किया, 44 और उससे कहा, ''देख, किसी
से कुछ मत कहना, परन्तु जाकर अपने आप को
याजक को दिखा, और अपने शुद्ध होने के विषय
में जो कुछ मूसा ने ठहराया है उसे भेंट चढ़ा कि
उन पर गवाही हो।''* 45 परन्तु वह बाहर जाकर
इस बात का बहुत प्रचार करने और यहाँ तक
फैलाने लगा कि यीशु फिर खुल्लमखुल्ला नगर
में न जा सका, परन्तु बाहर जंगली स्थानों में रहा;
और चारों ओर से लोग उसके पास आते रहे।*

लकवे के रोगी को चंगा करना

(मत्ती 9:1-8; लूका 5:17-26)

2 कई दिन के बाद वह फिर कफरनहूम में
आया, और सुना गया कि वह घर में है।
2 फिर इतने लोग इकट्ठा हुए कि द्वार के पास
भी जगह नहीं थी; और वह उन्हें वचन सुना रहा
था। 3 और लोग एक लकवे के रोगी को
चार मनुष्यों से उठवाकर उसके पास ले आए।
4 परन्तु जब वे भीड़ के कारण उसके निकट न
पहुँच सके, तो उन्होंने उस छत को जिसके नीचे
वह था, खोल दिया; और जब वे उसे उधेड़
चुके, तो उस खाट को जिस पर लकवे का रोगी
पड़ा था, लटका दिया। 5 यीशु ने उनका विश्वास
देखकर उस लकवे के रोगी से कहा, ''हे पुत्र,
तेरे पाप क्षमा हुए।''* 6 तब कई शास्त्री जो वहाँ
बैठे थे, अपने-अपने मन में विचार करने लगे,
7 ''यह मनुष्य क्यों ऐसा कहता है? यह तो
परमेश्वर की निन्दा करता है! परमेश्वर को छोड़
और कौन पाप क्षमा कर सकता है?''* 8 यीशु
ने तुरन्त अपनी आत्मा में जान लिया कि वे अपने-
अपने मन में ऐसा विचार कर रहे हैं, और उनसे
कहा, ''तुम अपने-अपने मन में यह विचार क्यों

1:32 * मत्ती 4:24 **34** * मत्ती 4:23 † मर 3:12; प्रेरि 16:17,18 **35** * लूका 3:21 **38** * यशा 61:1 **39** * मत्ती 4:23; 9:35
44 * लैव्य 14:1-32 **45** * मर 2:13; लूका 5:17; यूह 6:2 **2:5** * लूका 7:48 **7** * यशा 43:25

कर रहे हो? 9 सहज क्या है? क्या लकवे के
रोगी से यह कहना कि तेरे पाप क्षमा हुए, या यह
कहना कि उठ अपनी खाट उठा कर चल फिर?
10 परन्तु जिस से तुम जान लो कि मनुष्य के पुत्र
को पृथ्वी पर पाप क्षमा करने का भी अधिकार
है।'' उसने उस लकवे के रोगी से कहा, 11 ''मैं
तुझ से कहता हूँ, उठ, अपनी खाट उठाकर अपने
घर चला जा।'' 12 वह उठा और तुरन्त खाट
उठाकर सब के सामने से निकलकर चला गया;
इस पर सब चकित हुए, और परमेश्वर की बड़ाई*
करके कहने लगे, ''हम ने ऐसा कभी नहीं
देखा।†''

लेवी का बुलाया जाना

(मत्ती 9:9–13; लूका 5:27–32)

13 वह फिर निकलकर झील के किनारे गया,
और सारी भीड़ उसके पास आई,* और वह
उन्हें उपदेश देने लगा। 14 जाते हुए उस ने हलफई
के पुत्र लेवी को चुंगी की चौकी पर बैठे देखा,
और उस से कहा, ''मेरे पीछे हो ले।'' और वह
उठकर उसके पीछे हो लिया।

15 जब वह उसके घर में भोजन करने बैठा,
तब बहुत से चुंगी लेनेवाले और पापी, यीशु और
उसके चेलों के साथ भोजन करने बैठे; क्योंकि
वे बहुत से थे, और उसके पीछे हो लिये थे।
16 शास्त्रियों और फरीसियों* ने यह देखकर कि
वह तो पापियों और चुंगी लेनेवालों के साथ
भोजन कर रहा है, उसके चेलों से कहा, ''वह
तो चुंगी लेनेवालों और पापियों के साथ खाता
पीता है!'' 17 यीशु ने यह सुनकर उनसे कहा,
''भले चंगों को वैद्य की आवश्यकता नहीं, परन्तु
बीमारों को है : मैं धर्मियों को नहीं, परन्तु पापियों
को बुलाने आया हूँ।''*

उपवास का प्रश्न

(मत्ती 9:14–17; लूका 5:33–39)

18 यूहन्ना के चेले, और फरीसी उपवास करते
थे; अत: उन्होंने आकर उससे यह कहा, ''यूहन्ना
के चेले और फरीसियों के चेले क्यों उपवास
रखते हैं, परन्तु तेरे चेले उपवास नहीं रखते?''
19 यीशु ने उनसे कहा, ''जब तक दूल्हा बरातियों
के साथ रहता है, क्या वे उपवास कर सकते हैं?
अत: जब तक दूल्हा उनके साथ है, तब तक वे
उपवास नहीं कर सकते। 20 परन्तु वे दिन आएँगे
जब दूल्हा उनसे अलग किया जाएगा;* उस समय
वे उपवास करेंगे।

21 ''कोरे कपड़े का पैवन्द पुराने वस्त्र पर
कोई नहीं लगाता; नहीं तो वह पैवन्द उसमें से
कुछ खींच लेगा, अर्थात् नया, पुराने से, और वह
पहले से अधिक फट जाएगा। 22 नये दाखरस
को पुरानी मशकों में कोई नहीं रखता, नहीं तो
दाखरस मशकों को फाड़ देगा, और दाखरस और
मशकें दोनों नष्ट हो जाएँगी; परन्तु नया दाखरस
नई मशकों में भरा जाता है।''

सब्त का प्रभु

(मत्ती 12:1–8; लूका 6:1–5)

23 ऐसा हुआ कि वह सब्त के दिन खेतों
में से होकर जा रहा था, और उसके चेले चलते
हुए बालें तोड़ने लगे।* 24 तब फरीसियों ने
उससे कहा, ''देख; ये सब्त के दिन वह काम
क्यों करते हैं जो उचित नहीं?'' 25 उसने उनसे
कहा, ''क्या तुम ने यह कभी नहीं पढ़ा कि जब
दाऊद को आवश्यकता हुई, और जब वह और
उसके साथी भूखे हुए, तब उसने क्या किया
था? 26 उसने कैसे अबियातार महायाजक के
समय,* परमेश्वर के भवन में जाकर भेंट की
रोटियाँ खाईं, जिसका खाना याजकों को छोड़
और किसी को भी उचित नहीं,† और अपने
साथियों को भी दीं?''§ 27 तब उसने उनसे
कहा, ''सब्त का दिन मनुष्य के लिये बनाया
गया है,* न कि मनुष्य सब्त के दिन के लिये।†
28 इसलिये मनुष्य का पुत्र सब्त के दिन का भी
स्वामी है।''

2:12 * मत्ती 9:8 † मत्ती 9:33 **13** * मर 1:45; लूका 5:15; यूह 6:2 **16** * प्रेरि 23:9 **17** * लूका 19:10; 1 तीमु 1:15 **20** * लूका 17:22
23 * व्य 23:25 **26** * 1 इति 24:6; 2 शमू 8:17 † लैव्य 24:5–9 § 1 शमू 21:1–6 **27** * निर्ग 23:12; व्य 5:14 † कुलु 2:16

सूखे हाथ वाले मनुष्य को चंगा करना

(मत्ती 12:9-14; लूका 6:6-11)

3 वह फिर आराधनालय में गया;* वहाँ एक
मनुष्य था जिसका हाथ सूख गया था,
2 और वे उस पर दोष लगाने के लिये उस की
घात में लगे हुए थे कि देखें, वह सब्त के दिन
उसे चंगा करता है कि नहीं।* 3 उसने सूखे
हाथवाले मनुष्य से कहा, ''बीच में खड़ा हो।''
4 और उनसे कहा, ''क्या सब्त के दिन भला
करना उचित है या बुरा करना, प्राण को बचाना
या मारना?'' पर वे चुप रहे। 5 उसने उनके मन
की कठोरता से उदास होकर, उनको क्रोध से
चारों ओर देखा, और उस मनुष्य से कहा, ''अपना
हाथ बढ़ा।'' उसने बढ़ाया, और उसका हाथ
अच्छा हो गया। 6 तब फरीसी बाहर जाकर तुरन्त
हेरोदियों के साथ उसके विरोध में सम्मति करने
लगे* कि उसे किस प्रकार नष्ट करें।

भीड़ का यीशु के पीछे हो लेना

7 यीशु अपने चेलों के साथ झील की ओर
चला गया : और गलील से एक बड़ी भीड़ उसके
पीछे हो ली;* 8 और यहूदिया, और यरूशलेम,
और इदूमिया, और यरदन के पार, और सूर और
सैदा* के आसपास से एक बड़ी भीड़ यह सुनकर
कि वह कैसे अचम्भे के काम करता है, उसके
पास आई। 9 उसने अपने चेलों से कहा, ''भीड़
के कारण एक छोटी नाव मेरे लिये तैयार रहे
ताकि वे मुझे दबा न सकें।'' 10 क्योंकि उसने
बहुतों को चंगा किया था, इसलिये जितने लोग
रोग-ग्रस्त थे, उसे छूने के लिये उस पर गिरे
पड़ते थे।* 11 अशुद्ध आत्माएँ भी, जब उसे
देखती थीं, तो उसके आगे गिर पड़ती थीं, और
चिल्लाकर कहती थीं कि तू परमेश्वर का पुत्र
है;* 12 और उसने उन्हें बहुत चिताया कि मुझे
प्रगट न करना।*

बारह प्रेरितों की नियुक्ति

(मत्ती 10:1-4; लूका 6:12-16)

13 फिर वह पहाड़ पर चढ़ गया, और जिन्हें
वह चाहता था उन्हें अपने पास बुलाया; और वे
उसके पास आए।* 14 तब उसने बारह पुरुषों
को नियुक्त किया कि वे उसके साथ-साथ रहें,
और वह उन्हें भेजे कि वे प्रचार करें,* 15 और
दुष्टात्माओं को निकालने का अधिकार रखें।
16 वे ये हैं : शमौन जिसका नाम उसने पतरस
रखा,* 17 और जब्दी का पुत्र याकूब और याकूब
का भाई यूहन्ना, जिनका नाम उसने बुअनरगिस
अर्थात् 'गर्जन के पुत्र' रखा, 18 और अन्द्रियास,
और फिलिप्पुस, और बरतुल्मै, और मत्ती, और
थोमा, और हलफई का पुत्र याकूब, और तद्दै,
और शमौन कनानी, 19 और यहूदा इस्करियोती
जिसने उसे पकड़वा भी दिया।

यीशु और बालजबूल

(मत्ती 12:22-32; लूका 11:14-23; 12:10)

20 तब वह घर में आया : और ऐसी भीड़
इकट्ठी हो गई कि वे रोटी भी न खा सके।*
21 जब उसके कुटुम्बियों ने यह सुना, तो वे उसे
पकड़ने के लिए निकले; क्योंकि वे कहते थे कि
उसका चित ठिकाने नहीं है।

22 शास्त्री भी जो यरूशलेम से आए थे, यह
कहते थे, ''उसमें शैतान* है,'' और ''वह
दुष्टात्माओं के सरदार की सहायता से दुष्टात्माओं
को निकालता है।''†

23 इसलिये वह उन्हें पास बुलाकर उनसे
दृष्टान्तों में कहने लगा,* ''शैतान कैसे शैतान को
निकाल सकता है?† 24 यदि किसी राज्य में फूट
पड़े, तो वह राज्य कैसे स्थिर रह सकता है?
25 और यदि किसी घर में फूट पड़े, तो वह घर
कैसे स्थिर रह सकेगा? 26 इसलिये यदि शैतान
अपना ही विरोधी होकर अपने में फूट डाले, तो

3:1* मत्ती 4:23; मर 1:21 **2*** मत्ती 12:10; लूका 14:1 **6*** मत्ती 22:16; मर 12:13 **7*** मत्ती 4:25 **8*** मत्ती 11:21
10* मत्ती 9:20; मर 4:1; लूका 5:1-3 **11*** मर 1:23, 24 **12*** मर 1:25, 34; प्रेरि 16:17,18 **13*** मत्ती 5:1 **14*** मर 6:30
16* यूह 1:42 **20*** मर 6:31 **22*** यू० *बालजबूल* † मत्ती 9:34; 10:25; 11:18; यूह 7:20; 8:48, 52; 10:20 **23*** मर 4:2 † मत्ती 4:10

वह कैसे बना रह सकता है? उसका तो अन्त ही
हो जाता।

27 "परन्तु कोई मनुष्य किसी बलवन्त के
घर में घुसकर उसका माल नहीं लूट सकता, जब
तक कि वह पहले उस बलवन्त को बाँध न ले;
और तब उसके घर को लूट लेगा।*

28 "मैं तुम से सच कहता हूँ कि मनुष्यों की
सन्तान के सब पाप और निन्दा जो वे करते हैं,
क्षमा की जाएगी, 29 परन्तु जो कोई पवित्र आत्मा
के विरुद्ध निन्दा करे, वह कभी भी क्षमा न किया
जाएगा* : वरन् वह अनन्त पाप का अपराधी
ठहरता है।" 30 क्योंकि वे यह कहते थे कि उस
में अशुद्ध आत्मा है।

यीशु की माता और भाई

(मत्ती 12:46-50; लूका 8:19-21)

31 तब उसकी माता और उसके भाई आए,
और बाहर खड़े होकर उसे बुलवा भेजा।
32 भीड़ उसके आसपास बैठी थी, और उन्होंने
उससे कहा, "देख, तेरी माता और तेरे भाई बाहर
तुझे ढूँढ़ते हैं।" 33 उसने उन्हें उत्तर दिया, "मेरी
माता और मेरे भाई कौन हैं?" 34 और उन पर
जो उसके आसपास बैठे थे, दृष्टि करके कहा,
"देखो, मेरी माता और मेरे भाई ये हैं। 35 क्योंकि
जो कोई परमेश्वर की इच्छा पर चले, वही मेरा
भाई, और बहिन, और माता है।"

बीज बोने वाले का दृष्टान्त

(मत्ती 13:1-9; लूका 8:4-8)

4 वह फिर झील के किनारे उपदेश देने लगा :
और ऐसी बड़ी भीड़ उसके पास इकट्ठी हो
गई कि वह झील में एक नाव पर चढ़कर बैठ
गया, और सारी भीड़ भूमि पर झील के किनारे
खड़ी रही।* 2 और वह उन्हें दृष्टान्तों में बहुत
सी बातें सिखाने लगा,* और अपने उपदेश में
उनसे कहा, 3 "सुनो! एक बोनेवाला बीज बोने
निकला। 4 बोते समय कुछ मार्ग के किनारे गिरा
और पक्षियों ने आकर उसे चुग लिया। 5 कुछ
पथरीली भूमि पर गिरा जहाँ उसको बहुत मिट्टी
न मिली, और गहरी मिट्टी न मिलने के कारण
जल्द उग आया, 6 और जब सूर्य निकला तो
जल गया, और जड़ न पकड़ने के कारण सूख
गया। 7 कुछ झाड़ियों में गिरा, और झाड़ियों ने
बढ़कर उसे दबा दिया, और वह फल न लाया।
8 परन्तु कुछ अच्छी भूमि पर गिरा, और वह
उगा और बढ़कर फलवन्त हुआ; और कोई तीस
गुणा, कोई साठ गुणा और कोई सौ गुणा फल
लाया।*" 9 तब उसने कहा, "जिसके पास
सुनने के लिये कान हों, वह सुन ले।"*

दृष्टान्तों का उद्देश्य

(मत्ती 13:10-17; लूका 8:9,10)

10 जब वह अकेला रह गया, तो उसके
साथियों ने उन बारह समेत उससे इन दृष्टान्तों के
विषय में पूछा। 11 उसने उनसे कहा, "तुम को
तो परमेश्वर के राज्य* के भेद की समझ† दी गई
है, परन्तु बाहरवालों§ के लिये सब बातें दृष्टान्तों
में होती हैं। 12 इसलिये कि

"वे देखते हुए देखें और उन्हें सुझाई न पड़े
और सुनते हुए सुनें भी और न समझें;
ऐसा न हो कि वे फिरें, और क्षमा किए
जाएँ।"*

बीज बोनेवाले दृष्टान्त की व्याख्या

(मत्ती 13:18-23; लूका 8:11-15)

13 फिर उसने उनसे कहा, "क्या तुम यह
दृष्टान्त नहीं समझते? तो फिर और सब दृष्टान्तों
को कैसे समझोगे? 14 बोनेवाला वचन बोता
है।* 15 जो मार्ग के किनारे के हैं, जहाँ वचन
बोया जाता है, ये वे हैं कि जब उन्होंने सुना, तो
शैतान तुरन्त आकर वचन को जो उनमें बोया
गया था, उठा ले जाता है। 16 वैसे ही जो पथरीली

3:27 * यशा 49:24,25 **29** * लूका 12:10 **4:1** * मर 2:13; लूका 5:1-3 **2** * मर 3:23 **8** * यूह 15:5; कुलु 1:6
9 * मत्ती 11:15; मर 4:23 **11** * मत्ती 3:2 † मूल में, का भेद दिया गया § 1 कुरि 5:12,13; कुलु 4:5; 1 थिस्स 4:12; 1 तीमु 3:7
12 * यशा 6:9,10 **14** * मर 16:20; लूका 1:2; प्रेरि 4:31; 8:4; 16:6:17:11; फिलि 1:14

भूमि पर बोए जाते हैं, ये वे हैं जो वचन को
सुनकर तुरन्त आनन्द से ग्रहण कर लेते हैं।
17 परन्तु अपने भीतर जड़ न रखने के कारण वे
थोड़े ही दिनों के लिये रहते हैं; इसके बाद जब
वचन के कारण उन पर क्लेश या उपद्रव होता है,
तो वे तुरन्त ठोकर खाते हैं। 18 जो झाड़ियों में
बोए गए ये वे हैं जिन्होंने वचन सुना, 19 और
संसार की चिन्ता, और धन का धोखा,* और
अन्य वस्तुओं का लोभ उनमें समाकर वचन को
दबा देता है और वह निष्फल रह जाता है।
20 और जो अच्छी भूमि में बोए गए, ये वे हैं जो
वचन सुनकर ग्रहण करते और फल लाते हैं :
कोई तीस गुणा, कोई साठ गुणा और कोई सौ
गुणा।''

दीपक का दृष्टान्त

(लूका 8:16–18)

21 उसने उनसे कहा, ''क्या दीये को इसलिये
लाते हैं कि पैमाने* या खाट के नीचे रखा जाए?
क्या इसलिये नहीं कि दीवट पर रखा जाए?†
22 क्योंकि कोई वस्तु छिपी नहीं, परन्तु इसलिये
है कि प्रगट हो जाए; और न कुछ गुप्त है, पर
इसलिये है कि प्रगट हो जाए।* 23 यदि किसी
के सुनने के कान हों, तो वह सुन ले।''*
24 फिर उसने उनसे कहा, ''चौकस रहो कि
क्या सुनते हो। जिस नाप से तुम नापते हो उसी
से तुम्हारे लिये भी नापा जाएगा, और तुम को
अधिक दिया जाएगा।* 25 क्योंकि जिसके पास
है, उसको दिया जाएगा; और जिसके पास नहीं
है, उससे वह भी जो उसके पास है, ले लिया
जाएगा।''*

उगने वाले बीज का दृष्टान्त

26 फिर उसने कहा, ''परमेश्वर का राज्य
ऐसा है,* जैसे कोई मनुष्य भूमि पर बीज छींटे,
27 और रात को सोए और दिन को जागे, और
वह बीज ऐसे उगे और बढ़े कि वह न जाने।
28 पृथ्वी आप से आप फल लाती है, पहले
अंकुर, तब बाल, और तब बालों में तैयार दाना।
29 परन्तु जब दाना पक जाता है, तब वह तुरन्त
हँसिया लगाता है, क्योंकि कटनी आ पहुँची है।''*

राई के दाने का दृष्टान्त

(मत्ती 13:31, 32, 34; लूका 13:18,19)

30 फिर उसने कहा, ''हम परमेश्वर के राज्य
की उपमा किससे दें,* और किस दृष्टान्त से उसका
वर्णन करें? 31 वह राई के दाने के समान है :
जब भूमि में बोया जाता है तो भूमि के सब बीजों
से छोटा होता है, 32 परन्तु जब बोया गया, तो
उगकर सब सागपात से बड़ा हो जाता है, और
उसकी ऐसी बड़ी डालियाँ निकलती हैं कि आकाश
के पक्षी उसकी छाया में बसेरा कर सकते हैं।''
33 वह उन्हें इस प्रकार के बहुत से दृष्टान्त दे
देकर उनकी समझ के अनुसार वचन सुनाता था,*
34 और बिना दृष्टान्त कहे वह उनसे कुछ भी
नहीं कहता था;* परन्तु एकान्त में वह अपने
निज चेलों को सब बातों का अर्थ बताता था।

आँधी को शान्त करना

(मत्ती 8:23–27; लूका 8:22–25)

35 उसी दिन जब साँझ हुई, तो उसने चेलों
से कहा, ''आओ, हम पार चलें।'' 36 और वे
भीड़ को छोड़कर जैसा वह था, वैसा ही उसे
नाव पर साथ ले चले;* और उसके साथ और
भी नावें थीं। 37 तब बड़ी आँधी आई, और
लहरें नाव पर यहाँ तक लगीं कि वह पानी से
भरी जाती थी। 38 पर वह आप पिछले भाग में
गद्दी पर सो रहा था। तब उन्होंने उसे जगाकर
उससे कहा, ''हे गुरु, क्या तुझे चिन्ता नहीं कि
हम नष्ट हुए जाते हैं?'' 39 तब उसने उठकर
आँधी को डाँटा, और पानी से कहा, ''शान्त रह,
थम जा!'' और आँधी थम गई और बड़ा चैन हो

4:19* मत्ती 19:23; 1 तीमु 6:9,10,17; 1 यू 2:15–17 **21*** *एक बरतन जिस में डेढ़ मन अनाज नापा जाता है* † मत्ती 5:15; लूका 11:33
22* यिर्म 16:17; मत्ती 10:26; लूका 8:17; 12:2 **23*** मत्ती 11:15 **24*** मत्ती 7:2; लूका 6:38 **25*** मत्ती 13:12; 25:29; लूका 19:26
26* मत्ती 13:24 **29*** योए 3:13; प्रका 14:15 **30*** मत्ती 13:24 **33*** यूह 16:12 **34*** यूह 16:25 **36*** मर 3:9; 5:2, 21; 6:32, 45

गया; 40 और उनसे कहा, ''तुम क्यों डरते हो?
क्या तुम्हें अब तक विश्वास नहीं?''* 41 वे
बहुत ही डर गए और आपस में बोले, ''यह
कौन है कि आँधी और पानी भी उसकी आज्ञा
मानते हैं?''

दुष्टात्माग्रस्त व्यक्ति को चंगा करना

(मत्ती 8:28-34; लूका 8:26-39)

5 वे झील के पार गिरासेनियों के देश में पहुँचे,
2 जब वह नाव पर से उतरा तो तुरन्त एक
मनुष्य जिसमें अशुद्ध आत्मा थी, कब्रों से निकल-
कर उसे मिला। 3 वह कब्रों में रहा करता था
और कोई उसे साँकलों से भी न बाँध सकता था,
4 क्योंकि वह बार बार बेड़ियों और साँकलों से
बाँधा गया था, पर उसने साँकलों को तोड़ दिया
और बेड़ियों के टुकड़े टुकड़े कर दिए थे, और
कोई उसे वश में नहीं कर सकता था। 5 वह
लगातार रात-दिन कब्रों और पहाड़ों में चिल्लाता,
और अपने को पत्थरों से घायल करता था।

6 वह यीशु को दूर ही से देखकर दौड़ा, उसे
प्रणाम किया, 7 और ऊँचे शब्द से चिल्लाकर
कहा, ''हे यीशु, परमप्रधान परमेश्वर के पुत्र,*
मुझे तुझ से क्या काम†? मैं तुझे परमेश्वर की
शपथ देता हूँ कि मुझे पीड़ा न दे।'' 8 क्योंकि
उसने उससे कहा था, ''हे अशुद्ध आत्मा, इस
मनुष्य में से निकल आ!'' 9 उसने उससे पूछा,
''तेरा क्या नाम है?'' उसने उससे कहा, ''मेरा
नाम सेना* है; क्योंकि हम बहुत हैं।'' 10 और
उसने उससे बहुत विनती की, ''हमें इस देश से
बाहर न भेज।''

11 वहाँ पहाड़ पर सूअरों का एक बड़ा झुण्ड
चर रहा था। 12 उन्होंने उससे विनती करके
कहा, ''हमें उन सूअरों में भेज दे कि हम उनके
भीतर जाएँ।'' 13 अत: उसने उन्हें आज्ञा दी
और अशुद्ध आत्मा निकलकर सूअरों के भीतर
पैठ गईं और झुण्ड, जो कोई दो हजार का था,
कड़ाड़े पर से झपटकर झील में जा पड़ा और
डूब मरा।

14 उनके चरवाहों ने भागकर नगर और गाँवों
में समाचार सुनाया, और जो हुआ था, लोग उसे
देखने आए। 15 यीशु के पास आकर वे उसको
जिसमें दुष्टात्माएँ थीं, अर्थात् जिसमें सेना समाई
थी, कपड़े पहिने और सचेत बैठे देखकर डर
गए। 16 देखनेवालों ने उसका, जिसमें दुष्टात्माएँ
थीं, और सूअरों का पूरा हाल उनको कह सुनाया।
17 तब वे उससे विनती कर के कहने लगे कि
हमारी सीमा से चला जा।

18 जब वह नाव पर चढ़ने लगा तो वह
जिसमें पहले दुष्टात्माएँ थीं, उससे विनती करने
लगा, ''मुझे अपने साथ रहने दे।'' 19 परन्तु
उसने उसे आज्ञा न दी, और उससे कहा, ''अपने
घर जाकर अपने लोगों को बता कि तुझ पर दया
करके प्रभु ने तेरे लिये कैसे बड़े काम किए हैं।''
20 वह जाकर दिकापुलिस* में इस बात का
प्रचार करने लगा कि यीशु ने मेरे लिये कैसे बड़े
काम किए; और सब लोग अचम्भा करते थे।

याईर की मृत पुत्री और एक रोगी स्त्री

(मत्ती 9:18-26; लूका 8: 40-56)

21 जब यीशु फिर नाव से पार गया, तो एक
बड़ी भीड़ उसके पास इकट्ठी हो गई।* वह झील
के किनारे ही था कि 22 याईर नामक आराधनालय
के सरदारों* में से एक आया, और उसे देखकर
उसके पाँवों पर गिरा, 23 और यह कहकर उससे
बहुत विनती की, ''मेरी छोटी बेटी मरने पर है :
तू आकर उस पर हाथ रख* कि वह चंगी होकर
जीवित रहे।'' 24 तब वह उसके साथ चला;
और बड़ी भीड़ उसके पीछे हो ली, यहाँ तक कि
लोग उस पर गिरे पड़ते थे।

25 एक स्त्री थी, जिसको बारह वर्ष से लहू
बहने* का रोग था। 26 उसने बहुत वैद्यों से बड़ा
दु:ख उठाया, और अपना सब माल व्यय करने

4:40* मत्ती 14:31;मर 16:14 **5:7*** मत्ती 4:3; लूका 1:32; 6:35; प्रेरि 16:17; इब्रा 7:1 **†** मत्ती 8:29
9* यू० *लिगियोन अर्थात् 6,000 सिपाहियों की सेना* **20*** मत्ती 4:25; मर 7:31 **21*** मर 4:1 **22*** लूका 13:14; प्रेरि 13:15; 18:8, 17
23* मत्ती 19:13; मर 6:5; 7:32; 8:23; 16:18; लूका 4:40; 13:13; प्रेरि 6:6 **25*** लैव्य 15:25-30

मरकुस 5:27 — 6:7

पर भी उसे कुछ लाभ न हुआ था, परन्तु और भी रोगी हो गई थी। 27 वह यीशु की चर्चा सुनकर भीड़ में उसके पीछे से आई और उसके वस्त्र को छू लिया, 28 क्योंकि वह कहती थी, ''यदि मैं उसके वस्त्र ही को छू लूँगी, तो चंगी हो जाऊँगी।'' 29 और तुरन्त उसका लहू बहना बन्द हो गया, और उसने अपनी देह में जान लिया कि मैं उस बीमारी से अच्छी हो गई हूँ। 30 यीशु ने तुरन्त अपने में जान लिया कि मुझ में से सामर्थ्य निकली* है, और भीड़ में पीछे फिरकर पूछा, ''मेरा वस्त्र किसने छुआ?'' 31 उसके चेलों ने उससे कहा, ''तू देखता है कि भीड़ तुझ पर गिरी पड़ती है, और तू कहता है कि किसने मुझे छुआ?'' 32 तब उसने उसे देखने के लिये जिसने यह काम किया था, चारों ओर दृष्टि की। 33 तब वह स्त्री यह जानकर कि मेरी कैसी भलाई हुई है, डरती और काँपती हुई आई, और उसके पाँवों पर गिरकर उससे सब हाल सच-सच कह दिया। 34 उसने उससे कहा, ''पुत्री, तेरे विश्वास ने तुझे चंगा किया है*: कुशल से जा,† और अपनी इस बीमारी से बची रह।''

35 वह यह कह ही रहा था कि आराधनालय के सरदार के घर से लोगों ने आकर कहा, ''तेरी बेटी तो मर गई, अब गुरु को क्यों दु:ख देता है?'' 36 जो बात वे कह रहे थे, उस को यीशु ने अनसुनी करके, आराधनालय के सरदार से कहा, ''मत डर; केवल विश्वास रख।'' 37 और उसने पतरस और याकूब और याकूब के भाई यूहन्ना को छोड़,* अन्य किसी को अपने साथ आने न दिया। 38 आराधनालय के सरदार के घर में पहुँचकर, उसने लोगों को बहुत रोते और चिल्लाते देखा। 39 तब उसने भीतर जाकर उनसे कहा, ''तुम क्यों हल्ला मचाते और रोते हो? लड़की मरी नहीं, परन्तु सो रही है।'' 40 वे उसकी हँसी करने लगे, परन्तु उसने सब को निकाल कर लड़की के माता-पिता और अपने साथियों के साथ भीतर, जहाँ लड़की पड़ी थी, गया। 41 और लड़की का हाथ पकड़कर* उससे कहा, ''तलीता कूमी!'' जिसका अर्थ है, ''हे लड़की, मैं तुझ से कहता हूँ, उठ†!'' 42 और लड़की तुरन्त उठकर चलने फिरने लगी; क्योंकि वह बारह वर्ष की थी। इस पर लोग बहुत चकित हो गए। 43 फिर उसने उन्हें चिताकर आज्ञा दी कि यह बात कोई जानने न पाए* और कहा, ''इसे कुछ खाने को दो।''

नासरत में यीशु का अनादर
(मत्ती 13:53-58; लूका 4:16-30)

6 वहाँ से निकल कर वह अपने देश* में आया, और उसके चेले भी उसके पीछे गए। 2 सब्त के दिन* वह आराधनालय† में उपदेश करने लगा, और बहुत से लोग सुनकर चकित हुए§ और कहने लगे, ''इस को ये बातें कहाँ से आ गईं? यह कौन सा ज्ञान है जो उसको दिया गया है? कैसे सामर्थ्य के काम इसके हाथों से प्रगट होते हैं? 3 क्या यह वही बढ़ई नहीं, जो मरियम का पुत्र, और याकूब, योसेस, यहूदा, और शमौन का भाई है?* क्या उसकी बहिनें यहाँ हमारे बीच में नहीं रहतीं?'' इसलिये उन्होंने उसके विषय में ठोकर खाई।† 4 यीशु ने उनसे कहा, ''भविष्यद्वक्ता का अपने देश, और अपने कुटुम्ब, और अपने घर को छोड़ और कहीं भी निरादर नहीं होता।''* 5 वह वहाँ कोई सामर्थ्य का काम न कर सका, केवल थोड़े-से बीमारों पर हाथ रखकर* उन्हें चंगा किया।

6 और उसे उनके अविश्वास पर आश्चर्य हुआ, और वह चारों ओर के गाँवों में उपदेश करता फिरा।*

बारह प्रेरितों का भेजा जाना
(मत्ती 10:5-15; लूका 9:1-6)

7 उसने बारहों को अपने पास बुलाया* और

5:30* लूका 5:17; 6:19   34* मत्ती 9:22   † प्रेरि 15:33   37* मत्ती 4:21   41* मर 1:31   † लूका 7:14   43* मत्ती 8:4
6:1* मत्ती 2:23   2* मर 1:21   † मत्ती 4:23   § मत्ती 7:28   3* मत्ती 12:46   † मत्ती 11:6; यूह 6:61   4* लूका 4:24; यूह 4:44
5* मर 5:23   6* मत्ती 9:35; मर 1:39; लूका 13:22   7* मर 3:13

उन्हें दो दो करके भेजने लगा;† और उन्हें अशुद्ध
आत्माओं पर अधिकार दिया।§ 8 उसने उन्हें
आज्ञा दी, ''मार्ग के लिये लाठी छोड़ और कुछ
न लो; न तो रोटी, न झोली, न बटुए में पैसे,
9 परन्तु जूतियाँ पहिनो और दो दो कुरते न
पहिनो।'' 10 और उसने उनसे कहा, ''जहाँ
कहीं तुम किसी घर में उतरो, तो जब तक वहाँ
से विदा न हो तब तक उसी घर में ठहरे रहो।
11 जिस स्थान के लोग तुम्हें ग्रहण न करें और
तुम्हारी न सुनें, वहाँ से चलते ही अपने तलवों
की धूल झाड़ डालो† कि उन पर गवाही हो।''*
12 तब उन्होंने जाकर प्रचार किया कि मन
फिराओ, 13 और बहुत सी दुष्टात्माओं को निकाला,
और बहुत से बीमारों पर तेल मलकर उन्हें चंगा
किया।*

यूहन्ना बपतिस्मा देनेवाले की हत्या

(मत्ती 14:1–12; लूका 9:7–9)

14 हेरोदेस राजा ने भी उसकी चर्चा सुनी,
क्योंकि उसका नाम फैल गया था, और उसने
कहा, ''यूहन्ना बपतिस्मा देनेवाला मरे हुओं में से
जी उठा है, इसी लिये उससे ये सामर्थ्य के काम
प्रगट होते हैं।''* 15 अन्य लोगों ने कहा, ''यह
एलिय्याह है।'' परन्तु कुछ अन्य ने कहा,
''भविष्यद्वक्ता या भविष्यद्वक्ताओं में से किसी
एक के समान है।''* 16 हेरोदेस ने यह सुन कर
कहा, ''जिस यूहन्ना का सिर मैं ने कटवाया था,
वही जी उठा है!'' 17 हेरोदेस ने अपने भाई
फिलिप्पुस की पत्नी हेरोदियास के कारण, जिससे
उसने विवाह कर लिया था, लोगों को भेजकर
यूहन्ना को पकड़वाकर बन्दीगृह में डाल दिया
था;* 18 क्योंकि यूहन्ना ने हेरोदेस से कहा था,
''अपने भाई की पत्नी को रखना तुझे उचित
नहीं।''* 19 इसलिये हेरोदियास उससे बैर रखती
थी और यह चाहती थी कि उसे मरवा डाले;
परन्तु ऐसा न हो सका, 20 क्योंकि हेरोदेस यूहन्ना
को धर्मी और पवित्र पुरुष जानकर उससे डरता
था, और उसे बचाए रखता था,* और उसकी
बातें सुनकर बहुत घबराता था, पर आनन्द से
सुनता था।

21 ठीक अवसर आया जब हेरोदेस ने अपने
जन्म दिन में अपने प्रधानों, और सेनापतियों,
और गलील* के बड़े लोगों के लिये भोज किया।†
22 तो हेरोदियास की बेटी भीतर आई, और
नाचकर हेरोदेस को और उसके साथ बैठने-
वालों को प्रसन्न किया। तब राजा ने लड़की से
कहा, ''तू जो चाहे मुझ से माँग मैं तुझे दूँगा।''
23 और उससे शपथ खाई, ''मैं अपने आधे
राज्य तक जो कुछ तू मुझ से माँगेगी मैं तुझे
दूँगा।''* 24 उसने बाहर जाकर अपनी माता से
पूछा, ''मैं क्या माँगूँ?'' वह बोली, ''यूहन्ना
बपतिस्मा देनेवाले का सिर।'' 25 वह तुरन्त राजा
के पास भीतर आई और उससे विनती
की, ''मैं चाहती हूँ कि तू अभी यूहन्ना बपतिस्मा
देनेवाले का सिर एक थाल में मुझे मँगवा दे।''

26 तब राजा बहुत उदास हुआ, परन्तु अपनी
शपथ के कारण और साथ बैठनेवालों के कारण
उसे टालना न चाहा। 27 अतः राजा ने तुरन्त एक
सिपाही को आज्ञा देकर भेजा कि उसका सिर
काट लाए। 28 उसने जेलखाने में जाकर उसका
सिर काटा, और एक थाल में रखकर लाया
और लड़की को दिया, और लड़की ने अपनी
माँ को दिया। 29 यह सुनकर यूहन्ना के चेले
आए, और उसके शव को ले गए और कब्र में
रखा।

प्रेरितों की वापसी और एकान्त वास

(मत्ती 14:13,14; लूका 9:10)

30 प्रेरितों* ने यीशु के पास इकट्ठे होकर, जो
कुछ उन्होंने किया और सिखाया था, सब उसको

6:7† व्य 17:6; लूका 10:1 **§** मत्ती 10:1 **8–11*** लूका 10:4–11 **11†** मत्ती 10:14; प्रेरि 13:51 **13*** याकू 5:14
14,15* मला 4:5; मत्ती 16:14; 21:11; मर 8:28; लूका 9:19 **17*** मत्ती 4:12; 11:2; लूका 3:19,20 **18*** लैव्य 18:16; 20:21
20* मत्ती 11:9 **21*** लूका 3:1 **†** एस्ते 1:3; 2:18 **23*** एस्ते 5:3, 6; 7:2
30* मत्ती 10:2; लूका 9:10; 17:5; 22:14; 24:10; प्रेरि 1:2,26

बताया।† 31 उसने उनसे कहा, ''तुम आप अलग किसी एकान्त स्थान में चलकर थोड़ा विश्राम करो।'' क्योंकि बहुत लोग आते जाते थे, और उन्हें खाने का अवसर भी नहीं मिलता था।* 32 इसलिये वे नाव पर चढ़कर, सुनसान जगह में अलग चले गए।

पाँच हजार पुरुषों को खिलाना

(मत्ती 14:15-21; लूका 9:11-17; यूहन्ना 6:1-14)

33 बहुतों ने उन्हें जाते देखकर पहचान लिया, और सब नगरों से इकट्ठे होकर वहाँ पैदल दौड़े और उनसे पहले जा पहुँचे। 34 उसने उतर कर बड़ी भीड़ देखी, और उन पर तरस खाया, क्योंकि वे उन भेड़ों के समान थे, जिनका कोई रखवाला न हो;* और वह उन्हें बहुत सी बातें सिखाने लगा।

35 जब दिन बहुत ढल गया, तो उसके चेले उसके पास आकर कहने लगे, ''यह सुनसान जगह है, और दिन बहुत ढल गया है। 36 उन्हें विदा कर कि चारों ओर के गाँवों और बस्तियों में जाकर, अपने लिये कुछ खाने को मोल लें।'' 37 उस ने उत्तर दिया, ''तुम ही उन्हें खाने को दो।'' उन्होंने उससे कहा, ''क्या हम सौ दीनार* की रोटियाँ मोल लें, और उन्हें खिलाएँ?'' 38 उसने उनसे कहा, ''जाकर देखो तुम्हारे पास कितनी रोटियाँ हैं?'' उन्होंने मालूम करके कहा, ''पाँच और दो मछली भी।''

39 तब उसने उन्हें आज्ञा दी कि सब को हरी घास पर पाँति-पाँति से बैठा दो। 40 वे सौ सौ और पचास पचास करके पाँति-पाँति बैठ गए। 41 उसने उन पाँच रोटियों को और दो मछलियों को लिया, और स्वर्ग की ओर देखकर धन्यवाद किया, और रोटियाँ तोड़-तोड़ कर चेलों को देता गया कि वे लोगों को परोसें, और वे दो मछलियाँ भी उन सब में बाँट दीं। 42 सब खाकर तृप्त हो गए, 43 और उन्होंने टुकड़ों से बारह टोकरियाँ भर कर उठाईं, और कुछ मछलियों से भी। 44 जिन्होंने रोटियाँ खाईं, वे पाँच हजार पुरुष थे।

यीशु का पानी पर चलना

(मत्ती 14:22-33; यूहन्ना 6:15-21)

45 तब उसने तुरन्त अपने चेलों को नाव पर चढ़ने के लिये विवश किया कि वे उससे पहले उस पार बैतसैदा को चले जाएँ, जब तक कि वह लोगों को विदा करे। 46 उन्हें विदा करके वह पहाड़ पर प्रार्थना करने को गया। 47 जब साँझ हुई, तो नाव झील के बीच में थी, और वह अकेला भूमि पर था। 48 जब उसने देखा कि वे खेते खेते घबरा गए हैं, क्योंकि हवा उनके विरुद्ध थी, तो रात के चौथे पहर के निकट वह झील पर चलते हुए उनके पास आया; और उनसे आगे निकल जाना चाहता था। 49 परन्तु उन्होंने उसे झील पर चलते देखकर समझा कि भूत है, और चिल्ला उठे; 50 क्योंकि सब उसे देखकर घबरा गए थे। पर उसने तुरन्त उनसे बातें कीं और कहा, ''ढाढ़स बाँधो : मैं हूँ; डरो मत!'' 51 तब वह उनके पास नाव पर आया, और हवा थम गई : और वे बहुत ही आश्चर्य करने लगे। 52 वे उन रोटियों के विषय में न समझे थे, क्योंकि उनके मन कठोर हो गए थे।

गन्नेसरत में रोगियों को चंगा करना

(मत्ती 14:34-36)

53 वे पार उतरकर गन्नेसरत में पहुँचे, और नाव घाट पर लगाई। 54 जब वे नाव पर से उतरे, तो लोग तुरन्त उसको पहचान कर, 55 आसपास के सारे देश में दौड़े, और बीमारों को खाटों पर डालकर, जहाँ-जहाँ समाचार पाया कि वह है, वहाँ-वहाँ लिये फिरे। 56 और जहाँ कहीं वह गाँवों, नगरों, या बस्तियों में जाता था, लोग बीमारों को बाजारों में रखकर उससे विनती करते थे कि वह उन्हें अपने वस्त्र के आँचल ही को छू लेने दे : और जितने उसे छूते थे, सब चंगे हो जाते थे।

6:30† लूका 9:10 **31*** मर 3:20 **34*** गिन 27:17; 1 राजा 22:17; 2 इति 18:16; यहे 34:5; मत्ती 9:36

37* *एक दीनार बराबर एक दिन की मज़दूरी*

परम्परा-पालन का प्रश्न

(मत्ती 15:1-9)

7 तब फरीसी और कुछ शास्त्री जो यरूशलेम
से आए थे, उसके पास इकट्ठा हुए, 2 और
उन्होंने उसके कुछ चेलों को अशुद्ध अर्थात् बिना
धोए हाथों* से रोटी खाते देखा—3 क्योंकि फरीसी
और सब यहूदी, पूर्वजों की परम्परा पर चलते हैं
और जब तक भली भाँति हाथ नहीं धो लेते तब
तक नहीं खाते; 4 और बाजार से आकर, जब
तक स्नान नहीं कर* लेते, तब तक नहीं खाते;
और बहुत सी अन्य बातें हैं, जो उनके पास
मानने के लिये पहुँचाई गई हैं, जैसे कटोरों, और
लोटों, और ताँबे के बरतनों को धोना-माँजना।
5 इसलिये उन फरीसियों और शास्त्रियों ने
उससे पूछा, ''तेरे चेले क्यों पूर्वजों की परम्पराओं
पर नहीं चलते, और बिना धोए हाथों से रोटी
खाते हैं?'' 6 उसने उनसे कहा, ''यशायाह ने
तुम कपटियों के विषय में बहुत ठीक भविष्यद्वाणी
की; जैसा लिखा है :

'ये लोग होठों से तो मेरा आदर करते हैं,
पर उनका मन मुझ से दूर रहता है।*
7 ये व्यर्थ मेरी उपासना करते हैं,
क्योंकि मनुष्यों की आज्ञाओं को
धर्मोपदेश करके सिखाते हैं।'*

8 क्योंकि तुम परमेश्वर की आज्ञा को टालकर
मनुष्यों की रीतियों को मानते हो।''
9 उसने उनसे कहा, ''तुम अपनी परम्पराओं
को मानने के लिये परमेश्वर की आज्ञा कैसी
अच्छी तरह टाल देते हो! 10 क्योंकि मूसा ने
कहा है, 'अपने पिता और अपनी माता का आदर
कर,' और 'जो कोई पिता वा माता को बुरा कहे,
वह अवश्य मार डाला जाए।'* 11 परन्तु तुम
कहते हो कि यदि कोई अपने पिता वा माता से
कहे, 'जो कुछ तुझे मुझ से लाभ पहुँच सकता
था, वह कुरबान* अर्थात् संकल्प हो चुका।'
12 तो तुम उसको उसके पिता वा उसकी माता
की कुछ सेवा करने नहीं देते। 13 इस प्रकार तुम
अपनी परम्पराओं से, जिन्हें तुम ने ठहराया है,
परमेश्वर का वचन टाल देते हो; और ऐसे ऐसे
बहुत से काम करते हो।''

मनुष्य को अशुद्ध करनेवाली बातें

(मत्ती 15:10-20)

14 तब उसने लोगों को अपने पास बुलाकर
उनसे कहा, ''तुम सब मेरी सुनो, और समझो।
15 ऐसी कोई वस्तु नहीं जो मनुष्य में बाहर से
समाकर उसे अशुद्ध करे; परन्तु जो वस्तुएँ मनुष्य
के भीतर से निकलती हैं, वे ही उसे अशुद्ध
करती हैं। [16 यदि किसी के सुनने के कान हों
तो सुन ले।*]'' 17 जब वह भीड़ के पास से
घर में गया, तो उसके चेलों ने इस दृष्टान्त के
विषय में उस से पूछा। 18 उसने उनसे कहा,
''क्या तुम भी ऐसे नासमझ हो? क्या तुम नहीं
समझते कि जो वस्तु बाहर से मनुष्य के भीतर
जाती है, वह उसे अशुद्ध नहीं कर सकती?
19 क्योंकि वह उसके मन में नहीं, परन्तु पेट में
जाती है और संडास में निकल जाती है?'' यह
कहकर उसने सब भोजन वस्तुओं को शुद्ध
ठहराया। 20 फिर उसने कहा, ''जो मनुष्य में से
निकलता है, वही मनुष्य को अशुद्ध करता है।
21 क्योंकि भीतर से, अर्थात् मनुष्य के मन से,
बुरे बुरे विचार, व्यभिचार, चोरी, हत्या, परस्त्रीगमन,
22 लोभ, दुष्टता, छल, लुचपन, कुदृष्टि, निन्दा,
अभिमान, और मूर्खता निकलती हैं। 23 ये सब
बुरी बातें भीतर ही से निकलती हैं और मनुष्य
को अशुद्ध करती हैं।''

सुरूफिनीकी जाति की स्त्री का विश्वास

(मत्ती 15:21-28)

24 फिर वह वहाँ से उठकर सूर और सैदा के
देशों में आया; और एक घर में गया और चाहता
था कि कोई न जाने; परन्तु वह छिप न सका।
25 और तुरन्त एक स्त्री जिसकी छोटी बेटी में

7:2* *अर्थात्, धार्मिक रीति से शुद्ध किए बिना* **4*** *या अपने ऊपर पानी नहीं छिड़क लेते* **6, 7*** यशा 29:13
10* निर्ग 20:12;21:17; लैव्य 20:9; व्य 5:16 **11*** अर्थात् *परमेश्वर को अर्पित* **16*** *कुछ हस्तलेखों में यह पद नहीं मिलता*

अशुद्ध आत्मा थी, उसकी चर्चा सुन कर आई, और उसके पाँवों पर गिरी। 26 यह यूनानी और सुरूफिनीकी जाति की थी। उसने उससे विनती की कि मेरी बेटी में से दुष्टात्मा निकाल दे। 27 उसने उससे कहा, ''पहले लड़कों को तृप्त होने दे, क्योंकि लड़कों की रोटी लेकर कुत्तों के आगे डालना उचित नहीं है।'' 28 उसने उसको उत्तर दिया, ''सच है प्रभु; तौभी कुत्ते भी तो मेज के नीचे बालकों की रोटी का चूर-चार खा लेते हैं।'' 29 उसने उससे कहा, ''इस बात के कारण चली जा; दुष्टात्मा तेरी बेटी में से निकल गई है।'' 30 उसने अपने घर आकर देखा कि लड़की खाट पर पड़ी है, और दुष्टात्मा निकल गई है।

बहिरे और हक्‍ले व्यक्ति को चंगा करना

31 फिर वह सूर और सैदा के देशों से निकलकर दिकापुलिस से होता हुआ गलील की झील पर पहुँचा। 32 तो लोगों ने एक बहिरे को जो हक्‍ला भी था, उसके पास लाकर उससे विनती की कि अपना हाथ उस पर रखे। 33 तब वह उसको भीड़ से अलग ले गया, और अपनी उंगलियाँ उसके कानों में डालीं, और थूककर उसकी जीभ को छुआ; 34 और स्वर्ग की ओर देखकर आह भरी, और उस से कहा, ''इप्फत्तह!'' अर्थात् ''खुल जा''! 35 उसके कान खुल गए, और उस की जीभ की गाँठ भी खुल गई, और वह साफ साफ बोलने लगा। 36 तब उसने उन्हें चिताया कि किसी से न कहना; परन्तु जितना उसने उन्हें चिताया उतना ही वे और प्रचार करने लगे। 37 वे बहुत ही आश्चर्य में होकर कहने लगे, ''उसने जो कुछ किया सब अच्छा किया है; वह बहिरों को सुनने की, और गूँगों को बोलने की शक्ति देता है।''

चार हजार लोगों को खिलाना

(मत्ती 15:32-39)

8 उन दिनों में जब फिर बड़ी भीड़ इकट्ठी हुई, और उनके पास कुछ खाने को न था, तो उसने अपने चेलों को पास बुलाकर उनसे कहा, 2 ''मुझे इस भीड़ पर तरस आता है, क्योंकि यह तीन दिन से बराबर मेरे साथ है, और उनके पास कुछ भी खाने को नहीं। 3 यदि मैं उन्हें भूखा घर भेज दूँ, तो मार्ग में थक कर रह जाएँगे; क्योंकि इनमें से कोई कोई दूर से आए हैं।'' 4 उसके चेलों ने उसको उत्तर दिया, ''यहाँ जंगल में इतनी रोटी कोई कहाँ से लाए कि ये तृप्त हों?'' 5 उसने उनसे पूछा, ''तुम्हारे पास कितनी रोटियाँ हैं?'' उन्होंने कहा, ''सात।''

6 तब उसने लोगों को भूमि पर बैठने की आज्ञा दी, और वे सात रोटियाँ लीं और धन्यवाद करके तोड़ीं, और अपने चेलों को देता गया कि उनके आगे रखें, और उन्होंने लोगों के आगे परोस दिया। 7 उनके पास थोड़ी सी छोटी मछलियाँ भी थीं; उसने धन्यवाद करके उन्हें भी लोगों के आगे रखने की आज्ञा दी। 8 वे खाकर तृप्त हो गए और चेलों ने शेष टुकड़ों के सात टोकरे भरकर उठाए। 9 और लोग चार हजार के लगभग थे; तब उसने उनको विदा किया, 10 और वह तुरन्त अपने चेलों के साथ नाव पर चढ़कर दलमनूता प्रदेश को चला गया।

फरीसियों द्वारा स्वर्गीय चिह्न की माँग

(मत्ती 16:1-4)

11 फिर फरीसी आकर उससे वाद-विवाद करने लगे, और उसे जाँचने के लिये उससे कोई स्वर्गीय चिह्न माँगा।* 12 उसने अपनी आत्मा में आह भर कर कहा, ''इस समय के लोग क्यों चिह्न ढूँढ़ते हैं? मैं तुम से सच कहता हूँ कि इस समय के लोगों* को कोई चिह्न नहीं दिया जाएगा।''† 13 और वह उन्हें छोड़कर फिर नाव पर चढ़ गया और पार चला गया।

फरीसियों और हेरोदेस का खमीर

(मत्ती 16:5-12)

14 चेले रोटी लेना भूल गए थे, और नाव में उनके पास एक ही रोटी थी। 15 उसने उन्हें

8:11 * मत्ती 12:38; लूका 11:16   12 * यू॰ *पीढ़ी*   † मत्ती 12:39; लूका 11:29

चिताया, "देखो, फरीसियों के खमीर और हेरोदेस के खमीर से चौकस रहो।"* 16 वे आपस में विचार करके कहने लगे, "हमारे पास रोटी नहीं है।" 17 यह जानकर यीशु ने उनसे कहा, "तुम क्यों आपस में यह विचार कर रहे हो कि हमारे पास रोटी नहीं? क्या अब तक नहीं जानते और नहीं समझते? क्या तुम्हारा मन कठोर हो गया है? 18 क्या आँखें रखते हुए भी नहीं देखते, और कान रखते हुए भी नहीं सुनते?* और क्या तुम्हें स्मरण नहीं 19 कि जब मैं ने पाँच हजार के लिए पाँच रोटियाँ तोड़ी थीं तो तुम ने टुकड़ों की कितनी टोकरियाँ भरकर उठाईं?" उन्होंने उससे कहा, "बारह टोकरियाँ।" 20 "और जब चार हजार के लिये सात रोटियाँ थीं तो तुम ने टुकड़ों के कितने टोकरे भरकर उठाए थे?" उन्होंने उससे कहा, "सात टोकरे।" 21 उसने उनसे कहा, "क्या तुम अब तक नहीं समझते?"

बैतसैदा में एक अंधे को चंगा करना

22 वे बैतसैदा में आए; और लोग एक अंधे को उसके पास ले आए और उससे विनती की कि उसको छुए। 23 वह उस अंधे का हाथ पकड़कर उसे गाँव के बाहर ले गया, और उसकी आँखों में थूककर उस पर हाथ रखे, और उससे पूछा, "क्या तू कुछ देखता है?" 24 उस ने आँख उठा कर कहा, "मैं मनुष्यों को देखता हूँ; वे मुझे चलते हुए पेड़ों जैसे दिखाई देते हैं।" 25 तब उसने दोबारा उसकी आँखों पर हाथ रखे, और अंधे ने ध्यान से देखा। वह चंगा हो गया, और सब कुछ साफ-साफ देखने लगा। 26 उसने उसे यह कहकर घर भेजा, "इस गाँव के भीतर पाँव भी न रखना।"

पतरस का यीशु को मसीह स्वीकार करना

(मत्ती 16:13-20; लूका 9:18-21]

27 यीशु और उसके चेले कैसरिया फिलिप्पी के गाँवों में चले गए। मार्ग में उसने अपने चेलों से पूछा, "लोग मुझे क्या कहते हैं?" 28 उन्होंने उत्तर दिया, "यूहन्ना बपतिस्मा देनेवाला; पर कोई कोई एलिय्याह और कोई कोई भविष्यद्वक्ताओं में से एक भी कहते हैं।"* 29 उसने उनसे पूछा, "परन्तु तुम मुझे क्या कहते हो?" पतरस ने उसको उत्तर दिया, "तू मसीह है।"* 30 तब उसने उन्हें चिताकर कहा कि मेरे विषय में यह किसी से न कहना।

अपनी मृत्यु के विषय यीशु की भविष्यद्वाणी

(मत्ती 16:21-23; लूका 9: 22)

31 तब वह उन्हें सिखाने लगा कि मनुष्य के पुत्र के लिये अवश्य है कि वह बहुत दु:ख उठाए, और पुरनिए और प्रधान याजक, और शास्त्री उसे तुच्छ समझकर मार डालें, और वह तीन दिन के बाद जी उठे। 32 उसने यह बात उनसे साफ-साफ कह दी। इस पर पतरस उसे अलग ले जाकर झिड़कने लगा, 33 परन्तु उस ने फिरकर अपने चेलों की ओर देखा, और पतरस को झिड़क कर कहा, "हे शैतान, मेरे सामने से दूर हो; क्योंकि तू परमेश्वर की बातों पर नहीं, परन्तु मनुष्यों की बातों पर मन लगाता है।"

यीशु के पीछे चलने का अर्थ

(मत्ती 16:24-28; लूका 9:23-27)

34 उसने भीड़ को अपने चेलों समेत पास बुलाकर उनसे कहा, "जो कोई मेरे पीछे आना चाहे, वह अपने आपे से इन्कार करे और अपना क्रूस उठाकर, मेरे पीछे हो ले।* 35 क्योंकि जो कोई अपना प्राण बचाना चाहे वह उसे खोएगा, पर जो कोई मेरे और सुसमाचार के लिये अपना प्राण खोएगा, वह उसे बचाएगा।* 36 यदि मनुष्य सारे जगत को प्राप्त करे और अपने प्राण की हानि उठाए, तो उसे क्या लाभ होगा? 37 मनुष्य अपने प्राण के बदले क्या देगा? 38 जो कोई इस व्यभिचारी और पापी जाति* के बीच मुझ से और मेरी बातों से लजाएगा, मनुष्य का पुत्र भी

8:15* लूका 12:1 **18*** यिर्म 5:21; यहे 12:2; मर 4:12 **28*** मर 6:14,15; लूका 9:7, 8 **29*** यूह 6:68, 69
34* मत्ती 10:38; लूका 14:27 **35*** मत्ती 10:39; लूका 17:33; यूह 12:25 **38*** यू० *पीढ़ी*

जब वह पवित्र दूतों के साथ अपने पिता की
महिमा सहित आएगा, तब उस से भी लजाएगा।''

9 उसने उनसे कहा, ''मैं तुमसे सच कहता हूँ
कि जो यहाँ खड़े हैं, उनमें से कोई-कोई
ऐसे हैं, कि जब तक परमेश्वर के राज्य को सामर्थ्य
सहित आया हुआ न देख लें, तब तक मृत्यु का
स्वाद कदापि न चखेंगे।''

यीशु का रूपान्तर

(मत्ती 17:1-13; लूका 9:28-36)

2 छः दिन के बाद यीशु ने पतरस और याकूब
और यूहन्ना को साथ लिया, और एकान्त में किसी
ऊँचे पहाड़ पर ले गया। वहाँ उनके सामने उसका
रूप बदल गया, 3 और उसका वस्त्र ऐसा चमकने
लगा और यहाँ तक उज्ज्वल हुआ, कि पृथ्वी पर
कोई धोबी भी वैसा उज्ज्वल नहीं कर सकता।
4 और उन्हें मूसा के साथ एलिय्याह दिखाई
दिया; वे यीशु के साथ बातें करते थे। 5 इस पर
पतरस ने यीशु से कहा, ''हे रब्बी, हमारा यहाँ
रहना अच्छा है : इसलिये हम तीन मण्डप बनाएँ;
एक तेरे लिये, एक मूसा के लिये, और एक
एलिय्याह के लिये।'' 6 क्योंकि वह न जानता
था कि क्या उत्तर दे, इसलिये कि वे बहुत डर गए
थे। 7 तब एक बादल ने उन्हें छा लिया, और उस
बादल में से यह शब्द निकला, ''यह मेरा प्रिय
पुत्र है, इसकी सुनो।''* 8 तब उन्होंने एकाएक
चारों ओर दृष्टि की, और यीशु को छोड़ अपने
साथ और किसी को न देखा।

9 पहाड़ से उतरते समय उसने उन्हें आज्ञा दी
कि जब तक मनुष्य का पुत्र मरे हुओं में से जी न
उठे, तब तक जो कुछ तुम ने देखा है वह किसी
से न कहना। 10 उन्होंने इस बात को स्मरण
रखा; और आपस में वाद-विवाद करने लगे,
''मरे हुओं में से जी उठने का क्या अर्थ है?''
11 और उन्होंने उससे पूछा, ''शास्त्री क्यों कहते
हैं कि एलिय्याह का पहले आना अवश्य है?''*
12 उसने उन्हें उत्तर दिया, ''एलिय्याह सचमुच
पहले आकर सब कुछ सुधारेगा, परन्तु मनुष्य
के पुत्र के विषय में यह क्यों लिखा है कि वह
बहुत दुःख उठाएगा, और तुच्छ गिना जाएगा?
13 परन्तु मैं तुम से कहता हूँ, कि एलिय्याह तो
आ चुका, और जैसा उसके विषय में लिखा है,
उन्होंने जो कुछ चाहा उसके साथ किया।''

दुष्टात्माग्रस्त बालक को चंगा करना

(मत्ती 17:14-21; लूका 9:37-43)

14 जब वह चेलों के पास आया, तो देखा
कि उनके चारों ओर बड़ी भीड़ लगी है और
शास्त्री उनके साथ विवाद कर रहे हैं। 15 उसे
देखते ही सब बहुत ही आश्चर्य करने लगे,
और उसकी ओर दौड़कर उसे नमस्कार किया।
16 उसने उनसे पूछा, ''तुम इन से क्या विवाद
कर रहे हो?'' 17 भीड़ में से एक ने उसे उत्तर
दिया, ''हे गुरु, मैं अपने पुत्र को, जिसमें गूँगी
आत्मा समाई है, तेरे पास लाया था। 18 जहाँ
कहीं वह उसे पकड़ती है, वहीं पटक देती है :
और वह मुँह में फेन भर लाता, और दाँत पीसता,
और सूखता जाता है। मैं ने तेरे चेलों से कहा कि
वे उसे निकाल दें, परन्तु वे निकाल न सके।''
19 यह सुनकर उसने उनसे उत्तर देके कहा, ''हे
अविश्वासी लोगो,* मैं कब तक तुम्हारे साथ
रहूँगा? और कब तक तुम्हारी सहूँगा? उसे मेरे
पास लाओ।'' 20 तब वे उसे उसके पास ले
आए : और जब उसने उसे देखा, तो उस आत्मा
ने तुरन्त उसे मरोड़ा; और वह भूमि पर गिरा,
और मुँह से फेन बहाते हुए लोटने लगा।
21 उसने उसके पिता से पूछा, ''इसकी यह
दशा कब से है?'' उसने कहा, ''बचपन से।
22 उसने इसे नष्ट करने के लिये कभी आग और
कभी पानी में गिराया; परन्तु यदि तू कुछ कर
सके, तो हम पर तरस खाकर हमारा उपकार
कर।'' 23 यीशु ने उससे कहा, ''यदि तू कर
सकता है? यह क्या बात है! विश्वास करनेवाले
के लिए सब कुछ हो सकता है।'' 24 बालक के
पिता ने तुरन्त गिड़गिड़ाकर कहा, ''हे प्रभु, मैं
विश्वास करता हूँ, मेरे अविश्वास का उपाय कर।''

9:2-7* 2 पत 1:17, 18 **7*** मत्ती 3:17; मर 1:11; लूका 3:22 **11*** मला 4:5; मत्ती 11:14 **19*** यू० *पीढ़ी*

25 जब यीशु ने देखा कि लोग दौड़कर भीड़ लगा रहे हैं, तो उसने अशुद्ध आत्मा को यह कहकर डाँटा, "हे गूँगी और बहिरी आत्मा, मैं तुझे आज्ञा देता हूँ, उसमें से निकल आ, और उसमें फिर कभी प्रवेश न करना।" 26 तब वह चिल्लाकर और उसे बहुत मरोड़ कर, निकल आई; और बालक मरा हुआ सा हो गया, यहाँ तक कि बहुत लोग कहने लगे कि वह मर गया। 27 परन्तु यीशु ने उसका हाथ पकड़ के उसे उठाया, और वह खड़ा हो गया। 28 जब वह घर में आया, तो उसके चेलों ने एकान्त में उस से पूछा, "हम उसे क्यों न निकाल सके?" 29 उसने उनसे कहा, "यह जाति बिना प्रार्थना* किसी और उपाय से नहीं निकल सकती।"

अपनी मृत्यु के विषय यीशु की पुनः भविष्यद्वाणी

(मत्ती 17:22, 23; लूका 9:43-45)

30 फिर वे वहाँ से चले, और गलील में होकर जा रहे थे। वह नहीं चाहता था कि कोई जाने, 31 क्योंकि वह अपने चेलों को उपदेश देता और उनसे कहता था, "मनुष्य का पुत्र, मनुष्यों के हाथ में पकड़वाया जाएगा, और वे उसे मार डालेंगे; और वह मरने के तीन दिन बाद जी उठेगा।" 32 पर यह बात उन की समझ में नहीं आई, और वे उससे पूछने से डरते थे।

सबसे बड़ा कौन?

(मत्ती 18:1-5; लूका 9:46-48)

33 फिर वे कफरनहूम में आए; और घर में आकर उसने उनसे पूछा, "रास्ते में तुम किस बात पर विवाद कर रहे थे?" 34 वे चुप रहे, क्योंकि मार्ग में उन्होंने आपस में यह वाद-विवाद किया था कि हम में से बड़ा कौन है।* 35 तब उसने बैठकर बारहों को बुलाया और उनसे कहा, "यदि कोई बड़ा होना चाहे, तो सब से छोटा और सब का सेवक बने।"* 36 और उसने एक बालक को लेकर उनके बीच में खड़ा किया, और उसे गोद में लेकर उनसे कहा, 37 "जो कोई मेरे नाम से ऐसे बालकों में से किसी एक को भी ग्रहण करता है, वह मुझे ग्रहण करता है; और जो कोई मुझे ग्रहण करता, वह मुझे नहीं, वरन् मेरे भेजनेवाले को ग्रहण करता है।"*

जो विरोध में नहीं, वह पक्ष में

(लूका 9:49, 50)

38 तब यूहन्ना ने उससे कहा, "हे गुरु, हम ने एक मनुष्य को तेरे नाम से दुष्टात्माओं को निकालते देखा और हम उसे मना करने लगे, क्योंकि वह हमारे पीछे नहीं हो लेता था।" 39 यीशु ने कहा, "उस को मत मना करो; क्योंकि ऐसा कोई नहीं जो मेरे नाम से सामर्थ्य का काम करे, और जल्दी से मुझे बुरा कह सके, 40 क्योंकि जो हमारे विरोध में नहीं, वह हमारी ओर है।* 41 जो कोई एक कटोरा पानी तुम्हें इसलिये* पिलाए कि तुम मसीह के हो तो मैं तुम से सच कहता हूँ कि वह अपना प्रतिफल किसी रीति से न खोएगा†।

ठोकर का कारण बनना

(मत्ती 18:6-9; लूका 17:1, 2)

42 "जो कोई इन छोटों में से जो मुझ पर विश्वास करते हैं, किसी को ठोकर खिलाए तो उसके लिए भला यह है कि एक बड़ी चक्की का पाट उसके गले में लटकाया जाए और वह समुद्र में डाल दिया जाए। 43 यदि तेरा हाथ तुझे ठोकर खिलाए तो उसे काट डाल। टुण्डा होकर जीवन में प्रवेश करना तेरे लिये इससे भला है कि दो हाथ रहते हुए नरक की आग में डाला जाए जो कभी बुझने की नहीं।* [44 जहाँ उनका कीड़ा नहीं मरता और आग नहीं बुझती।*] 45 यदि तेरा पाँव तुझे ठोकर खिलाए तो उसे काट डाल।

9:29 * कुछ हस्तलेखों में, प्रार्थना और उपवास 34 * लूका 22:24 35 * मत्ती 20:26, 27; 23:11; मर 10:43, 44; लूका 22:26 37 * मत्ती 10:40; लूका 10:16; यूह 13:20 40 * मत्ती 12:30; लूका 11:23 41 * यू॰ इस नाम से † मत्ती 10:42 43 * मत्ती 5:30 44 * कुछ हस्तलेखों में यह पद नहीं मिलता।

लंगड़ा होकर जीवन में प्रवेश करना तेरे लिये इससे भला है कि दो पाँव रहते हुए नरक में डाला जाए। [46 जहाँ उनका कीड़ा नहीं मरता और आग नहीं बुझती।*] 47 यदि तेरी आँख तुझे ठोकर खिलाए तो उसे निकाल डाल। काना होकर परमेश्वर के राज्य में प्रवेश करना तेरे लिये इससे भला है कि दो आँख रहते हुए तू नरक में डाला जाए।* 48 जहाँ उनका कीड़ा नहीं मरता और आग नहीं बुझती।* 49 क्योंकि हर एक जन आग से नमकीन किया जाएगा। 50 नमक अच्छा है, पर यदि नमक का स्वाद जाता रहे, तो उसे किस से नमकीन करोगे? अपने में नमक रखो, और आपस में मेल मिलाप से रहो।*''

तलाक के विषय यीशु की शिक्षा

(मत्ती 19:1-12; लूका 16:18)

10 फिर वह वहाँ से उठकर यहूदिया की सीमा में और यरदन के पार आया। भीड़ उसके पास फिर इकट्ठी हो गई, और वह अपनी रीति के अनुसार उन्हें फिर उपदेश देने लगा।

2 तब फरीसियों ने उसके पास आकर उसकी परीक्षा करने को उससे पूछा, ''क्या यह उचित है कि पुरुष अपनी पत्नी को त्यागे?'' 3 उसने उनको उत्तर दिया, ''मूसा ने तुम्हें क्या आज्ञा दी है?'' 4 उन्होंने कहा, ''मूसा ने त्याग-पत्र लिखने और त्यागने की आज्ञा दी है।''* 5 यीशु ने उनसे कहा, ''तुम्हारे मन की कठोरता के कारण उसने तुम्हारे लिये यह आज्ञा लिखी। 6 पर सृष्टि के आरम्भ से परमेश्वर ने नर और नारी करके उनको बनाया है।* 7 इस कारण मनुष्य अपने माता-पिता से अलग होकर अपनी पत्नी के साथ रहेगा,* 8 और वे दोनों एक तन होंगे; इसलिये वे अब दो नहीं पर एक तन हैं।* 9 इसलिये जिसे परमेश्वर ने जोड़ा है उसे मनुष्य अलग न करे।''

10 घर में चेलों ने इसके विषय में उससे फिर पूछा। 11 उसने उनसे कहा, ''जो कोई अपनी पत्नी को त्यागकर दूसरी से विवाह करे तो वह उस पहली के विरोध में व्यभिचार करता है;* 12 और यदि पत्नी अपने पति को छोड़कर दूसरे से विवाह करे तो वह व्यभिचार करती है।*''

बालकों को आशीर्वाद

(मत्ती 19:13-15; लूका 18:15-17)

13 फिर लोग बालकों को उसके पास लाने लगे कि वह उन पर हाथ रखे, पर चेलों ने उनको डाँटा। 14 यीशु ने यह देख क्रुद्ध होकर उन से कहा, ''बालकों को मेरे पास आने दो और उन्हें मना न करो, क्योंकि परमेश्वर का राज्य ऐसों ही का है। 15 मैं तुम से सच कहता हूँ कि जो कोई परमेश्वर के राज्य को बालक के समान ग्रहण न करे, वह उसमें कभी प्रवेश करने न पाएगा*।'' 16 और उसने उन्हें गोद में लिया, और उन पर हाथ रखकर उन्हें आशीष दी।

धनी युवक और अनन्त जीवन

(मत्ती 19:16-30; लूका 18:18-30)

17 जब वह वहाँ से निकलकर मार्ग में जा रहा था, तो एक मनुष्य उसके पास दौड़ता हुआ आया, और उसके आगे घुटने टेककर उससे पूछा, ''हे उत्तम गुरु, अनन्त जीवन का अधिकारी होने के लिये मैं क्या करूँ?'' 18 यीशु ने उससे कहा, ''तू मुझे उत्तम क्यों कहता है? कोई उत्तम नहीं, केवल एक अर्थात् परमेश्वर। 19 तू आज्ञाओं को तो जानता है : 'हत्या न करना, व्यभिचार न करना, चोरी न करना, झूठी गवाही न देना, छल न करना, अपने पिता और अपनी माता का आदर करना'।*'' 20 उसने उससे कहा, ''हे गुरु, इन सब को मैं लड़कपन से मानता आया हूँ।'' 21 यीशु ने उस पर दृष्टि करके उससे प्रेम किया, और उससे कहा, ''तुझ में एक बात की घटी है। जा, जो कुछ तेरा है उसे बेच कर कंगालों को दे,

9:46* *कुछ हस्तलेखों में यह पद नहीं मिलता* **47*** मत्ती 5:29 **48*** यशा 66:24 **50*** मत्ती 5:13; लूका 14:34,35
10:4* व्य 24:1-4; मत्ती 5:31 **6*** उत्प 1:27; 5:2 **7,8*** उत्प 2:24 **11,12*** मत्ती 5:32; 1 कुर 7:10,11 **15*** मत्ती 18:3
19* निर्ग 20:12-16; व्य 5:16-20

और तुझे स्वर्ग में धन मिलेगा, और आकर मेरे पीछे हो ले।'' 22 इस बात से उसके चेहरे पर उदासी छा गई, और वह शोक करता हुआ चला गया, क्योंकि वह बहुत धनी था।

23 यीशु ने चारों ओर देखकर अपने चेलों से कहा, ''धनवानों का परमेश्वर के राज्य में प्रवेश करना कैसा कठिन है!'' 24 चेले उसकी बातों से अचम्भित हुए। इस पर यीशु ने फिर उनसे कहा, ''हे बालको, जो धन पर भरोसा रखते हैं, उनके लिये परमेश्वर के राज्य में प्रवेश करना कैसा कठिन है! 25 परमेश्वर के राज्य में धनवान के प्रवेश करने से ऊँट का सूई के नाके में से निकल जाना सहज है!'' 26 वे बहुत ही चकित होकर आपस में कहने लगे, ''तो फिर किसका उद्धार हो सकता है?'' 27 यीशु ने उनकी ओर देखकर कहा, ''मनुष्यों से तो यह नहीं हो सकता, परन्तु परमेश्वर से हो सकता है; क्योंकि परमेश्वर से सब कुछ हो सकता है।'' 28 पतरस उससे कहने लगा, ''देख, हम तो सब कुछ छोड़कर तेरे पीछे हो लिये हैं।'' 29 यीशु ने कहा, ''मैं तुम से सच कहता हूँ कि ऐसा कोई नहीं, जिसने मेरे और सुसमाचार के लिये घर या भाइयों या बहिनों या माता या पिता या बाल-बच्चों या खेतों को छोड़ दिया हो, 30 और अब इस समय सौ गुणा न पाए, घरों और भाइयों और बहिनों और माताओं और बाल-बच्चों और खेतों को, पर सताव के साथ और परलोक में अनन्त जीवन। 31 पर बहुत से जो पहले हैं, पिछले होंगे; और जो पिछले हैं, वे पहले होंगे।*''

अपनी मृत्यु के विषय यीशु की तीसरी भविष्यद्वाणी

(मत्ती 20:17-19; लूका 18:31-34)

32 वे यरूशलेम को जाते हुए मार्ग में थे, और यीशु उन के आगे आगे जा रहा था : चेले अचम्भित थे और जो उसके पीछे-पीछे चलते थे वे डरे हुए थे। तब वह फिर उन बारहों को लेकर उनसे वे बातें कहने लगा, जो उस पर आनेवाली थीं, 33 ''देखो, हम यरूशलेम को जाते हैं, और मनुष्य का पुत्र प्रधान याजकों और शास्त्रियों के हाथ पकड़वाया जाएगा, और वे उसको घात के योग्य ठहराएँगे, और अन्य जातियों के हाथ में सौंपेंगे। 34 वे उसको ठट्ठों में उड़ाएँगे, उस पर थूकेंगे, उसे कोड़े मारेंगे और उसे घात करेंगे, और तीन दिन के बाद वह जी उठेगा।''

याकूब और यूहन्ना की विनती

(मत्ती 20:20-28)

35 तब जब्दी के पुत्र याकूब और यूहन्ना ने उसके पास आकर कहा, ''हे गुरु, हम चाहते हैं कि जो कुछ हम तुझ से माँगें, वह तू हमारे लिये करे।'' 36 उसने उन से कहा, ''तुम क्या चाहते हो कि मैं तुम्हारे लिये करूँ?'' 37 उन्होंने उससे कहा, ''हमें यह दे कि तेरी महिमा में हम में से एक तेरे दाहिने और दूसरा तेरे बाएँ बैठे।'' 38 यीशु ने उनसे कहा, ''तुम नहीं जानते कि क्या माँगते हो? जो कटोरा मैं पीने पर हूँ, क्या तुम पी सकते हो? और जो बपतिस्मा मैं लेने पर हूँ, क्या तुम ले सकते हो?''* 39 उन्होंने उससे कहा, ''हम से हो सकता है।'' यीशु ने उनसे कहा, ''जो कटोरा मैं पीने पर हूँ, तुम पीओगे; और जो बपतिस्मा मैं लेने पर हूँ, उसे लोगे। 40 पर जिनके लिये तैयार किया गया है, उन्हें छोड़ और किसी को अपने दाहिने और अपने बाएँ बैठाना मेरा काम नहीं।*''

41 यह सुनकर दसों याकूब और यूहन्ना पर रिसियाने लगे। 42 तो यीशु ने उनको पास बुलाकर उनसे कहा, ''तुम जानते हो कि जो अन्य जातियों के हाकिम समझे जाते हैं, वे उन पर प्रभुता करते हैं; और उनमें जो बड़े हैं, उन पर अधिकार जताते हैं। 43 पर तुम में ऐसा नहीं है, वरन् जो कोई तुम में बड़ा होना चाहे वह तुम्हारा सेवक बने;* 44 और जो कोई तुम में प्रधान होना चाहे, वह सब का दास बने।* 45 क्योंकि मनुष्य का पुत्र इसलिये नहीं आया कि उसकी सेवा टहल की जाए, पर इसलिये आया कि आप सेवा

10:31* मत्ती 20:16; लूका 13:30 **38*** लूका 12:50 **40*** *या पर अपने दाहिने बाएँ किसी को बैठाना मेरा काम नहीं पर जिनके लिये तैयार किया गया है उन्हीं के लिये है।* **42,43*** लूका 22:25, 26 **43,44*** मत्ती 23:11; मर 9:35; लूका 22:26

टहल करे, और बहुतों की छुड़ौती के लिये अपना प्राण दे।''

अंधे बरतिमाई को दृष्टिदान

(मत्ती 20:29-34; लूका 18:35-43)

46 वे यरीहो में आए, और जब वह और उसके चेले, और एक बड़ी भीड़ यरीहो से निकलती थी, तब तिमाई का पुत्र बरतिमाई, एक अंधा भिखारी, सड़क के किनारे बैठा था।
47 वह यह सुनकर कि यीशु नासरी है, पुकार पुकार कर कहने लगा, ''हे दाऊद की सन्तान, यीशु मुझ पर दया कर!'' 48 बहुतों ने उसे डाँटा कि चुप रहे, पर वह और भी पुकारने लगा, ''हे दाऊद की सन्तान, मुझ पर दया कर!'' 49 तब यीशु ने ठहरकर कहा, ''उसे बुलाओ।'' और लोगों ने उस अंधे को बुलाकर उससे कहा, ''ढाढ़स बाँध! उठ! वह तुझे बुलाता है।''
50 वह अपना कपड़ा फेंककर शीघ्र उठा, और यीशु के पास आया। 51 इस पर यीशु ने उससे कहा, ''तू क्या चाहता है कि मैं तेरे लिये करूँ?'' अंधे ने उससे कहा, ''हे रब्बी, यह कि मैं देखने लगूँ।'' 52 यीशु ने उससे कहा, ''चला जा, तेरे विश्वास ने तुझे चंगा कर दिया है।'' वह तुरन्त देखने लगा, और मार्ग में उसके पीछे हो लिया।

यरूशलेम में विजय-प्रवेश

(मत्ती 21:1-11; लूका 19:28-40; यूहन्ना 12:12-19)

11 जब वे यरूशलेम के निकट, जैतून पहाड़ पर बैतफगे और बैतनिय्याह के पास आए तो उसने अपने चेलों में से दो को यह कहकर भेजा, 2 ''सामने के गाँव में जाओ, और उस में पहुँचते ही एक गदही का बच्चा, जिस पर कभी कोई नहीं चढ़ा, बंधा हुआ तुम्हें मिलेगा। उसे खोल लाओ। 3 यदि तुम से कोई पूछे, 'यह क्यों करते हो?' तो कहना, 'प्रभु को इस का प्रयोजन है,' और वह शीघ्र उसे यहाँ भेज* देगा।''
4 उन्होंने जाकर उस बच्चे को बाहर द्वार के पास चौक में बंधा हुआ पाया, और खोलने लगे।
5 उनमें से जो वहाँ खड़े थे, कोई कोई कहने लगे, ''यह क्या करते हो, गदही के बच्चे को क्यों खोलते हो?'' 6 जैसा यीशु ने कहा था, वैसा ही उन्होंने उनसे कह दिया; तब लोगों ने उन्हें जाने दिया। 7 उन्होंने बच्चे को यीशु के पास लाकर उस पर अपने कपड़े डाले और वह उस पर बैठ गया। 8 तब बहुतों ने अपने कपड़े मार्ग में बिछाए और औरों ने खेतों में से डालियाँ काट काट कर फैला दीं। 9 जो उसके आगे आगे जाते और पीछे पीछे चले आते थे, पुकार-पुकार कर कहते जाते थे, ''होशाना! धन्य है वह जो प्रभु के नाम से आता है!* 10 हमारे पिता दाऊद का राज्य जो आ रहा है; धन्य है! आकाश में* होशाना!''

11 वह यरूशलेम पहुँचकर मन्दिर में आया, और चारों ओर सब वस्तुओं को देखकर बारहों के साथ बैतनिय्याह गया, क्योंकि साँझ हो गई थी।

फल-रहित अंजीर का पेड़

(मत्ती 21:18, 19)

12 दूसरे दिन जब वे बैतनिय्याह से निकले तो उसको भूख लगी। 13 वह दूर से अंजीर का एक हरा पेड़ देखकर निकट गया कि क्या जाने उसमें कुछ पाए : पर पत्तों को छोड़ कुछ न पाया; क्योंकि फल का समय न था। 14 इस पर उसने उससे कहा, ''अब से कोई तेरा फल कभी न खाए!'' और उसके चेले सुन रहे थे।

मन्दिर से व्यापारियों का निकाला जाना

(मत्ती 21:12-17; लूका 19:45-48; यूहन्ना 2:13-22)

15 फिर वे यरूशलेम में आए, और वह मन्दिर में गया; और वहाँ जो लेन-देन कर रहे थे उन्हें बाहर निकालने लगा, और सर्राफों के पीढ़े और कबूतर बेचनेवालों की चौकियाँ उलट दीं,
16 और मन्दिर में से किसी को बरतन लेकर आने जाने न दिया। 17 और उपदेश करके उनसे

11:3* *यू० लौटा देगा* **9*** भजन 118:25, 26 **10*** *यू॰ ऊँचे से ऊँचे स्थान में*

कहा, ''क्या यह नहीं लिखा है कि मेरा घर सब जातियों के लिये प्रार्थना का घर कहलाएगा ?* पर तुम ने इसे डाकुओं की खोह बना दी है†।'' 18 यह सुनकर प्रधान याजक और शास्त्री उसके नाश करने का अवसर ढूँढ़ने लगे; क्योंकि वे उससे डरते थे, इसलिये कि सब लोग उसके उपदेश से चकित होते थे।

19 साँझ होते ही वे नगर से बाहर चले गए।

सूखे अंजीर के पेड़ से शिक्षा
(मत्ती 21:20-22)

20 फिर भोर को जब वे उधर से जाते थे तो उन्होंने उस अंजीर के पेड़ को जड़ तक सूखा हुआ देखा। 21 पतरस को वह बात स्मरण आई, और उसने उससे कहा, ''हे रब्बी, देख ! यह अंजीर का पेड़ जिसे तू ने स्राप दिया था, सूख गया है।'' 22 यीशु ने उस को उत्तर दिया, ''परमेश्वर पर विश्वास रखो। 23 मैं तुम से सच कहता हूँ कि जो कोई इस पहाड़ से कहे, 'तू उखड़ जा, और समुद्र में जा पड़,' और अपने मन में सन्देह न करे, वरन् प्रतीति करे कि जो कहता हूँ वह हो जाएगा, तो उसके लिये वही होगा।* 24 इसलिये मैं तुम से कहता हूँ कि जो कुछ तुम प्रार्थना करके माँगो, तो प्रतीति कर लो कि तुम्हें मिल गया, और तुम्हारे लिये हो जाएगा। 25 और जब कभी तुम खड़े हुए प्रार्थना करते हो तो यदि तुम्हारे मन में किसी के प्रति कुछ विरोध हो, तो क्षमा करो : इसलिये कि तुम्हारा स्वर्गीय पिता भी तुम्हारे अपराध क्षमा करे।* 26 [और यदि तुम क्षमा न करो तो तुम्हारा पिता भी जो स्वर्ग में है, तुम्हारा अपराध क्षमा न करेगा।'']*

यीशु के अधिकार पर प्रश्न
(मत्ती 21:23-27; लूका 20:1-8)

27 वे फिर यरूशलेम में आए, और जब वह मन्दिर में टहल रहा था तो प्रधान याजक और शास्त्री और पुरनिए उसके पास आकर पूछने लगे, 28, ''तू ये काम किस अधिकार से करता है ? और यह अधिकार तुझे किस ने दिया है कि तू ये काम करे ?'' 29 यीशु ने उनसे कहा, ''मैं भी तुम से एक बात पूछता हूँ; मुझे उत्तर दो तो मैं तुम्हें बताऊँगा कि ये काम किस अधिकार से करता हूँ। 30 यूहन्ना का बपतिस्मा क्या स्वर्ग की ओर से था या मनुष्यों की ओर से था। मुझे उत्तर दो।'' 31 तब वे आपस में विवाद करने लगे कि यदि हम कहें 'स्वर्ग की ओर से,' तो वह कहेगा, 'फिर तुम ने उसकी प्रतीति क्यों नहीं की ?' 32 और यदि हम कहें, 'मनुष्यों की ओर से,' तो लोगों का डर है, क्योंकि सब जानते हैं कि यूहन्ना सचमुच भविष्यद्वक्ता था। 33 अत: उन्होंने यीशु को उत्तर दिया, ''हम नहीं जानते।'' यीशु ने उनसे कहा, ''मैं भी तुम को नहीं बताता कि ये काम किस अधिकार से करता हूँ।''

दुष्ट किसानों का दृष्टान्त
(मत्ती 21:33-46; लूका 20:9-19)

12 फिर वह दृष्टान्तों में उनसे बातें करने लगा : ''किसी मनुष्य ने दाख की बारी लगाई, और उसके चारों ओर बाड़ा बाँधा, और रस का कुण्ड खोदा, और गुम्मट बनाया;* और किसानों को उसका ठेका देकर परदेश चला गया। 2 फिर फल के मौसम में उसने किसानों के पास एक दास को भेजा कि किसानों से दाख की बारी के फलों का भाग ले। 3 पर उन्होंने उसे पकड़कर पीटा और छूछे हाथ लौटा दिया। 4 फिर उसने एक और दास को उनके पास भेजा; उन्होंने उसका सिर फोड़ डाला और उसका अपमान किया। 5 फिर उसने एक और को भेजा; उन्होंने उसे मार डाला। तब उसने और बहुतों को भेजा; उनमें से उन्होंने कुछ को पीटा, और कुछ को मार डाला। 6 अब एक ही रह गया था, जो उसका प्रिय पुत्र था; अन्त में उसने उसे भी

11:17 * यशा 56:7 † यिर्म 7:11 23 * मत्ती 17:20; 1 कुर 13:2 25,26 * मत्ती 6:14,15
26 * कुछ हस्तलेखों में यह पद नहीं मिलता 12:1 * यशा 5:1,2

उनके पास यह सोचकर भेजा कि वे मेरे पुत्र का
आदर करेंगे। 7 पर उन किसानों ने आपस में
कहा, 'यही तो वारिस है; आओ, हम इसे मार
डालें, तब मीरास हमारी हो जाएगी।' 8 और
उन्होंने उसे पकड़कर मार डाला, और दाख की
बारी के बाहर फेंक दिया।

9 ''इसलिये दाख की बारी का स्वामी क्या
करेगा? वह आकर उन किसानों का नाश करेगा,
और दाख की बारी दूसरों को दे देगा। 10 क्या
तुम ने पवित्र शास्त्र में यह वचन नहीं पढ़ा :

'जिस पत्थर को राजमिस्त्रियों ने निकम्मा
ठहराया था,
वही कोने का सिरा हो गया;*
11 यह प्रभु की ओर से हुआ,
और हमारी दृष्टि में अद्भुत है' !*''

12 तब उन्होंने उसे पकड़ना चाहा; क्योंकि
समझ गए थे कि उसने हमारे विरोध में यह
दृष्टान्त कहा है। पर वे लोगों से डरे, और उसे
छोड़ कर चले गए।

कैसर को कर देना

(मत्ती 22:15-22; लूका 20:20-26)

13 तब उन्होंने उसे बातों में फँसाने के लिये
कुछ फरीसियों और हेरोदियों को उसके पास
भेजा। 14 उन्होंने आकर उससे कहा, ''हे गुरु,
हम जानते हैं, कि तू सच्चा है, और किसी की
परवाह नहीं करता; क्योंकि तू मनुष्यों का मुँह
देख कर बातें नहीं करता, परन्तु परमेश्वर का
मार्ग सच्चाई से बताता है। तो क्या कैसर को कर
देना उचित है या नहीं? 15 हम दें, या न दें?''
उसने उनका कपट जानकर उनसे कहा, ''मुझे
क्यों परखते हो? एक दीनार* मेरे पास लाओ,
कि मैं उसे देखूँ।'' 16 वे ले आए, और उसने
उनसे कहा, ''यह छाप और नाम किसका है?''
उन्होंने कहा, ''कैसर का।'' 17 यीशु ने उनसे
कहा, ''जो कैसर का है वह कैसर को, और जो
परमेश्वर का है परमेश्वर को दो।'' तब वे उस
पर बहुत अचम्भा करने लगे।

पुनरुत्थान और विवाह

(मत्ती 22:23-33; लूका 20:27-40)

18 फिर सदूकियों ने भी, जो कहते हैं कि
मरे हुओं का जी उठना है ही नहीं,* उसके पास
आकर उस से पूछा, 19 ''हे गुरु, मूसा ने हमारे
लिये लिखा है कि यदि किसी का भाई बिना
सन्तान मर जाए और उस की पत्नी रह जाए, तो
उसका भाई उसकी पत्नी से विवाह कर ले और
अपने भाई के लिए वंश उत्पन्न करे।* 20 सात
भाई थे। पहला भाई विवाह करके बिना सन्तान
मर गया। 21 तब दूसरे भाई ने उस स्त्री से विवाह
कर लिया और बिना सन्तान मर गया; और वैसे
ही तीसरे ने भी किया। 22 और सातों से सन्तान
न हुई। सब के पीछे वह स्त्री भी मर गई।
23 अत: जी उठने पर वह उनमें से किस की
पत्नी होगी? क्योंकि वह सातों की पत्नी हो
चुकी थी।''

24 यीशु ने उनसे कहा, ''क्या तुम इस
कारण से भूल में नहीं पड़े हो कि तुम न तो
पवित्र शास्त्र ही को जानते हो, और न ही परमेश्वर
की सामर्थ्य को? 25 क्योंकि जब वे मरे हुओं
में से जी उठेंगे, तो वे न विवाह करेंगे और
न विवाह में दिए जाएँगे, परन्तु स्वर्ग में दूतों
के समान होंगे। 26 मरे हुओं के जी उठने के
विषय में क्या तुम ने मूसा की पुस्तक में झाड़ी
की कथा में नहीं पढ़ा कि परमेश्वर ने उससे
कहा, 'मैं अब्राहम का परमेश्वर, और इसहाक
का परमेश्वर, और याकूब का परमेश्वर हूँ' ?*
27 परमेश्वर मरे हुओं का नहीं वरन् जीवतों का
परमेश्वर है; अत: तुम बड़ी भूल में पड़े हो।''

सब से बड़ी आज्ञा

(मत्ती 22:34-40; लूका 10:25-28)

28 शास्त्रियों में से एक ने आकर उन्हें विवाद
करते सुना, और यह जानकर कि उसने उन्हें
अच्छी रीति से उत्तर दिया, उससे पूछा, ''सब से
मुख्य आज्ञा कौन सी है?'' 29 यीशु ने उसे उत्तर

12:10,11* भजन 118:22,23 **15*** *एक दीनार बराबर एक दिन की मज़दूरी* **18*** प्रेरि 23:8 **19*** व्य 25:5 **26*** निर्ग 3:6

दिया, "सब आज्ञाओं में से यह मुख्य है : 'हे
इस्राएल सुन! प्रभु हमारा परमेश्वर एक ही प्रभु
है,* 30 और तू प्रभु अपने परमेश्वर से अपने
सारे मन से, और अपने सारे प्राण से, और अपनी
सारी बुद्धि से, और अपनी सारी शक्ति से प्रेम
रखना।'* 31 और दूसरी यह है, 'तू अपने पड़ोसी
से अपने समान प्रेम रखना।*' इससे बड़ी और
कोई आज्ञा नहीं।" 32 शास्त्री ने उससे कहा,
"हे गुरु, बहुत ठीक! तू ने सच कहा कि वह
एक ही है, और उसे छोड़ और कोई नहीं।*
33 और उससे सारे मन, और सारी बुद्धि, और
सारे प्राण, और सारी शक्ति के साथ प्रेम रखना;
और पड़ोसी से अपने समान प्रेम रखना, सारे
होमबलियों और बलिदानों से बढ़कर है।*"
34 जब यीशु ने देखा कि उसने समझ से उत्तर
दिया, तो उससे कहा, "तू परमेश्वर के राज्य से
दूर नहीं।" और किसी को फिर उससे कुछ
पूछने का साहस न हुआ।

मसीह किसका पुत्र है?

(मत्ती 22: 41-46; लूका 20: 41-44)

35 फिर यीशु ने मन्दिर में उपदेश करते हुए
यह कहा, "शास्त्री कैसे कहते हैं कि मसीह
दाऊद का पुत्र है? 36 दाऊद ने आप ही पवित्र
आत्मा में होकर कहा है :

'प्रभु ने मेरे प्रभु से कहा, "मेरे दाहिने बैठ,
जब तक कि मैं तेरे बैरियों को तेरे पाँवों
की पीढ़ी न कर दूँ।"' *

37 दाऊद तो आप ही उसे प्रभु कहता है, फिर
वह उसका पुत्र कहाँ से ठहरा?" और भीड़ के
लोग उसकी आनन्द से सुनते थे।

शास्त्रियों से सावधान

(मत्ती 23:1-36; लूका 20: 45-47)

38 उसने अपने उपदेश में उनसे कहा,
"शास्त्रियों से चौकस रहो, जो लम्बे-लम्बे चोगे
पहिने हुए फिरना और बाजारों में नमस्कार,
39 और आराधनालयों में मुख्य मुख्य आसन
और भोज में मुख्य मुख्य स्थान भी चाहते हैं।
40 वे विधवाओं के घरों को खा जाते हैं, और
दिखाने के लिये बड़ी देर तक प्रार्थना करते रहते
हैं। ये अधिक दण्ड पाएँगे।"

कंगाल विधवा का दान

(लूका 21:1-4)

41 वह मन्दिर के भण्डार के सामने बैठकर
देख रहा था कि लोग मन्दिर के भण्डार में किस
प्रकार पैसे डालते हैं; और बहुत से धनवानों ने
बहुत कुछ डाला। 42 इतने में एक कंगाल विधवा
ने आकर दो दमड़ियाँ, जो एक अधेले के बराबर
होती हैं, डालीं। 43 तब उसने अपने चेलों को
पास बुलाकर उन से कहा, "मैं तुम से सच
कहता हूँ कि मन्दिर के भण्डार में डालने वालों
में से इस कंगाल विधवा ने सब से बढ़कर डाला
है; 44 क्योंकि सब ने अपने धन की बढ़ती में से
डाला है, परन्तु इसने अपनी घटी में से जो कुछ
उसका था, अर्थात् अपनी सारी जीविका डाल
दी है।"

मन्दिर के विनाश की भविष्यद्वाणी

(मत्ती 24:1, 2; लूका 21:5, 6)

13 जब वह मन्दिर से निकल रहा था, तो
उसके चेलों में से एक ने उस से कहा,
"हे गुरु, देख, कैसे विशाल पत्थर और कैसे
भव्य भवन हैं!" 2 यीशु ने उससे कहा, "क्या
तुम ये बड़े-बड़े भवन देखते हो : यहाँ पत्थर पर
पत्थर भी बचा न रहेगा जो ढाया न जाएगा।"

संकट और क्लेश

(मत्ती 24:3-14; लूका 21:7-19)

3 जब वह जैतून के पहाड़ पर मन्दिर के
सामने बैठा था, तो पतरस और याकूब और यूहन्ना
और अन्द्रियास ने अलग जाकर उससे पूछा,
4 "हमें बता कि ये बातें कब होंगी? और जब
ये सब बातें पूरी होने पर होंगी उस समय का
क्या चिह्न होगा?" 5 यीशु उनसे कहने लगा,

12:29,30* व्य 6:4,5 **31*** लैव्य 19:18 **32*** व्य 4:35 **33*** होशे 6:6 **36*** भजन 110:1

"चौकस रहो कि कोई तुम्हें न भरमाए। 6 बहुतेरे मेरे नाम से आकर कहेंगे, 'मैं वही हूँ!' और बहुतों को भरमाएँगे। 7 जब तुम लड़ाइयाँ, और लड़ाइयों की चर्चा सुनो, तो न घबराना; क्योंकि इनका होना अवश्य है, परन्तु उस समय अन्त न होगा। 8 क्योंकि जाति पर जाति, और राज्य पर राज्य चढ़ाई करेगा। हर कहीं भूकम्प होंगे, और अकाल पड़ेंगे। यह तो पीड़ाओं का आरम्भ ही होगा।

9 "परन्तु तुम अपने विषय में चौकस रहो; क्योंकि लोग तुम्हें महासभाओं में सौंपेंगे और तुम पंचायतों में पीटे जाओगे, और मेरे कारण हाकिमों और राजाओं के आगे खड़े किए जाओगे, ताकि उनके लिये गवाही हो।* 10 पर अवश्य है कि पहले सुसमाचार सब जातियों में प्रचार किया जाए।* 11 जब वे तुम्हें ले जाकर सौंपेंगे, तो पहले से चिन्ता न करना कि हम क्या कहेंगे; पर जो कुछ तुम्हें उसी घड़ी बताया जाए वही कहना; क्योंकि बोलनेवाले तुम नहीं हो, परन्तु पवित्र आत्मा है।* 12 भाई को भाई, और पिता को पुत्र घात के लिए सौंपेंगे, और बच्चे माता-पिता के विरोध में उठकर उन्हें मरवा डालेंगे। 13 और मेरे नाम के कारण सब लोग तुम से बैर करेंगे; पर जो अन्त तक धीरज धरे रहेगा, उसी का उद्धार होगा।*

महासंकट-काल
(मत्ती 24:15-28; लूका 21: 20-24)

14 "अत: जब तुम उस उजाड़नेवाली घृणित वस्तु को जहाँ उचित नहीं वहाँ खड़ी देखो, (पढ़नेवाला समझ ले।)* तब जो यहूदिया में हों, वे पहाड़ों पर भाग जाएँ; 15 जो छत पर हो, वह अपने घर से कुछ लेने को नीचे न उतरे और न भीतर जाए;* 16 और जो खेत में हो, वह अपना कपड़ा लेने के लिये पीछे न लौटे।* 17 उन दिनों में जो गर्भवती और दूध पिलाती होंगी, उनके लिये हाय हाय! 18 और प्रार्थना किया करो कि यह जाड़े में न हो। 19 क्योंकि वे दिन ऐसे क्लेश के होंगे कि सृष्टि के आरम्भ से, जो परमेश्वर ने सृजी है, अब तक न तो हुए और न फिर कभी होंगे।* 20 यदि प्रभु उन दिनों को न घटाता, तो कोई प्राणी भी न बचता; परन्तु उन चुने हुओं के कारण जिनको उसने चुना है, उन दिनों को घटाया। 21 उस समय यदि कोई तुम से कहे, 'देखो, मसीह यहाँ है,' या 'देखो, वहाँ है,' तो प्रतीति न करना; 22 क्योंकि झूठे मसीह और झूठे भविष्यद्वक्ता उठ खड़े होंगे, और चिह्न और अद्भुत काम दिखाएँगे कि यदि हो सके तो चुने हुओं को भी भरमा दें। 23 पर तुम चौकस रहो; देखो, मैं ने तुम्हें सब बातें पहले ही से बता दी हैं।

मनुष्य के पुत्र का पुनरागमन
(मत्ती 24: 29-31; लूका 21: 25-28)

24 "उन दिनों में, उस क्लेश के बाद सूरज अन्धेरा हो जाएगा, और चाँद प्रकाश न देगा;* 25 और आकाश से तारागण गिरने लगेंगे; और आकाश की शक्तियाँ हिलाई जाएँगी।* 26 तब लोग मनुष्य के पुत्र को बड़ी सामर्थ्य और महिमा के साथ बादलों में आते देखेंगे।* 27 उस समय वह अपने दूतों को भेजकर, पृथ्वी के इस छोर से आकाश के उस छोर तक, चारों दिशाओं से अपने चुने हुए लोगों को इकट्ठा करेगा।

अंजीर के पेड़ का उदाहरण
(मत्ती 24:32-35; लूका 21:29-33)

28 "अंजीर के पेड़ से यह दृष्टान्त सीखो : जब उसकी डाली कोमल हो जाती, और पत्ते निकलने लगते हैं; तो तुम जान लेते हो कि ग्रीष्मकाल निकट है। 29 इसी प्रकार जब तुम इन बातों को होते देखो, तो जान लो कि वह निकट है वरन् द्वार ही पर है। 30 मैं तुम से सच

13:9-11 * मत्ती 10:17-20; लूका 12:11,12   13 * मत्ती 10:22   14 * दानि 9:27; 11:31; 12:11   15,16 * लूका 17:31
19 * दानि 12:1; प्रका 7:14   24 * यशा 13:10; यहे 32:7; योए 2:10,31; 3:15; प्रका 6:12   25 * यशा 34:4; योए 2:10; प्रका 6:13
26 * दानि 7:13; प्रका 1:7

कहता हूँ कि जब तक ये सब बातें न हो लेंगी, तब तक ये लोग* जाते न रहेंगे। 31 आकाश और पृथ्वी टल जाएँगे, परन्तु मेरी बातें कभी न टलेंगी।

जागते रहो

(मत्ती 24:36-44)

32 ''उस दिन या उस घड़ी के विषय में कोई नहीं जानता, न स्वर्ग के दूत और न पुत्र; परन्तु केवल पिता।* 33 देखो, जागते और प्रार्थना करते रहो; क्योंकि तुम नहीं जानते कि वह समय कब आएगा। 34 यह उस मनुष्य की सी दशा है, जो परदेश जाते समय अपना घर छोड़ जाए, और अपने दासों को अधिकार दे : और हर एक को उसका काम बता दे, और द्वारपाल को जागते रहने की आज्ञा दे।* 35 इसलिये जागते रहो, क्योंकि तुम नहीं जानते कि घर का स्वामी कब आएगा, साँझ को या आधी रात को, या मुर्ग़ के बाँग देने के समय या भोर को। 36 ऐसा न हो कि वह अचानक आकर तुम्हें सोते पाए। 37 और जो मैं तुम से कहता हूँ, वही सब से कहता हूँ : जागते रहो!''

यीशु के विरुद्ध षड्‍यन्त्र

(मत्ती 26:1-5; लूका 22:1,2; यूहन्ना 11: 45-53)

14 दो दिन के बाद फसह और अखमीरी रोटी का पर्व होनेवाला था।* प्रधान याजक और शास्त्री इस बात की खोज में थे कि उसे कैसे छल से पकड़ कर मार डालें; 2 परन्तु कहते थे, ''पर्व के दिन नहीं, कहीं ऐसा न हो कि लोगों में बलवा मचे।''

बैतनिय्याह में यीशु का अभ्यंजन

(मत्ती 26:6-13; यूहन्ना 12:1-8)

3 जब वह बैतनिय्याह में शमौन कोढ़ी के घर भोजन करने बैठा हुआ था, तब एक स्त्री संगमरमर के पात्र में जटामांसी का बहुमूल्य शुद्ध इत्र लेकर आई; और पात्र तोड़ कर इत्र को उसके सिर पर उण्डेला।* 4 परन्तु कोई कोई अपने मन में रिसियाकर कहने लगे, ''इस इत्र का क्यों सत्यानाश किया गया? 5 क्योंकि यह इत्र तो तीन सौ दीनार* से अधिक मूल्य में बेचा जा कर कंगालों में बाँटा जा सकता था।'' और वे उसको झिड़कने लगे। 6 यीशु ने कहा, ''उसे छोड़ दो; उसे क्यों सताते हो? उस ने तो मेरे साथ भलाई की है। 7 कंगाल तुम्हारे साथ सदा रहते हैं, और तुम जब चाहो तब उनसे भलाई कर सकते हो;* पर मैं तुम्हारे साथ सदा न रहूँगा। 8 जो कुछ वह कर सकी, उसने किया; उसने मेरे गाड़े जाने की तैयारी में पहले से मेरी देह पर इत्र मला है। 9 मैं तुम से सच कहता हूँ कि सारे जगत में जहाँ कहीं सुसमाचार प्रचार किया जाएगा, वहाँ उसके इस काम की चर्चा भी उसके स्मरण में की जाएगी।''

यहूदा का विश्वासघात

(मत्ती 26:14-16; लूका 22:3-6)

10 तब यहूदा इस्करियोती जो बारह में से एक था, प्रधान याजकों के पास गया कि उसे उनके हाथ पकड़वा दे। 11 वे यह सुनकर आनन्दित हुए, और उसको रुपये देना स्वीकार किया; और वह अवसर ढूँढ़ने लगा कि उसे किसी प्रकार पकड़वा दे।

चेलों के साथ फसह का अन्तिम भोज

(मत्ती 26:17-25; लूका 22:7-14, 21-23; यूहन्ना 13:21-30)

12 अखमीरी रोटी के पर्व के पहले दिन, जिसमें वे फसह का बलिदान करते थे, उसके चेलों ने उससे पूछा, ''तू कहाँ चाहता है कि हम जाकर तेरे लिये फसह खाने की तैयारी करें?'' 13 उसने अपने चेलों में से दो को यह कहकर भेजा, ''नगर में जाओ, और एक मनुष्य जल का

13:30* यू॰ *यह पीढ़ी जाती न रहेगी* 32* मत्ती 24:36 34* लूका 12:36-38 14:1* निर्ग 12:1-27 3* लूका 7:37,38
5* *एक दीनार बराबर एक दिन की मजदूरी* 7* व्य 15:11

घड़ा उठाए हुए तुम्हें मिलेगा, उसके पीछे हो
लेना; 14 और वह जिस घर में जाए, उस घर
के स्वामी से कहना, 'गुरु कहता है कि मेरी
पाहुनशाला जिसमें मैं अपने चेलों के साथ फसह
खाऊँ कहाँ है?' 15 वह तुम्हें एक सजी सजाई,
और तैयार की हुई बड़ी अटारी दिखा देगा, वहाँ
हमारे लिये तैयारी करो।'' 16 चेले निकलकर
नगर में आये, और जैसा उसने उनसे कहा था,
वैसा ही पाया; और फसह तैयार किया।

17 जब साँझ हुई, तो वह बारहों के साथ
आया। 18 जब वे बैठे भोजन कर रहे थे, तो
यीशु ने कहा, ''मैं तुम से सच कहता हूँ कि तुम
में से एक, जो मेरे साथ भोजन कर रहा है, मुझे
पकड़वाएगा।''* 19 उन पर उदासी छा गई और
वे एक एक करके उससे कहने लगे, ''क्या वह
मैं हूँ?'' 20 उसने उनसे कहा, ''वह बारहों में
से एक है, जो मेरे साथ थाली में हाथ डालता है।
21 क्योंकि मनुष्य का पुत्र तो, जैसा उसके विषय
में लिखा है, जाता ही है; परन्तु उस मनुष्य पर
हाय जिसके द्वारा मनुष्य का पुत्र पकड़वाया जाता
है! यदि उस मनुष्य का जन्म ही न होता, तो
उसके लिये भला होता।''

प्रभु-भोज

(मत्ती 26:26-30; लूका 22:14-20; 1 कुरिन्थियों 11: 23-25)

22 जब वे खा ही रहे थे, उसने रोटी ली,
और आशीष माँगकर तोड़ी, और उन्हें दी, और
कहा, ''लो, यह मेरी देह है।'' 23 फिर उसने
कटोरा लेकर धन्यवाद किया, और उन्हें दिया;
और उन सब ने उसमें से पीया। 24 और उसने
उनसे कहा, ''यह वाचा का मेरा वह लहू है, जो
बहुतों के लिये बहाया जाता है।* 25 मैं तुम से
सच कहता हूँ कि दाख का रस उस दिन तक
फिर कभी न पीऊँगा, जब तक परमेश्वर के राज्य
में नया न पीऊँ।''

26 फिर वे भजन गाकर बाहर जैतून के पहाड़
पर गए।

पतरस के इन्कार की भविष्यद्वाणी

(मत्ती 26: 31-35; लूका 22: 31-34; यूहन्ना 13: 36-38)

27 तब यीशु ने उनसे कहा, ''तुम सब ठोकर
खाओगे, क्योंकि लिखा है : 'मैं रखवाले को
मारूँगा, और भेड़ें तितर-बितर हो जाएँगी।'*
28 परन्तु मैं अपने जी उठने के बाद तुम से
पहले गलील को जाऊँगा।*'' 29 पतरस ने उससे
कहा, ''यदि सब ठोकर खाएँ तो खाएँ, पर मैं
ठोकर नहीं खाऊँगा।'' 30 यीशु ने उससे कहा,
''मैं तुझ से सच कहता हूँ कि आज ही इसी रात
को मुर्ग़ के दो बार बाँग देने से पहले, तू तीन बार
मुझ से मुकर जाएगा।'' 31 पर उसने और भी
जोर देकर कहा, ''यदि मुझे तेरे साथ मरना भी
पड़े, तौभी मैं तेरा इन्कार कभी न करूँगा।'' इसी
प्रकार और सब ने भी कहा।

गतसमनी में प्रार्थना

(मत्ती 26: 36-46; लूका 22: 39-46)

32 फिर वे गतसमनी नामक एक जगह में
आए, और उसने अपने चेलों से कहा, ''यहाँ
बैठे रहो, जब तक मैं प्रार्थना करूँ।'' 33 और
वह पतरस और याकूब और यूहन्ना को अपने
साथ ले गया; और बहुत ही अधीर और व्याकुल
होने लगा, 34 और उनसे कहा, ''मेरा मन बहुत
उदास है, यहाँ तक कि मैं मरने पर हूँ : तुम यहाँ
ठहरो, और जागते रहो।'' 35 फिर वह थोड़ा
आगे बढ़ा और भूमि पर गिरकर प्रार्थना करने
लगा कि यदि हो सके तो यह घड़ी मुझ पर से
टल जाए, 36 और कहा, ''हे अब्बा, हे पिता,
तुझ से सब कुछ हो सकता है; इस कटोरे को मेरे
पास से हटा ले : तौभी जैसा मैं चाहता हूँ वैसा
नहीं, पर जो तू चाहता है वही हो।'' 37 फिर
वह आया और उन्हें सोते पाकर पतरस से कहा,
''हे शमौन, तू सो रहा है? क्या तू एक घड़ी भी
न जाग सका? 38 जागते और प्रार्थना करते रहो
कि तुम परीक्षा में न पड़ो। आत्मा तो तैयार है,

14:18* भजन 41:9 **24*** निर्ग 24:8; यिर्म 31:31-34 **27*** जक 13:7 **28*** मत्ती 28:16

पर शरीर दुर्बल है।'' 39 और वह फिर चला गया और उन्हीं शब्दों में प्रार्थना की। 40 फिर आकर उन्हें सोते पाया, क्योंकि उनकी आँखें नींद से भरी थीं; और नहीं जानते थे कि उसे क्या उत्तर दें। 41 फिर तीसरी बार आकर उनसे कहा, ''अब सोते रहो और विश्राम करो, बस, घड़ी आ पहुँची; देखो मनुष्य का पुत्र पापियों के हाथ पकड़वाया जाता है। 42 उठो, चलें! देखो, मेरा पकड़वानेवाला निकट आ पहुँचा है!''

यीशु का धोखे से पकड़ा जाना
(मत्ती 26: 47-56; लूका 22:47-53; यूहन्ना 18:3-12)

43 वह यह कह ही रहा था कि यहूदा जो बारहों में से एक था, अपने साथ प्रधान याजकों और शास्त्रियों और पुरनियों की ओर से एक बड़ी भीड़ लेकर तुरन्त आ पहुँचा, जो तलवारें और लाठियाँ लिये थी। 44 उसके पकड़वानेवाले ने उन्हें यह पता दिया था कि जिसको मैं चूमूँ वही है, उसे पकड़कर यत्न से ले जाना। 45 वह आया, और तुरन्त उसके पास जाकर कहा, ''हे रब्बी!'' और उसको बहुत चूमा। 46 तब उन्होंने उस पर हाथ डालकर उसे पकड़ लिया। 47 उन में से जो पास खड़े थे, एक ने तलवार खींच कर महायाजक के दास पर चलाई, और उसका कान उड़ा दिया। 48 यीशु ने उनसे कहा, ''क्या तुम डाकू जानकर मुझे पकड़ने के लिये तलवारें और लाठियाँ लेकर निकले हो? 49 मैं तो हर दिन मन्दिर में तुम्हारे साथ रहकर उपदेश दिया करता था, और तब तुम ने मुझे न पकड़ा :* परन्तु यह इसलिये हुआ है कि पवित्रशास्त्र की बातें पूरी हों।'' 50 इस पर सब चेले उसे छोड़कर भाग गए।

51 एक जवान अपनी नंगी देह पर चादर ओढ़े हुए उसके पीछे हो लिया; और लोगों ने उसे पकड़ा। 52 पर वह चादर छोड़कर नंगा भाग गया।

महासभा के सामने यीशु
(मत्ती 26: 57-68; लूका 22: 54,55,63-71; यूहन्ना 18:13,14,19-24)

53 फिर वे यीशु को महायाजक के पास ले गए; और सब प्रधान याजक और पुरनिए और शास्त्री उसके यहाँ इकट्ठे हो गए। 54 पतरस दूर ही दूर उसके पीछे-पीछे महायाजक के आँगन के भीतर तक गया, और प्यादों के साथ बैठ कर आग तापने लगा। 55 प्रधान याजक और सारी महासभा यीशु को मार डालने के लिये उसके विरोध में गवाही की खोज में थे, पर न मिली। 56 क्योंकि बहुत से उसके विरोध में झूठी गवाही दे रहे थे, पर उनकी गवाही एक सी न थी। 57 तब कुछ लोगों ने उठकर उस के विरुद्ध यह झूठी गवाही दी, 58 ''हम ने इसे यह कहते सुना है, 'मैं इस हाथ के बनाए हुए मन्दिर को ढा दूँगा, और तीन दिन में दूसरा बनाऊँगा, जो हाथ से न बना हो।'*'' 59 इस पर भी उनकी गवाही एक सी न निकली।

60 तब महायाजक ने बीच में खड़े होकर यीशु से पूछा, ''तू कोई उत्तर नहीं देता? ये लोग तेरे विरोध में क्या गवाही देते हैं?'' 61 परन्तु वह मौन साधे रहा, और कुछ उत्तर न दिया। महायाजक ने उससे फिर पूछा, ''क्या तू उस परम धन्य का पुत्र मसीह है?'' 62 यीशु ने कहा, ''मैं हूँ : और तुम मनुष्य के पुत्र को सर्वशक्तिमान* की दाहिनी ओर बैठे, और आकाश के बादलों के साथ आते देखोगे।'' 63 तब महायाजक ने अपने वस्त्र फाड़कर कहा, ''अब हमें गवाहों का और क्या प्रयोजन है? 64 तुम ने यह निन्दा सुनी। तुम्हारी क्या राय है?'' उन सब ने कहा कि यह वध के योग्य है।* 65 तब कोई तो उस पर थूकने, और कोई उसका मुँह ढाँकने और उसे घूँसे मारने, और उससे कहने लगे, ''भविष्यद्वाणी कर!'' और प्यादों ने उसे पकड़कर थप्पड़ मारे।

14:49* लूका 19:47; 21:37   58* यूह 2:19   62* यू० सामर्थ्य; दानि 7:13   64* लैव्य 24:16

पतरस का इन्कार

(मत्ती 26: 69-75; लूका 22: 56-62;
यूहन्ना 18:15-18, 25-27)

66 जब पतरस नीचे आँगन में था, तो
महायाजक की दासियों में से एक वहाँ आई,
67 और पतरस को आग तापते देख उसे टकटकी
लगाकर देखा और कहने लगी, ''तू भी तो उस
नासरी यीशु के साथ था।'' 68 वह मुकर गया,
और कहा, ''मैं न ही जानता और न ही समझता
हूँ कि तू क्या कह रही है।'' फिर वह बाहर
डेवढ़ी में गया; और मुर्ग़ ने बाँग दी। 69 वह
दासी उसे देखकर उनसे जो पास खड़े थे, फिर
कहने लगी, ''यह उनमें से एक है।'' 70 परन्तु
वह फिर मुकर गया। थोड़ी देर बाद उन्होंने जो
पास खड़े थे फिर पतरस से कहा, ''निश्चय तू
उनमें से एक है; क्योंकि तू गलीली भी है।''
71 तब वह धिक्कारने और शपथ खाने लगा,
''मैं उस मनुष्य को, जिसकी तुम चर्चा करते
हो, नहीं जानता।'' 72 तब तुरन्त दूसरी बार मुर्ग़
ने बाँग दी। पतरस को वह बात जो यीशु ने
उससे कही थी स्मरण आई : ''मुर्ग़ के दो
बार बाँग देने से पहले तू तीन बार मेरा इन्कार
करेगा।'' और वह इस बात को सोचकर रोने
लगा।

पिलातुस के सामने यीशु

(मत्ती 27:1,2,11-14; लूका 23:1-5;
यूहन्ना 18:28-38)

15 भोर होते ही तुरन्त प्रधान याजकों,
पुरनियों, और शास्त्रियों ने वरन् सारी
महासभा ने सलाह करके यीशु को बन्धवाया,
और उसे ले जाकर पिलातुस के हाथ सौंप दिया।
2 पिलातुस ने उससे पूछा, ''क्या तू यहूदियों का
राजा है?'' उसने उसको उत्तर दिया, ''तू आप
ही कह रहा है।'' 3 प्रधान याजक उस पर बहुत
बातों का दोष लगा रहे थे। 4 पिलातुस ने उससे
फिर पूछा, ''क्या तू कुछ उत्तर नहीं देता, देख ये
तुझ पर कितनी बातों का दोष लगाते हैं?''
5 यीशु ने फिर कुछ उत्तर नहीं दिया; यहाँ तक
कि पिलातुस को बड़ा आश्चर्य हुआ।

मृत्यु-दण्ड की आज्ञा

(मत्ती 27:15-26; लूका 23:13-25;
यूहन्ना 18: 39—19:16)

6 पिलातुस उस पर्व में किसी एक बन्दी को
जिसे वे चाहते थे, उनके लिये छोड़ दिया करता
था। 7 बरअब्बा नाम का एक मनुष्य उन बलवाइयों
के साथ बन्दी था, जिन्होंने बलवे में हत्या की
थी। 8 और भीड़ ऊपर जाकर उससे विनती करने
लगी, कि जैसा तू हमारे लिये करता आया है
वैसा ही कर। 9 पिलातुस ने उनको उत्तर दिया,
''क्या तुम चाहते हो कि मैं तुम्हारे लिये यहूदियों
के राजा को छोड़ दूँ?'' 10 क्योंकि वह जानता
था कि प्रधान याजकों ने उसे डाह से पकड़वाया
था। 11 परन्तु प्रधान याजकों ने लोगों को उभारा
कि वह बरअब्बा ही को उनके लिये छोड़ दे।
12 यह सुन पिलातुस ने उनसे फिर पूछा, ''तो
जिसे तुम यहूदियों का राजा कहते हो, उसको मैं
क्या करूँ?'' 13 वे फिर चिल्लाए, ''उसे क्रूस
पर चढ़ा दे!'' 14 पिलातुस ने उनसे कहा, ''क्यों,
इसने क्या बुराई की है?'' परन्तु वे और भी
चिल्लाए, ''उसे क्रूस पर चढ़ा दे!'' 15 तब
पिलातुस ने भीड़ को प्रसन्न करने की इच्छा से,
बरअब्बा को उनके लिये छोड़ दिया, और यीशु
को कोड़े लगवाकर सौंप दिया कि क्रूस पर चढ़ाया
जाए।

सैनिकों द्वारा यीशु का अपमान

(मत्ती 27: 27-31; यूहन्ना 19: 2,3)

16 सैनिक उसे किले के भीतर के आँगन में
ले गए जो प्रीटोरियुम कहलाता है, और सारी
पलटन को बुला लाए। 17 तब उन्होंने उसे बैंजनी
वस्त्र पहिनाया और काँटों का मुकुट गूँथकर उसके
सिर पर रखा, 18 और यह कहकर उसे नमस्कार
करने लगे, ''हे यहूदियों के राजा, नमस्कार!''
19 वे उसके सिर पर सरकण्डे मारते, और उस
पर थूकते, और घुटने टेककर उसे प्रणाम करते

रहे। 20 जब वे उसका ठट्ठा कर चुके, तो उस पर
से बैंजनी वस्त्र उतारकर उसी के कपड़े पहिनाए;
और तब उसे क्रूस पर चढ़ाने के लिये बाहर ले
गए।

यीशु का क्रूस पर चढ़ाया जाना

(मत्ती 27:32-44; लूका 23: 26-43; यूहन्ना 19:17-27)

21 सिकन्दर और रूफुस* का पिता शमौन,
एक कुरेनी मनुष्य, जो गाँव से आ रहा था उधर
से निकला; उन्होंने उसे बेगार में पकड़ा कि उसका
क्रूस उठा ले चले। 22 वे यीशु को गुलगुता
नामक जगह पर, जिस का अर्थ खोपड़ी की
जगह है, लाए। 23 वहाँ उसे मुर्र मिला हुआ
दाखरस देने लगे, परन्तु उस ने नहीं लिया।
24 तब उन्होंने उसको क्रूस पर चढ़ाया और
उसके कपड़ों पर चिट्ठियाँ डालकर, कि किस को
क्या मिले, उन्हें बाँट लिया।* 25 और एक पहर
दिन चढ़ आया था, जब उन्होंने उसको क्रूस पर
चढ़ाया। 26 और उसका दोषपत्र लिखकर उसके
ऊपर लगा दिया गया कि "**यहूदियों का राजा**"।
27 उन्होंने उसके साथ दो डाकू, एक उसकी
दाहिनी और एक उसकी बाईं ओर क्रूस पर चढ़ाए।
28 [तब पवित्रशास्त्र का वह वचन कि वह
अपराधियों के संग गिना गया,* पूरा हुआ।]†
29 और मार्ग में जानेवाले सिर हिला-हिलाकर
और यह कहकर उसकी निन्दा करते थे, "वाह!
मन्दिर के ढानेवाले, और तीन दिन में बनानेवाले!*
30 क्रूस पर से उतर कर अपने आप को बचा
ले।" 31 इसी रीति से प्रधान याजक भी, शास्त्रियों
समेत, आपस में ठट्ठे से कहते थे, "इस ने औरों
को बचाया, पर अपने को नहीं बचा सकता।
32 इस्राएल का राजा, मसीह, अब क्रूस पर से
उतर आए कि हम देखकर विश्वास करें।" और
जो उसके साथ क्रूसों पर चढ़ाए गए थे, वे भी
उसकी निन्दा करते थे।

यीशु का प्राण त्यागना

(मत्ती 27: 45-56; लूका 23: 44-49; यूहन्ना 19:28-30)

33 दोपहर होने पर सारे देश में अन्धियारा छा
गया, और तीसरे पहर तक रहा। 34 तीसरे पहर
यीशु ने बड़े शब्द से पुकार कर कहा, "इलोई,
इलोई, लमा शबक्तनी?" जिसका अर्थ यह है,
"हे मेरे परमेश्वर, हे मेरे परमेश्वर, तू ने मुझे
क्यों छोड़ दिया?"* 35 जो पास खड़े थे, उनमें
से कुछ ने यह सुनकर कहा, "देखो, वह एलिय्याह
को पुकारता है।" 36 और एक ने दौड़कर स्पंज
को सिरके में डुबोया, और सरकण्डे पर रखकर
उसे चुसाया* और कहा, "ठहर जाओ, देखें,
एलिय्याह उसे उतारने के लिये आता है कि नहीं।"
37 तब यीशु ने बड़े शब्द से चिल्लाकर प्राण
छोड़ दिये। 38 और मन्दिर का पर्दा* ऊपर से
नीचे तक फटकर दो टुकड़े हो गया। 39 जो
सूबेदार उसके सामने खड़ा था, जब उसे यूँ
चिल्लाकर प्राण छोड़ते हुए देखा, तो उसने कहा,
"सचमुच यह मनुष्य, परमेश्वर का पुत्र था!"
40 कई स्त्रियाँ भी दूर से देख रही थीं : उन
में मरियम मगदलीनी, छोटे याकूब और योसेस
की माता मरियम, और सलोमी थीं।* 41 जब
वह गलील में था तो ये उसके पीछे हो लेती थीं
और उसकी सेवाटहल किया करती थीं; और
अन्य बहुत सी स्त्रियाँ भी थीं, जो उसके साथ
यरूशलेम में आई थीं।*

यीशु का गाड़ा जाना

(मत्ती 27: 57-61; लूका 23: 50-56; यूहन्ना 19: 38-42)

42 जब संध्या हो गई तो इसलिये कि तैयारी
का दिन था, जो सब्त* के एक दिन पहले होता
है, 43 अरिमतिया का रहनेवाला यूसुफ आया,
जो महासभा का सदस्य था और आप भी परमेश्वर

15:21* रोम 16:13 **24*** भजन 22:18 **28*** यशा 53:12 † *कुछ हस्तलेखों में यह पद नहीं मिलता* (देखें लूका 22:37)
29* भजन 22:7; 109:25; मर 14:58; यूह 2:19 **34*** भजन 22:1 **36*** भजन 69:21 **38*** निर्ग 26:31-33 **40,41*** लूका 8:2,3
42* *सब्त —यहूदियों का विश्रामदिन कहलाता है*

के राज्य की बाट जोहता था। वह हियाव करके
पिलातुस के पास गया और यीशु का शव माँगा।
44 पिलातुस को आश्चर्य हुआ कि वह इतने
शीघ्र मर गया; और उसने सूबेदार को बुलाकर
पूछा, ''क्या उसको मरे हुए देर हुई?'' 45 जब
उसने सूबेदार के द्वारा हाल जान लिया, तो शव
यूसुफ को दिला दिया। 46 तब उसने मलमल
की एक चादर मोल ली, और शव को उतारकर
उस चादर में लपेटा, और एक कब्र में जो चट्टान
में खोदी गई थी रखा, और कब्र के द्वार पर एक
पत्थर लुढ़का दिया। 47 मरियम मगदलीनी और
योसेस की माता मरियम देख रही थीं कि वह
कहाँ रखा गया है।

यीशु का पुनरुत्थान

*(मत्ती 28:1-8; लूका 24:1-12;
यूहन्ना 20:1-10)*

16 जब सब्त का दिन बीत गया, तो मरियम
मगदलीनी, और याकूब की माता मरि-
यम, और सलोमी ने सुगन्धित वस्तुएँ मोल लीं कि
आकर उस पर मलें। 2 सप्ताह के पहले दिन बड़े
भोर जब सूरज निकला ही था, वे कब्र पर आईं,
3 और आपस में कहती थीं, ''हमारे लिये कब्र के
द्वार पर से पत्थर कौन लुढ़काएगा?'' 4 जब उन्होंने
आँख उठाई, तो देखा कि पत्थर लुढ़का हुआ है—
वह बहुत ही बड़ा था। 5 कब्र के भीतर जाकर
उन्होंने एक जवान को श्वेत वस्त्र पहिने हुए दाहिनी
ओर बैठे देखा, और बहुत चकित हुईं। 6 उसने
उनसे कहा, ''चकित मत हो, तुम यीशु नासरी को,
जो क्रूस पर चढ़ाया गया था, ढूँढ़ती हो। वह जी
उठा है, यहाँ नहीं है; देखो, यही वह स्थान है,
जहाँ उन्होंने उसे रखा था। 7 परन्तु तुम जाओ,
और उसके चेलों और पतरस से कहो कि वह तुम
से पहले गलील को जाएगा। जैसा उसने तुम से
कहा था, तुम वहीं उसे देखोगे।*'' 8 और वे
निकलकर कब्र से भाग गईं; क्योंकि कँपकँपी और
घबराहट उन पर छा गई थी; और उन्होंने किसी से
कुछ न कहा, क्योंकि डरती थीं।

मरियम मगदलीनी को यीशु का दिखाई देना

(मत्ती 28: 9,10; यूहन्ना 20:11-18)

9 सप्ताह के पहले दिन भोर होते ही वह जी
उठ कर पहले-पहल मरियम मगदलीनी को
जिसमें से उसने सात दुष्टात्माएँ निकाली थीं, दिखाई
दिया। 10 उसने जाकर यीशु के साथियों को जो
शोक में डूबे हुए थे और रो रहे थे, समाचार
दिया। 11 उन्होंने यह सुनकर कि वह जीवित है
और उसने उसे देखा है, प्रतीति न की।

दो चेलों को यीशु का दिखाई देना

(लूका 24:13-35)

12 इसके बाद वह दूसरे रूप में उनमें से दो
को जब वे गाँव की ओर जा रहे थे, दिखाई
दिया। 13 उन्होंने भी जाकर दूसरों को समाचार
दिया, परन्तु उन्होंने उनकी भी प्रतीति न की।

ग्यारहों को यीशु का दिखाई देना

*(मत्ती 28:16-20; लूका 24: 36-49;
यूहन्ना 20:19-23; प्रेरितों 1: 6-8)*

14 पीछे वह उन ग्यारहों को भी, जब वे
भोजन करने बैठे थे दिखाई दिया, और उनके
अविश्वास और मन की कठोरता पर उलाहना
दिया, क्योंकि जिन्होंने उसके जी उठने के बाद
उसे देखा था, इन्होंने उनकी प्रतीति न की थी।
15 और उसने उनसे कहा, ''तुम सारे जगत में
जाकर सारी सृष्टि के लोगों को सुसमाचार प्रचार
करो।* 16 जो विश्वास करे और बपतिस्मा ले
उसी का उद्धार होगा, परन्तु जो विश्वास न
करेगा वह दोषी ठहराया जाएगा; 17 विश्वास
करनेवालों में ये चिह्न होंगे कि वे मेरे नाम से
दुष्टात्माओं को निकालेंगे, नई नई भाषा बोलेंगे,
18 साँपों को उठा लेंगे, और यदि वे प्राणनाशक
वस्तु भी पी जाएँ तौभी उनकी कुछ हानि न
होगी; वे बीमारों पर हाथ रखेंगे, और वे चंगे हो
जाएँगे।''

16:7* मत्ती 26:32; मर 14:28 15* प्रेरि 1:8

यीशु का स्वर्गारोहण

(लूका 24: 50-53; प्रेरितों 1: 9-11)

19 प्रभु यीशु उनसे बातें करने के बाद स्वर्ग पर उठा लिया गया, और परमेश्वर की दाहिनी ओर बैठ गया।* 20 और उन्होंने निकलकर हर जगह प्रचार किया, और प्रभु उनके साथ काम करता रहा, और उन चिह्नों के द्वारा जो साथ साथ होते थे, वचन को दृढ़ करता रहा। आमीन।

16:19 * प्रेरि 1:9-11

लूका रचित सुसमाचार

भूमिका

लूका रचित सुसमाचार यीशु को इस्राएल के प्रतिज्ञात उद्धारकर्ता और सम्पूर्ण मानव जाति के उद्धारकर्ता दोनों ही के रूप में प्रस्तुत करता है। *लूका* लिखता है कि यीशु को ''कंगालों को सुसमाचार सुनाने के लिये'' प्रभु के आत्मा ने बुलाया था। इसी कारण यह सुसमाचार विभिन्न प्रकार की समस्याओं में पड़े लोगों की चिन्ता से भरा पड़ा है। *लूका रचित सुसमाचार* में आनन्द के भाव की भी प्रधानता है, विशेषकर प्रारम्भिक अध्यायों में, जिनमें यीशु के आगमन की घोषणा की गई है, और अन्त में भी जहाँ यीशु के स्वर्गारोहण का वर्णन है। यीशु के स्वर्गारोहण के बाद मसीही विश्वास के विकास और विस्तार का विवरण इसी लेखक द्वारा *प्रेरितों के काम* नामक पुस्तक में दिया गया है।

दूसरे और छठवें भाग (नीचे दी गई रूप-रेखा देखिए) में वर्णित बहुत-सी बातें केवल इसी सुसमाचार में ही पाई जाती हैं। उदाहरणार्थ, यीशु के जन्म पर स्वर्गदूतों का गान, चरवाहों का यीशु को देखने जाना, यरूशलेम के मन्दिर में बालक यीशु, और दयालु सामरी और उड़ाऊ पुत्र के दृष्टान्त आदि। सम्पूर्ण सुसमाचार में प्रार्थना, पवित्र आत्मा, यीशु की जनसेवा में महिलाओं की भूमिका, और परमेश्वर द्वारा पापों की क्षमा पर बहुत अधिक बल दिया गया है।

रूप-रेखा :

भूमिका 1:1-4
यूहन्ना बपतिस्मा देनेवाले और यीशु का जन्म तथा बचपन 1:5—2:52
यूहन्ना बपतिस्मा देनेवाले की जनसेवा 3:1-20
यीशु का बपतिस्मा और परीक्षा 3:21—4:13
गलील में यीशु की जनसेवा 4:14—9:50
गलील से यरूशलेम तक यात्रा 9:51—19:27
यरूशलेम में अन्तिम सप्ताह 19:28—23:56
प्रभु का पुनरुत्थान, दिखाई देना, और स्वर्गारोहण 24:1-53

परिचय

1 बहुतों ने उन बातों का जो हमारे बीच में बीती हैं, इतिहास लिखने में हाथ लगाया है, 2 जैसा कि उन्होंने जो पहले ही से इन बातों के देखनेवाले और वचन के सेवक थे, हम तक पहुँचाया। 3 इसलिये, हे श्रीमान् थियुफिलुस, मुझे भी यह उचित मालूम हुआ कि उन सब बातों का सम्पूर्ण हाल आरम्भ से ठीक-ठीक जाँच करके, उन्हें तेरे लिये क्रमानुसार लिखूँ 4 ताकि तू यह जान ले कि वे बातें जिनकी तू ने शिक्षा पाई है, कैसी अटल हैं।

यूहन्ना के जन्म की घोषणा

5 यहूदिया के राजा हेरोदेस के समय अबिय्याह के दल* में जकरयाह नाम का एक याजक था, और उसकी पत्नी हारून के वंश की थी जिसका नाम इलीशिबा था। 6 वे दोनों परमेश्वर के सामने धर्मी थे, और प्रभु की सारी आज्ञाओं और विधियों पर निर्दोष चलनेवाले थे। 7 उनके कोई भी सन्तान न थी, क्योंकि इलीशिबा बाँझ थी, और वे दोनों बूढ़े थे।

8 जब वह अपने दल की पारी पर परमेश्वर के सामने याजक का काम करता था, 9 तो याजकों की रीति के अनुसार उसके नाम पर चिट्ठी निकली कि प्रभु के मन्दिर में जाकर धूप जलाए। 10 धूप जलाने के समय लोगों की सारी मण्डली बाहर प्रार्थना कर रही थी। 11 उस समय प्रभु का एक स्वर्गदूत धूप की वेदी की दाहिनी ओर खड़ा हुआ उसको दिखाई दिया। 12 जकरयाह देखकर घबराया और उस पर बड़ा भय छा गया। 13 परन्तु स्वर्गदूत ने उससे कहा, ''हे जकरयाह, भयभीत न हो, क्योंकि तेरी प्रार्थना सुन ली गई है; और तेरी पत्नी इलीशिबा से तेरे लिये एक पुत्र उत्पन्न होगा, और तू उसका नाम यूहन्ना रखना। 14 तुझे आनन्द और हर्ष होगा : और बहुत लोग उसके जन्म के कारण आनन्दित होंगे, 15 क्योंकि वह प्रभु के सामने महान् होगा; और दाखरस और मदिरा कभी न पीएगा;* और अपनी माता के गर्भ ही से पवित्र आत्मा से परिपूर्ण हो जाएगा; 16 और इस्राएलियों में से बहुतेरों को उनके प्रभु परमेश्वर की ओर फेरेगा। 17 वह एलिय्याह की आत्मा और सामर्थ्य में हो कर उसके आगे आगे चलेगा कि पितरों का मन बाल-बच्चों की ओर फेर दे; और आज्ञा न माननेवालों को धर्मियों की समझ पर लाए; और प्रभु के लिये एक योग्य प्रजा तैयार करे।*''

18 जकरयाह ने स्वर्गदूत से पूछा, ''यह मैं कैसे जानूँ? क्योंकि मैं तो बूढ़ा हूँ; और मेरी पत्नी भी बूढ़ी हो गई है।'' 19 स्वर्गदूत ने उसको उत्तर दिया, ''मैं जिब्राईल हूँ, जो परमेश्वर के सामने खड़ा रहता हूँ; और मैं तुझ से बातें करने और तुझे यह सुसमाचार सुनाने को भेजा गया हूँ।* 20 देख, जिस दिन तक ये बातें पूरी न हो लें, उस दिन तक तू मौन रहेगा और बोल न सकेगा, इसलिये कि तू ने मेरी बातों की जो अपने समय पर पूरी होंगी, प्रतीति न की।''

21 लोग जकरयाह की बाट देखते रहे और अचम्भा करने लगे कि उसे मन्दिर में इतनी देर क्यों लगी। 22 जब वह बाहर आया, तो उनसे बोल न सका : अत: वे जान गए कि उसने मन्दिर में कोई दर्शन पाया है; और वह उनसे संकेत करता रहा, और गूँगा रह गया। 23 जब उस की सेवा के दिन पूरे हुए, तो वह अपने घर चला गया।

24 इन दिनों के बाद उसकी पत्नी इलीशिबा गर्भवती हुई; और पाँच महीने तक अपने आप को यह कह के छिपाए रखा, 25 ''मनुष्यों में मेरा अपमान दूर करने के लिये, प्रभु ने इन दिनों में कृपादृष्टि करके मेरे लिये ऐसा किया है।''

यीशु के जन्म की घोषणा

26 छठवें महीने में परमेश्वर की ओर से जिब्राईल स्वर्गदूत, गलील के नासरत नगर में, 27 एक कुँवारी के पास भेजा गया जिसकी मंगनी यूसुफ नामक दाऊद के घराने के एक पुरुष

1:5* 1 इति 24:10; 1 इति 23:6-23   15* गिन 6:3   17* मला 4:5,6   19* दानि 8:16; 9:21

से हुई थी : उस कुँवारी का नाम मरियम था।*
28 स्वर्गदूत ने उसके पास भीतर आकर कहा,
''आनन्द और जय* तेरी हो, जिस पर ईश्वर
का अनुग्रह हुआ है! प्रभु तेरे साथ है!'' 29 वह
उस वचन से बहुत घबरा गई, और सोचने लगी
कि यह किस प्रकार का अभिवादन है?
30 स्वर्गदूत ने उससे कहा, ''हे मरियम, भयभीत
न हो, क्योंकि परमेश्वर का अनुग्रह तुझ पर हुआ
है। 31 देख, तू गर्भवती होगी, और तेरे एक पुत्र
उत्पन्न होगा; तू उसका नाम यीशु रखना।*
32 वह महान् होगा और परमप्रधान का पुत्र
कहलाएगा; और प्रभु परमेश्वर उसके पिता दाऊद
का सिंहासन उसको देगा,* 33 और वह याकूब
के घराने पर सदा राज्य करेगा; और उसके राज्य
का अन्त न होगा।*'' 34 मरियम ने स्वर्गदूत से
कहा, ''यह कैसे होगा। मैं तो पुरुष को जानती
ही नहीं।'' 35 स्वर्गदूत ने उसको उत्तर दिया,
''पवित्र आत्मा तुझ पर उतरेगा, और परमप्रधान
की सामर्थ्य तुझ पर छाया करेगी; इसलिये वह
पवित्र जो उत्पन्न होनेवाला है, परमेश्वर का पुत्र
कहलाएगा। 36 और देख, तेरी कुटुम्बिनी
इलीशिबा के भी बुढ़ापे में पुत्र होने वाला है, यह
उसका, जो बाँझ कहलाती थी छठवाँ महीना है।
37 क्योंकि जो वचन परमेश्वर की ओर से होता
है वह प्रभावरहित नहीं होता*।'' 38 मरियम ने
कहा, ''देख, मैं प्रभु की दासी हूँ, मुझे तेरे वचन
के अनुसार हो।'' तब स्वर्गदूत उसके पास से
चला गया।

मरियम का इलीशिबा से मिलने जाना

39 उन दिनों में मरियम उठकर शीघ्र ही
पहाड़ी देश में यहूदा के एक नगर को गई,
40 और जकरयाह के घर में जाकर इलीशिबा
को नमस्कार किया। 41 ज्योंही इलीशिबा ने
मरियम का नमस्कार सुना, त्योंही बच्चा उसके
पेट में उछला, और इलीशिबा पवित्र आत्मा से
परिपूर्ण हो गई। 42 और उसने बड़े शब्द से
पुकार कर कहा, ''तू स्त्रियों में धन्य है, और तेरे
पेट का फल धन्य है! 43 यह अनुग्रह मुझे कहाँ
से हुआ कि मेरे प्रभु की माता मेरे पास आई?
44 देख, ज्योंही तेरे नमस्कार का शब्द मेरे कानों
में पड़ा, त्योंही बच्चा मेरे पेट में आनन्द से उछल
पड़ा। 45 धन्य है वह जिस ने विश्वास किया कि
जो बातें प्रभु की ओर से उससे कही गईं, वे पूरी
होंगी!''

मरियम का स्तुति-गान

46 तब मरियम ने कहा,
''मेरा प्राण प्रभु की बड़ाई करता है
47 और मेरी आत्मा मेरे उद्धार करनेवाले
परमेश्वर से आनन्दित हुई,
48 क्योंकि उसने अपनी दासी की दीनता पर
दृष्टि की है;*
इसलिये देखो, अब से सब युग-युग
के लोग मुझे धन्य कहेंगे,
49 क्योंकि उस शक्तिमान ने मेरे लिये बड़े-
बड़े काम किए हैं। उसका नाम पवित्र है,
50 और उसकी दया उन पर,
जो उससे डरते हैं,
पीढ़ी से पीढ़ी तक बनी रहती है।
51 उसने अपना भुजबल दिखाया,
और जो अपने आप को बड़ा समझते थे,
उन्हें तितर-बितर किया।
52 उसने बलवानों को उनके सिंहासनों से
गिरा दिया;
और दीनों को ऊँचा किया।*
53 उसने भूखों को अच्छी वस्तुओं से
तृप्त किया,
और धनवानों को छूछे हाथ निकाल दिया।
54 उसने अपने सेवक इस्राएल को सम्भाल
लिया कि अपनी उस दया को स्मरण करे,
55 जो अब्राहम और उसके वंश पर सदा
रहेगी,*
जैसा उसने हमारे बाप-दादों से कहा

1:27* मत्ती 1:18 **28*** अर्थात् *सलाम तुझ को* **31*** मत्ती 1:21 **32,33*** 2 शमू 7:12,13,16; यशा 9:7 **37*** उत्प 18:14
46-55 † 1 शमू 2:1-10 **48*** 1 शमू 1:11 **52*** अय्यू 5:11; 12:19 **55*** उत्प 17:7

था।"† 56 मरियम लगभग तीन महीने उसके साथ रहकर अपने घर लौट गई।

यूहन्ना बपतिस्मा देनेवाले का जन्म

57 तब इलीशिबा के प्रसव का समय पूरा हुआ, और उसने पुत्र को जन्म दिया। 58 उसके पड़ोसियों और कुटुम्बियों ने यह सुन कर कि प्रभु ने उस पर बड़ी दया की है, उसके साथ आनन्द मनाया, 59 और ऐसा हुआ कि आठवें दिन वे बालक का खतना करने आए* और उसका नाम उसके पिता के नाम पर जकरयाह रखने लगे। 60 इस पर उसकी माता ने उत्तर दिया, ''नहीं; वरन् उसका नाम यूहन्ना रखा जाए।'' 61 उन्होंने उससे कहा, ''तेरे कुटुम्ब में किसी का यह नाम नहीं!'' 62 तब उन्होंने उसके पिता से संकेत करके पूछा कि तू उसका नाम क्या रखना चाहता है? 63 उसने लिखने की पट्टी मँगाकर लिख दिया, ''उसका नाम यूहन्ना है,'' और सभों को आश्चर्य हुआ। 64 तब उसका मुँह और जीभ तुरन्त खुल गई; और वह बोलने और परमेश्वर का धन्यवाद करने लगा।65 उसके आस पास के सब रहनेवालों पर भय छा गया; और उन सब बातों की चर्चा यहूदिया के सारे पहाड़ी देश में फैल गई, 66 और सब सुननेवालों ने अपने-अपने मन में विचार करके कहा, ''यह बालक कैसा होगा?'' क्योंकि प्रभु का हाथ उसके साथ था।

जकरयाह का स्तुति-गान

67 उसका पिता जकरयाह पवित्र आत्मा से परिपूर्ण हो गया, और भविष्यद्वाणी करने लगा :

68 ''प्रभु इस्राएल का परमेश्वर धन्य हो,
क्योंकि उसने अपने लोगों पर दृष्टि की
और उनका छुटकारा किया है,
69 और अपने सेवक दाऊद के घराने में
हमारे लिये एक उद्धार का सींग
निकाला,

70 (जैसा उसने अपने पवित्र भविष्यद्वक्ताओं
के द्वारा जो जगत के आदि से होते
आए हैं, कहा था,)
71 अर्थात् हमारे शत्रुओं से, और हमारे सब
बैरियों के हाथ से हमारा उद्धार किया है,
72 कि हमारे बाप-दादों पर दया करके अपनी
पवित्र वाचा का स्मरण करे,
73 और वह शपथ जो उसने हमारे पिता
अब्राहम से खाई थी,
74 कि वह हमें यह देगा कि हम अपने
शत्रुओं के हाथ से छूटकर,
75 उसके सामने पवित्रता और धार्मिकता
से जीवन भर निडर रहकर उसकी सेवा
करते रहें।
76 और तू हे बालक, परमप्रधान का
भविष्यद्वक्ता कहलाएगा,
क्योंकि तू प्रभु का मार्ग तैयार करने
के लिये उसके आगे-आगे चलेगा,*
77 कि उसके लोगों को उद्धार का ज्ञान दे,
जो उनके पापों की क्षमा से प्राप्त होता
है।
78 यह हमारे परमेश्वर की उसी बड़ी करुणा
से होगा;
जिसके कारण ऊपर से हम पर भोर
का प्रकाश उदय होगा,
79 कि अन्धकार और मृत्यु की छाया में
बैठनेवालों को ज्योति दे,*
और हमारे पाँवों को कुशल के मार्ग में
सीधे चलाए।''

80 और वह बालक बढ़ता और आत्मा में बलवन्त होता गया, और इस्राएल पर प्रगट होने के दिन तक जंगलों में रहा।

यीशु का जन्म

(मत्ती 1:18-25)

2 उन दिनों में औगुस्तुस कैसर की ओर से आज्ञा निकली कि सारे जगत के लोगों के नाम लिखे जाएँ। 2 यह पहली नाम लिखाई उस

1:59 * लैव्य 12:3   76 * मला 3:1   79 * यशा 9:2

समय हुई, जब क्विरिनियुस सीरिया का हाकिम था। 3 सब लोग नाम लिखवाने के लिये अपने अपने नगर को गए। 4 अत: यूसुफ भी इसलिये कि वह दाऊद के घराने और वंश का था, गलील के नासरत नगर से यहूदिया में दाऊद के नगर बैतलहम को गया, 5 कि अपनी मंगेतर मरियम के साथ जो गर्भवती थी नाम लिखवाए। 6 उनके वहाँ रहते हुए उसके जनने के दिन पूरे हुए, 7 और वह अपना पहिलौठा पुत्र जनी और उसे कपड़े में लपेटकर चरनी में रखा; क्योंकि उनके लिये सराय में जगह न थी।

स्वर्गदूतों द्वारा चरवाहों को संदेश

8 और उस देश में कितने गड़ेरिये थे, जो रात को मैदान में रहकर अपने झुण्ड का पहरा देते थे। 9 और प्रभु का एक दूत उनके पास आ खड़ा हुआ, और प्रभु का तेज उनके चारों ओर चमका, और वे बहुत डर गए। 10 तब स्वर्गदूत ने उनसे कहा, ''मत डरो; क्योंकि देखो, मैं तुम्हें बड़े आनन्द का सुसमाचार सुनाता हूँ जो सब लोगों के लिये होगा, 11 कि आज दाऊद के नगर में तुम्हारे लिये एक उद्धारकर्ता जन्मा है, और यही मसीह प्रभु है। 12 और इसका तुम्हारे लिये यह पता है कि तुम एक बालक को कपड़े में लिपटा हुआ और चरनी में पड़ा पाओगे।'' 13 तब एकाएक उस स्वर्गदूत के साथ स्वर्गदूतों का दल परमेश्वर की स्तुति करते हुए और यह कहते दिखाई दिया,

14 ''आकाश* में परमेश्वर की महिमा और
पृथ्वी पर उन मनुष्यों में जिनसे वह प्रसन्न
है, शान्ति हो।''

15 जब स्वर्गदूत उनके पास से स्वर्ग को चले गए, तो गड़ेरियों ने आपस में कहा, ''आओ, हम बैतलहम जाकर यह बात जो हुई है, और जिसे प्रभु ने हमें बताया है, देखें।'' 16 और उन्होंने तुरन्त जाकर मरियम और यूसुफ को, और चरनी में उस बालक को पड़ा देखा। 17 इन्हें देखकर उन्होंने वह बात जो इस बालक के विषय में उनसे कही गई थी, प्रगट की, 18 और सब सुननेवालों ने उन बातों से जो गड़ेरियों ने उनसे कहीं आश्चर्य किया। 19 परन्तु मरियम ये सब बातें अपने मन में रखकर सोचती रही। 20 और गड़ेरिये जैसा उनसे कहा गया था, वैसा ही सब सुनकर और देखकर परमेश्वर की महिमा और स्तुति करते हुए लौट गए।

यीशु का नामकरण

21 जब आठ दिन पूरे हुए और उसके खतने का समय आया,* तो उसका नाम यीशु रखा गया† जो स्वर्गदूत ने उसके पेट में आने से पहले कहा था।

मन्दिर में यीशु का अर्पण

22 जब मूसा की व्यवस्था के अनुसार उनके शुद्ध होने के दिन पूरे हुए, तो वे उसे यरूशलेम में ले गए कि प्रभु के सामने लाएँ,* 23 (जैसा कि प्रभु की व्यवस्था में लिखा है : ''हर एक पहिलौठा प्रभु के लिये पवित्र ठहरेगा।'')* 24 और प्रभु की व्यवस्था के वचन के अनुसार : ''पंडुकों का एक जोड़ा, या कबूतर के दो बच्चे'' लाकर बलिदान करें।*

शमौन का गीत

25 यरूशलेम में शमौन नामक एक मनुष्य था, और वह मनुष्य धर्मी और भक्त था; और इस्राएल की शान्ति की बाट जोह रहा था, और पवित्र आत्मा उस पर था। 26 और पवित्र आत्मा द्वारा उस पर प्रगट हुआ था कि जब तक वह प्रभु के मसीह को देख न लेगा, तब तक मृत्यु को न देखेगा। 27 वह आत्मा के सिखाने से* मन्दिर में आया; और जब माता-पिता उस बालक यीशु को भीतर लाए, कि उसके लिये व्यवस्था की रीति के अनुसार करें, 28 तो उसने उसे अपनी गोद में लिया और परमेश्वर का धन्यवाद करके कहा :

2:14* यू० *ऊँचे से ऊँचे स्थान में* **21*** लैव्य 12:3 **†** लूका 1:31 **22–24*** लैव्य 12:6–8 **23*** निर्ग 13:2,12 **27*** यू० *में*

29 "हे स्वामी, अब तू अपने दास को अपने
वचन के अनुसार शान्ति से विदा
करता है,
30 क्योंकि मेरी आँखों ने तेरे उद्धार को देख
लिया है,
31 जिसे तू ने सब देशों के लोगों के सामने
तैयार किया है,
32 कि वह अन्य जातियों को प्रकाश देने के
लिये ज्योति,
और तेरे निज लोग इस्राएल की महिमा
हो।"*
33 उसका पिता और उसकी माता इन बातों
से जो उसके विषय में कही जाती थीं, आश्चर्य
करते थे। 34 तब शमौन ने उनको आशीष देकर,
उसकी माता मरियम से कहा, "देख, वह तो
इस्राएल में बहुतों के गिरने, और उठने के लिये,
और एक ऐसा चिह्न होने के लिये ठहराया गया
है, जिसके विरोध में बातें की जाएँगी —
35 वरन् तेरा प्राण भी तलवार से वार पार छिद
जाएगा — इससे बहुत हृदयों के विचार प्रगट
होंगे।"

हन्नाह की गवाही

36 आशेर के गोत्र में से हन्नाह नामक फनूएल
की बेटी एक भविष्यद्वक्तिन थी। वह बहुत बूढ़ी
थी, और विवाह होने के बाद सात वर्ष अपने
पति के साथ रह पाई थी। 37 वह चौरासी वर्ष से
विधवा थी : और मन्दिर को नहीं छोड़ती थी, पर
उपवास और प्रार्थना कर करके रात-दिन उपासना
किया करती थी। 38 और वह उस घड़ी वहाँ
आकर प्रभु का धन्यवाद करने लगी, और उन
सभों से, जो यरूशलेम के छुटकारे की बाट जोहते
थे, उस बालक के विषय में बातें करने लगी।

नासरत को वापस लौटना

39 जब वे प्रभु की व्यवस्था के अनुसार सब
कुछ पूरा कर चुके तो गलील में अपने नगर
नासरत* को फिर चले गए।

40 और बालक बढ़ता, और बलवन्त होता,
और बुद्धि से परिपूर्ण होता गया; और परमेश्वर
का अनुग्रह उस पर था।

बालक यीशु मन्दिर में

41 उसके माता-पिता प्रति वर्ष फसह के पर्व
में यरूशलेम जाया करते थे।* 42 जब यीशु
बारह वर्ष का हुआ, तो वे पर्व की रीति के
अनुसार यरूशलेम को गए। 43 जब वे उन दिनों
को पूरा करके लौटने लगे, तो बालक यीशु
यरूशलेम में रह गया; और यह उसके माता-
पिता नहीं जानते थे। 44 वे यह समझकर कि वह
अन्य यात्रियों के साथ होगा, एक दिन का पड़ाव
निकल गए : और उसे अपने कुटुम्बियों और
जान-पहचान वालों में ढूँढ़ने लगे। 45 पर जब
नहीं मिला, तो ढूँढ़ते-ढूँढ़ते यरूशलेम को फिर
लौट गए, 46 और तीन दिन के बाद उन्होंने उसे
मन्दिर में उपदेशकों के बीच में बैठे, उनकी
सुनते और उनसे प्रश्न करते हुए पाया। 47 जितने
उसकी सुन रहे थे, वे सब उसकी समझ और
उसके उत्तरों से चकित थे। 48 तब वे उसे देखकर
चकित हुए और उसकी माता ने उससे कहा, "हे
पुत्र, तू ने हम से क्यों ऐसा व्यवहार किया? देख,
तेरा पिता और मैं कुढ़ते हुए तुझे ढूँढ़ते थे?"
49 उसने उनसे कहा, "तुम मुझे क्यों ढूँढ़ते थे?
क्या नहीं जानते थे कि मुझे अपने पिता के भवन
में होना* अवश्य है?" 50 परन्तु जो बात उसने
उनसे कही, उन्होंने उसे नहीं समझा। 51 तब
वह उनके साथ गया, और नासरत में आया,
और उनके वश में रहा; और उसकी माता ने ये
सब बातें अपने मन में रखीं।
52 और यीशु बुद्धि और डील-डौल में, और
परमेश्वर और मनुष्यों के अनुग्रह में बढ़ता गया।*

यूहन्ना बपतिस्मा देनेवाले का सन्देश

(मत्ती 3:1-12; मरकुस 1:1-8; यूहन्ना 1:19-28)

3 तिबिरियुस कैसर के राज्य के पंद्रहवें वर्ष में
जब पुन्तियुस पिलातुस यहूदिया का हाकिम

2:32* यशा 42:6; 49:6; 52:10 **39*** मत्ती 2:23 **41*** निर्ग 12:1-27; व्य 16:1-8 **49*** या *कामों में लगे रहना* **52*** 1 शमू 2:26; नीति 3:4

लूका 3:2-22

था, और गलील में हेरोदेस, इतूरैया और त्रखोनीतिस में उसका भाई फिलिप्पुस, और अबिलेने में लिसानियास, चौथाई के राजा थे, 2 और जब हन्ना और कैफा महायाजक थे, उस समय परमेश्वर का वचन जंगल में जकरयाह के पुत्र यूहन्ना के पास पहुँचा। 3 वह यरदन के आस पास के सारे प्रदेश में जाकर, पापों की क्षमा के लिये मन फिराव के बपतिस्मा का प्रचार करने लगा। 4 जैसे यशायाह भविष्यद्वक्ता के कहे हुए वचनों की पुस्तक में लिखा है :

''जंगल में एक पुकारनेवाले का शब्द हो रहा है कि,

'प्रभु का मार्ग तैयार करो, उसकी सड़कें सीधी बनाओ।

5 हर एक घाटी भर दी जाएगी, और हर एक पहाड़ और टीला नीचा किया जाएगा;

और जो टेढ़ा है सीधा, और जो ऊँचा नीचा है वह चौरस मार्ग बनेगा।

6 और हर प्राणी परमेश्वर के उद्धार को देखेगा।''*

7 जो भीड़ की भीड़ उससे बपतिस्मा लेने को निकल कर आती थी, उनसे वह कहता था, ''हे साँप के बच्चो, तुम्हें किसने जता दिया कि आनेवाले क्रोध से भागो।* 8 अत: मन फिराव के योग्य फल लाओ, और अपने अपने मन में यह न सोचो कि हमारा पिता अब्राहम है;* क्योंकि मैं तुम से कहता हूँ कि परमेश्वर इन पत्थरों से अब्राहम के लिये सन्तान उत्पन्न कर सकता है। 9 अब कुल्हाड़ा पेड़ों की जड़ पर धरा है, इसलिये जो जो पेड़ अच्छा फल नहीं लाता, वह काटा और आग में झोंका जाता है।*'' 10 तब लोगों ने उससे पूछा, ''तो हम क्या करें?'' 11 उसने उन्हें उत्तर दिया, ''जिसके पास दो कुरते हों, वह उसके साथ जिसके पास नहीं है बाँट ले और जिसके पास भोजन हो, वह भी ऐसा ही करे।''

12 महसूल लेनेवाले भी बपतिस्मा लेने आए,* और उससे पूछा, ''हे गुरु, हम क्या करें?'' 13 उसने उनसे कहा, ''जो तुम्हारे लिये ठहराया गया है, उस से अधिक न लेना।'' 14 सिपाहियों ने भी उससे यह पूछा, ''हम क्या करें?'' उसने उनसे कहा, ''किसी पर उपद्रव न करना और न झूठा दोष लगाना, और अपने वेतन पर सन्तोष करना।''

15 जब लोग आस लगाए हुए थे, और सब अपने अपने मन में यूहन्ना के विषय में विचार कर रहे थे कि क्या यही मसीह तो नहीं है, 16 तो यूहन्ना ने उन सब से कहा, ''मैं तो तुम्हें पानी से* बपतिस्मा देता हूँ, परन्तु वह आनेवाला है जो मुझ से शक्तिमान है; मैं तो इस योग्य भी नहीं कि उसके जूतों का बन्ध खोल सकूँ; वह तुम्हें पवित्र आत्मा और आग से बपतिस्मा देगा। 17 उसका सूप, उसके हाथ में है; और वह अपना खलिहान अच्छी तरह से साफ करेगा; और गेहूँ को अपने खत्ते में इकट्ठा करेगा; परन्तु भूसी को उस आग में जो बुझने की नहीं जला देगा।''

18 अत: वह बहुत सी शिक्षा दे देकर लोगों को सुसमाचार सुनाता रहा। 19 परन्तु जब उसने चौथाई देश के राजा हेरोदेस को उसके भाई फिलिप्पुस की पत्नी हेरोदियास के विषय और सब कुकर्मों के विषय में जो उसने किए थे, उलाहना दिया, 20 तो हेरोदेस ने उन सब से बढ़कर यह कुकर्म भी किया कि यूहन्ना को बन्दीगृह में डाल दिया।*

यीशु का बपतिस्मा
(मत्ती 3:13-17; मरकुस 1: 9-11)

21 जब सब लोगों ने बपतिस्मा लिया और यीशु भी बपतिस्मा लेकर प्रार्थना कर रहा था, तो आकाश खुल गया, 22 और पवित्र आत्मा शारीरिक रूप में कबूतर के समान उस पर उतरा, और यह आकाशवाणी हुई : ''तू मेरा प्रिय पुत्र है, मैं तुझ

3:4-6* यशा 40:3-5 7* मत्ती 12:34; 23:33 8* यूह 8:33 9* मत्ती 7:19 12* लूका 7:29 16* यू० में
19, 20* मत्ती 14:3,4; मर 6:17,18

से प्रसन्न हूँ।''*

यीशु की वंशावली

(मत्ती 1:1-17)

23 जब यीशु आप उपदेश करने लगा, तो
लगभग तीस वर्ष की आयु का था और (जैसा
समझा जाता था) यूसुफ का पुत्र था; और वह
एली का, 24 और वह मत्तात का, और वह लेवी
का, और वह मलकी का, और वह यन्ना का,
और वह यूसुफ का, 25 और वह मत्तित्याह का,
और वह आमोस का, और वह नहूम का, और
वह असल्याह का, और वह नोगह का, 26 और
वह मात का, और वह मत्तित्याह का, और वह
शिमी का, और वह योसेख का, और वह योदाह
का, 27 और वह यूहन्ना का, और वह रेसा का,
और वह जरुब्बाबिल का, और वह शालतियेल
का, और वह नेरी का, 28 और वह मलकी का,
और वह अद्दी का, और वह कोसाम का, और
वह इलमोदाम का, और वह एर का, 29 और
वह येशू का, और वह इलाजार का, और वह
योरीम का, और वह मत्तात का, और वह लेवी
का, 30 और वह शमौन का, और वह यहूदाह
का, और वह यूसुफ का, और वह योनान का,
और वह इलयाकीम का, 31 और वह मलेआह
का, और वह मिन्नाह का, और वह मत्तता का,
और वह नातान का, और वह दाऊद का,
32 और वह यिशै का, और वह ओबेद का, और
वह बोअज का, और वह सलमोन का, और वह
नहशोन का, 33 और वह अम्मीनादाब का, और
वह अरनी का, और वह हिस्रोन का, और वह
फिरिस का, और वह यहूदाह का, 34 और वह
याकूब का, और वह इसहाक का, और वह
अब्राहम का, और वह तिरह का, और वह नाहोर
का, 35 और वह सरूग का, और वह रऊ का,
और वह फिलिग का, और वह एबिर का, और
वह शिलह का, 36 और वह केनान का, और
वह अरफक्षद का, और वह शेम का, और वह
नूह का, और वह लिमिक का, 37 और वह
मथूशिलह का, और वह हनोक का, और वह
यिरिद का, और वह महललेल का, और वह
केनान का, 38 और वह एनोश का, और वह शेत
का, और वह आदम का, और वह परमेश्वर का
पुत्र था।

यीशु की परीक्षा

(मत्ती 4:1-11; मरकुस 1:12,13)

4 फिर यीशु पवित्र आत्मा से भरा हुआ, यरदन
से लौटा; और चालीस दिन तक आत्मा के
सिखाने से जंगल में फिरता रहा; 2 और शैतान*
उसकी परीक्षा करता रहा। उन दिनों में उसने
कुछ न खाया, और जब वे दिन पूरे हो गए, तो
उसे भूख लगी। 3 तब शैतान ने उससे कहा,
''यदि तू परमेश्वर का पुत्र है, तो इस पत्थर से
कह, कि रोटी बन जाए।'' 4 यीशु ने उसे उत्तर
दिया, ''लिखा है : 'मनुष्य केवल रोटी से जीवित
न रहेगा'।''* 5 तब शैतान उसे ले गया और
उसको पल भर में जगत के सारे राज्य दिखाए,
6 और उससे कहा, ''मैं यह सब अधिकार, और
इनका वैभव तुझे दूँगा, क्योंकि वह मुझे सौंपा
गया है : और जिसे चाहता हूँ उसी को दे देता
हूँ। 7 इसलिये यदि तू मुझे प्रणाम करे, तो यह
सब तेरा हो जाएगा।'' 8 यीशु ने उसे उत्तर दिया,
''लिखा है : 'तू प्रभु अपने परमेश्वर को प्रणाम
कर; और केवल उसी की उपासना कर'।''*
9 तब उसने उसे यरूशलेम में ले जाकर मन्दिर
के कंगूरे पर खड़ा किया, और उस से कहा,
''यदि तू परमेश्वर का पुत्र है, तो अपने आप को
यहाँ से नीचे गिरा दे। 10 क्योंकि लिखा है : 'वह
तेरे विषय में अपने स्वर्गदूतों को आज्ञा देगा, कि
वे तेरी रक्षा करें,'* 11 और 'वे तुझे हाथों हाथ
उठा लेंगे, ऐसा न हो कि तेरे पाँव में पत्थर से
ठेस लगे'।''* 12 यीशु ने उसको उत्तर दिया,
''यह भी कहा गया है : 'तू प्रभु अपने परमेश्वर
की परीक्षा न करना'।''* 13 जब शैतान* सब
परीक्षा कर चुका, तब कुछ समय के लिये उसके
पास से चला गया।

3:22* उत्प 22:2; भजन 2:7; यशा 42:1; मत्ती 3:17; मर 1:11; लूका 9:35 **4:2*** यू० *इब्लीस* **4*** व्य 8:3 **8*** व्य 6:13
10* भजन 91:11 **11*** भजन 91:12 **12*** व्य 6:16 **13*** यू० *इब्लीस*

यीशु के सेवा-कार्य का आरम्भ

(मत्ती 4:12–17; मरकुस 1:14,15)

14 फिर यीशु आत्मा की सामर्थ्य से भरा
हुआ गलील को लौटा, और उसकी चर्चा आस
पास के सारे देश में फैल गई। 15 वह उनके
आराधनालयों में उपदेश करता रहा, और सब
उसकी बड़ाई करते थे।

नासरत में यीशु का अनादर

(मत्ती 13: 53–58; मरकुस 6:1–6)

16 फिर वह नासरत में आया, जहाँ पाला
पोसा गया था; और अपनी रीति के अनुसार सब्त*
के दिन आराधनालय में जाकर पढ़ने के लिये
खड़ा हुआ। 17 यशायाह भविष्यद्वक्ता की पुस्तक
उसे दी गई, और उसने पुस्तक खोलकर, वह
जगह निकाली जहाँ यह लिखा था :

18 ''प्रभु का आत्मा मुझ पर है,
इसलिये कि उसने कंगालों को सुसमाचार
सुनाने के लिये मेरा अभिषेक किया है,
और मुझे इसलिये भेजा है कि बन्दियों
को छुटकारे का
और अंधों को दृष्टि
पाने का सुसमाचार प्रचार करूँ और
कुचले हुओं को छुड़ाऊँ,
19 और प्रभु के प्रसन्न रहने के वर्ष का प्रचार
करूँ।''*

20 तब उसने पुस्तक बन्द करके सेवक के हाथ
में दे दी और बैठ गया; और आराधनालय
के सब लोगों की आँखें उस पर लगी थीं।
21 तब वह उनसे कहने लगा, ''आज ही यह
लेख तुम्हारे सामने* पूरा हुआ है। 22 सब ने
उसे सराहा, और जो अनुग्रह की बातें उसके मुँह
से निकलती थीं, उनसे अचम्भित हुए; और
कहने लगे, ''क्या यह यूसुफ का पुत्र नहीं?''
23 उसने उनसे कहा, ''तुम मुझ पर यह कहावत
अवश्य कहोगे कि 'हे वैद्य, अपने आप को अच्छा
कर! जो कुछ हम ने सुना है कि कफरनहूम में
किया गया है, उसे यहाँ अपने देश में भी कर'।''
24 और उसने कहा, ''मैं तुम से सच कहता हूँ
कोई भविष्यद्वक्ता अपने देश में मान-सम्मान नहीं
पाता।* 25 मैं तुम से सच कहता हूँ कि एलिय्याह
के दिनों में जब साढ़े तीन वर्ष तक आकाश बन्द
रहा, यहाँ तक कि सारे देश में बड़ा अकाल
पड़ा,* तो इस्राएल में बहुत सी विधवाएँ थीं।
26 पर एलिय्याह उनमें से किसी के पास नहीं
भेजा गया, केवल सैदा के सारफत में एक विधवा
के पास।* 27 और एलीशा भविष्यद्वक्ता के समय
इस्राएल में बहुत से कोढ़ी थे, पर सीरियावासी
नामान को छोड़ उनमें से कोई शुद्ध नहीं किया
गया।''* 28 ये बातें सुनते ही जितने आराधनालय
में थे, सब क्रोध से भर गए, 29 और उठकर उसे
नगर से बाहर निकाला, और जिस पहाड़ पर
उनका नगर बसा हुआ था, उसकी चोटी पर ले
चले कि उसे वहाँ से नीचे गिरा दें। 30 परन्तु वह
उनके बीच में से निकलकर चला गया।

दुष्टात्माग्रस्त व्यक्ति को चंगा करना

(मरकुस 1: 21–28)

31 फिर वह गलील के कफरनहूम नगर को
गया; और सब्त* के दिन लोगों को उपदेश दे
रहा था। 32 वे उस के उपदेश से चकित हो गए
क्योंकि उसका वचन अधिकार सहित था।*
33 आराधनालय में एक मनुष्य था, जिसमें अशुद्ध
आत्मा थी। वह ऊँचे स्वर से चिल्ला उठा,
34 ''हे यीशु नासरी, हमें तुझ से क्या काम?
क्या तू हमें नष्ट करने आया है? मैं तुझे जानता हूँ
तू कौन है? तू परमेश्वर का पवित्र जन है!''
35 यीशु ने उसे डाँटकर कहा, ''चुप रह, और
उसमें से निकल जा!'' तब दुष्टात्मा उसे बीच में
पटककर बिना हानि पहुँचाए उसमें से निकल
गई। 36 इस पर सब को अचम्भा हुआ, और वे
आपस में बातें करके कहने लगे, ''यह कैसा
वचन है? क्योंकि वह अधिकार और सामर्थ्य के

4:16* यू० *विश्राम के दिन* **18,19*** यशा 61:1,2 **21*** यू० *कानों में* **24*** यूह 4:44 **25*** 1 राजा 17:1 **26*** 1 राजा 17:8–16 **27*** 2 राजा 5:1–14 **31*** यू० *विश्राम के दिन* **32*** मत्ती 7:28,29

लूका 4:37 — 5:14

साथ अशुद्ध आत्माओं को आज्ञा देता है, और वे निकल जाती हैं।'' 37 इस प्रकार चारों ओर हर जगह उसकी चर्चा होने लगी।

पतरस की सास और अन्य लोगों को चंगा करना
(मत्ती 8:14-17; मरकुस 1: 29-34)

38 वह आराधनालय में से उठकर शमौन के घर में गया। शमौन की सास को ज्वर चढ़ा हुआ था, और उन्होंने उसके लिये उससे विनती की। 39 उसने उसके निकट खड़े होकर ज्वर को डाँटा और ज्वर उतर गया, और वह तुरन्त उठकर उनकी सेवा-टहल करने लगी।

40 सूरज डूबते समय, जिन-जिन के यहाँ लोग नाना प्रकार की बीमारियों में पड़े हुए थे, वे सब उन्हें उसके पास ले आए, और उसने एक एक पर हाथ रखकर उन्हें चंगा किया। 41 और दुष्टात्माएँ भी चिल्लाती और यह कहती हुई कि, ''तू परमेश्वर का पुत्र है,'' बहुतों में से निकल गईं। पर वह उन्हें डाँटता और बोलने नहीं देता था, क्योंकि वे जानती थीं कि वह मसीह है।

आराधनालयों में प्रचार करना
(मरकुस 1: 35-39)

42 जब दिन हुआ तो वह निकलकर एक सुनसान जगह में गया, और भीड़ की भीड़ उसे ढूँढ़ती हुई उसके पास आई, और उसे रोकने लगी कि वह उनके पास से न जाए। 43 परन्तु उसने उनसे कहा, ''मुझे अन्य नगरों में भी परमेश्वर के राज्य का सुसमाचार सुनाना अवश्य है, क्योंकि मैं इसी लिये भेजा गया हूँ।''

44 और वह गलील* के आराधनालयों में प्रचार करता रहा।

प्रथम चेलों का बुलाया जाना
(मत्ती 4:18-22; मरकुस 1:16-20)

5 जब भीड़ परमेश्वर का वचन सुनने के लिये उस पर गिरी पड़ती थी, और वह गन्नेसरत की झील के किनारे पर खड़ा था, तो ऐसा हुआ 2 कि उसने झील के किनारे दो नावें लगी हुई देखीं, और मछुवे उन पर से उतरकर जाल धो रहे थे। 3 उन नावों में से एक पर, जो शमौन की थी, चढ़कर उसने उससे विनती की कि किनारे से थोड़ा हटा ले चले। तब वह बैठकर लोगों को नाव पर से उपदेश देने लगा।* 4 जब वह बातें कर चुका तो शमौन से कहा, ''गहरे में ले चल, और मछलियाँ पकड़ने के लिये अपने जाल डालो।'' 5 शमौन ने उसको उत्तर दिया, ''हे स्वामी, हम ने सारी रात मेहनत की और कुछ न पकड़ा;* तौभी तेरे कहने से जाल डालूँगा।'' 6 जब उन्होंने ऐसा किया, तो बहुत मछलियाँ घेर लाए,* और उनके जाल फटने लगे। 7 इस पर उन्होंने अपने साथियों को जो दूसरी नाव पर थे, संकेत किया कि आकर हमारी सहायता करो, और उन्होंने आकर दोनों नावें यहाँ तक भर लीं कि वे डूबने लगीं। 8 यह देखकर शमौन पतरस यीशु के पाँवों पर गिरा और कहा, ''हे प्रभु, मेरे पास से जा, क्योंकि मैं पापी मनुष्य हूँ!'' 9 क्योंकि इतनी मछलियों के पकड़े जाने से उसे और उसके साथियों को बहुत अचम्भा हुआ, 10 और वैसे ही जब्दी के पुत्र याकूब और यूहन्ना को भी, जो शमौन के सहभागी थे, अचम्भा हुआ। तब यीशु ने शमौन से कहा, ''मत डर; अब से तू मनुष्यों को जीवता पकड़ा करेगा।'' 11 और वे नावों को किनारे पर ले आए और सब कुछ छोड़कर उसके पीछे हो लिए।

कोढ़ के रोगी को चंगा करना
(मत्ती 8:1-4; मरकुस 1: 40-45)

12 जब वह किसी नगर में था, तो वहाँ कोढ़ से भरा हुआ एक मनुष्य आया; और वह यीशु को देखकर मुँह के बल गिरा और विनती की, ''हे प्रभु, यदि तू चाहे तो मुझे शुद्ध कर सकता है।'' 13 उसने हाथ बढ़ाकर उसे छुआ और कहा, ''मैं चाहता हूँ, तू शुद्ध हो जा।'' और उसका कोढ़ तुरन्त जाता रहा। 14 तब उसने उसे

4:44* कुछ हस्तलेखों में - यहूदिया 5:1-3* मत्ती 13:1,2; मर 3:9,10; 4:1 5* यूह 21:3 6* यूह 21:6

चिताया, ''किसी से न कह, परन्तु जा के अपने
आप को याजक को दिखा, और अपने शुद्ध होने
के विषय में जो कुछ मूसा ने चढ़ावा ठहराया है*
उसे चढ़ा कि उन पर गवाही हो।'' 15 परन्तु
उसकी चर्चा और भी फैलती गई, और भीड़ की
भीड़ उसकी सुनने के लिये और अपनी बीमारियों
से चंगा होने के लिये इकट्ठी हुई। 16 परन्तु वह
जंगलों में अलग जाकर प्रार्थना किया करता था।

लकवा के रोगी को चंगा करना

(मत्ती 9:1-8; मरकुस 2:1-12)

17 एक दिन ऐसा हुआ कि वह उपदेश दे
रहा था, और फरीसी और व्यवस्थापक वहाँ बैठे
हुए थे जो गलील और यहूदिया के हर एक गाँव
से और यरूशलेम से आए थे, और चंगा करने के
लिये प्रभु की सामर्थ्य उसके साथ थी। 18 उस
समय कई लोग एक मनुष्य को जो लकवे का
रोगी था, खाट पर लाए, और वे उसे भीतर ले
जाने और यीशु के सामने रखने का उपाय ढूँढ़
रहे थे। 19 पर जब भीड़ के कारण उसे भीतर न
ले जा सके तो उन्होंने छत पर चढ़ कर और
खपरैल हटाकर, उसे खाट समेत बीच में यीशु
के सामने उतार दिया। 20 उसने उनका विश्वास
देखकर उससे कहा, ''हे मनुष्य, तेरे पाप क्षमा
हुए।'' 21 तब शास्त्री और फरीसी विवाद करने
लगे, ''यह कौन है जो परमेश्वर की निन्दा करता
है? परमेश्वर को छोड़ और कौन पापों को क्षमा
कर सकता है?'' 22 यीशु ने उनके मन की बातें
जानकर, उनसे कहा, ''तुम अपने मनों में क्या
विवाद कर रहे हो? 23 सहज क्या है? क्या यह
कहना कि 'तेरे पाप क्षमा हुए,' या यह कहना
कि 'उठ और चल फिर'? 24 परन्तु इसलिये
कि तुम जानो कि मनुष्य के पुत्र को पृथ्वी पर
पाप क्षमा करने का भी अधिकार है।'' — उसने
उस लकवे के रोगी से कहा, ''मैं तुझ से कहता
हूँ, उठ और अपनी खाट उठाकर अपने घर चला
जा।'' 25 वह तुरन्त उनके सामने उठा, और
जिस पर वह पड़ा था उसे उठाकर, परमेश्वर की
बड़ाई करता हुआ अपने घर चला गया। 26 तब
सब चकित हुए और परमेश्वर की बड़ाई करने
लगे और बहुत डरकर कहने लगे, ''आज हम ने
अनोखी बातें देखी हैं!''

लेवी का बुलाया जाना

(मत्ती 9:9-13; मरकुस 2:13-17)

27 इसके बाद वह बाहर गया और लेवी
नामक एक चुंगी लेनेवाले को चुंगी की चौकी
पर बैठे देखा, और उससे कहा, ''मेरे पीछे हो
ले।'' 28 तब वह सब कुछ छोड़कर उठा, और
उसके पीछे हो लिया।

29 तब लेवी ने अपने घर में उसके लिये एक
बड़ा भोज दिया; और चुंगी लेनेवालों की और
अन्य लोगों की जो उसके साथ भोजन करने बैठे
थे, एक बड़ी भीड़ थी। 30 इस पर फरीसी और
उनके शास्त्री उस के चेलों से यह कहकर
कुड़कुड़ाने लगे, ''तुम चुंगी लेनेवालों और पापियों
के साथ क्यों खाते-पीते हो?''* 31 यीशु ने
उनको उत्तर दिया, ''वैद्य भले चंगों के लिये
नहीं, परन्तु बीमारों के लिये आवश्यक है। 32 मैं
धर्मियों को नहीं, परन्तु पापियों को मन फिराने
के लिये बुलाने आया हूँ।''

उपवास का प्रश्न

(मत्ती 9:14-17; मरकुस 2:18-22)

33 उन्होंने उससे कहा, ''यूहन्ना के चेले तो
बराबर उपवास रखते और प्रार्थना किया करते हैं,
और वैसे ही फरीसियों के चेले भी, परन्तु तेरे
चेले तो खाते-पीते हैं।'' 34 यीशु ने उनसे कहा,
''क्या तुम बरातियों से, जब तक दूल्हा उनके
साथ रहे, उपवास करवा सकते हो? 35 परन्तु वे
दिन आएँगे, जिनमें दूल्हा उनसे अलग किया
जाएगा, तब वे उन दिनों में उपवास करेंगे।''

36 उसने एक और दृष्टान्त भी उनसे कहा :
''कोई मनुष्य नये वस्त्र में से फाड़कर पुराने वस्त्र
में पैवन्द नहीं लगाता, नहीं तो नया फट जाएगा
और वह पैबन्द पुराने में मेल भी नहीं खाएगा।

5:14* लैव्य 14:1-32 **30*** लूका 15:1,2

37 और कोई नया दाखरस पुरानी मशकों में नहीं भरता, नहीं तो नया दाखरस मशकों को फाड़कर बह जाएगा, और मशकें भी नष्ट हो जाएँगी। 38 परन्तु नया दाखरस नई मशकों में भरना चाहिये। 39 कोई मनुष्य पुराना दाखरस पीकर नया नहीं चाहता क्योंकि वह कहता है, कि पुराना ही अच्छा है।''

सब्त का प्रभु
(मत्ती 12:1-8; मरकुस 2: 23-28)

6 फिर सब्त* के दिन वह खेतों में से होकर जा रहा था, और उसके चेले बालें तोड़-तोड़कर और हाथों से मल-मल कर खाते जा रहे थे। 2 तब फरीसियों में से कुछ कहने लगे, ''तुम वह काम क्यों करते हो जो सब्त के दिन करना उचित नहीं?'' 3 यीशु ने उनको उत्तर दिया, ''क्या तुम ने यह नहीं पढ़ा कि दाऊद ने, जब वह और उसके साथी भूखे थे तो क्या किया?* 4 वह कैसे परमेश्वर के घर में गया, और भेंट की रोटियाँ लेकर खाईं, जिन्हें खाना याजकों को छोड़ और किसी को उचित नहीं,† और अपने साथियों को भी दीं?''* 5 और उसने उनसे कहा, ''मनुष्य का पुत्र सब्त के दिन का भी प्रभु है।''

सूखे हाथ वाले मनुष्य को चंगा करना
(मत्ती 12: 9-14; मरकुस 3:1-6)

6 ऐसा हुआ कि किसी और सब्त के दिन वह आराधनालय में जाकर उपदेश करने लगा; और वहाँ एक मनुष्य था जिसका दाहिना हाथ सूखा था। 7 शास्त्री और फरीसी उस पर दोष लगाने का अवसर पाने की ताक में थे कि देखें वह सब्त के दिन चंगा करता है कि नहीं। 8 परन्तु वह उनके विचार जानता था; इसलिये उसने सूखे हाथवाले मनुष्य से कहा, ''उठ, बीच में खड़ा हो।'' वह उठ खड़ा हुआ। 9 यीशु ने उनसे कहा, ''मैं तुम से यह पूछता हूँ कि सब्त के दिन क्या उचित है, भला करना या बुरा करना; प्राण को बचाना या नाश करना?'' 10 तब उसने चारों ओर उन सभों को देखकर उस मनुष्य से कहा, ''अपना हाथ बढ़ा।'' उसने ऐसा ही किया, और उसका हाथ फिर चंगा हो गया। 11 परन्तु वे आपे से बाहर होकर आपस में विवाद करने लगे कि हम यीशु के साथ क्या करें?

बारह प्रेरितों की नियुक्ति
(मत्ती 10:1-4; मरकुस 3:13-19)

12 उन दिनों में वह पहाड़ पर प्रार्थना करने गया, और परमेश्वर से प्रार्थना करने में सारी रात बिताई। 13 जब दिन हुआ तो उसने अपने चेलों को बुलाकर उनमें से बारह चुन लिये, और उनको प्रेरित कहा; 14 और वे ये हैं : शमौन जिसका नाम उसने पतरस भी रखा, और उसका भाई अन्द्रियास, और याकूब, और यूहन्ना, और फिलिप्पुस, और बरतुल्मै, 15 और मत्ती, और थोमा, और हलफई का पुत्र याकूब, और शमौन जो जेलोतेस कहलाता है, 16 और याकूब का बेटा यहूदा, और यहूदा इस्करियोती जो उसका पकड़वानेवाला बना।

शिक्षा देना और चंगा करना
(मत्ती 4:23-25)

17 तब वह उनके साथ उतरकर चौरस जगह में खड़ा हुआ, और उसके चेलों की बड़ी भीड़, और सारे यहूदिया, यरूशलेम, और सूर और सैदा के समुद्र के किनारे से बहुत लोग, 18 जो उसकी सुनने और अपनी बीमारियों से चंगा होने के लिये उसके पास आए थे, वहाँ थे। और अशुद्ध आत्माओं के सताए हुए लोग भी अच्छे किए जाते थे। 19 सब उसे छूना चाहते थे, क्योंकि उसमें से सामर्थ्य निकलकर सब को चंगा करती थी।

आशीष और शोक वचन
(मत्ती 5:1-12)

20 तब उसने अपने चेलों की ओर देखकर कहा,

6:1* यू० विश्राम के दिन † व्य 23:25 3,4* 1 शमू 21:1-6 4† लैव्य 24:9

''धन्य हो तुम जो दीन हो,
क्योंकि परमेश्वर का राज्य तुम्हारा है।
21 ''धन्य हो तुम जो अब भूखे हो,
क्योंकि तृप्त किए जाओगे।
''धन्य हो तुम जो अब रोते हो,
क्योंकि हँसोगे।
22 ''धन्य हो तुम जब मनुष्य के पुत्र के
कारण लोग तुम से बैर करेंगे,
और तुम्हें निकाल देंगे, और तुम्हारी निन्दा
करेंगे,
और तुम्हारा नाम बुरा जानकर काट देंगे।*
23 ''उस दिन आनन्दित होकर उछलना,
क्योंकि देखो, तुम्हारे लिये स्वर्ग में बड़ा प्रतिफल
है; उनके बाप-दादे भविष्यद्वक्ताओं के साथ भी
वैसा ही किया करते थे।*
24 ''परन्तु हाय तुम पर जो धनवान हो,
क्योंकि तुम अपनी शान्ति पा चुके।
25 ''हाय तुम पर जो अब तृप्त हो,
क्योंकि भूखे होगे।
''हाय तुम पर जो अब हँसते हो,
क्योंकि शोक करोगे और रोओगे।
26 ''हाय तुम पर जब सब मनुष्य तुम्हें भला
कहें,
क्योंकि उनके बाप-दादे झूठे भविष्य-
द्वक्ताओं के साथ भी ऐसा ही किया
करते थे।

शत्रुओं से प्रेम

(मत्ती 5: 38-48; 7:12)

27 ''परन्तु मैं तुम सुननेवालों से कहता हूँ
कि अपने शत्रुओं से प्रेम रखो; जो तुम से बैर
करें, उनका भला करो। 28 जो तुम्हें स्राप दें,
उनको आशीष दो; जो तुम्हारा अपमान करें, उनके
लिये प्रार्थना करो। 29 जो तेरे एक गाल पर
थप्पड़ मारे उसकी ओर दूसरा भी फेर दे; और
जो तेरी दोहर छीन ले, उसको कुरता लेने से भी
न रोक। 30 जो कोई तुझ से माँगे, उसे दे; और
जो तेरी वस्तु छीन ले, उससे न माँग। 31 जैसा
तुम चाहते हो कि लोग तुम्हारे साथ करें, तुम भी
उनके साथ वैसा ही करो।*
32 ''यदि तुम अपने प्रेम रखनेवालों के साथ
प्रेम रखो, तो तुम्हारी क्या बड़ाई? क्योंकि पापी
भी अपने प्रेम रखनेवालों के साथ प्रेम रखते हैं।
33 यदि तुम अपने भलाई करनेवालों ही के साथ
भलाई करते हो, तो तुम्हारी क्या बड़ाई? क्योंकि
पापी भी ऐसा ही करते हैं। 34 यदि तुम उन्हें
उधार दो जिनसे फिर पाने की आशा रखते हो,
तो तुम्हारी क्या बड़ाई? क्योंकि पापी पापियों को
उधार देते हैं कि उतना ही फिर पाएँ। 35 वरन्
अपने शत्रुओं से प्रेम रखो, और भलाई करो,
और फिर पाने की आशा न रखकर उधार दो;
और तुम्हारे लिये बड़ा फल होगा, और तुम
परमप्रधान के सन्तान ठहरोगे, क्योंकि वह उन
पर जो धन्यवाद नहीं करते और बुरों पर भी
कृपालु है। 36 जैसा तुम्हारा पिता दयावन्त है,
वैसे ही तुम भी दयावन्त बनो।

दोष न लगाओ

(मत्ती 7:1-5)

37 ''दोष मत लगाओ, तो तुम पर भी दोष
नहीं लगाया जाएगा। दोषी न ठहराओ, तो तुम
भी दोषी नहीं ठहराए जाओगे। क्षमा करो, तो
तुम्हें भी क्षमा किया जाएगा। 38 दिया करो,
तो तुम्हें भी दिया जाएगा। लोग पूरा नाप दबा
दबाकर और हिला हिलाकर और उभरता हुआ
तुम्हारी गोद में डालेंगे, क्योंकि जिस नाप से तुम
नापते हो, उसी से तुम्हारे लिये भी नापा जाएगा।''
39 फिर उसने उनसे एक दृष्टान्त कहा : ''क्या
अन्धा, अन्धे को मार्ग बता सकता है? क्या दोनों
गड़हे में नहीं गिरेंगे?* 40 चेला अपने गुरु से
बड़ा नहीं,* परन्तु जो कोई सिद्ध होगा, वह अपने
गुरु के समान होगा। 41 तू अपने भाई की आँख
के तिनके को क्यों देखता है, और अपनी ही
आँख का लट्ठा तुझे नहीं सूझता? 42 जब तू
अपनी ही आँख का लट्ठा नहीं देखता, तो अपने
भाई से कैसे कह सकता है, 'हे भाई; ठहर जा

6:22* 1 पत 4:14 **23*** 2 इति 36:16; प्रेरि 7:52 **31*** मत्ती 7:12 **39*** मत्ती 15:14 **40*** मत्ती 10:24,25; यूह 13:16; 15:20

तेरी आँख से तिनके को निकाल दूँ'? हे कपटी, पहले अपनी आँख से लट्ठा निकाल, तब जो तिनका तेरे भाई की आँख में है, उसे भली भाँति देखकर निकाल सकेगा।

जैसा पेड़ वैसा फल
(मत्ती 7:16-20; 12:33-35)

43 ''कोई अच्छा पेड़ नहीं जो निकम्मा फल लाए, और न तो कोई निकम्मा पेड़ है जो अच्छा फल लाए। 44 हर एक पेड़ अपने फल से पहचाना जाता है;* क्योंकि लोग झाड़ियों से अंजीर नहीं तोड़ते और न झड़बेरी से अंगूर। 45 भला मनुष्य अपने मन के भले भण्डार से भली बातें निकालता है, और बुरा मनुष्य अपने मन के बुरे भण्डार से बुरी बातें निकालता है; क्योंकि जो मन में भरा है वही उसके मुँह पर आता है।*

घर बनाने वाले दो मनुष्य
(मत्ती 7: 24-27)

46 ''जब तुम मेरा कहना नहीं मानते तो क्यों मुझे, 'हे प्रभु, हे प्रभु,' कहते हो? 47 जो कोई मेरे पास आता है और मेरी बातें सुनकर उन्हें मानता है, मैं तुम्हें बताता हूँ कि वह किसके समान है : 48 वह उस मनुष्य के समान है, जिसने घर बनाते समय भूमि गहरी खोदकर चट्टान पर नींव डाली, और जब बाढ़ आई तो धारा उस घर पर लगी परन्तु उसे हिला न सकी; क्योंकि वह पक्का बना था। 49 परन्तु जो सुनकर नहीं मानता वह उस मनुष्य के समान है, जिसने मिट्टी पर बिना नींव का घर बनाया, जब उस पर धारा लगी तो वह तुरन्त गिर पड़ा और गिरकर उसका सत्यानाश हो गया।''

एक सूबेदार का विश्वास
(मत्ती 8: 5-13)

7 जब वह लोगों से ये सारी बातें कह चुका, तो कफरनहूम में आया। 2 वहाँ किसी सूबेदार का एक दास जो उसका प्रिय था, बीमारी से मरने पर था। 3 उसने यीशु की चर्चा सुनकर यहूदियों के कई पुरनियों को उससे यह विनती करने को उसके पास भेजा कि आकर मेरे दास को चंगा कर। 4 वे यीशु के पास आए, और उससे बड़ी विनती करके कहने लगे, ''वह इस योग्य है कि तू उसके लिये यह करे, 5 क्योंकि वह हमारी जाति से प्रेम रखता है, और उसी ने हमारे आराधनालय को बनाया है।'' 6 यीशु उनके साथ गया, पर जब वह घर से दूर न था, तो सूबेदार ने उसके पास कई मित्रों के द्वारा कहला भेजा, ''हे प्रभु, दु:ख न उठा, क्योंकि मैं इस योग्य नहीं कि तू मेरी छत के तले आए। 7 इसी कारण मैं ने अपने आप को इस योग्य भी न समझा कि तेरे पास आऊँ, पर वचन ही कह दे तो मेरा सेवक चंगा हो जाएगा। 8 मैं भी पराधीन मनुष्य हूँ, और सिपाही मेरे हाथ में हैं; और जब एक को कहता हूँ, 'जा,' तो वह जाता है; और दूसरे से कहता हूँ, 'आ,' तो आता है; और अपने किसी दास को कि 'यह कर,' तो वह उसे करता है।'' 9 यह सुनकर यीशु को अचम्भा हुआ और उसने मुँह फेरकर उस भीड़ से जो उसके पीछे आ रही थी, कहा, ''मैं तुम से कहता हूँ कि मैंने इस्राएल में भी ऐसा विश्वास नहीं पाया।'' 10 और भेजे हुए लोगों ने घर लौटकर उस दास को चंगा पाया।

विधवा के पुत्र को जीवन-दान

11 थोड़े दिन बाद वह नाईन नाम के एक नगर को गया। उसके चेले और बड़ी भीड़ उसके साथ जा रही थी। 12 जब वह नगर के फाटक के पास पहुँचा, तो देखो, लोग एक मुरदे को बाहर लिए जा रहे थे; जो अपनी माँ का एकलौता पुत्र था, और वह विधवा थी; और नगर के बहुत से लोग उसके साथ थे। 13 उसे देख कर प्रभु को तरस आया, और उससे कहा, ''मत रो।'' 14 तब उसने पास आकर अर्थी को छुआ, और उठानेवाले ठहर गए। तब उसने कहा, ''हे जवान, मैं तुझ से कहता हूँ, उठ!'' 15 तब वह मुरदा

6:44* मत्ती 12:33   45* मत्ती 12:34

उठ बैठा, और बोलने लगा। उसने उसे उसकी माँ को सौंप दिया। 16 इससे सब पर भय छा गया, और वे परमेश्वर की बड़ाई करके कहने लगे, ''हमारे बीच में एक बड़ा भविष्यद्वक्ता उठा है, और परमेश्वर ने अपने लोगों पर कृपा दृष्टि की है।'' 17 और उसके विषय में यह बात सारे यहूदिया और आस पास के सारे देश में फैल गई।

यूहन्ना बपतिस्मा देनेवाले का प्रश्न
(मत्ती 11: 2-19)

18 यूहन्ना को उसके चेलों ने इन सब बातों का समाचार दिया। 19 तब यूहन्ना ने अपने चेलों में से दो को बुलाकर प्रभु के पास यह पूछने के लिये भेजा, ''क्या आनेवाला तू ही है, या हम किसी और की बाट देखें?'' 20 उन्होंने उसके पास आकर कहा, ''यूहन्ना बपतिस्मा देनेवाले ने हमें तेरे पास यह पूछने को भेजा है कि क्या आनेवाला तू ही है, या हम किसी दूसरे की बाट देखें?'' 21 उसी घड़ी उसने बहुतों को बीमारियों और पीड़ाओं, और दुष्टात्माओं से छुड़ाया; और बहुत से अन्धों को आँखें दीं; 22 और उसने उनसे कहा, ''जो कुछ तुम ने देखा और सुना है, जाकर यूहन्ना से कह दो; कि अन्धे देखते हैं, लंगड़े चलते-फिरते हैं, कोढ़ी शुद्ध किए जाते हैं, बहिरे सुनते हैं, मुरदे जिलाए जाते हैं, और कंगालों को सुसमाचार सुनाया जाता है।* 23 धन्य है वह जो मेरे विषय में ठोकर न खाए।''

24 जब यूहन्ना के भेजे हुए लोग चले गए तो यीशु यूहन्ना के विषय में लोगों से कहने लगा, ''तुम जंगल में क्या देखने गए थे? क्या हवा से हिलते हुए सरकण्डे को? 25 तो फिर तुम क्या देखने गए थे? क्या कोमल वस्त्र पहिने हुए मनुष्य को? देखो, जो भड़कीला वस्त्र पहिनते और सुख विलास से रहते हैं, वे राजभवनों में रहते हैं। 26 तो फिर क्या देखने गए थे? क्या किसी भविष्यद्वक्ता को? हाँ, मैं तुम से कहता हूँ, वरन् भविष्यद्वक्ता से भी बड़े को। 27 यह वही है, जिसके विषय में लिखा है :

'देख, मैं अपने दूत को तेरे आगे-आगे भेजता हूँ,
जो तेरे आगे तेरा मार्ग सीधा करेगा।'*

28 मैं तुम से कहता हूँ कि जो स्त्रियों से जन्मे हैं, उनमें से यूहन्ना से बड़ा कोई नहीं : पर जो परमेश्वर के राज्य में छोटे से छोटा है, वह उससे भी बड़ा है।'' 29 और सब साधारण लोगों ने सुनकर और चुंगी लेनेवालों ने भी यूहन्ना का बपतिस्मा लेकर परमेश्वर को सच्चा मान लिया।* 30 परन्तु फरीसियों और व्यवस्थापकों ने उससे बपतिस्मा न लेकर परमेश्वर के अभिप्राय को अपने विषय में टाल दिया।*

31 ''अत: मैं इस युग के लोगों की उपमा किससे दूँ कि वे किसके समान हैं? 32 वे उन बालकों के समान हैं जो बाजार में बैठे हुए एक दूसरे से पुकारकर कहते हैं, 'हम ने तुम्हारे लिये बाँसली बजाई, और तुम न नाचे; हमने विलाप किया, और तुम न रोए!' 33 क्योंकि यूहन्ना बपतिस्मा देनेवाला न रोटी खाता आया, न दाखरस पीता आया, और तुम कहते हो, 'उसमें दुष्टात्मा है।' 34 मनुष्य का पुत्र खाता-पीता आया है, और तुम कहते हो, 'देखो, पेटू और पियक्कड़ मनुष्य, चुंगी लेनेवालों का और पापियों का मित्र।' 35 पर ज्ञान अपनी सब सन्तानों द्वारा सच्चा ठहराया गया है।''

फरीसी के घर पापिनी स्त्री को क्षमा

36 फिर किसी फरीसी ने उससे विनती की कि वह उसके साथ भोजन करे, अत: वह उस फरीसी के घर में जाकर भोजन करने बैठा। 37 उस नगर की एक पापिनी स्त्री यह जानकर कि वह फरीसी के घर में भोजन करने बैठा है, संगमरमर के पात्र में इत्र लाई,* 38 और उसके पाँवों के पास, पीछे खड़ी होकर, रोती हुई उसके पाँवों को आँसुओं से भिगोने और अपने सिर के बालों से पोंछने लगी, और उसके पाँव बार-बार चूमकर उन पर इत्र मला।* 39 यह देखकर वह

7:22 यशा 35:5,6; 61:1 27* मला 3:1 29,30* मत्ती 21:32; लूका 3:12 37,38* मत्ती 26:7; मर 14:3; यूह 12:3

फरीसी जिसने उसे बुलाया था, अपने मन में सोचने लगा, ''यदि यह भविष्यद्वक्ता होता तो जान जाता कि यह जो उसे छू रही है, वह कौन और कैसी स्त्री है, क्योंकि वह तो पापिनी है।''
40 यीशु ने उसके उत्तर में कहा, ''हे शमौन, मुझे तुझ से कुछ कहना है।'' वह बोला, ''हे गुरु, कह।'' 41 ''किसी महाजन के दो देनदार थे, एक पाँच सौ और दूसरा पचास दीनार* का देनदार था। 42 जब उनके पास पटाने को कुछ न रहा, तो उसने दोनों को क्षमा कर दिया। इसलिये उनमें से कौन उससे अधिक प्रेम रखेगा?''
43 शमौन ने उत्तर दिया, ''मेरी समझ में वह, जिसका उसने अधिक छोड़ दिया*।'' उसने उससे कहा, ''तू ने ठीक विचार किया है।'' 44 और उस स्त्री की ओर फिरकर उसने शमौन से कहा, ''क्या तू इस स्त्री को देखता है? मैं तेरे घर में आया परन्तु तू ने मेरे पाँव धोने के लिये पानी न दिया, पर इसने मेरे पाँव आँसुओं से भिगोए और अपने बालों से पोंछा। 45 तू ने मुझे चूमा न दिया, पर जब से मैं आया हूँ तब से इसने मेरे पाँवों का चूमना न छोड़ा। 46 तू ने मेरे सिर पर तेल नहीं मला, पर इसने मेरे पाँवों पर इत्र मला है। 47 इसलिये मैं तुझ से कहता हूँ कि इसके पाप जो बहुत थे, क्षमा हुए, क्योंकि इसने बहुत प्रेम किया; पर जिसका थोड़ा क्षमा हुआ है, वह थोड़ा प्रेम करता है।'' 48 और उसने स्त्री से कहा, ''तेरे पाप क्षमा हुए।'' 49 तब जो लोग उसके साथ भोजन करने बैठे थे, वे अपने-अपने मन में सोचने लगे, ''यह कौन है जो पापों को भी क्षमा करता है?'' 50 पर उसने स्त्री से कहा, ''तेरे विश्वास ने तुझे बचा लिया है, कुशल से चली जा।''

यीशु की शिष्याएँ

8 इसके बाद वह नगर-नगर और गाँव-गाँव प्रचार करता हुआ, और परमेश्वर के राज्य का सुसमाचार सुनाता हुआ फिरने लगा, और वे बारह उसके साथ थे, 2 और कुछ स्त्रियाँ भी थीं जो दुष्टात्माओं से और बीमारियों से छुड़ाई गई थीं, और वे ये हैं : मरियम जो मगदलीनी कहलाती थी, जिसमें से सात दुष्टात्माएँ निकली थीं,* 3 और हेरोदेस के भण्डारी खुज़ा की पत्नी योअन्ना, और सूसन्नाह, और बहुत सी अन्य स्त्रियाँ। ये अपनी सम्पत्ति से उसकी सेवा करती थीं।*

बीज बोनेवाले का दृष्टान्त

(मत्ती 13:1-9; मरकुस 4:1-9)

4 जब बड़ी भीड़ इकट्ठी हुई और नगर-नगर के लोग उसके पास चले आते थे, तो उसने दृष्टान्त में कहा : 5 ''एक बोने वाला बीज बोने निकला। बोते हुए कुछ मार्ग के किनारे गिरा, और रौंदा गया, और आकाश के पक्षियों ने उसे चुग लिया। 6 कुछ चट्टान पर गिरा, और उपजा, परन्तु तरी न मिलने से सूख गया। 7 कुछ झाड़ियों के बीच में गिरा, और झाड़ियों ने साथ-साथ बढ़कर उसे दबा दिया। 8 कुछ अच्छी भूमि पर गिरा, और उगकर सौ गुणा फल लाया।'' यह कहकर उसने ऊँचे शब्द से कहा, ''जिसके सुनने के कान हों वह सुन ले।''

दृष्टान्तों का उद्देश्य

(मत्ती 13:10-17; मरकुस 4:10-12)

9 उसके चेलों ने उससे पूछा कि इस दृष्टान्त का अर्थ क्या है? 10 उसने कहा, ''तुम को परमेश्वर के राज्य के भेदों की समझ दी गई है, पर औरों को दृष्टान्तों में सुनाया जाता है, इसलिये कि

'वे देखते हुए भी न देखें,
और सुनते हुए भी न समझें।'*

बीज बोनेवाले दृष्टान्त का अर्थ

(मत्ती 13:18-23; मरकुस 4:13-20)

11 ''दृष्टान्त का अर्थ यह है : बीज परमेश्वर का वचन है। 12 मार्ग के किनारे के वे हैं, जिन्होंने

7:41* *एक दीनार बराबर एक दिन की मज़दूरी* 43* *यू० क्षमा किया* 8:2,3* मत्ती 27:55,56; मर 15:40,41; लूका 23:49
10* यशा 6:9,10

सुना; तब शैतान* आकर उनके मन में से वचन उठा ले जाता है कि कहीं ऐसा न हो कि वे विश्वास करके उद्धार पाएँ।
13 चट्टान पर के वे हैं कि जब सुनते हैं, तो आनन्द से वचन को ग्रहण तो करते हैं, परन्तु जड़ न पकड़ने से वे थोड़ी देर तक विश्वास रखते हैं और परीक्षा के समय बहक जाते हैं।
14 जो झाड़ियों में गिरा, यह वे हैं जो सुनते हैं, पर आगे चल कर चिन्ता, और धन, और जीवन के सुखविलास में फँस जाते हैं और उनका फल नहीं पकता।
15 पर अच्छी भूमि में के वे हैं, जो वचन सुनकर भले और उत्तम मन में सम्भाले रहते हैं, और धीरज से फल लाते हैं।

दीपक का दृष्टान्त

(मरकुस 4:21-25)

16 ''कोई दीया जला के बरतन से नहीं ढाँकता, और न खाट के नीचे रखता है, परन्तु दीवट पर रखता है कि भीतर आनेवाले प्रकाश पाएँ।*
17 कुछ छिपा नहीं जो प्रगट न हो, और न कुछ गुप्त है जो जाना न जाए और प्रगट न हो।*
18 इसलिये चौकस रहो कि तुम किस रीति से सुनते हो? क्योंकि जिसके पास है उसे दिया जाएगा, और जिसके पास नहीं है उससे वह भी ले लिया जाएगा, जिसे वह अपना समझता है।*''

यीशु की माता और भाई

(मत्ती 12: 46-50; मरकुस 3: 31-35)

19 उसकी माता और उसके भाई उसके पास आए, पर भीड़ के कारण उस से भेंट न कर सके।
20 उससे कहा गया, ''तेरी माता और तेरे भाई बाहर खड़े हुए, तुझ से मिलना चाहते हैं।''
21 उसने इसके उत्तर में उनसे कहा, ''मेरी माता और मेरे भाई ये ही हैं, जो परमेश्वर का वचन सुनते और मानते हैं।''

आँधी को शान्त करना

(मत्ती 8:23-27; मरकुस 4: 35-41)

22 फिर एक दिन वह और उसके चेले नाव पर चढ़े, और उसने उनसे कहा, ''आओ, झील के पार चलें।'' अत: उन्होंने नाव खोल दी।
23 पर जब नाव चल रही थी, तो वह सो गया : और झील पर आँधी आई, और नाव पानी से भरने लगी और वे जोखिम में थे।
24 तब उन्होंने पास आकर उसे जगाया, और कहा, ''स्वामी! स्वामी! हम नाश हुए जाते हैं।'' तब उसने उठकर आँधी को और पानी की लहरों को डाँटा और वे थम गए और चैन हो गया।
25 तब उसने उनसे कहा, ''तुम्हारा विश्वास कहाँ था?'' पर वे डर गए और अचम्भित होकर आपस में कहने लगे, ''यह कौन है जो आँधी और पानी को भी आज्ञा देता है, और वे उसकी मानते हैं?''

दुष्टात्माग्रस्त व्यक्ति को चंगा करना

(मत्ती 8: 28-34; मरकुस 5:1-20)

26 फिर वे गिरासेनियों के देश में पहुँचे, जो उस पार गलील के सामने है।
27 जब वह किनारे पर उतरा तो उस नगर का एक मनुष्य उसे मिला जिसमें दुष्टात्माएँ थीं। वह बहुत दिनों से न कपड़े पहिनता था और न घर में रहता था वरन् कब्रों में रहा करता था।
28 वह यीशु को देखकर चिल्लाया और उसके सामने गिरकर ऊँचे शब्द से कहा, ''हे परम प्रधान परमेश्वर के पुत्र यीशु! मुझे तुझ से क्या काम? मैं तुझ से विनती करता हूँ, मुझे पीड़ा न दे।''
29 क्योंकि वह उस अशुद्ध आत्मा को उस मनुष्य में से निकलने की आज्ञा दे रहा था, इसलिये कि वह उस पर बार बार प्रबल होती थी। यद्यपि लोग उसे साँकलों और बेड़ियों से बाँधते थे तौभी वह बन्धनों को तोड़ डालता था, और दुष्टात्मा उसे जंगल में भगाए फिरती थी।
30 यीशु ने उससे पूछा, ''तेरा क्या नाम

8:12* यू० *इब्लीस* **16*** मत्ती 5:15; लूका 11:33 **17*** मत्ती 10:26; लूका 12:2 **18*** मत्ती 25:29; लूका 19:26

है ?'' उसने कहा, ''सेना,'' क्योंकि बहुत दुष्टात्माएँ उसमें पैठ गई थीं। 31 उन्होंने उससे विनती की कि हमें अथाह गड़हे में जाने की आज्ञा न दे। 32 वहाँ पहाड़ पर सूअरों का एक बड़ा झुण्ड चर रहा था, इसलिये उन्होंने उससे विनती की कि हमें उनमें पैठने दे। उसने उन्हें जाने दिया। 33 तब दुष्टात्माएँ उस मनुष्य में से निकलकर सूअरों में गईं और वह झुण्ड कड़ाड़े पर से झपटकर झील में जा गिरा और डूब मरा।

34 चरवाहे यह जो हुआ था देखकर भागे, और नगर में और गाँवों में जाकर उसका समाचार दिया। 35 लोग यह जो हुआ था उसे देखने को निकले, और यीशु के पास आकर जिस मनुष्य से दुष्टात्माएँ निकली थीं, उसे यीशु के पाँवों के पास कपड़े पहिने और सचेत बैठे हुए पाकर डर गए; 36 और देखनेवालों ने उनको बताया कि वह दुष्टात्मा का सताया हुआ मनुष्य किस प्रकार अच्छा हुआ। 37 तब गिरासेनियों के आसपास के सब लोगों ने यीशु से विनती की कि हमारे यहाँ से चला जा; क्योंकि उन पर बड़ा भय छा गया था। अत: वह नाव पर चढ़कर लौट गया। 38 जिस मनुष्य में से दुष्टात्माएँ निकली थीं वह उससे विनती करने लगा कि मुझे अपने साथ रहने दे, परन्तु यीशु ने उसे विदा करके कहा, 39 ''अपने घर को लौट जा और लोगों से बता कि परमेश्वर ने तेरे लिये कैसे बड़े बड़े काम किए हैं।'' वह जाकर सारे नगर में प्रचार करने लगा कि यीशु ने मेरे लिये कैसे बड़े-बड़े काम किए।

याईर की मृत पुत्री और एक रोगी स्त्री
(मत्ती 9:18-26; मरकुस 5: 21-43)

40 जब यीशु लौटा तो लोग उससे आनन्द के साथ मिले, क्योंकि वे सब उसकी बाट जोह रहे थे। 41 इतने में याईर नामक एक मनुष्य जो आराधनालय का सरदार था, आया और यीशु के पाँवों पर गिर के उससे विनती करने लगा कि मेरे घर चल, 42 क्योंकि उसके बारह वर्ष की एकलौती बेटी थी, और वह मरने पर थी।

जब वह जा रहा था, तब लोग उस पर गिरे पड़ते थे। 43 एक स्त्री ने जिस को बारह वर्ष से लहू बहने का रोग था, और जो अपनी सारी जीविका वैद्यों के पीछे व्यय कर चुकी थी, तौभी किसी के हाथ से चंगी न हो सकी थी, 44 पीछे से आकर उसके वस्त्र के आँचल को छुआ, और तुरन्त उसका लहू बहना बन्द हो गया। 45 इस पर यीशु ने कहा, ''मुझे किसने छुआ?'' जब सब मुकरने लगे, तो पतरस और उसके साथियों ने कहा, ''हे स्वामी, तुझे तो भीड़ दबा रही है और तुझ पर गिरी पड़ती है।'' 46 परन्तु यीशु ने कहा, ''किसी ने मुझे छुआ है, क्योंकि मैं ने जान लिया है कि मुझ में से सामर्थ्य निकली है।'' 47 जब स्त्री ने देखा कि मैं छिप नहीं सकती, तब काँपती हुई आई और उसके पाँवों पर गिरकर सब लोगों के सामने बताया कि उसने किस कारण से उसे छुआ, और कैसे तुरन्त चंगी हो गई। 48 उसने उससे कहा, ''बेटी, तेरे विश्वास ने तुझे चंगा किया है, कुशल से चली जा।''

49 वह यह कह ही रहा था कि किसी ने आराधनालय के सरदार के यहाँ से आकर कहा, ''तेरी बेटी मर गई : गुरु को दु:ख न दे।'' 50 यीशु ने यह सुनकर उसे उत्तर दिया, ''मत डर; केवल विश्वास रख, तो वह बच जाएगी।'' 51 घर में आकर उसने पतरस, यूहन्ना, याकूब, और लड़की के माता-पिता को छोड़ अन्य किसी को अपने साथ भीतर आने न दिया। 52 सब उसके लिए रो पीट रहे थे, परन्तु उसने कहा, ''रोओ मत; वह मरी नहीं परन्तु सो रही है।'' 53 वे यह जानकर कि वह मर गई है उसकी हँसी करने लगे। 54 परन्तु उसने उसका हाथ पकड़ा, और पुकारकर कहा, ''हे लड़की, उठ!'' 55 तब उसके प्राण लौट आए और वह तुरन्त उठ बैठी। फिर उसने आज्ञा दी कि उसे कुछ खाने को दिया जाए। 56 उसके माता-पिता चकित हुए, परन्तु उसने उन्हें चिताया कि यह जो हुआ है किसी से न कहना।

बारह प्रेरितों का भेजा जाना
(मत्ती 10: 5-15; मरकुस 6:7-13)

9 फिर उसने बारहों को बुलाकर उन्हें सब दुष्टात्माओं और बीमारियों को दूर करने की सामर्थ्य और अधिकार दिया, 2 और उन्हें परमेश्वर के राज्य का प्रचार करने और बीमारों को अच्छा करने के लिये भेजा। 3 उसने उनसे कहा, ''मार्ग के लिये कुछ न लेना, न तो लाठी, न झोली, न रोटी, न रुपये और न दो-दो कुरते। 4 जिस किसी घर में तुम उतरो, वहीं रहो, और वहीं से विदा हो। 5 जो कोई तुम्हें ग्रहण न करे, उस नगर से निकलते हुए अपने पाँवों की धूल झाड़ डालो कि उन पर गवाही हो।''* 6 अत: वे निकलकर,गाँव-गाँव सुसमाचार सुनाते, और हर कहीं लोगों को चंगा करते हुए फिरते रहे।

हेरोदेस की उलझन
(मत्ती 14:1-12; मरकुस 6:14-29)

7 देश के चौथाई का राजा हेरोदेस यह सब सुनकर घबरा गया, क्योंकि कुछ ने कहा कि यूहन्ना मरे हुओं में से जी उठा है, 8 और कुछ ने यह कि एलिय्याह दिखाई दिया है, और औरों ने यह कि पुराने भविष्यद्वक्ताओं में से कोई जी उठा है।* 9 परन्तु हेरोदेस ने कहा, ''यूहन्ना का तो मैं ने सिर कटवाया, अब यह कौन है जिसके विषय में ऐसी बातें सुनता हूँ?'' और उसने उसे देखने की इच्छा की।

पाँच हजार पुरुषों को खिलाना
(मत्ती 14:13-21; मरकुस 6: 30-44; यूहन्ना 6:1-14)

10 फिर प्रेरितों ने लौटकर जो कुछ उन्होंने किया था, उसको बता दिया; और वह उन्हें अलग करके बैतसैदा नामक नगर को ले गया। 11 यह जानकर भीड़ उसके पीछे हो ली, और वह आनन्द के साथ उनसे मिला, और उनसे परमेश्वर के राज्य की बातें करने लगा, और जो चंगे होना चाहते थे उन्हें चंगा किया।

12 जब दिन ढलने लगा तो बारहों ने आकर उससे कहा, ''भीड़ को विदा कर कि चारों ओर के गाँवों और बस्तियों में जाकर टिकें और भोजन का उपाय करें, क्योंकि हम यहाँ सुनसान जगह में हैं।'' 13 उसने उनसे कहा, ''तुम ही उन्हें खाने को दो।'' उन्होंने कहा, ''हमारे पास,पाँच रोटी और दो मछलियों को छोड़ और कुछ नहीं; परन्तु हाँ, यदि हम जाकर इन सब लोगों के लिये भोजन मोल लें, तो हो सकता है।'' वे लोग तो पाँच हजार पुरुषों के लगभग थे। 14 तब उसने अपने चेलों से कहा, ''उन्हें पचास-पचास करके पाँति-पाँति बैठा दो।'' 15 उन्होंने ऐसा ही किया, और सब को बैठा दिया। 16 तब उसने वे पाँच रोटियाँ और दो मछलियाँ लीं, और स्वर्ग की ओर देखकर धन्यवाद किया, और तोड़-तोड़कर चेलों को देता गया कि लोगों को परोसें। 17 तब सब खाकर तृप्त हुए, और चेलों ने बचे हुए टुकड़ों से बारह टोकरियाँ भरकर उठाईं।

पतरस का यीशु को 'मसीह' स्वीकार करना
(मत्ती 16:13-20; मरकुस 8: 27-30)

18 जब वह एकान्त में प्रार्थना कर रहा था और चेले उसके साथ थे, तो उसने उनसे पूछा, ''लोग मुझे क्या कहते हैं?'' 19 उन्होंने उत्तर दिया, ''यूहन्ना बपतिस्मा देनेवाला, और कोई कोई एलिय्याह, और कोई यह कि पुराने भविष्य-द्वक्ताओं में से कोई जी उठा है।''* 20 उसने उनसे पूछा, ''परन्तु तुम मुझे क्या कहते हो?'' पतरस ने उत्तर दिया, ''परमेश्वर का मसीह।''* 21 तब उसने उन्हें चिताकर कहा कि यह किसी से न कहना।

अपनी मृत्यु के विषय यीशु की भविष्यद्वाणी
(मत्ती 16:21-23; मरकुस 8:31-33)

22 फिर उसने कहा, ''मनुष्य के पुत्र के लिये

9:3-5 * लूका 10:4-11; प्रेरि 13:51   7,8 * मत्ती 16:14; मर 8:28; लूका 9:19   19 * मत्ती 14:1.2; मर 6:14,15; लूका 9:7.8
20 * यूह 6:68,69

अवश्य है कि वह बहुत दु:ख उठाए, और पुरनिए और प्रधान याजक और शास्त्री उसे तुच्छ समझकर मार डालें, और वह तीसरे दिन जी उठे।''

यीशु के पीछे चलने का अर्थ
(मत्ती 16:24-28; मरकुस 8:34—9:1)

23 उसने सब से कहा, ''यदि कोई मेरे पीछे आना चाहे, तो अपने आपे से इन्कार करे और प्रतिदिन अपना क्रूस उठाए हुए मेरे पीछे हो ले।* 24 क्योंकि जो कोई अपना प्राण बचाना चाहेगा वह उसे खोएगा, परन्तु जो कोई मेरे लिये अपना प्राण खोएगा वही उसे बचाएगा।* 25 यदि मनुष्य सारे जगत को प्राप्त करे और अपना प्राण खो दे या उसकी हानि उठाए, तो उसे क्या लाभ होगा ? 26 जो कोई मुझ से और मेरी बातों से लजाएगा, मनुष्य का पुत्र भी, जब अपनी और अपने पिता की और पवित्र स्वर्ग दूतों की महिमा सहित आएगा, तो उससे लजाएगा। 27 मैं तुमसे सच कहता हूँ, कि जो यहाँ खड़े हैं, उनमें से कुछ ऐसे हैं कि जब तक परमेश्वर का राज्य न देख लें, तब तक मृत्यु का स्वाद न चखेंगे।''

यीशु का रूपान्तर
(मत्ती 17:1-8; मरकुस 9:2-8)

28 इन बातों के कोई आठ दिन बाद वह पतरस, यूहन्ना और याकूब को साथ लेकर प्रार्थना करने के लिये पहाड़ पर गया। 29 जब वह प्रार्थना कर ही रहा था, तो उसके चेहरे का रूप बदल गया, और उसका वस्त्र श्वेत होकर चमकने लगा। 30 और देखो, मूसा और एलिय्याह, ये दो पुरुष उसके साथ बातें कर रहे थे। 31 ये महिमा सहित दिखाई दिए और उसके मरने* की चर्चा कर रहे थे, जो यरूशलेम में होनेवाला था। 32 पतरस और उसके साथी नींद से भरे थे, और जब अच्छी तरह सचेत हुए, तो उसकी महिमा और उन दो पुरुषों को, जो उसके साथ खड़े थे, देखा। 33 जब वे उसके पास से जाने लगे, तो पतरस ने यीशु से कहा, ''हे स्वामी, हमारा यहाँ रहना भला है : अत: हम तीन मण्डप बनाएँ, एक तेरे लिये, एक मूसा के लिये, और एक एलिय्याह के लिये।'' वह जानता न था कि क्या कह रहा है। 34 वह यह कह ही रहा था कि एक बादल ने आकर उन्हें छा लिया, और जब वे उस बादल से घिरने लगे तो डर गए। 35 तब उस बादल में से यह शब्द निकला,* ''यह मेरा पुत्र और मेरा चुना हुआ है, इसकी सुनो।''† 36 यह शब्द होते ही यीशु अकेला पाया गया; और वे चुप रहे, और जो कुछ देखा था उसकी कोई बात उन दिनों में किसी से न कही।

दुष्टात्माग्रस्त बालक को चंगा करना
(मत्ती 17:14-18; मरकुस 9:14-27)

37 दूसरे दिन जब वे पहाड़ से उतरे तो एक बड़ी भीड़ उस से आ मिली। 38 और देखो, भीड़ में से एक मनुष्य ने चिल्ला कर कहा, ''हे गुरु, मैं तुझ से विनती करता हूँ कि मेरे पुत्र पर कृपादृष्टि* कर; क्योंकि वह मेरा एकलौता है। 39 और देख, एक दुष्टात्मा उसे पकड़ती है, और वह एकाएक चिल्ला उठता है; और वह उसे ऐसा मरोड़ती है कि वह मुँह में फेन भर लाता है; और उसे कुचलकर कठिनाई से छोड़ती है। 40 मैं ने तेरे चेलों से विनती की कि उसे निकालें, परन्तु वे न निकाल सके।'' 41 यीशु ने उत्तर दिया, ''हे अविश्वासी और हठीले लोगो,* मैं कब तक तुम्हारे साथ रहूँगा और तुम्हारी सहूँगा ? अपने पुत्र को यहाँ ले आ।'' 42 वह आ ही रहा था कि दुष्टात्मा ने उसे पटककर मरोड़ा, परन्तु यीशु ने अशुद्ध आत्मा को डाँटा और लड़के को अच्छा करके उसके पिता को सौंप दिया। 43 तब सब लोग परमेश्वर के महासामर्थ्य से चकित हुए।

9:23* मत्ती 10:38; लूका 14:27 24* मत्ती 10:39; लूका 17:33; यूह 12:25 28-35* 2 पत 1:17,18 31* यू० *विदा होने*
35 † यशा 42:1; मत्ती 3:17;12:18; मर 1:11; लूका 3:22 41* यू० *पीढ़ी*

अपनी मृत्यु के विषय यीशु की पुनः भविष्यद्वाणी

(मत्ती 17: 22,23; मरकुस 9: 30-32)

परन्तु जब सब लोग उन सब कामों से जो वह करता था, अचम्भित थे, तो उसने अपने चेलों से कहा, 44 ''तुम इन बातों पर कान दो, क्योंकि मनुष्य का पुत्र मनुष्यों के हाथ में पकड़वाया जाने को है।'' 45 परन्तु वे इस बात को न समझते थे, और यह उनसे छिपी रही कि वे उसे जानने न पाएँ; और वे इस बात के विषय में उससे पूछने से डरते थे।

सबसे बड़ा कौन?

(मत्ती 18:1-5; मरकुस 9: 33-37)

46 फिर उनमें यह विवाद होने लगा कि हम में से बड़ा कौन है।* 47 पर यीशु ने उनके मन का विचार जान लिया, और एक बालक को लेकर अपने पास खड़ा किया, 48 और उनसे कहा, ''जो कोई मेरे नाम से इस बालक को ग्रहण करता है, वह मुझे ग्रहण करता है; और जो कोई मुझे ग्रहण करता है, वह मेरे भेजनेवाले को ग्रहण करता है, क्योंकि जो तुम में सब से छोटे से छोटा है, वही बड़ा है।''*

जो विरोध में नहीं, वह पक्ष में है

(मरकुस 9:38-40)

49 तब यूहन्ना ने कहा, ''हे स्वामी, हम ने एक मनुष्य को तेरे नाम से दुष्टात्माओं को निकालते देखा, और हम ने उसे मना किया, क्योंकि वह हमारे साथ होकर तेरे पीछे नहीं हो लेता।'' 50 यीशु ने उससे कहा, ''उसे मना मत करो; क्योंकि जो तुम्हारे विरोध में नहीं, वह तुम्हारी ओर है।''

सामरियों द्वारा यीशु का विरोध

51 जब उसके ऊपर उठाए जाने के दिन पूरे होने पर थे, तो उसने यरूशलेम जाने का विचार* दृढ़ किया। 52 उसने अपने आगे दूत भेजे। वे सामरियों के एक गाँव में गए कि उसके लिए जगह तैयार करें। 53 परन्तु उन लोगों ने उसे उतरने न दिया, क्योंकि वह यरूशलेम जा रहा था। 54 यह देखकर उसके चेले याकूब और यूहन्ना ने कहा, ''हे प्रभु, क्या तू चाहता है कि हम आज्ञा दें, कि आकाश से आग गिरकर उन्हें भस्म कर दे?''* 55 परन्तु उसने फिरकर उन्हें डाँटा [और कहा, ''तुम नहीं जानते कि तुम कैसी आत्मा के हो। क्योंकि मनुष्य का पुत्र लोगों के प्राणों का नाश करने नहीं वरन् बचाने के लिए आया है।'']* 56 और वे किसी दूसरे गाँव में चले गए।

यीशु का चेला बनने का मूल्य

(मत्ती 8:19-22)

57 जब वे मार्ग में जा रहे थे, तो किसी ने उससे कहा, ''जहाँ-जहाँ तू जाएगा, मैं तेरे पीछे हो लूँगा।'' 58 यीशु ने उससे कहा, ''लोमड़ियों के भट और आकाश के पक्षियों के बसेरे होते हैं, पर मनुष्य के पुत्र को सिर धरने की भी जगह नहीं।'' 59 उसने दूसरे से कहा, ''मेरे पीछे हो ले।'' उसने कहा, ''हे प्रभु, मुझे पहले जाने दे कि अपने पिता को गाड़ दूँ।'' 60 उसने उससे कहा, ''मरे हुओं को अपने मुरदे गाड़ने दे, पर तू जाकर परमेश्वर के राज्य की कथा सुना।'' 61 एक और ने भी कहा, ''हे प्रभु, मैं तेरे पीछे हो लूँगा; पर पहले मुझे जाने दे कि अपने घर के लोगों से विदा ले आऊँ।''* 62 यीशु ने उस से कहा, ''जो कोई अपना हाथ हल पर रखकर पीछे देखता है, वह परमेश्वर के राज्य के योग्य नहीं।''

सत्तर चेलों का भेजा जाना

10 इन बातों के बाद प्रभु ने सत्तर* और मनुष्य नियुक्त किए, और जिस-जिस नगर और जगह को वह आप जाने पर था, वहाँ

9:46* लूका 22:24 **48*** मत्ती 10:40; लूका 10:16; यूह 13:20 **51*** यू॰ *मुँह* **54*** 2 राजा 1:9-16 **55*** *कुछ हस्तलेखों में यह भाग नहीं मिलता* **61*** 1 राजा 19:20 **10:1*** कुछ हस्तलेखों में लिखा है *: बहत्तर*

उन्हें दो-दो करके अपने आगे भेजा। 2 उसने उनसे कहा, ''पके खेत बहुत हैं, परन्तु मजदूर थोड़े हैं; इसलिये खेत के स्वामी से विनती करो कि वह अपने खेत काटने को मजदूर भेज दे।* 3 जाओ; देखो, मैं तुम्हें भेड़ों के समान भेड़ियों के बीच में भेजता हूँ।* 4 इसलिये न बटुआ, न झोली, न जूते लो; और न मार्ग में किसी को नमस्कार करो। 5 जिस किसी घर में जाओ, पहले कहो, 'इस घर पर कल्याण हो।' 6 यदि वहाँ कोई कल्याण के योग्य होगा, तो तुम्हारा कल्याण उस पर ठहरेगा, नहीं तो तुम्हारे पास लौट आएगा। 7 उसी घर में रहो, और जो कुछ उनसे मिले, वही खाओ-पीओ, क्योंकि मजदूर को अपनी मजदूरी मिलनी चाहिए; घर-घर न फिरना।* 8 जिस नगर में जाओ, और वहाँ के लोग तुम्हें उतारें, तो जो कुछ तुम्हारे सामने रखा जाए वही खाओ। 9 वहाँ के बीमारों को चंगा करो और उनसे कहो, 'परमेश्वर का राज्य तुम्हारे निकट आ पहुँचा है।' 10 परन्तु जिस नगर में जाओ, और वहाँ के लोग तुम्हें ग्रहण न करें, तो उसके बाजारों में जाकर कहो, 11 'तुम्हारे नगर की धूल भी, जो हमारे पाँवों में लगी है, हम तुम्हारे सामने झाड़ देते हैं; तौभी यह जान लो कि परमेश्वर का राज्य तुम्हारे निकट आ पहुँचा है।'* 12 मैं तुम से कहता हूँ कि उस दिन उस नगर की दशा से सदोम* की दशा अधिक सहने योग्य होगी।

अविश्वासी नगरों को धिक्कार

(मत्ती 11: 20-24)

13 ''हाय खुराजीन! हाय बैतसैदा! जो सामर्थ्य के काम तुम में किए गए, यदि वे सूर और सैदा* में किए जाते तो टाट ओढ़कर और राख में बैठकर वे कब के मन फिराते। 14 परन्तु न्याय के दिन तुम्हारी दशा से सूर और सैदा की दशा अधिक सहने योग्य होगी। 15 और हे कफरनहूम, क्या तू स्वर्ग तक ऊँचा किया जाएगा? तू तो अधोलोक तक नीचे जाएगा।*

16 ''जो तुम्हारी सुनता है, वह मेरी सुनता है; और जो तुम्हें तुच्छ जानता है, वह मुझे तुच्छ जानता है; और जो मुझे तुच्छ जानता है, वह मेरे भेजनेवाले को तुच्छ जानता है।''*

सत्तर चेलों का लौटना

17 वे सत्तर आनन्द करते हुए लौटे और कहने लगे, ''हे प्रभु, तेरे नाम से दुष्टात्मा भी हमारे वश में हैं।'' 18 उसने उनसे कहा, ''मैं शैतान को बिजली के समान स्वर्ग से गिरा हुआ देख रहा था। 19 देखो, मैं ने तुम्हें साँपों और बिच्छुओं को रौंदने का, और शत्रु की सारी सामर्थ्य पर अधिकार दिया है;* और किसी वस्तु से तुम्हें कुछ हानि न होगी। 20 तौभी इससे आनन्दित मत हो कि आत्मा तुम्हारे वश में हैं, परन्तु इस से आनन्दित हो कि तुम्हारे नाम स्वर्ग पर लिखे हैं।''

यीशु का आनन्दित होना

(मत्ती 11: 25-27; 13:16,17)

21 उसी घड़ी वह पवित्र आत्मा में होकर आनन्द से भर गया, और कहा, ''हे पिता, स्वर्ग और पृथ्वी के प्रभु, मैं तेरा धन्यवाद करता हूँ कि तू ने इन बातों को ज्ञानियों और समझदारों से छिपा रखा, और बालकों पर प्रगट किया। हाँ, हे पिता, क्योंकि तुझे यही अच्छा लगा। 22 मेरे पिता ने मुझे सब कुछ सौंप दिया है; और कोई नहीं जानता कि पुत्र कौन है केवल पिता, और पिता कौन है यह भी कोई नहीं जानता केवल पुत्र के और वह जिस पर पुत्र उसे प्रगट करना चाहे।*''

23 तब चेलों की ओर मुड़कर अकेले में कहा, ''धन्य हैं वे आँखें, जो ये बातें जो तुम देखते हो देखती हैं। 24 क्योंकि मैं तुम से कहता

10:2* मत्ती 9:37,38 **3*** मत्ती 10:16 **7*** 1 कुर 9:14; 1 तीमु 5:18 **4-11*** मत्ती 10:7-14; मर 6:8-11; लूका 9:3-5 **10,11*** प्रेरि 13:51 **12*** उत्प 19:24-28; मत्ती 11:24; 10:15 **13*** यशा 23:1-18; यहे 26:1—28:26; योए 3:4-8; आमो 1:9,10; जक 9:2-4 **15*** यशा 14:13-15 **16*** मत्ती 10:40; मर 9:37; लूका 9:48; यूह 13:20 **19*** भजन 91:13 **22*** यूह 3:35;10:15

हूँ कि बहुत से भविष्यद्वक्ताओं और राजाओं ने चाहा कि जो बातें तुम देखते हो देखें पर न देखीं, और जो बातें तुम सुनते हो सुनें पर न सुनीं।''

दयालु सामरी का दृष्टान्त

25 और देखो, एक व्यवस्थापक उठा और यह कहकर उसकी परीक्षा करने लगा, ''हे गुरु, अनन्त जीवन का वारिस होने के लिये मैं क्या करूँ?'' 26 उसने उस से कहा, ''व्यवस्था में क्या लिखा है? तू कैसे पढ़ता है?'' 27 उसने उत्तर दिया, ''तू प्रभु अपने परमेश्वर से अपने सारे मन और अपने सारे प्राण और अपनी सारी शक्ति और अपनी सारी बुद्धि के साथ प्रेम रख;* और अपने पड़ोसी से अपने समान प्रेम रख†।'' 28 उसने उससे कहा, ''तू ने ठीक उत्तर दिया, यही कर तो तू जीवित रहेगा।''* 29 परन्तु उसने अपने आप को धर्मी ठहराने की इच्छा से यीशु से पूछा, ''तो मेरा पड़ोसी कौन है?'' 30 यीशु ने उत्तर दिया, ''एक मनुष्य यरूशलेम से यरीहो को जा रहा था कि डाकुओं ने घेरकर उसके कपड़े उतार लिए, और मार पीटकर उसे अधमरा छोड़कर चले गए। 31 और ऐसा हुआ कि उसी मार्ग से एक याजक जा रहा था, परन्तु उसे देख के कतराकर चला गया। 32 इसी रीति से एक लेवी उस जगह पर आया, वह भी उसे देख के कतराकर चला गया। 33 परन्तु एक सामरी यात्री वहाँ आ निकला, और उसे देखकर तरस खाया।* 34 उसने उसके पास आकर उसके घावों पर तेल और दाखरस ढालकर पट्टियाँ बाँधीं, और अपनी सवारी पर चढ़ाकर सराय में ले गया, और उसकी सेवा टहल की।* 35 दूसरे दिन उसने दो दीनार* निकालकर सराय के मालिक को दिए, और कहा, 'इसकी सेवा टहल करना, और जो कुछ तेरा और लगेगा, वह मैं लौटने पर तुझे भर दूँगा।' 36 अब तेरी समझ में जो डाकुओं में घिर गया था, इन तीनों में से उसका पड़ोसी कौन ठहरा?'' 37 उसने कहा, ''वही जिस ने उस पर दया की।'' यीशु ने उससे कहा, ''जा, तू भी ऐसा ही कर।''

मार्था और मरियम के घर यीशु

38 जब वे जा रहे थे तो वह एक गाँव में गया, और मार्था नामक एक स्त्री ने उसे अपने घर में उतारा। 39 मरियम नामक उसकी एक बहिन थी। वह प्रभु के चरणों में बैठकर उसका वचन सुनती थी।* 40 परन्तु मार्था सेवा करते करते घबरा गई, और उसके पास आकर कहने लगी, ''हे प्रभु, क्या तुझे कुछ भी चिन्ता नहीं कि मेरी बहिन ने मुझे सेवा करने के लिये अकेली ही छोड़ दिया है? इसलिये उससे कह कि मेरी सहायता करे।'' 41 प्रभु ने उसे उत्तर दिया, ''मार्था, हे मार्था; तू बहुत बातों के लिये चिन्ता करती और घबराती है। 42 परन्तु एक बात* आवश्यक है, और उस उत्तम भाग को मरियम ने चुन लिया है जो उससे छीना न जाएगा।''

चेलों को प्रार्थना करना सिखाना

(मत्ती 6: 9-13)

11 वह किसी जगह प्रार्थना कर रहा था। जब वह प्रार्थना कर चुका, तो उसके चेलों में से एक ने उससे कहा, ''हे प्रभु, जैसे यूहन्ना ने अपने चेलों को प्रार्थना करना सिखाया वैसे ही हमें भी तू सिखा दे।

2 उसने उनसे कहा, ''जब तुम प्रार्थना करो तो कहो :

'हे पिता,
तेरा नाम पवित्र माना जाए,
तेरा राज्य आए।
3 'हमारी दिन भर की रोटी हर दिन हमें दिया कर,
4 'और हमारे पापों को क्षमा कर,
क्योंकि हम भी अपने हर एक अपराधी को क्षमा करते हैं,
और हमें परीक्षा में न ला'।''

10:25-28* मत्ती 22:35-40; मर 12:28-34 27* व्य 6:5 † लैव्य 19:18 28* लैव्य 18:5 ; 33,34* 2 इति 28:15
35* *एक दीनार बराबर एक दिन की मज़दूरी* 38,39* यूह 11:1 42* या पर *थोड़ी या एक ही वस्तु अवश्य है*

प्रार्थना के सम्बन्ध में यीशु की शिक्षा

(मत्ती 7: 7–11)

5 तब उसने उनसे कहा, ''तुम में से कौन
है कि उसका एक मित्र हो, और वह आधी
रात को उसके पास जाकर उससे कहे, 'हे मित्र;
मुझे तीन रोटियाँ दे*। 6 क्योंकि एक यात्री
मित्र मेरे पास आया है, और उसके आगे रखने
के लिये मेरे पास कुछ नहीं है।' 7 और वह
भीतर से उत्तर दे, 'मुझे दु:ख न दे; अब तो द्वार
बन्द है और मेरे बालक मेरे पास बिछौने पर
हैं, इसलिये मैं उठकर तुझे दे नहीं सकता?'
8 मैं तुम से कहता हूँ, यदि उसका मित्र होने पर
भी उसे उठकर न दे, तौभी उसके लज्जा छोड़कर
माँगने के कारण उसे जितनी आवश्यकता हो
उतनी उठकर देगा। 9 और मैं तुम से कहता हूँ
कि माँगो, तो तुम्हें दिया जाएगा; ढूँढ़ो, तो तुम
पाओगे; खटखटाओ, तो तुम्हारे लिये खोला
जाएगा। 10 क्योंकि जो कोई माँगता है, उसे
मिलता है; और जो ढूँढ़ता है, वह पाता है; और
जो खटखटाता है, उसके लिए खोला जाएगा।
11 तुम में से ऐसा कौन पिता होगा, कि जब
उसका पुत्र रोटी माँगे, तो उसे पत्थर दे; या
मछली माँगे, तो मछली के बदले उसे साँप
दे? 12 या अण्डा माँगे तो उसे बिच्छू दे?
13 अत: जब तुम बुरे होकर अपने बच्चों
को अच्छी वस्तुएँ देना जानते हो, तो स्वर्गीय
पिता अपने माँगनेवालों को पवित्र आत्मा क्यों न
देगा।''

यीशु और बालज़बूल

(मत्ती 12: 22–30; मरकुस 3: 20–27)

14 फिर उसने एक गूँगी दुष्टात्मा को निकाला।
जब दुष्टात्मा निकल गई तो गूँगा बोलने लगा;
और लोगों को अचम्भा हुआ। 15 परन्तु उनमें से
कुछ ने कहा, ''यह तो बालज़बूल नामक
दुष्टात्माओं के प्रधान की सहायता से दुष्टात्माओं
को निकालता है।''* 16 औरों ने उसकी परीक्षा
करने के लिये उससे आकाश का एक चिह्न माँगा।*
17 परन्तु उसने उनके मन की बातें जानकर,
उनसे कहा, ''जिस-जिस राज्य में फूट होती
है, वह राज्य उजड़ जाता है; और जिस घर में
फूट होती है, वह नष्ट हो जाता है। 18 यदि
शैतान अपना ही विरोधी हो जाए, तो उसका
राज्य कैसे बना रहेगा? क्योंकि तुम मेरे विषय
में तो कहते हो कि यह शैतान* की सहायता
से दुष्टात्मा निकालता है। 19 भला यदि मैं
शैतान की सहायता से दुष्टात्माओं को निकालता
हूँ, तो तुम्हारी सन्तान किसकी सहायता से
निकालते हैं? इसलिये वे ही तुम्हारा न्याय
चुकाएँगे। 20 परन्तु यदि मैं परमेश्वर की सामर्थ्य*
से दुष्टात्माओं को निकालता हूँ, तो परमेश्वर का
राज्य तुम्हारे पास आ पहुँचा है। 21 जब बलवन्त
मनुष्य हथियार बाँधे हुए अपने घर की रखवाली
करता है, तो उसकी संपत्ति बची रहती है।
22 पर जब उससे बढ़कर कोई और बलवन्त
चढ़ाई करके उसे जीत लेता है, तो उसके वे
हथियार जिन पर उसका भरोसा था, छीन लेता है
और उसकी संपत्ति लूटकर बाँट देता है। 23 जो
मेरे साथ नहीं वह मेरे विरोध में है, और जो मेरे
साथ नहीं बटोरता वह बिखेरता है।*

अधूरे सुधार से विपत्ति

(मत्ती 12: 43–45)

24 ''जब अशुद्ध आत्मा मनुष्य में से निकल
जाती है तो सूखी जगहों में विश्राम ढूँढ़ती फिरती
है, और जब नहीं पाती तो कहती है, 'मैं अपने
उसी घर में जहाँ से निकली थी लौट जाऊँगी।'
25 और आकर उसे झाड़ा-बुहारा और सजा-
सजाया पाती है। 26 तब वह जाकर अपने से
बुरी सात और आत्माओं को अपने साथ ले आती
है, और वे उसमें पैठकर वास करती हैं, और उस
मनुष्य की पिछली दशा पहले से भी बुरी हो
जाती है।''

11:5* यू० *उधार दे* 15* मत्ती 9:34; 10:25 16* मत्ती 12:38; 16:1; मर 8:11 18* मूल में, *बालज़बूल* 20* यू० *उंगली*
23* मर 9:40

धन्य कौन है?

27 जब वह ये बातें कह ही रहा था तो भीड़ में से किसी स्त्री ने ऊँचे शब्द से कहा, ''धन्य है वह गर्भ जिसमें तू रहा और वे स्तन जो तू ने चूसे।'' 28 उसने कहा, ''हाँ; परन्तु धन्य वे हैं जो परमेश्वर का वचन सुनते और मानते हैं।''

स्वर्गीय चिह्न की माँग

(मत्ती 12: 38-42)

29 जब बड़ी भीड़ इकट्ठी होती जाती थी तो वह कहने लगा, ''इस युग के लोग* बुरे हैं; वे चिह्न ढूँढ़ते हैं; पर योना के चिह्न को छोड़ कोई और चिह्न उन्हें न दिया जाएगा।† 30 जैसा योना नीनवे के लोगों के लिये चिह्न ठहरा, वैसा ही मनुष्य का पुत्र भी इस युग के लोगों के लिये ठहरेगा।* 31 दक्षिण की रानी न्याय के दिन इस समय के मनुष्यों के साथ उठकर उन्हें दोषी ठहराएगी, क्योंकि वह सुलैमान का ज्ञान सुनने को पृथ्वी की छोर से आई,* और देखो, यहाँ वह है जो सुलैमान से भी बड़ा है। 32 नीनवे के लोग न्याय के दिन इस समय के लोगों के साथ खड़े होकर, उन्हें दोषी ठहराएँगे;* क्योंकि उन्होंने योना का प्रचार सुनकर मन फिराया, और देखो, यहाँ वह है जो योना से भी बड़ा है।

शरीर का दीया

(मत्ती 5:15; 6:22, 23)

33 ''कोई मनुष्य दीया जला के तलघर में या पैमाने के नीचे नहीं रखता, परन्तु दीवट पर रखता है कि भीतर आनेवाले उजियाला पाएँ।* 34 तेरे शरीर का दीया तेरी आँख है, इसलिये जब तेरी आँख निर्मल है तो तेरा सारा शरीर भी उजियाला है; परन्तु जब वह बुरी है तो तेरा शरीर भी अन्धेरा है। 35 इसलिये चौकस रहना कि जो उजियाला तुझ में है वह अन्धेरा न हो जाए। 36 इसलिये यदि तेरा सारा शरीर उजियाला हो और उसका कोई भाग अन्धेरा न रहे तो सब का सब ऐसा उजियाला होगा, जैसा उस समय होता है जब दीया अपनी चमक से तुझे उजाला देता है।''

शास्त्रियों और फरीसियों की भर्त्सना

(मत्ती 23:1-36; मरकुस 12: 38-40)

37 जब वह बातें कर रहा था तो किसी फरीसी ने उससे विनती की कि मेरे यहाँ भोजन कर। वह भीतर जाकर भोजन करने बैठा। 38 फरीसी को यह देखकर अचम्भा हुआ कि उसने भोजन करने से पहले स्नान नहीं किया। 39 प्रभु ने उससे कहा, ''हे फरीसियो, तुम कटोरे और थाली को ऊपर-ऊपर से तो माँजते हो, परन्तु तुम्हारे भीतर अन्धेर और दुष्टता भरी है। 40 हे निर्बुद्धियो, जिसने बाहर का भाग बनाया, क्या उसने भीतर का भाग नहीं बनाया? 41 परन्तु हाँ, भीतरवाली वस्तुओं को दान कर दो, तो देखो, सब कुछ तुम्हारे लिये शुद्ध हो जाएगा।

42 ''पर हे फरीसियो, तुम पर हाय! तुम पोदीने और सुदाब का और सब भाँति के साग-पात का दसवाँ अंश देते हो,* परन्तु न्याय को और परमेश्वर के प्रेम को टाल देते हो; चाहिए तो था कि इन्हें भी करते रहते और उन्हें भी न छोड़ते। 43 हे फरीसियो, तुम पर हाय! तुम आराधनालयों में मुख्य-मुख्य आसन और बाजारों में नमस्कार चाहते हो। 44 हाय तुम पर! क्योंकि तुम उन छिपी कब्रों के समान हो, जिन पर लोग चलते हैं परन्तु नहीं जानते।''

45 तब एक व्यवस्थापक ने उसको उत्तर दिया, ''हे गुरु, इन बातों के कहने से तू हमारी निन्दा करता है।'' 46 उसने कहा, ''हे व्यवस्थापको, तुम पर भी हाय! तुम ऐसे बोझ जिनको उठाना कठिन है, मनुष्यों पर लादते हो परन्तु तुम आप उन बोझों को अपनी एक उँगली से भी नहीं छूते। 47 हाय तुम पर! तुम उन भविष्यद्वक्ताओं की कब्रें बनाते हो, जिन्हें तुम्हारे ही बाप-दादों ने मार डाला था। 48 अतः तुम गवाह हो, और

11:29* यू॰ *पीढ़ी* **†** मत्ती 16:4; मर 8:12 **30*** योना 3:4 **31*** 1 राजा 10:1-10; 2 इति 9:1-12 **32*** योना 3:5
33* मत्ती 5:15; मर 4:21; लूका 8:16 **42*** लैव्य 27:30

अपने बाप-दादों के कामों से सहमत हो; क्योंकि उन्होंने उन्हें मार डाला और तुम उनकी कब्रें बनाते हो। 49 इसलिये परमेश्वर की बुद्धि ने भी कहा है, 'मैं उनके पास भविष्यद्वक्ताओं और प्रेरितों को भेजूँगी, और वे उनमें से कुछ को मार डालेंगे, और कुछ को सताएँगे।' 50 ताकि जितने भविष्यद्वक्ताओं का लहू जगत की उत्पत्ति से बहाया गया है, सब का लेखा इस युग के लोगों* से लिया जाए : 51 हाबील की हत्या से लेकर जकरयाह की हत्या तक,* जो वेदी और मन्दिर† के बीच में घात किया गया। मैं तुम से सच कहता हूँ, इन सब का लेखा इसी समय के लोगों से लिया जाएगा। 52 हाय तुम व्यवस्थापकों पर! तुम ने ज्ञान की कुंजी ले तो ली, परन्तु तुम ने आप ही प्रवेश नहीं किया, और प्रवेश करनेवालों को भी रोक दिया।''

53 जब वह वहाँ से निकला, तो शास्त्री और फरीसी बुरी तरह उसके पीछे पड़ गए और छेड़ने लगे कि वह बहुत सी बातों की चर्चा करे, 54 और घात में लगे रहे कि उसके मुँह की कोई बात पकड़ें।

पाखण्ड के विरुद्ध चेतावनी

(मत्ती 10: 26, 27)

12 इतने में जब हजारों की भीड़ लग गई, यहाँ तक कि वे एक दूसरे पर गिरे पड़ते थे, तो वह सब से पहले अपने चेलों से कहने लगा, ''फरीसियों के कपटरूपी खमीर से चौकस रहना।* 2 कुछ ढका नहीं, जो खोला न जाएगा; और न कुछ छिपा है, जो जाना न जाएगा।* 3 इसलिये जो कुछ तुम ने अन्धेरे में कहा है, वह उजाले में सुना जाएगा; और जो तुम ने कोठरियों में कानों कान कहा है, वह छत पर से प्रचार किया जाएगा।

किस से डरें?

(मत्ती 10:28-31)

4 ''मैं तुम से जो मेरे मित्र हो कहता हूँ कि जो शरीर को घात करते हैं परन्तु उसके पीछे और कुछ नहीं कर सकते, उनसे मत डरो। 5 मैं तुम्हें चिताता हूँ कि तुम्हें किससे डरना चाहिए, घात करने के बाद जिसको नरक में डालने का अधिकार है, उसी से डरो; हाँ, मैं तुम से कहता हूँ, उसी से डरो। 6 क्या दो पैसे की पाँच गौरैयाँ नहीं बिकतीं? तौभी परमेश्वर उनमें से एक को भी नहीं भूलता। 7 तुम्हारे सिर के सब बाल भी गिने हुए हैं, इसलिये डरो नहीं, तुम बहुत गौरैयों से बढ़कर हो।

यीशु को स्वीकार या अस्वीकार करना

(मत्ती 10: 32,33; 12: 32; 10:19,20)

8 ''मैं तुम से कहता हूँ जो कोई मनुष्यों के सामने मुझे मान लेगा उसे मनुष्य का पुत्र भी परमेश्वर के स्वर्गदूतों के सामने मान लेगा। 9 परन्तु जो मनुष्यों के सामने मेरा इन्कार करे उसका परमेश्वर के स्वर्गदूतों के सामने इन्कार किया जाएगा।

10 ''जो कोई मनुष्य के पुत्र के विरोध में कोई बात कहे, उसका वह अपराध क्षमा किया जाएगा, परन्तु जो पवित्र आत्मा की निन्दा करे, उसका अपराध क्षमा नहीं किया जाएगा।*

11 ''जब लोग तुम्हें सभाओं और हाकिमों और अधिकारियों के सामने ले जाएँ, तो चिन्ता न करना कि हम किस रीति से या क्या उत्तर दें, या क्या कहें। 12 क्योंकि पवित्र आत्मा उसी घड़ी तुम्हें सिखा देगा कि क्या कहना चाहिए।''*

एक धनवान मूर्ख का दृष्टान्त

13 फिर भीड़ में से एक ने उससे कहा, ''हे गुरु, मेरे भाई से कह कि पिता की सम्पत्ति मेरे साथ बाँट ले।'' 14 उसने उससे कहा, ''हे मनुष्य, किसने मुझे तुम्हारा न्यायी या बाँटनेवाला नियुक्त किया है?'' 15 और उसने उनसे कहा, ''चौकस रहो, और हर प्रकार के लोभ से अपने आप को बचाए रखो; क्योंकि किसी का जीवन उसकी सम्पत्ति की बहुतायत से नहीं होता।''

11:50* यू० *पीढ़ी* **51*** उत्प 4:8; 2 इति 24:20,21 **†** यू० *पवित्रस्थान* **12:1*** मत्ती 16:6; मर 8:15 **2*** मर 4:22; लूका 8:17
10* मत्ती 12:32; मर 3:29 **11,12*** मत्ती 10:19,20; मर 13:11; लूका 21:14,15

16 उसने उनसे एक दृष्टान्त कहा : ''किसी
धनवान की भूमि में बड़ी उपज हुई। 17 तब वह
अपने मन में विचार करने लगा, 'मैं क्या करूँ?
क्योंकि मेरे यहाँ जगह नहीं जहाँ अपनी उपज
इत्यादि रखूँ।' 18 और उसने कहा, 'मैं यह
करूँगा : मैं अपनी बखारियाँ तोड़ कर उनसे
बड़ी बनाऊँगा; और वहाँ अपना सब अन्न और
संपत्ति रखूँगा; 19 और अपने प्राण से कहूँगा कि
प्राण, तेरे पास बहुत वर्षों के लिये बहुत सम्पत्ति
रखी है; चैन कर, खा, पी, सुख से रह।'
20 परन्तु परमेश्वर ने उससे कहा, 'हे मूर्ख! इसी
रात तेरा प्राण तुझ से ले लिया जाएगा; तब जो
कुछ तू ने इकट्ठा किया है वह किसका होगा?'
21 ऐसा ही वह मनुष्य भी है जो अपने लिये धन
बटोरता है, परन्तु परमेश्वर की दृष्टि में धनी
नहीं।''

परमेश्वर पर भरोसा रखो

(मत्ती 6: 25-34)

22 फिर उसने अपने चेलों से कहा, ''इसलिये
मैं तुम से कहता हूँ, अपने प्राण की चिन्ता न
करो कि हम क्या खाएँगे; न अपने शरीर की कि
क्या पहिनेंगे। 23 क्योंकि भोजन से प्राण, और
वस्त्र से शरीर बढ़कर है। 24 कौवों पर ध्यान दो;
वे न बोते हैं, न काटते; न उनके भण्डार और न
खत्ता होता है; तौभी परमेश्वर उन्हें पालता है।
तुम्हारा मूल्य पक्षियों से कहीं अधिक है!
25 तुम में से ऐसा कौन है जो चिन्ता करने से
अपनी आयु में एक घड़ी* भी बढ़ा सकता है?
26 इसलिये यदि तुम सब से छोटा काम भी नहीं
कर सकते, तो और बातों के लिये क्यों चिन्ता
करते हो? 27 सोसनों के पेड़ों पर ध्यान करो कि
वे कैसे बढ़ते हैं : वे न परिश्रम करते, न कातते
हैं; तौभी मैं तुम से कहता हूँ कि सुलैमान* भी
अपने सारे वैभव में, उनमें से किसी एक के
समान वस्त्र पहिने हुए न था। 28 इसलिये यदि
परमेश्वर मैदान की घास को, जो आज है और
कल भाड़ में झोंकी जाएगी, ऐसा पहिनाता है; तो
हे अल्प विश्वासियो, वह तुम्हें क्यों न पहिनाएगा?
29 और तुम इस बात की खोज में न रहो कि
क्या खाएँगे और क्या पीएँगे, और न सन्देह करो।
30 क्योंकि संसार की जातियाँ इन सब वस्तुओं
की खोज में रहती हैं : और तुम्हारा पिता जानता
है कि तुम्हें इन वस्तुओं की आवश्यकता है।
31 परन्तु उसके राज्य की खोज में रहो, तो ये
वस्तुएँ भी तुम्हें मिल जाएँगी।

स्वर्गीय धन

(मत्ती 6:19-21)

32 ''हे छोटे झुण्ड, मत डर; क्योंकि तुम्हारे
पिता को यह भाया है, कि तुम्हें राज्य दे।
33 अपनी सम्पत्ति बेचकर दान कर दो; और
अपने लिये ऐसे बटुए बनाओ जो पुराने नहीं
होते, अर्थात् स्वर्ग पर ऐसा धन इकट्ठा करो जो
घटता नहीं और जिसके निकट चोर नहीं जाता,
और कीड़ा नहीं बिगाड़ता। 34 क्योंकि जहाँ तुम्हारा
धन है, वहाँ तुम्हारा मन भी लगा रहेगा।

जागते रहो

35 ''तुम्हारी कमरें बन्धी रहें और तुम्हारे
दीये जलते रहें,* 36 और तुम उन मनुष्यों के
समान बनो, जो अपने स्वामी की बाट देख रहे
हों कि वह विवाह से कब लौटेगा, कि जब
वह आकर द्वार खटखटाए तो तुरन्त उसके लिये
खोल दें।* 37 धन्य हैं वे दास जिन्हें स्वामी
आकर जागते पाए; मैं तुम से सच कहता हूँ कि
वह कमर बाँध कर उन्हें भोजन करने को
बैठाएगा, और पास आकर उनकी सेवा करेगा।
38 यदि वह रात के दूसरे पहर या तीसरे पहर में
आकर उन्हें जागते पाए, तो वे दास धन्य हैं।
39 परन्तु तुम यह जान रखो कि यदि घर का
स्वामी जानता कि चोर किस घड़ी आएगा, तो
जागता रहता और अपने घर में सेंध लगने न
देता।* 40 तुम भी तैयार रहो; क्योंकि जिस घड़ी
तुम सोचते भी नहीं, उसी घड़ी मनुष्य का पुत्र
आ जाएगा।''*

12:25* यू० *हाथ* **27*** 1 राजा 10:4-7; 2 इति 9:3-6 **35*** मत्ती 25:1-13 **36*** मर 13:34-36 **39,40*** मत्ती 24:43,44

विश्‍वासयोग्य या अविश्‍वासयोग्य दास

(मत्ती 24: 45-51)

41 तब पतरस ने कहा, ''हे प्रभु, क्या यह
दृष्‍टान्त तू हम ही से या सब से कहता है।''
42 प्रभु ने कहा, ''वह विश्‍वासयोग्य और
बुद्धिमान भण्डारी कौन है, जिसका स्वामी उसे
नौकर चाकरों पर सरदार ठहराए कि उन्हें समय
पर भोजन सामग्री दे। 43 धन्य है वह दास, जिसे
उसका स्वामी आकर ऐसा ही करते पाए। 44 मैं
तुम से सच कहता हूँ, वह उसे अपनी सब सम्पत्ति
पर अधिकारी ठहराएगा। 45 परन्तु यदि वह दास
सोचने लगे कि मेरा स्वामी आने में देर कर रहा
है, और दासों और दासियों को मारने-पीटने
लगे, और खाने-पीने और पियक्‍कड़ होने लगे।
46 तो उस दास का स्वामी ऐसे दिन, जब वह
उसकी बाट जोहता न रहे, और ऐसी घड़ी जिसे
वह जानता न हो, आएगा और उसे भारी दण्ड
देकर उसका भाग अविश्‍वासियों के साथ
ठहराएगा। 47 वह दास जो अपने स्वामी की
इच्छा जानता था, और तैयार न रहा और न उसकी
इच्छा के अनुसार चला, बहुत मार खाएगा।
48 परन्तु जो नहीं जानकर मार खाने के योग्य
काम करे वह थोड़ी मार खाएगा। इसलिये जिसे
बहुत दिया गया है, उससे बहुत माँगा जाएगा;
और जिसे बहुत सौंपा गया है, उससे बहुत लिया
जाएगा।

यीशु के आगमन का परिणाम

(मत्ती 10:34-36)

49 ''मैं पृथ्वी पर आग लगाने आया हूँ; और
क्या चाहता हूँ केवल यह कि अभी सुलग जाती!
50 मुझे तो एक बपतिस्मा लेना है, और जब तक
वह न हो ले तब तक मैं कैसी व्यथा में रहूँगा!*
51 क्या तुम समझते हो कि मैं पृथ्वी पर मिलाप
कराने आया हूँ? मैं तुम से कहता हूँ; नहीं, वरन्
अलग कराने आया हूँ। 52 क्योंकि अब से एक
घर में पाँच जन आपस में विरोध रखेंगे, तीन दो
से और दो तीन से। 53 पिता पुत्र से, और पुत्र
पिता से विरोध रखेगा; माँ बेटी से, और बेटी माँ
से, सास बहू से, और बहू सास से विरोध
रखेगी।*''

समय के लक्षण

(मत्ती 16: 2,3)

54 उसने भीड़ से भी कहा, ''जब तुम बादल
को पश्‍चिम से उठते देखते हो तो तुरन्त कहते हो
कि वर्षा होगी,और ऐसा ही होता है; 55 और
जब दक्षिणी हवा चलती देखते हो तो कहते हो
कि लूह चलेगी, और ऐसा ही होता है। 56 हे
कपटियो, तुम धरती और आकाश के रूप-रंग में
भेद कर सकते हो, परन्तु इस युग के विषय में
क्यों भेद करना नहीं जानते?

अपने मुद्दई से समझौता

(मत्ती 5: 25,26)

57 ''तुम आप ही निर्णय क्यों नहीं कर लेते
कि उचित क्या है? 58 जब तू अपने मुद्दई के
साथ हाकिम के पास जा रहा है तो मार्ग ही में
उससे छूटने का यत्न कर ले, ऐसा न हो कि वह
तुझे न्यायी के पास खींच ले जाए, और न्यायी
तुझे सिपाही को सौंपे और सिपाही तुझे बन्दीगृह
में डाल दे। 59 मैं तुम से कहता हूँ कि जब तक
तू दमड़ी-दमड़ी भर न देगा तब तक वहाँ से
छूटने न पाएगा।''

मन फिराओ या नाश हो

13 उस समय कुछ लोग आ पहुँचे, और
उससे उन गलीलियों की चर्चा करने
लगे, जिनका लहू पिलातुस ने उन ही के बलिदानों
के साथ मिलाया था। 2 यह सुन उसने उनसे
उत्तर में यह कहा, ''क्या तुम समझते हो कि ये
गलीली और सब गलीलियों से अधिक पापी थे
कि उन पर ऐसी विपत्ति पड़ी? 3 मैं तुम से
कहता हूँ कि नहीं; परन्तु यदि तुम मन न फिराओगे
तो तुम सब भी इसी रीति से नष्‍ट होगे। 4 या, क्या

12:50* मर 10:38 **53*** मीका 7:6

तुम समझते हो कि वे अठारह जन जिन पर शीलोह का गुम्मट गिरा, और वे दब कर मर गए : यरूशलेम के और सब रहनेवालों से अधिक अपराधी थे? 5 मैं तुमसे कहता हूँ कि नहीं; परन्तु यदि तुम मन न फिराओगे तो तुम सब भी इसी रीति से नष्ट होगे।''

फल-रहित अंजीर के पेड़ का दृष्टान्त

6 फिर उसने यह दृष्टान्त भी कहा : ''किसी की अंगूर की बारी में एक अंजीर का पेड़ लगा हुआ था। वह उसमें फल ढूँढ़ने आया, परन्तु न पाया। 7 तब उस ने बारी के रखवाले से कहा, 'देख, तीन वर्ष से मैं इस अंजीर के पेड़ में फल ढूँढ़ने आता हूँ, परन्तु नहीं पाता। इसे काट डाल कि यह भूमि को भी क्यों रोके रहे?' 8 उसने उसको उत्तर दिया, 'हे स्वामी, इसे इस वर्ष और रहने दे कि मैं इसके चारों ओर खोदकर खाद डालूँ। 9 यदि आगे को फले तो भला, नहीं तो उसे काट डालना'।''

सब्त के दिन कुबड़ी स्त्री को चंगा करना

10 सब्त* के दिन वह एक आराधनालय में उपदेश कर रहा था। 11 वहाँ एक स्त्री थी जिसे अठारह वर्ष से एक दुर्बल करनेवाली दुष्टात्मा लगी थी, और वह कुबड़ी हो गई थी और किसी रीति से सीधी नहीं हो सकती थी। 12 यीशु ने उसे देखकर बुलाया, और कहा, ''हे नारी, तू अपनी दुर्बलता से छूट गई।'' 13 तब उसने उस पर हाथ रखे, और वह तुरन्त सीधी हो गई और परमेश्वर की बड़ाई करने लगी। 14 इसलिये कि यीशु ने सब्त के दिन उसे अच्छा किया था, आराधनालय का सरदार रिसियाकर लोगों से कहने लगा, ''छः दिन हैं जिन में काम करना चाहिए, अतः उन ही दिनों में आकर चंगे हो, परन्तु सब्त के दिन में नहीं।''* 15 यह सुन कर प्रभु ने उत्तर दिया, ''हे कपटियो, क्या सब्त के दिन तुम में से हर एक अपने बैल या गदहे को थान से खोलकर पानी पिलाने नहीं ले जाता? 16 तो क्या उचित न था कि यह स्त्री जो अब्राहम की बेटी है जिसे शैतान ने अठारह वर्ष से बाँध रखा था, सब्त के दिन इस बन्धन से छुड़ाई जाती?'' 17 जब उसने ये बातें कहीं, तो उसके सब विरोधी लज्जित हो गए, और सारी भीड़ उन महिमा के कामों से जो वह करता था, आनन्दित हुई।

राई के दाने का दृष्टान्त

(मत्ती 13:31, 32; मरकुस 4: 30–32)

18 फिर उसने कहा, ''परमेश्वर का राज्य किसके समान है? और मैं उस की उपमा किससे दूँ? 19 वह राई के एक दाने के समान है, जिसे किसी मनुष्य ने लेकर अपनी बारी में बोया : और वह बढ़कर पेड़ हो गया; और आकाश के पक्षियों ने उसकी डालियों पर बसेरा किया।''

खमीर का दृष्टान्त

(मत्ती 13: 33)

20 उसने फिर कहा, ''मैं परमेश्वर के राज्य की उपमा किससे दूँ? 21 वह खमीर के समान है, जिसको किसी स्त्री ने लेकर तीन पसेरी आटे में मिलाया, और होते होते सब आटा खमीर हो गया।''

सकेत द्वार

(मत्ती 7:13, 14, 21–23)

22 वह नगर-नगर, और गाँव-गाँव होकर उपदेश करता हुआ यरूशलेम की ओर जा रहा था, 23 तो किसी ने उस से पूछा, ''हे प्रभु, क्या उद्धार पानेवाले थोड़े हैं?'' उसने उनसे कहा, 24 ''सकेत द्वार से प्रवेश करने का यत्न करो, क्योंकि मैं तुम से कहता हूँ कि बहुत से प्रवेश करना चाहेंगे, और न कर सकेंगे। 25 जब घर का स्वामी उठकर द्वार बन्द कर चुका हो, और तुम बाहर खड़े हुए द्वार खटखटाकर कहने लगो, 'हे प्रभु, हमारे लिये खोल दे,' और वह उत्तर दे, 'मैं तुम्हें नहीं जानता, तुम कहाँ के हो?'

13:10* यू० *विश्राम के दिन* **14*** निर्ग 20:9,10; व्य 5:13,14

26 तब तुम कहने लगोगे, 'हम ने तेरे सामने खाया-पीया और तू ने हमारे बाजारों में उपदेश किया।' 27 परन्तु वह कहेगा, 'मैं तुम से कहता हूँ, मैं नहीं जानता तुम कहाँ से हो। हे कुकर्म करनेवालो, तुम सब मुझ से दूर हो।'* 28 वहाँ रोना और दाँत पीसना होगा;* जब तुम अब्राहम और इसहाक और याकूब और सब भविष्य-द्वक्ताओं को परमेश्वर के राज्य में बैठे, और अपने आप को बाहर निकाले हुए देखोगे; 29 और पूर्व और पच्छिम; उत्तर और दक्खिन से लोग आकर परमेश्वर के राज्य के भोज में भागी होंगे।* 30 और देखो, कुछ पिछले हैं वे पहले होंगे, और कुछ जो पहले हैं, वे पिछले होंगे।*''

हेरोदेस की शत्रुता

31 उसी घड़ी कुछ फरीसियों ने आकर उससे कहा, ''यहाँ से निकलकर चला जा, क्योंकि हेरोदेस तुझे मार डालना चाहता है।'' 32 उसने उनसे कहा, ''जाकर उस लोमड़ी से कह दो कि देख, मैं आज और कल दुष्टात्माओं को निकालता और बीमारों को चंगा करता हूँ, और तीसरे दिन अपना कार्य पूरा करूँगा। 33 तौभी मुझे आज और कल और परसों चलना अवश्य है, क्योंकि हो नहीं सकता कि कोई भविष्यद्वक्ता यरूशलेम के बाहर मारा जाए।

यरूशलेम के लिये विलाप

(मत्ती 23 : 37-39)

34 ''हे यरूशलेम! हे यरूशलेम! तू जो भविष्यद्वक्ताओं को मार डालता है, और जो तेरे पास भेजे गए उन पर पथराव करता है। कितनी ही बार मैं ने यह चाहा कि जैसे मुर्गी अपने बच्चों को अपने पंखों के नीचे इकट्ठा करती है, वैसे ही मैं भी तेरे बालकों को इकट्ठा करूँ, पर तुम ने यह न चाहा। 35 देखो, तुम्हारा घर तुम्हारे लिये उजाड़ छोड़ा जाता है,* और मैं तुम से कहता हूँ : जब तक तुम न कहोगे,

'धन्य है वह, जो प्रभु के नाम से आता है,'† तब तक तुम मुझे फिर कभी न देखोगे।''

फरीसी के घर में यीशु

14 फिर वह सब्त के दिन फरीसियों के सरदारों में से किसी के घर रोटी खाने गया; और वे उसकी घात में थे। 2 वहाँ एक मनुष्य उसके सामने था, जिसे जलन्धर का रोग था। 3 इस पर यीशु ने व्यवस्थापकों और फरीसियों से कहा, ''क्या सब्त के दिन अच्छा करना उचित है या नहीं ?'' 4 परन्तु वे चुपचाप रहे। तब उसने उसे छू कर चंगा किया और जाने दिया, 5 और उनसे कहा, ''तुम में से ऐसा कौन है, जिसका गदहा* या बैल कुएँ में गिर जाए और वह सब्त के दिन उसे तुरन्त बाहर न निकाले ?''† 6 वे इन बातों का कुछ उत्तर न दे सके।

नम्रता और आतिथ्य-सत्कार

7 जब उसने देखा कि आमन्त्रित लोग कैसे मुख्य-मुख्य जगहें चुन लेते हैं तो एक दृष्टान्त देकर उनसे कहा, 8 ''जब कोई तुझे विवाह में बुलाए, तो मुख्य जगह में न बैठना, कहीं ऐसा न हो कि उसने तुझ से भी किसी बड़े को नेवता दिया हो,* 9 और जिसने तुझे और उसे दोनों को नेवता दिया है, आकर तुझ से कहे, 'इसको जगह दे,' और तब तुझे लज्जित होकर सबसे नीची जगह में बैठना पड़े।* 10 पर जब तू बुलाया जाए तो सब से नीची जगह जा बैठ कि जब वह, जिसने तुझे नेवता दिया है आए, तो तुझ से कहे, 'हे मित्र, आगे बढ़कर बैठ,' तब तेरे साथ बैठनेवालों के सामने तेरी बड़ाई होगी।* 11 क्योंकि जो कोई अपने आप को बड़ा बनाएगा, वह छोटा किया जाएगा; और जो कोई अपने आप को छोटा बनाएगा, वह बड़ा किया जाएगा।*''

12 तब उसने अपने नेवता देनेवाले से भी कहा, ''जब तू दिन का या रात का भोज करे, तो

13:27* भजन 6:8 28* मत्ती 22:13; 25:30 28,29* मत्ती 8:11,12 30* मत्ती 19:30; 20:16; मर 10:31 35* यिर्म 22:5
† भजन 118:26 14:5* कुछ हस्तलेखों में – बेटा † मत्ती 12:11 8-10* नीति 25:6,7 11* मत्ती 23:12; लूका 18:14

अपने मित्रों या भाइयों या कुटुम्बियों या धनवान पड़ोसियों को न बुला, कहीं ऐसा न हो कि वे भी तुझे नेवता दें, और तेरा बदला हो जाए। 13 परन्तु जब तू भोज करे तो कंगालों, टुण्डों, लंगड़ों और अन्धों को बुला। 14 तब तू धन्य होगा, क्योंकि उनके पास तुझे बदला देने को कुछ नहीं, परन्तु तुझे धर्मियों के जी उठने पर इस का प्रतिफल मिलेगा।''

बड़े भोज का दृष्टान्त
(मत्ती 22:1-10)

15 उसके साथ भोजन करनेवालों में से एक ने ये बातें सुनकर उससे कहा, ''धन्य है वह जो परमेश्वर के राज्य में रोटी खाएगा।'' 16 उसने उससे कहा, ''किसी मनुष्य ने बड़ा भोज दिया और बहुतों को बुलाया। 17 जब भोजन तैयार हो गया तो उसने अपने दास के हाथ आमन्त्रित लोगों को कहला भेजा, 'आओ, अब भोजन तैयार है।' 18 पर वे सब के सब क्षमा माँगने लगे। पहले ने उससे कहा, 'मैंने खेत मोल लिया है, और अवश्य है कि उसे देखूँ; मैं तुझ से विनती करता हूँ, मुझे क्षमा कर दे।' 19 दूसरे ने कहा, 'मैंने पाँच जोड़े बैल मोल लिये हैं, और उन्हें परखने जाता हूँ; मैं तुझ से विनती करता हूँ, मुझे क्षमा कर दे।' 20 एक और ने कहा, 'मैंने विवाह किया है, इसलिये मैं नहीं आ सकता।' 21 उस दास ने आकर अपने स्वामी को ये बातें कह सुनाईं। तब घर के स्वामी ने क्रोध में आकर अपने दास से कहा, 'नगर के बाजारों और गलियों में तुरन्त जाकर कंगालों, टुण्डों, लंगड़ों और अंधों को यहाँ ले आओ।' 22 दास ने फिर कहा, 'हे स्वामी, जैसा तू ने कहा था, वैसा ही किया गया है; और फिर भी जगह है।' 23 स्वामी ने दास से कहा, 'सड़कों पर और बाड़ों की ओर जा और लोगों को विवश करके ले आ* ताकि मेरा घर भर जाए। 24 क्योंकि मैं तुम से कहता हूँ कि उन आमन्त्रित लोगों में से कोई मेरे भोज को न चखेगा'।''

चेला बनने का मूल्य
(मत्ती 10:37, 38)

25 जब बड़ी भीड़ उसके साथ जा रही थी, तो उसने पीछे मुड़कर उनसे कहा, 26 ''यदि कोई मेरे पास आए, और अपने पिता और माता और पत्नी और बच्चों और भाइयों और बहिनों वरन् अपने प्राण को भी अप्रिय न जाने, तो वह मेरा चेला नहीं हो सकता।* 27 और जो कोई अपना क्रूस न उठाए, और मेरे पीछे न आए, वह भी मेरा चेला नहीं हो सकता।*

28 ''तुम में से कौन है जो गढ़ बनाना चाहता हो, और पहले बैठकर खर्च न जोड़े कि पूरा करने की सामर्थ्य मेरे पास है कि नहीं? 29 कहीं ऐसा न हो कि जब वह नींव डाल ले पर तैयार न कर सके, तो सब देखनेवाले यह कहकर उसे ठट्ठों में उड़ाने लगें, 30 'यह मनुष्य बनाने तो लगा पर तैयार न कर सका?' 31 या कौन ऐसा राजा है जो दूसरे राजा से युद्ध करने जाता हो, और पहले बैठकर विचार न कर ले कि जो बीस हजार लेकर मुझ पर चढ़ा आता है, क्या मैं दस हजार लेकर उसका सामना कर सकता हूँ, या नहीं? 32 नहीं तो उसके दूर रहते ही वह दूतों को भेजकर मिलाप करना चाहेगा। 33 इसी रीति से तुम में से जो कोई अपना सब कुछ त्याग न दे, वह मेरा चेला नहीं हो सकता।

स्वादहीन नमक
(मत्ती 5:13; मरकुस 9:50)

34 ''नमक तो अच्छा है, परन्तु यदि नमक का स्वाद बिगड़ जाए, तो वह किस वस्तु से नमकीन किया जाएगा। 35 वह न तो भूमि के और न खाद के लिये काम में आता है : उसे तो लोग बाहर फेंक देते हैं। जिसके सुनने के कान हों वह सुन ले।''

14:23 * *या बिन लाए मत छोड़* 26 * मत्ती 10:37 27 * मत्ती 10:38; 16:24; मर 8:34; लूका 9:23

खोई हुई भेड़ का दृष्टान्त

(*मत्ती 18:12-14*)

15 सब चुंगी लेनेवाले और पापी उसके
पास आया करते थे ताकि उसकी सुनें।
2 पर फरीसी और शास्त्री कुड़कुड़ाकर कहने
लगे, ''यह तो पापियों से मिलता है और उनके
साथ खाता भी है।''*

3 तब उसने उनसे यह दृष्टान्त कहा : 4 ''तुम
में से कौन है जिसकी सौ भेड़ें हों, और उनमें से
एक खो जाए, तो निन्यानबे को जंगल में छोड़कर,
उस खोई हुई को जब तक मिल न जाए खोजता
न रहे? 5 और जब मिल जाती है, तब वह बड़े
आनन्द से उसे कंधे पर उठा लेता है; 6 और घर
में आकर मित्रों और पड़ोसियों को इकट्ठा करके
कहता है, 'मेरे साथ आनन्द करो, क्योंकि मेरी
खोई हुई भेड़ मिल गई है।' 7 मैं तुम से कहता
हूँ कि इसी रीति से एक मन फिरानेवाले पापी के
विषय में भी स्वर्ग में इतना ही आनन्द होगा,
जितना कि निन्यानबे ऐसे धर्मियों के विषय नहीं
होता, जिन्हें मन फिराने की आवश्यकता नहीं।

खोए हुए सिक्के का दृष्टान्त

8 ''या कौन ऐसी स्त्री होगी जिसके पास दस
सिक्के* हों, और उनमें से एक खो जाए, तो वह
दीया जला कर और घर झाड़-बुहारकर, जब
तक मिल न जाए जी लगाकर खोजती न रहे?
9 और जब मिल जाता है, तो वह अपनी सखियों
और पड़ोसिनों को इकट्ठा करके कहती है, 'मेरे
साथ आनन्द करो, क्योंकि मेरा खोया हुआ सिक्का
मिल गया है।' 10 मैं तुम से कहता हूँ कि इसी
रीति से एक मन फिरानेवाले पापी के विषय में
परमेश्वर के स्वर्गदूतों के सामने आनन्द होता
है।''

उड़ाऊ पुत्र का दृष्टान्त

11 फिर उसने कहा, ''किसी मनुष्य के दो
पुत्र थे। 12 उनमें से छोटे ने पिता से कहा, 'हे
पिता, सम्पत्ति में से जो भाग मेरा हो वह मुझे दे
दीजिए।' उसने उनको अपनी सम्पत्ति बाँट दी।
13 बहुत दिन न बीते थे कि छोटा पुत्र सब कुछ
इकट्ठा करके दूर देश को चला गया, और वहाँ
कुकर्म में अपनी सम्पत्ति उड़ा दी। 14 जब
वह सब कुछ खर्च कर चुका, तो उस देश में
बड़ा अकाल पड़ा, और वह कंगाल हो गया।
15 इसलिये वह उस देश के निवासियों में से
एक के यहाँ जा पड़ा। उस ने उसे अपने खेतों में
सूअर चराने के लिये भेजा। 16 और वह चाहता
था कि उन फलियों से जिन्हें सूअर खाते थे,
अपना पेट भरे; और उसे कोई कुछ नहीं देता
था। 17 जब वह अपने आपे में आया तब कहने
लगा, 'मेरे पिता के कितने ही मजदूरों को भोजन
से अधिक रोटी मिलती है, और मैं यहाँ भूखा मर
रहा हूँ। 18 मैं अब उठकर अपने पिता के पास
जाऊँगा और उससे कहूँगा कि पिता जी, मैं ने
स्वर्ग के विरोध में और तेरी दृष्टि में पाप किया
है। 19 अब इस योग्य नहीं रहा कि तेरा पुत्र
कहलाऊँ, मुझे अपने एक मजदूर के समान रख
ले।'

20 ''तब वह उठकर, अपने पिता के पास
चला : वह अभी दूर ही था कि उसके पिता ने
उसे देखकर तरस खाया, और दौड़कर उसे गले
लगाया, और बहुत चूमा। 21 पुत्र ने उससे कहा,
'पिता जी, मैं ने स्वर्ग के विरोध में और तेरी दृष्टि
में पाप किया है; और अब इस योग्य नहीं रहा
कि तेरा पुत्र कहलाऊँ।' 22 परन्तु पिता ने अपने
दासों से कहा, 'झट अच्छे से अच्छा वस्त्र
निकालकर उसे पहिनाओ, और उसके हाथ में
अँगूठी, और पाँवों में जूतियाँ पहिनाओ, 23 और
पला हुआ पशु लाकर मारो ताकि हम खाएँ
और आनन्द मनाएँ। 24 क्योंकि मेरा यह पुत्र मर
गया था, फिर जी गया है : खो गया था, अब
मिल गया है।' और वे आनन्द करने लगे।

25 ''परन्तु उसका जेठा पुत्र खेत में था। जब
वह आते हुए घर के निकट पहुँचा, तो उसने
गाने-बजाने और नाचने का शब्द सुना। 26 अतः

15:1,2* लूका 5:29,30 **8*** यू० *द्राख़मा*

उसने एक दास को बुलाकर पूछा, 'यह क्या हो रहा है?' 27 उसने उससे कहा, 'तेरा भाई आया है, और तेरे पिता ने पला हुआ पशु कटवाया है, इसलिये कि उसे भला चँगा पाया है।' 28 यह सुनकर वह क्रोध से भर गया और भीतर जाना न चाहा, परन्तु उसका पिता बाहर आकर उसे मनाने लगा। 29 उसने पिता को उत्तर दिया, 'देख, मैं इतने वर्ष से तेरी सेवा कर रहा हूँ और कभी भी तेरी आज्ञा नहीं टाली, तौभी तू ने मुझे कभी एक बकरी का बच्चा भी न दिया कि मैं अपने मित्रों के साथ आनन्द करता। 30 परन्तु जब तेरा यह पुत्र, जिसने तेरी सम्पत्ति वेश्याओं में उड़ा दी है, आया, तो उसके लिये तू ने पला हुआ पशु कटवाया।' 31 उसने उससे कहा, 'पुत्र, तू सर्वदा मेरे साथ है; और जो कुछ मेरा है वह सब तेरा ही है। 32 परन्तु अब आनन्द करना और मगन होना चाहिए क्योंकि यह तेरा भाई मर गया था, फिर जी गया है; खो गया था, अब मिल गया है'।''

चतुर भण्डारी

16 फिर उसने चेलों से भी कहा, ''किसी धनवान का एक भण्डारी था, और लोगों ने उसके सामने उस पर यह दोष लगाया कि वह तेरी सारी सम्पत्ति उड़ाए देता है। 2 अत: उसने उसे बुलाकर कहा, 'यह क्या है जो मैं तेरे विषय में सुन रहा हूँ? अपने भण्डारीपन का लेखा दे, क्योंकि तू आगे को भण्डारी नहीं रह सकता।' 3 तब भण्डारी सोचने लगा, 'अब मैं क्या करूँ? क्योंकि मेरा स्वामी अब भण्डारी का काम मुझ से छीन रहा है। मिट्टी तो मुझ से खोदी नहीं जाती; और भीख माँगने में मुझे लज्जा आती है। 4 मैं समझ गया कि क्या करूँगा, ताकि जब मैं भण्डारी के काम से छुड़ाया जाऊँ तो लोग मुझे अपने घरों में ले लें।' 5 तब उसने अपने स्वामी के देनदारों को एक-एक करके बुलाया और पहले से पूछा, 'तुझ पर मेरे स्वामी का कितना कर्ज है?' 6 उसने कहा, 'सौ मन तेल,' तब उसने उससे कहा, 'अपना खाता-बही ले और बैठकर तुरन्त पचास लिख दे।' 7 फिर उसने दूसरे से पूछा, 'तुझ पर कितना कर्ज है?' उसने कहा, 'सौ मन गेहूँ,' तब उसने उससे कहा, 'अपना खाता-बही लेकर अस्सी लिख दे।'

8 ''स्वामी ने उस अधर्मी भण्डारी को सराहा कि उसने चतुराई से काम किया है। क्योंकि इस संसार के लोग अपने समय के लोगों के साथ रीति-व्यवहारों में ज्योति के लोगों से अधिक चतुर हैं। 9 और मैं तुम से कहता हूँ कि अधर्म के धन से अपने लिये मित्र बना लो, ताकि जब वह जाता रहे तो वे तुम्हें अनन्त निवासों में ले लें। 10 जो थोड़े से थोड़े में सच्चा* है, वह बहुत में भी सच्चा है : और जो थोड़े से थोड़े में अधर्मी है, वह बहुत में भी अधर्मी है। 11 इसलिये जब तुम अधर्म के धन में सच्चे न ठहरे, तो सच्चा धन तुम्हें कौन सौंपेगा? 12 और यदि तुम पराये धन में सच्चे न ठहरे तो जो तुम्हारा है, उसे तुम्हें कौन देगा?

13 ''कोई दास दो स्वामियों की सेवा नहीं कर सकता : क्योंकि वह तो एक से बैर और दूसरे से प्रेम रखेगा; या एक से मिला रहेगा और दूसरे को तुच्छ जानेगा। तुम परमेश्वर और धन दोनों की सेवा नहीं कर सकते।''*

यीशु के कुछ उपदेश

(मत्ती 11: 12,13; 5: 31,32; मरकुस 10: 11,12)

14 फरीसी जो लोभी थे, ये सब बातें सुनकर उसे ठट्ठों में उड़ाने लगे। 15 उसने उनसे कहा, ''तुम तो मनुष्यों के सामने अपने आप को धर्मी ठहराते हो, परन्तु परमेश्वर तुम्हारे मन को जानता है, क्योंकि जो वस्तु मनुष्यों की दृष्टि में महान् है, वह परमेश्वर के निकट घृणित है।

16 ''व्यवस्था और भविष्यद्वक्ता यूहन्ना तक रहे; उस समय से परमेश्वर के राज्य का सुसमाचार सुनाया जा रहा है, और हर कोई उस में प्रबलता से प्रवेश करता है।* 17 आकाश और पृथ्वी का

16:10* यू॰ *विश्वासयोग्य* **13*** मत्ती 6:24 **16*** मत्ती 11:12,13

टल जाना व्यवस्था के एक बिन्दु के मिट जाने से सहज है।*

18 ''जो कोई अपनी पत्नी को त्यागकर दूसरी से विवाह करता है, वह व्यभिचार करता है, और जो कोई ऐसी त्यागी हुई स्त्री से विवाह करता है, वह भी व्यभिचार करता है।*

धनी मनुष्य और निर्धन लाजर

19 ''एक धनवान मनुष्य था जो बैंजनी कपड़े और मलमल पहिनता और प्रति दिन सुख-विलास और धूम-धाम के साथ रहता था। 20 लाजर नाम का एक कंगाल घावों से भरा हुआ उसकी डेवढ़ी पर छोड़ दिया जाता था, 21 और वह चाहता था कि धनवान की मेज पर की जूठन से अपना पेट भरे; यहाँ तक कि कुत्ते भी आकर उसके घावों को चाटते थे। 22 ऐसा हुआ कि वह कंगाल मर गया, और स्वर्गदूतों ने उसे लेकर अब्राहम की गोद में पहुँचाया। वह धनवान भी मरा और गाड़ा गया, 23 और अधोलोक में उसने पीड़ा में पड़े हुए अपनी आँखें उठाईं, और दूर से अब्राहम की गोद में लाजर को देखा। 24 तब उसने पुकार कर कहा, 'हे पिता अब्राहम, मुझ पर दया करके लाजर को भेज दे, ताकि वह अपनी उँगली का सिरा पानी में भिगोकर मेरी जीभ को ठंडी करे, क्योंकि मैं इस ज्वाला में तड़प रहा हूँ।' 25 परन्तु अब्राहम ने कहा, 'हे पुत्र, स्मरण कर कि तू अपने जीवन में अच्छी वस्तुएँ ले चुका है, और वैसे ही लाजर बुरी वस्तुएँ : परन्तु अब वह यहाँ शान्ति पा रहा है, और तू तड़प रहा है। 26 इन सब बातों को छोड़ हमारे और तुम्हारे बीच एक भारी गड़हा ठहराया गया है कि जो यहाँ से उस पार तुम्हारे पास जाना चाहें, वे न जा सकें; और न कोई वहाँ से इस पार हमारे पास आ सके।' 27 उसने कहा, 'तो हे पिता, मैं तुझ से विनती करता हूँ कि तू उसे मेरे पिता के घर भेज, 28 क्योंकि मेरे पाँच भाई हैं; वह उनके सामने इन बातों की गवाही दे, ऐसा न हो कि वे भी इस पीड़ा की जगह में आएँ।' 29 अब्राहम ने उससे कहा, 'उनके पास तो मूसा और भविष्यद्वक्ताओं की पुस्तकें हैं, वे उनकी सुनें।' 30 उसने कहा, 'नहीं, हे पिता अब्राहम; पर यदि कोई मरे हुओं में से उनके पास जाए, तो वे मन फिराएँगे।' 31 उसने उससे कहा, 'जब वे मूसा और भविष्यद्वक्ताओं की नहीं सुनते, तो यदि मरे हुओं में से कोई जी भी उठे तौभी उसकी नहीं मानेंगे'।''

ठोकर का कारण बनना

(मत्ती 18: 6,7,21,22; मरकुस 9: 42)

17 फिर उसने अपने चेलों से कहा, ''हो नहीं सकता कि ठोकरें न लगें, परन्तु हाय, उस मनुष्य पर जिसके कारण वे आती हैं! 2 जो इन छोटों में से किसी एक को ठोकर खिलाता है, उसके लिये यह भला होता कि चक्की का पाट उसके गले में लटकाया जाता, और वह समुद्र में डाल दिया जाता। 3 सचेत रहो; यदि तेरा भाई अपराध करे तो उसे समझा, और यदि पछताए तो उसे क्षमा कर।* 4 यदि दिन भर में वह सात बार तेरा अपराध करे और सातों बार तेरे पास फिर आकर कहे, 'मैं पछताता हूँ,' तो उसे क्षमा कर।''

विश्वास

5 तब प्रेरितों ने प्रभु से कहा, ''हमारा विश्वास बढ़ा।'' 6 प्रभु ने कहा, ''यदि तुम को राई के दाने के बराबर भी विश्वास होता, तो तुम इस शहतूत के पेड़ से कहते कि जड़ से उखड़कर समुद्र में लग जा, तो वह तुम्हारी मान लेता।

एक दास का कर्त्तव्य

7 ''तुम में से ऐसा कौन है, जिसका दास हल जोतता या भेड़ें चराता हो, और जब वह खेत से आए, तो उससे कहे, 'तुरन्त आकर भोजन करने बैठ'? 8 और यह न कहे, 'मेरा खाना तैयार कर, और जब तक मैं खाऊँ-पीऊँ तब तक कमर बाँधकर मेरी सेवा कर; इसके बाद तू भी

16:17* मत्ती 5:18 **18*** मत्ती 5:32; 1 कुर 7:10,11 **17:3*** मत्ती 18:15

खा पी लेना'? 9 क्या वह उस दास का अहसान मानेगा कि उसने वे ही काम किए जिसकी आज्ञा दी गई थी? 10 इसी रीति से तुम भी जब उन सब कामों को कर चुको जिसकी आज्ञा तुम्हें दी गई थी, तो कहो, 'हम निकम्मे दास हैं; जो हमें करना चाहिए था हमने केवल वही किया है।''

कोढ़ के दस रोगियों को चंगा करना

11 ऐसा हुआ कि वह यरूशलेम जाते हुए सामरिया और गलील के बीच से होकर जा रहा था। 12 किसी गाँव में प्रवेश करते समय उसे दस कोढ़ी मिले। 13 उन्होंने दूर खड़े होकर ऊँचे शब्द से कहा, ''हे यीशु, हे स्वामी, हम पर दया कर!'' 14 उसने उन्हें देखकर कहा, ''जाओ, और अपने आपको याजकों को दिखाओ।''* और जाते ही जाते वे शुद्ध हो गए। 15 तब उनमें से एक यह देखकर कि मैं चंगा हो गया हूँ, ऊँचे शब्द से परमेश्वर की बड़ाई करता हुआ लौटा; 16 और यीशु के पाँवों पर मुँह के बल गिरकर उसका धन्यवाद करने लगा; और वह सामरी था। 17 इस पर यीशु ने कहा, ''क्या दसों शुद्ध न हुए, तो फिर वे नौ कहाँ हैं? 18 क्या इस परदेशी को छोड़ कोई और न निकला जो परमेश्वर की बड़ाई करता?'' 19 तब उसने उससे कहा, ''उठकर चला जा; तेरे विश्वास ने तुझे चंगा किया है।''

परमेश्वर के राज्य का आगमन
(मत्ती 24: 23-28, 37-41)

20 जब फरीसियों ने उससे पूछा कि परमेश्वर का राज्य कब आएगा, तो उसने उनको उत्तर दिया, ''परमेश्वर का राज्य दृश्य रूप में नहीं आता। 21 और लोग यह न कहेंगे, 'देखो, यहाँ है, या वहाँ है।' क्योंकि देखो, परमेश्वर का राज्य तुम्हारे बीच में है।''

22 फिर उसने चेलों से कहा, ''वे दिन आएँगे, जिनमें तुम मनुष्य के पुत्र के दिनों में से एक दिन को देखना चाहोगे, और नहीं देखने पाओगे। 23 लोग तुम से कहेंगे, 'देखो, वहाँ है!' या 'देखो, यहाँ है!' परन्तु तुम चले न जाना और न उनके पीछे हो लेना। 24 क्योंकि जैसे बिजली आकाश के एक छोर से कौंध कर आकाश के दूसरे छोर तक चमकती है, वैसे ही मनुष्य का पुत्र भी अपने दिन में प्रगट होगा। 25 परन्तु पहले अवश्य है कि वह बहुत दुःख उठाए, और इस युग के लोग उसे तुच्छ ठहराएँ।* 26 जैसा नूह के दिनों में हुआ था,* वैसा ही मनुष्य के पुत्र के दिनों में भी होगा। 27 जिस दिन तक नूह जहाज पर न चढ़ा, उस दिन तक लोग खाते-पीते थे, और उनमें विवाह होते थे। तब जल-प्रलय ने आकर उन सब को नष्ट किया।* 28 और जैसा लूत के दिनों में हुआ था कि लोग खाते-पीते, लेन-देन करते, पेड़ लगाते और घर बनाते थे;* 29 परन्तु जिस दिन लूत सदोम से निकला, उस दिन आग और गन्धक आकाश से बरसी और सब को नष्ट कर दिया।* 30 मनुष्य के पुत्र के प्रगट होने के दिन भी ऐसा ही होगा।

31 ''उस दिन जो छत पर हो और उसका सामान घर में हो, वह उसे लेने को न उतरे; और वैसे ही जो खेत में हो वह पीछे न लौटे।* 32 लूत की पत्नी को स्मरण रखो।* 33 जो कोई अपना प्राण बचाना चाहे वह उसे खोएगा, और जो कोई उसे खोए वह उसे जीवित रखेगा।* 34 मैं तुम से कहता हूँ, उस रात दो मनुष्य एक खाट पर होंगे; एक ले लिया जाएगा और दूसरा छोड़ दिया जाएगा। 35 दो स्त्रियाँ एक साथ चक्की पीसती होंगी, एक ले ली जाएगी और दूसरी छोड़ दी जाएगी। 36 [दो जन खेत में होंगे, एक ले लिया जाएगा और दूसरा छोड़ा जाएगा।*]'' 37 यह सुन उन्होंने उस से पूछा, ''हे प्रभु यह कहाँ होगा?'' उसने उनसे कहा, ''जहाँ लोथ है, वहाँ गिद्ध इकट्ठे होंगे।''

17:14* लैव्य 14:1-32 26* उत्प 6:5-8 27* उत्प 7:6-24 28,29* उत्प 18:20 — 19:25 31* मत्ती 24:17,18; मर 13:15,16 32* उत्प 19:26 33* मत्ती 10:39;16:25; मर 8:35; लूका 9:24; यूह 12:25 36* कुछ हस्तलेखों में यह पद नहीं मिलता

अधर्मी न्यायाधीश और विधवा का दृष्टान्त

18 फिर उसने इसके विषय में कि नित्य प्रार्थना करना और हियाव न छोड़ना चाहिए, उनसे यह दृष्टान्त कहा : 2 ''किसी नगर में एक न्यायी रहता था, जो न परमेश्वर से डरता था और न किसी मनुष्य की परवाह करता था। 3 उसी नगर में एक विधवा भी रहती थी, जो उसके पास आ-आकर कहा करती थी, 'मेरा न्याय चुकाकर मुझे मुद्दई से बचा'। 4 कुछ समय तक तो वह न माना परन्तु अन्त में मन में विचारकर कहा, 'यद्यपि मैं न परमेश्वर से डरता, और न मनुष्यों की कुछ परवाह करता हूँ; 5 तौभी यह विधवा मुझे सताती रहती है, इसलिये मैं उसका न्याय चुकाऊँगा, कहीं ऐसा न हो कि घड़ी-घड़ी आकर अन्त को मेरी नाक में दम करे'।''

6 प्रभु ने कहा, ''सुनो, यह अधर्मी न्यायी क्या कहता है? 7 इसलिये क्या परमेश्वर अपने चुने हुओं का न्याय न चुकाएगा, जो रात-दिन उसकी दुहाई देते रहते हैं? क्या वह उनके विषय में देर करेगा? 8 मैं तुम से कहता हूँ, वह तुरन्त उनका न्याय चुकाएगा। तौभी मनुष्य का पुत्र जब आएगा, तो क्या वह पृथ्वी पर विश्वास पाएगा?''

फरीसी और चुंगी लेनेवाले का दृष्टान्त

9 उसने उनसे जो अपने ऊपर भरोसा रखते थे, कि हम धर्मी हैं, और दूसरों को तुच्छ जानते थे, यह दृष्टान्त कहा : 10 ''दो मनुष्य मन्दिर में प्रार्थना करने के लिये गए; एक फरीसी था और दूसरा चुंगी लेनेवाला। 11 फरीसी खड़ा होकर अपने मन में यों प्रार्थना करने लगा, 'हे परमेश्वर, मैं तेरा धन्यवाद करता हूँ कि मैं दूसरे मनुष्यों के समान अन्धेर करनेवाला, अन्यायी और व्यभिचारी नहीं, और न इस चुंगी लेनेवाले के समान हूँ। 12 मैं सप्ताह में दो बार उपवास रखता हूँ; मैं अपनी सब कमाई का दसवाँ अंश भी देता हूँ।'

13 ''परन्तु चुंगी लेनेवाले ने दूर खड़े होकर, स्वर्ग की ओर आँखें उठाना भी न चाहा, वरन् अपनी छाती पीट-पीटकर कहा, 'हे परमेश्वर, मुझ पापी पर दया कर!' 14 मैं तुम से कहता हूँ कि वह दूसरा नहीं, परन्तु यही मनुष्य धर्मी ठहराया जाकर अपने घर गया; क्योंकि जो कोई अपने आप को बड़ा बनाएगा, वह छोटा किया जाएगा; और जो अपने आप को छोटा बनाएगा, वह बड़ा किया जाएगा।*''

बालकों को आशीर्वाद

(मत्ती 19:13-15; मरकुस 10:13-16)

15 फिर लोग अपने बच्चों को भी उसके पास लाने लगे कि वह उन पर हाथ रखे; परन्तु चेलों ने देखकर उन्हें डाँटा। 16 यीशु ने बच्चों को पास बुलाकर कहा, ''बालकों को मेरे पास आने दो, और उन्हें मना न करो : क्योंकि परमेश्वर का राज्य ऐसों ही का है। 17 मैं तुम से सच कहता हूँ कि जो कोई परमेश्वर के राज्य को बालक के समान ग्रहण न करेगा वह उसमें कभी प्रवेश करने न पाएगा।''

धनी व्यक्ति और अनन्त जीवन

(मत्ती 19:16-30; मरकुस 10:17-31)

18 किसी सरदार ने उससे पूछा, ''हे उत्तम गुरु, अनन्त जीवन का अधिकारी होने के लिये मैं क्या करूँ?'' 19 यीशु ने उससे कहा, ''तू मुझे उत्तम क्यों कहता है? कोई उत्तम नहीं, केवल एक, अर्थात् परमेश्वर। 20 तू आज्ञाओं को तो जानता है : 'व्यभिचार न करना, हत्या न करना, और चोरी न करना, झूठी गवाही न देना, अपने पिता और अपनी माता का आदर करना'।* 21 उसने कहा, ''मैं तो इन सब को लड़कपन ही से मानता आया हूँ।'' 22 यह सुन यीशु ने उससे कहा, ''तुझ में अब भी एक बात की घटी है, अपना सब कुछ बेचकर कंगालों को बाँट दे; और तुझे स्वर्ग में धन मिलेगा, और आकर मेरे पीछे हो ले।'' 23 वह यह सुनकर बहुत उदास हुआ, क्योंकि वह बड़ा धनी था।

18:14* मत्ती 23:12; लूका 14:11 20* निर्ग 20:12-16; व्य 5:16-20

24 यीशु ने उसे देखकर कहा, ''धनवानों का परमेश्वर के राज्य में प्रवेश करना कितना कठिन है! 25 परमेश्वर के राज्य में धनवान के प्रवेश करने से, ऊँट का सूई के नाके में से निकल जाना सहज है।'' 26 इस पर सुननेवालों ने कहा, ''तो फिर किसका उद्धार हो सकता है?'' 27 उसने कहा, ''जो मनुष्य से नहीं हो सकता, वह परमेश्वर से हो सकता है।'' 28 पतरस ने कहा, ''देख, हम तो घर-बार छोड़कर तेरे पीछे हो लिये हैं।'' 29 उसने उनसे कहा, ''मैं तुम से सच कहता हूँ कि ऐसा कोई नहीं जिसने परमेश्वर के राज्य के लिए घर,या पत्नी, या भाइयों, या माता-पिता, या बाल-बच्चों को छोड़ दिया हो; 30 और इस समय कई गुणा अधिक न पाए और आने वाले युग में अनन्त जीवन।''

अपनी मृत्यु के विषय यीशु की तीसरी भविष्यद्वाणी

(मत्ती 20:17-19; मरकुस 10: 32-34)

31 फिर उसने बारहों को साथ ले जाकर उनसे कहा, ''देखो, हम यरूशलेम को जाते हैं, और जितनी बातें मनुष्य के पुत्र के लिये भविष्यद्वक्ताओं के द्वारा लिखी गई हैं, वे सब पूरी होंगी। 32 क्योंकि वह अन्य जातियों के हाथ में सौंपा जाएगा, और वे उसे ठट्ठों में उड़ाएँगे; और उसका अपमान करेंगे, और उस पर थूकेंगे, 33 और उसे कोड़े मारेंगे, और घात करेंगे; और वह तीसरे दिन जी उठेगा।'' 34 पर उन्होंने इन बातों में से कोई बात न समझी; और यह बात उनसे छिपी रही, और जो कहा गया था वह उनकी समझ में न आया।

अन्धे भिखारी को दृष्टिदान

(मत्ती 20: 29-34; मरकुस 10: 46-52)

35 जब वह यरीहो के निकट पहुँचा, तो एक अन्धा सड़क के किनारे बैठा हुआ भीख माँग रहा था। 36 वह भीड़ के चलने की आहट सुनकर पूछने लगा, ''यह क्या हो रहा है?'' 37 उन्होंने उसको बताया, ''यीशु नासरी जा रहा है।'' 38 तब उसने पुकार के कहा, ''हे यीशु, दाऊद की सन्तान, मुझ पर दया कर!'' 39 जो आगे-आगे जा रहे थे, वे उसे डाँटने लगे कि चुप रहे; परन्तु वह और भी चिल्लाने लगा, ''हे दाऊद की सन्तान, मुझ पर दया कर!'' 40 तब यीशु ने खड़े होकर आज्ञा दी कि उसे मेरे पास लाओ, और जब वह निकट आया तो उसने उससे पूछा, 41 ''तू क्या चाहता है कि मैं तेरे लिए करूँ?'' उसने कहा, ''हे प्रभु, यह कि मैं देखने लगूँ।'' 42 यीशु ने उससे कहा, ''देखने लग; तेरे विश्वास ने तुझे अच्छा कर दिया है।'' 43 तब वह तुरन्त देखने लगा और परमेश्वर की बड़ाई करता हुआ उसके पीछे हो लिया; और सब लोगों ने देखकर परमेश्वर की स्तुति की।

चुंगी लेनेवाला जक्कई

19 वह यरीहो में प्रवेश करके जा रहा था। 2 वहाँ जक्कई नामक एक मनुष्य था जो चुंगी लेनेवालों का सरदार था और धनी था। 3 वह यीशु को देखना चाहता था कि वह कौन सा है। परन्तु भीड़ के कारण देख न सकता था, क्योंकि वह नाटा था। 4 तब उसको देखने के लिये वह आगे दौड़कर एक गूलर के पेड़ पर चढ़ गया, क्योंकि यीशु उसी मार्ग से जाने वाला था। 5 जब यीशु उस जगह पहुँचा, तो ऊपर दृष्टि करके उससे कहा, ''हे जक्कई, झट उतर आ; क्योंकि आज मुझे तेरे घर में रहना अवश्य है।'' 6 वह तुरन्त उतरकर आनन्द से उसे अपने घर ले गया।

7 यह देखकर सब लोग कुड़कुड़ाकर कहने लगे, ''वह तो एक पापी मनुष्य के यहाँ जा उतरा है।''

8 जक्कई ने खड़े होकर प्रभु से कहा, ''हे प्रभु, देख, मैं अपनी आधी सम्पत्ति कंगालों को देता हूँ, और यदि किसी का कुछ भी अन्याय करके ले लिया है तो उसे चौगुना फेर देता हूँ।'' 9 तब यीशु ने उससे कहा, ''आज इस घर में उद्धार आया है, इसलिये कि यह भी अब्राहम का एक पुत्र है। 10 क्योंकि मनुष्य का पुत्र खोए

हुओं को ढूँढ़ने और उनका उद्धार करने आया है।*''

दस मुहरों का दृष्टान्त

(मत्ती 25:14-30)

11 जब वे ये बातें सुन रहे थे, तो उस ने एक दृष्टान्त कहा, इसलिये कि वह यरूशलेम के निकट था, और वे समझते थे कि परमेश्वर का राज्य अभी प्रगट होने वाला है। 12 अत: उसने कहा, ''एक धनी मनुष्य दूर देश को चला ताकि राजपद पाकर लौट आए। 13 उसने अपने दासों में से दस को बुलाकर उन्हें दस मुहरें दीं और उनसे कहा, 'मेरे लौट आने तक लेन-देन करना।' 14 परन्तु उसके नगर के रहनेवाले उससे बैर रखते थे, और उसके पीछे दूतों के द्वारा कहला भेजा, 'हम नहीं चाहते कि यह हम पर राज्य करे।'

15 ''जब वह राजपद पाकर लौटा, तो ऐसा हुआ कि उसने अपने दासों को जिन्हें रोकड़ दी थी, अपने पास बुलवाया ताकि मालूम करे कि उन्होंने लेन-देन से क्या-क्या कमाया। 16 तब पहले ने आकर कहा, 'हे स्वामी, तेरी मुहर से दस और मुहरें कमाई हैं।' 17 उसने उससे कहा, 'धन्य, हे उत्तम दास! तू बहुत ही थोड़े में विश्वासयोग्य निकला अब दस नगरों पर अधिकार रख।' 18 दूसरे ने आकर कहा, 'हे स्वामी, तेरी मुहर से पाँच और मुहरें कमाई हैं।' 19 उसने उससे भी कहा, 'तू भी पाँच नगरों पर हाकिम हो जा।' 20 तीसरे ने आकर कहा, 'हे स्वामी, देख तेरी मुहर यह है, जिसे मैं ने अंगोछे में बाँध रखा था। 21 क्योंकि मैं तुझ से डरता था, इसलिये कि तू कठोर मनुष्य है : जो तू ने नहीं रखा उसे उठा लेता है, और जो तू ने नहीं बोया, उसे काटता है।' 22 उसने उससे कहा, 'हे दुष्ट दास, मैं तेरे ही मुँह से तुझे दोषी ठहराता हूँ। तू मुझे जानता था कि कठोर मनुष्य हूँ, जो मैं ने नहीं रखा उसे उठा लेता, और जो मैं ने नहीं बोया उसे काटता हूँ; 23 तो तू ने मेरे रुपये सर्राफों के पास क्यों नहीं रख दिए कि मैं आकर ब्याज समेत ले लेता?' 24 और जो लोग निकट खड़े थे, उसने उनसे कहा, 'वह मुहर उससे ले लो, और जिसके पास दस मुहरें हैं उसे दे दो।' 25 उन्होंने उससे कहा, 'हे स्वामी, उसके पास दस मुहरें तो हैं।' 26 'मैं तुमसे कहता हूँ कि जिसके पास है, उसे दिया जाएगा; और जिसके पास नहीं है, उससे वह भी जो उसके पास है ले लिया जाएगा।* 27 परन्तु मेरे उन बैरियों को जो नहीं चाहते थे कि मैं उन पर राज्य करूँ, उनको यहाँ लाकर मेरे सामने घात करो'।''

यरूशलेम में विजय प्रवेश

(मत्ती 21:1-11; मरकुस 11:1-11; यूहन्ना 12:12-19)

28 ये बातें कहकर वह यरूशलेम की ओर उनके आगे आगे चला।

29 जब वह जैतून नामक पहाड़ पर बैतफगे और बैतनिय्याह के पास पहुँचा, तो उसने अपने चेलों में से दो को यह कहके भेजा, 30 ''सामने के गाँव में जाओ; और उसमें पहुँचते ही एक गदही का बच्चा जिस पर कभी कोई सवार नहीं हुआ, बँधा हुआ तुम्हें मिलेगा, उसे खोलकर ले आओ। 31 यदि कोई तुम से पूछे कि क्यों खोलते हो, तो यह कह देना कि प्रभु को इसका प्रयोजन है।''

32 जो भेजे गए थे, उन्होंने जाकर जैसा उसने उनसे कहा था, वैसा ही पाया। 33 जब वे गदहे के बच्चे को खोल रहे थे, तो उसके मालिकों ने उनसे पूछा, ''इस बच्चे को क्यों खोलते हो?'' 34 उन्होंने कहा, ''प्रभु को इसका प्रयोजन है।'' 35 वे उसको यीशु के पास ले आए, और अपने कपड़े उस बच्चे पर डालकर यीशु को उस पर बैठा दिया। 36 जब वह जा रहा था, तो वे अपने कपड़े मार्ग में बिछाते जाते थे।

37 निकट आते हुए जब वह जैतून पहाड़ की ढलान पर पहुँचा, तो चेलों की सारी मण्डली उन सब सामर्थ्य के कामों के कारण जो उन्होंने देखे

19:10* मत्ती 18:11 **26*** मत्ती 13:12; मर 4:25; लूका 8:18

थे, आनन्दित होकर बड़े शब्द से परमेश्वर की
स्तुति करने लगी :
38 ''धन्य है वह राजा, जो प्रभु के नाम से
आता है!
स्वर्ग में शान्ति और आकाश* मण्डल में
महिमा हो!''†
39 तब भीड़ में से कुछ फरीसी उससे
कहने लगे, ''हे गुरु, अपने चेलों को डाँट।''
40 उसने उत्तर दिया, ''मैं तुम से कहता हूँ,यदि
ये चुप रहे तो पत्थर चिल्ला उठेंगे।''

यरूशलेम के लिये विलाप

41 जब वह निकट आया तो नगर को देखकर
उस पर रोया 42 और कहा, ''क्या ही भला होता
कि तू, हाँ, तू ही, इसी दिन में कुशल की बातें
जानता, परन्तु अब वे तेरी आँखों से छिप गई हैं।
43 क्योंकि वे दिन तुझ पर आएँगे कि तेरे बैरी
मोर्चा बाँधकर तुझे घेर लेंगे, और चारों ओर से
तुझे दबाएँगे; 44 और तुझे और तेरे बालकों को
जो तुझ में हैं, मिट्टी में मिलाएँगे, और तुझ में
पत्थर पर पत्थर भी न छोड़ेंगे; क्योंकि तूने उस
अवसर को जब तुझ पर कृपा दृष्टि की गई न
पहिचाना।''

मन्दिर से व्यापारियों का निकाला जाना

(मत्ती 21:12-17; मरकुस 11:15-19;
यूहन्ना 2:13-22)

45 तब वह मन्दिर में जाकर बेचनेवालों
को बाहर निकालने लगा, 46 और उनसे कहा,
''लिखा है, 'मेरा घर प्रार्थना का घर होगा,'
परन्तु तुम ने उसे डाकुओं की खोह बना दिया
है।''*

47 वह प्रतिदिन मन्दिर में उपदेश करता था;
और प्रधान याजक और शास्त्री और लोगों के
प्रमुख उसे नष्ट करने का अवसर ढूँढ़ते थे।*
48 परन्तु कोई उपाय न निकाल सके कि यह
किस प्रकार करें, क्योंकि सब लोग बड़ी चाह से
उसकी सुनते थे।

यीशु के अधिकार पर प्रश्न

(मत्ती 21: 23-27; मरकुस 11: 27-33)

20 एक दिन ऐसा हुआ कि जब वह मन्दिर
में लोगों को उपदेश दे रहा और
सुसमाचार सुना रहा था, तो प्रधान याजक और
शास्त्री, पुरनियों के साथ पास आकर खड़े हुए;
2 और कहने लगे, ''हमें बता, तू इन कामों को
किस अधिकार से करता है, और वह कौन है
जिसने तुझे यह अधिकार दिया है?'' 3 उसने
उनको उत्तर दिया, ''मैं भी तुम से एक बात
पूछता हूँ; मुझे बताओ 4 यूहन्ना का बपतिस्मा
स्वर्ग की ओर से था या मनुष्यों की ओर से
था?'' 5 तब वे आपस में कहने लगे, ''यदि हम
कहें, 'स्वर्ग की ओर से,' तो वह कहेगा, 'फिर
तुम ने उसकी प्रतीति क्यों न की?' 6 और यदि
हम कहें, 'मनुष्यों की ओर से,' तो सब लोग
हम पर पथराव करेंगे, क्योंकि वे सचमुच जानते
हैं कि यूहन्ना भविष्यद्वक्ता था।'' 7 अत: उन्होंने
उत्तर दिया, ''हम नहीं जानते कि वह किस की
ओर से था।'' 8 यीशु ने उनसे कहा, ''तो मैं भी
तुम को नहीं बताता कि मैं ये काम किस अधिकार
से करता हूँ।''

दुष्ट किसानों का दृष्टान्त

(मत्ती 21: 33-46; मरकुस 12:1-12)

9 तब वह लोगों से यह दृष्टान्त कहने लगा :
''किसी मनुष्य ने दाख की बारी लगाई,* और
किसानों को उसका ठेका दे दिया और बहुत
दिनों के लिये परदेश चला गया। 10 जब समय
आया तो उसने किसानों के पास एक दास को
भेजा कि वे दाख की बारी के कुछ फलों का भाग
उसे दें, पर किसानों ने उसे पीटकर छूछे हाथ
लौटा दिया। 11 फिर उसने एक और दास को
भेजा, और उन्होंने उसे भी पीटकर और उसका
अपमान करके छूछे हाथ लौटा दिया। 12 फिर
उसने तीसरा भेजा, और उन्होंने उसे भी घायल
करके निकाल दिया। 13 तब दाख की बारी के

19:38* यू० *ऊँचे से ऊँचे स्थान* † भजन 118:26 **46*** यशा 56:7; यिर्म 7:11 **47*** लूका 21:37 **20:9*** यशा 5:1

स्वामी ने कहा, 'मैं क्या करूँ? मैं अपने प्रिय पुत्र को भेजूँगा, सम्भव है वे उसका आदर करें।' 14 जब किसानों ने उसे देखा तो आपस में विचार करने लगे, 'यह तो वारिस है; आओ, हम इसे मार डालें कि मीरास हमारी हो जाए।' 15 और उन्होंने उसे दाख की बारी से बाहर निकालकर मार डाला। इसलिये दाख की बारी का स्वामी उनके साथ क्या करेगा? 16 वह आकर उन किसानों को नष्ट करेगा, और दाख की बारी दूसरों को सौंपेगा।'' यह सुनकर उन्होंने कहा ''परमेश्वर करे ऐसा न हो।'' 17 उसने उनकी ओर देखकर कहा, ''फिर यह क्या लिखा है :

'जिस पत्थर को राजमिस्त्रियों ने निकम्मा
ठहराया था,
वही कोने का सिरा हो गया।'*

18 जो कोई उस पत्थर पर गिरेगा वह चकनाचूर हो जाएगा, और जिस पर वह गिरेगा, उसको पीस डालेगा।''

कैसर को कर देना
(मत्ती 22:15-22; मरकुस 12:13-17)

19 उसी घड़ी शास्त्रियों और प्रधान याजकों ने उसे पकड़ना चाहा, क्योंकि वे समझ गए थे कि उसने हम पर यह दृष्टान्त कहा, परन्तु वे लोगों से डरे। 20 और वे उस की ताक में लगे और भेदिए भेजे कि धर्म का भेष धरकर उसकी कोई न कोई बात पकड़ें, ताकि उसे हाकिम के हाथ और अधिकार में सौंप दें। 21 उन्होंने उससे यह पूछा, ''हे गुरु, हम जानते हैं कि तू ठीक कहता और सिखाता भी है, और किसी का पक्ष-पात नहीं करता, वरन् परमेश्वर का मार्ग सच्चाई से बताता है। 22 क्या हमें कैसर को कर देना उचित है या नहीं?'' 23 उसने उनकी चतुराई को ताड़कर उन से कहा, 24 ''एक दीनार* मुझे दिखाओ। इस पर किसकी छाप और नाम है?'' उन्होंने कहा, ''कैसर का।'' 25 उसने उनसे कहा, ''तो जो कैसर का है, वह कैसर को दो; और जो परमेश्वर का है, वह परमेश्वर को दो।''

26 वे लोगों के सामने इस बात में उसे पकड़ न सके, वरन् उसके उत्तर से अचम्भित होकर चुप रह गए।

पुनरुत्थान और विवाह
(मत्ती 22: 23-33; मरकुस 12:18-27)

27 फिर सदूकी जो कहते हैं कि मरे हुओं का जी उठना है ही नहीं,* उनमें से कुछ ने उसके पास आकर पूछा, 28 ''हे गुरु, मूसा ने हमारे लिये यह लिखा है : 'यदि किसी का भाई अपनी पत्नी के रहते हुए बिना सन्तान मर जाए, तो उसका भाई उसकी पत्नी से विवाह कर ले, और अपने भाई के लिये वंश उत्पन्न करे।'* 29 सात भाई थे, पहला भाई विवाह करके बिना सन्तान मर गया। 30 फिर दूसरे, 31 और तीसरे ने भी उस स्त्री से विवाह कर लिया। इसी रीति से सातों बिना सन्तान मर गए। 32 अन्त में वह स्त्री भी मर गई। 33 इसलिये जी उठने पर वह उनमें से किसकी पत्नी होगी, क्योंकि वह सातों की पत्नी हो चुकी थी।'' 34 यीशु ने उनसे कहा, ''इस युग की सन्तानों में तो विवाह होता है, 35 पर जो लोग इस योग्य ठहरेंगे कि उस युग को और मरे हुओं में से जी उठने* को प्राप्त करें, वे न विवाह करेंगे और न विवाह में दिये जाएँगे। 36 वे फिर मरने के भी नहीं; क्योंकि वे स्वर्गदूतों के समान होंगे, और पुनरुत्थान की सन्तान होने से परमेश्वर की भी सन्तान होंगे। 37 परन्तु इस बात को कि मरे हुए जी उठते हैं, मूसा ने भी झाड़ी की कथा में प्रगट की है कि वह प्रभु को 'अब्राहम का परमेश्वर, और इसहाक का परमेश्वर और याकूब का परमेश्वर' कहता है।* 38 परमेश्वर तो मुरदों का नहीं परन्तु जीवतों का परमेश्वर है: क्योंकि उसके निकट सब जीवित हैं।'' 39 तब यह सुनकर शास्त्रियों में से कुछ ने यह कहा, ''हे गुरु, तू ने अच्छा कहा।'' 40 और उन्हें फिर उससे कुछ और पूछने का हियाव न हुआ।

20:17* भजन 118:22   24* एक दीनार बराबर एक दिन की मजदूरी   27* प्रेरि 23:8   28* व्य 25:5   35* या मृतकोत्थान   37* निर्ग 3:6

मसीह किसका पुत्र है?

(मत्ती 22: 41-46; मरकुस 12: 35-37)

41 फिर उसने उनसे पूछा, ''मसीह को दाऊद की सन्तान कैसे कहते हैं ? 42 दाऊद आप भजन संहिता की पुस्तक में कहता है :

'प्रभु ने मेरे प्रभु से कहा,
मेरे दाहिने बैठ,
43 जब तक कि मैं तेरे बैरियों को तेरे
पाँवों के तले न कर दूँ।'*

44 दाऊद तो उसे प्रभु कहता है; तो फिर वह उस की सन्तान कैसे ठहरा ?''

शास्त्रियों से सावधान

(मत्ती 23:1-36; मरकुस 12: 38-40)

45 जब सब लोग सुन रहे थे, तो उसने अपने चेलों से कहा, 46 ''शास्त्रियों से चौकस रहो, जिनको लम्बे-लम्बे वस्त्र पहिने हुए फिरना अच्छा लगता है, और जिन्हें बाजारों में नमस्कार, और आराधनालयों में मुख्य आसन और भोज में मुख्य स्थान प्रिय लगते हैं। 47 वे विधवाओं के घर खा जाते हैं, और दिखाने के लिये बड़ी देर तक प्रार्थना करते रहते हैं : ये बहुत ही दण्ड पाएँगे।''

कंगाल विधवा का दान

(मरकुस 12: 41-44)

21 फिर उसने आँख उठाकर धनवानों को अपना अपना दान भण्डार में डालते देखा। 2 उसने एक कंगाल विधवा को भी उसमें दो दमड़ियाँ डालते देखा। 3 तब उसने कहा, ''मैं तुम से सच कहता हूँ कि इस कंगाल विधवा ने सब से बढ़कर डाला है। 4 क्योंकि उन सब ने अपनी अपनी बढ़ती में से दान में कुछ डाला है, परन्तु इसने अपनी घटी में से अपनी सारी जीविका डाल दी है।''

मन्दिर के विनाश की भविष्यद्वाणी

(मत्ती 24:1, 2; मरकुस 13:1, 2)

5 जब कुछ लोग मन्दिर के विषय में कह रहे थे कि वह कैसे सुन्दर पत्थरों और भेंट की वस्तुओं से सँवारा गया है, तो उसने कहा, 6 ''वे दिन आएँगे, जिनमें यह सब जो तुम देखते हो, उनमें से यहाँ किसी पत्थर पर पत्थर भी न छूटेगा जो ढाया न जाएगा।''

संकट और क्लेश

(मत्ती 24:3-14; मरकुस 13: 3-13)

7 उन्होंने उससे पूछा, ''हे गुरु, यह सब कब होगा ? और ये बातें जब पूरी होने पर होंगी, तो उस समय का क्या चिह्न होगा ?'' 8 उसने कहा, ''चौकस रहो कि भरमाए न जाओ, क्योंकि बहुत से मेरे नाम से आकर कहेंगे, 'मैं वही हूँ,' और यह भी कि, 'समय निकट आ पहुँचा है।' तुम उनके पीछे न चले जाना। 9 जब तुम लड़ाइयों और बलवों की चर्चा सुनो तो घबरा न जाना, क्योंकि इनका पहले होना अवश्य है; परन्तु उस समय तुरन्त अन्त न होगा।''

10 तब उसने उनसे कहा, ''जाति पर जाति और राज्य पर राज्य चढ़ाई करेगा, 11 और बड़े-बड़े भूकम्प होंगे, और जगह-जगह अकाल और महामारियाँ पड़ेंगी, और आकाश से भयंकर बातें और बड़े-बड़े चिह्न प्रगट होंगे। 12 परन्तु इन सब बातों से पहले वे मेरे नाम के कारण तुम्हें पकड़ेंगे, और सताएँगे, और पंचायतों में सौंपेंगे, और बन्दीगृह में डलवाएँगे, और राजाओं और हाकिमों के सामने ले जाएँगे। 13 पर यह तुम्हारे लिये गवाही देने का अवसर हो जाएगा। 14 इसलिये अपने अपने मन में ठान रखो कि हम पहले से उत्तर देने की चिन्ता न करेंगे।* 15 क्योंकि मैं तुम्हें ऐसा बोल और बुद्धि दूँगा कि तुम्हारे सब विरोधी सामना या खण्डन न कर

20:42,43 * भजन 110:1   21:14,15 * लूका 12:11,12

सकेंगे।* 16 तुम्हारे माता-पिता, और भाई, और कुटुम्ब, और मित्र भी तुम्हें पकड़वाएँगे; यहाँ तक कि तुम में से कुछ को मरवा डालेंगे। 17 मेरे नाम के कारण सब लोग तुम से बैर करेंगे। 18 परन्तु तुम्हारे सिर का एक बाल भी बाँका न होगा। 19 अपने धीरज से तुम अपने प्राणों को बचाए रखोगे।

यरूशलेम के विनाश की भविष्यद्वाणी
(मत्ती 24:15-21; मरकुस 13:14-19)

20 ''जब तुम यरूशलेम को सेनाओं से घिरा हुआ देखो, तो जान लेना कि उसका उजड़ जाना निकट है। 21 तब जो यहूदिया में हों वे पहाड़ों पर भाग जाएँ; और जो यरूशलेम के भीतर हों वे बाहर निकल जाएँ; और जो गाँवों में हों वे उस में न जाएँ। 22 क्योंकि यह बदला लेने के ऐसे दिन होंगे, जिन में लिखी हुई सब बातें पूरी हो जाएँगी।* 23 उन दिनों में जो गर्भवती और दूध पिलाती होंगी, उनके लिये हाय, हाय! क्योंकि देश में बड़ा क्लेश और इन लोगों पर बड़ा प्रकोप होगा। 24 वे तलवार के कौर हो जाएँगे, और सब देशों के लोगों में बन्दी होकर पहुँचाए जाएँगे; और जब तक अन्य जातियों का समय पूरा न हो, तब तक यरूशलेम अन्य जातियों से रौंदा जाएगा।

मनुष्य के पुत्र का पुनरागमन
(मत्ती 24:29-31; मरकुस 13:24-27)

25 ''सूरज, और चाँद, और तारों में चिह्न दिखाई देंगे; और पृथ्वी पर देश-देश के लोगों को संकट होगा, क्योंकि वे समुद्र के गरजने और लहरों के कोलाहल से घबरा जाएँगे।* 26 भय के कारण और संसार पर आनेवाली घटनाओं की बाट देखते-देखते लोगों के जी में जी न रहेगा, क्योंकि आकाश की शक्तियाँ हिलाई जाएँगी।

27 तब वे मनुष्य के पुत्र को सामर्थ्य और बड़ी महिमा के साथ बादल पर आते देखेंगे।* 28 जब ये बातें होने लगें, तो सीधे होकर अपने सिर ऊपर उठाना; क्योंकि तुम्हारा छुटकारा निकट होगा।''

अंजीर के पेड़ का उदाहरण
(मत्ती 24:32-35; मरकुस 13:28-31)

29 उसने उनसे एक दृष्टान्त भी कहा : ''अंजीर के पेड़ और सब पेड़ों को देखो। 30 ज्योंही उनमें कोंपलें निकलती हैं, तो तुम देखकर आप ही जान लेते हो कि ग्रीष्मकाल निकट है। 31 इसी रीति से जब तुम ये बातें होते देखो, तब जान लो कि परमेश्वर का राज्य निकट है। 32 मैं तुम से सच कहता हूँ कि जब तक ये सब बातें न हो लें, तब तक इस पीढ़ी* का कदापि अन्त न होगा। 33 आकाश और पृथ्वी टल जाएँगे, परन्तु मेरी बातें कभी न टलेंगी।

जागते रहो
(मत्ती 24:36-44; मरकुस 13:32-37)

34 ''इसलिये सावधान रहो, ऐसा न हो कि तुम्हारे मन खुमार, और मतवालेपन, और इस जीवन की चिन्ताओं से सुस्त हो जाएँ, और वह दिन तुम पर फन्दे के समान अचानक आ पड़े। 35 क्योंकि वह सारी पृथ्वी के सब रहनेवालों पर इसी प्रकार आ पड़ेगा। 36 इसलिये जागते रहो और हर समय प्रार्थना करते रहो कि तुम इन सब आनेवाली घटनाओं से बचने और मनुष्य के पुत्र के सामने खड़े होने के योग्य बनो।''

37 वह दिन को मन्दिर में उपदेश करता था, और रात को बाहर जाकर जैतून नामक पहाड़ पर रहा करता था;* 38 और भोर को तड़के सब लोग उसकी सुनने के लिये मन्दिर में उसके पास आया करते थे।

21:22 * होशे 9:7 25 * यशा 13:10; यहे 32:7; योए 2:31; प्रका 6:12,13 27 * दानि 7:13; प्रका 1:7
32 * या यह पीढ़ी जाती न रहेगी 37 * लूका 19:47

यीशु के विरुद्ध षड्यन्त्र

(मत्ती 26:1-5; मरकुस 14: 1, 2;
यूहन्ना 11: 45-53)

22 अखमीरी रोटी का पर्व जो फसह कहलाता है,* निकट था; 2 और प्रधान याजक और शास्त्री इस बात की खोज में थे कि उसको कैसे मार डालें, पर वे लोगों से डरते थे।

यहूदा का विश्वासघात

(मत्ती 26:14-16; मरकुस 14:10, 11)

3 तब शैतान यहूदा में समाया, जो इस्करियोती कहलाता और बारह चेलों में गिना जाता था। 4 उसने जाकर प्रधान याजकों और पहरुओं के सरदारों के साथ बातचीत की कि उसको किस प्रकार उनके हाथ पकड़वाए। 5 वे आनन्दित हुए, और उसे रुपये देने का वचन दिया। 6 उसने मान लिया, और अवसर ढूँढ़ने लगा कि जब भीड़ न हो तो उसे उनके हाथ पकड़वा दे।

चेलों के साथ फसह का अन्तिम भोज

(मत्ती 26:17-25; मरकुस 14:12-21;
यूहन्ना 13:21-30)

7 तब अखमीरी रोटी के पर्व का दिन आया, जिसमें फसह का मेम्ना बलि करना आवश्यक था। 8 यीशु ने पतरस और यूहन्ना को यह कहकर भेजा : ''जाकर हमारे खाने के लिये फसह तैयार करो।'' 9 उन्होंने उससे पूछा, ''तू कहाँ चाहता है कि हम इसे तैयार करें?'' 10 उसने उनसे कहा, ''देखो, नगर में प्रवेश करते ही एक मनुष्य जल का घड़ा उठाए हुए तुम्हें मिलेगा; जिस घर में वह जाए तुम उसके पीछे चले जाना, 11 और उस घर के स्वामी से कहना : गुरु तुझ से कहता है कि वह पाहुनशाला कहाँ है जिसमें मैं अपने चेलों के साथ फसह खाऊँ?' 12 वह तुम्हें एक सजी-सजाई बड़ी अटारी दिखा देगा; वहीं तैयारी करना। 13 उन्होंने जाकर, जैसा उसने उनसे कहा था, वैसा ही पाया और फसह तैयार किया।

प्रभु-भोज

(मत्ती 26: 26-30; मरकुस 14:22-26;
1 कुरिन्थियों 11: 23-25)

14 जब घड़ी आ पहुँची, तो वह प्रेरितों के साथ भोजन करने बैठा। 15 और उसने उनसे कहा, ''मुझे बड़ी लालसा थी कि दुःख भोगने से पहले यह फसह तुम्हारे साथ खाऊँ। 16 क्योंकि मैं तुम से कहता हूँ कि जब तक वह परमेश्वर के राज्य में पूरा न हो तब तक मैं उसे कभी न खाऊँगा।'' 17 तब उसने कटोरा लेकर धन्यवाद किया और कहा, ''इस को लो और आपस में बाँट लो। 18 क्योंकि मैं तुम से कहता हूँ कि जब तक परमेश्वर का राज्य न आए तब तक मैं दाख का रस अब से कभी न पीऊँगा।'' 19 फिर उसने रोटी ली, और धन्यवाद करके तोड़ी, और उनको यह कहते हुए दी, ''यह मेरी देह है जो तुम्हारे लिये दी जाती है : मेरे स्मरण के लिये यही किया करो।'' 20 इसी रीति से उसने भोजन के बाद कटोरा भी यह कहते हुए दिया, ''यह कटोरा मेरे उस लहू में जो तुम्हारे लिये बहाया जाता है नई वाचा है।* 21 पर देखो, मेरे पकड़वानेवाले का हाथ मेरे साथ मेज पर है।* 22 क्योंकि मनुष्य का पुत्र तो जैसा उसके लिये ठहराया गया जाता ही है, पर हाय उस मनुष्य पर जिसके द्वारा वह पकड़वाया जाता है!'' 23 तब वे आपस में पूछताछ करने लगे कि हम में से कौन है, जो यह काम करेगा।

महान् कौन? पर वाद-विवाद

24 उनमें यह वाद-विवाद भी हुआ कि उन में से कौन बड़ा समझा जाता है।* 25 उसने उनसे कहा, ''अन्यजातियों के राजा उन पर प्रभुता करते हैं; और जो उन पर अधिकार रखते हैं, वे उपकारक कहलाते हैं।* 26 परन्तु तुम ऐसे न

22:1* निर्ग 12:1-27   20* यिर्म 31:31-34   21* भजन 41:9   24* मत्ती 18:1; मर 9:34; लूका 9:46
25,26* मत्ती 10:42-44; 20:25-27; 23:11; मर 9:35

होना; वरन् जो तुम में बड़ा है, वह छोटे के समान और जो प्रधान है, वह सेवक के समान बने।* 27 क्योंकि बड़ा कौन है, वह जो भोजन पर बैठा है, या वह जो सेवा करता है? क्या वह नहीं जो भोजन पर बैठा है? परन्तु मैं तुम्हारे बीच में सेवक के समान हूँ।*

28 "तुम वह हो, जो मेरी परीक्षाओं में लगातार मेरे साथ रहे; 29 और जैसे मेरे पिता ने मेरे लिये एक राज्य ठहराया है, वैसे ही मैं भी तुम्हारे लिये ठहराता हूँ, 30 ताकि तुम मेरे राज्य में मेरी मेज पर खाओ-पिओ, वरन् सिंहासनों पर बैठकर इस्राएल के बारह गोत्रों का न्याय करो।*

पतरस के इन्कार की भविष्यद्वाणी

(मत्ती 26: 31-35; मरकुस 14: 27-31; यूहन्ना 13:36-38)

31 "शमौन, हे शमौन! देख, शैतान ने तुम लोगों को माँग लिया है कि गेहूँ के समान फटके, 32 परन्तु मैं ने तेरे लिये विनती की कि तेरा विश्वास जाता न रहे; और जब तू फिरे, तो अपने भाइयों को स्थिर करना।" 33 उसने उससे कहा, "हे प्रभु, मैं तेरे साथ बन्दीगृह जाने, वरन् मरने को भी तैयार हूँ।" 34 उसने कहा, "हे पतरस, मैं तुझ से कहता हूँ कि आज मुर्ग़ बाँग न देगा जब तक तू तीन बार मेरा इन्कार न कर लेगा कि तू मुझे नहीं जानता।"

बटुआ, झोली, और तलवार

35 फिर उसने उनसे कहा, "जब मैं ने तुम्हें बटुए, और झोली, और जूते बिना भेजा था, तो क्या तुम को किसी वस्तु की घटी हुई थी?"* उन्होंने कहा, "किसी वस्तु की नहीं।" 36 उसने उनसे कहा, "परन्तु अब जिसके पास बटुआ हो वह उसे ले और वैसे ही झोली भी, और जिसके पास तलवार न हो वह अपने कपड़े बेचकर एक मोल ले। 37 क्योंकि मैं तुम से कहता हूँ, कि यह जो लिखा है : 'वह अपराधियों के साथ गिना गया,'* उसका मुझ में पूरा होना अवश्य है; क्योंकि मेरे विषय में लिखी बातें पूरी होने पर हैं।" 38 उन्होंने कहा, "हे प्रभु, देख, यहाँ दो तलवारें हैं।" उसने उनसे कहा, "बहुत हैं।"

जैतून के पहाड़ पर यीशु की प्रार्थना

(मत्ती 26: 36-46; मरकुस 14:32-42)

39 तब वह बाहर निकलकर अपनी रीति के अनुसार जैतून के पहाड़ पर गया, और चेले उसके पीछे हो लिए। 40 उस जगह पहुँचकर उसने उनसे कहा, "प्रार्थना करो कि तुम परीक्षा में न पड़ो।" 41 और वह आप उनसे अलग एक ढेला फेंकने की दूरी भर गया, और घुटने टेककर प्रार्थना करने लगा, 42 "हे पिता, यदि तू चाहे तो इस कटोरे को मेरे पास से हटा ले, तौभी मेरी नहीं परन्तु तेरी ही इच्छा पूरी हो।" 43 तब स्वर्ग से एक दूत उसको दिखाई दिया जो उसे सामर्थ्य देता था। 44 वह अत्यन्त संकट में व्याकुल होकर और भी हार्दिक वेदना से प्रार्थना करने लगा; और उसका पसीना मानो लहू की बड़ी बड़ी बूँदों के समान भूमि पर गिर रहा था। 45 तब वह प्रार्थना से उठा और अपने चेलों के पास आकर उन्हें उदासी के मारे सोता पाया 46 और उनसे कहा, "क्यों सोते हो? उठो, प्रार्थना करो कि परीक्षा में न पड़ो।"

यीशु का धोखे से पकड़ा जाना

(मत्ती 26: 47-56; मरकुस 14: 43-50; यूहन्ना 18:3-12)

47 वह यह कह ही रहा था कि एक भीड़ आई, और उन बारहों में से एक जिसका नाम यहूदा था उनके आगे-आगे आ रहा था। वह यीशु के पास आया कि उसका चूमा ले। 48 यीशु ने उससे कहा, "हे यहूदा, क्या तू चूमा लेकर मनुष्य के पुत्र को पकड़वाता है?" 49 उसके साथियों ने जब देखा कि क्या होनेवाला है, तो कहा, "हे प्रभु, क्या हम तलवार चलाएँ?" 50 और उनमें से एक ने महायाजक के दास पर

22:27* यूह 13:12-15 **30*** मत्ती 19:28 **35*** मत्ती 10:9,10; मर 6:8,9; लूका 9:3; 10:4 **37*** यशा 53:12

तलवार चलाकर उसका दाहिना कान उड़ा दिया।
51 इस पर यीशु ने कहा, ''अब बस करो*।''
और उसका कान छूकर उसे अच्छा किया।
52 तब यीशु ने प्रधान याजकों और मन्दिर के
पहरुओं के सरदारों और पुरनियों से, जो उस
पर चढ़ आए थे, कहा, ''क्या तुम मुझे डाकू
जानकर तलवारें और लाठियाँ लिए हुए निकले
हो? 53 जब मैं मन्दिर में हर दिन तुम्हारे साथ
था, तो तुम ने मुझ पर हाथ न डाला;* पर यह
तुम्हारी घड़ी है, और अन्धकार का अधिकार
है।''

पतरस का इन्कार

(मत्ती 26: 57,58, 69-75; मरकुस 14: 53,54, 66-72; यूहन्ना 18:12-18, 25-27)

54 फिर वे उसे पकड़कर ले चले, और
महायाजक के घर में लाए। पतरस दूर ही दूर
उसके पीछे-पीछे चलता था; 55 और जब वे
आँगन में आग सुलगाकर इकट्ठे बैठे, तो पतरस
भी उनके बीच में बैठ गया। 56 तब एक दासी
उसे आग के उजियाले में बैठे देखकर और
उसकी ओर ताककर कहने लगी, ''यह भी तो
उसके साथ था।'' 57 परन्तु उसने यह कहकर
इन्कार किया, ''हे नारी, मैं उसे नहीं जानता।''
58 थोड़ी देर बाद किसी और ने उसे देखकर
कहा, ''तू भी तो उन्हीं में से है।'' पतरस ने
कहा, ''हे मनुष्य, मैं नहीं हूँ।'' 59 कोई घंटे भर
के बाद एक और मनुष्य दृढ़ता से कहने लगा,
''निश्चय यह भी तो उसके साथ था, क्योंकि
यह गलीली है।'' 60 पतरस ने कहा, ''हे मनुष्य,
मैं नहीं जानता कि तू क्या कहता है!'' वह कह
ही रहा था कि तुरन्त मुर्ग़ ने बाँग दी। 61 तब प्रभु
ने घूमकर पतरस की ओर देखा, और पतरस को
प्रभु की वह बात याद आई जो उसने कही थी :
''आज मुर्ग़ के बाँग देने से पहले, तू तीन बार
मेरा इन्कार करेगा।'' 62 और वह बाहर निकलकर
फूट-फूट कर रोया।

22:51* *या यहाँ तक रहने दो* 53* लूका 19:47; 21:37

यीशु का अपमान

(मत्ती 26: 67, 68; मरकुस 14: 65)

63 जो मनुष्य यीशु को पकड़े हुए थे, वे उसे
ठट्ठों में उड़ाकर पीटने लगे; 64 और उसकी
आँखें ढाँककर उससे पूछा, ''भविष्यद्वाणी करके
बता कि तुझे किसने मारा!'' 65 और उन्होंने
बहुत सी और भी निन्दा की बातें उसके विरोध
में कहीं।

महासभा के सामने यीशु

(मत्ती 26: 59-66; मरकुस 14: 55-64; यूहन्ना 18:19-24)

66 जब दिन हुआ तो लोगों के पुरनिए और
प्रधान याजक और शास्त्री इकट्ठे हुए, और उसे
अपनी महासभा में लाकर पूछा, 67 ''यदि तू
मसीह है, तो हम से कह दे!'' उसने उनसे कहा,
''यदि मैं तुम से कहूँ, तो प्रतीति न करोगे;
68 और यदि पूछूँ, तो उत्तर न दोगे। 69 परन्तु
अब से मनुष्य का पुत्र सर्वशक्तिमान परमेश्वर
की दाहिनी ओर बैठा रहेगा।'' 70 इस पर सब ने
कहा, ''तो क्या तू परमेश्वर का पुत्र है?'' उसने
उनसे कहा, ''तुम आप ही कहते हो, क्योंकि मैं
हूँ।'' 71 तब उन्होंने कहा, ''अब हमें गवाही
की क्या आवश्यकता है; क्योंकि हम ने आप ही
उसके मुँह से सुन लिया है।''

पिलातुस के सामने यीशु

(मत्ती 27:1,2,11-14; मरकुस 15:1-5; यूहन्ना 18: 28-38)

23 तब सारी सभा उठकर उसे पिलातुस
के पास ले गई। 2 वे यह कहकर उस
पर दोष लगाने लगे : ''हम ने इसे लोगों को
बहकाते, और कैसर को कर देने से मना करते,
और अपने आप को मसीह, राजा कहते हुए सुना
है।'' 3 पिलातुस ने उससे पूछा, ''क्या तू यहूदियों
का राजा है?'' उसने उसे उत्तर दिया, ''तू आप

ही कह रहा है।'' 4 तब पिलातुस ने प्रधान
याजकों और लोगों से कहा, ''मैं इस मनुष्य में
कोई दोष नहीं पाता।'' 5 पर वे और भी दृढ़ता
से कहने लगे, ''यह गलील से लेकर यहाँ तक,
सारे यहूदिया में उपदेश दे देकर लोगों को भड़काता
है।'' 6 यह सुनकर पिलातुस ने पूछा, ''क्या यह
मनुष्य गलीली है?'' 7 और यह जानकर कि
वह हेरोदेस की रियासत का है, उसे हेरोदेस के
पास भेज दिया, क्योंकि उन दिनों में वह भी
यरूशलेम में था।

हेरोदेस के सामने यीशु

8 हेरोदेस यीशु को देखकर बहुत ही प्रसन्न
हुआ, क्योंकि वह बहुत दिनों से उस को देखना
चाहता था; इसलिये कि उसके विषय में सुना था,
और उससे कुछ चिह्न देखने की आशा रखता
था। 9 वह उससे बहुत सी बातें पूछता रहा, पर
उसने उसको कुछ भी उत्तर न दिया। 10 प्रधान
याजक और शास्त्री खड़े हुए तन मन से उस पर
दोष लगाते रहे। 11 तब हेरोदेस ने अपने सिपाहियों
के साथ उसका अपमान करके ठट्ठों में उड़ाया,
और भड़कीला वस्त्र पहिनाकर उसे पिलातुस के
पास लौटा दिया। 12 उसी दिन पिलातुस और
हेरोदेस मित्र हो गए; इसके पहले वे एक दूसरे
के बैरी थे।

पिलातुस द्वारा यीशु को मृत्युदण्ड

(मत्ती 27:15-26; मरकुस 15:6-15;
यूहन्ना 18:39 – 19:16)

13 पिलातुस ने प्रधान याजकों और सरदारों
और लोगों को बुलाकर उनसे कहा, 14 ''तुम
इस मनुष्य को लोगों का बहकानेवाला ठहराकर
मेरे पास लाए हो, और देखो, मैं ने तुम्हारे सामने
उसकी जाँच की, पर जिन बातों का तुम उस पर
दोष लगाते हो उन बातों के विषय में मैं ने उसमें
कुछ भी दोष नहीं पाया है; 15 न हेरोदेस ने,
क्योंकि उसने उसे हमारे पास लौटा दिया है :
और देखो, उससे ऐसा कुछ नहीं हुआ कि वह
मृत्यु के दण्ड के योग्य ठहराया जाए। 16 इसलिये
मैं उसे पिटवाकर छोड़ देता हूँ।'' 17 [पिलातुस
पर्व के समय उनके लिये एक बन्दी को छोड़ने
पर विवश था।]* 18 तब सब मिलकर चिल्ला
उठे, ''इसका काम तमाम कर, और हमारे लिये
बरअब्बा को छोड़ दे!'' — 19 वह किसी बलवे
के कारण जो नगर में हुआ था, और हत्या के
कारण बन्दीगृह में डाला गया था — 20 पर
पिलातुस ने यीशु को छोड़ने की इच्छा से लोगों
को फिर समझाया, 21 परन्तु उन्होंने चिल्लाकर
कहा, ''उसे क्रूस पर चढ़ा, क्रूस पर!'' 22 उसने
तीसरी बार उनसे कहा, ''क्यों, उसने कौन सी
बुराई की है? मैंने उसमें मृत्यु के दण्ड के योग्य
कोई बात नहीं पाई। इसलिये मैं उसे पिटवाकर
छोड़ देता हूँ।'' 23 परन्तु वे चिल्ला-चिल्लाकर
पीछे पड़ गए कि वह क्रूस पर चढ़ाया जाए, और
उनका चिल्लाना प्रबल हुआ। 24 अत: पिलातुस
ने आज्ञा दी कि उनकी विनती के अनुसार किया
जाए। 25 उसने उस मनुष्य को जो बलवे और
हत्या के कारण बन्दीगृह में डाला गया था, और
जिसे वे माँगते थे, छोड़ दिया; और यीशु को
उनकी इच्छा के अनुसार सौंप दिया।

यीशु का क्रूस पर चढ़ाया जाना

(मत्ती 27:32-44; मरकुस 15: 21-32;
यूहन्ना 19:17-27)

26 जब वे उसे लिए जा रहे थे, तो उन्होंने
शमौन नामक एक कुरेनी को जो गाँव से आ रहा
था, पकड़कर उस पर क्रूस लाद दिया कि उसे
यीशु के पीछे-पीछे ले चले।

27 लोगों की बड़ी भीड़ उसके पीछे हो ली
और उसमें बहुत सी स्त्रियाँ भी थीं जो उसके
लिये छाती-पीटती और विलाप करती थीं।
28 यीशु ने उनकी ओर मुड़कर कहा, ''हे
यरूशलेम की पुत्रियो, मेरे लिये मत रोओ; परन्तु
अपने और अपने बालकों के लिये रोओ।
29 क्योंकि देखो, वे दिन आते हैं, जिनमें लोग
कहेंगे, 'धन्य हैं वे जो बाँझ हैं और वे गर्भ जो

23:17* *कुछ हस्तलेखों में यह पद नहीं मिलता*

लूका 23:30-55

न जने और वे स्तन जिन्होंने दूध न पिलाया।'
30 उस समय
'वे पहाड़ों से कहने लगेंगे कि हम पर गिरो,
और टीलों से कि हमें ढाँप लो।'*
31 क्योंकि जब वे हरे पेड़ के साथ ऐसा करते हैं, तो सूखे के साथ क्या कुछ न किया जाएगा?''

32 वे अन्य दो मनुष्यों को भी जो कुकर्मी थे उसके साथ घात करने को ले चले।

33 जब वे उस जगह जिसे खोपड़ी कहते हैं पहुँचे, तो उन्होंने वहाँ उसे और उन कुकर्मियों को भी, एक को दाहिनी और दूसरे को बाईं ओर क्रूसों पर चढ़ाया। 34 तब यीशु ने कहा, ''हे पिता, इन्हें क्षमा कर, क्योंकि ये जानते नहीं कि क्या कर रहे हैं।'' और उन्होंने चिट्ठियाँ डालकर उसके कपड़े बाँट लिए।*

35 लोग खड़े-खड़े देख रहे थे, और सरदार भी ठट्ठा कर करके कहते थे* : ''इसने दूसरों को बचाया, यदि यह परमेश्वर का मसीह है, और उसका चुना हुआ है, तो अपने आप को बचा ले।'' 36 सिपाही भी पास आकर और सिरका देकर* उसका ठट्ठा करके कहते थे, 37 ''यदि तू यहूदियों का राजा है, तो अपने आप को बचा!'' 38 और उसके ऊपर एक दोषपत्र भी लगा था : ''यह **यहूदियों का राजा है।''

मन फिरानेवाला कुकर्मी

39 जो कुकर्मी वहाँ लटकाए गए थे, उनमें से एक ने उसकी निन्दा करके कहा, ''क्या तू मसीह नहीं? तो फिर अपने आप को और हमें बचा!'' 40 इस पर दूसरे ने उसे डाँटकर कहा, ''क्या तू परमेश्वर से भी नहीं डरता? तू भी तो वही दण्ड पा रहा है, 41 और हम तो न्यायानुसार दण्ड पा रहे हैं, क्योंकि हम अपने कामों का ठीक फल पा रहे हैं; पर इसने कोई अनुचित काम नहीं किया।'' 42 तब उसने कहा,

''हे यीशु, जब तू अपने राज्य में आए, तो मेरी सुधि लेना।'' 43 उसने उससे कहा, ''मैं तुझ से सच कहता हूँ कि आज ही तू मेरे साथ स्वर्गलोक में होगा।''

यीशु का प्राण त्यागना

(मत्ती 27: 45-56; मरकुस 15: 33-41;
यूहन्ना 19: 28-30)

44 लगभग दो पहर से तीसरे पहर तक सारे देश में अन्धियारा छाया रहा, 45 और सूर्य का उजियाला जाता रहा, और मन्दिर का परदा* बीच से फट गया, 46 और यीशु ने बड़े शब्द से पुकार कर कहा, ''हे पिता, मैं अपनी आत्मा तेरे हाथों में सौंपता हूँ।''* और यह कहकर प्राण छोड़ दिए। 47 सूबेदार ने, जो कुछ हुआ था देखकर परमेश्वर की बड़ाई की, और कहा, ''निश्चय यह मनुष्य धर्मी था।'' 48 और भीड़ जो यह देखने को इकट्ठी हुई थी, इस घटना को देखकर छाती पीटती हुई लौट गई। 49 पर उसके सब जान पहचान, और जो स्त्रियाँ गलील से उसके साथ आई थीं, दूर खड़ी हुई यह सब देख रहीं थीं।*

यीशु का गाड़ा जाना

(मत्ती 27: 57-61; मरकुस 15: 42-47;
यूहन्ना 19: 38-42)

50 वहाँ यूसुफ नाम का महासभा का एक सदस्य था जो सज्जन और धर्मी पुरुष था 51 और उनकी योजना और उनके इस काम से प्रसन्न न था। वह यहूदियों के नगर अरिमतिया का रहनेवाला और परमेश्वर के राज्य की बाट जोहनेवाला था। 52 उसने पिलातुस के पास जाकर यीशु का शव माँगा; 53 और उसे उतारकर मलमल की चादर में लपेटा, और एक कब्र में रखा, जो चट्टान में खुदी हुई थी; और उसमें कोई कभी न रखा गया था। 54 वह तैयारी का दिन था, और सब्त का दिन आरम्भ होने पर था। 55 उन स्त्रियों ने जो

23:30* होशे 10:8; प्रका 6:16   34* भजन 22:18   35* भजन 22:7   36* भजन 69:21   45* निर्ग 26:31-33
46* भजन 31:5   49* लूका 8:2,3

उसके साथ गलील से आई थीं, पीछे पीछे जाकर उस कब्र को देखा, और यह भी कि उसका शव किस रीति से रखा गया है। 56 तब उन्होंने लौटकर सुगन्धित वस्तुएँ और इत्र तैयार किया; और सब्त के दिन उन्होंने आज्ञा के अनुसार विश्राम किया।*

यीशु का पुनरुत्थान

(मत्ती 28:1-10; मरकुस 16:1-8; यूहन्ना 20:1-10)

24 परन्तु सप्ताह के पहले दिन बड़े भोर को वे उन सुगन्धित वस्तुओं को जो उन्होंने तैयार की थीं, ले कर कब्र पर आईं। 2 उन्होंने पत्थर को कब्र पर से लुढ़का हुआ पाया, 3 पर भीतर जाकर प्रभु यीशु का शव न पाया। 4 जब वे इस बात से भौचक्की हो रही थीं तो देखो, दो पुरुष झलकते वस्त्र पहिने हुए उनके पास आ खड़े हुए। 5 जब वे डर गईं और धरती की ओर मुँह झुकाए रहीं तो उन्होंने उनसे कहा, "तुम जीवते को मरे हुओं में क्यों ढूँढ़ती हो? 6 वह यहाँ नहीं, परन्तु जी उठा है। स्मरण करो कि उसने गलील में रहते हुए तुम से कहा था,* 7 'अवश्य है कि मनुष्य का पुत्र पापियों के हाथ में पकड़वाया जाए, और क्रूस पर चढ़ाया जाए, और तीसरे दिन जी उठे'।"* 8 तब उसकी बातें उनको स्मरण आईं, 9 और कब्र से लौटकर उन्होंने उन ग्यारहों को, और अन्य सब को, ये सब बातें कह सुनाईं। 10 जिन्होंने प्रेरितों से ये बातें कहीं वे मरियम मगदलीनी और योअन्ना और याकूब की माता मरियम और उनके साथ की अन्य स्त्रियाँ भी थीं। 11 परन्तु उनकी बातें उन्हें कहानी सी जान पड़ीं, और उन्होंने उनकी प्रतीति न की। 12 तब पतरस उठकर कब्र पर दौड़ा गया, और झुककर केवल कपड़े पड़े देखे, और जो हुआ था उससे अचम्भा करता हुआ अपने घर चला गया।

इम्माऊस के मार्ग पर चेलों के साथ

(मरकुस 16:12, 13)

13 उसी दिन उनमें से दो जन इम्माऊस नामक एक गाँव को जा रहे थे, जो यरूशलेम से कोई सात मील की दूरी पर था। 14 वे इन सब बातों पर जो हुई थीं, आपस में बातचीत करते जा रहे थे, 15 और जब वे आपस में बातचीत और पूछताछ कर रहे थे, तो यीशु आप पास आकर उनके साथ हो लिया। 16 परन्तु उनकी आँखें ऐसी बन्द कर दी गई थीं कि उसे पहिचान न सके। 17 उसने उन से पूछा, "ये क्या बातें हैं, जो तुम चलते चलते आपस में करते हो?" वे उदास से खड़े रह गए। 18 यह सुनकर उनमें से क्लियोपास नामक एक व्यक्ति ने कहा, "क्या तू यरूशलेम में अकेला परदेशी है, जो नहीं जानता कि इन दिनों में उसमें क्या क्या हुआ है?" 19 उसने उनसे पूछा, "कौन सी बातें?" उन्होंने उस से कहा, "यीशु नासरी के विषय में जो परमेश्वर और सब लोगों के निकट काम और वचन में सामर्थी भविष्यद्वक्ता था, 20 और प्रधान याजकों और हमारे सरदारों ने उसे पकड़वा दिया कि उस पर मृत्यु की आज्ञा दी जाए; और उसे क्रूस पर चढ़वाया। 21 परन्तु हमें आशा थी कि यही इस्राएल को छुटकारा देगा। इन सब बातों के सिवाय इस घटना को हुए तीसरा दिन है, 22 और हम में से कई स्त्रियों ने भी हमें आश्चर्य में डाल दिया है, जो भोर को कब्र पर गई थीं, 23 और जब उसका शव न पाया तो यह कहती हुई आईं कि हम ने स्वर्गदूतों का दर्शन पाया, जिन्होंने कहा कि वह जीवित है। 24 तब हमारे साथियों में से कई एक कब्र पर गए, और जैसा स्त्रियों ने कहा था वैसा ही पाया; परन्तु उसको न देखा।" 25 तब उसने उनसे कहा, "हे निर्बुद्धियो, और भविष्यद्वक्ताओं की सब बातों पर विश्वास करने में मन्दमतियो! 26 क्या अवश्य न था कि

23:56 * निर्ग 20:10; व्य 5:14   24:6,7 * मत्ती 16:21; 17:22, 23; 20:18,19; मर 8:31; 9:31; 10:33, 34; लूका 9:22; 18:31-33

मसीह ये दुःख उठाकर अपनी महिमा में प्रवेश करे?'' 27 तब उसने मूसा से और सब भविष्यद्वक्ताओं से आरम्भ करके सारे पवित्रशास्त्र में से अपने विषय में लिखी बातों का अर्थ, उन्हें समझा दिया।

28 इतने में वे उस गाँव के पास पहुँचे जहाँ वे जा रहे थे, और उसके ढंग से ऐसा जान पड़ा कि वह आगे बढ़ना चाहता है। 29 परन्तु उन्होंने यह कहकर उसे रोका, ''हमारे साथ रह, क्योंकि संध्या हो चली है और दिन अब बहुत ढल गया है।'' तब वह उनके साथ रहने के लिये भीतर गया। 30 जब वह उनके साथ भोजन करने बैठा, तो उसने रोटी लेकर धन्यवाद किया और उसे तोड़कर उनको देने लगा। 31 तब उनकी आँखें खुल गईं; और उन्होंने उसे पहचान लिया, और वह उनकी आँखों से छिप गया। 32 उन्होंने आपस में कहा, ''जब वह मार्ग में हम से बातें करता था और पवित्रशास्त्र का अर्थ हमें समझाता था, तो क्या हमारे मन में उत्तेजना न उत्पन्न हुई?'' 33 वे उसी घड़ी उठकर यरूशलेम को लौट गए, और उन ग्यारहों और उनके साथियों को इकट्ठे पाया। 34 वे कहते थे, ''प्रभु सचमुच जी उठा है, और शमौन को दिखाई दिया है।'' 35 तब उन्होंने मार्ग की बातें उन्हें बता दीं और यह भी कि उन्होंने उसे रोटी तोड़ते समय कैसे पहचाना।

यीशु का चेलों को दिखाई देना

(मत्ती 28:16-20; मरकुस 16:14-18; यूहन्ना 20:19-23; प्रेरितों 1: 6-8)

36 वे ये बातें कह ही रहे थे कि वह आप ही उनके बीच में आ खड़ा हुआ, और उनसे कहा, ''तुम्हें शान्ति मिले।'' 37 परन्तु वे घबरा गए और डर गए, और समझे कि हम किसी भूत को देख रहे हैं। 38 उसने उनसे कहा, ''क्यों घबराते हो? और तुम्हारे मन में क्यों सन्देह उठते हैं? 39 मेरे हाथ और मेरे पाँव को देखो कि मैं वही हूँ। मुझे छूकर देखो, क्योंकि आत्मा के हड्डी माँस नहीं होता जैसा मुझ में देखते हो।''

40 यह कहकर उसने उन्हें अपने हाथ पाँव दिखाए। 41 जब आनन्द के मारे उनको प्रतीति न हुई, और वे आश्चर्य करते थे, तो उसने उनसे पूछा, ''क्या यहाँ तुम्हारे पास कुछ भोजन है?'' 42 उन्होंने उसे भुनी हुई मछली का टुकड़ा दिया। 43 उसने लेकर उनके सामने खाया। 44 फिर उसने उनसे कहा, ''ये मेरी वे बातें हैं, जो मैं ने तुम्हारे साथ रहते हुए तुम से कही थीं कि अवश्य है कि जितनी बातें मूसा की व्यवस्था और भविष्यद्वक्ताओं और भजनों की पुस्तकों में मेरे विषय में लिखी हैं, सब पूरी हों।''

45 तब उस ने पवित्रशास्त्र बूझने के लिये उनकी समझ खोल दी, 46 और उनसे कहा, ''यों लिखा है कि मसीह दुःख उठाएगा, और तीसरे दिन मरे हुओं में से जी उठेगा, 47 और यरूशलेम से लेकर सब जातियों में मन फिराव* का और पापों की क्षमा का प्रचार, उसी के नाम से किया जाएगा। 48 तुम इन सब बातों के गवाह हो। 49 और देखो, जिसकी प्रतिज्ञा मेरे पिता ने की है, मैं उसको तुम पर उतारूँगा और जब तक स्वर्ग से सामर्थ्य न पाओ, तब तक तुम इसी नगर में ठहरे रहो।*''

यीशु का स्वर्गारोहण

(मरकुस 16:19, 20; प्रेरितों 1: 9-11)

50 तब वह उन्हें बैतनिय्याह तक बाहर ले गया, और अपने हाथ उठाकर उन्हें आशीष दी;* 51 और उन्हें आशीष देते हुए वह उनसे अलग हो गया और स्वर्ग पर उठा लिया गया।* 52 तब वे उसको दण्डवत् करके बड़े आनन्द से यरूशलेम को लौट गए; 53 और वे लगातार मन्दिर में उपस्थित होकर परमेश्वर की स्तुति किया करते थे।

24:47* या *पश्चात्ताप* **49*** प्रेरि 1:4 **50,51*** प्रेरि 1:9-11

यूहन्ना रचित सुसमाचार

भूमिका

यूहन्ना रचित सुसमाचार में यीशु को परमेश्वर के अनन्त वचन के रूप में प्रस्तुत किया गया है, जिसने "देहधारी होकर हमारे बीच में डेरा किया।" इस पुस्तक में यह स्पष्ट कथन है, कि यह सुसमाचार इसलिये लिखा गया कि इसके पाठक विश्वास करें कि यीशु ही प्रतिज्ञात उद्धारकर्ता अर्थात् परमेश्वर का पुत्र है, और वे यीशु में विश्वास के द्वारा जीवन प्राप्त कर सकें (20:31)।

भूमिका में यीशु को परमेश्वर के अनन्त वचन के रूप में दर्शाया गया है। उसके पश्चात् सुसमाचार के पहले भाग में सात आश्चर्यकर्मों या चिह्नों का वर्णन है, उनसे यह प्रगट होता है कि यीशु प्रतिज्ञात उद्धारकर्ता अर्थात् परमेश्वर का पुत्र है। दूसरा भाग उपदेश है। उनमें यह समझाया गया है कि इन आश्चर्यकर्मों का अर्थ क्या है। इस भाग में यह भी बताया गया है कि कैसे कुछ लोगों ने यीशु में विश्वास किया और उसके अनुयायी बन गए, जबकि अन्य लोगों ने उसका विरोध किया और विश्वास करने से इन्कार कर दिया। 13-17 अध्याय में यीशु के पकड़वाए जाने वाली रात को, यीशु की उसके चेलों के साथ घनिष्ठ सहभागिता, और क्रूस पर चढ़ाए जाने से पूर्व की संध्या को चेलों को तैयार करने और उन्हें उत्साहित करने वाले यीशु के वचनों का विस्तारपूर्वक वर्णन है। अन्त के अध्यायों में यीशु के पकड़वाए जाने और मुकद्दमे, उसके क्रूस पर चढ़ाए जाने, गाड़े जाने, पुनरुत्थान, और पुनरुत्थान के बाद चेलों पर प्रगट होने का वर्णन है।

यूहन्ना मसीह के द्वारा अनन्त जीवन के दान पर बल देता है। यह एक ऐसा दान है जो अभी आरम्भ होता है और उनको प्राप्त होता है जो यीशु को मार्ग, सत्य, और जीवन के रूप में ग्रहण करते हैं। आत्मिक बातों को दर्शाने के लिये दैनिक जीवन की साधारण वस्तुओं का प्रतीकों के रूप में प्रयोग यूहन्ना की एक प्रमुख विशेषता है, जैसे—जल, रोटी, ज्योति, चरवाहा और उसकी भेड़ें, तथा दाखलता और उसके फल।

रूप-रेखा :

भूमिका 1:1-18
यूहन्ना बपतिस्मा देनेवाला और यीशु के प्रथम शिष्य 1:19-51
यीशु की जनसेवा 2:1—12:50
यरूशलेम में अन्त के कुछ दिन 13:1—19:42
प्रभु का पुनरुत्थान और उसका दिखाई देना 20:1-31
उपसंहार : गलील में पुन: दिखाई देना 21:1-25

वचन देहधारी हुआ

1 आदि में वचन था, और वचन परमेश्वर के
साथ था, और वचन परमेश्वर था। 2 यही
आदि में परमेश्वर के साथ था। 3 सब कुछ उसी
के द्वारा उत्पन्न हुआ, और जो कुछ उत्पन्न हुआ है
उसमें से कोई भी वस्तु उसके बिना उत्पन्न नहीं
हुई। 4 उसमें जीवन था और वह जीवन मनुष्यों
की ज्योति था। 5 ज्योति अन्धकार में चमकती
है, और अन्धकार ने उसे ग्रहण न किया।*
6 एक मनुष्य परमेश्वर की ओर से आ
उपस्थित हुआ जिसका नाम यूहन्ना था।* 7 वह
गवाही देने आया कि ज्योति की गवाही दे, ताकि
सब उसके द्वारा विश्वास लाएँ। 8 वह आप तो
वह ज्योति न था, परन्तु उस ज्योति की गवाही
देने के लिये आया था।
9 सच्ची ज्योति जो हर एक मनुष्य को प्रकाशित
करती है, जगत में आनेवाली थी। 10 वह जगत
में था, और जगत उसके द्वारा उत्पन्न हुआ, और
जगत ने उसे नहीं पहिचाना। 11 वह अपने घर
आया और उसके अपनों ने उसे ग्रहण नहीं किया।
12 परन्तु जितनों ने उसे ग्रहण किया, उसने उन्हें
परमेश्वर की सन्तान होने का अधिकार दिया,
अर्थात् उन्हें जो उसके नाम पर विश्वास रखते
हैं। 13 वे न तो लहू से, न शरीर की इच्छा से, न
मनुष्य की इच्छा से, परन्तु परमेश्वर से उत्पन्न
हुए हैं।
14 और वचन देहधारी हुआ; और अनुग्रह
और सच्चाई से परिपूर्ण होकर हमारे बीच में डेरा
किया, और हम ने उसकी ऐसी महिमा देखी,
जैसी पिता के एकलौते की महिमा। 15 यूहन्ना ने
उसके विषय में गवाही दी, और पुकारकर कहा,
''यह वही है, जिसका मैंने वर्णन किया कि जो
मेरे बाद आ रहा है, वह मुझ से बढ़कर है क्योंकि
वह मुझ से पहले था।'' 16 क्योंकि उसकी
परिपूर्णता में से हम सब ने प्राप्त किया अर्थात्
अनुग्रह पर अनुग्रह। 17 इसलिये कि व्यवस्था
तो मूसा के द्वारा दी गई, परन्तु अनुग्रह और
सच्चाई यीशु मसीह के द्वारा पहुँची। 18 परमेश्वर
को किसी ने कभी नहीं देखा, एकलौता पुत्र* जो
पिता की गोद में है, उसी ने उसे प्रगट किया।

यूहन्ना बपतिस्मा देनेवाले की गवाही

*(मत्ती 3:1-12; मरकुस 1:1-8;
लूका 3:1-18)*

19 यूहन्ना की गवाही यह है, कि जब यहूदियों
ने यरूशलेम से याजकों और लेवियों को उससे
यह पूछने के लिये भेजा, ''तू कौन है?'' 20 तो
उसने यह मान लिया और इन्कार नहीं किया,
परन्तु मान लिया, ''मैं मसीह नहीं हूँ।'' 21 तब
उन्होंने उससे पूछा, ''तो फिर कौन है? क्या तू
एलिय्याह है?'' उसने कहा, ''मैं नहीं हूँ।''
''तो क्या तू वह भविष्यद्वक्ता है?''* उसने उत्तर
दिया, ''नहीं।'' 22 तब उन्होंने उससे पूछा, ''फिर
तू है कौन? ताकि हम अपने भेजनेवालों को
उत्तर दें। तू अपने विषय में क्या कहता है?''
23 उसने कहा, ''जैसा यशायाह भविष्यद्वक्ता ने
कहा है : 'मैं जंगल में एक पुकारनेवाले का शब्द
हूँ कि तुम प्रभु का मार्ग सीधा करो'।*''
24 वे फरीसियों की ओर से भेजे गए थे।
25 उन्होंने उससे यह प्रश्न पूछा, ''यदि तू न
मसीह है, और न एलिय्याह, और न वह
भविष्यद्वक्ता है, तो फिर बपतिस्मा क्यों देता है?''
26 यूहन्ना ने उनको उत्तर दिया, ''मैं तो जल से*
बपतिस्मा देता हूँ, परन्तु तुम्हारे बीच में एक
व्यक्ति खड़ा है जिसे तुम नहीं जानते। 27 अर्थात्
मेरे बाद आनेवाला है, जिसकी जूती का बन्ध मैं
खोलने के योग्य नहीं।'' 28 ये बातें यरदन के
पार बैतनिय्याह में हुईं, जहाँ यूहन्ना बपतिस्मा
देता था।

परमेश्वर का मेम्ना

29 दूसरे दिन उसने यीशु को अपनी ओर
आते देखकर कहा, ''देखो, यह परमेश्वर का

1:5* *या अन्धकार उस पर जयवन्त न हुआ* **6*** मत्ती 3:1; मर 1:4; लूका 3:1,2 **18*** और पढ़ते हैं : *परमेश्वर एकलौता*
21* व्य 18:15,18; मला 4:5 **23*** यशा 40:3 **26*** या में

मेम्ना है जो जगत का पाप उठा ले जाता है। 30 यह वही है जिसके विषय में मैंने कहा था, 'एक पुरुष मेरे पीछे आता है जो मुझ से श्रेष्ठ है, क्योंकि वह मुझ से पहले था।' 31 मैं तो उसे पहिचानता न था, परन्तु इसलिये मैं जल से बपतिस्मा देता हुआ आया कि वह इस्राएल पर प्रगट हो जाए।'' 32 और यूहन्ना ने यह गवाही दी : ''मैंने आत्मा को कबूतर के समान आकाश से उतरते देखा है, और वह उस पर ठहर गया। 33 मैं तो उसे पहिचानता नहीं था, परन्तु जिस ने मुझे जल से बपतिस्मा देने को भेजा, उसी ने मुझ से कहा, 'जिस पर तू आत्मा को उतरते और ठहरते देखे, वही पवित्र आत्मा से बपतिस्मा देनेवाला है।' 34 और मैंने देखा, और गवाही दी है कि यही परमेश्वर का पुत्र है।''

यीशु के प्रथम चेले

35 दूसरे दिन फिर यूहन्ना और उसके चेलों में से दो जन खड़े हुए थे, 36 और उसने यीशु पर जो जा रहा था, दृष्टि करके कहा, ''देखो, यह परमेश्वर का मेम्ना है।'' 37 तब वे दोनों चेले उसकी यह सुनकर यीशु के पीछे हो लिए। 38 यीशु ने मुड़कर उनको पीछे आते देखा और उनसे कहा, ''तुम किसकी खोज में हो ?'' उन्होंने उससे कहा, ''हे रब्बी (अर्थात् हे गुरु), तू कहाँ रहता है ?'' 39 उसने उनसे कहा, ''चलो, तो देख लोगे।'' तब उन्होंने जाकर उसके रहने का स्थान देखा, और उस दिन उसके साथ रहे। यह दसवें घंटे के लगभग था।

40 उन दोनों में से, जो यूहन्ना की बात सुनकर यीशु के पीछे हो लिए थे, एक शमौन पतरस का भाई अन्द्रियास था। 41 उसने पहले अपने सगे भाई शमौन से मिलकर उस से कहा, ''हम को ख्रिस्त, अर्थात् मसीह, मिल गया।'' 42 वह उसे यीशु के पास लाया। यीशु ने उस पर दृष्टि करके कहा, ''तू यूहन्ना का पुत्र शमौन है : तू कैफा* अर्थात् पतरस* कहलाएगा।

फिलिप्पुस और नतनएल का बुलाया जाना

43 दूसरे दिन यीशु ने गलील को जाना चाहा। वह फिलिप्पुस से मिला और कहा, ''मेरे पीछे हो ले।'' 44 फिलिप्पुस, अन्द्रियास और पतरस के नगर बैतसैदा का निवासी था। 45 फिलिप्पुस नतनएल से मिला और उस से कहा, ''जिस का वर्णन मूसा ने व्यवस्था में और भविष्यद्वक्ताओं ने किया है, वह हम को मिल गया; वह यूसुफ का पुत्र, यीशु नासरी है।'' 46 नतनएल ने उस से कहा, ''क्या कोई अच्छी वस्तु भी नासरत से निकल सकती है ?'' फिलिप्पुस ने उस से कहा, ''चलकर देख ले।'' 47 यीशु ने नतनएल को अपनी ओर आते देखकर उसके विषय में कहा, ''देखो, यह सचमुच इस्राएली है : इसमें कपट नहीं।'' 48 नतनएल ने उस से कहा, ''तू मुझे कैसे जानता है ?'' यीशु ने उसको उत्तर दिया, ''इस से पहले कि फिलिप्पुस ने तुझे बुलाया, जब तू अंजीर के पेड़ के तले था, तब मैंने तुझे देखा था।'' 49 नतनएल ने उसको उत्तर दिया, ''हे रब्बी, तू परमेश्वर का पुत्र है; तू इस्राएल का महाराजा है।'' 50 यीशु ने उसको उत्तर दिया, ''मैंने जो तुझ से कहा कि मैंने तुझे अंजीर के पेड़ के तले देखा, क्या तू इसी लिये विश्वास करता है ? तू इससे भी बड़े-बड़े काम देखेगा।'' 51 फिर उस से कहा, ''मैं तुम से सच सच कहता हूँ कि तुम स्वर्ग को खुला हुआ, और परमेश्वर के स्वर्गदूतों को मनुष्य के पुत्र के ऊपर उतरते और ऊपर जाते देखोगे।''*

गलील के काना में पहला आश्चर्यकर्म

2 फिर तीसरे दिन गलील के काना में किसी का विवाह था, और यीशु की माता भी वहाँ थी। 2 यीशु और उसके चेले भी उस विवाह में निमन्त्रित थे। 3 जब दाखरस घट गया, तो यीशु की माता ने उस से कहा, ''उन के पास दाखरस

1:42* *कैफा (अरेमिक) और पतरस (यूनानी) दोनों का अर्थ 'पत्थर'* **51*** उत्प 28:12

नहीं रहा।'' 4 यीशु ने उससे कहा ''हे महिला, मुझे तुझ से क्या काम? अभी मेरा समय नहीं आया।'' 5 उसकी माता ने सेवकों से कहा, ''जो कुछ वह तुम से कहे, वही करना।'' 6 वहाँ यहूदियों के शुद्ध करने की रीति के अनुसार पत्थर के छः मटके धरे थे, जिनमें दो-दो, तीन-तीन मन समाता था। 7 यीशु ने उनसे कहा, ''मटकों में पानी भर दो।'' उन्होंने उन्हें मुँहामुँह भर दिया। 8 तब उसने उनसे कहा, ''अब निकालकर भोज के प्रधान के पास ले जाओ।'' और वे ले गए। 9 जब भोज के प्रधान ने वह पानी चखा, जो दाखरस बन गया था और नहीं जानता था कि वह कहाँ से आया है (परन्तु जिन सेवकों ने पानी निकाला था वे जानते थे), तो भोज के प्रधान ने दूल्हे को बुलाकर उससे कहा, 10 ''हर एक मनुष्य पहले अच्छा दाखरस देता है, और जब लोग पीकर छक जाते हैं, तब मध्यम देता है; परन्तु तू ने अच्छा दाखरस अब तक रख छोड़ा है।'' 11 यीशु ने गलील के काना में अपना यह पहला चिह्न* दिखाकर अपनी महिमा प्रगट की और उसके चेलों ने उस पर विश्‍वास किया।

12 इसके बाद वह और उसकी माता और उसके भाई और उसके चेले कफरनहूम को गए और वहाँ कुछ दिन रहे।*

मन्दिर से व्यापारियों का निकाला जाना

(मत्ती 21:12, 13; मरकुस 11:15-17; लूका 19:45, 46)

13 यहूदियों का फसह का पर्व* निकट था, और यीशु यरूशलेम को गया। 14 उसने मन्दिर में बैल, भेड़ और कबूतर के बेचनेवालों और सर्राफों को बैठे हुए पाया। 15 तब उसने रस्सियों का कोड़ा बनाकर, सब भेड़ों और बैलों को मन्दिर से निकाल दिया, और सर्राफों के पैसे बिखेर दिये और पीढ़ों को उलट दिया, 16 और कबूतर बेचनेवालों से कहा, ''इन्हें यहाँ से ले जाओ। मेरे पिता के घर को व्यापार का घर मत बनाओ।'' 17 तब उसके चेलों को स्मरण आया कि लिखा है, ''तेरे घर की धुन मुझे खा जाएगी।''*

18 इस पर यहूदियों ने उस से कहा, ''तू जो यह करता है तो हमें कौन सा चिह्न दिखाता है?'' 19 यीशु ने उनको उत्तर दिया, ''इस मन्दिर को ढा दो, और मैं इसे तीन दिन में खड़ा कर दूँगा।''* 20 यहूदियों ने कहा, ''इस मन्दिर के बनाने में छियालीस वर्ष लगे हैं, और क्या तू उसे तीन दिन में खड़ा कर देगा?'' 21 परन्तु उसने अपनी देह के मन्दिर के विषय में कहा था। 22 अतः जब वह मुर्दों में से जी उठा तो उसके चेलों को स्मरण आया कि उसने यह कहा था; और उन्होंने पवित्र शास्त्र और उस वचन की जो यीशु ने कहा था, प्रतीति की।

यीशु मनुष्य के मन को जानता है

23 जब वह यरूशलेम में फसह के समय पर्व में था, तो बहुतों ने उन चिह्नों को जो वह दिखाता था देखकर उसके नाम पर विश्‍वास किया। 24 परन्तु यीशु ने अपने आप को उनके भरोसे पर नहीं छोड़ा, क्योंकि वह सब को जानता था; 25 और उसे आवश्यकता न थी कि मनुष्य के विषय में कोई गवाही दे, क्योंकि वह आप ही जानता था कि मनुष्य के मन में क्या है?

यीशु और नीकुदेमुस

3 फरीसियों में नीकुदेमुस नाम का एक मनुष्य था, जो यहूदियों का सरदार था। 2 उसने रात को यीशु के पास आकर उससे कहा, ''हे रब्बी, हम जानते हैं कि तू परमेश्‍वर की ओर से गुरु हो कर आया है, क्योंकि कोई इन चिह्नों को जो तू दिखाता है, यदि परमेश्‍वर उसके साथ न हो तो नहीं दिखा सकता।'' 3 यीशु ने उसको उत्तर दिया, ''मैं तुझ से सच सच कहता हूँ, यदि कोई नये सिरे से न जन्मे तो परमेश्‍वर का राज्य देख नहीं सकता।'' 4 नीकुदेमुस ने उस से कहा, ''मनुष्य जब बूढ़ा हो गया, तो कैसे जन्म ले सकता है? क्या वह अपनी माता के गर्भ में

2:11* या *आश्चर्यकर्म* **12*** मत्ती 4:13 **13*** निर्ग 12:1-27 **17*** भजन 69:9 **19*** मत्ती 26:61; 27:40; मर 14:58; 15:29

दूसरी बार प्रवेश करके जन्म ले सकता है?''
5 यीशु ने उत्तर दिया, ''मैं तुझ से सच सच
कहता हूँ, जब तक कोई मनुष्य जल और आत्मा
से न जन्मे तो वह परमेश्वर के राज्य में प्रवेश
नहीं कर सकता। 6 क्योंकि जो शरीर से जन्मा
है, वह शरीर है; और जो आत्मा से जन्मा है, वह
आत्मा है। 7 अचम्भा न कर कि मैंने तुझ से
कहा, 'तुझे नये सिरे से जन्म लेना अवश्य है।'
8 हवा जिधर चाहती है उधर चलती है और तू
उसका शब्द सुनता है, परन्तु नहीं जानता कि वह
कहाँ से आती और किधर को जाती है? जो कोई
आत्मा से जन्मा है वह ऐसा ही है।'' 9 नीकुदेमुस
ने उसको उत्तर दिया, ''ये बातें कैसे हो सकती
हैं?'' 10 यह सुनकर यीशु ने उससे कहा, ''तू
इस्राएलियों का गुरु हो कर भी क्या इन बातों को
नहीं समझता? 11 मैं तुझ से सच सच कहता हूँ
कि हम जो जानते हैं वह कहते हैं, और जिसे
हम ने देखा है उसकी गवाही देते हैं, और तुम
हमारी गवाही ग्रहण नहीं करते। 12 जब मैं ने
तुम से पृथ्वी की बातें कहीं और तुम विश्वास
नहीं करते, तो यदि मैं तुम से स्वर्ग की बातें कहूँ
तो फिर कैसे विश्वास करोगे? 13 कोई स्वर्ग
पर नहीं चढ़ा, केवल वही जो स्वर्ग से उतरा,
अर्थात् मनुष्य का पुत्र जो स्वर्ग में है। 14 और
जिस रीति से मूसा ने जंगल में साँप को ऊँचे
पर चढ़ाया,* उसी रीति से अवश्य है कि मनुष्य
का पुत्र भी ऊँचे पर चढ़ाया जाए; 15 ताकि जो
कोई उस पर विश्वास करे वह अनन्त जीवन
पाए।

16 ''क्योंकि परमेश्वर ने जगत से ऐसा प्रेम
रखा कि उसने अपना एकलौता पुत्र दे दिया,
ताकि जो कोई उस पर विश्वास करे वह नष्ट न
हो, परन्तु अनन्त जीवन पाए। 17 परमेश्वर ने
अपने पुत्र को जगत में इसलिये नहीं भेजा कि
जगत पर दण्ड की आज्ञा दे, परन्तु इसलिये कि
जगत उसके द्वारा उद्धार पाए। 18 जो उस पर
विश्वास करता है, उस पर दण्ड की आज्ञा नहीं
होती, परन्तु जो उस पर विश्वास नहीं करता,
वह दोषी ठहर चुका; इसलिये कि उसने परमेश्वर
के एकलौते पुत्र के नाम पर विश्वास नहीं किया।
19 और दण्ड की आज्ञा का कारण यह है कि
ज्योति जगत में आई है, और मनुष्यों ने अन्धकार
को ज्योति से अधिक प्रिय जाना क्योंकि उनके
काम बुरे थे। 20 क्योंकि जो कोई बुराई करता
है, वह ज्योति से बैर रखता है, और ज्योति के
निकट नहीं आता, ऐसा न हो कि उसके कामों
पर दोष लगाया जाए। 21 परन्तु जो सत्य पर
चलता है, वह ज्योति के निकट आता है, ताकि
उसके काम प्रगट हों कि वह परमेश्वर की ओर
से किए गए हैं।''

यीशु के विषय यूहन्ना की गवाही

22 इसके बाद यीशु और उसके चेले यहूदिया
देश में आए; और वह वहाँ उन के साथ रहकर
बपतिस्मा देने लगा। 23 यूहन्ना भी शालेम के
निकट ऐनोन में बपतिस्मा देता था, क्योंकि वहाँ
बहुत जल था, और लोग आकर बपतिस्मा लेते
थे—24 यूहन्ना उस समय तक जेलखाने में नहीं
डाला गया था*—25 वहाँ यूहन्ना के चेलों का
किसी यहूदी के साथ शुद्धि के विषय में वाद-
विवाद हुआ। 26 और उन्होंने यूहन्ना के पास
आकर उससे कहा, ''हे रब्बी, जो व्यक्ति यरदन
के पार तेरे साथ था, और जिसकी तू ने गवाही दी
है; देख, वह बपतिस्मा देता है, और सब उसके
पास आते हैं।'' 27 यूहन्ना ने उत्तर दिया, ''जब
तक मनुष्य को स्वर्ग से न दिया जाय, तब तक
वह कुछ नहीं पा सकता। 28 तुम तो आप ही मेरे
गवाह हो कि मैंने कहा, 'मैं मसीह नहीं, परन्तु
उसके आगे भेजा गया हूँ।'* 29 जिसकी दुलहिन
है, वही दूल्हा है; परन्तु दूल्हे का मित्र जो खड़ा
हुआ उसकी सुनता है, दूल्हे के शब्द से बहुत
हर्षित होता है: अब मेरा यह हर्ष पूरा हुआ है।
30 अवश्य है कि वह बढ़े और मैं घटूँ।

31 ''जो ऊपर से आता है वह सर्वोत्तम है;
जो पृथ्वी से आता है वह पृथ्वी का है, और
पृथ्वी की ही बातें कहता है: जो स्वर्ग से आता

3:14* गिनती 21:9 **24*** मत्ती 14:3; मर 6:17; लूका 3:19,20 **28*** यूह 1:20

है, वह सब के ऊपर है। 32 जो कुछ उसने देखा और सुना है, उसी की गवाही देता है; और कोई उसकी गवाही ग्रहण नहीं करता। 33 जिसने उसकी गवाही ग्रहण कर ली उसने इस बात पर छाप लगा दी कि परमेश्वर सच्चा है। 34 क्योंकि जिसे परमेश्वर ने भेजा है, वह परमेश्वर की बातें कहता है; क्योंकि वह आत्मा नाप नापकर नहीं देता। 35 पिता पुत्र से प्रेम रखता है, और उसने सब वस्तुएँ उसके हाथ में दे दी हैं।* 36 जो पुत्र पर विश्वास करता है, अनन्त जीवन उसका है; परन्तु जो पुत्र की नहीं मानता, वह जीवन को नहीं देखेगा, परन्तु परमेश्वर का क्रोध उस पर रहता है।''

यीशु और सामरी स्त्री

4 फिर जब प्रभु को मालूम हुआ कि फरीसियों ने सुना है कि यीशु यूहन्ना से अधिक चेले बनाता और उन्हें बपतिस्मा देता है — 2 यद्यपि यीशु स्वयं नहीं वरन् उसके चेले बपतिस्मा देते थे — 3 तब वह यहूदिया को छोड़कर फिर गलील को चला, 4 और उसको सामरिया से होकर जाना अवश्य था। 5 इसलिये वह सूखार नामक सामरिया के एक नगर तक आया, जो उस भूमि के पास है जिसे याकूब ने अपने पुत्र यूसुफ को दिया था;* 6 और याकूब का कूआँ भी वहीं था। अत: यीशु मार्ग का थका हुआ उस कूएँ पर योंही बैठ गया। यह बात छठे घण्टे के लगभग हुई।

7 इतने में एक सामरी स्त्री जल भरने आई। यीशु ने उससे कहा, ''मुझे पानी पिला।'' 8 क्योंकि उसके चेले तो नगर में भोजन मोल लेने को गए थे। 9 उस सामरी स्त्री ने उससे कहा, ''तू यहूदी होकर मुझ सामरी स्त्री से पानी क्यों माँगता है?'' (क्योंकि यहूदी सामरियों के साथ किसी प्रकार का व्यवहार नहीं रखते।*) 10 यीशु ने उत्तर दिया, ''यदि तू परमेश्वर के वरदान को जानती, और यह भी जानती कि वह कौन है जो तुझसे कहता है, 'मुझे पानी पिला,' तो तू उससे माँगती, और वह तुझे जीवन का जल देता।'' 11 स्त्री ने उससे कहा, ''हे प्रभु, तेरे पास जल भरने को तो कुछ है भी नहीं, और कूआँ गहरा है; तो फिर वह जीवन का जल तेरे पास कहाँ से आया? 12 क्या तू हमारे पिता याकूब से बड़ा है, जिसने हमें यह कूआँ दिया; और आपही अपनी सन्तान, और अपने पशुओं समेत इसमें से पीया?'' 13 यीशु ने उसको उत्तर दिया, ''जो कोई यह जल पीएगा वह फिर प्यासा होगा, 14 परन्तु जो कोई उस जल में से पीएगा जो मैं उसे दूँगा, वह फिर अनन्तकाल तक प्यासा न होगा; वरन् जो जल मैं उसे दूँगा, वह उसमें एक सोता बन जाएगा जो अनन्त जीवन के लिये उमड़ता रहेगा।'' 15 स्त्री ने उससे कहा, ''हे प्रभु, वह जल मुझे दे ताकि मैं प्यासी न होऊँ और न जल भरने को इतनी दूर आऊँ।''

16 यीशु ने उससे कहा, ''जा, अपने पति को यहाँ बुला ला।'' 17 स्त्री ने उत्तर दिया, ''मैं बिना पति की हूँ।'' यीशु ने उससे कहा, ''तू ठीक कहती है, 'मैं बिना पति की हूँ।' 18 क्योंकि तू पाँच पति कर चुकी है, और जिसके पास तू अब है वह भी तेरा पति नहीं। यह तू ने सच ही कहा है।'' 19 स्त्री ने उससे कहा, ''हे प्रभु, मुझे लगता है कि तू भविष्यद्वक्ता है। 20 हमारे बापदादों ने इसी पहाड़ पर आराधना की, और तुम कहते हो कि वह जगह जहाँ आराधना करनी चाहिए यरूशलेम में है।'' 21 यीशु ने उससे कहा, ''हे नारी, मेरी बात का विश्वास कर कि वह समय आता है कि तुम न तो इस पहाड़ पर पिता की आराधना करोगे, न यरूशलेम में। 22 तुम जिसे नहीं जानते, उसकी आराधना करते हो; और हम जिसे जानते हैं उसकी आराधना करते हैं; क्योंकि उद्धार यहूदियों में से है। 23 परन्तु वह समय आता है, वरन् अब भी है, जिसमें सच्चे भक्त पिता की आराधना आत्मा और सच्चाई से करेंगे, क्योंकि पिता अपने लिये ऐसे ही आराधकों को ढूँढ़ता है। 24 परमेश्वर आत्मा है, और अवश्य है कि उसकी आराधना

3:35* मत्ती 11:27; लूका 10:22 **4:5*** उत्प 33:19; यहो 24:32 **9*** एज्रा 4:1-5; नहे 4:1,2

करनेवाले आत्मा और सच्चाई से आराधना करें।''
25 स्त्री ने उससे कहा, ''मैं जानती हूँ कि मसीह
जो ख्रिस्त कहलाता है, आनेवाला है; जब वह
आएगा, तो हमें सब बातें बता देगा।'' 26 यीशु
ने उस से कहा, ''मैं जो तुझ से बोल रहा हूँ,
वही हूँ।''

चेलों की वापसी

27 इतने में उसके चेले आ गए, और अचम्भा
करने लगे कि वह स्त्री से बातें कर रहा है; तौभी
किसी ने न पूछा, ''तू क्या चाहता है?'' या
''किस लिये उससे बातें करता है?'' 28 तब
स्त्री अपना घड़ा छोड़कर नगर में चली गई, और
लोगों से कहने लगी, 29 ''आओ, एक मनुष्य
को देखो, जिसने सब कुछ जो मैं ने किया मुझे
बता दिया। कहीं यही तो मसीह नहीं है?''
30 अत: वे नगर से निकलकर उसके पास आने
लगे। 31 इस बीच उसके चेलों ने यीशु से यह
विनती की, ''हे रब्बी, कुछ खा ले।'' 32 परन्तु
उसने उनसे कहा, ''मेरे पास खाने के लिये ऐसा
भोजन है जिसे तुम नहीं जानते।'' 33 तब चेलों
ने आपस में कहा, ''क्या कोई उसके लिये कुछ
खाने को लाया है?'' 34 यीशु ने उनसे कहा,
''मेरा भोजन यह है कि अपने भेजनेवाले की
इच्छा के अनुसार चलूँ और उसका काम पूरा
करूँ। 35 क्या तुम नहीं कहते, 'कटनी होने में
अब भी चार महीने पड़े हैं?' देखो, मैं तुम से
कहता हूँ, अपनी आँखें उठाकर खेतों पर दृष्टि
डालो कि वे कटनी के लिये पक चुके हैं।
36 काटनेवाला मजदूरी पाता और अनन्त जीवन
के लिये फल बटोरता है, ताकि बोनेवाला
और काटनेवाला दोनों मिलकर आनन्द करें।
37 क्योंकि यहाँ पर यह कहावत ठीक बैठती
है : 'बोनेवाला और है और काटनेवाला और।'
38 मैंने तुम्हें वह खेत काटने के लिये भेजा
जिसमें तुमने परिश्रम नहीं किया : दूसरों ने परिश्रम
किया और तुम उनके परिश्रम के फल में भागी
हुए।''

सामरियों का विश्‍वास करना

39 उस नगर के बहुत से सामरियों ने उस
स्त्री के कहने से यीशु पर विश्‍वास किया; क्योंकि
उसने यह गवाही दी थी : 'उसने सब कुछ जो
मैंने किया है, मुझे बता दिया।' 40 इसलिये जब
ये सामरी उसके पास आए, तो उससे विनती
करने लगे कि हमारे यहाँ रह। अत: वह वहाँ दो
दिन तक रहा। 41 उसके वचन के कारण और
भी बहुत से लोगों ने विश्‍वास किया 42 और उस
स्त्री से कहा, ''अब हम तेरे कहने ही से विश्‍वास
नहीं करते; क्योंकि हम ने आप ही सुन लिया,
और जानते हैं कि यही सचमुच में जगत का
उद्धारकर्ता है।''

43 फिर उन दो दिनों के बाद वह वहाँ से
निकल कर गलील को गया, 44 क्योंकि यीशु ने
आप ही साक्षी दी कि भविष्यद्वक्‍ता अपने देश में
आदर नहीं पाता।* 45 जब वह गलील में आया,*
तो गलीली आनन्द के साथ उससे मिले; क्योंकि
जितने काम उसने यरूशलेम में पर्व के समय
किए थे, उन्होंने उन सब को देखा था, क्योंकि वे
भी पर्व में गए थे।

राजकर्मचारी के पुत्र को चंगा करना

46 तब वह फिर गलील के काना में आया,
जहाँ उसने पानी को दाखरस बनाया था।* वहाँ
राजा का एक कर्मचारी था जिसका पुत्र कफरनहूम
में बीमार था। 47 वह यह सुनकर कि यीशु
यहूदिया से गलील में आ गया है, उसके पास
गया और उससे विनती करने लगा कि चलकर
मेरे पुत्र को चंगा कर दे : क्योंकि वह मरने पर
था। 48 यीशु ने उससे कहा, ''जब तक तुम
चिह्न और अद्‍भुत काम न देखोगे तब तक कदापि
विश्‍वास न करोगे।'' 49 राजा के कर्मचारी ने
उससे कहा, ''हे प्रभु, मेरे बालक की मृत्यु होने
से पहले चल।'' 50 यीशु ने उससे कहा, ''जा,
तेरा पुत्र जीवित है।'' उस मनुष्य ने यीशु की
कही हुई बात की प्रतीति की और चला गया।

4:44 * मत्ती 13:57; मर 6:4; लूका 4:24 **45** * यूह 2:23 **46** * यूह 2:1–11

यूहन्ना 4:51 — 5:23

51 वह मार्ग में ही था कि उसके दास उससे आ मिले और कहने लगे, ''तेरा लड़का जीवित है।'' 52 उसने उनसे पूछा, ''किस घड़ी वह अच्छा होने लगा?'' उन्होंने उससे कहा, ''कल सातवें घण्टे में उसका ज्वर उतर गया।'' 53 तब पिता जान गया कि यह उसी घड़ी हुआ जिस घड़ी यीशु ने उससे कहा, ''तेरा पुत्र जीवित है,'' और उसने और उसके सारे घराने ने विश्वास किया। 54 यह दूसरा आश्चर्यकर्म था जो यीशु ने यहूदिया से गलील में आकर दिखाया।

अड़तीस वर्ष के रोगी को चंगा करना

5 इन बातों के पश्चात् यहूदियों का एक पर्व हुआ, और यीशु यरूशलेम को गया।

2 यरूशलेम में भेड़-फाटक के पास एक कुण्ड है जो इब्रानी भाषा में बैतहसदा कहलाता है; उसके पाँच ओसारे हैं। 3 इनमें बहुत से बीमार, अंधे, लंगड़े और सूखे अंगवाले [पानी के हिलने की आशा में]* पड़े रहते थे।4 [क्योंकि नियुक्त समय पर परमेश्वर के स्वर्गदूत कुण्ड में उतरकर पानी को हिलाया करते थे। पानी हिलते ही जो कोई पहले उतरता वह चंगा हो जाता था चाहे उसकी कोई बीमारी क्यों न हो।]* 5 वहाँ एक मनुष्य था, जो अड़तीस वर्ष से बीमारी में पड़ा था। 6 यीशु ने उसे पड़ा हुआ देखकर और यह जानकर कि वह बहुत दिनों से इस दशा में पड़ा है, उससे पूछा, ''क्या तू चंगा होना चाहता है?'' 7 उस बीमार ने उसको उत्तर दिया, ''हे प्रभु, मेरे पास कोई मनुष्य नहीं कि जब पानी हिलाया जाए, तो मुझे कुण्ड में उतारे; परन्तु मेरे पहुँचते-पहुँचते दूसरा मुझ से पहले उतर जाता है।'' 8 यीशु ने उससे कहा, ''उठ, अपनी खाट उठा, और चल फिर।'' 9 वह मनुष्य तुरन्त चंगा हो गया, और अपनी खाट उठाकर चलने फिरने लगा।

10 वह सब्त का दिन था। इसलिये यहूदी उससे जो चंगा हुआ था, कहने लगे, ''आज तो सब्त का दिन है, तुझे खाट उठाना उचित नहीं।''*

11 उसने उन्हें उत्तर दिया, ''जिसने मुझे चंगा किया, उसी ने मुझ से कहा, 'अपनी खाट उठा और चल फिर'।'' 12 उन्होंने उससे पूछा, ''वह कौन मनुष्य है जिसने तुझ से कहा, 'खाट उठा, और चल फिर'?'' 13 परन्तु जो चंगा हो गया था वह नहीं जानता था कि वह कौन है, क्योंकि उस जगह में भीड़ होने के कारण यीशु वहाँ से हट गया था। 14 इन बातों के बाद वह यीशु को मन्दिर में मिला। यीशु ने उससे कहा, ''देख, तू चंगा हो गया है : फिर से पाप मत करना, ऐसा न हो कि इससे कोई भारी विपत्ति तुझ पर आ पड़े।'' 15 उस मनुष्य ने जाकर यहूदियों से कह दिया कि जिसने मुझे चंगा किया वह यीशु है। 16 इस कारण यहूदी यीशु को सताने लगे, क्योंकि वह ऐसे काम सब्त के दिन करता था। 17 इस पर यीशु ने उनसे कहा, ''मेरा पिता अब तक काम करता है, और मैं भी काम करता हूँ।'' 18 इस कारण यहूदी और भी अधिक उसके मार डालने का प्रयत्न करने लगे, क्योंकि वह न केवल सब्त के दिन की विधि को तोड़ता, परन्तु परमेश्वर को अपना पिता कह कर अपने आप को परमेश्वर के तुल्य भी ठहराता था।

पुत्र का अधिकार

19 इस पर यीशु ने उनसे कहा, ''मैं तुम से सच सच कहता हूँ, पुत्र आप से कुछ नहीं कर सकता, केवल वह जो पिता को करते देखता है; क्योंकि जिन जिन कामों को वह करता है उन्हें पुत्र भी उसी रीति से करता है। 20 क्योंकि पिता पुत्र से प्रीति रखता है और जो जो काम वह आप करता है, वह सब उसे दिखाता है; और वह इनसे भी बड़े काम उसे दिखाएगा, ताकि तुम अचम्भा करो। 21 जैसा पिता मरे हुओं को उठाता और जिलाता है, वैसा ही पुत्र भी जिन्हें चाहता है उन्हें जिलाता है। 22 पिता किसी का न्याय नहीं करता, परन्तु न्याय करने का सब काम पुत्र को सौंप दिया है, 23 कि सब लोग जैसे पिता का आदर करते हैं वैसे ही पुत्र का भी आदर करें।

5:3* कुछ हस्तलेखों में यह भाग नहीं मिलता 4* कुछ हस्तलेखों में यह पद नहीं मिलता 10* नहे 13:19; यिर्म 17:21

जो पुत्र का आदर नहीं करता, वह पिता का जिसने उसे भेजा है, आदर नहीं करता। 24 मैं तुमसे सच सच कहता हूँ, जो मेरा वचन सुनकर मेरे भेजनेवाले पर विश्वास करता है, अनन्त जीवन उसका है; और उस पर दण्ड की आज्ञा नहीं होती* परन्तु वह मृत्यु से पार होकर जीवन में प्रवेश कर चुका है।

25 ''मैं तुम से सच सच कहता हूँ वह समय आता है, और अब है, जिसमें मृतक परमेश्वर के पुत्र का शब्द सुनेंगे, और जो सुनेंगे वे जीएँगे। 26 क्योंकि जिस रीति से पिता अपने आप में जीवन रखता है, उसी रीति से उसने पुत्र को भी यह अधिकार दिया है कि अपने आप में जीवन रखे; 27 वरन् उसे न्याय करने का भी अधिकार दिया है, इसलिये कि वह मनुष्य का पुत्र है। 28 इससे अचम्भा मत करो; क्योंकि वह समय आता है कि जितने कब्रों में हैं वे उसका शब्द सुनकर निकल आएँगे। 29 जिन्होंने भलाई की है वे जीवन के पुनरुत्थान* के लिये जी उठेंगे और जिन्होंने बुराई की है वे दण्ड के पुनरुत्थान के लिये जी उठेंगे।†

यीशु के सम्बन्ध में गवाही

30 ''मैं अपने आप से कुछ नहीं कर सकता; जैसा सुनता हूँ, वैसा न्याय करता हूँ; और मेरा न्याय सच्चा है, क्योंकि मैं अपनी इच्छा नहीं परन्तु अपने भेजनेवाले की इच्छा चाहता हूँ। 31 यदि मैं आप ही अपनी गवाही दूँ, तो मेरी गवाही सच्ची नहीं। 32 एक और है जो मेरी गवाही देता है, और मैं जानता हूँ कि मेरी जो गवाही वह देता है, वह सच्ची है। 33 तुम ने यूहन्ना से पुछवाया और उसने सच्चाई की गवाही दी है।* 34 परन्तु मैं अपने विषय में मनुष्य की गवाही नहीं चाहता; तौभी मैं ये बातें इसलिये कहता हूँ कि तुम्हें उद्धार मिले। 35 वह तो जलता और चमकता हुआ दीपक था, और तुम्हें कुछ देर तक उसकी ज्योति में मगन होना अच्छा लगा।

36 परन्तु मेरे पास जो गवाही है वह यूहन्ना की गवाही से बड़ी है; क्योंकि जो काम पिता ने मुझे पूरा करने को सौंपा है अर्थात् यही काम जो मैं करता हूँ, वे मेरे गवाह हैं कि पिता ने मुझे भेजा है। 37 और पिता जिसने मुझे भेजा है, उसी ने मेरी गवाही दी है।* तुम ने न कभी उसका शब्द सुना, और न उसका रूप देखा है; 38 और उसके वचन को मन में स्थिर नहीं रखते, क्योंकि जिसे उसने भेजा तुम उसका विश्वास नहीं करते। 39 तुम पवित्रशास्त्र में ढूँढ़ते हो,* क्योंकि समझते हो कि उसमें अनन्त जीवन तुम्हें मिलता है; और यह वही है जो मेरी गवाही देता है; 40 फिर भी तुम जीवन पाने के लिये मेरे पास आना नहीं चाहते। 41 मैं मनुष्यों से आदर नहीं चाहता। 42 परन्तु मैं तुम्हें जानता हूँ कि तुम में परमेश्वर का प्रेम नहीं। 43 मैं अपने पिता के नाम से आया हूँ, और तुम मुझे ग्रहण नहीं करते; यदि अन्य कोई अपने ही नाम से आए, तो उसे ग्रहण कर लोगे। 44 तुम जो एक दूसरे से आदर चाहते हो और वह आदर जो एकमात्र परमेश्वर की ओर से है, नहीं चाहते, किस प्रकार विश्वास कर सकते हो? 45 यह न समझो कि मैं पिता के सामने तुम पर दोष लगाऊँगा; तुम पर दोष लगानेवाला तो मूसा है, जिस पर तुम ने भरोसा रखा है। 46 क्योंकि यदि तुम मूसा का विश्वास करते, तो मेरा भी विश्वास करते, इसलिये कि उसने मेरे विषय में लिखा है। 47 परन्तु यदि तुम उसकी लिखी हुई बातों पर विश्वास नहीं करते, तो मेरी बातों पर कैसे विश्वास करोगे?''

पाँच हजार पुरुषों को खिलाना

(मत्ती 14:13-21; मरकुस 6:30-44; लूका 9:10-17)

6 इन बातों के बाद यीशु गलील की झील अर्थात् तिबिरियास की झील के पार गया। 2 और एक बड़ी भीड़ उसके पीछे हो ली क्योंकि जो आश्चर्यकर्म* वह बीमारों पर दिखाता था वे

5:24* या वह न्याय में नहीं आता 29* या मृतकोत्थान † दानि 12:2 33* यूह 1:19-27; 3:27-30
37* मत्ती 3:17; मर 1:11; लूका 3:22 39* या ढूँढ़ो 6:2* मूल में, चिह्न

उनको देखते थे। 3 तब यीशु पहाड़ पर चढ़कर
अपने चेलों के साथ वहाँ बैठ गया। 4 यहूदियों
के फसह का पर्व निकट था।

5 जब यीशु ने अपनी आँखें उठाकर एक बड़ी
भीड़ को अपने पास आते देखा, तो फिलिप्पुस
से कहा, ''हम इनके भोजन के लिये कहाँ से
रोटी मोल लाएँ?'' 6 उसने यह बात उसे परखने
के लिये कही, क्योंकि वह आप जानता था कि
वह क्या करेगा। 7 फिलिप्पुस ने उसको उत्तर
दिया, ''दो सौ दीनार* की रोटी भी उनके लिये
पूरी न होंगी कि उनमें से हर एक को थोड़ी
थोड़ी मिल जाए।'' 8 उसके चेलों में से शमौन
पतरस के भाई अन्द्रियास ने उससे कहा, 9 ''यहाँ
एक लड़का है जिसके पास जौ की पाँच रोटी
और दो मछलियाँ हैं; परन्तु इतने लोगों के लिये
वे क्या हैं?'' 10 यीशु ने कहा, ''लोगों को बैठा
दो।'' उस जगह बहुत घास थी : तब लोग जिनमें
पुरुषों की संख्या लगभग पाँच हजार की थी, बैठ
गए। 11 तब यीशु ने रोटियाँ लीं, और धन्यवाद
करके बैठनेवालों को बाँट दीं; और वैसे ही
मछलियों में से जितनी वे चाहते थे बाँट दिया।
12 जब वे खाकर तृप्त हो गए तो उसने अपने
चेलों से कहा, ''बचे हुए टुकड़े बटोर लो कि
कुछ फेंका* न जाए।'' 13 अत: उन्होंने बटोरा,
और जौ की पाँच रोटियों के टुकड़ों से जो
खानेवालों से बच रहे थे, बारह टोकरियाँ भरीं।
14 तब जो आश्चर्यकर्म उसने कर दिखाया उसे
वे लोग देखकर कहने लगे, ''वह भविष्यद्वक्ता
जो जगत में आनेवाला था निश्चय यही है।''

15 यीशु यह जानकर कि वे मुझे राजा बनाने
के लिये पकड़ना चाहते हैं, फिर पहाड़ पर अकेला
चला गया।

यीशु का पानी पर चलना

(मत्ती 14:22-33; मरकुस 6:45-52)

16 जब सन्ध्या हुई, तो उसके चेले झील के
किनारे गए, 17 और नाव पर चढ़कर झील के
पार कफरनहूम को जाने लगे। उस समय अन्धेरा
हो गया था, और यीशु अभी तक उनके पास नहीं
आया था। 18 आँधी के कारण झील में लहरें
उठने लगीं। 19 जब वे खेते खेते तीन-चार मील
के लगभग निकल गए, तो उन्होंने यीशु को झील
पर चलते और नाव के निकट आते देखा, और
डर गए। 20 परन्तु उसने उनसे कहा, ''मैं हूँ;
डरो मत।'' 21 अत: वे उसे नाव पर चढ़ा लेने
के लिये तैयार हुए और तुरन्त वह नाव उस स्थान
पर जा पहुँची जहाँ वे जा रहे थे।

लोगों का यीशु को ढूँढ़ना

22 दूसरे दिन उस भीड़ ने, जो झील के पार
खड़ी थी, यह देखा कि यहाँ एक को छोड़ और
कोई नाव न थी; और यीशु अपने चेलों के साथ
उस नाव पर नहीं चढ़ा था, परन्तु केवल उसके
चेले ही गए थे। 23 तब अन्य नावें तिबिरियास
से उस जगह के निकट आईं, जहाँ उन्होंने
प्रभु के धन्यवाद करने के बाद रोटी खाई थी।
24 इसलिये जब भीड़ ने देखा कि यहाँ न यीशु
है और न उसके चेले, तो वे भी नावों पर चढ़ के
यीशु को ढूँढ़ते हुए कफरनहूम पहुँचे।

यीशु जीवन की रोटी

25 झील के पार जब वे उससे मिले तो कहा,
''हे रब्बी, तू यहाँ कब आया?'' 26 यीशु ने
उन्हें उत्तर दिया, ''मैं तुम से सच सच कहता
हूँ, तुम मुझे इसलिये नहीं ढूँढ़ते हो कि तुम ने
आश्चर्यकर्म देखे, परन्तु इसलिये कि तुम रोटियाँ
खाकर तृप्त हुए। 27 नाशवान् भोजन के लिये
परिश्रम न करो, परन्तु उस भोजन के लिये जो
अनन्त जीवन तक ठहरता है, जिसे मनुष्य का
पुत्र तुम्हें देगा; क्योंकि पिता अर्थात् परमेश्वर ने
उसी पर छाप लगाई है।'' 28 उन्होंने उससे
कहा, ''परमेश्वर के कार्य करने के लिये हम
क्या करें?'' 29 यीशु ने उन्हें उत्तर दिया,
''परमेश्वर का कार्य यह है कि तुम उस पर,
जिसे उसने भेजा है, विश्वास करो।'' 30 तब
उन्होंने उससे कहा, ''फिर तू कौन सा चिह्न

6:7* *एक दीनार बराबर एक दिन की मजदूरी* **12*** *मूल में, खोया न जाए*

दिखाता है कि हम उसे देखकर तेरा विश्‍वास
करें ? तू कौन सा काम दिखाता है ? 31 हमारे
बापदादों ने जंगल में मन्ना* खाया; जैसा लिखा
है, 'उसने उन्हें खाने के लिये स्वर्ग से रोटी
दी' ।'' 32 यीशु ने उनसे कहा, ''मैं तुम से सच
सच कहता हूँ कि मूसा ने तुम्हें वह रोटी स्वर्ग से
नहीं दी, परन्तु मेरा पिता तुम्हें सच्ची रोटी स्वर्ग
से देता है। 33 क्योंकि परमेश्‍वर की रोटी वही है
जो स्वर्ग से उतरकर जगत को जीवन देती है।''
34 तब उन्होंने उससे कहा, ''हे प्रभु, यह रोटी
हमें सर्वदा दिया कर।''

35 यीशु ने उनसे कहा, ''जीवन की रोटी मैं
हूँ : जो मेरे पास आता है वह कभी भूखा न
होगा, और जो मुझ पर विश्‍वास करता है वह
कभी प्यासा न होगा। 36 परन्तु मैं ने तुम से कहा
था कि तुम ने मुझे देख भी लिया है तौभी विश्‍वास
नहीं करते। 37 जो कुछ पिता मुझे देता है वह
सब मेरे पास आएगा, और जो कोई मेरे पास
आएगा उसे मैं कभी न निकालूँगा। 38 क्योंकि
मैं अपनी इच्छा नहीं वरन् अपने भेजनेवाले की
इच्छा पूरी करने के लिये स्वर्ग से उतरा हूँ;
39 और मेरे भेजनेवाले की इच्छा यह है कि जो
कुछ उसने मुझे दिया है, उस में से मैं कुछ न
खोऊँ, परन्तु उसे अंतिम दिन फिर जिला उठाऊँ।
40 क्योंकि मेरे पिता की इच्छा यह है कि जो
कोई पुत्र को देखे और उस पर विश्‍वास करे, वह
अनन्त जीवन पाए; और मैं उसे अंतिम दिन फिर
जिला उठाऊँगा।''

41 इसलिये यहूदी उस पर कुड़कुड़ाने लगे,
क्योंकि उसने कहा था, ''जो रोटी स्वर्ग से उतरी,
वह मैं हूँ।'' 42 और उन्होंने कहा, ''क्या यह
यूसुफ का पुत्र यीशु नहीं, जिसके माता-पिता को
हम जानते हैं ? तो वह कैसे कहता है कि मैं
स्वर्ग से उतरा हूँ ?'' 43 यीशु ने उनको उत्तर
दिया, ''आपस में मत कुड़कुड़ाओ। 44 कोई
मेरे पास नहीं आ सकता जब तक पिता, जिसने
मुझे भेजा है, उसे खींच न ले; और मैं उसे
अंतिम दिन फिर जिला उठाऊँगा। 45 भविष्य-
द्वक्ताओं के लेखों में यह लिखा है : 'वे सब
परमेश्‍वर की ओर से सिखाए हुए होंगे।'* जिस
किसी ने पिता से सुना और सीखा है, वह मेरे
पास आता है। 46 यह नहीं कि किसी ने पिता
को देखा है; परन्तु जो परमेश्‍वर की ओर से है,
केवल उसी ने पिता को देखा है। 47 मैं तुम से
सच सच कहता हूँ कि जो कोई विश्‍वास करता
है, अनन्त जीवन उसी का है। 48 जीवन की
रोटी मैं हूँ। 49 तुम्हारे बापदादों ने जंगल में मन्ना
खाया और मर गए। 50 यह वह रोटी है जो स्वर्ग
से उतरती है ताकि मनुष्य उस में से खाए और न
मरे। 51 जीवन की रोटी जो स्वर्ग से उतरी, मैं
हूँ। यदि कोई इस रोटी में से खाए, तो सर्वदा
जीवित रहेगा; और जो रोटी मैं जगत के जीवन
के लिये दूँगा, वह मेरा मांस है।''

52 इस पर यहूदी यह कहकर आपस में
झगड़ने लगे, ''यह मनुष्य कैसे हमें अपना मांस
खाने को दे सकता है ?'' 53 यीशु ने उनसे कहा,
''मैं तुम से सच सच कहता हूँ कि जब तक तुम
मनुष्य के पुत्र का मांस न खाओ, और उसका
लहू न पीओ, तुम में जीवन नहीं। 54 जो मेरा
मांस खाता और मेरा लहू पीता है, अनन्त जीवन
उसी का है; और मैं उसे अंतिम दिन फिर जिला
उठाऊँगा। 55 क्योंकि मेरा मांस वास्तव में खाने
की वस्तु है, और मेरा लहू वास्तव में पीने की
वस्तु है। 56 जो मेरा मांस खाता और मेरा लहू
पीता है वह मुझ में स्थिर बना रहता है, और मैं
उस में। 57 जैसा जीवते पिता ने मुझे भेजा, और
मैं पिता के कारण जीवित हूँ, वैसा ही वह भी जो
मुझे खाएगा मेरे कारण जीवित रहेगा। 58 जो
रोटी स्वर्ग से उतरी यही है, उस रोटी के समान
नहीं जिसे बापदादों ने खाया और मर गए; जो
कोई यह रोटी खाएगा, वह सर्वदा जीवित रहेगा।''
59 ये बातें उसने कफरनहूम के एक आराधनालय
में उपदेश देते समय कहीं।

अनन्त जीवन के वचन

60 उसके चेलों में से बहुतों ने यह सुनकर

6:31* निर्ग 16:4,15; भजन 78:24 **45*** यशा 54:13

कहा, "यह कठोर बात है; इसे कौन सुन सकता है?" 61 यीशु ने अपने मन में यह जान कर कि मेरे चेले आपस में इस बात पर कुड़कुड़ाते हैं, उनसे पूछा, "क्या इस बात से तुम्हें ठोकर लगती है? 62 यदि तुम मनुष्य के पुत्र को जहाँ वह पहले था, वहाँ ऊपर जाते देखोगे, तो क्या होगा? 63 आत्मा तो जीवनदायक है, शरीर से कुछ लाभ नहीं; जो बातें मैं ने तुम से कही हैं वे आत्मा हैं, और जीवन भी हैं। 64 परन्तु तुम में से कुछ ऐसे हैं जो विश्वास नहीं करते।" क्योंकि यीशु पहले ही से जानता था कि जो विश्वास नहीं करते, वे कौन हैं; और कौन मुझे पकड़वाएगा। 65 और उसने कहा, "इसी लिये मैं ने तुम से कहा था कि जब तक किसी को पिता की ओर से यह वरदान न दिया जाए तब तक वह मेरे पास नहीं आ सकता।"

पतरस का विश्वास

66 इस पर उसके चेलों में से बहुत से उल्टे फिर गए और उसके बाद उसके साथ न चले। 67 तब यीशु ने उन बारहों से कहा, "क्या तुम भी चले जाना चाहते हो?" 68 शमौन पतरस ने उसको उत्तर दिया, "हे प्रभु, हम किसके पास जाएँ? अनन्त जीवन की बातें तो तेरे ही पास हैं; 69 और हम ने विश्वास किया और जान गए हैं कि परमेश्‍वर का पवित्र जन तू ही है।"* 70 यीशु ने उन्हें उत्तर दिया, "क्या मैंने तुम बारहों को नहीं चुना? तौभी तुम में से एक व्यक्ति शैतान* है।" 71 यह उसने शमौन इस्करियोती के पुत्र यहूदा के विषय में कहा था, क्योंकि वही जो बारहों में से एक था, उसे पकड़वाने को था।

यीशु और उसके भाई

7 इन बातों के बाद यीशु गलील में फिरता रहा; क्योंकि यहूदी उसे मार डालने का यत्न कर रहे थे, इसलिये वह यहूदिया में फिरना न चाहता था। 2 यहूदियों का झोपड़ियों का पर्व निकट था।* 3 इसलिये उसके भाइयों ने उससे कहा, "यहाँ से यहूदिया को जा, कि जो काम तू करता है उन्हें तेरे चेले वहाँ भी देखें। 4 क्योंकि ऐसा कोई न होगा जो प्रसिद्ध होना चाहे, और छिपकर काम करे। यदि तू यह काम करता है, तो अपने आप को जगत पर प्रगट कर।" 5 क्योंकि उसके भाई भी उस पर विश्वास नहीं करते थे। 6 तब यीशु ने उनसे कहा, "मेरा समय अभी तक नहीं आया, परन्तु तुम्हारे लिये सब समय है। 7 संसार तुम से बैर नहीं कर सकता, परन्तु वह मुझ से बैर करता है क्योंकि मैं उसके विरोध में यह गवाही देता हूँ कि उसके काम बुरे हैं। 8 तुम पर्व में जाओ; मैं अभी इस पर्व में नहीं जाता, क्योंकि अभी तक मेरा समय पूरा नहीं हुआ।" 9 वह उनसे ये बातें कहकर गलील ही में रह गया।

झोपड़ियों के पर्व में यीशु

10 परन्तु जब उसके भाई पर्व में चले गए तो वह स्वयं भी, प्रगट में नहीं परन्तु मानो गुप्त रूप से गया। 11 यहूदी पर्व में उसे यह कहकर ढूँढ़ने लगे, "वह कहाँ है?" 12 और लोगों में उसके विषय में चुपके चुपके बहुत सी बातें हुईं : कुछ कहते थे, "वह भला मनुष्य है।" और कुछ कहते थे, "नहीं, वह लोगों को भरमाता है।" 13 तौभी यहूदियों के डर के मारे कोई व्यक्ति उसके विषय में खुलकर नहीं बोलता था।

पर्व में यीशु का उपदेश

14 जब पर्व के आधे दिन बीत गए; तो यीशु मन्दिर में जाकर उपदेश करने लगा। 15 तब यहूदियों ने चकित होकर कहा, "इसे बिन पढ़े विद्या कैसे आ गई?" 16 यीशु ने उन्हें उत्तर दिया, "मेरा उपदेश मेरा नहीं, परन्तु मेरे भेजनेवाले का है। 17 यदि कोई उसकी इच्छा पर चलना चाहे, तो वह इस उपदेश के विषय में जान जाएगा कि यह परमेश्‍वर की ओर से है या मैं अपनी ओर से कहता हूँ। 18 जो अपनी ओर से कुछ

6:68,69 * मत्ती 16:16; मर 8:29; लूका 9:20 **70** * मूल में, *इब्लीस* **7:2** * लैव्य 23:34; व्य 16:13

कहता है, वह अपनी ही बड़ाई चाहता है; परन्तु जो अपने भेजनेवाले की बड़ाई चाहता है वही सच्चा है, और उसमें अधर्म नहीं। 19 क्या मूसा ने तुम्हें व्यवस्था नहीं दी? तौभी तुम में से कोई व्यवस्था पर नहीं चलता। तुम क्यों मुझे मार डालना चाहते हो?'' 20 लोगों ने उत्तर दिया, ''तुझ में दुष्टात्मा है! कौन तुझे मार डालना चाहता है?'' 21 यीशु ने उनको उत्तर दिया, ''मैंने एक काम किया, और तुम सब आश्चर्य करते हो। 22 इसी कारण मूसा ने तुम्हें खतने की आज्ञा दी है (यह नहीं कि वह मूसा की ओर से है परन्तु बापदादों से चली आई है), और तुम सब्त के दिन मनुष्य का खतना करते हो।* 23 जब सब्त के दिन मनुष्य का खतना किया जाता है ताकि मूसा की व्यवस्था की आज्ञा टल न जाए, तो तुम मुझ पर क्यों इसलिये क्रोध करते हो कि मैं ने सब्त के दिन एक मनुष्य को पूरी रीति से चंगा किया।* 24 मुँह देखा न्याय न करो, परन्तु ठीक ठीक न्याय करो।''

क्या यीशु ही मसीह है?

25 तब कुछ यरूशलेमवासी कहने लगे, ''क्या यह वही नहीं जिसे मार डालने का प्रयत्न किया जा रहा है? 26 परन्तु देखो, वह तो खुल्लमखुल्ला बातें करता है और कोई उससे कुछ नहीं कहता। क्या सरदारों ने सच सच जान लिया है कि यही मसीह है? 27 इसको तो हम जानते हैं कि यह कहाँ का है; परन्तु मसीह जब आएगा तो कोई न जानेगा कि वह कहाँ का है।'' 28 तब यीशु ने मन्दिर में उपदेश देते हुए पुकार के कहा, ''तुम मुझे जानते हो, और यह भी जानते हो कि मैं कहाँ का हूँ। मैं तो आप से नहीं आया, परन्तु मेरा भेजने वाला सच्चा है, उसको तुम नहीं जानते। 29 मैं उसे जानता हूँ क्योंकि मैं उसकी ओर से हूँ और उसी ने मुझे भेजा है।'' 30 इस पर उन्होंने उसे पकड़ना चाहा, तौभी किसी ने उस पर हाथ न डाला क्योंकि उसका समय अब तक न आया था। 31 फिर भी भीड़ में से बहुत से लोगों ने उस पर विश्वास किया, और कहने लगे, ''मसीह जब आएगा तो क्या इससे अधिक आश्चर्यकर्म दिखाएगा जो इसने दिखाए?''

यीशु को पकड़ने का प्रयास

32 फरीसियों ने लोगों को उसके विषय में ये बातें चुपके चुपके करते सुना; और प्रधान याजकों और फरीसियों ने उसे पकड़ने को सिपाही भेजे। 33 इस पर यीशु ने कहा, ''मैं थोड़ी देर तक और तुम्हारे साथ हूँ, तब अपने भेजनेवाले के पास चला जाऊँगा। 34 तुम मुझे ढूँढ़ोगे, परन्तु नहीं पाओगे; और जहाँ मैं हूँ, वहाँ तुम नहीं आ सकते।'' 35 इस पर यहूदियों ने आपस में कहा, ''यह कहाँ जाएगा कि हम इसे न पाएँगे? क्या वह उनके पास जाएगा जो यूनानियों में तितर बितर होकर रहते हैं, और यूनानियों को भी उपदेश देगा? 36 यह क्या बात है जो उसने कही, कि 'तुम मुझे ढूँढ़ोगे, परन्तु न पाओगे; और जहाँ मैं हूँ, वहाँ तुम नहीं आ सकते'?''

जीवन-जल की नदियाँ

37 पर्व के अंतिम दिन, जो मुख्य दिन है, यीशु खड़ा हुआ और पुकार कर कहा, ''यदि कोई प्यासा हो तो मेरे पास आए और पीए।* 38 जो मुझ पर विश्वास करेगा, जैसा पवित्रशास्त्र में आया है, 'उसके हृदय में से जीवन के जल की नदियाँ बह निकलेंगी'*।'' 39 उसने यह वचन पवित्र आत्मा के विषय में कहा, जिसे उस पर विश्वास करनेवाले पाने पर थे; क्योंकि आत्मा अब तक न उतरा था, क्योंकि यीशु अब तक अपनी महिमा को न पहुँचा था।

40 तब भीड़ में से किसी किसी ने ये बातें सुन कर कहा, ''सचमुच यही वह भविष्यद्वक्ता है।'' 41 दूसरों ने कहा, ''यह मसीह है।'' परन्तु कुछ ने कहा, ''क्यों? क्या मसीह गलील से आएगा? 42 क्या पवित्रशास्त्र में यह नहीं आया कि मसीह दाऊद के वंश से और बैतलहम गाँव से आएगा, जहाँ दाऊद रहता था*?''

7:22* उत्प 17:10; लैव्य 12:3   23* यूह 5:9   37* लैव्य 23:36   38* यहेज 47:1; जक 14:8   42* 2 शमू 7:12; मीका 5:2

43 अत: उसके कारण लोगों में फूट पड़ी। 44 उनमें से कुछ उसे पकड़ना चाहते थे, परन्तु किसी ने उस पर हाथ न डाला।

यहूदी अगुवों का अविश्वास

45 तब सिपाही प्रधान याजकों और फरीसियों के पास लौट आए; उन्होंने उनसे कहा, ''तुम उसे क्यों नहीं लाए?'' 46 सिपाहियों ने उत्तर दिया, ''किसी मनुष्य ने कभी ऐसी बातें नहीं कीं।'' 47 फरीसियों ने उनको उत्तर दिया, ''क्या तुम भी भरमाए गए हो? 48 क्या सरदारों या फरीसियों में से किसी ने भी उस पर विश्वास किया है? 49 परन्तु ये लोग जो व्यवस्था नहीं जानते, शापित हैं।'' 50 नीकुदेमुस* ने, जो पहले उसके पास आया था और उनमें से एक था, उनसे कहा, 51 ''क्या हमारी व्यवस्था किसी व्यक्ति को, जब तक पहले उसकी सुनकर जान न ले कि वह क्या करता है, दोषी ठहराती है?'' 52 उन्होंने उसे उत्तर दिया, ''क्या तू भी गलील का है? ढूँढ़ और देख कि गलील से कोई भविष्य-द्वक्ता प्रगट नहीं होने का।''

53 [तब सब कोई अपने अपने घर चले गए।

व्यभिचारिणी को क्षमा

8 परन्तु यीशु जैतून के पहाड़ पर गया। 2 भोर को वह फिर मन्दिर में आया; सब लोग उसके पास आए और वह बैठकर उन्हें उपदेश देने लगा। 3 तब शास्त्री और फरीसी एक स्त्री को लाए जो व्यभिचार में पकड़ी गई थी, और उसको बीच में खड़ा करके यीशु से कहा, 4 ''हे गुरु, यह स्त्री व्यभिचार करते पकड़ी गई है। 5 व्यवस्था में मूसा ने हमें आज्ञा दी है कि ऐसी स्त्रियों पर पथराव करें।* अत: तू इस स्त्री के विषय में क्या कहता है?'' 6 उन्होंने उसको परखने के लिये यह बात कही ताकि उस पर दोष लगाने के लिये कोई बात पाएँ। परन्तु यीशु झुककर उँगली से भूमि पर लिखने लगा। 7 जब वे उससे पूछते ही रहे, तो उसने सीधे होकर उनसे कहा, ''तुम में जो निष्पाप हो, वही पहले उसको पत्थर मारे।'' 8 और फिर झुककर भूमि पर उँगली से लिखने लगा। 9 परन्तु वे यह सुनकर बड़ों से लेकर छोटों तक, एक एक करके निकल गए, और यीशु अकेला रह गया, और स्त्री वहीं बीच में खड़ी रह गई। 10 यीशु ने सीधे होकर उससे कहा, ''हे नारी, वे कहाँ गए? क्या किसी ने तुझ पर दण्ड की आज्ञा न दी?'' 11 उसने कहा, ''हे प्रभु, किसी ने नहीं।'' यीशु ने कहा, ''मैं भी तुझ पर दण्ड की आज्ञा नहीं देता; जा, और फिर पाप न करना।''] *

यीशु जगत की ज्योति

12 यीशु ने फिर लोगों से कहा, ''जगत की ज्योति मैं हूँ; जो मेरे पीछे हो लेगा वह अन्धकार में न चलेगा, परन्तु जीवन की ज्योति पाएगा।''* 13 फरीसियों ने उससे कहा, ''तू अपनी गवाही आप देता है, तेरी गवाही ठीक नहीं।''*14 यीशु ने उनको उत्तर दिया, ''भले ही मैं अपनी गवाही आप देता हूँ, फिर भी मेरी गवाही ठीक है, क्योंकि मैं जानता हूँ कि मैं कहाँ से आया हूँ और कहाँ को जाता हूँ? परन्तु तुम नहीं जानते कि मैं कहाँ से आता हूँ या कहाँ को जाता हूँ। 15 तुम शरीर के अनुसार न्याय करते हो; मैं किसी का न्याय नहीं करता। 16 और यदि मैं न्याय करूँ भी, तो मेरा न्याय सच्चा है; क्योंकि मैं अकेला नहीं, परन्तु मैं हूँ, और पिता है जिसने मुझे भेजा। 17 तुम्हारी व्यवस्था में भी लिखा है कि दो जनों की गवाही मिलकर ठीक होती है; 18 एक तो मैं आप अपनी गवाही देता हूँ, और दूसरा पिता मेरी गवाही देता है जिसने मुझे भेजा।'' 19 उन्होंने उससे कहा, ''तेरा पिता कहाँ है?'' यीशु ने उत्तर दिया, ''न तुम मुझे जानते हो, न मेरे पिता को, यदि मुझे जानते तो मेरे पिता को भी जानते।'' 20 ये बातें उसने मन्दिर में उपदेश देते हुए भण्डार

7:50* यूह 3:1,2   8:5* लैव्य 20:10; व्य 22:22-24   7:53-8:11* ये पद कुछ पुराने हस्तलेखों में नहीं मिलते
12* मत्ती 5:14; यूह 9:5   13* यूह 5:31

घर में कहीं, और किसी ने उसे न पकड़ा, क्योंकि उसका समय अब तक नहीं आया था।

अपने विषय यीशु का कथन

21 उसने फिर उनसे कहा, ''मैं जाता हूँ, और तुम मुझे ढूँढ़ोगे और अपने पाप में मरोगे; जहाँ मैं जाता हूँ, वहाँ तुम नहीं आ सकते।'' 22 इस पर यहूदियों ने कहा, ''क्या वह अपने आप को मार डालेगा, जो कहता है, 'जहाँ मैं जाता हूँ वहाँ तुम नहीं आ सकते' ?'' 23 उसने उनसे कहा, ''तुम नीचे के हो, मैं ऊपर का हूँ; तुम संसार के हो, मैं संसार का नहीं। 24 इसलिये मैं ने तुम से कहा कि तुम अपने पापों में मरोगे, क्योंकि यदि तुम विश्वास न करोगे कि मैं वही हूँ तो अपने पापों में मरोगे।'' 25 उन्होंने उससे कहा, ''तू कौन है?'' यीशु ने उनसे कहा, ''वही हूँ जो प्रारम्भ से तुम से कहता आया हूँ।* 26 तुम्हारे विषय में मुझे बहुत कुछ कहना और निर्णय करना है; परन्तु मेरा भेजनेवाला सच्चा है, और जो मैंने उससे सुना है वही जगत से कहता हूँ।'' 27 वे यह न समझे कि हम से पिता के विषय में कहता है। 28 तब यीशु ने कहा, ''जब तुम मनुष्य के पुत्र को ऊँचे पर चढ़ाओगे, तो जानोगे कि मैं वही हूँ; मैं अपने आप से कुछ नहीं करता परन्तु जैसे मेरे पिता ने मुझे सिखाया वैसे ही ये बातें कहता हूँ। 29 मेरा भेजनेवाला मेरे साथ है; उसने मुझे अकेला नहीं छोड़ा क्योंकि मैं सर्वदा वही काम करता हूँ जिससे वह प्रसन्न होता है।'' 30 वह ये बातें कह ही रहा था कि बहुतों ने उस पर विश्वास किया।

सत्य तुम्हें स्वतंत्र करेगा

31 तब यीशु ने उन यहूदियों से जिन्होंने उस पर विश्वास किया था, कहा, ''यदि तुम मेरे वचन में बने रहोगे, तो सचमुच मेरे चेले ठहरोगे। 32 तुम सत्य को जानोगे, और सत्य तुम्हें स्वतंत्र करेगा।'' 33 उन्होंने उसको उत्तर दिया, ''हम तो अब्राहम के वंश से हैं,* और कभी किसी के दास नहीं हुए। फिर तू कैसे कहता है कि तुम स्वतंत्र हो जाओगे ?''

34 यीशु ने उनको उत्तर दिया, ''मैं तुम से सच सच कहता हूँ कि जो कोई पाप करता है वह पाप का दास है। 35 दास सदा घर में नहीं रहता; पुत्र सदा रहता है। 36 इसलिये यदि पुत्र तुम्हें स्वतंत्र करेगा, तो सचमुच तुम स्वतंत्र हो जाओगे। 37 मैं जानता हूँ कि तुम अब्राहम के वंश से हो; तौभी मेरा वचन तुम्हारे हृदय में जगह नहीं पाता, इसलिये तुम मुझे मार डालना चाहते हो। 38 मैं वही कहता हूँ, जो अपने पिता के यहाँ देखा है; और तुम वही करते रहते हो जो तुम ने अपने पिता से सुना है।''

39 उन्होंने उसको उत्तर दिया, ''हमारा पिता तो अब्राहम है।'' यीशु ने उनसे कहा, ''यदि तुम अब्राहम की सन्तान होते, तो अब्राहम के समान काम करते। 40 परन्तु अब तुम मुझ जैसे मनुष्य को मार डालना चाहते हो, जिसने तुम्हें वह सत्य वचन बताया जो परमेश्वर से सुना; ऐसा तो अब्राहम ने नहीं किया था। 41 तुम अपने पिता के समान काम करते हो।'' उन्होंने उससे कहा, ''हम व्यभिचार से नहीं जन्मे, हमारा एक पिता है अर्थात् परमेश्वर।'' 42 यीशु ने उनसे कहा, ''यदि परमेश्वर तुम्हारा पिता होता, तो तुम मुझ से प्रेम रखते; क्योंकि मैं परमेश्वर की ओर से आया हूँ। मैं आप से नहीं आया, परन्तु उसी ने मुझे भेजा। 43 तुम मेरी बात क्यों नहीं समझते ? इसलिये कि तुम मेरा वचन सुन नहीं सकते। 44 तुम अपने पिता शैतान* से हो और अपने पिता की लालसाओं को पूरा करना चाहते हो। वह तो आरम्भ से हत्यारा है और सत्य पर स्थिर न रहा, क्योंकि सत्य उसमें है ही नहीं। जब वह झूठ बोलता, तो अपने स्वभाव ही से बोलता है; क्योंकि वह झूठा है वरन् झूठ का पिता है। 45 परन्तु मैं जो सच बोलता हूँ, इसी लिये तुम मेरा विश्वास नहीं करते। 46 तुम में से कौन मुझे पापी ठहराता है ? यदि मैं सच बोलता हूँ, तो तुम मेरा विश्वास क्यों नहीं करते ? 47 जो परमेश्वर

8:25 * या यह क्या बात है कि मैं तुम से बातें करता हूँ 33 * मत्ती 3:9; लूका 3:8 44 * मूल में, इब्लीस

से होता है, वह परमेश्वर की बातें सुनता है; और तुम इसलिये नहीं सुनते कि परमेश्वर की ओर से नहीं हो।''

यीशु और अब्राहम

48 यह सुन यहूदियों ने उससे कहा, ''क्या हम ठीक नहीं कहते कि तू सामरी है, और तुझ में दुष्टात्मा है?'' 49 यीशु ने उत्तर दिया, ''मुझ में दुष्टात्मा नहीं; परन्तु मैं अपने पिता का आदर करता हूँ, और तुम मेरा निरादर करते हो। 50 परन्तु मैं अपनी प्रतिष्ठा नहीं चाहता; हाँ, एक है जो चाहता है और न्याय करता है। 51 मैं तुम से सच सच कहता हूँ कि यदि कोई व्यक्ति मेरे वचन पर चलेगा, तो वह अनन्त काल तक मृत्यु को न देखेगा।'' 52 यहूदियों ने उस से कहा, ''अब हम ने जान लिया कि तुझ में दुष्टात्मा है। अब्राहम मर गया, और भविष्यद्वक्ता भी मर गए हैं; और तू कहता है, 'यदि कोई मेरे वचन पर चलेगा तो वह अनन्त काल तक मृत्यु का स्वाद न चखेगा।' 53 हमारा पिता अब्राहम तो मर गया। क्या तू उस से बड़ा है? और भविष्यद्वक्ता भी मर गए। तू अपने आप को क्या ठहराता है?'' 54 यीशु ने उत्तर दिया, ''यदि मैं आप अपनी महिमा करूँ, तो मेरी महिमा कुछ नहीं; परन्तु मेरी महिमा करनेवाला मेरा पिता है, जिसे तुम कहते हो कि वह तुम्हारा परमेश्वर है। 55 तुमने तो उसे नहीं जाना: परन्तु मैं उसे जानता हूँ। यदि मैं कहूँ कि मैं उसे नहीं जानता, तो मैं तुम्हारी तरह झूठा ठहरूँगा; परन्तु मैं उसे जानता और उसके वचन पर चलता हूँ। 56 तुम्हारा पिता अब्राहम मेरा दिन देखने की आशा से बहुत मगन था; और उसने देखा और आनन्द किया।'' 57 यहूदियों ने उससे कहा, ''अब तक तू पचास वर्ष का नहीं, फिर भी तू ने अब्राहम को देखा है?'' 58 यीशु ने उनसे कहा, ''मैं तुम से सच सच कहता हूँ, कि पहले इसके कि अब्राहम उत्पन्न हुआ, मैं हूँ।'' 59 तब उन्होंने उसे मारने के लिये पत्थर उठाए, परन्तु यीशु छिपकर मन्दिर से निकल गया।

जन्म के अंधे को दृष्टिदान

9 जाते हुए उसने एक मनुष्य को देखा जो जन्म से अंधा था। 2 उसके चेलों ने उससे पूछा, ''हे रब्बी, किसने पाप किया था कि यह अंधा जन्मा, इस मनुष्य ने या इसके माता-पिता ने?'' 3 यीशु ने उत्तर दिया, ''न तो इसने पाप किया था, न इसके माता-पिता ने; परन्तु यह इसलिये हुआ कि परमेश्वर के काम उसमें प्रगट हों। 4 जिसने मुझे भेजा है, हमें उसके काम दिन ही दिन में करना अवश्य है; वह रात आनेवाली है जिसमें कोई काम नहीं कर सकता। 5 जब तक मैं जगत में हूँ, तब तक जगत की ज्योति हूँ।''* 6 यह कहकर उसने भूमि पर थूका, और उस थूक से मिट्टी सानी, और वह मिट्टी उस अंधे की आँखों पर लगाकर 7 उससे कहा, ''जा, शीलोह के कुण्ड में धो ले'' (शीलोह का अर्थ 'भेजा हुआ' है)। उसने जाकर धोया, और देखता हुआ लौट आया। 8 तब पड़ोसी और जिन्होंने पहले उसे भीख माँगते देखा था, कहने लगे, ''क्या यह वही नहीं, जो बैठा भीख माँगा करता था?'' 9 कुछ लोगों ने कहा, ''यह वही है,'' दूसरों ने कहा, ''नहीं, परन्तु उसके समान है।'' उसने कहा, ''मैं वही हूँ।'' 10 तब वे उससे पूछने लगे, ''तेरी आँखें कैसे खुल गईं?'' 11 उसने उत्तर दिया, ''यीशु नामक एक व्यक्ति ने मिट्टी सानी, और मेरी आँखों पर लगाकर मुझ से कहा, 'शीलोह में जाकर धो ले,' अतः मैं गया और धोया और देखने लगा।'' 12 उन्होंने उससे पूछा, ''वह कहाँ है?'' उसने कहा, ''मैं नहीं जानता।''

फरीसियों द्वारा चंगाई की जाँच-पड़ताल

13 लोग उसे जो पहले अंधा था फरीसियों के पास ले गए। 14 जिस दिन यीशु ने मिट्टी सानकर उसकी आँखें खोली थीं, वह सब्त का

9:5* मत्ती 5:14; यूह 8:12

दिन था। 15 फिर फरीसियों ने भी उससे पूछा कि उसकी आँखें किस रीति से खुल गईं। उसने उनसे कहा, ''उसने मेरी आँखों पर मिट्टी लगाई, फिर मैंने धो लिया, और अब देखता हूँ।''
16 इस पर कुछ फरीसी कहने लगे, ''यह मनुष्य परमेश्वर की ओर से नहीं, क्योंकि वह सब्त का दिन नहीं मानता।'' दूसरों ने कहा, ''पापी मनुष्य ऐसे चिह्न कैसे दिखा सकता है?'' अत: उनमें फूट पड़ गई। 17 उन्होंने उस अंधे से फिर कहा, ''उसने तेरी आँखें खोलीं हैं। तू उसके विषय में क्या कहता है?'' उसने कहा, ''वह भविष्यद्वक्ता है।''

18 परन्तु यहूदियों को विश्वास न हुआ कि वह अंधा था और अब देखता है, जब तक उन्होंने उसके, जिसकी आँखें खुल गईं थीं, माता-पिता को बुलाकर 19 उनसे न पूछा, ''क्या यह तुम्हारा पुत्र है, जिसे तुम कहते हो कि अंधा जन्मा था? फिर अब वह कैसे देखता है?'' 20 उसके माता-पिता ने उत्तर दिया, ''हम तो जानते हैं कि यह हमारा पुत्र है, और अंधा जन्मा था; 21 परन्तु हम यह नहीं जानते हैं कि अब कैसे देखता है, और न यह जानते हैं कि किसने उसकी आँखें खोलीं। वह सयाना है, उसी से पूछ लो; वह अपने विषय में आप कह देगा।'' 22 ये बातें उसके माता-पिता ने इसलिये कहीं क्योंकि वे यहूदियों से डरते थे, क्योंकि यहूदी एकमत हो चुके थे कि यदि कोई कहे कि वह मसीह है, तो आराधनालय से निकाला जाए। 23 इसी कारण उसके माता-पिता ने कहा, ''वह सयाना है, उसी से पूछ लो।''

24 तब उन्होंने उस मनुष्य को जो अंधा था, दूसरी बार बुलाकर उससे कहा, ''परमेश्वर की स्तुति कर। हम तो जानते हैं कि वह मनुष्य पापी है।'' 25 उसने उत्तर दिया, ''मैं नहीं जानता कि वह पापी है या नहीं; मैं एक बात जानता हूँ कि मैं अंधा था और अब देखता हूँ।'' 26 उन्होंने उससे फिर कहा, ''उसने तेरे साथ क्या किया? और किस तरह तेरी आँखें खोलीं?'' 27 उसने उनसे कहा, ''मैं तो तुम से कह चुका, और तुम

ने नहीं सुना; अब दूसरी बार क्यों सुनना चाहते हो? क्या तुम भी उसके चेले होना चाहते हो?'' 28 तब वे उसे बुरा-भला कहकर बोले, ''तू ही उसका चेला है, हम तो मूसा के चेले हैं। 29 हम जानते हैं कि परमेश्वर ने मूसा से बातें कीं; परन्तु इस मनुष्य को नहीं जानते कि कहाँ का है।'' 30 उसने उनको उत्तर दिया, ''यह तो आश्चर्य की बात है कि तुम नहीं जानते कि वह कहाँ का है, तौभी उसने मेरी आँखें खोल दीं। 31 हम जानते हैं कि परमेश्वर पापियों की नहीं सुनता, परन्तु यदि कोई परमेश्वर का भक्त हो और उसकी इच्छा पर चलता है, तो वह उसकी सुनता है। 32 जगत के आरम्भ से यह कभी सुनने में नहीं आया कि किसी ने जन्म के अंधे की आँखें खोली हों। 33 यदि यह व्यक्ति परमेश्वर की ओर से न होता, तो कुछ भी नहीं कर सकता।'' 34 उन्होंने उसको उत्तर दिया, ''तू तो बिलकुल पापों में जन्मा है, तू हमें क्या सिखाता है?'' और उन्होंने उसे बाहर निकाल दिया।

आत्मिक अंधापन

35 यीशु ने सुना कि उन्होंने उसे बाहर निकाल दिया है, और जब उससे भेंट हुई तो कहा, ''क्या तू परमेश्वर के पुत्र पर विश्वास करता है?'' 36 उसने उत्तर दिया, ''हे प्रभु, वह कौन है, कि मैं उस पर विश्वास करूँ?'' 37 यीशु ने उससे कहा, ''तू ने उसे देखा भी है, और जो तेरे साथ बातें कर रहा है वह वही है।'' 38 उसने कहा, ''हे प्रभु, मैं विश्वास करता हूँ।'' और उसे दण्डवत् किया। 39 तब यीशु ने कहा, ''मैं इस जगत में न्याय के लिये आया हूँ, ताकि जो नहीं देखते वे देखें, और जो देखते हैं वे अंधे हो जाएँ।'' 40 जो फरीसी उसके साथ थे उन्होंने ये बातें सुनकर उससे कहा, ''क्या हम भी अंधे हैं?'' 41 यीशु ने उनसे कहा, ''यदि तुम अंधे होते तो पापी न ठहरते; परन्तु अब कहते हो कि हम देखते हैं, इसलिये तुम्हारा पाप बना रहता है।

चरवाहा और भेड़ों का दृष्टान्त

10 "मैं तुम से सच सच कहता हूँ कि जो कोई द्वार से भेड़शाला में प्रवेश नहीं करता, परन्तु किसी दूसरी ओर से चढ़ जाता है, वह चोर और डाकू है। 2 परन्तु जो द्वार से भीतर प्रवेश करता है वह भेड़ों का चरवाहा है। 3 उसके लिये द्वारपाल द्वार खोल देता है, और भेड़ें उसका शब्द सुनती हैं, और वह अपनी भेड़ों को नाम ले लेकर बुलाता है और बाहर ले जाता है। 4 जब वह अपनी सब भेड़ों को बाहर निकाल चुकता है, तो उनके आगे आगे चलता है, और भेड़ें उसके पीछे पीछे हो लेती हैं, क्योंकि वे उसका शब्द पहचानती हैं। 5 परन्तु वे पराये के पीछे नहीं जाएँगी, परन्तु उससे भागेंगी, क्योंकि वे परायों का शब्द नहीं पहचानतीं।" 6 यीशु ने उनसे यह दृष्टान्त कहा, परन्तु वे न समझे कि ये क्या बातें हैं जो वह हम से कहता है।

यीशु अच्छा चरवाहा

7 तब यीशु ने उनसे फिर कहा, "मैं तुम से सच सच कहता हूँ, भेड़ों का द्वार मैं हूँ। 8 जितने मुझ से पहले आए वे सब चोर और डाकू हैं, परन्तु भेड़ों ने उनकी न सुनी। 9 द्वार मैं हूँ; यदि कोई मेरे द्वारा भीतर प्रवेश करे, तो उद्धार पाएगा, और भीतर बाहर आया जाया करेगा और चारा पाएगा। 10 चोर किसी और काम के लिये नहीं परन्तु केवल चोरी करने और घात करने और नष्ट करने को आता है; मैं इसलिये आया कि वे जीवन पाएँ, और बहुतायत से पाएँ। 11 अच्छा चरवाहा मैं हूँ; अच्छा चरवाहा भेड़ों के लिये अपना प्राण देता है। 12 मजदूर जो न चरवाहा है और न भेड़ों का मालिक है, भेड़िए को आते देख भेड़ों को छोड़कर भाग जाता है; और भेड़िया उन्हें पकड़ता और तितर-बितर कर देता है। 13 वह इसलिये भाग जाता है कि वह मजदूर है, और उसको भेड़ों की चिन्ता नहीं। 14 अच्छा चरवाहा मैं हूँ; मैं अपनी भेड़ों को जानता हूँ, और मेरी भेड़ें मुझे जानती हैं। 15 जैसे पिता मुझे जानता है और मैं पिता को जानता हूँ — और मैं भेड़ों के लिये अपना प्राण देता हूँ।* 16 मेरी और भी भेड़ें हैं, जो इस भेड़शाला की नहीं। मुझे उनका भी लाना अवश्य है। वे मेरा शब्द सुनेंगी, तब एक ही झुण्ड और एक ही चरवाहा होगा। 17 पिता इसलिये मुझ से प्रेम रखता है कि मैं अपना प्राण देता हूँ कि उसे फिर ले लूँ। 18 कोई उसे मुझ से छीनता नहीं, वरन् मैं उसे आप ही देता हूँ। मुझे उसके देने का भी अधिकार है, और उसे फिर ले लेने का भी अधिकार है : यह आज्ञा मेरे पिता से मुझे मिली है।"

19 इन बातों के कारण यहूदियों में फिर फूट पड़ी। 20 उनमें से बहुत से कहने लगे, "उसमें दुष्टात्मा है, और वह पागल है; उसकी क्यों सुनते हो?" 21 अन्य लोगों ने कहा, "ये बातें ऐसे मनुष्य की नहीं जिसमें दुष्टात्मा हो। क्या दुष्टात्मा अंधों की आँखें खोल सकती है?"

यहूदियों का अविश्वास

22 यरूशलेम में स्थापन पर्व मनाया जा रहा था; और जाड़े की ऋतु थी। 23 यीशु मन्दिर में सुलैमान के ओसारे में टहल रहा था। 24 तब यहूदियों ने उसे आ घेरा और पूछा, "तू हमारे मन को कब तक दुविधा में रखेगा? यदि तू मसीह है तो हम से साफ साफ कह दे।" 25 यीशु ने उन्हें उत्तर दिया, "मैंने तुम से कह दिया पर तुम विश्वास करते ही नहीं। जो काम मैं अपने पिता के नाम से करता हूँ वे ही मेरे गवाह हैं, 26 परन्तु तुम इसलिये विश्वास नहीं करते क्योंकि मेरी भेड़ों में से नहीं हो। 27 मेरी भेड़ें मेरा शब्द सुनती हैं; मैं उन्हें जानता हूँ, और वे मेरे पीछे पीछे चलती हैं; 28 और मैं उन्हें अनन्त जीवन देता हूँ। वे कभी नष्ट न होंगी, और कोई उन्हें मेरे हाथ से छीन न लेगा। 29 मेरा पिता, जिसने उन्हें मुझ को दिया है, सब से बड़ा है और कोई उन्हें पिता के हाथ से छीन नहीं सकता। 30 मैं और पिता एक हैं।"

10:15* मत्ती 11:27; लूका 10:22

31 यहूदियों ने उस पर पथराव करने को फिर पत्थर उठाए। 32 इस पर यीशु ने उनसे कहा, ''मैं ने तुम्हें अपने पिता की ओर से बहुत से भले काम दिखाए हैं; उन में से किस काम के लिये तुम मुझ पर पथराव करते हो ?'' 33 यहूदियों ने उसको उत्तर दिया, ''भले काम के लिये हम तुझ पर पथराव नहीं करते परन्तु परमेश्वर की निन्दा करने के कारण; और इसलिये कि तू मनुष्य होकर अपने आप को परमेश्वर बनाता है।''* 34 यीशु ने उन्हें उत्तर दिया, ''क्या तुम्हारी व्यवस्था में नहीं लिखा है, 'मैंने कहा, तुम ईश्वर हो' ?* 35 यदि उसने उन्हें ईश्वर कहा जिनके पास परमेश्वर का वचन पहुँचा (और पवित्रशास्त्र की बात असत्य नहीं हो सकती), 36 तो जिसे पिता ने पवित्र ठहराकर जगत में भेजा है, तुम उससे कहते हो, 'तू निन्दा करता है,' इसलिये कि मैं ने कहा, 'मैं परमेश्वर का पुत्र हूँ' ? 37 यदि मैं अपने पिता के काम नहीं करता, तो मेरा विश्वास न करो। 38 परन्तु यदि मैं करता हूँ, तो चाहे मेरा विश्वास न भी करो, परन्तु उन कामों का तो विश्वास करो, ताकि तुम जानो और समझो कि पिता मुझ में है और मैं पिता में हूँ।'' 39 तब उन्होंने फिर उसे पकड़ने का प्रयत्न किया परन्तु वह उन के हाथ से निकल गया।

40 फिर वह यरदन के पार उस स्थान पर चला गया, जहाँ यूहन्ना पहले बपतिस्मा दिया करता था,* और वहीं रहा। 41 बहुत से लोग उसके पास आकर कहते थे, ''यूहन्ना ने तो कोई चिह्न नहीं दिखाया, परन्तु जो कुछ यूहन्ना ने इसके विषय में कहा था, वह सब सच था।'' 42 और वहाँ बहुतों ने यीशु पर विश्वास किया।

लाज़र की मृत्यु

11 मरियम और उसकी बहिन मार्था के गाँव* बैतनिय्याह का लाज़र नामक एक मनुष्य बीमार था। 2 यह वही मरियम थी जिसने प्रभु पर इत्र डालकर उसके पाँवों को अपने बालों से पोंछा था,* इसी का भाई लाज़र बीमार था। 3 अत: उसकी बहिनों ने उसे कहला भेजा, ''हे प्रभु, देख, जिससे तू प्रीति रखता है, वह बीमार है।'' 4 यह सुनकर यीशु ने कहा, ''यह बीमारी मृत्यु की नहीं; परन्तु परमेश्वर की महिमा के लिये है, कि उसके द्वारा परमेश्वर के पुत्र की महिमा हो।''

5 यीशु मार्था और उसकी बहिन और लाज़र से प्रेम रखता था। 6 फिर भी जब उसने सुना कि वह बीमार है, तो जिस स्थान पर वह था, वहाँ दो दिन और ठहर गया। 7 इसके बाद उसने चेलों से कहा, ''आओ, हम फिर यहूदिया को चलें।'' 8 चेलों ने उस से कहा, ''हे रब्बी, अभी तो यहूदी तुझ पर पथराव करना चाहते थे, और क्या तू फिर भी वहीं जाता है ?'' 9 यीशु ने उत्तर दिया, ''क्या दिन के बारह घंटे नहीं होते ? यदि कोई दिन में चले तो ठोकर नहीं खाता, क्योंकि इस जगत का उजाला देखता है। 10 परन्तु यदि कोई रात में चले तो ठोकर खाता है, क्योंकि उसमें प्रकाश नहीं।'' 11 उसने ये बातें कहीं, और इसके बाद उनसे कहने लगा, ''हमारा मित्र लाज़र सो गया है, परन्तु मैं उसे जगाने जाता हूँ।'' 12 तब चेलों ने उस से कहा, ''हे प्रभु, यदि वह सो गया है, तो स्वस्थ हो जाएगा।'' 13 यीशु ने तो उसकी मृत्यु के विषय में कहा था, परन्तु वे समझे कि उसने नींद से सो जाने के विषय में कहा। 14 तब यीशु ने उनसे साफ साफ कह दिया, ''लाज़र मर गया है; 15 और मैं तुम्हारे कारण आनन्दित हूँ कि मैं वहाँ न था जिससे तुम विश्वास करो। परन्तु अब आओ, हम उसके पास चलें।'' 16 तब थोमा ने जो दिदुमुस* कहलाता है, अपने साथी चेलों से कहा, ''आओ, हम भी उसके साथ मरने को चलें।''

यीशु पुनरुत्थान और जीवन

17 वहाँ पहुँचने पर यीशु को यह मालूम हुआ कि लाज़र को कब्र में रखे चार दिन हो चुके हैं। 18 बैतनिय्याह यरूशलेम के समीप कोई दो मील की दूरी पर था। 19 बहुत से यहूदी

10:33* लैव्य 24:16 34* भजन 82:6 40* यूह 1:28 11:1* लूका 10:38,39 2* यूह 12:3 16* अर्थात् जुड़वाँ

मार्था और मरियम के पास उनके भाई की मृत्यु
पर शान्ति देने के लिये आए थे। 20 जब मार्था ने
यीशु के आने का समाचार सुना तो उससे भेंट
करने को गई, परन्तु मरियम घर में बैठी रही।
21 मार्था ने यीशु से कहा, ''हे प्रभु, यदि तू यहाँ
होता, तो मेरा भाई कदापि न मरता। 22 और
अब भी मैं जानती हूँ कि जो कुछ तू परमेश्वर से
माँगेगा, परमेश्वर तुझे देगा।'' 23 यीशु ने उससे
कहा, ''तेरा भाई फिर जी उठेगा।'' 24 मार्था ने
उससे कहा, ''मैं जानती हूँ कि अन्तिम दिन में
पुनरुत्थान* के समय वह जी उठेगा।'' 25 यीशु
ने उससे कहा, ''पुनरुत्थान* और जीवन मैं ही
हूँ; जो कोई मुझ पर विश्वास करता है वह यदि
मर भी जाए तौभी जीएगा, 26 और जो कोई
जीवित है और मुझ पर विश्वास करता है, वह
अनन्तकाल तक न मरेगा। क्या तू इस बात पर
विश्वास करती है?'' 27 उसने उससे कहा, ''हाँ
हे प्रभु, मैं विश्वास करती हूँ कि परमेश्वर का
पुत्र मसीह जो जगत में आनेवाला था, वह तू
ही है।''

यीशु रोया

28 यह कहकर वह चली गई, और अपनी
बहिन मरियम को बुलाकर चुपके से कहा, ''गुरु
यहीं है और तुझे बुलाता है।'' 29 यह सुनते ही
वह तुरन्त उठकर उसके पास आई। 30 यीशु
अभी गाँव में नहीं पहुँचा था परन्तु उसी स्थान में
था जहाँ मार्था ने उस से भेंट की थी। 31 तब जो
यहूदी उसके साथ घर में थे और उसे शान्ति दे
रहे थे, यह देखकर कि मरियम तुरन्त उठ के
बाहर गई है यह समझे कि वह कब्र पर रोने को
जाती है, तो उसके पीछे हो लिये। 32 जब मरियम
वहाँ पहुँची जहाँ यीशु था, तो उसे देखते ही
उसके पाँवों पर गिर पड़ी और कहा, ''हे प्रभु,
यदि तू यहाँ होता तो मेरा भाई न मरता।''
33 जब यीशु ने उसको और उन यहूदियों को जो
उसके साथ आए थे, रोते हुए देखा, तो आत्मा में
बहुत ही उदास और व्याकुल हुआ, 34 और
कहा, ''तुम ने उसे कहाँ रखा है?'' उन्होंने उससे
कहा, ''हे प्रभु, चलकर देख ले।'' 35 यीशु रोया।
36 तब यहूदी कहने लगे, ''देखो, वह उससे कितना
प्रेम रखता था।'' 37 परन्तु उनमें से कुछ ने कहा,
''क्या यह जिसने अंधे की आँखें खोलीं, यह भी
न कर सका कि यह मनुष्य न मरता?''

लाज़र का जिलाया जाना

38 यीशु मन में फिर बहुत ही उदास होकर
कब्र पर आया। वह एक गुफा थी और एक
पत्थर उस पर रखा था। 39 यीशु ने कहा, ''पत्थर
हटाओ।'' उस मरे हुए की बहिन मार्था उससे
कहने लगी, ''हे प्रभु, उसमें से अब तो दुर्गंध
आती है, क्योंकि उसे मरे चार दिन हो चुके
हैं।'' 40 यीशु ने उससे कहा, ''क्या मैं ने तुझ से
नहीं कहा था कि यदि तू विश्वास करेगी, तो
परमेश्वर की महिमा को देखेगी।'' 41 तब उन्होंने
उस पत्थर को हटाया। यीशु ने आँखें उठाकर
कहा, ''हे पिता, मैं तेरा धन्यवाद करता हूँ कि तू
ने मेरी सुन ली है। 42 मैं जानता था कि तू सदा
मेरी सुनता है, परन्तु जो भीड़ आस पास खड़ी
है, उनके कारण मैं ने यह कहा, जिससे कि वे
विश्वास करें कि तू ने मुझे भेजा है।'' 43 यह
कहकर उसने बड़े शब्द से पुकारा, ''हे लाज़र,
निकल आ!'' 44 जो मर गया था वह कफ़न से
हाथ पाँव बँधे हुए निकल आया, और उसका
मुँह अँगोछे से लिपटा हुआ था। यीशु ने उनसे
कहा, ''उसे खोल दो और जाने दो।''

यीशु के विरुद्ध षड्यन्त्र

(मत्ती 26:1-5; मरकुस 14:1, 2; लूका 22:1, 2)

45 तब जो यहूदी मरियम के पास आए थे
और उसका यह काम देखा था, उनमें से बहुतों
ने उस पर विश्वास किया। 46 परन्तु उनमें से
कुछ ने फरीसियों के पास जाकर यीशु के कामों
का समाचार दिया। 47 इस पर प्रधान याजकों
और फरीसियों ने महासभा* बुलाई, और कहा,
''हम करते क्या हैं? यह मनुष्य तो बहुत चिह्न

11:24* मूल में, *मृतकोत्थान में* **25*** मूल में, *जी उठना* **47*** अर्थात् *सदर अदालत या बड़ी कचहरी*

दिखाता है। 48 यदि हम उसे यों ही छोड़ दें, तो सब उस पर विश्‍वास ले आएँगे, और रोमी आकर हमारी जगह और जाति दोनों पर अधिकार कर लेंगे।'' 49 तब उनमें से काइफा नामक एक व्यक्‍ति ने जो उस वर्ष का महायाजक था, उनसे कहा, ''तुम कुछ भी नहीं जानते; 50 और न यह समझते हो कि तुम्हारे लिये यह भला है कि हमारे लोगों के लिये एक मनुष्य मरे, और सारी जाति नष्‍ट न हो।'' 51 यह बात उसने अपनी ओर से न कही, परन्तु उस वर्ष का महायाजक होकर भविष्यद्वाणी की, कि यीशु उस जाति के लिये मरेगा; 52 और न केवल उस जाति के लिये, वरन् इसलिये भी कि परमेश्‍वर की तितर-बितर सन्तानों को एक कर दे। 53 अत: उसी दिन से वे उसे मार डालने का षड्‌यन्त्र रचने लगे।

54 इसलिये यीशु उस समय से यहूदियों में प्रगट होकर न फिरा, परन्तु वहाँ से जंगल के निकटवर्ती प्रदेश के इफ्राईम नामक एक नगर को चला गया; और अपने चेलों के साथ वहीं रहने लगा।

55 यहूदियों का फसह पर्व निकट था, और बहुत से लोग फसह से पहले देहात से यरूशलेम को गए कि अपने आप को शुद्ध करें। 56 अत: वे यीशु को ढूँढ़ने लगे और मन्दिर में खड़े होकर आपस में कहने लगे, ''तुम क्या सोचते हो? क्या वह पर्व में नहीं आएगा?'' 57 प्रधान याजकों और फरीसियों ने यह आदेश दे रखा था कि यदि कोई यह जाने कि यीशु कहाँ है तो बताए, ताकि वे उसे पकड़ सकें।

यीशु के पाँवों पर इत्र डालना

(मत्ती 26: 6-13; मरकुस 14:3-9)

12 यीशु फसह से छ: दिन पहले बैतनिय्याह में आया जहाँ लाज़र था, जिसे यीशु ने मरे हुओं में से जिलाया था। 2 वहाँ उन्होंने उसके लिये भोजन तैयार किया; और मार्था सेवा कर रही थी, और लाज़र उनमें से एक था जो उसके साथ भोजन करने के लिये बैठे थे। 3 तब मरियम ने जटामांसी का आधा सेर बहुमूल्य इत्र लेकर यीशु के पाँवों पर डाला, और अपने बालों से उसके पाँव पोंछे;* और इत्र की सुगंध से घर सुगन्धित हो गया। 4 परन्तु उसके चेलों में से यहूदा इस्करियोती नामक एक चेला जो उसे पकड़वाने पर था, कहने लगा, 5 ''यह इत्र तीन सौ दीनार* में बेचकर कंगालों को क्यों न दिया गया?'' 6 उसने यह बात इसलिये नहीं कही कि उसे कंगालों की चिन्ता थी परन्तु इसलिये कि वह चोर था, और उसके पास उनकी थैली रहती थी और उसमें जो कुछ डाला जाता था, वह निकाल लेता था। 7 यीशु ने कहा, ''उसे रहने दो। उसे यह मेरे गाड़े जाने के दिन के लिये रखने दो। 8 क्योंकि कंगाल तो तुम्हारे साथ सदा रहते हैं, परन्तु मैं तुम्हारे साथ सदा नहीं रहूँगा।*''

लाज़र के विरुद्ध षड्‌यन्त्र

9 जब यहूदियों की बड़ी भीड़ जान गई कि वह वहाँ है, तो वे न केवल यीशु के कारण आए परन्तु इसलिये भी कि लाज़र को देखें, जिसे उसने मरे हुओं में से जिलाया था। 10 तब प्रधान याजकों ने लाज़र को भी मार डालने का षड्‌यन्त्र रचा। 11 क्योंकि उसके कारण बहुत से यहूदी चले गए और यीशु पर विश्‍वास किया।

यरूशलेम में विजय-प्रवेश

(मत्ती 21:1-11; मरकुस 11:1-11; लूका 19: 28-40)

12 दूसरे दिन बहुत से लोगों ने जो पर्व में आए थे यह सुना कि यीशु यरूशलेम में आ रहा है। 13 इसलिये उन्होंने खजूर की डालियाँ लीं और उससे भेंट करने को निकले, और पुकारने लगे, ''होशाना! धन्य इस्राएल का राजा, जो प्रभु के नाम से आता है।''*

14 जब यीशु को गदहे का एक बच्चा मिला; तो वह उस पर बैठ गया, जैसा लिखा है,

12:3* लूका 7:37,38 **5*** *एक दीनार बराबर एक दिन की मज़दूरी* **8*** व्य 15:11 **13*** भजन 118:25,26

15 ''हे सिय्योन की बेटी,
मत डर;
देख, तेरा राजा गदहे के बच्चे पर चढ़ा
हुआ चला आता है।''*

16 उसके चेले ये बातें पहले न समझे थे, परन्तु जब यीशु की महिमा प्रगट हुई तो उनको स्मरण आया कि ये बातें उसके विषय में लिखी हुई थीं और लोगों ने उससे इसी प्रकार का व्यवहार किया था। 17 तब भीड़ के उन लोगों ने गवाही दी, जो उस समय उसके साथ थे जब उसने लाज़र को कब्र में से बुलाकर मरे हुओं में से जिलाया था। 18 इसी कारण लोग उससे भेंट करने को आए थे क्योंकि उन्होंने सुना था कि उसने यह आश्चर्यकर्म दिखाया है। 19 तब फरीसियों ने आपस में कहा, ''सोचो तो सही कि तुम से कुछ नहीं बन पड़ता। देखो, संसार उसके पीछे हो चला है।''

यूनानियों का यीशु को ढूँढ़ना

20 जो लोग उस पर्व में आराधना करने आए थे उनमें से कुछ यूनानी थे। 21 उन्होंने गलील के बैतसैदा के रहनेवाले फिलिप्पुस के पास आकर उससे विनती की, ''श्रीमान्, हम यीशु से भेंट करना चाहते हैं।'' 22 फिलिप्पुस ने आकर अन्द्रियास से कहा, तब अन्द्रियास और फिलिप्पुस ने जाकर यीशु से कहा। 23 इस पर यीशु ने उनसे कहा, ''वह समय आ गया है कि मनुष्य के पुत्र की महिमा हो। 24 मैं तुम से सच सच कहता हूँ कि जब तक गेहूँ का दाना भूमि में पड़कर मर नहीं जाता, वह अकेला रहता है; परन्तु जब मर जाता है, तो बहुत फल लाता है। 25 जो अपने प्राण को प्रिय जानता है, वह उसे खो देता है; और जो इस जगत में अपने प्राण को अप्रिय जानता है, वह अनन्त जीवन के लिये उस की रक्षा करेगा।* 26 यदि कोई मेरी सेवा करे, तो मेरे पीछे हो ले; और जहाँ मैं हूँ, वहाँ मेरा सेवक भी होगा। यदि कोई मेरी सेवा करे, तो पिता उसका आदर करेगा।

क्रूस की मृत्यु का संकेत

27 ''अब मेरा जी व्याकुल है। इसलिये अब मैं क्या कहूँ? 'हे पिता, मुझे इस घड़ी से बचा?' नहीं, क्योंकि मैं इसी कारण इस घड़ी को पहुँचा हूँ। 28 हे पिता, अपने नाम की महिमा कर।'' तब यह आकाशवाणी हुई, ''मैंने उसकी महिमा की है, और फिर भी करूँगा।'' 29 तब जो लोग खड़े हुए सुन रहे थे उन्होंने कहा कि बादल गरजा। दूसरों ने कहा, ''कोई स्वर्गदूत उससे बोला।'' 30 इस पर यीशु ने कहा, ''यह शब्द मेरे लिये नहीं, परन्तु तुम्हारे लिये आया है। 31 अब इस संसार का न्याय होता है, अब इस संसार का सरदार निकाल दिया जाएगा; 32 और मैं यदि पृथ्वी पर से ऊँचे पर चढ़ाया जाऊँगा, तो सब को अपने पास खीचूँगा।'' 33 ऐसा कहकर उसने यह प्रगट कर दिया कि वह कैसी मृत्यु से मरेगा। 34 इस पर लोगों ने उससे कहा, ''हम ने व्यवस्था की यह बात सुनी है कि मसीह सर्वदा रहेगा, फिर तू क्यों कहता है कि मनुष्य के पुत्र को ऊँचे पर चढ़ाया जाना अवश्य है? यह मनुष्य का पुत्र कौन है?''* 35 यीशु ने उनसे कहा, ''ज्योति अब थोड़ी देर तक तुम्हारे बीच में है। जब तक ज्योति तुम्हारे साथ है तब तक चले चलो, ऐसा न हो कि अन्धकार तुम्हें आ घेरे; जो अन्धकार में चलता है वह नहीं जानता कि किधर जाता है। 36 जब तक ज्योति तुम्हारे साथ है, ज्योति पर विश्वास करो ताकि तुम ज्योति की सन्तान बनो।''

यहूदियों का अविश्वास में बने रहना

ये बातें कहकर यीशु चला गया और उन से छिपा रहा। 37 उसने उनके सामने इतने चिह्न दिखाए, तौभी उन्होंने उस पर विश्वास न किया; 38 ताकि यशायाह भविष्यद्वक्ता का वचन पूरा हो जो उसने कहा :

'हे प्रभु, हमारे समाचार का किसने विश्वास किया है?

12:15* जक 9:9   25* मत्ती 10:39; 16:25; मर 8:35; लूका 9:24; 17:33   34* भजन 110:4; यशा 9:7; यहेज 37:25; दानि 7:14

और प्रभु का भुजबल किस पर प्रगट हुआ है?''*

39 इस कारण वे विश्वास न कर सके, क्योंकि यशायाह ने यह भी कहा है :

40 ''उसने उनकी आँखें अंधी,
और उनका मन कठोर कर दिया है;
कहीं ऐसा न हो कि वे आँखों से देखें,
और मन से समझें,
और फिरें, और मैं उन्हें चंगा करूँ।''*

41 यशायाह ने ये बातें इसलिये कहीं कि उसने उसकी महिमा देखी, और उसने उसके विषय में बातें की। 42 तौभी अधिकारियों में से बहुतों ने उस पर विश्वास किया, परन्तु फरीसियों के कारण प्रगट में नहीं मानते थे, कहीं ऐसा न हो कि वे आराधनालय में से निकाले जाएँ : 43 क्योंकि मनुष्यों की ओर से प्रशंसा उनको परमेश्वर की ओर से प्रशंसा की अपेक्षा अधिक प्रिय लगती थी।

यीशु के वचन : न्याय का आधार

44 यीशु ने पुकारकर कहा, ''जो मुझ पर विश्वास करता है, वह मुझ पर नहीं वरन् मेरे भेजनेवाले पर विश्वास करता है। 45 और जो मुझे देखता है, वह मेरे भेजनेवाले को देखता है। 46 मैं जगत में ज्योति होकर आया हूँ, ताकि जो कोई मुझ पर विश्वास करे वह अन्धकार में न रहे। 47 यदि कोई मेरी बातें सुनकर न माने, तो मैं उसे दोषी नहीं ठहराता; क्योंकि मैं जगत को दोषी ठहराने के लिये नहीं, परन्तु जगत का उद्धार करने के लिये आया हूँ। 48 जो मुझे तुच्छ जानता है और मेरी बातें ग्रहण नहीं करता है उसको दोषी ठहरानेवाला तो एक है: अर्थात् जो वचन मैं ने कहा है, वही पिछले दिन में उसे दोषी ठहराएगा। 49 क्योंकि मैं ने अपनी ओर से बातें नहीं कीं; परन्तु पिता जिसने मुझे भेजा है उसी ने मुझे आज्ञा दी है कि क्या क्या कहूँ और क्या क्या बोलूँ? 50 और मैं जानता हूँ कि उसकी आज्ञा अनन्त जीवन है। इसलिये मैं जो कुछ बोलता हूँ, वह जैसा पिता ने मुझ से कहा है वैसा ही बोलता हूँ।''

यीशु का चेलों के पैर धोना

13 फसह के पर्व से पहले, जब यीशु ने जान लिया कि मेरी वह घड़ी आ पहुँची है कि जगत छोड़कर पिता के पास जाऊँ, तो अपने लोगों से जो जगत में थे जैसा प्रेम वह रखता था, अन्त तक वैसा ही प्रेम रखता रहा। 2 जब शैतान* शमौन के पुत्र यहूदा इस्करियोती के मन में यह डाल चुका था कि उसे पकड़वाए, तो भोजन के समय 3 यीशु ने, यह जानकर कि पिता ने सब कुछ मेरे हाथ में कर दिया है और मैं परमेश्वर के पास से आया हूँ और परमेश्वर के पास जाता हूँ, 4 भोजन पर से उठकर अपने ऊपरी कपड़े उतार दिये, और अँगोछा लेकर अपनी कमर बाँधी। 5 तब बरतन में पानी भरकर चेलों के पाँव धोने और जिस अँगोछे से उसकी कमर बन्धी थी उसी से पोंछने लगा। 6 जब वह शमौन पतरस के पास आया, तब पतरस ने उससे कहा, ''हे प्रभु, क्या तू मेरे पाँव धोता है?'' 7 यीशु ने उसको उत्तर दिया, ''जो मैं करता हूँ, तू उसे अभी नहीं जानता, परन्तु इसके बाद समझेगा।'' 8 पतरस ने उससे कहा, ''तू मेरे पाँव कभी न धोने पाएगा!'' यह सुनकर यीशु ने उससे कहा, ''यदि मैं तुझे न धोऊँ, तो मेरे साथ तेरा कुछ भी साझा नहीं।'' 9 शमौन पतरस ने उससे कहा, ''हे प्रभु, तो मेरे पाँव ही नहीं, वरन् हाथ और सिर भी धो दे।'' 10 यीशु ने उससे कहा, ''जो नहा चुका है उसे पाँव के सिवाय और कुछ धोने की आवश्यकता नहीं, परन्तु वह बिलकुल शुद्ध है; और तुम शुद्ध हो, परन्तु सब के सब नहीं।'' 11 वह तो अपने पकड़वानेवाले को जानता था इसी लिये उसने कहा, ''तुम सब के सब शुद्ध नहीं।''

12 जब वह उनके पाँव धो चुका, और अपने कपड़े पहिनकर फिर बैठ गया, तो उनसे कहने लगा, ''क्या तुम समझे कि मैंने तुम्हारे साथ क्या

12:38 * यशा 53:1   40 * यशा 6:10   13:2 * मूल में, इब्लीस

यूहन्ना 13:13-36

किया? 13 तुम मुझे गुरु और प्रभु कहते हो, और ठीक ही कहते हो, क्योंकि मैं वही हूँ। 14 यदि मैं ने प्रभु और गुरु होकर तुम्हारे पाँव धोए, तो तुम्हें भी एक दूसरे के पाँव धोना चाहिए। 15 क्योंकि मैं ने तुम्हें नमूना दिखा दिया है कि जैसा मैं ने तुम्हारे साथ किया है, तुम भी वैसा ही किया करो।* 16 मैं तुम से सच सच कहता हूँ, दास अपने स्वामी से बड़ा नहीं, और न भेजा हुआ* अपने भेजनेवाले से।† 17 तुम ये बातें जानते हो, और यदि उन पर चलो तो धन्य हो। 18 मैं तुम सब के विषय में नहीं कहता; जिन्हें मैं ने चुन लिया है, उन्हें मैं जानता हूँ; परन्तु यह इसलिये है कि पवित्रशास्त्र का यह वचन पूरा हो, 'जो मेरी रोटी खाता है, उसने मुझ पर लात उठाई।'* 19 अब मैं उसके होने से पहले तुम्हें जताए देता हूँ कि जब यह हो जाए तो तुम विश्वास करो कि मैं वही हूँ। 20 मैं तुम से सच सच कहता हूँ कि जो मेरे भेजे हुए को ग्रहण करता है, वह मुझे ग्रहण करता है; और जो मुझे ग्रहण करता है, वह मेरे भेजनेवाले को ग्रहण करता है।*''

विश्वासघात की ओर संकेत

(मत्ती 26:20-25; मरकुस 14:17-21; लूका 22:21-23)

21 ये बातें कहकर यीशु आत्मा में व्याकुल हुआ और यह गवाही दी, ''मैं तुम से सच सच कहता हूँ कि तुम में से एक मुझे पकड़वाएगा।'' 22 चेले संदेह से, कि वह किसके विषय में कहता है, एक दूसरे की ओर देखने लगे। 23 उसके चेलों में से एक जिससे यीशु प्रेम रखता था, यीशु की छाती की ओर झुका हुआ बैठा* था। 24 शमौन पतरस ने उसकी ओर संकेत करके उससे पूछा, ''बता तो, वह किसके विषय में कहता है?'' 25 तब उसने उसी तरह यीशु की छाती की ओर झुके हुए उससे पूछा,

''हे प्रभु, वह कौन है?'' 26 यीशु ने उत्तर दिया, ''जिसे मैं यह रोटी का टुकड़ा डुबाकर दूँगा वही है।'' और उसने टुकड़ा डुबाकर शमौन इस्करियोती के पुत्र यहूदा को दिया। 27 टुकड़ा लेते ही शैतान उसमें समा गया। तब यीशु ने उससे कहा, ''जो तू करता है, तुरन्त कर।'' 28 परन्तु बैठनेवालों* में से किसी ने न जाना कि उसने यह बात उससे किस लिये कही। 29 यहूदा के पास थैली रहती थी, इसलिये किसी किसी ने समझा कि यीशु उससे कह रहा है कि जो कुछ हमें पर्व के लिये चाहिए वह मोल ले, या यह कि कंगालों को कुछ दे। 30 अत: वह टुकड़ा लेकर तुरन्त बाहर चला गया; और यह रात्रि का समय था।

नई आज्ञा

31 जब वह बाहर चला गया तो यीशु ने कहा, ''अब मनुष्य के पुत्र की महिमा हुई है, और परमेश्वर की महिमा उसमें हुई है; 32 [यदि उसमें परमेश्वर की महिमा हुई है,]* तो परमेश्वर भी अपने में उसकी महिमा करेगा और तुरन्त करेगा। 33 हे बालको, मैं और थोड़ी देर तुम्हारे पास हूँ : फिर तुम मुझे ढूँढ़ोगे, और जैसा मैं ने यहूदियों से कहा, 'जहाँ मैं जाता हूँ वहाँ तुम नहीं आ सकते,'* वैसा ही मैं अब तुम से भी कहता हूँ। 34 मैं तुम्हें एक नई आज्ञा देता हूँ कि एक दूसरे से प्रेम रखो; जैसा मैं ने तुम से प्रेम रखा है, वैसा ही तुम भी एक दूसरे से प्रेम रखो।* 35 यदि आपस में प्रेम रखोगे, तो इसी से सब जानेंगे कि तुम मेरे चेले हो।''

पतरस के इन्कार का संकेत

(मत्ती 26:31-35; मरकुस 14:27-31; लूका 22:31-34)

36 शमौन पतरस ने उससे कहा, ''हे प्रभु, तू कहाँ जाता है?'' यीशु ने उत्तर दिया, ''जहाँ मैं

13:12-15* लूका 22:27 16* या प्रेरित † मत्ती 10:24; लूका 6:40; यूह 15:20 18* भजन 41:9
20* मत्ती 10:40; मर 9:37; लूका 9:48; 10:16 23* मूल में, लेटा 28* मूल में, लेटनेवालों
32* यह वाक्यांश कुछ प्राचीन हस्तलेखों में नहीं मिलता 33* यूह 7:34 34* यूह 15:12,17; 1 यूह 3:23; 2 यूह 5

जाता हूँ वहाँ तू अभी मेरे पीछे आ नहीं सकता;
परन्तु इसके बाद मेरे पीछे आएगा।'' 37 पतरस
ने उससे कहा, ''हे प्रभु, अभी मैं तेरे पीछे क्यों
नहीं आ सकता? मैं तो तेरे लिये अपना प्राण भी
दे दूँगा।'' 38 यीशु ने उत्तर दिया, ''क्या तू मेरे
लिये अपना प्राण देगा? मैं तुझ से सच सच
कहता हूँ कि मुर्ग़ बाँग न देगा जब तक तू तीन
बार मेरा इन्कार न कर लेगा।

परमेश्वर तक पहुँचने का मार्ग

14 ''तुम्हारा मन व्याकुल न हो; परमेश्वर
पर विश्वास रखो और मुझ पर भी
विश्वास रखो। 2 मेरे पिता के घर में बहुत से
रहने के स्थान हैं, यदि न होते तो मैं तुम से कह
देता; क्योंकि मैं तुम्हारे लिये जगह तैयार करने
जाता हूँ। 3 और यदि मैं जाकर तुम्हारे लिये
जगह तैयार करूँ, तो फिर आकर तुम्हें अपने
यहाँ ले जाऊँगा कि जहाँ मैं रहूँ वहाँ तुम भी
रहो। 4 जहाँ मैं जाता हूँ तुम वहाँ का मार्ग जानते
हो।'' 5 थोमा ने उससे कहा, ''हे प्रभु, हम
नहीं जानते कि तू कहाँ जा रहा है; तो मार्ग कैसे
जानें?'' 6 यीशु ने उससे कहा, ''मार्ग और सत्य
और जीवन मैं ही हूँ; बिना मेरे द्वारा कोई पिता के
पास नहीं पहुँच सकता। 7 यदि तुम ने मुझे जाना
होता, तो मेरे पिता को भी जानते; और अब उसे
जानते हो, और उसे देखा भी है।''

8 फिलिप्पुस ने उससे कहा, ''हे प्रभु, पिता
को हमें दिखा दे, यही हमारे लिये बहुत है।''
9 यीशु ने उससे कहा, ''हे फिलिप्पुस, मैं इतने
दिन से तुम्हारे साथ हूँ, और क्या तू मुझे नहीं
जानता? जिसने मुझे देखा है उसने पिता को
देखा है। तू क्यों कहता है कि पिता को हमें
दिखा? 10 क्या तू विश्वास नहीं करता कि मैं
पिता में हूँ और पिता मुझ में है? ये बातें जो मैं
तुम से कहता हूँ, अपनी ओर से नहीं कहता,
परन्तु पिता मुझ में रहकर अपने काम करता है।
11 मेरा विश्वास करो कि मैं पिता में हूँ और
पिता मुझ में है; नहीं तो कामों ही के कारण मेरा
विश्वास करो।

12 ''मैं तुम से सच सच कहता हूँ कि जो
मुझ पर विश्वास रखता है, ये काम जो मैं करता
हूँ वह भी करेगा, वरन् इनसे भी बड़े काम करेगा,
क्योंकि मैं पिता के पास जाता हूँ। 13 जो कुछ
तुम मेरे नाम से माँगोगे, वही मैं करूँगा कि पुत्र
के द्वारा पिता की महिमा हो। 14 यदि तुम मुझ
से मेरे नाम से कुछ माँगोगे, तो मैं उसे करूँगा।

पवित्र आत्मा की प्रतिज्ञा

15 ''यदि तुम मुझ से प्रेम रखते हो, तो मेरी
आज्ञाओं को मानोगे। 16 मैं पिता से विनती
करूँगा, और वह तुम्हें एक और सहायक देगा
कि वह सर्वदा तुम्हारे साथ रहे। 17 अर्थात् सत्य
का आत्मा, जिसे संसार ग्रहण नहीं कर सकता,
क्योंकि वह न उसे देखता है और न उसे जानता
है; तुम उसे जानते हो, क्योंकि वह तुम्हारे साथ
रहता है, और वह तुम में होगा।

18 ''मैं तुम्हें अनाथ नहीं छोड़ूँगा; मैं तुम्हारे
पास आता हूँ। 19 और थोड़ी देर रह गई है
कि फिर संसार मुझे न देखेगा, परन्तु तुम मुझे
देखोगे; इसलिये कि मैं जीवित हूँ, तुम भी
जीवित रहोगे। 20 उस दिन तुम जानोगे कि
मैं अपने पिता में हूँ, और तुम मुझ में, और
मैं तुम में। 21 जिस के पास मेरी आज्ञाएँ
हैं और वह उन्हें मानता है, वही मुझ से प्रेम
रखता है; और जो मुझ से प्रेम रखता है
उससे मेरा पिता प्रेम रखेगा, और मैं उससे प्रेम
रखूँगा और अपने आप को उस पर प्रगट करूँगा।''
22 उस यहूदा ने जो इस्करियोती न था, उससे
कहा, ''हे प्रभु, क्या हुआ कि तू अपने आप को
हम पर प्रगट करना चाहता है और संसार पर
नहीं?'' 23 यीशु ने उसको उत्तर दिया, ''यदि
कोई मुझ से प्रेम रखेगा तो वह मेरे वचन को
मानेगा, और मेरा पिता उससे प्रेम रखेगा, और
हम उसके पास आएँगे और उसके साथ वास
करेंगे। 24 जो मुझ से प्रेम नहीं रखता, वह मेरे
वचन नहीं मानता; और जो वचन तुम सुनते हो
वह मेरा नहीं वरन् पिता का है, जिसने मुझे
भेजा।

25 "ये बातें मैं ने तुम्हारे साथ रहते हुए तुम से कहीं। 26 परन्तु सहायक अर्थात् पवित्र आत्मा जिसे पिता मेरे नाम से भेजेगा, वह तुम्हें सब बातें सिखाएगा, और जो कुछ मैं ने तुम से कहा है, वह सब तुम्हें स्मरण कराएगा। 27 मैं तुम्हें शान्ति दिए जाता हूँ, अपनी शान्ति तुम्हें देता हूँ; जैसे संसार देता है, मैं तुम्हें नहीं देता : तुम्हारा मन व्याकुल न हो और न डरे। 28 तुम ने सुना कि मैं ने तुम से कहा, 'मैं जाता हूँ, और तुम्हारे पास फिर आऊँगा।' यदि तुम मुझ से प्रेम रखते, तो इस बात से आनन्दित होते कि मैं पिता के पास जाता हूँ, क्योंकि पिता मुझ से बड़ा है। 29 और मैं ने अब इसके होने से पहले तुम से कह दिया है, कि जब वह हो जाए, तो तुम विश्वास करो। 30 मैं अब तुम्हारे साथ और बहुत बातें न करूँगा, क्योंकि इस संसार का सरदार आता है। मुझ पर उसका कोई अधिकार नहीं; 31 परन्तु यह इसलिये होता है कि संसार जाने कि मैं पिता से प्रेम रखता हूँ, और जैसे पिता ने मुझे आज्ञा दी मैं वैसे ही करता हूँ। उठो, यहाँ से चलें।

यीशु सच्ची दाखलता

15 "सच्ची दाखलता मैं हूँ, और मेरा पिता किसान है। 2 जो डाली मुझ में है और नहीं फलती, उसे वह काट डालता है; और जो फलती है, उसे वह छाँटता है ताकि और फले। 3 तुम तो उस वचन के कारण जो मैं ने तुम से कहा है, शुद्ध हो। 4 तुम मुझ में बने रहो, और मैं तुम में। जैसे डाली यदि दाखलता में बनी न रहे तो अपने आप से नहीं फल सकती, वैसे ही तुम भी यदि मुझ में बने न रहो तो नहीं फल सकते। 5 मैं दाखलता हूँ : तुम डालियाँ हो। जो मुझ में बना रहता है और मैं उसमें, वह बहुत फल फलता है, क्योंकि मुझ से अलग होकर तुम कुछ भी नहीं कर सकते। 6 यदि कोई मुझ में बना न रहे, तो वह डाली के समान फेंक दिया जाता, और सूख जाता है; और लोग उन्हें बटोरकर आग में झोंक देते हैं, और वे जल जाती हैं। 7 यदि तुम मुझ में बने रहो और मेरा वचन तुम में बना रहे, तो जो चाहो माँगो और वह तुम्हारे लिये हो जाएगा। 8 मेरे पिता की महिमा इसी से होती है कि तुम बहुत सा फल लाओ, तब ही तुम मेरे चेले ठहरोगे। 9 जैसा पिता ने मुझ से प्रेम रखा, वैसा ही मैं ने तुम से प्रेम रखा; मेरे प्रेम में बने रहो। 10 यदि तुम मेरी आज्ञाओं को मानोगे, तो मेरे प्रेम में बने रहोगे; जैसा कि मैं ने अपने पिता की आज्ञाओं को माना है, और उसके प्रेम में बना रहता हूँ। 11 मैं ने ये बातें तुम से इसलिये कही हैं, कि मेरा आनन्द तुम में बना रहे, और तुम्हारा आनन्द पूरा हो जाए।

12 "मेरी आज्ञा यह है, कि जैसा मैं ने तुम से प्रेम रखा, वैसा ही तुम भी एक दूसरे से प्रेम रखो।* 13 इससे बड़ा प्रेम किसी का नहीं कि कोई अपने मित्रों के लिये अपना प्राण दे। 14 जो आज्ञा मैं तुम्हें देता हूँ, यदि उसे मानो तो तुम मेरे मित्र हो। 15 अब से मैं तुम्हें दास न कहूँगा, क्योंकि दास नहीं जानता कि उसका स्वामी क्या करता है; परन्तु मैं ने तुम्हें मित्र कहा है, क्योंकि मैं ने जो बातें अपने पिता से सुनीं, वे सब तुम्हें बता दीं। 16 तुम ने मुझे नहीं चुना परन्तु मैं ने तुम्हें चुना है और तुम्हें नियुक्त किया कि तुम जाकर फल लाओ और तुम्हारा फल बना रहे, कि तुम मेरे नाम से जो कुछ पिता से माँगो, वह तुम्हें दे। 17 इन बातों की आज्ञा मैं तुम्हें इसलिये देता हूँ कि तुम एक दूसरे से प्रेम रखो।

संसार का बैर

18 "यदि संसार तुम से बैर रखता है, तो तुम जानते हो कि उसने तुम से पहले मुझ से बैर रखा। 19 यदि तुम संसार के होते, तो संसार अपनों से प्रेम रखता; परन्तु इस कारण कि तुम संसार के नहीं, वरन् मैं ने तुम्हें संसार में से चुन लिया है, इसी लिये संसार तुम से बैर रखता है। 20 जो बात मैं ने तुम से कही थी, 'दास अपने स्वामी से बड़ा नहीं होता,'* उसको याद रखो।

15:12* यूह 13:34; 15:17; 1 यूह 3:23; 2 यूह 5 20* मत्ती 10:24; लूका 6:40; यूह 13:16

यदि उन्होंने मुझे सताया, तो तुम्हें भी सताएँगे; यदि उन्होंने मेरी बात मानी, तो तुम्हारी भी मानेंगे। 21 परन्तु यह सब कुछ वे मेरे नाम के कारण तुम्हारे साथ करेंगे, क्योंकि वे मेरे भेजनेवाले को नहीं जानते। 22 यदि मैं न आता और उनसे बातें न करता, तो वे पापी न ठहरते; परन्तु अब उन्हें उनके पाप के लिये कोई बहाना नहीं। 23 जो मुझ से बैर रखता है, वह मेरे पिता से भी बैर रखता है। 24 यदि मैं उनमें वे काम न करता जो और किसी ने नहीं किए, तो वे पापी नहीं ठहरते; परन्तु अब तो उन्होंने मुझे और मेरे पिता दोनों को देखा और दोनों से बैर किया। 25 यह इसलिये हुआ कि वह वचन पूरा हो, जो उनकी व्यवस्था में लिखा है, 'उन्होंने मुझ से व्यर्थ बैर किया।'* 26 परन्तु जब वह सहायक आएगा, जिसे मैं तुम्हारे पास पिता की ओर से भेजूँगा, अर्थात् सत्य का आत्मा जो पिता की ओर से निकलता है, तो वह मेरी गवाही देगा; 27 और तुम भी मेरे गवाह हो क्योंकि तुम आरम्भ से मेरे साथ रहे हो।

16

"ये बातें मैं ने तुम से इसलिये कहीं कि तुम ठोकर न खाओ। 2 वे तुम्हें आराधनालयों में से निकाल देंगे, वरन् वह समय आता है, कि जो कोई तुम्हें मार डालेगा वह समझेगा कि मैं परमेश्वर की सेवा करता हूँ। 3 ऐसा वे इसलिये करेंगे कि उन्होंने न पिता को जाना है और न मुझे जानते हैं। 4 परन्तु ये बातें मैं ने इसलिये तुम से कहीं, कि जब इनका समय आए तो तुम्हें स्मरण आ जाए कि मैं ने तुम से पहले ही कह दिया था।

पवित्र आत्मा के कार्य

"मैं ने आरम्भ में तुम से ये बातें इसलिये नहीं कहीं क्योंकि मैं तुम्हारे साथ था। 5 परन्तु अब मैं अपने भेजनेवाले के पास जाता हूँ; और तुम में से कोई मुझ से नहीं पूछता, 'तू कहाँ जाता है?' 6 परन्तु मैं ने जो ये बातें तुम से कहीं हैं, इसलिये तुम्हारा मन शोक से भर गया है। 7 तौभी मैं तुम से सच कहता हूँ कि मेरा जाना तुम्हारे लिये अच्छा है, क्योंकि यदि मैं न जाऊँ तो वह सहायक तुम्हारे पास न आएगा; परन्तु यदि मैं जाऊँगा, तो उसे तुम्हारे पास भेजूँगा। 8 वह आकर संसार को पाप और धार्मिकता और न्याय के विषय में निरुत्तर* करेगा। 9 पाप के विषय में इसलिये कि वे मुझ पर विश्वास नहीं करते; 10 और धार्मिकता के विषय में इसलिये कि मैं पिता के पास जाता हूँ, और तुम मुझे फिर न देखोगे; 11 न्याय के विषय में इसलिये कि संसार का सरदार दोषी ठहराया गया है।

12 "मुझे तुम से और भी बहुत सी बातें कहनी हैं, परन्तु अभी तुम उन्हें सह नहीं सकते। 13 परन्तु जब वह अर्थात् सत्य का आत्मा आएगा, तो तुम्हें सब सत्य का मार्ग बताएगा, क्योंकि वह अपनी ओर से न कहेगा परन्तु जो कुछ सुनेगा वही कहेगा, और आनेवाली बातें तुम्हें बताएगा। 14 वह मेरी महिमा करेगा, क्योंकि वह मेरी बातों में से लेकर तुम्हें बताएगा। 15 जो कुछ पिता का है, वह सब मेरा है; इसलिये मैं ने कहा कि वह मेरी बातों में से लेकर तुम्हें बताएगा।

दुःख सुख में बदल जाएगा

16 "थोड़ी देर में तुम मुझे न देखोगे, और फिर थोड़ी देर में मुझे देखोगे।" 17 तब उसके कुछ चेलों ने आपस में कहा, "यह क्या है जो वह हम से कहता है, 'थोड़ी देर में तुम मुझे न देखोगे, और फिर थोड़ी देर में मुझे देखोगे?' और यह 'इसलिये कि मैं पिता के पास जाता हूँ?'" 18 तब उन्होंने कहा, "यह 'थोड़ी देर' जो वह कहता है, क्या बात है? हम नहीं जानते कि वह क्या कहता है।" 19 यीशु ने यह जानकर कि वे मुझ से पूछना चाहते हैं, उनसे कहा, "क्या तुम आपस में मेरी इस बात के विषय में पूछताछ करते हो, 'थोड़ी देर में तुम मुझे न देखोगे, और फिर थोड़ी देर में मुझे देखोगे'? 20 मैं तुम से सच सच कहता हूँ कि तुम रोओगे और विलाप करोगे, परन्तु संसार आनन्द करेगा; तुम्हें शोक

15:25* भजन 35:19; 69:4 16:8* या कायल

होगा, परन्तु तुम्हारा शोक आनन्द में बदल जाएगा। 21 प्रसव के समय स्त्री को शोक होता है, क्योंकि उसकी दुःख की घड़ी आ पहुँची है, परन्तु जब वह बालक को जन्म दे चुकती है, तो इस आनन्द से कि संसार में एक मनुष्य उत्पन्न हुआ, उस संकट को फिर स्मरण नहीं करती। 22 उसी प्रकार तुम्हें भी अब तो शोक है, परन्तु मैं तुम से फिर मिलूँगा* और तुम्हारे मन आनन्द से भर जाएँगे; और तुम्हारा आनन्द कोई तुम से छीन न लेगा। 23 उस दिन तुम मुझ से कुछ न पूछोगे। मैं तुम से सच सच कहता हूँ, यदि पिता से कुछ भी माँगोगे, तो वह मेरे नाम से तुम्हें देगा। 24 अब तक तुम ने मेरे नाम से कुछ नहीं माँगा; माँगो, तो पाओगे ताकि तुम्हारा आनन्द पूरा हो जाए।

संसार पर विजय

25 ''मैं ने ये बातें तुम से दृष्टान्तों में कहीं हैं, परन्तु वह समय आता है कि मैं तुम से फिर दृष्टान्तों में नहीं कहूँगा, परन्तु खोलकर तुम्हें पिता के विषय में बताऊँगा। 26 उस दिन तुम मेरे नाम से माँगोगे; और मैं तुम से यह नहीं कहता कि मैं तुम्हारे लिये पिता से विनती करूँगा; 27 क्योंकि पिता तो आप ही तुम से प्रेम रखता है, इसलिये कि तुम ने मुझ से प्रेम रखा है और यह भी विश्वास किया है कि मैं पिता की ओर से आया। 28 मैं पिता की ओर से जगत में आया हूँ; मैं फिर जगत को छोड़कर पिता के पास जाता हूँ।''

29 उसके चेलों ने कहा, ''देख, अब तो तू खोलकर कहता है, और कोई दृष्टान्त नहीं कहता। 30 अब हम जान गए हैं कि तू सब कुछ जानता है, और इसकी आवश्यकता नहीं कि कोई तुझ से कुछ पूछे; इससे हम विश्वास करते हैं कि तू परमेश्वर की ओर से आया है।'' 31 यह सुन यीशु ने उनसे कहा, ''क्या तुम अब विश्वास करते हो? 32 देखो, वह घड़ी आती है वरन् आ पहुँची है कि तुम सब तितर-बितर होकर अपना अपना मार्ग लोगे, और मुझे अकेला छोड़ दोगे; तौभी मैं अकेला नहीं क्योंकि पिता मेरे साथ है।

33 मैं ने ये बातें तुम से इसलिये कहीं हैं कि तुम्हें मुझ में शान्ति मिले। संसार में तुम्हें क्लेश होता है, परन्तु ढाढ़स बाँधो, मैं ने संसार को जीत लिया है।''

यीशु की महायाजकीय प्रार्थना : स्वयं के लिये

17 यीशु ने ये बातें कहीं और अपनी आँखें आकाश की ओर उठाकर कहा, ''हे पिता, वह घड़ी आ पहुँची है; अपने पुत्र की महिमा कर कि पुत्र भी तेरी महिमा करे, 2 क्योंकि तू ने उसको सब प्राणियों पर अधिकार दिया, कि जिन्हें तू ने उसको दिया है उन सब को वह अनन्त जीवन दे। 3 और अनन्त जीवन यह है कि वे तुझ एकमात्र सच्चे परमेश्वर को और यीशु मसीह को, जिसे तू ने भेजा है, जानें। 4 जो कार्य तू ने मुझे करने को दिया था, उसे पूरा करके मैं ने पृथ्वी पर तेरी महिमा की है। 5 अब हे पिता, तू अपने साथ मेरी महिमा उस महिमा से कर जो जगत की सृष्टि से पहले, मेरी तेरे साथ थी।

अपने चेलों के लिये

6 ''मैं ने तेरा नाम उन मनुष्यों पर प्रगट किया है जिन्हें तू ने जगत में से मुझे दिया। वे तेरे थे और तू ने उन्हें मुझे दिया, और उन्होंने तेरे वचन को मान लिया है। 7 अब वे जान गए हैं कि जो कुछ तू ने मुझे दिया है वह सब तेरी ओर से है; 8 क्योंकि जो वचन तू ने मुझे दिये, मैं ने उन्हें उनको पहुँचा दिये; और उन्होंने उनको ग्रहण किया, और सच सच जान लिया है कि मैं तेरी ओर से आया हूँ, और विश्वास कर लिया है कि तू ही ने मुझे भेजा। 9 मैं उनके लिये विनती करता हूँ; संसार के लिये विनती नहीं करता परन्तु उन्हीं के लिये जिन्हें तू ने मुझे दिया है, क्योंकि वे तेरे हैं; 10 और जो कुछ मेरा है वह सब तेरा है, और जो तेरा है वह मेरा है, और इनसे मेरी महिमा प्रगट हुई है। 11 मैं अब जगत में न रहूँगा, परन्तु ये जगत में रहेंगे, और मैं तेरे पास

16:22 * मूल में, *तुम्हें फिर देखूँगा*

आता हूँ। हे पवित्र पिता, अपने उस नाम से जो तू ने मुझे दिया है, उनकी रक्षा कर कि वे हमारे समान एक हों। 12 जब मैं उनके साथ था, तो मैं ने तेरे उस नाम से, जो तू ने मुझे दिया है उनकी रक्षा की। मैं ने उनकी चौकसी की, और विनाश के पुत्र को छोड़ उनमें से कोई नष्ट नहीं हुआ,* इसलिये कि पवित्रशास्त्र में जो कहा गया वह पूरा हो। 13 अब मैं तेरे पास आता हूँ, और ये बातें जगत में कहता हूँ, कि वे मेरा आनन्द अपने में पूरा पाएँ। 14 मैं ने तेरा वचन उन्हें पहुँचा दिया है; और संसार ने उनसे बैर किया, क्योंकि जैसा मैं संसार का नहीं, वैसे ही वे भी संसार के नहीं। 15 मैं यह विनती नहीं करता कि तू उन्हें जगत से उठा ले; परन्तु यह कि तू उन्हें उस दुष्ट* से बचाए रख। 16 जैसे मैं संसार का नहीं, वैसे ही वे भी संसार के नहीं। 17 सत्य के द्वारा उन्हें पवित्र कर : तेरा वचन सत्य है। 18 जैसे तू ने मुझे जगत में भेजा, वैसे ही मैं ने भी उन्हें जगत में भेजा; 19 और उनके लिये मैं अपने आप को पवित्र करता हूँ, ताकि वे भी सत्य के द्वारा पवित्र किये जाएँ।

सभी विश्वासियों के लिये

20 "मैं केवल इन्हीं के लिये विनती नहीं करता, परन्तु उनके लिये भी जो इनके वचन के द्वारा मुझ पर विश्वास करेंगे, 21 कि वे सब एक हों; जैसा तू हे पिता मुझ में है, और मैं तुझ में हूँ, वैसे ही वे भी हम में हों, जिससे संसार विश्वास करे कि तू ही ने मुझे भेजा है। 22 वह महिमा जो तू ने मुझे दी मैं ने उन्हें दी है, कि वे वैसे ही एक हों जैसे कि हम एक हैं, 23 मैं उन में और तू मुझ में कि वे सिद्ध होकर एक हो जाएँ, और संसार जाने कि तू ही ने मुझे भेजा, और जैसा तू ने मुझ से प्रेम रखा वैसा ही उनसे प्रेम रखा। 24 हे पिता, मैं चाहता हूँ कि जिन्हें तू ने मुझे दिया है, जहाँ मैं हूँ वहाँ वे भी मेरे साथ हों, कि वे मेरी उस महिमा को देखें जो तू ने मुझे दी है, क्योंकि तू ने जगत की उत्पत्ति से पहले मुझ से प्रेम रखा। 25 हे धार्मिक पिता, संसार ने मुझे नहीं जाना, परन्तु मैं ने तुझे जाना; और इन्होंने भी जाना कि तू ही ने मुझे भेजा है। 26 मैं ने तेरा नाम उनको बताया और बताता रहूँगा कि जो प्रेम तुझ को मुझ से था वह उनमें रहे, और मैं उनमें रहूँ।''

यीशु का पकड़वाया जाना

(मत्ती 26:47-56; मरकुस 14:43-50; लूका 22:47-53)

18 यीशु ये बातें कहकर अपने चेलों के साथ किद्रोन नाले के पार गया। वहाँ एक बारी थी, जिसमें वह और उसके चेले गए। 2 उसका पकड़वानेवाला यहूदा भी वह जगह जानता था, क्योंकि यीशु अपने चेलों के साथ वहाँ जाया करता था। 3 तब यहूदा, सैनिकों के एक दल को और प्रधान याजकों और फरीसियों की ओर से प्यादों को लेकर, दीपकों और मशालों और हथियारों को लिये हुए वहाँ आया। 4 तब यीशु, उन सब बातों को जो उस पर आनेवाली थीं जानकर, निकला और उनसे कहा, ''किसे ढूँढ़ते हो ?'' 5 उन्होंने उसको उत्तर दिया, ''यीशु नासरी को।'' यीशु ने उनसे कहा, ''मैं हूँ।'' उसका पकड़वानेवाला यहूदा भी उनके साथ खड़ा था। 6 उसके यह कहते ही, ''मैं हूँ,'' वे पीछे हटकर भूमि पर गिर पड़े। 7 तब उसने फिर उनसे पूछा, ''तुम किसको ढूँढ़ते हो ?'' वे बोले, ''यीशु नासरी को।'' 8 यीशु ने उत्तर दिया, ''मैं तो तुम से कह चुका हूँ कि मैं हूँ, यदि मुझे ढूँढ़ते हो तो इन्हें जाने दो।'' 9 यह इसलिये हुआ कि वह वचन पूरा हो जो उसने कहा था : ''जिन्हें तू ने मुझे दिया उनमें से मैं ने एक को भी न खोया।'' 10 तब शमौन पतरस ने तलवार, जो उसके पास थी, खींची और महायाजक के दास पर चलाकर उसका दाहिना कान उड़ा दिया। उस दास का नाम मलखुस था। 11 तब यीशु ने पतरस से कहा, ''अपनी तलवार म्यान में रख। जो कटोरा पिता ने मुझे दिया है, क्या मैं उसे न

17:12* भजन 41:9; यूह 13:18   15* या *बुराई*

पीऊँ ?*''

हन्ना के समक्ष यीशु

12 तब सैनिकों और उनके सूबेदार और
यहूदियों के प्यादों ने यीशु को पकड़कर बाँध
लिया, 13 और पहले उसे हन्ना के पास ले गए,
क्योंकि वह उस वर्ष के महायाजक काइफा का
ससुर था। 14 यह वही काइफा था, जिसने यहूदियों
को सलाह दी थी कि हमारे लोगों के लिये एक
पुरुष का मरना अच्छा है।*

पतरस का इन्कार

(मत्ती 26:69, 70; मरकुस 14:66-68;
लूका 22:55-57)

15 शमौन पतरस और एक अन्य चेला भी
यीशु के पीछे हो लिए। यह चेला महायाजक का
जाना-पहचाना था, इसलिये वह यीशु के साथ
महायाजक के आँगन में गया, 16 परन्तु पतरस
बाहर द्वार पर खड़ा रहा। तब वह दूसरा चेला जो
महायाजक का जाना-पहचाना था, बाहर निकला
और द्वारपालिन से कहकर पतरस को भीतर ले
आया। 17 उस दासी ने जो द्वारपालिन थी, पतरस
से कहा, ''कहीं तू भी इस मनुष्य के चेलों में से
तो नहीं है ?'' उसने कहा, ''मैं नहीं हूँ।''
18 दास और प्यादे जाड़े के कारण कोयले
धधकाकर खड़े आग ताप रहे थे, और पतरस भी
उनके साथ खड़ा आग ताप रहा था।

महायाजक द्वारा यीशु से पूछताछ

(मत्ती 26:59-66; मरकुस 14:55-64;)
लूका 22:66-71)

19 तब महायाजक ने यीशु से उसके चेलों
के विषय में और उसके उपदेश के विषय में
पूछताछ की। 20 यीशु ने उसको उत्तर दिया, ''मैं
ने संसार से खुलकर बातें कीं; मैं ने आराधना-
लयों और मन्दिर में, जहाँ सब यहूदी इकट्ठे हुआ
करते हैं, सदा उपदेश किया और गुप्त में कुछ भी
नहीं कहा। 21 तू मुझ से क्यों पूछता है ?
सुननेवालों से पूछ कि मैं ने उनसे क्या कहा।
देख, वे जानते हैं कि मैं ने क्या क्या कहा।''
22 जब उसने यह कहा, तो प्यादों में से एक ने
जो पास खड़ा था, यीशु को थप्पड़ मारकर कहा,
''क्या तू महायाजक को इस प्रकार उत्तर देता
है ?'' 23 यीशु ने उसे उत्तर दिया, ''यदि मैं ने
बुरा कहा, तो उस बुराई की गवाही दे; परन्तु यदि
भला कहा, तो मुझे क्यों मारता है ?'' 24 हन्ना ने
उसे बन्धे हुए काइफा महायाजक के पास भेज
दिया।

पतरस का पुनः इन्कार

(मत्ती 26:71-75; मरकुस 14:69-72;
लूका 22:58-62)

25 शमौन पतरस खड़ा हुआ आग ताप रहा
था। तब उन्होंने उससे कहा, ''कहीं तू भी उसके
चेलों में से तो नहीं है ?'' उसने इन्कार करके
कहा, ''मैं नहीं हूँ।'' 26 महायाजक के दासों में
से एक, जो उसके कुटुम्ब में से था जिसका कान
पतरस ने काट डाला था, बोला, ''क्या मैं ने तुझे
उसके साथ बारी में नहीं देखा था ?'' 27 पतरस
फिर इन्कार कर गया, और तुरन्त मुर्ग़ ने बाँग दी।

पिलातुस के सामने यीशु

(मत्ती 27:1,2,11-14; मरकुस 15:1-5;
लूका 23:1-5)

28 तब वे यीशु को काइफा के पास से किले*
को ले गए, और भोर का समय था, परन्तु वे
आप किले के भीतर नहीं गए ताकि अशुद्ध न
हों परन्तु फसह खा सकें। 29 तब पिलातुस
उनके पास बाहर निकल आया और कहा, ''तुम
इस मनुष्य पर किस बात का आरोप लगाते
हो ?'' 30 उन्होंने उसको उत्तर दिया, ''यदि वह
कुकर्मी न होता तो हम उसे तेरे हाथ न सौंपते।''
31 पिलातुस ने उनसे कहा, ''तुम ही इसे ले
जाकर अपनी व्यवस्था के अनुसार उसका न्याय
करो।'' यहूदियों ने उससे कहा, ''हमें अधिकार
नहीं कि किसी का प्राण लें।'' 32 यह इसलिये

18:11* मत्ती 26:39; मर 14:36; लूका 22:42 **14*** यूह 11:49,50 **28*** मूल में, *प्रेतोरियम, अर्थात् हाकिम का निवासस्थान*

हुआ कि यीशु क वह बात पूरी हो जो उसने यह संकेत देते हुए ही थी कि उसकी मृत्यु कैसी होगी।*

33 तब पिल तुस फिर किले के भीतर गया, और यीशु को ़लाकर उससे पूछा, "क्या तू यहूदियों का राज है?" 34 यीशु ने उत्तर दिया, "क्या तू यह ब त अपनी ओर से कहता है या दूसरों ने मेरे वि य में तुझ से यह कहा है?" 35 पिलातुस ने त्तर दिया, "क्या मैं यहूदी हूँ? तेरी ही जाति औ प्रधान याजकों ने तुझे मेरे हाथ सौंपा है। तू ने क्या किया है?" 36 यीशु ने उत्तर दिया, "मे राज्य इस संसार का नहीं; यदि मेरा राज्य इस सार का होता, तो मेरे सेवक लड़ते कि मैं य दियों के हाथ सौंपा न जाता : परन्तु मेरा राज्य हाँ का नहीं।" 37 पिलातुस ने उससे कहा, "ा क्या तू राजा है?" यीशु ने उत्तर दिया, "तू कहता है कि मैं राजा हूँ। मैं ने इसलिये जन्म लि ग्रा और इसलिये संसार में आया हूँ कि सत्य की वाही दूँ। जो कोई सत्य का है, वह मेरा शब्द सु ता है।" 38 पिलातुस ने उससे कहा, "सत्य क है?"

मृत्-दण्ड की आज्ञा

(मत्ती 27 15-31; मरकुस 15:6-20; ़का 23:13-25)

यह कह कर ह फिर यहूदियों के पास निकल गया और उनसे कहा, "मैं तो उसमें कुछ दोष नहीं पाता। 39 र तुम्हारी यह रीति है कि मैं फसह में तुम्हारे लिये एक व्यक्ति को छोड़ दूँ। अतः क्या तुम ग्राहते हो कि मैं तुम्हारे लिये यहूदियों के राज को छोड़ दूँ?" 40 तब उन्होंने फिर चिल्लाकर कहा, "इसे नहीं, परन्तु हमारे लिये बरअब्बा ो छोड़ दे।" और बरअब्बा डाकू था।

19 इस : पिलातुस ने यीशु को कोड़े लगवा ए। 2 सिपाहियों ने काँटों का मुकुट गूँथकर सके सिर पर रखा, और उसे बैंजनी वस्त्र पहि ाया, 3 और उसके पास आकर कहने लगे, "हे यहूदियों के राजा, प्रणाम!" और उसे थप्पड़ भी मारे। 4 तब पिलातुस ने फिर बाहर निकलकर लोगों से कहा, "देखो, मैं उसे तुम्हारे पास फिर बाहर लाता हूँ; ताकि तुम जानो कि मैं उसमें कुछ भी दोष नहीं पाता।" 5 तब यीशु काँटों का मुकुट और बैंजनी वस्त्र पहिने हुए बाहर निकला; और पिलातुस ने उनसे कहा, "देखो, यह पुरुष!" 6 जब प्रधान याजकों और प्यादों ने उसे देखा, तो चिल्लाकर कहा, "उसे क्रूस पर चढ़ा, क्रूस पर!" पिलातुस ने उनसे कहा, "तुम ही उसे लेकर क्रूस पर चढ़ाओ, क्योंकि मैं उसमें कोई दोष नहीं पाता।" 7 यहूदियों ने उसको उत्तर दिया, "हमारी भी व्यवस्था है और उस व्यवस्था के अनुसार वह मारे जाने के योग्य है, क्योंकि उसने अपने आप को परमेश्वर का पुत्र बनाया।" 8 जब पिलातुस ने यह बात सुनी तो और भी डर गया, 9 और फिर किले के भीतर गया और यीशु से कहा, "तू कहाँ का है?" परन्तु यीशु ने उसे कुछ भी उत्तर न दिया। 10 इस पर पिलातुस ने उससे कहा, "मुझ से क्यों नहीं बोलता? क्या तू नहीं जानता कि तुझे छोड़ देने का अधिकार मुझे है और तुझे क्रूस पर चढ़ाने का भी मुझे अधिकार है?" 11 यीशु ने उत्तर दिया, "यदि तुझे ऊपर से न दिया जाता, तो तेरा मुझ पर कुछ अधिकार न होता; इसलिये जिसने मुझे तेरे हाथ पकड़वाया है उसका पाप अधिक है।"

12 इस पर पिलातुस ने उसे छोड़ देना चाहा, परन्तु यहूदियों ने चिल्ला-चिल्लाकर कहा, "यदि तू इस को छोड़ देगा, तो तेरी भक्ति कैसर की ओर नहीं। जो कोई अपने आप को राजा बनाता है वह कैसर का सामना करता है।" 13 ये बातें सुनकर पिलातुस यीशु को बाहर लाया और उस जगह एक चबूतरा था जो इब्रानी में 'गब्बता' कहलाता है, और वहाँ न्याय-आसन पर बैठा। 14 यह फसह की तैयारी का दिन था, और छठे घंटे* के लगभग था। तब उसने यहूदियों से कहा, "देखो तुम्हारा राजा!"

18:32* यूह 3:14; 1 32 **19:14*** *दोपहर के लगभग बारह बजे*

15 परन्तु वे चिल्लाए, ''ले जा! ले जा! उसे क्रूस पर चढ़ा!'' पिलातुस ने उनसे कहा, ''क्या मैं तुम्हारे राजा को क्रूस पर चढ़ाऊँ?'' प्रधान याजकों ने उत्तर दिया, ''कैसर को छोड़ हमारा और कोई राजा नहीं।'' 16 तब उसने उसे उनके हाथ सौंप दिया ताकि वह क्रूस पर चढ़ाया जाए।

क्रूस पर चढ़ाया जाना

(मत्ती 27:32–44; मरकुस 15:21–32; लूका 23:26–43)

17 तब वे यीशु को ले गए, और वह अपना क्रूस उठाए हुए उस स्थान तक बाहर गया, जो 'खोपड़ी का स्थान' कहलाता है और इब्रानी में 'गुलगुता'। 18 वहाँ उन्होंने उसे और उसके साथ और दो मनुष्यों को क्रूस पर चढ़ाया, एक को इधर और एक को उधर, और बीच में यीशु को। 19 पिलातुस ने एक दोष-पत्र लिखकर क्रूस पर लगा दिया, और उसमें यह लिखा हुआ था, **''यीशु नासरी, यहूदियों का राजा।''** 20 यह दोष-पत्र बहुत से यहूदियों ने पढ़ा, क्योंकि वह स्थान जहाँ यीशु क्रूस पर चढ़ाया गया था नगर के पास था; और पत्र इब्रानी और लतीनी और यूनानी में लिखा हुआ था। 21 तब यहूदियों के प्रधान याजकों ने पिलातुस से कहा, '''यहूदियों का राजा' मत लिख परन्तु यह कि 'उसने कहा, मैं यहूदियों का राजा हूँ'।'' 22 पिलातुस ने उत्तर दिया, ''मैं ने जो लिख दिया, वह लिख दिया।''

23 जब सैनिक यीशु को क्रूस पर चढ़ा चुके, तो उसके कपड़े लेकर चार भाग किए, हर सैनिक के लिए एक भाग, और कुरता भी लिया, परन्तु कुरता बिन सीअन ऊपर से नीचे तक बुना हुआ था। 24 इसलिये उन्होंने आपस में कहा, ''हम इसको न फाड़ें, परन्तु इस पर चिट्ठी डालें कि यह किसका होगा।'' यह इसलिये हुआ कि पवित्रशास्त्र में जो कहा गया वह पूरा हो,

''उन्होंने मेरे कपड़े आपस में बाँट लिये
और मेरे वस्त्र पर चिट्ठी डाली।''*

25 अतः सैनिकों ने ऐसा ही किया। यीशु के क्रूस के पास उसकी माता, और उसकी माता की बहिन, क्लोपास की पत्नी मरियम, और मरियम मगदलीनी खड़ी थीं। 26 जब यीशु ने अपनी माता, और उस चेले को जिससे वह प्रेम रखता था पास खड़े देखा तो अपनी माता से कहा, ''हे नारी,* देख, यह तेरा पुत्र है।'' 27 तब उसने चेले से कहा, ''यह तेरी माता है।'' और उसी समय से वह चेला उसे अपने घर ले गया।

यीशु की मृत्यु

(मत्ती 27:45–56; मरकुस 15:33–41; लूका 23:44–49)

28 इसके बाद यीशु ने यह जानकर कि अब सब कुछ पूरा हो चुका, इसलिये कि पवित्रशास्त्र में जो कहा गया वह पूरा हो, कहा, ''मैं प्यासा हूँ।''* 29 वहाँ सिरके से भरा हुआ एक बरतन रखा था, अतः उन्होंने सिरके में भिगोए हुए स्पंज को जूफे पर रखकर उसके मुँह से लगाया। 30 जब यीशु ने वह सिरका लिया, तो कहा, ''पूरा हुआ''; और सिर झुकाकर प्राण त्याग दिए।

भाले से बेधा जाना

31 इसलिये कि वह तैयारी का दिन था, यहूदियों ने पिलातुस से विनती की कि उनकी टाँगें तोड़ दी जाएँ और वे उतारे जाएँ, ताकि सब्त के दिन वे क्रूसों पर न रहें, क्योंकि वह सब्त का दिन बड़ा दिन था। 32 अतः सैनिकों ने आकर उन मनुष्यों में से पहले की टाँगें तोड़ीं तब दूसरे की भी, जो उसके साथ क्रूसों पर चढ़ाए गए थे; 33 परन्तु जब यीशु के पास आकर देखा कि वह मर चुका है, तो उसकी टाँगें न तोड़ीं। 34 परन्तु सैनिकों में से एक ने बरछे से उसका पंजर बेधा, और उसमें से तुरन्त लहू और पानी निकला। 35 जिसने यह देखा, उसने गवाही दी है, और उसकी गवाही सच्ची है; और वह जानता है कि वह सच कहता है कि तुम भी विश्वास करो।

19:24* भजन 22:18 **26*** या *महिला* **28*** भजन 69:21; 22:15

36 ये बातें इसलिये हुईं कि पवित्रशास्त्र में जो कहा गया वह पूरा हो, ''उसकी कोई हड्डी तोड़ी न जाएगी।''* 37 फिर एक और स्थान पर यह लिखा है, ''जिसे उन्होंने बेधा है, उस पर वे दृष्टि करेंगे।''*

यीशु का गाड़ा जाना

(मत्ती 27:57-61; मरकुस 15:42-47; लूका 23:50-56)

38 इन बातों के बाद अरिमतिया के यूसुफ ने जो यीशु का चेला था, परन्तु यहूदियों के डर से इस बात को छिपाए रखता था, पिलातुस से विनती की कि क्या वह यीशु का शव ले जा सकता है। पिलातुस ने उसकी विनती सुनी, और वह आकर उसका शव ले गया। 39 नीकुदेमुस भी, जो पहले यीशु के पास रात को गया था,* पचास सेर के लगभग मिला हुआ गन्धरस और एलवा ले आया। 40 तब उन्होंने यीशु का शव लिया, और यहूदियों के गाड़ने की रीति के अनुसार उसे सुगन्ध द्रव्य के साथ कफन में लपेटा। 41 उस स्थान पर जहाँ यीशु क्रूस पर चढ़ाया गया था, एक बारी थी, और उस बारी में एक नई कब्र थी जिसमें कभी कोई न रखा गया था। 42 इसलिये यहूदियों की तैयारी के दिन के कारण उन्होंने यीशु को उसी में रखा, क्योंकि वह कब्र निकट थी।

खाली कब्र

(मत्ती 28:1-8; मरकुस 16:1-8; लूका 24:1-12)

20 सप्ताह के पहले दिन मरियम मगदलीनी भोर को अंधेरा रहते ही कब्र पर आई, और पत्थर को कब्र से हटा हुआ देखा। 2 तब वह दौड़ी और शमौन पतरस और उस दूसरे चेले के पास जिससे यीशु प्रेम रखता था, आकर कहा, ''वे प्रभु को कब्र में से निकाल ले गए हैं, और हम नहीं जानतीं कि उसे कहाँ रख दिया है।'' 3 तब पतरस और वह दूसरा चेला निकलकर कब्र की ओर चले। 4 वे दोनों साथ-साथ दौड़ रहे थे, परन्तु दूसरा चेला पतरस से आगे बढ़कर कब्र पर पहले पहुँचा; 5 और झुककर कपड़े पड़े देखे, तौभी वह भीतर न गया। 6 तब शमौन पतरस उसके पीछे-पीछे पहुँचा, और कब्र के भीतर गया और कपड़े पड़े देखे; 7 और वह अंगोछा जो उसके सिर से बन्धा हुआ था, कपड़ों के साथ पड़ा हुआ नहीं, परन्तु अलग एक जगह लपेट कर रखा हुआ देखा। 8 तब दूसरा चेला भी जो कब्र पर पहले पहुँचा था, भीतर गया और देखकर विश्वास किया। 9 वे तो अब तक पवित्रशास्त्र की वह बात न समझे थे कि उसे मरे हुओं में से जी उठना होगा। 10 तब ये चेले अपने घर लौट गए।

मरियम मगदलीनी पर प्रगट होना

(मत्ती 28:9,10; मरकुस 16:9-11)

11 परन्तु मरियम रोती हुई कब्र के पास ही बाहर खड़ी रही, और रोते-रोते कब्र की ओर झुककर, 12 दो स्वर्गदूतों को उज्ज्वल कपड़े पहिने हुए एक को सिरहाने और दूसरे को पैताने बैठे देखा, जहाँ यीशु का शव रखा गया था। 13 उन्होंने उससे कहा, ''हे नारी, तू क्यों रोती है?'' उसने उनसे कहा, ''वे मेरे प्रभु को उठा ले गए और मैं नहीं जानती कि उसे कहाँ रखा है।'' 14 यह कहकर वह पीछे मुड़ी और यीशु को खड़े देखा, पर न पहचाना कि यह यीशु है। 15 यीशु ने उससे कहा, ''हे नारी, तू क्यों रोती है? किसको ढूँढ़ती है?'' उसने माली समझकर उससे कहा, ''हे महाराज, यदि तू ने उसे उठा लिया है तो मुझे बता कि उसे कहाँ रखा है, और मैं उसे ले जाऊँगी।'' 16 यीशु ने उससे कहा, ''मरियम!'' उसने पीछे मुड़कर उससे इब्रानी में कहा, ''रब्बूनी!'' अर्थात् 'हे गुरु'। 17 यीशु ने उससे कहा, ''मुझे मत छू,* क्योंकि मैं अब तक पिता के पास ऊपर नहीं गया, परन्तु मेरे भाइयों के पास जाकर उनसे कह दे, कि मैं अपने पिता और तुम्हारे पिता, और अपने परमेश्वर और तुम्हारे परमेश्वर के पास ऊपर जाता हूँ।'' 18 मरियम मगदलीनी ने जाकर चेलों को बताया,

19:36* निर्ग 12:46; गिनती 9:12; भजन 34:20 **37*** जक 12:10; प्रका 1:7 **39*** यूह 3:1,2 **20:17*** *या मत पकड़े रह*

"मैं ने प्रभु को देखा, और उसने मुझ से ये बातें कहीं।"

चेलों पर प्रगट होना

(मत्ती 28:16-20; मरकुस 16:14-18; लूका 24:36-49)

19 उसी दिन जो सप्ताह का पहला दिन था, सन्ध्या के समय जब वहाँ के द्वार जहाँ चेले थे, यहूदियों के डर के मारे बन्द थे, तब यीशु आया और उनके बीच में खड़ा होकर उनसे कहा, "तुम्हें शान्ति मिले।" 20 और यह कहकर उसने अपना हाथ और अपना पंजर उनको दिखाए। तब चेले प्रभु को देखकर आनन्दित हुए। 21 यीशु ने फिर उनसे कहा, "तुम्हें शान्ति मिले; जैसे पिता ने मुझे भेजा है, वैसे ही मैं भी तुम्हें भेजता हूँ।" 22 यह कहकर उसने उन पर फूँका और उनसे कहा, "पवित्र आत्मा लो। 23 जिनके पाप तुम क्षमा करो, वे उनके लिये क्षमा किए गए हैं; जिनके तुम रखो, वे रखे गए हैं।"*

थोमा पर प्रगट होना

24 परन्तु बारहों में से एक, अर्थात् थोमा जो दिदुमुस* कहलाता है, जब यीशु आया तो उनके साथ न था। 25 जब अन्य चेले उससे कहने लगे, "हम ने प्रभु को देखा है," तब उसने उनसे कहा, "जब तक मैं उसके हाथों में कीलों के छेद न देख लूँ, और कीलों के छेदों में अपनी उँगली न डाल लूँ, और उसके पंजर में अपना हाथ न डाल लूँ, तब तक मैं विश्वास नहीं करूँगा।"

26 आठ दिन के बाद उसके चेले फिर घर के भीतर थे, और थोमा उनके साथ था; और द्वार बन्द थे, तब यीशु आया और उनके बीच में खड़े होकर कहा, "तुम्हें शान्ति मिले।" 27 तब उसने थोमा से कहा, "अपनी उँगली यहाँ लाकर मेरे हाथों को देख और अपना हाथ लाकर मेरे पंजर में डाल, और अविश्वासी नहीं परन्तु विश्वासी हो।" 28 यह सुन थोमा ने उत्तर दिया, "हे मेरे प्रभु, हे मेरे परमेश्वर!" 29 यीशु ने उससे कहा, "तू ने मुझे देखा है, क्या इसलिये विश्वास किया है? धन्य वे हैं जिन्होंने बिना देखे विश्वास किया।"

इस पुस्तक का उद्देश्य

30 यीशु ने और भी बहुत से चिह्न चेलों के सामने दिखाए, जो इस पुस्तक में लिखे नहीं गए; 31 परन्तु ये इसलिये लिखे गए हैं कि तुम विश्वास करो कि यीशु ही परमेश्वर का पुत्र मसीह है, और विश्वास करके उसके नाम से जीवन पाओ।

तिबिरियास झील के किनारे चेलों पर प्रगट होना

21 इन बातों के बाद यीशु ने अपने आप को तिबिरियास झील के किनारे चेलों पर प्रगट किया, और इस रीति से प्रगट किया : 2 शमौन पतरस, और थोमा जो दिदुमुस कहलाता है, और गलील के काना नगर का नतनएल, और जब्दी के पुत्र, और उसके चेलों में से दो और जन इकट्ठे थे। 3 शमौन पतरस ने उनसे कहा, "मैं मछली पकड़ने जा रहा हूँ।"* उन्होंने उससे कहा, "हम भी तेरे साथ चलते हैं।" अत: वे निकलकर नाव पर चढ़े, परन्तु उस रात कुछ न पकड़ा।

4 भोर होते ही यीशु किनारे पर आ खड़ा हुआ; तौभी चेलों ने नहीं पहचाना कि यह यीशु है। 5 तब यीशु ने उन से कहा, "हे बालको, क्या तुम्हारे पास कुछ मछलियाँ हैं?" उन्होंने उत्तर दिया, "नहीं।" 6 उसने उनसे कहा, "नाव की दाहिनी ओर जाल डालो तो पाओगे।" अत: उन्होंने जाल डाला, और अब मछलियों की बहुतायत के कारण उसे खींच न सके।* 7 तब उस चेले ने जिससे यीशु प्रेम रखता था, पतरस से कहा, "यह तो प्रभु है!" शमौन पतरस ने यह सुनकर कि वह प्रभु है, कमर में अंगरखा कस लिया, क्योंकि वह नंगा था, और झील में

20:23 * मत्ती 16:19; 18:18   24 * अथवा, यमल या जुड़वाँ   21:3 * लूका 5:5   6 * लूका 5:6

कूद पड़ा। 8 परन्तु दूसरे चेले डोंगी पर मछलियों से भरा हुआ जाल खींचते हुए आए, क्योंकि वे किनारे से अधिक दूर नहीं, पर कोई दो सौ हाथ पर थे।

9 जब वे किनारे पर उतरे, तो उन्होंने कोयले की आग और उस पर मछली रखी हुई, और रोटी देखी। 10 यीशु ने उनसे कहा, ''जो मछलियाँ तुम ने अभी पकड़ी हैं, उनमें से कुछ लाओ।'' 11 तो शमौन पतरस ने डोंगी पर चढ़कर एक सौ तिरपन बड़ी मछलियों से भरा हुआ जाल किनारे पर खींचा, और इतनी मछलियाँ होने पर भी जाल न फटा। 12 यीशु ने उनसे कहा, ''आओ, भोजन करो।'' चेलों में से किसी को साहस न हुआ कि उससे पूछे, ''तू कौन है?'' क्योंकि वे जानते थे कि यह प्रभु ही है। 13 यीशु आया और रोटी लेकर उन्हें दी, और वैसे ही मछली भी। 14 यह तीसरी बार है कि यीशु मरे हुओं में से जी उठने के बाद चेलों को दिखाई दिया।

यीशु और पतरस

15 भोजन करने के बाद यीशु ने शमौन पतरस से कहा, ''हे शमौन, यूहन्ना के पुत्र, क्या तू इन से बढ़कर मुझ से प्रेम रखता है?'' उसने उससे कहा, ''हाँ, प्रभु तू तो जानता है कि मैं तुझ से प्रीति रखता हूँ।'' उसने उससे कहा, ''मेरे मेमनों को चरा।'' 16 उसने फिर दूसरी बार उससे कहा, ''हे शमौन, यूहन्ना के पुत्र, क्या तू मुझ से प्रेम रखता है?'' उसने उससे कहा, ''हाँ, प्रभु; तू जानता है कि मैं तुझ से प्रीति रखता हूँ।'' उसने उससे कहा, ''मेरी भेड़ों की रखवाली कर।'' 17 उसने तीसरी बार उससे कहा, ''हे शमौन, यूहन्ना के पुत्र, क्या तू मुझ से प्रीति रखता है?'' पतरस उदास हुआ कि उसने उससे तीसरी बार ऐसा कहा, ''क्या तू मुझ से प्रीति रखता है?''

और उससे कहा, ''हे प्रभु, तू तो सब कुछ जानता है; तू यह जानता है कि मैं तुझ से प्रीति रखता हूँ।'' यीशु ने उससे कहा, ''मेरी भेड़ों को चरा। 18 मैं तुझ से सच सच कहता हूँ, जब तू जवान था तो अपनी कमर बाँधकर जहाँ चाहता था वहाँ फिरता था; परन्तु जब तू बूढ़ा होगा तो अपने हाथ फैलाएगा, और दूसरा तेरी कमर बाँधकर जहाँ तू न चाहेगा वहाँ तुझे ले जाएगा।'' 19 उसने इन बातों से संकेत दिया कि पतरस कैसी मृत्यु से परमेश्वर की महिमा करेगा। और तब उसने उससे कहा, ''मेरे पीछे हो ले।''

यीशु और उसका प्रिय चेला

20 पतरस ने मुड़कर उस चेले को पीछे आते देखा, जिससे यीशु प्रेम रखता था, और जिसने भोजन के समय उसकी छाती की ओर झुककर पूछा था, ''हे प्रभु तेरा पकड़वानेवाला कौन है?'' 21 उसे देखकर पतरस ने यीशु से कहा, ''हे प्रभु, इसका क्या हाल होगा?'' 22 यीशु ने उससे कहा, ''यदि मैं चाहूँ कि वह मेरे आने तक ठहरा रहे, तो तुझे इससे क्या? तू मेरे पीछे हो ले।'' 23 इसलिये भाइयों में यह बात फैल गई कि वह चेला न मरेगा; तौभी यीशु ने उससे यह नहीं कहा कि वह न मरेगा, परन्तु यह कि ''यदि मैं चाहूँ कि वह मेरे आने तक ठहरा रहे, तो तुझे इससे क्या?''

उपसंहार

24 यह वही चेला है जो इन बातों की गवाही देता है और जिसने इन बातों को लिखा है, और हम जानते हैं कि उसकी गवाही सच्ची है।

25 और भी बहुत से काम हैं, जो यीशु ने किए; यदि वे एक एक करके लिखे जाते, तो मैं समझता हूँ कि पुस्तकें जो लिखी जातीं वे संसार में भी न समातीं।

प्रेरितों के कामों का वर्णन

भूमिका

प्रेरितों के कामो का वर्णन लूका रचित सुसमाचार से आगे का वर्णन है। इसका प्रमुख उद्देश्य यह बताना है कि यीशु के प्रारम्भिक अनुयायियों ने पवित्र आत्मा की अगुवाई में, यीशु के विषय सुसमाचार को ''यरूशलेम और सारे यूहदिया और सामरिया में, और पृथ्वी की छोर तक'' (1:8) कैसे फैलाया। यह मसीही आन्दोलन का विवरण है जो यहूदी लोगों के बीच में आरम्भ हुआ, और बढ़ कर सम्पूर्ण विश्व के लोगों का विश्वास बन गया। लेखक इस बात का भी ध्यान रखता है कि उसके पाठकों को यह निश्चय हो जाए कि मसीही लोग रोमी साम्राज्य के लिये एक विद्रोही राजनैतिक शक्ति नहीं थे, और मसीही विश्वास यहूदी धर्म की पूर्ति था।

प्रेरितों के काम की पुस्तक को तीन भागों में बाँटा जा सकता है, जो निरंतर बढ़ते क्षेत्र को दर्शाता है जिसमें यीशु मसीह का सुसमाचार प्रचार किया गया और कलीसियाएँ स्थापित की गईं : 1) यीशु के स्वर्गारोहण के बाद यरूशलेम में मसीही आन्दोलन का आरम्भ; 2) पलस्तीन के अन्य भागों में इसका प्रसार; और 3) भूमध्य सागर के देशों में रोम तक इसका प्रसार।

प्रेरितों के काम की एक महत्त्वपूर्ण विशेषता है पवित्र आत्मा की क्रियाशीलता। वह पिन्तेकुस्त के दिन यरूशलेम में एकत्रित विश्वासियों पर बड़ी सामर्थ्य के साथ उतरता है, और इस पुस्तक में वर्णित घटनाओं के दौरान कलीसिया और उसके अगुवों का मार्गदर्शन करता और उन्हें सामर्थ्य प्रदान करता है। *प्रेरितों के काम* में दिए गए कई उपदेशों में प्रारम्भिक मसीही संदेश का सार प्रस्तुत किया गया है, और इसमें वर्णित घटनाएँ विश्वासियों के जीवन में और कलीसिया की सहभागिता में इस संदेश की सामर्थ्य को प्रगट करती हैं।

रूप-रेखा :

गवाही के लिये तैयारी 1:1-26

- क. यीशु की अन्तिम आज्ञा और प्रतिज्ञा 1:1-14
- ख. यहूदा का उत्तराधिकारी 1:15-26

यरूशलेम में गवाही 2:1—8:3

यहूदिया और सामरिया में गवाही 8:4—12:25

पौलुस का सेवाकार्य 13:1—28:31

- क. प्रथम प्रचार-यात्रा 13:1—14:28
- ख. यरूशलेम में सम्मेलन 15:1-35
- ग. द्वितीय प्रचार-यात्रा 15:36—18:22
- घ. तृतीय प्रचार-यात्रा 18:23—21:16
- ङ. यरूशलेम, कैसरिया और रोम में बन्दी पौलुस 21:17—28:31

परिचय

1 हे थियुफिलुस, मैं ने पहली पुस्तिका उन
सब बातों के विषय में लिखी* जो यीशु
आरम्भ से करता और सिखाता रहा, 2 उस दिन
तक जब तक वह उन प्रेरितों को जिन्हें उसने
चुना था पवित्र आत्मा के द्वारा आज्ञा देकर ऊपर
उठाया न गया। 3 उसने दु:ख उठाने के बाद
बहुत से पक्के प्रमाणों से अपने आप को उन्हें
जीवित दिखाया, और चालीस दिन तक वह उन्हें
दिखाई देता रहा, और परमेश्वर के राज्य की बातें
करता रहा। 4 और उनसे मिलकर उन्हें आज्ञा दी,
''यरूशलेम को न छोड़ो, परन्तु पिता की उस
प्रतिज्ञा के पूरे होने की बाट जोहते रहो,* जिसकी
चर्चा तुम मुझ से सुन चुके हो। 5 क्योंकि यूहन्ना
ने तो पानी में बपतिस्मा दिया है परन्तु थोड़े
दिनों के बाद तुम पवित्र आत्मा से* बपतिस्मा
पाओगे।†''

यीशु का स्वर्गारोहण

6 अत: उन्होंने इकट्ठे होकर उससे पूछा, ''हे
प्रभु, क्या तू इसी समय इस्राएल को राज्य फेर
देगा?'' 7 उसने उनसे कहा, ''उन समयों या
कालों को जानना, जिनको पिता ने अपने ही
अधिकार में रखा है, तुम्हारा काम नहीं। 8 परन्तु
जब पवित्र आत्मा तुम पर आएगा तब तुम सामर्थ्य
पाओगे; और यरूशलेम और सारे यहूदिया और
सामरिया में, और पृथ्वी की छोर तक मेरे गवाह
होगे।''* 9 यह कहकर वह उन के देखते-देखते
ऊपर उठा लिया गया, और बादल ने उसे उनकी
आँखों से छिपा लिया।* 10 उसके जाते समय
जब वे आकाश की ओर ताक रहे थे, तो देखो,
दो पुरुष श्वेत वस्त्र पहिने हुए उन के पास आ
खड़े हुए, 11 और उनसे कहा, ''हे गलीली
पुरुषो, तुम क्यों खड़े आकाश की ओर देख रहे
हो? यही यीशु, जो तुम्हारे पास से स्वर्ग पर उठा
लिया गया है, जिस रीति से तुम ने उसे स्वर्ग को
जाते देखा है उसी रीति से वह फिर आएगा।''

मत्तियाह को यहूदा का पद मिलना

12 तब वे जैतून नामक पहाड़ से जो यरूशलेम
के निकट एक सब्त के दिन की दूरी पर है,
यरूशलेम को लौटे। 13 जब वे वहाँ पहुँचे तो
उस अटारी पर गए, जहाँ पतरस और यूहन्ना और
याकूब और अन्द्रियास और फिलिप्पुस और थोमा
और बरतुल्मै और मत्ती और हलफई का पुत्र
याकूब और शमौन जेलोतेस और याकूब का पुत्र
यहूदा* रहते थे। 14 ये सब कई स्त्रियों और
यीशु की माता मरियम और उसके भाइयों के
साथ एक चित होकर प्रार्थना में लगे रहे।
15 उन्हीं दिनों में पतरस भाइयों के बीच में
जो एक सौ बीस व्यक्ति के लगभग थे, खड़ा
होकर कहने लगा, 16 ''हे भाइयो, अवश्य था
कि पवित्रशास्त्र का वह लेख पूरा हो जो पवित्र
आत्मा ने दाऊद के मुख से यहूदा के विषय में,
जो यीशु के पकड़नेवालों का अगुवा था, पहले
से कहा था। 17 क्योंकि वह तो हम में गिना
गया, और इस सेवकाई में सहभागी हुआ।
18 (उसने अधर्म की कमाई से एक खेत मोल
लिया, और सिर के बल गिरा और उसका पेट
फट गया और उसकी सब अन्तड़ियाँ निकल
पड़ीं। 19 इस बात को यरूशलेम के सब रहनेवाले
जान गए, यहाँ तक कि उस खेत का नाम उनकी
भाषा में 'हकलदमा' अर्थात् 'लहू का खेत' पड़
गया।)* 20 भजन संहिता में लिखा है,

'उसका घर उजड़ जाए,
और उसमें कोई न बसे,'
और 'उसका पद कोई दूसरा ले ले।'*

21 इसलिये जितने दिन तक प्रभु यीशु हमारे
साथ आता जाता रहा—अर्थात् यूहन्ना के बपतिस्मा
से लेकर उसके हमारे पास से उठाए जाने तक—
जो लोग बराबर हमारे साथ रहे, 22 उचित है कि

1:1* लूका 1:1-4 **4*** लूका 24:49 **5*** यू० में **†** मत्ती 3:11; मर 1:8; लूका 3:16; यूह 1:33
8* मत्ती 28:19; मर 16:15; लूका 24:47,48 **9*** मर 16:19; लूका 24:50,51 **13*** मत्ती 10:2-4; मर 3:16-19; लूका 6:14-16
18,19* मत्ती 27:3-8 **20*** भजन 69:25; 109:8

उनमें से एक व्यक्ति हमारे साथ उसके जी उठने
का गवाह हो जाए।*'' 23 तब उन्होंने दो को
खड़ा किया, एक यूसुफ को जो बर-सबा कहलाता
है, जिसका उपनाम यूसतुस है, दूसरा मत्तियाह
को, 24 और यह प्रार्थना की, ''हे प्रभु, तू जो
सब के मन जानता है, यह प्रगट कर कि इन दोनों
में से तू ने किसको चुना है, 25 कि वह इस
सेवकाई और प्रेरिताई का पद ले, जिसे यहूदा
छोड़कर अपने स्थान को चला गया।'' 26 तब
उन्होंने उनके बारे में चिट्ठियाँ डालीं, और चिट्ठी
मत्तियाह के नाम पर निकली। अत: वह उन
ग्यारह प्रेरितों के साथ गिना गया।

पवित्र आत्मा का उतरना

2 जब पिन्तेकुस्त* का दिन आया, तो वे सब
एक जगह इकट्ठे थे। 2 एकाएक आकाश से
बड़ी आँधी की सी सनसनाहट का शब्द हुआ,
और उससे सारा घर जहाँ वे बैठे थे, गूँज गया।
3 और उन्हें आग की सी जीभें फटती हुई दिखाई
दीं और उनमें से हर एक पर आ ठहरीं। 4 वे सब
पवित्र आत्मा से भर गए, और जिस प्रकार आत्मा
ने उन्हें बोलने की सामर्थ्य दी, वे अन्य अन्य
भाषा बोलने लगे।

5 आकाश के नीचे की हर एक जाति में से
भक्त यहूदी यरूशलेम में रह रहे थे। 6 जब यह
शब्द हुआ तो भीड़ लग गई और लोग घबरा गए,
क्योंकि हर एक को यही सुनाई देता था कि ये
मेरी ही भाषा में बोल रहे हैं। 7 वे सब चकित
और अचम्भित होकर कहने लगे, ''देखो, ये जो
बोल रहे हैं क्या सब गलीली नहीं? 8 तो फिर
क्यों हम में से हर एक अपनी अपनी जन्म-भूमि
की भाषा सुनता है? 9 हम जो पारथी और मेदी
और एलामी और मेसोपोटामिया और यहूदिया
और कप्पदूकिया और पुन्तुस और आसिया,
10 और फ्रूगिया और पंफूलिया और मिस्र और
लीबिया देश जो कुरेने के आस पास है, इन सब
देशों के रहनेवाले और रोमी प्रवासी, 11 अर्थात्
यहूदी और यहूदी मत धारण करनेवाले, क्रेती
और अरबी भी हैं, परन्तु अपनी-अपनी भाषा में
उनसे परमेश्वर के बड़े-बड़े कामों की चर्चा सुनते
हैं।'' 12 और वे सब चकित हुए और घबराकर
एक दूसरे से कहने लगे, ''यह क्या हो रहा है?''
13 परन्तु दूसरों ने ठट्ठा करके कहा, ''वे तो नई
मदिरा के नशे में चूर हैं।''

पतरस का भाषण

14 तब पतरस उन ग्यारह के साथ खड़ा हुआ
और ऊँचे शब्द से कहने लगा, ''हे यहूदियो और
हे यरूशलेम के सब रहनेवालो, यह जान लो,
और कान लगाकर मेरी बातें सुनो। 15 जैसा तुम
समझ रहे हो, ये लोग नशे में नहीं हैं, क्योंकि
अभी तो पहर ही दिन चढ़ा है। 16 परन्तु यह वह
बात है, जो योएल भविष्यद्वक्ता के द्वारा कही
गई थी :

17 'परमेश्वर कहता है, कि अन्त के दिनों में
ऐसा होगा कि
मैं अपना आत्मा सब मनुष्यों पर उँडेलूँगा,
और तुम्हारे बेटे और तुम्हारी बेटियाँ
भविष्यद्वाणी करेंगी,
और तुम्हारे जवान दर्शन देखेंगे,
और तुम्हारे पुरनिए स्वप्न देखेंगे।
18 वरन् मैं अपने दासों और अपनी दासियों
पर भी
उन दिनों में अपने आत्मा में से उँडेलूँगा,
और वे भविष्यद्वाणी करेंगे।
19 और मैं ऊपर आकाश में अद्‌भुत काम
और नीचे धरती पर चिह्न,
अर्थात् लहू और आग और धूएँ का बादल
दिखाऊँगा।
20 प्रभु के महान् और तेजस्वी दिन के आने
से पहले सूर्य अंधेरा और चाँद लहू-सा
हो जाएगा।
21 और जो कोई प्रभु का नाम लेगा,
वह उद्धार पाएगा।'*

22 ''हे इस्राएलियो, ये बातें सुनो : यीशु
नासरी एक मनुष्य था जिसका परमेश्वर की ओर

1:22* मत्ती 3:16; मर 1:9;16:19; लूका 3:21; 24:51 2:1* लैव्य 23:15-21; व्य 16:9-11 17-21* योए 2:28-32

से होने का प्रमाण उन सामर्थ्य के कामों और
आश्चर्य के कामों और चिह्नों से प्रगट है, जो
परमेश्वर ने तुम्हारे बीच उसके द्वारा कर दिखाए
जिसे तुम आप ही जानते हो। 23 उसी यीशु को,
जो परमेश्वर की ठहराई हुई योजना और पूर्व
ज्ञान के अनुसार पकड़वाया गया, तुम ने अधर्मियों
के हाथ से क्रूस पर चढ़वाकर मार डाला।*
24 परन्तु उसी को परमेश्वर ने मृत्यु के बन्धनों*
से छुड़ाकर जिलाया;† क्योंकि यह अनहोना था
कि वह उसके वश में रहता। 25 क्योंकि दाऊद
उसके विषय में कहता है,

'मैं प्रभु को सर्वदा अपने सामने देखता
रहा क्योंकि वह मेरी दाहिनी ओर है,
ताकि मैं डिग न जाऊँ।
26 इसी कारण मेरा मन आनन्दित हुआ,
और मेरी जीभ मगन हुई;
वरन् मेरा शरीर भी आशा में बना रहेगा।
27 क्योंकि तू मेरे प्राणों को अधोलोक में
न छोड़ेगा;
और न अपने पवित्र जन को सड़ने ही
देगा।
28 तू ने मुझे जीवन का मार्ग बताया है;
तू मुझे अपने दर्शन के द्वारा आनन्द से
भर देगा।'*

29 "हे भाइयो, मैं कुलपति दाऊद के विषय
में तुम से साहस के साथ कह सकता हूँ कि वह
तो मर गया और गाड़ा भी गया और उसकी कब्र
आज तक हमारे यहाँ विद्यमान है। 30 वह
भविष्यद्वक्ता था, वह जानता था कि परमेश्वर ने
मुझ से शपथ खाई है कि मैं तेरे वंश में से एक
व्यक्ति को तेरे सिंहासन पर बैठाऊँगा;* 31 उसने
होने वाली बात को पहले ही से देखकर मसीह
के जी उठने के विषय में भविष्यद्वाणी की कि न
तो उसका प्राण अधोलोक में छोड़ा गया और न
उसकी देह सड़ने पाई। 32 इसी यीशु को परमेश्वर
ने जिलाया, जिसके हम सब गवाह हैं। 33 इस
प्रकार परमेश्वर के दाहिने हाथ से सर्वोच्च पद
पाकर, और पिता से वह पवित्र आत्मा प्राप्त
करके जिसकी प्रतिज्ञा की गई थी, उसने यह
उंडेल दिया है जो तुम देखते और सुनते हो।
34 क्योंकि दाऊद तो स्वर्ग पर नहीं चढ़ा; परन्तु
वह आप कहता है,

'प्रभु ने मेरे प्रभु से कहा, मेरे दाहिने बैठ,
35 जब तक कि मैं तेरे बैरियों को तेरे
पाँवों तले की चौकी न कर दूँ।'*

36 अत: अब इस्राएल का सारा घराना निश्चित
रूप से जान ले कि परमेश्वर ने उसी यीशु को
जिसे तुम ने क्रूस पर चढ़ाया, प्रभु भी ठहराया
और मसीह भी।"

37 तब सुननेवालों के हृदय छिद गए, और वे
पतरस और शेष प्रेरितों से पूछने लगे, "हे भाइयो,
हम क्या करें?" 38 पतरस ने उनसे कहा, "मन
फिराओ, और तुम में से हर एक अपने अपने
पापों की क्षमा के लिये यीशु मसीह के नाम से
बपतिस्मा ले; तो तुम पवित्र आत्मा का दान
पाओगे। 39 क्योंकि यह प्रतिज्ञा तुम, और तुम्हारी
सन्तानों, और उन सब दूर-दूर के लोगों के लिये
भी है जिनको प्रभु हमारा परमेश्वर अपने पास
बुलाएगा।" 40 उस ने बहुत और बातों से भी
गवाही दे देकर समझाया कि अपने आप को इस
टेढ़ी जाति* से बचाओ। 41 अत: जिन्होंने उसका
वचन ग्रहण किया उन्होंने बपतिस्मा लिया; और
उसी दिन तीन हजार मनुष्यों के लगभग उनमें
मिल गए। 42 और वे प्रेरितों से शिक्षा पाने, और
संगति रखने, और रोटी तोड़ने,* और प्रार्थना
करने में लौलीन रहे।

विश्वासियों की संगति

43 और सब लोगों पर भय छा गया, और
बहुत से अद्भुत काम और चिह्न प्रेरितों के द्वारा
प्रगट होते थे। 44 और सब विश्वास करनेवाले
इकट्ठे रहते थे, और उनकी सब वस्तुएँ साझे में

2:23* मत्ती 27:35; मर 15:24; लूका 23:33; यूह 19:18 **24*** यू० *की पीड़ाओं* **†** मत्ती 28:5,6; मर 16:6; लूका 24:5
25-28* भजन 16:8-11 **30*** भजन 132:11; 2 शमू 7:12,13 **34,35*** भजन 110:1 **40*** यू० *पीढ़ी*
42* मत्ती 26:26; प्रेरि 20:7

थीं।* 45 वे अपनी-अपनी सम्पत्ति और सामान बेच-बेचकर जैसी जिसकी आवश्यकता होती थी बाँट दिया करते थे। 46 वे प्रतिदिन एक मन होकर मन्दिर में इकट्ठे होते थे, और घर-घर रोटी तोड़ते* हुए आनन्द और मन की सीधाई से भोजन किया करते थे, 47 और परमेश्वर की स्तुति करते थे, और सब लोग उनसे प्रसन्न थे : और जो उद्धार पाते थे, उनको प्रभु प्रतिदिन उनमें मिला देता था।

लंगड़े भिखारी का चंगा होना

3 पतरस और यूहन्ना तीसरे पहर प्रार्थना के समय मन्दिर में जा रहे थे। 2 और लोग एक जन्म के लंगड़े को ला रहे थे, जिसको वे प्रतिदिन मन्दिर के उस द्वार पर जो 'सुन्दर' कहलाता है, बैठा देते थे कि वह मन्दिर में जानेवालों से भीख माँगे। 3 जब उसने पतरस और यूहन्ना को मन्दिर में जाते देखा, तो उनसे भीख माँगी। 4 पतरस ने यूहन्ना के साथ उसकी ओर ध्यान से देखकर कहा, ''हमारी ओर देख!'' 5 अत: वह उनसे कुछ पाने की आशा रखते हुए उनकी ओर ताकने लगा।

6 तब पतरस ने कहा, ''चाँदी और सोना तो मेरे पास है नहीं, परन्तु जो मेरे पास है वह तुझे देता हूँ; यीशु मसीह नासरी के नाम से चल फिर।'' 7 और उसने उसका दाहिना हाथ पकड़ के उसे उठाया; और तुरन्त उसके पाँवों और टखनों में बल आ गया। 8 वह उछलकर खड़ा हो गया और चलने-फिरने लगा; और चलता, और कूदता, और परमेश्वर की स्तुति करता हुआ उनके साथ मन्दिर में गया। 9 सब लोगों ने उसे चलते फिरते और परमेश्वर की स्तुति करते देखकर, 10 उसको पहचान लिया कि यह वही है जो मन्दिर के 'सुन्दर' फाटक पर बैठ कर भीख माँगा करता था; और उस घटना से जो उसके साथ हुई थी वे बहुत अचम्भित और चकित हुए।

मन्दिर में पतरस का उपदेश

11 जब वह पतरस और यूहन्ना को पकड़े हुए था, तो सब लोग बहुत आश्चर्य करते हुए उस ओसारे में जो सुलैमान का कहलाता है, उनके पास दौड़े आए। 12 यह देखकर पतरस ने लोगों से कहा, ''हे इस्राएलियो, तुम इस मनुष्य पर क्यों आश्चर्य करते हो, और हमारी ओर क्यों इस प्रकार देख रहे हो कि मानो हम ही ने अपनी सामर्थ्य या भक्ति से इसे चलने-फिरने योग्य बना दिया। 13 अब्राहम और इसहाक और याकूब के परमेश्वर, हमारे बापदादों के परमेश्वर* ने अपने सेवक यीशु की महिमा की, जिसे तुम ने पकड़वा दिया, और जब पिलातुस ने उसे छोड़ देने का विचार किया, तब तुम ने उसके सामने उसका इन्कार किया। 14 तुम ने उस पवित्र और धर्मी का इन्कार किया, और विनती की कि एक हत्यारे को तुम्हारे लिये छोड़ दिया जाए;* 15 और तुम ने जीवन के कर्ता को मार डाला, जिसे परमेश्वर ने मरे हुओं में से जिलाया; और इस बात के हम गवाह हैं। 16 और उसी के नाम ने, उस विश्वास के द्वारा जो उसके नाम पर है, इस मनुष्य को जिसे तुम देखते हो और जानते भी हो सामर्थ्य दी है। उसी विश्वास ने जो उसके द्वारा है, इसको तुम सब के सामने बिलकुल भला चंगा कर दिया है।

17 ''अब हे भाइयो, मैं जानता हूँ कि यह काम तुम ने अज्ञानता में किया, और वैसा ही तुम्हारे सरदारों ने भी किया। 18 परन्तु जिन बातों को परमेश्वर ने सब भविष्यद्वक्ताओं के मुख से पहले ही बता दिया था, कि उसका मसीह दु:ख उठाएगा, उन्हें उसने इस रीति से पूरी किया। 19 इसलिये, मन फिराओ और लौट आओ कि तुम्हारे पाप मिटाए जाएँ, जिससे प्रभु के सम्मुख से विश्रान्ति के दिन आएँ, 20 और वह यीशु को भेजे जो तुम्हारे लिये पहले ही से मसीह ठहराया गया है। 21 अवश्य है कि वह स्वर्ग में उस

2:44* प्रेरि 4:32-35   46* मत्ती 26:26; प्रेरि 20:7   3:13* निर्ग 3:15
14* मत्ती 27:15-23; मर 15:6-14; लूका 23:13-23; यूह 19:12-15

समय तक रहे* जब तक कि वह सब बातों का
सुधार न कर ले जिसकी चर्चा प्राचीन काल से
परमेश्‍वर ने अपने पवित्र भविष्यद्वक्‍ताओं के मुख
से की है। 22 जैसा कि मूसा ने कहा, 'प्रभु
परमेश्‍वर तुम्हारे भाइयों में से तुम्हारे लिये मुझ
सा एक भविष्यद्वक्‍ता उठाएगा, जो कुछ वह तुम
से कहे, उसकी सुनना।* 23 परन्तु प्रत्येक मनुष्य
जो उस भविष्यद्वक्‍ता की न सुने, लोगों में से नष्‍ट
किया जाएगा।*' 24 और शमूएल से लेकर उसके
बाद वालों तक जितने भविष्यद्वक्‍ता बोले उन
सब ने इन दिनों का सन्देश दिया है। 25 तुम
भविष्यद्वक्‍ताओं की सन्तान और उस वाचा के
भागी हो, जो परमेश्‍वर ने तुम्हारे बापदादों से
बाँधी, जब उसने अब्राहम से कहा, 'तेरे वंश
के द्वारा पृथ्वी के सारे घराने आशीष पाएँगे।'*
26 परमेश्‍वर ने अपने सेवक को उठाकर पहले
तुम्हारे पास भेजा, कि तुम में से हर एक को
उसकी बुराइयों से फेरकर आशीष दे।''

महासभा के सामने पतरस और यूहन्ना

4 जब वे लोगों से यह कह रहे थे, तो याजक
और मन्दिर के सरदार और सदूकी उन पर
चढ़ आए। 2 क्योंकि वे बहुत क्रोधित हुए कि वे
लोगों को सिखाते थे और यीशु का उदाहरण दे
देकर मरे हुओं के जी उठने* का प्रचार करते थे।
3 उन्होंने उन्हें पकड़कर दूसरे दिन तक हवालात
में रखा क्योंकि सन्ध्या हो गई थी। 4 परन्तु वचन
के सुननेवालों में से बहुतों ने विश्‍वास किया,
और उनकी गिनती पाँच हजार पुरुषों के लगभग
हो गई।

5 दूसरे दिन ऐसा हुआ कि उनके सरदार और
पुरनिये और शास्त्री 6 और महायाजक हन्ना और
कैफा और यूहन्ना और सिकन्दर और जितने
महायाजक के घराने के थे, सब यरूशलेम में
इकट्ठे हुए। 7 वे उन्हें बीच में खड़ा करके पूछने
लगे कि तुम ने यह काम किस सामर्थ्य से और
किस नाम से किया है। 8 तब पतरस ने पवित्र
आत्मा से परिपूर्ण होकर उनसे कहा, 9 ''हे लोगों
के सरदारो और पुरनियो, इस दुर्बल मनुष्य के
साथ जो भलाई की गई है, यदि आज हम से
उसके विषय में पूछ ताछ की जाती है, कि वह
कैसे अच्छा हुआ। 10 तो तुम सब और सारे
इस्राएली लोग जान लें कि यीशु मसीह नासरी के
नाम से जिसे तुम ने क्रूस पर चढ़ाया, और परमेश्‍वर
ने मरे हुओं में से जिलाया, यह मनुष्य तुम्हारे
सामने भला चंगा खड़ा है। 11 यह वही पत्थर है
जिसे तुम राजमिस्त्रियों ने तुच्छ जाना और वह
कोने के सिरे का पत्थर हो गया।* 12 किसी
दूसरे के द्वारा उद्धार नहीं; क्योंकि स्वर्ग के नीचे
मनुष्यों में और कोई दूसरा नाम नहीं दिया गया,
जिसके द्वारा हम उद्धार पा सकें।''

13 जब उन्होंने पतरस और यूहन्ना का साहस
देखा, और यह जाना कि ये अनपढ़ और साधारण
मनुष्य हैं, तो आश्‍चर्य किया; फिर उनको पहचाना,
कि ये यीशु के साथ रहे हैं। 14 उस मनुष्य को
जो अच्छा हुआ था, उनके साथ खड़े देखकर,
वे विरोध में कुछ न कह सके। 15 परन्तु उन्हें
सभा के बाहर जाने की आज्ञा देकर, वे आपस
में विचार करने लगे, 16 ''हम इन मनुष्यों
के साथ क्या करें? क्योंकि यरूशलेम के सब
रहनेवालों पर प्रगट है, कि इनके द्वारा एक प्रसिद्ध
चिह्न दिखाया गया है; और हम उसका इन्कार
नहीं कर सकते। 17 परन्तु इसलिये कि यह बात
लोगों में और अधिक फैल न जाए, हम उन्हें
धमकाएँ, कि वे इस नाम से फिर किसी मनुष्य
से बातें न करें।'' 18 तब उन्हें बुलाया और
चेतावनी देकर यह कहा, ''यीशु के नाम से
कुछ भी न बोलना और न सिखाना।'' 19 परन्तु
पतरस और यूहन्ना ने उनको उत्तर दिया, ''तुम
ही न्याय करो; क्या यह परमेश्‍वर के निकट भला
है कि हम परमेश्‍वर की बात से बढ़कर तुम्हारी
बात मानें। 20 क्योंकि यह तो हम से हो नहीं
सकता कि जो हम ने देखा और सुना है, वह
न कहें।'' 21 तब उन्होंने उनको और धमकाकर

3:21* यू॰ *स्वर्ग उसे उस समय तक लिए रहे* **22*** व्य 18:15,18 **23*** व्य 18:19 **25*** उत्प 22:18 **4:2*** *या मृतकोत्थान*
11* भजन 118:22

छोड़ दिया, क्योंकि लोगों के कारण उन्हें दण्ड
देने का कोई दाँव नहीं मिला, इसलिये कि जो
घटना हुई थी उसके कारण सब लोग परमेश्वर
की बड़ाई करते थे। 22 वह मनुष्य, जिस पर यह
चंगा करने का चिह्न दिखाया गया था, चालीस
वर्ष से अधिक आयु का था।

विश्वासियों की प्रार्थना

23 वे छूटकर अपने साथियों के पास आए,
और जो कुछ प्रधान याजकों और पुरनियों ने
उनसे कहा था, उनको सुना दिया। 24 यह सुनकर
उन्होंने एक चित्त होकर ऊँचे शब्द से परमेश्वर
से कहा, ''हे स्वामी, तू वही है जिसने स्वर्ग और
पृथ्वी और समुद्र और जो कुछ उनमें है बनाया।*
25 तू ने पवित्र आत्मा के द्वारा अपने सेवक हमारे
पिता दाऊद के मुख से कहा,

'अन्य जातियों ने हुल्लड़ क्यों मचाया?
और देश देश के लोगों ने क्यों व्यर्थ
बातें सोचीं?
26 प्रभु और उसके मसीह के विरोध में
पृथ्वी के राजा खड़े हुए,
और हाकिम एक साथ इकट्ठे हो गए।'*

27 क्योंकि सचमुच तेरे सेवक यीशु के विरोध
में, जिसका तू ने अभिषेक किया, हेरोदेस और
पुन्तियुस पिलातुस भी अन्य जातियों और इस्राए-
लियों के साथ इस नगर में इकट्ठे हुए,* 28 कि
जो कुछ पहले से तेरी सामर्थ्य* और मति से
ठहरा था वही करें। 29 अब हे प्रभु, उनकी
धमकियों को देख; और अपने दासों को यह
वरदान दे कि तेरा वचन बड़े हियाव से सुनाएँ।
30 चंगा करने के लिये तू अपना हाथ बढ़ा कि
चिह्न और अद्भुत काम तेरे पवित्र सेवक यीशु
के नाम से किए जाएँ।'' 31 जब वे प्रार्थना कर
चुके, तो वह स्थान जहाँ वे इकट्ठे थे हिल गया,
और वे सब पवित्र आत्मा से परिपूर्ण हो गए,
और परमेश्वर का वचन हियाव से सुनाते रहे।

विश्वासियों का सामूहिक जीवन

32 विश्वास करनेवालों की मण्डली एक चित्त
और एक मन की थी, यहाँ तक कि कोई भी
अपनी सम्पत्ति अपनी नहीं कहता था, परन्तु सब
कुछ साझे में था।* 33 प्रेरित बड़ी सामर्थ्य से
प्रभु यीशु के जी उठने की गवाही देते रहे और
उन सब पर बड़ा अनुग्रह था। 34 उनमें कोई भी
दरिद्र न था; क्योंकि जिनके पास भूमि या घर थे,
वे उनको बेच-बेचकर, बिकी हुई वस्तुओं का
दाम लाते, और उसे प्रेरितों के पाँवों पर रखते थे;
35 और जैसी जिसे आवश्यकता होती थी, उसके
अनुसार हर एक को बाँट दिया करते थे।
36 यूसुफ नाम साइप्रस का एक लेवी था
जिसका नाम प्रेरितों ने बरनबास (अर्थात् शान्ति
का पुत्र) रखा था। 37 उसकी कुछ भूमि थी,
जिसे उसने बेचा, और दाम के रुपये लाकर प्रेरितों
के पाँवों पर रख दिए।

हनन्याह और सफीरा

5 हनन्याह नामक एक मनुष्य और उसकी
पत्नी, सफीरा ने कुछ भूमि बेची 2 और
उसके दाम में से कुछ रख छोड़ा; और यह बात
उसकी पत्नी भी जानती थी, और उसका एक
भाग लाकर प्रेरितों के पाँवों के आगे रख दिया।
3 पतरस ने कहा, ''हे हनन्याह! शैतान ने तेरे
मन में यह बात क्यों डाली कि तू पवित्र आत्मा
से झूठ बोले, और भूमि के दाम में से कुछ रख
छोड़े? 4 जब तक वह तेरे पास रही, क्या तेरी न
थी? और जब बिक गई तो क्या तेरे वश में न
थी? तू ने यह बात अपने मन में क्यों विचारी?
तू मनुष्यों से नहीं, परन्तु परमेश्वर से झूठ बोला
है।'' 5 ये बातें सुनते ही हनन्याह गिर पड़ा और
प्राण छोड़ दिए, और सब सुननेवालों पर बड़ा
भय छा गया। 6 फिर जवानों ने उठकर उसकी
अर्थी बनाई और बाहर ले जाकर गाड़ दिया।

4:24 * निर्ग 20:11; नहे 9:6; भजन 146:6 **25,26** * भजन 2:1,2 **27** * मत्ती 27:1,2; मर 15:1; लूका 23:1,7-11; यूह 18:28,29
28 * यू० *तेरा हाथ* **32** * प्रेरि 2:44,45

7 लगभग तीन घंटे के बाद उसकी पत्नी, जो कुछ हुआ था न जानकर, भीतर आई। 8 तब पतरस ने उससे कहा, ''मुझे बता क्या तुम ने वह भूमि इतने ही में बेची थी?'' उसने कहा, ''हाँ, इतने ही में।'' 9 पतरस ने उससे कहा, ''यह क्या बात है कि तुम दोनों ने प्रभु के आत्मा की परीक्षा के लिये एका किया? देख, तेरे पति के गाड़नेवाले द्वार ही पर खड़े हैं, और तुझे भी बाहर ले जाएँगे।'' 10 तब वह तुरन्त उसके पाँवों पर गिर पड़ी, और प्राण छोड़ दिए; और जवानों ने भीतर आकर उसे मरा पाया, और बाहर ले जाकर उसके पति के पास गाड़ दिया। 11 सारी कलीसिया पर और इन बातों के सब सुननेवालों पर बड़ा भय छा गया।

चिह्न और अद्‌भुत काम

12 प्रेरितों के हाथों से बहुत चिह्न और अद्‌भुत काम लोगों के बीच में दिखाए जाते थे, और वे सब एक चित्त होकर सुलैमान के ओसारे में इकट्ठे हुआ करते थे। 13 परन्तु औरों में से किसी को यह हियाव न होता था कि उनमें जा मिले; तौभी लोग उनकी बड़ाई करते थे। 14 विश्‍वास करनेवाले बहुत से पुरुष और स्त्रियाँ प्रभु की कलीसिया में बड़ी संख्या में मिलते रहे। 15 यहाँ तक कि लोग बीमारों को सड़कों पर ला लाकर, खाटों और खटोलों पर लिटा देते थे कि जब पतरस आए, तो उसकी छाया ही उनमें से किसी पर पड़ जाए। 16 यरूशलेम के आस–पास के नगरों से भी बहुत लोग बीमारों और अशुद्ध आत्माओं के सताए हुओं को ला लाकर, इकट्ठे होते थे, और सब अच्छे कर दिए जाते थे।

प्रेरितों की गिरफ्तारी

17 तब महायाजक और उसके सब साथी जो सदूकियों के पंथ के थे, डाह से भर उठे 18 और प्रेरितों को पकड़कर बन्दीगृह में बन्द कर दिया। 19 परन्तु रात को प्रभु के एक स्वर्गदूत ने बन्दीगृह के द्वार खोलकर उन्हें बाहर लाकर कहा, 20 ''जाओ, मन्दिर में खड़े होकर इस जीवन की सब बातें लोगों को सुनाओ।'' 21 वे यह सुनकर भोर होते ही मन्दिर में जाकर उपदेश देने लगे।

तब महायाजक और उसके साथियों ने आकर महासभा को और इस्राएलियों के सब पुरनियों को इकट्ठे किया, और बन्दीगृह में कहला भेजा कि उन्हें लाएँ। 22 परन्तु प्यादों ने वहाँ पहुँचकर उन्हें बन्दीगृह में न पाया, और लौटकर संदेश दिया, 23 ''हम ने बन्दीगृह को बड़ी चौकसी से बन्द किया हुआ, और पहरेवालों को बाहर द्वारों पर खड़े हुए पाया; परन्तु जब खोला, तो भीतर कोई न मिला।'' 24 जब मन्दिर के सरदार और प्रधान याजकों ने ये बातें सुनीं, तो उनके विषय में भारी चिन्ता में पड़ गए कि उनका क्या हुआ! 25 इतने में किसी ने आकर उन्हें बताया, ''देखो, जिन्हें तुम ने बन्दीगृह में बन्द रखा था, वे मनुष्य मन्दिर में खड़े हुए लोगों को उपदेश दे रहे हैं।'' 26 तब सरदार, प्यादों के साथ जाकर, उन्हें ले आया, परन्तु बलपूर्वक नहीं, क्योंकि वे लोगों से डरते थे कि हम पर पथराव न करें।

27 उन्होंने उन्हें लाकर महासभा के सामने खड़ा कर दिया; तब महायाजक ने उनसे पूछा, 28 ''क्या हम ने तुम्हें चिताकर आज्ञा न दी थी कि तुम इस नाम से उपदेश न करना? तौभी देखो, तुम ने सारे यरूशलेम को अपने उपदेश से भर दिया है और उस व्यक्‍ति का लहू हमारी गर्दन पर* लाना चाहते हो।'' 29 तब पतरस और अन्य प्रेरितों ने उत्तर दिया, ''मनुष्यों की आज्ञा से बढ़कर परमेश्‍वर की आज्ञा का पालन करना ही हमारा कर्तव्य है। 30 हमारे बापदादों के परमेश्‍वर ने यीशु को जिलाया, जिसे तुम ने क्रूस पर लटकाकर मार डाला था। 31 उसी को परमेश्‍वर ने प्रभु और उद्धारकर्ता ठहराकर, अपने दाहिने हाथ पर उच्च कर दिया, कि वह इस्राएलियों को मन फिराव की शक्‍ति और पापों की क्षमा प्रदान करे। 32 हम इन बातों के गवाह हैं और

5:28* मत्ती 27:25

वैसे ही पवित्र आत्मा भी, जिसे परमेश्वर ने उन्हें
दिया है जो उसकी आज्ञा मानते हैं।''
33 यह सुनकर वे जल गए,* और उन्हें मार
डालना चाहा। 34 परन्तु गमलीएल नामक एक
फरीसी ने जो व्यवस्थापक और सब लोगों में
माननीय था, न्यायालय में खड़े होकर प्रेरितों को
थोड़ी देर के लिये बाहर कर देने की आज्ञा दी।
35 तब उसने कहा, ''हे इस्राएलियो, तुम जो
कुछ इन मनुष्यों से करना चाहते हो, सोच समझ
के करना। 36 क्योंकि इन दिनों से पहले थियूदास
यह कहता हुआ उठा, कि मैं भी कुछ हूँ; और
कोई चार सौ मनुष्य उसके साथ हो लिए, परन्तु
वह मारा गया और जितने लोग उसे मानते थे,
सब तितर-बितर हुए और मिट गए। 37 उसके
बाद नाम लिखाई के दिनों में यहूदा गलीली उठा,
और कुछ लोग अपनी ओर कर लिए; वह भी
नष्ट हो गया और जितने लोग उसे मानते थे, सब
तितर-बितर हो गए। 38 इसलिये अब मैं तुम से
कहता हूँ, इन मनुष्यों से दूर ही रहो और इन से
कुछ काम न रखो; क्योंकि यदि यह धर्म या काम
मनुष्यों की ओर से हो तब तो मिट जाएगा;
39 परन्तु यदि परमेश्वर की ओर से है, तो तुम
उन्हें कदापि मिटा न सकोगे। कहीं ऐसा न हो
कि तुम परमेश्वर से भी लड़नेवाले ठहरो।''

40 तब उन्होंने उसकी बात मान ली; और
प्रेरितों को बुलाकर पिटवाया; और यह आदेश
देकर छोड़ दिया कि यीशु के नाम से फिर कोई
बात न करना। 41 वे इस बात से आनन्दित होकर
महासभा के सामने से चले गए, कि हम उसके
नाम के लिये अपमानित होने के योग्य तो ठहरे।
42 वे प्रतिदिन मन्दिर में और घर-घर में उपदेश
करने, और इस बात का सुसमाचार सुनाने से कि
यीशु ही मसीह है न रुके।

सात सेवकों का चुना जाना

6 उन दिनों में जब चेलों की संख्या बहुत
बढ़ने लगी, तब यूनानी भाषा बोलनेवाले
इब्रानी भाषा बोलनेवालों पर कुड़कुड़ाने लगे,
कि प्रतिदिन की सेवकाई में हमारी विधवाओं
की सुधि नहीं ली जाती। 2 तब उन बारहों
ने चेलों की मण्डली को अपने पास बुलाकर
कहा, ''यह ठीक नहीं कि हम परमेश्वर का
वचन छोड़कर खिलाने-पिलाने की सेवा में रहें।
3 इसलिये, हे भाइयो, अपने में से सात सुनाम
पुरुषों को जो पवित्र आत्मा और बुद्धि से परिपूर्ण
हों, चुन लो, कि हम उन्हें इस काम पर ठहरा दें।
4 परन्तु हम तो प्रार्थना में और वचन की सेवा में
लगे रहेंगे।'' 5 यह बात सारी मण्डली को अच्छी
लगी, और उन्होंने स्तिफनुस नामक एक पुरुष
को जो विश्वास और पवित्र आत्मा से परिपूर्ण
था, और फिलिप्पुस, और प्रुखुरुस, और नीकानोर,
और तीमोन, और परमिनास, और अन्ताकियावासी
नीकुलाउस को जो यहूदी मत में आ गया था,
चुन लिया। 6 इन्हें प्रेरितों के सामने खड़ा किया
और उन्होंने प्रार्थना करके उन पर हाथ रखे।

7 परमेश्वर का वचन फैलता गया और
यरूशलेम में चेलों की गिनती बहुत बढ़ती गई;
और याजकों का एक बड़ा समाज इस मत को
माननेवाला हो गया।

स्तिफनुस की गिरफ्तारी

8 स्तिफनुस अनुग्रह और सामर्थ्य से परिपूर्ण
होकर लोगों में बड़े-बड़े अद्भुत काम और चिह्न
दिखाया करता था। 9 तब उस आराधनालय में से
जो लिबिरतीनों की कहलाती थी, और कुरेनी
और सिकन्दरिया और किलिकिया और एशिया
के लोगों में से कई एक उठकर स्तिफनुस से
वाद-विवाद करने लगे। 10 परन्तु उस ज्ञान और
उस आत्मा का जिससे वह बातें करता था, वे
सामना न कर सके। 11 इस पर उन्होंने कई
लोगों को उभारा जो कहने लगे, ''हम ने इसको
मूसा और परमेश्वर के विरोध में निन्दा की बातें
कहते सुना है।'' 12 और लोगों और प्राचीनों
और शास्त्रियों को भड़काकर चढ़ आए और उसे
पकड़कर महासभा में ले आए। 13 और झूठे
गवाह खड़े किए, जिन्होंने कहा, ''यह मनुष्य

5:33 * यू० फट गए

इस पवित्र स्थान और व्यवस्था के विरोध में बोलना नहीं छोड़ता। 14 क्योंकि हम ने उसे यह कहते सुना है कि यही यीशु नासरी इस जगह को ढा देगा, और उन रीतियों को बदल डालेगा जो मूसा ने हमें सौंपी हैं।'' 15 तब सब लोगों ने जो सभा में बैठे थे, उस पर दृष्टि गड़ाई तो उसका मुख स्वर्गदूत का सा देखा।

स्तिफनुस का भाषण

7 तब महायाजक ने कहा, ''क्या ये बातें सच हैं?''

2 स्तिफनुस ने कहा, ''हे भाइयो, और पितरो सुनो। हमारा पिता अब्राहम हारान में बसने से पहले जब मेसोपोटामिया में था; तो तेजोमय परमेश्वर ने उसे दर्शन दिया, 3 और उससे कहा, 'तू अपने देश और अपने कुटुम्ब से निकलकर उस देश में जा, जिसे मैं तुझे दिखाऊँगा।'* 4 तब वह कसदियों के देश से निकलकर हारान में जा बसा।* उसके पिता की मृत्यु के बाद परमेश्वर ने उसको वहाँ से इस देश में लाकर बसाया जिसमें अब तुम बसते हो, 5 और उसको कुछ मीरास वरन् पैर रखने भर की भी उसमें जगह न दी, परन्तु प्रतिज्ञा की कि मैं यह देश तेरे और तेरे बाद तेरे वंश के हाथ कर दूँगा; यद्यपि उस समय उसके कोई पुत्र भी न था।* 6 और परमेश्वर ने यों कहा, 'तेरी सन्तान के लोग पराये देश में परदेशी होंगे, और वे उन्हें दास बनाएँगे और चार सौ वर्ष तक दुःख देंगे।'* 7 फिर परमेश्वर ने कहा, 'जिस जाति के वे दास होंगे, उसको मैं दण्ड दूँगा, और इसके बाद वे निकलकर इसी जगह मेरी सेवा करेंगे।'* 8 और उसने उससे खतने की वाचा बाँधी; और इसी दशा में इसहाक उससे उत्पन्न हुआ और आठवें दिन उसका खतना किया गया; और इसहाक से याकूब और याकूब से बारह कुलपति उत्पन्न हुए।*

9 ''कुलपतियों ने यूसुफ से डाह करके उसे मिस्र देश जानेवालों के हाथ बेचा।* परन्तु परमेश्वर उसके साथ था, 10 और उसे उसके सब क्लेशों से छुड़ाकर मिस्र के राजा फिरौन की दृष्टि में अनुग्रह और बुद्धि प्रदान की, और उसने उसे मिस्र पर और अपने सारे घर पर हाकिम नियुक्त किया।* 11 तब मिस्र और कनान के सारे देश में अकाल पड़ा; जिस से भारी क्लेश हुआ, और हमारे बापदादों को अन्न नहीं मिलता था।* 12 परन्तु याकूब ने यह सुनकर कि मिस्र में अनाज है, हमारे बापदादों को पहली बार भेजा। 13 दूसरी बार यूसुफ ने स्वयं को अपने भाइयों पर प्रगट किया और यूसुफ की जाति फिरौन को मालूम हो गई।* 14 तब यूसुफ ने अपने पिता याकूब और अपने सारे कुटुम्ब को, जो पचहत्तर व्यक्ति थे, बुला भेजा।* 15 तब याकूब मिस्र में गया; और वहाँ वह और हमारे बापदादे मर गए। 16 उनके शव शकेम में पहुँचाए जाकर उस कब्र में रखे गए, जिसे अब्राहम ने चाँदी देकर शकेम में हमोर की सन्तान से मोल लिया था।*

17 ''परन्तु जब उस प्रतिज्ञा के पूरे होने का समय निकट आया जो परमेश्वर ने अब्राहम से की थी, तो मिस्र में वे लोग बढ़ गए और बहुत हो गए। 18 तब मिस्र में दूसरा राजा हुआ जो यूसुफ को नहीं जानता था।* 19 उसने हमारी जाति से चालाकी करके हमारे बापदादों के साथ यहाँ तक बुरा व्यवहार किया, कि उन्हें अपने बालकों को फेंक देना पड़ा कि वे जीवित न रहें।* 20 उस समय मूसा उत्पन्न हुआ। वह परमेश्वर की दृष्टि में बहुत ही सुन्दर था। वह तीन महीने तक अपने पिता के घर में पाला गया।* 21 जब फेंक दिया गया तो फिरौन की बेटी ने उसे उठा लिया, और अपना पुत्र करके पाला।* 22 मूसा को मिस्रियों की सारी विद्या

7:2,3* उत्प 12:1 4* उत्प 11:31; 12:4 5* उत्प 12:7;13:15; 15:18; 17:8 6,7* उत्प 15:13,14; निर्ग 3:12
8* उत्प 17:10-14; 21:2-4; 25:26; 29:31—35:18 9* उत्प 37:11,28; 39:2,21 10* उत्प 41: 39-41 11* उत्प 42:1,2
13* उत्प 45:1,16 14* उत्प 45:9,10,17,18; 46:27 15* उत्प 46:1-7; 49:33 16* उत्प 23:3-16; 33:19; 50:7-13; यहो 24:32
17,18* निर्ग 1:7,8 19* निर्ग 1:10,11,22 20* निर्ग 2:2 21* निर्ग 2:3-10

पढ़ाई गई, और वह वचन और कर्म दोनों में
सामर्थी था।
23 ''जब वह चालीस वर्ष का हुआ, तो
उसके मन में आया कि मैं अपने इस्राएली भाइयों
से भेंट करूँ। 24 उसने एक व्यक्ति पर अन्याय
होते देखकर उसे बचाया, और मिस्री को मारकर
सताए हुए का पलटा लिया। 25 उसने सोचा कि
उसके भाई समझेंगे कि परमेश्वर उसके हाथों से
उनका उद्धार करेगा, परन्तु उन्होंने न समझा।
26 दूसरे दिन जब वे आपस में लड़ रहे थे, तो
वह वहाँ आ निकला;* और यह कहके उन्हें
मेल करने के लिये समझाया, 'हे पुरुषो, तुम तो
भाई-भाई हो, एक दूसरे पर क्यों अन्याय करते
हो?' 27 परन्तु जो अपने पड़ोसी पर अन्याय
कर रहा था, उसने उसे यह कहकर हटा दिया,
'तुझे किसने हम पर हाकिम और न्यायी ठहराया
है? 28 क्या जिस रीति से तू ने कल मिस्री को
मार डाला मुझे भी मार डालना चाहता है?'
29 यह बात सुनकर मूसा भागा और मिद्यान देश
में परदेशी होकर रहने लगा,* और वहाँ उसके
दो पुत्र उत्पन्न हुए।†
30 ''जब पूरे चालीस वर्ष बीत गए, तो एक
स्वर्गदूत ने सीनै पहाड़ के जंगल में उसे जलती
हुई झाड़ी की ज्वाला में दर्शन दिया। 31 मूसा को
यह दर्शन देखकर आश्चर्य हुआ, और जब देखने
के लिये वह पास गया, तो प्रभु का यह शब्द
हुआ, 32 'मैं तेरे बापदादों, अब्राहम, इसहाक
और याकूब का परमेश्वर हूँ,' तब तो मूसा काँप
उठा, यहाँ तक कि उसे देखने का हियाव न रहा।
33 तब प्रभु ने उससे कहा, 'अपने पाँवों से जूती
उतार ले, क्योंकि जिस जगह तू खड़ा है, वह
पवित्र भूमि है। 34 मैं ने सचमुच अपने लोगों
की जो मिस्र में हैं, दुर्दशा को देखा है; और
उनकी आह और उनका रोना सुना है; इसलिये
उन्हें छुड़ाने के लिये उतरा हूँ। अब आ, मैं तुझे
मिस्र में भेजूँगा।'*

35 ''जिस मूसा को उन्होंने यह कहकर नकारा
था, 'तुझे किसने हम पर हाकिम और न्यायी
ठहराया है?'* उसी को परमेश्वर ने हाकिम और
छुड़ानेवाला ठहराकर, उस स्वर्गदूत के द्वारा जिसने
उसे झाड़ी में दर्शन दिया था, भेजा। 36 यही
व्यक्ति मिस्र और लाल समुद्र और जंगल में
चालीस वर्ष तक अद्‌भुत काम और चिह्न दिखा
दिखाकर उन्हें निकाल लाया।* 37 यह वही
मूसा है, जिसने इस्राएलियों से कहा, 'परमेश्वर
तुम्हारे भाइयों में से तुम्हारे लिये मुझ सा एक
भविष्यद्वक्ता उठाएगा।'* 38 यह वही है, जिसने
जंगल में कलीसिया के बीच उस स्वर्गदूत के
साथ सीनै पहाड़ पर उससे बातें कीं और हमारे
बापदादों के साथ था, उसी को जीवित वचन
मिले कि हम तक पहुँचाए।* 39 परन्तु हमारे
बापदादों ने उसकी मानना न चाहा, वरन् उसे
हटाकर अपने मन मिस्र की ओर फेरे, 40 और
हारून से कहा, 'हमारे लिये ऐसे देवता बना, जो
हमारे आगे-आगे चलें, क्योंकि यह मूसा जो हमें
मिस्र देश से निकाल लाया, हम नहीं जानते उसे
क्या हुआ?'* 41 उन दिनों में उन्होंने एक बछड़ा
बनाकर उसकी मूरत के आगे बलि चढ़ाई,* और
अपने हाथों के कामों में मगन होने लगे।
42 अत: परमेश्वर ने मुँह मोड़कर उन्हें छोड़
दिया, कि आकाशगण को पूजें, जैसा भविष्य-
द्वक्ताओं की पुस्तक में लिखा है,

'हे इस्राएल के घराने, क्या तुम जंगल में
चालीस वर्ष तक
पशुबलि और अन्नबलि
मुझ ही को चढ़ाते रहे?
43 तुम मोलेक के तम्बू और रिफान देवता
के तारे को लिए फिरते थे,
अर्थात् उन मूर्तियों को जिन्हें तुम ने
दण्डवत् करने के लिये बनाया था।
अत: मैं तुम्हें बेबीलोन के परे ले जाकर
बसाऊँगा।'*

7:23-29* निर्ग 2:11-15 **26*** यू० *उन्हें दिखाई दिया* **29†** निर्ग 18:3-4 **30-34*** निर्ग 3:1-10 **35*** निर्ग 2:14
36* निर्ग 7:5; 14:21; गिन 14:33 **37*** व्य 8:15,18 **38*** निर्ग 19:1—20:17; व्य 5:1-33 **40*** निर्ग 32:1 **41*** निर्ग 32:2-6
42,43* आमो 5:25-27

44 "साक्षी का तम्बू जंगल में हमारे बापदादों के बीच में था, जैसा उसने ठहराया जिसने मूसा से कहा, 'जो आकार तू ने देखा है, उसके अनुसार इसे बना।'* 45 उसी तम्बू को हमारे बापदादे पूर्वकाल से पाकर यहोशू के साथ यहाँ ले आए;* जिस समय कि उन्होंने उन अन्यजातियों पर अधिकार पाया, जिन्हें परमेश्वर ने हमारे बापदादों के सामने से निकाल दिया, और वह तम्बू दाऊद के समय तक रहा। 46 उस पर परमेश्वर ने अनुग्रह किया; अत: उसने विनती की कि वह याकूब के परमेश्वर के लिये निवास स्थान बनाए।* 47 परन्तु सुलैमान ने उसके लिये घर बनाया।* 48 परन्तु परम प्रधान हाथ के बनाए घरों में नहीं रहता, जैसा कि भविष्यद्वक्ता ने कहा,

49 'प्रभु कहता है, स्वर्ग मेरा सिंहासन और
  पृथ्वी मेरे पाँवों तले की पीढ़ी है,
  मेरे लिये तुम किस प्रकार का घर
    बनाओगे?
  और मेरे विश्राम का कौन सा स्थान होगा?
50 क्या ये सब वस्तुएँ मेरे हाथ की बनाई
    नहीं?'*

51 "हे हठीले, और मन और कान के खतनारहित लोगो, तुम सदा पवित्र आत्मा का विरोध करते हो। जैसा तुम्हारे बापदादे करते थे, वैसे ही तुम भी करते हो।* 52 भविष्यद्वक्ताओं में से किस को तुम्हारे बापदादों ने नहीं सताया? उन्होंने उस धर्मी के आगमन का पूर्वकाल से सन्देश देनेवालों को मार डाला; और अब तुम भी उसके पकड़वानेवाले और मार डालनेवाले हुए। 53 तुम ने स्वर्गदूतों के द्वारा ठहराई हुई व्यवस्था तो पाई, परन्तु उसका पालन नहीं किया।"

स्तिफनुस पर पथराव

54 ये बातें सुनकर वे जल गए* और उस पर दाँत पीसने लगे। 55 परन्तु उसने पवित्र आत्मा से परिपूर्ण होकर स्वर्ग की ओर देखा और परमेश्वर की महिमा को और यीशु को परमेश्वर के दाहिनी ओर खड़ा हुआ देखकर 56 कहा, "देखो, मैं स्वर्ग को खुला हुआ, और मनुष्य के पुत्र को परमेश्वर के दाहिनी ओर खड़ा हुआ देखता हूँ।" 57 तब उन्होंने बड़े शब्द से चिल्लाकर कान बन्द कर लिए, और एक साथ उस पर झपटे; 58 और उसे नगर के बाहर निकालकर उस पर पथराव करने लगे। गवाहों ने अपने कपड़े शाऊल नामक एक जवान के पाँवों के पास उतार कर रख दिए। 59 वे स्तिफनुस पर पथराव करते रहे, और वह यह कहकर प्रार्थना करता रहा, "हे प्रभु यीशु, मेरी आत्मा को ग्रहण कर।" 60 फिर घुटने टेककर ऊँचे शब्द से पुकारा, "हे प्रभु, यह पाप उन पर मत लगा।" और यह कहकर वह सो गया।

8

शाऊल उसके वध में सहमत था।

कलीसिया पर अत्याचार

उसी दिन यरूशलेम की कलीसिया पर बड़ा उपद्रव आरम्भ हुआ और प्रेरितों को छोड़ सब के सब यहूदिया और सामरिया देशों में तितर-बितर हो गए। 2 कुछ भक्तों ने स्तिफनुस को कब्र में रखा और उसके लिये बड़ा विलाप किया। 3 शाऊल कलीसिया को उजाड़ रहा था; और घर-घर घुसकर पुरुषों और स्त्रियों को घसीट-घसीटकर बन्दीगृह में डालता था।*

सामरिया में फिलिप्पुस का प्रचार

4 जो तितर-बितर हुए थे, वे सुसमाचार सुनाते हुए फिरे; 5 और फिलिप्पुस सामरिया नगर में जाकर लोगों में मसीह का प्रचार करने लगा। 6 जो बातें फिलिप्पुस ने कहीं उन्हें लोगों ने सुनकर और जो चिह्न वह दिखाता था उन्हें देख देखकर, एक चित्त होकर मन लगाया। 7 क्योंकि बहुतों में से अशुद्ध आत्माएँ बड़े शब्द से चिल्लाती हुई निकल गईं, और बहुत से लकवे के रोगी और लंगड़े भी अच्छे किए गए; 8 और उस नगर में बड़ा आनन्द छा गया।

7:44 * निर्ग 25:9,40 45 * यहो 3:14-17 46 * 2 शमू 7:1-16; 1 इति 17:1-14 47 * 1 राजा 6:1-38; 2 इति 3:1-17
49,50 * यशा 66:1,2 51 * यशा 63:10 54 * यू० *मन में फट गए* 8:3 * प्रेरि 22:4,5; 26:9-11

जादूगर शमौन

9 इससे पहले उस नगर में शमौन नामक एक मनुष्य था, जो जादू-टोना करके सामरिया के लोगों को चकित करता और अपने आप को एक बड़ा पुरुष बताता था। 10 छोटे से बड़े तक सब उसका सम्मान कर कहते थे, ''यह मनुष्य परमेश्वर की वह शक्ति है, जो महान् कहलाती है।'' 11 उसने बहुत दिनों से उन्हें अपने जादू के कामों से चकित कर रखा था, इसी लिये वे उसको बहुत मानते थे। 12 परन्तु जब उन्होंने फिलिप्पुस का विश्वास किया जो परमेश्वर के राज्य और यीशु के नाम का सुसमाचार सुनाता था तो लोग, क्या पुरुष, क्या स्त्री, बपतिस्मा लेने लगे। 13 तब शमौन ने स्वयं भी विश्वास किया और बपतिस्मा लेकर फिलिप्पुस के साथ रहने लगा। वह चिह्न और बड़े-बड़े सामर्थ्य के काम होते देखकर चकित होता था।

सामरिया में पतरस और यूहन्ना

14 जब प्रेरितों ने जो यरूशलेम में थे, सुना कि सामरियों ने परमेश्वर का वचन मान लिया है तो पतरस और यूहन्ना को उनके पास भेजा। 15 उन्होंने जाकर उनके लिये प्रार्थना की कि पवित्र आत्मा पाएँ। 16 क्योंकि वह अब तक उनमें से किसी पर न उतरा था; उन्होंने तो केवल प्रभु यीशु के नाम में बपतिस्मा लिया था। 17 तब उन्होंने उन पर हाथ रखे और उन्होंने पवित्र आत्मा पाया। 18 जब शमौन ने देखा कि प्रेरितों के हाथ रखने से पवित्र आत्मा दिया जाता है, तो उनके पास रुपये लाकर कहा, 19 ''यह अधिकार मुझे भी दो, कि जिस किसी पर हाथ रखूँ वह पवित्र आत्मा पाए।'' 20 पतरस ने उससे कहा, ''तेरे रुपये तेरे साथ नष्ट हों, क्योंकि तू ने परमेश्वर का दान रुपयों से मोल लेने का विचार किया। 21 इस बात में न तेरा हिस्सा है, न भाग; क्योंकि तेरा मन परमेश्वर के आगे सीधा नहीं। 22 इसलिये अपनी इस बुराई से मन फिराकर प्रभु से प्रार्थना कर, सम्भव है तेरे मन का विचार क्षमा किया जाए। 23 क्योंकि मैं देखता हूँ कि तू पित्त की सी कड़वाहट और अधर्म के बन्धन में पड़ा है।'' 24 शमौन ने उत्तर दिया, ''तुम मेरे लिये प्रभु से प्रार्थना करो कि जो बातें तुम ने कहीं, उनमें से कोई मुझ पर न आ पड़े।''

25 अत: वे गवाही देकर और प्रभु का वचन सुनाकर यरूशलेम को लौट गए, और सामरियों के बहुत से गाँवों में सुसमाचार सुनाते गए।

फिलिप्पुस और कूश देश का अधिकारी

26 फिर प्रभु के एक स्वर्गदूत ने फिलिप्पुस से कहा, ''उठ और दक्खिन की ओर उस मार्ग पर जा, जो यरूशलेम से गाज़ा को जाता है।'' यह रेगिस्तानी मार्ग है। 27 वह उठकर चल दिया, और देखो, कूश देश का एक मनुष्य आ रहा था जो खोजा और कूशियों की रानी कन्दाके का मंत्री और खजांची था। वह आराधना करने को यरूशलेम आया था। 28 वह अपने रथ पर बैठा हुआ था, और यशायाह भविष्यद्वक्ता की पुस्तक पढ़ता हुआ लौटा जा रहा था। 29 तब आत्मा ने फिलिप्पुस से कहा, ''निकट जाकर इस रथ के साथ हो ले।'' 30 फिलिप्पुस उसकी ओर दौड़ा और उसे यशायाह भविष्यद्वक्ता की पुस्तक पढ़ते हुए सुना, और पूछा, ''तू जो पढ़ रहा है क्या उसे समझता भी है?'' 31 उसने कहा, ''जब तक कोई मुझे न समझाए तो मैं कैसे समझूँ?'' और उसने फिलिप्पुस से विनती की कि वह चढ़कर उसके पास बैठे। 32 पवित्रशास्त्र का जो अध्याय वह पढ़ रहा था, वह यह था :

''वह भेड़ के समान वध होने को पहुँचाया गया,

और जैसा मेम्ना अपने ऊन कतरनेवालों के सामने चुपचाप रहता है,

वैसे ही उसने भी अपना मुँह न खोला।

33 उसकी दीनता में उसका न्याय नहीं होने पाया।

उसके समय के लोगों* का वर्णन कौन करेगा?

8:33 * या पीढ़ी

क्योंकि पृथ्वी से उसका प्राण उठा लिया जाता है।"†

34 इस पर खोजे ने फिलिप्पुस से पूछा, ''मैं तुझ से विनती करता हूँ, यह बता कि भविष्यद्वक्ता यह किसके विषय में कहता है, अपने या किसी दूसरे के विषय में?'' 35 तब फिलिप्पुस ने अपना मुँह खोला, और इसी शास्त्र से आरम्भ करके उसे यीशु का सुसमाचार सुनाया। 36 मार्ग में चलते-चलते वे किसी जल की जगह पहुँचे। तब खोजे ने कहा, ''देख यहाँ जल है, अब मुझे बपतिस्मा लेने में क्या रोक है।'' 37 फिलिप्पुस ने कहा, ''यदि तू सारे मन से विश्वास करता है तो ले सकता है।'' उसने उत्तर दिया, ''मैं विश्वास करता हूँ कि यीशु मसीह परमेश्वर का पुत्र है।'' 38 तब उसने रथ खड़ा करने की आज्ञा दी, और फिलिप्पुस और खोजा दोनों जल में उतर पड़े, और उसने खोजा को बपतिस्मा दिया। 39 जब वे जल में से निकलकर ऊपर आए, तो प्रभु का आत्मा फिलिप्पुस को उठा ले गया, और खोजे ने उसे फिर न देखा, और वह आनन्द करता हुआ अपने मार्ग पर चला गया। 40 फिलिप्पुस अशदोद में आ निकला, और जब तक कैसरिया में न पहुँचा, तब तक नगर नगर सुसमाचार सुनाता गया।

शाऊल का हृदय-परिवर्तन

(प्रेरितों 22:6-16; 26:12-18)

9 शाऊल जो अब तक प्रभु के चेलों को धमकाने और घात करने की धुन में था, महायाजक के पास गया 2 और उससे दमिश्क के आराधनालयों के नाम पर इस अभिप्राय की चिट्ठियाँ माँगी कि क्या पुरुष क्या स्त्री, जिन्हें वह इस पंथ पर पाए उन्हें बाँधकर यरूशलेम ले आए। 3 परन्तु चलते-चलते जब वह दमिश्क के निकट पहुँचा, तो एकाएक आकाश से उसके चारों ओर ज्योति चमकी, 4 और वह भूमि पर गिर पड़ा और यह शब्द सुना, ''हे शाऊल, हे शाऊल, तू मुझे क्यों सताता है?'' 5 उसने पूछा, ''हे प्रभु, तू कौन है?'' उसने कहा, ''मैं यीशु हूँ, जिसे तू सताता है। 6 परन्तु अब उठकर नगर में जा, और जो तुझे करना है वह तुझ से कहा जाएगा।'' 7 जो मनुष्य उसके साथ थे, वे अवाक् रह गए; क्योंकि शब्द तो सुनते थे परन्तु किसी को देखते न थे। 8 तब शाऊल भूमि पर से उठा, परन्तु जब आँखें खोलीं तो उसे कुछ दिखाई न दिया, और वे उसका हाथ पकड़ के दमिश्क में ले गए। 9 वह तीन दिन तक न देख सका, और न खाया और न पीया।

10 दमिश्क में हनन्याह नामक एक चेला था, उससे प्रभु ने दर्शन में कहा, ''हे हनन्याह!'' उसने कहा, ''हाँ, प्रभु।'' 11 तब प्रभु ने उससे कहा, ''उठकर उस गली में जा जो 'सीधी' कहलाती है, और यहूदा के घर में शाऊल नामक एक तरसुसवासी को पूछ; क्योंकि देख, वह प्रार्थना कर रहा है, 12 और उसने हनन्याह नामक एक पुरुष को भीतर आते और अपने ऊपर हाथ रखते देखा है; ताकि फिर से दृष्टि पाए।'' 13 हनन्याह ने उत्तर दिया, ''हे प्रभु, मैं ने इस मनुष्य के विषय में बहुतों से सुना है कि इसने यरूशलेम में तेरे पवित्र लोगों के साथ बड़ी-बड़ी बुराइयाँ की हैं; 14 और यहाँ भी इस को प्रधान याजकों की ओर से अधिकार मिला है कि जो लोग तेरा नाम लेते हैं, उन सब को बाँध ले।'' 15 परन्तु प्रभु ने उससे कहा, ''तू चला जा; क्योंकि वह तो अन्यजातियों और राजाओं और इस्राएलियों के सामने मेरा नाम प्रगट करने के लिये मेरा चुना हुआ पात्र है। 16 और मैं उसे बताऊँगा कि मेरे नाम के लिये उसे कैसा कैसा दु:ख उठाना पड़ेगा।'' 17 तब हनन्याह उठकर उस घर में गया, और उस पर अपना हाथ रखकर कहा, ''हे भाई शाऊल, प्रभु, अर्थात् यीशु, जो उस रास्ते में, जिससे तू आया तुझे दिखाई दिया था, उसी ने मुझे भेजा है कि तू फिर दृष्टि पाए और पवित्र आत्मा से परिपूर्ण हो जाए।'' 18 और तुरन्त उसकी आँखों से छिलके-से गिरे और वह देखने लगा, और उठकर बपतिस्मा लिया; 19 फिर भोजन करके बल पाया।

8:32,33 † यशा 53:7,8

प्रेरितों 9:20-43

दमिश्क में शाऊल द्वारा प्रचार

वह कई दिन उन चेलों के साथ रहा जो दमिश्क में थे। 20 और वह तुरन्त आराधनालयों में यीशु का प्रचार करने लगा कि वह परमेश्वर का पुत्र है। 21 सब सुननेवाले चकित होकर कहने लगे, ''क्या यह वही व्यक्ति नहीं है जो यरूशलेम में उन्हें जो इस नाम को लेते थे, नष्ट करता था; और यहाँ भी इसी लिये आया था कि उन्हें बाँधकर प्रधान याजकों के पास ले जाए?'' 22 परन्तु शाऊल और भी सामर्थी होता गया, और इस बात का प्रमाण दे-देकर कि मसीह यही है, दमिश्क के रहनेवाले यहूदियों का मुँह बन्द करता रहा।

23 जब बहुत दिन बीत गए, तो यहूदियों ने मिलकर उसे मार डालने का षड्यन्त्र रचा। 24 परन्तु उनका षड्यन्त्र शाऊल को मालूम हो गया। वे तो उसे मार डालने के लिये रात दिन फाटकों पर घात में लगे रहते थे। 25 परन्तु रात को उसके चेलों ने उसे टोकरे में बैठाया, और शहरपनाह पर से लटकाकर उतार दिया।*

यरूशलेम में शाऊल

26 यरूशलेम में पहुँचकर उसने चेलों के साथ मिल जाने का प्रयत्न किया; परन्तु सब उससे डरते थे, क्योंकि उनको विश्वास न होता था, कि वह भी चेला है। 27 परन्तु बरनबास ने उसे अपने साथ प्रेरितों के पास ले जाकर उनको बताया कि इसने किस रीति से मार्ग में प्रभु को देखा, और उसने इससे बातें कीं; फिर दमिश्क में इसने कैसे हियाव से यीशु के नाम से प्रचार किया। 28 वह उनके साथ यरूशलेम में आता-जाता रहा 29 और निधड़क होकर प्रभु के नाम से प्रचार करता था; और यूनानी भाषा बोलनेवाले यहूदियों के साथ बातचीत और वाद-विवाद करता था; परन्तु वे उसे मार डालने का यत्न करने लगे। 30 यह जानकर भाई उसे कैसरिया ले आए, और तरसुस को भेज दिया।

31 इस प्रकार सारे यहूदिया, और गलील, और सामरिया में कलीसिया को चैन मिला, और उसकी उन्नति होती गई; और वह प्रभु के भय और पवित्र आत्मा की शान्ति में चलती और बढ़ती गई।

लुद्दा और याफा में पतरस

32 फिर ऐसा हुआ कि पतरस हर जगह फिरता हुआ, उन पवित्र लोगों के पास भी पहुँचा जो लुद्दा में रहते थे। 33 वहाँ उसे एनियास नामक लकवे का रोगी एक मनुष्य मिला, जो आठ वर्ष से खाट पर पड़ा था। 34 पतरस ने उससे कहा, ''हे एनियास! यीशु मसीह तुझे चंगा करता है। उठ, अपना बिछौना बिछा।'' तब वह तुरन्त उठ खड़ा हुआ। 35 तब लुद्दा और शारोन के सब रहनेवाले उसे देखकर प्रभु की ओर फिरे।

36 याफा में तबीता अर्थात् दोरकास* नामक एक विश्वासिनी रहती थी। वह बहुत से भले-भले काम और दान किया करती थी। 37 उन्हीं दिनों में वह बीमार होकर मर गई; और उन्होंने उसे नहलाकर अटारी पर रख दिया। 38 इसलिये कि लुद्दा याफा के निकट था, चेलों ने यह सुनकर कि पतरस वहाँ है, दो मनुष्य भेजकर उससे विनती की, ''हमारे पास आने में देर न कर।'' 39 तब पतरस उठकर उनके साथ हो लिया, और जब वह पहुँचा तो वे उसे उस अटारी पर ले गए। सब विधवाएँ रोती हुई उसके पास आ खड़ी हुईं, और जो कुरते और कपड़े दोरकास ने उनके साथ रहते हुए बनाए थे, दिखाने लगीं। 40 तब पतरस ने सब को बाहर कर दिया, और घुटने टेककर प्रार्थना की और शव की ओर देखकर कहा, ''हे तबीता, उठ।'' तब उसने अपनी आँखें खोल दीं; और पतरस को देखकर उठ बैठी। 41 उसने हाथ देकर उसे उठाया, और पवित्र लोगों और विधवाओं को बुलाकर उसे जीवित दिखा दिया। 42 यह बात सारे याफा में फैल गई; और बहुतेरों ने प्रभु पर विश्वास किया। 43 और पतरस याफा

9:23-25 * 2 कुर 11:32,33   36 * अर्थात् *हिरनी*

में शमौन नामक किसी चमड़े का धन्धा करनेवाले के यहाँ बहुत दिन तक रहा।

कुरनेलियुस का पतरस को बुलवाना

10 कैसरिया में कुरनेलियुस नाम का एक मनुष्य था, जो इतालियानी नामक पलटन का सूबेदार था। 2 वह भक्त था, और अपने सारे घराने समेत परमेश्वर से डरता था, और यहूदी लोगों* को बहुत दान देता, और बराबर परमेश्वर से प्रार्थना करता था। 3 उसने दिन के तीसरे पहर के निकट दर्शन में स्पष्ट रूप से देखा कि परमेश्वर का एक स्वर्गदूत उसके पास भीतर आकर कहता है, ''हे कुरनेलियुस!'' 4 उसने उसे ध्यान से देखा और डरकर कहा, ''हे प्रभु, क्या है?'' उसने उससे कहा, ''तेरी प्रार्थनाएँ और तेरे दान स्मरण के लिये परमेश्वर के सामने पहुँचे हैं; 5 और अब याफा में मनुष्य भेजकर शमौन को, जो पतरस कहलाता है, बुलवा ले। 6 वह शमौन, चमड़े का धन्धा करनेवाले के यहाँ अतिथि है, जिसका घर समुद्र के किनारे है।'' 7 जब वह स्वर्गदूत जिसने उससे बातें की थीं चला गया, तो उसने दो सेवक, और जो उसके पास उपस्थित रहा करते थे उनमें से एक भक्त सिपाही को बुलाया, 8 और उन्हें सब बातें बताकर याफा को भेजा।

पतरस का दर्शन

9 दूसरे दिन जब वे चलते चलते नगर के पास पहुँचे, तो दोपहर के निकट पतरस छत पर प्रार्थना करने चढ़ा। 10 उसे भूख लगी और कुछ खाना चाहता था, परन्तु जब वे तैयारी कर रहे थे तो वह बेसुध हो गया; 11 और उसने देखा, कि आकाश खुल गया; और एक पात्र बड़ी चादर के समान चारों कोनों से लटकता हुआ, पृथ्वी की ओर उतर रहा है। 12 जिस में पृथ्वी के सब प्रकार के चौपाए और रेंगनेवाले जन्तु और आकाश के पक्षी थे। 13 उसे एक ऐसा शब्द सुनाई दिया, ''हे पतरस उठ, मार और खा।'' 14 परन्तु पतरस ने कहा, ''नहीं प्रभु, कदापि नहीं; क्योंकि मैं ने कभी कोई अपवित्र या अशुद्ध वस्तु नहीं खाई है।'' 15 फिर दूसरी बार उसे शब्द सुनाई दिया, ''जो कुछ परमेश्वर ने शुद्ध ठहराया है, उसे तू अशुद्ध मत कह।'' 16 तीन बार ऐसा ही हुआ; तब तुरन्त वह पात्र आकाश पर उठा लिया गया।

17 जब पतरस अपने मन में दुविधा में था, कि यह दर्शन जो मैं ने देखा वह क्या हो सकता है, तो देखो, वे मनुष्य जिन्हें कुरनेलियुस ने भेजा था, शमौन के घर का पता लगाकर द्वार पर आ खड़े हुए, 18 और पुकारकर पूछने लगे, ''क्या शमौन जो पतरस कहलाता है, यहीं अतिथि है?'' 19 पतरस तो उस दर्शन पर सोच ही रहा था, कि आत्मा ने उससे कहा, ''देख, तीन मनुष्य तेरी खोज में हैं। 20 अतः उठकर नीचे जा, और निःसंकोच उनके साथ हो ले; क्योंकि मैं ही ने उन्हें भेजा है।'' 21 तब पतरस ने उतरकर उन मनुष्यों से कहा, ''देखो, जिसकी खोज तुम कर रहे हो, वह मैं ही हूँ। तुम्हारे आने का क्या कारण है?'' 22 उन्होंने कहा, ''कुरनेलियुस सूबेदार जो धर्मी और परमेश्वर से डरनेवाला और सारी यहूदी जाति में सुनाम मनुष्य है, उसने एक पवित्र स्वर्गदूत से यह निर्देश पाया है कि तुझे अपने घर बुलाकर तुझ से वचन सुने।'' 23 तब उसने उन्हें भीतर बुलाकर उनकी पहुनाई की।

कुरनेलियुस के घर में पतरस

दूसरे दिन वह उनके साथ गया, और याफा के भाइयों में से कुछ उसके साथ हो लिए। 24 दूसरे दिन वे कैसरिया पहुँचे, और कुरनेलियुस अपने कुटुम्बियों और प्रिय मित्रों को इकट्ठा करके उनकी बाट जोह रहा था। 25 जब पतरस भीतर आ रहा था, तो कुरनेलियुस ने उससे भेंट की, और उसके पाँवों पर गिर कर उसे प्रणाम किया; 26 परन्तु पतरस ने उसे उठाकर कहा, ''खड़ा हो, मैं भी तो मनुष्य हूँ।'' 27 और उसके साथ बातचीत करता हुआ भीतर गया, और बहुत से

10:2 * यू॰ *समाज या प्रजा*

लोगों को इकट्ठे देखकर 28 उनसे कहा, "तुम जानते हो कि अन्यजाति की संगति करना या उसके यहाँ जाना यहूदी के लिये अधर्म है, परन्तु परमेश्वर ने मुझे बताया है कि किसी मनुष्य को अपवित्र या अशुद्ध न कहूँ। 29 इसी लिये मैं जब बुलाया गया तो बिना कुछ कहे चला आया। अब मैं पूछता हूँ कि मुझे किस काम के लिये बुलाया गया?"

30 कुरनेलियुस ने कहा, "इसी घड़ी, पूरे चार दिन हुए, मैं अपने घर में तीसरे पहर प्रार्थना कर रहा था; तो देखो, एक पुरुष चमकीला वस्त्र पहिने हुए, मेरे सामने आ खड़ा हुआ 31 और कहने लगा, 'हे कुरनेलियुस, तेरी प्रार्थना सुन ली गई है और तेरे दान परमेश्वर के सामने स्मरण किए गए हैं। 32 इसलिये किसी को याफा भेजकर शमौन को जो पतरस कहलाता है, बुला। वह समुद्र के किनारे शमौन, चमड़े का धन्धा करनेवाले के घर में अतिथि है।' 33 तब मैं ने तुरन्त तेरे पास लोग भेजे, और तू ने भला किया जो आ गया। अब हम सब यहाँ परमेश्वर के सामने हैं, ताकि जो कुछ परमेश्वर ने तुझ से कहा है उसे सुनें।"

पतरस का उपदेश

34 तब पतरस ने कहा, "अब मुझे निश्चय हुआ कि परमेश्वर किसी का पक्ष नहीं करता,* 35 वरन् हर जाति में जो उससे डरता और धर्म के काम करता है, वह उसे भाता है। 36 जो वचन उसने इस्राएलियों के पास भेजा, जब उसने यीशु मसीह के द्वारा (जो सब का प्रभु है) शान्ति का सुसमाचार सुनाया, 37 वह वचन तुम जानते हो, जो यूहन्ना के बपतिस्मा के प्रचार के बाद गलील से आरम्भ होकर सारे यहूदिया में फैल गया : 38 परमेश्वर ने किस रीति से यीशु नासरी को पवित्र आत्मा और सामर्थ्य से अभिषेक किया; वह भलाई करता और सब को जो शैतान* के सताए हुए थे, अच्छा करता फिरा, क्योंकि परमेश्वर उसके साथ था। 39 हम उन सब कामों के गवाह हैं; जो उसने यहूदिया के देश और यरूशलेम में भी किए, और उन्होंने उसे काठ पर लटकाकर मार डाला। 40 उसको परमेश्वर ने तीसरे दिन जिलाया, और प्रगट भी कर दिया है; 41 सब लोगों पर नहीं वरन् उन गवाहों पर जिन्हें परमेश्वर ने पहले से चुन लिया था, अर्थात् हम पर जिन्होंने उसके मरे हुओं में से जी उठने के बाद उसके साथ खाया-पीया; 42 और उसने हमें आज्ञा दी कि लोगों में प्रचार करो और गवाही दो, कि यह वही है जिसे परमेश्वर ने जीवतों और मरे हुओं का न्यायी ठहराया है। 43 उसकी सब भविष्यद्वक्ता गवाही देते हैं कि जो कोई उस पर विश्वास करेगा, उसको उसके नाम के द्वारा पापों की क्षमा मिलेगी।"

अन्यजातियों पर पवित्र आत्मा उतरना

44 पतरस ये बातें कह ही रहा था कि पवित्र आत्मा वचन के सब सुननेवालों पर उतर आया। 45 और जितने खतना किए हुए विश्वासी पतरस के साथ आए थे, वे सब चकित हुए कि अन्य-जातियों पर भी पवित्र आत्मा का दान उंडेला गया है। 46 क्योंकि उन्होंने उन्हें भाँति भाँति की भाषा बोलते और परमेश्वर की बड़ाई करते सुना। इस पर पतरस ने कहा, 47 "क्या कोई जल की रोक कर सकता है कि ये बपतिस्मा न पाएँ, जिन्होंने हमारे समान पवित्र आत्मा पाया है?" 48 और उसने आज्ञा दी कि उन्हें यीशु मसीह के नाम में बपतिस्मा दिया जाए। तब उन्होंने उससे विनती की कि वह कुछ दिन और उनके साथ रहे।

पतरस द्वारा अपने कार्य का स्पष्टीकरण

11 फिर प्रेरितों और भाइयों ने जो यहूदिया में थे सुना कि अन्यजातियों ने भी परमेश्वर का वचन मान लिया है। 2 अतः जब पतरस यरूशलेम में आया, तो खतना किए हुए लोग उससे वाद-विवाद करने लगे, 3 "तू ने खतनारहित लोगों के यहाँ जाकर उनके साथ

10:34 * व्य 10:17 38 * यू० *इब्लीस*

खाया।'' 4 तब पतरस ने उन्हें आरम्भ से क्रमानुसार कह सुनाया : 5 ''मैं याफा नगर में प्रार्थना कर रहा था, और बेसुध होकर एक दर्शन देखा कि एक पात्र, बड़ी चादर के समान चारों कोनों से लटकाया हुआ, आकाश से उतरकर मेरे पास आया। 6 जब मैं ने उस पर ध्यान किया, तो उसमें पृथ्वी के चौपाए और वनपशु और रेंगनेवाले जन्तु और आकाश के पक्षी देखे; 7 और यह शब्द भी सुना, 'हे पतरस उठ, मार और खा।' 8 मैं ने कहा, 'नहीं प्रभु, नहीं; क्योंकि कोई अपवित्र या अशुद्ध वस्तु मेरे मुँह में कभी नहीं गई।' 9 इसके उत्तर में आकाश से दूसरी बार शब्द हुआ, 'जो कुछ परमेश्वर ने शुद्ध ठहराया है, उसे अशुद्ध मत कह।' 10 तीन बार ऐसा ही हुआ; तब सब कुछ फिर आकाश पर खींच लिया गया। 11 और देखो, तुरन्त तीन मनुष्य जो कैसरिया से मेरे पास भेजे गए थे, उस घर पर जिसमें हम थे, आ खड़े हुए। 12 तब आत्मा ने मुझ से उनके साथ नि:संकोच हो लेने को कहा, और ये छ: भाई भी मेरे साथ हो लिए; और हम उस मनुष्य के घर गए। 13 उसने हमें बताया, कि उसने एक स्वर्गदूत को अपने घर में खड़ा देखा, जिसने उससे कहा, 'याफा में मनुष्य भेजकर शमौन को जो पतरस कहलाता है, बुलवा ले। 14 वह तुम से ऐसी बातें कहेगा, जिनके द्वारा तू और तेरा सारा घराना उद्धार पाएगा।' 15 जब मैं बातें करने लगा, तो पवित्र आत्मा उन पर उसी रीति से उतरा जिस रीति से आरम्भ में हम पर उतरा था। 16 तब मुझे प्रभु का वह वचन स्मरण आया; जो उसने कहा था, ''यूहन्ना ने तो पानी से बपतिस्मा दिया, परन्तु तुम पवित्र आत्मा से बपतिस्मा पाओगे।''* 17 अत: जब परमेश्वर ने उन्हें भी वही दान दिया, जो हमें प्रभु यीशु मसीह पर विश्वास करने से मिला था; तो मैं कौन था जो परमेश्वर को रोक सकता ?'' 18 यह सुनकर वे चुप रहे, और परमेश्वर की बड़ाई करके कहने लगे, ''तब तो परमेश्वर ने अन्यजातियों को भी जीवन के लिये मन फिराव का दान दिया है।''

अन्ताकिया की कलीसिया

19 जो लोग उस क्लेश के मारे जो स्तिफनुस के कारण पड़ा था, तितर-बितर हो गए थे,* वे फिरते-फिरते फीनीके और साइप्रस और अन्ताकिया में पहुँचे; परन्तु यहूदियों को छोड़ किसी और को वचन न सुनाते थे। 20 परन्तु उनमें से कुछ साइप्रसवासी और कुरेनी थे, जो अन्ताकिया में आकर यूनानियों को भी प्रभु यीशु के सुसमाचार की बातें सुनाने लगे। 21 प्रभु का हाथ उन पर था, और बहुत लोग विश्वास करके प्रभु की ओर फिरे। 22 जब उनकी चर्चा यरूशलेम की कलीसिया के सुनने में आई, तो उन्होंने बरनबास को अन्ताकिया भेजा। 23 वह वहाँ पहुँचकर और परमेश्वर के अनुग्रह को देखकर आनन्दित हुआ, और सब को उपदेश दिया कि तन मन लगाकर प्रभु से लिपटे रहो। 24 वह एक भला मनुष्य था, और पवित्र आत्मा और विश्वास से परिपूर्ण था; और अन्य बहुत से लोग प्रभु में आ मिले। 25 तब वह शाऊल को ढूँढ़ने के लिये तरसुस को चला गया। 26 जब वह उससे मिला तो उसे अन्ताकिया लाया; और ऐसा हुआ कि वे एक वर्ष तक कलीसिया के साथ मिलते और बहुत लोगों को उपदेश देते रहे; और चेले सब से पहले अन्ताकिया ही में मसीही कहलाए।

27 उन्हीं दिनों में कई भविष्यद्वक्ता यरूशलेम से अन्ताकिया आए। 28 उनमें से अगबुस* नामक एक ने खड़े होकर आत्मा की प्रेरणा से यह बताया कि सारे जगत में बड़ा अकाल पड़ेगा — वह अकाल क्लौदियुस के समय में पड़ा। 29 तब चेलों ने निर्णय किया कि हर एक अपनी-अपनी पूंजी के अनुसार यहूदिया में रहनेवाले भाइयों की सहायता के लिये कुछ भेजे। 30 उन्होंने ऐसा ही किया; और बरनबास और शाऊल के हाथ प्राचीनों* के पास कुछ भेज दिया।

11:16* प्रेरि 1:5   19* प्रेरि 8:1-4   28* प्रेरि 21:10   30* या प्रिसबुतिरों

पतरस की बन्दीगृह से मुक्ति

12 उस समय हेरोदेस राजा ने कलीसिया के कई व्यक्तियों को सताने के लिये उन पर हाथ डाले। 2 उसने यूहन्ना के भाई याकूब को तलवार से मरवा डाला। 3 जब उसने देखा कि यहूदी लोग इस से आनन्दित होते हैं, तो उसने पतरस को भी पकड़ लिया। वे दिन अखमीरी रोटी के दिन थे। 4 उसने उसे पकड़ के बन्दीगृह में डाला, और चार-चार सिपाहियों के चार पहरों में रखा; इस विचार से कि फसह* के बाद उसे लोगों के सामने लाए। 5 बन्दीगृह में पतरस बन्द था; परन्तु कलीसिया उसके लिये लौ लगाकर परमेश्वर से प्रार्थना कर रही थी।

6 जब हेरोदेस उसे लोगों के सामने लाने को था, उसी रात पतरस दो जंजीरों से बंधा हुआ दो सिपाहियों के बीच में सो रहा था; और पहरुए द्वार पर बन्दीगृह की रखवाली कर रहे थे। 7 तो देखो, प्रभु का एक स्वर्गदूत आ खड़ा हुआ और उस कोठरी में ज्योति चमकी, और उसने पतरस की पसली पर हाथ मार के उसे जगाया और कहा, ''उठ, जल्दी कर।'' और उसके हाथों से जंजीरें खुलकर गिर पड़ीं। 8 तब स्वर्गदूत ने उससे कहा, ''कमर बाँध, और अपने जूते पहिन ले।'' उसने वैसा ही किया। फिर उसने उससे कहा, ''अपना वस्त्र पहिनकर मेरे पीछे हो ले।'' 9 वह निकलकर उसके पीछे हो लिया; परन्तु यह न जानता था कि जो कुछ स्वर्गदूत कर रहा है वह सच है, वरन् यह समझा कि मैं दर्शन देख रहा हूँ। 10 तब वे पहले और दूसरे पहरे से निकलकर उस लोहे के फाटक पर पहुँचे, जो नगर की ओर है। वह उनके लिये आप से आप खुल गया, और वे निकलकर एक ही गली होकर गए, और तुरन्त ही स्वर्गदूत उसे छोड़कर चला गया। 11 तब पतरस ने सचेत होकर कहा, ''अब मैं ने सच जान लिया है कि प्रभु ने अपना स्वर्गदूत भेजकर मुझे हेरोदेस के हाथ से छुड़ा लिया, और यहूदियों की सारी आशा तोड़ दी है।''

12 यह जानकर वह उस यूहन्ना की माता मरियम के घर आया, जो मरकुस कहलाता है। वहाँ बहुत से लोग इकट्ठे होकर प्रार्थना कर रहे थे। 13 जब उसने फाटक की खिड़की खटखटाई, तो रूदे नामक एक दासी देखने को आई। 14 पतरस का शब्द पहचानकर उसने आनन्द के मारे फाटक न खोला, परन्तु दौड़कर भीतर गई और बताया कि पतरस द्वार पर खड़ा है। 15 उन्होंने उससे कहा, ''तू पागल है।'' परन्तु वह दृढ़ता से बोली कि ऐसा ही है। तब उन्होंने कहा, ''उसका स्वर्गदूत होगा।'' 16 परन्तु पतरस खटखटाता ही रहा: अत: उन्होंने खिड़की खोली, और उसे देखकर चकित रह गए। 17 तब उसने उन्हें हाथ से संकेत किया कि चुप रहें; और उनको बताया कि प्रभु किस रीति से उसे बन्दीगृह से निकाल लाया है। फिर कहा, ''याकूब और भाइयों को यह बात बता देना।'' तब निकलकर दूसरी जगह चला गया।

18 भोर को सिपाहियों में बड़ी हलचल मच गई कि पतरस का क्या हुआ। 19 जब हेरोदेस ने उसकी खोज की और न पाया, तो पहरुओं की जाँच करके आज्ञा दी कि वे मार डाले जाएँ: और वह यहूदिया को छोड़कर कैसरिया में जा कर रहने लगा।

हेरोदेस की मृत्यु

20 हेरोदेस सूर और सैदा के लोगों से बहुत अप्रसन्न था। इसलिये वे एक चित्त होकर उसके पास आए, और बलास्तुस को जो राजा का एक कर्मचारी* था, मनाकर मेल करना चाहा; क्योंकि राजा के देश से उनके देश का पालन-पोषण होता था। 21 ठहराए हुए दिन हेरोदेस राजवस्त्र पहिनकर सिंहासन पर बैठा, और उनको व्याख्यान देने लगा। 22 तब लोग पुकार उठे, ''यह तो मनुष्य का नहीं ईश्वर का शब्द है।'' 23 उसी क्षण प्रभु के एक स्वर्गदूत ने तुरन्त उसे मारा, क्योंकि उसने परमेश्वर को महिमा न दी; और वह कीड़े पड़के मर गया।

12:4 * निर्ग 12:1-27   20 * या कंचुकी

24 परन्तु परमेश्‍वर का वचन बढ़ता और फैलता गया।

25 जब बरनबास और शाऊल अपनी सेवा पूरी कर चुके तो यूहन्ना को जो मरकुस कहलाता है, साथ लेकर यरूशलेम से लौटे।

बरनबास और शाऊल का भेजा जाना

13 अन्ताकिया की कलीसिया में कई भविष्यद्वक्‍ता और उपदेशक थे; जैसे : बरनबास और शमौन जो नीगर* कहलाता है; और लूकियुस कुरेनी, और चौथाई देश के राजा हेरोदेस का दूधभाई मनाहेम, और शाऊल। 2 जब वे उपवास सहित प्रभु की उपासना कर रहे थे, तो पवित्र आत्मा ने कहा, ''मेरे लिये बरनबास और शाऊल को उस काम के लिये अलग करो जिसके लिये मैं ने उन्हें बुलाया है।'' 3 तब उन्होंने उपवास और प्रार्थना करके और उन पर हाथ रखकर उन्हें विदा किया।

पौलुस की प्रथम प्रचार-यात्रा

4 अत: वे पवित्र आत्मा के भेजे हुए सिलूकिया को गए; और वहाँ से जहाज पर चढ़कर साइप्रस को चले; 5 और सलमीस में पहुँचकर, परमेश्‍वर का वचन यहूदियों के आराधनालयों में सुनाया। यूहन्ना उनका सेवक था। 6 वे उस सारे टापू में होते हुए पाफुस तक पहुँचे। वहाँ उन्हें बार-यीशु नामक एक यहूदी टोन्हा और झूठा भविष्यद्वक्‍ता मिला। 7 वह हाकिम सिरगियुस पौलुस के साथ था, जो बुद्धिमान पुरुष था। उसने बरनबास और शाऊल को अपने पास बुलाकर परमेश्‍वर का वचन सुनना चाहा। 8 परन्तु इलीमास टोन्हे ने, क्योंकि यही उसके नाम का अर्थ है, उनका विरोध करके हाकिम को विश्‍वास करने से रोकना चाहा। 9 तब शाऊल ने जिसका नाम पौलुस भी है, पवित्र आत्मा से परिपूर्ण हो उसकी ओर टकटकी लगाकर देखा और कहा, 10 ''हे सारे कपट और सब चतुराई से भरे हुए शैतान* की सन्तान, सकल धर्म के बैरी, क्या तू प्रभु के सीधे मार्गों को टेढ़ा करना न छोड़ेगा? 11 अब देख, प्रभु का हाथ तुझ पर लगा है; और तू कुछ समय तक अंधा रहेगा और सूर्य को न देखेगा।'' तब तुरन्त धुंधलापन और अन्धेरा उस पर छा गया, और वह इधर उधर टटोलने लगा ताकि कोई उसका हाथ पकड़के ले चले। 12 तब हाकिम ने जो हुआ था उसे देखकर और प्रभु के उपदेश से चकित होकर विश्‍वास किया।

पिसिदिया के अन्ताकिया में

13 पौलुस और उसके साथी पाफुस से जहाज खोलकर पंफूलिया के पिरगा में आए; और यूहन्ना उन्हें छोड़कर यरूशलेम को लौट गया। 14 पिरगा से आगे बढ़कर वे पिसिदिया के अन्ताकिया में पहुँचे; और सब्त के दिन आराधनालय में जाकर बैठ गए। 15 व्यवस्था और भविष्यद्वक्‍ताओं की पुस्तक से पढ़ने के बाद आराधनालय के सरदारों ने उनके पास कहला भेजा, ''हे भाइयो, यदि लोगों के उपदेश के लिये तुम्हारे मन में कोई बात हो तो कहो।'' 16 तब पौलुस ने खड़े होकर और हाथ से संकेत करके कहा, ''हे इस्राएलियो, और परमेश्‍वर से डरनेवालो, सुनो : 17 इन इस्राएली लोगों के परमेश्‍वर ने हमारे बापदादों को चुन लिया, और जब ये लोग मिस्र देश में परदेशी होकर रहते थे, तो उनकी उन्नति की; और बलवन्त भुजा से निकाल लाया।* 18 वह कोई चालीस वर्ष तक जंगल में उनकी सहता रहा,* 19 और कनान देश में सात जातियों का नाश करके उनका देश कोई साढ़े चार सौ वर्ष में इनकी मीरास में कर दिया।* 20 इसके बाद उसने शमूएल भविष्यद्वक्‍ता तक उनमें न्यायी ठहराए।* 21 उसके बाद उन्होंने एक राजा माँगा: तब परमेश्‍वर ने चालीस वर्ष के लिये बिन्यामीन के गोत्र में से एक मनुष्य; अर्थात् कीश के पुत्र शाऊल को उन पर राजा ठहराया।* 22 फिर उसे अलग करके दाऊद को उनका

13:1 * अर्थात् *काला* **10** * यू० *इब्लीस* **17** * निर्ग 1:7; 12:51 **18** * गिन 14:34; व्य 1:31 **19** * व्य 7:1; यहो 14:1
20 * न्याय 2:16; 1 शमू 3:20 **21** * 1 शमू 8:5; 10:21

राजा बनाया; जिसके विषय में उसने गवाही दी, 'मुझे एक मनुष्य, यिशै का पुत्र दाऊद, मेरे मन के अनुसार मिल गया है; वही मेरी सारी इच्छा पूरी करेगा।'* 23 इसी के वंश में से परमेश्वर ने अपनी प्रतिज्ञा के अनुसार इस्राएल के पास एक उद्धारकर्ता, अर्थात् यीशु को भेजा। 24 जिसके आने से पहले यूहन्ना ने सब इस्राएलियों में मन फिराव के बपतिस्मा का प्रचार किया।* 25 जब यूहन्ना अपनी सेवा पूरी करने पर था, तो उसने कहा, 'तुम मुझे क्या समझते हो? मैं वह नहीं! वरन् देखो, मेरे बाद एक आनेवाला है, जिसके पाँवों की जूती भी मैं खोलने के योग्य नहीं।'*

26 ''हे भाइयो, तुम जो अब्राहम की सन्तान हो; और तुम जो परमेश्वर से डरते हो, तुम्हारे पास इस उद्धार का वचन भेजा गया है। 27 क्योंकि यरूशलेम के रहनेवालों और उनके सरदारों ने, न उसे पहचाना और न भविष्यद्वक्ताओं की बातें समझीं, जो हर सब्त के दिन पढ़ी जाती हैं, इसलिये उसे दोषी ठहराकर उन बातों को पूरा किया। 28 उन्होंने मार डालने के योग्य कोई दोष उसमें न पाया, तौभी पिलातुस से विनती की कि वह मार डाला जाए।* 29 जब उन्होंने उसके विषय में लिखी हुई सब बातें पूरी कीं, तो उसे क्रूस पर से उतारकर कब्र में रखा।* 30 परन्तु परमेश्वर ने उसे मरे हुओं में से जिलाया, 31 और वह उन्हें जो उसके साथ गलील से यरूशलेम आए थे, बहुत दिनों तक दिखाई देता रहा;* लोगों के सामने अब वे ही उसके गवाह हैं। 32 हम तुम्हें उस प्रतिज्ञा के विषय में जो बापदादों से की गई थी, यह सुसमाचार सुनाते हैं, 33 कि परमेश्वर ने यीशु को जिलाकर, वही प्रतिज्ञा हमारी सन्तान के लिये पूरी की; जैसा दूसरे भजन में भी लिखा है,

'तू मेरा पुत्र है;
आज मैं ही ने तुझे जन्माया है।'*

34 और उसके इस रीति से मरे हुओं में से जिलाने के विषय में भी कि वह कभी न सड़े, उसने यों कहा है,

'मैं दाऊद पर की पवित्र और अटल कृपा
तुम पर करूँगा।'*

35 इसलिये उसने एक और भजन में भी कहा है,

'तू अपने पवित्र जन को सड़ने न देगा।'*

36 क्योंकि दाऊद तो परमेश्वर की इच्छा के अनुसार अपने समय में सेवा करके सो गया, और अपने बापदादों में जा मिला, और सड़ भी गया। 37 परन्तु जिसको परमेश्वर ने जिलाया, वह सड़ने नहीं पाया। 38 इसलिये, हे भाइयो, तुम जान लो कि इसी के द्वारा पापों की क्षमा का समाचार तुम्हें दिया जाता है; 39 और जिन बातों में तुम मूसा की व्यवस्था के द्वारा निर्दोष नहीं ठहर सकते थे, उन्हीं सब में हर एक विश्वास करनेवाला उसके द्वारा निर्दोष ठहरता है। 40 इसलिये चौकस रहो, ऐसा न हो कि जो भविष्यद्वक्ताओं की पुस्तक में आया है, तुम पर भी आ पड़े :

41 'हे निन्दा करनेवालो, देखो, और चकित
हो, और मिट जाओ;
क्योंकि मैं तुम्हारे दिनों में एक
काम करता हूँ,
ऐसा काम कि यदि कोई तुम से उसकी
चर्चा करे, तो तुम कभी विश्वास न
करोगे'।*''

42 उनके बाहर निकलते समय लोग उनसे विनती करने लगे कि अगले सब्त के दिन हमें ये बातें फिर सुनाई जाएँ। 43 जब सभा उठ गई तो यहूदियों और यहूदी मत में आए हुए भक्तों में से बहुत से पौलुस और बरनबास के पीछे हो लिए; और उन्होंने उनसे बातें करके समझाया कि परमेश्वर के अनुग्रह में बने रहो।

13:22* 1 शमू 13:14; 16:12; भजन 89:20 **24*** मर 1:4; लूका 3:3
25* मत्ती 3:11; मर 1:7; लूका 3:16; यूह 1:20,27 **28*** मत्ती 27:22,23; मर 15:13,14; लूका 23:21–23; यूह 19:15
29* मत्ती 27:57–61; मर 15:42–47; लूका 23:50–56; यूह 19:38–42 **31*** प्रेरि 1:3 **33*** भजन 2:7 **34*** यशा 55:3
35* भजन 16:10 **41*** हब 1:5

पौलुस द्वारा अन्यजातियों में प्रचार का आरम्भ

44 अगले सब्त के दिन नगर के प्राय: सब
लोग परमेश्‍वर का वचन सुनने को इकट्ठे हो गए।
45 परन्तु यहूदी भीड़ को देखकर डाह से भर
गए, और निन्दा करते हुए पौलुस की बातों के
विरोध में बोलने लगे। 46 तब पौलुस और
बरनबास ने निडर होकर कहा, ''अवश्य था कि
परमेश्‍वर का वचन पहले तुम्हें सुनाया जाता;
परन्तु जब तुम उसे दूर हटाते हो, और अपने को
अनन्त जीवन के योग्य नहीं ठहराते, तो देखो,
हम अन्यजातियों की ओर फिरते हैं। 47 क्योंकि
प्रभु ने हमें यह आज्ञा दी है,

'मैं ने तुझे अन्यजातियों के लिये ज्योति
ठहराया है,
ताकि तू पृथ्वी की छोर तक उद्धार का
द्वार हो'*।''

48 यह सुनकर अन्यजातीय आनन्दित हुए,
और परमेश्‍वर के वचन की बड़ाई करने लगे;
और जितने अनन्त जीवन के लिये ठहराए गए
थे, उन्होंने विश्‍वास किया। 49 तब प्रभु का वचन
उस सारे देश में फैलने लगा। 50 परन्तु यहूदियों
ने भक्‍त और कुलीन स्त्रियों को और नगर के
प्रमुख लोगों को उसकाया, और पौलुस और
बरनबास के विरुद्ध उपद्रव करवाकर उन्हें अपनी
सीमा से निकाल दिया। 51 तब वे उनके सामने
अपने पाँवों की धूल झाड़कर* इकुनियुम को
चले गए। 52 और चेले आनन्द से और पवित्र
आत्मा से परिपूर्ण होते गए।

इकुनियुम में पौलुस और बरनबास

14 इकुनियुम में ऐसा हुआ कि वे यहूदियों
के आराधनालय में साथ साथ गए, और
इस प्रकार बातें कीं कि यहूदियों और यूनानियों
दोनों में से बहुतों ने विश्‍वास किया। 2 परन्तु
विश्‍वास न करनेवाले यहूदियों ने अन्यजातियों
के मन भाइयों के विरोध में उसकाए और कटुता
उत्पन्न कर दी। 3 वे बहुत दिन तक वहाँ रहे,
और प्रभु के भरोसे पर हियाव से बातें करते थे;
और वह उनके हाथों से चिह्न और अद्‌भुत काम
करवाकर अपने अनुग्रह के वचन पर गवाही देता
था। 4 परन्तु नगर के लोगों में फूट पड़ गई थी,
इससे कितने तो यहूदियों की ओर और कितने
प्रेरितों की ओर हो गए। 5 परन्तु जब अन्यजातीय
और यहूदी उनका अपमान और उन पर पथराव
करने के लिये अपने सरदारों समेत उन पर दौड़े,
6 तो वे इस बात को जान गए, और लुकाउनिया
के लुस्त्रा और दिरबे नगरों में, और आसपास के
प्रदेशों में भाग गए 7 और वहाँ सुसमाचार सुनाने
लगे।

लुस्त्रा और दिरबे में

8 लुस्त्रा में एक मनुष्य बैठा था, जो पाँवों का
निर्बल था। वह जन्म ही से लंगड़ा था और कभी
न चला था। 9 वह पौलुस को बातें करते सुन
रहा था। पौलुस ने उसकी ओर टकटकी लगाकर
देखा कि उसे चंगा हो जाने का विश्‍वास है,
10 और ऊँचे शब्द से कहा, ''अपने पाँवों के
बल सीधा खड़ा हो।'' तब वह उछलकर चलने
फिरने लगा। 11 लोगों ने पौलुस का यह काम
देखकर लुकाउनिया की भाषा में ऊँचे शब्द से
कहा, ''देवता मनुष्यों के रूप में होकर हमारे
पास उतर आए हैं।'' 12 उन्होंने बरनबास को
ज्यूस, और पौलुस को हिरमेस कहा क्योंकि वह
बातें करने में मुख्य था। 13 ज्यूस के उस मन्दिर
का पुजारी जो उनके नगर के सामने था, बैल
और फूलों के हार फाटकों पर लाकर लोगों के
साथ बलिदान करना चाहता था। 14 परन्तु
बरनबास और पौलुस प्रेरितों ने जब यह सुना, तो
अपने कपड़े फाड़े और भीड़ में लपके, और
पुकारकर कहने लगे, 15 ''हे लोगो, तुम क्या
करते हो? हम भी तो तुम्हारे समान दु:ख-सुख
भोगी मनुष्य हैं, और तुम्हें सुसमाचार सुनाते हैं
कि तुम इन व्यर्थ वस्तुओं से अलग होकर जीवते
परमेश्‍वर की ओर फिरो, जिसने स्वर्ग और पृथ्वी

13:47* यशा 42:6; 49:6 **51*** मत्ती 10:14; मर 6:11; लूका 9:5; 10:11

और समुद्र और जो कुछ उनमें है बनाया।*
16 उसने बीते समयों में सब जातियों को अपने-
अपने मार्गों में चलने दिया। 17 तौभी उसने
अपने आप को बे-गवाह न छोड़ा; किन्तु वह
भलाई करता रहा, और आकाश से वर्षा और
फलवन्त ऋतु देकर तुम्हारे मन को भोजन और
आनन्द से भरता रहा।'' 18 यह कहकर भी उन्होंने
लोगों को बड़ी कठिनाई से रोका कि उनके लिये
बलिदान न करें।

19 परन्तु कुछ यहूदियों ने अन्ताकिया और
इकुनियुम से आकर लोगों को अपनी ओर कर
लिया, और पौलुस पर पथराव किया, और मरा
समझकर उसे नगर के बाहर घसीट ले गए।
20 पर जब चेले उसके चारों ओर आ खड़े हुए,
तो वह उठकर नगर में गया और दूसरे दिन
बरनबास के साथ दिरबे को चला गया।

सीरिया के अन्ताकिया को लौटना

21 वे उस नगर के लोगों को सुसमाचार
सुनाकर, और बहुत से चेले बनाकर, लुस्त्रा
और इकुनियुम और अन्ताकिया को लौट आए,
22 और चेलों के मन को स्थिर करते रहे और
यह उपदेश देते थे कि विश्वास में बने रहो;
और यह कहते थे, ''हमें बड़े क्लेश उठाकर
परमेश्वर के राज्य में प्रवेश करना होगा।''
23 और उन्होंने हर एक कलीसिया में उनके
लिये प्राचीन* ठहराए, और उपवास सहित प्रार्थना
करके उन्हें प्रभु के हाथ सौंपा जिस पर उन्होंने
विश्वास किया था।

24 तब पिसिदिया से होते हुए वे पंफूलिया
पहुँचे; 25 फिर पिरगा में वचन सुनाकर अत्तलिया
में आए, 26 और वहाँ से वे जहाज पर अन्ताकिया
गए, जहाँ वे उस काम के लिये जो उन्होंने पूरा
किया था परमेश्वर के अनुग्रह में सौंपे गए थे।
27 वहाँ पहुँचकर उन्होंने कलीसिया इकट्ठी की
और बताया कि परमेश्वर ने उनके साथ होकर
कैसे बड़े-बड़े काम किए, और अन्यजातियों के
लिये विश्वास का द्वार खोल दिया। 28 और वे
चेलों के साथ बहुत दिन तक रहे।

यरूशलेम की सभा

15 फिर कुछ लोग यहूदिया से आकर
भाइयों को सिखाने लगे : ''यदि मूसा
की रीति पर तुम्हारा खतना* न हो तो तुम उद्धार
नहीं पा सकते।'' 2 जब पौलुस और बरनबास
का उनसे बहुत झगड़ा और वाद-विवाद हुआ तो
यह ठहराया गया कि पौलुस और बरनबास और
उनमें से कुछ व्यक्ति इस बात के विषय में प्रेरितों
और प्राचीनों* के पास यरूशलेम को जाएँ।
3 अत: कलीसिया ने उन्हें कुछ दूर तक पहुँचाया;
और वे फीनीके और सामरिया से होते हुए
अन्यजातियों के मन फिराने* का समाचार सुनाते
गए, और सब भाई बहुत आनन्दित हुए। 4 जब
वे यरूशलेम पहुँचे, तो कलीसिया और प्रेरित
और प्राचीन उनसे आनन्द के साथ मिले, और
उन्होंने बताया कि परमेश्वर ने उनके साथ होकर
कैसे-कैसे काम किए थे। 5 परन्तु फरीसियों के
पंथ में से जिन्होंने विश्वास किया था, उनमें से
कुछ ने उठकर कहा, ''उन्हें खतना कराने
और मूसा की व्यवस्था को मानने की आज्ञा
देनी चाहिए।''

6 तब प्रेरित और प्राचीन इस बात के विषय
में विचार करने के लिये इकट्ठे हुए। 7 तब पतरस
ने बहुत वाद-विवाद हो जाने के बाद खड़े होकर
उनसे कहा, ''हे भाइयो, तुम जानते हो कि बहुत
दिन हुए परमेश्वर ने तुम में से मुझे चुन लिया
कि मेरे मुँह से अन्यजातीय सुसमाचार का वचन
सुनकर विश्वास करें।* 8 मन के जाँचनेवाले
परमेश्वर ने उनको भी हमारे समान पवित्र आत्मा
देकर उनकी गवाही दी;* 9 और विश्वास के
द्वारा उनके मन शुद्ध करके हम में और उन में
कुछ भेद न रखा। 10 तो अब तुम क्यों परमेश्वर
की परीक्षा करते हो कि चेलों की गरदन पर ऐसा
जूआ रखो, जिसे न हमारे बापदादे उठा सके थे

14:15* निर्ग 20:11; भजन 146:6 23* या *प्रिसबुतिर* 15:1* लैव्य 12:3 2* या *प्रिसबुतिरों* 3* अर्थात् *दीक्षित होने*
7* प्रेरि 10:1-43 8* प्रेरि 2:4; 10:44

और न हम उठा सकते हैं? 11 हाँ, हमारा यह
निश्चय है कि जिस रीति से वे प्रभु यीशु के
अनुग्रह से उद्धार पाएँगे; उसी रीति से हम भी
पाएँगे।''

12 तब सारी सभा चुपचाप बरनबास और
पौलुस की सुनने लगी, कि परमेश्वर ने उनके
द्वारा अन्यजातियों में कैसे बड़े-बड़े चिह्न, और
अद्‌भुत काम दिखाए। 13 जब वे चुप हुए तो
याकूब कहने लगा, ''हे भाइयो, मेरी सुनो।
14 शमौन ने बताया कि परमेश्वर ने पहले पहल
अन्यजातियों पर कैसी कृपादृष्टि की कि उनमें से
अपने नाम के लिए एक लोग बना ले। 15 इससे
भविष्यद्वक्ताओं की बातें भी मिलती हैं, जैसा कि
लिखा है,

16 'इसके बाद मैं फिर आकर दाऊद का
गिरा हुआ डेरा उठाऊँगा,
और उसके खंडहरों को फिर बनाऊँगा,
और उसे खड़ा करूँगा,
17 इसलिये कि शेष मनुष्य, अर्थात् सब
अन्यजाति जो मेरे नाम के कहलाते
हैं, प्रभु को ढूँढ़ें,
18 यह वही प्रभु कहता है जो जगत की
उत्पत्ति से इन बातों का समाचार देता
आया है।'*

19 इसलिये मेरा विचार यह है कि अन्यजातियों
में से जो लोग परमेश्वर की ओर फिरते हैं, हम
उन्हें दु:ख न दें; 20 परन्तु उन्हें लिख भेजें कि वे
मूरतों की अशुद्धताओं और व्यभिचार और गला
घोंटे हुओं के मांस से और लहू से दूर रहें।*
21 क्योंकि प्राचीन काल से नगर नगर मूसा की
व्यवस्था का प्रचार करनेवाले होते चले आए हैं,
और वह हर सब्त के दिन आराधनालय में पढ़ी
जाती है।''

अन्यजातीय विश्वासियों को पत्र

22 तब सारी कलीसिया सहित प्रेरितों और
प्राचीनों* को अच्छा लगा कि अपने में से कुछ
मनुष्यों को चुनें, अर्थात् यहूदा जो बरसब्बा
कहलाता है, और सीलास को जो भाइयों में
मुखिया थे; और उन्हें पौलुस और बरनबास के
साथ अन्ताकिया भेजें। 23 उन्होंने उनके हाथ
यह लिख भेजा : ''अन्ताकिया और सीरिया और
किलिकिया के रहनेवाले भाइयों को जो अन्य-
जातियों में से हैं, प्रेरितों और प्राचीन* भाइयों
का नमस्कार। 24 हमने सुना है कि हम में से
कुछ ने वहाँ जाकर, तुम्हें अपनी बातों से घबरा
दिया; और तुम्हारे मन उलट दिए हैं परन्तु हम ने
उनको आज्ञा नहीं दी थी। 25 इसलिये हम ने
एक चित्त होकर ठीक समझा कि चुने हुए मनुष्यों
को अपने प्रिय बरनबास और पौलुस के साथ
तुम्हारे पास भेजें। 26 ये ऐसे मनुष्य हैं जिन्होंने
अपने प्राण हमारे प्रभु यीशु मसीह के नाम के
लिये जोखिम में डाले हैं। 27 इसलिये हम ने
यहूदा और सीलास को भेजा है, जो अपने मुँह
से भी ये बातें कह देंगे। 28 पवित्र आत्मा को
और हम को ठीक जान पड़ा कि इन आवश्यक
बातों को छोड़, तुम पर और बोझ न डालें;
29 कि तुम मूरतों पर बलि किए हुओं से और
लहू से, और गला घोंटे हुओं के मांस से, और
व्यभिचार से दूर रहो। इनसे दूर रहो तो तुम्हारा
भला होगा। आगे शुभ।''

30 फिर वे विदा होकर अन्ताकिया पहुँचे,
और सभा को इकट्ठी करके वह पत्री उन्हें दे
दी। 31 वे पत्री पढ़कर उस उपदेश की बात
से अति आनन्दित हुए। 32 यहूदा और सीलास
ने जो आप भी भविष्यद्वक्ता थे, बहुत बातों से
भाइयों को उपदेश देकर स्थिर किया। 33 वे
कुछ दिन रहकर, भाइयों से शान्ति के साथ
विदा हुए कि अपने भेजनेवालों के पास जाएँ।
34 (परन्तु सीलास को वहाँ रहना अच्छा लगा।)
35 परन्तु पौलुस और बरनबास अन्ताकिया में
रह गए : और अन्य बहुत से लोगों के साथ प्रभु
के वचन का उपदेश करते और सुसमाचार सुनाते
रहे।

15:16–18* आमो 9:11,12 **20*** निर्ग 34:15–17; लैव्य 17:10–16; 18:6–23 **22*** या *प्रिसबुतिरों* **23*** या *प्रिसबुतिर*

पौलुस की द्वितीय प्रचार-यात्रा
पौलुस और बरनबास में मतभेद

36 कुछ दिन बाद पौलुस ने बरनबास से कहा, ''जिन जिन नगरों में हम ने प्रभु का वचन सुनाया था, आओ, फिर उनमें चलकर अपने भाइयों को देखें कि वे कैसे हैं।'' 37 तब बरनबास ने यूहन्ना को जो मरकुस कहलाता है, साथ लेने का विचार किया। 38 परन्तु पौलुस ने उसे जो पंफूलिया में उनसे अलग हो गया था, और काम पर उनके साथ न गया, साथ ले जाना अच्छा न समझा।* 39 अत: ऐसा विवाद उठा कि वे एक दूसरे से अलग हो गए; और बरनबास, मरकुस को लेकर जहाज पर साइप्रस चला गया। 40 परन्तु पौलुस ने सीलास को चुन लिया, और भाइयों से परमेश्वर के अनुग्रह में सौंपा जाकर वहाँ से चला गया; 41 और वह कलीसियाओं को स्थिर करता हुआ सीरिया और किलिकिया से होते हुए निकला।

पौलुस का तीमुथियुस को साथ लेना

16 फिर वह दिरबे और लुस्त्रा में भी गया। वहाँ तीमुथियुस नाम का एक चेला था, जो किसी विश्वासी यहूदिनी का पुत्र था, परन्तु उसका पिता यूनानी था। 2 वह लुस्त्रा और इकुनियुम के भाइयों में सुनाम था। 3 पौलुस की इच्छा थी कि वह उसके साथ चले; और जो यहूदी लोग उन जगहों में थे उनके कारण उसने उसका खतना किया, क्योंकि वे सब जानते थे, कि उसका पिता यूनानी था। 4 और नगर नगर जाते हुए वे उन विधियों को जो यरूशलेम के प्रेरितों और प्राचीनों* ने ठहराई थीं, मानने के लिये उन्हें पहुँचाते जाते थे। 5 इस प्रकार कलीसियाएँ विश्वास में स्थिर होती गईं और संख्या में प्रतिदिन बढ़ती गईं।

त्रोआस में : पौलुस का दर्शन

6 वे फ्रूगिया और गलातिया प्रदेशों में से होकर गए, क्योंकि पवित्र आत्मा ने उन्हें एशिया में वचन सुनाने से मना किया। 7 उन्होंने मूसिया के निकट पहुँचकर, बितूनिया में जाना चाहा; परन्तु यीशु के आत्मा ने उन्हें जाने न दिया। 8 अत: वे मूसिया से होकर त्रोआस में आए। 9 वहाँ पौलुस ने रात को एक दर्शन देखा कि एक मकिदुनी पुरुष खड़ा हुआ उससे विनती करके कह रहा है, ''पार उतरकर मकिदुनिया में आ, और हमारी सहायता कर।'' 10 उसके यह दर्शन देखते ही हम ने तुरन्त मकिदुनिया जाना चाहा, यह समझकर कि परमेश्वर ने हमें उन्हें सुसमाचार सुनाने के लिये बुलाया है।

फिलिप्पी में : लुदिया का हृदय-परिवर्तन

11 इसलिये त्रोआस से जहाज खोलकर हम सीधे सुमात्राके और दूसरे दिन नियापुलिस में आए। 12 वहाँ से हम फिलिप्पी पहुँचे, जो मकिदुनिया प्रान्त का मुख्य नगर और रोमियों की बस्ती है; और हम उस नगर में कुछ दिन तक रहे। 13 सब्त के दिन हम नगर के फाटक के बाहर नदी के किनारे यह समझकर गए कि वहाँ प्रार्थना करने का स्थान होगा, और बैठकर उन स्त्रियों से जो इकट्ठी हुई थीं, बातें करने लगे। 14 लुदिया नामक थुआथीरा नगर की बैंजनी कपड़े बेचनेवाली एक भक्त स्त्री सुन रही थी। प्रभु ने उसका मन खोला कि वह पौलुस की बातों पर चित्त लगाए। 15 जब उसने अपने घराने समेत बपतिस्मा लिया, तो उसने हम से विनती की, ''यदि तुम मुझे प्रभु की विश्वासिनी समझते हो, तो चलकर मेरे घर में रहो,'' और वह हमें मनाकर ले गई।

पौलुस और सीलास बन्दीगृह में

16 जब हम प्रार्थना करने की जगह जा रहे थे, तो हमें एक दासी मिली जिसमें भावी कहने-वाली आत्मा थी; और भावी कहने से अपने स्वामियों के लिये बहुत कुछ कमा लाती थी। 17 वह पौलुस के और हमारे पीछे आकर चिल्लाने

15:38 * प्रेरि 13:13 16:4 * या *प्रिसबुतिरों*

लगी, ''ये मनुष्य परमप्रधान परमेश्वर के दास हैं, जो हमें उद्धार के मार्ग की कथा सुनाते हैं।'' 18 वह बहुत दिन तक ऐसा ही करती रही; परन्तु पौलुस दुःखी हुआ, और मुड़कर उस आत्मा से कहा, ''मैं तुझे यीशु मसीह के नाम से आज्ञा देता हूँ कि उसमें से निकल जा।'' और वह उसी घड़ी निकल गई।

19 जब उसके स्वामियों ने देखा कि हमारी कमाई की आशा जाती रही, तो पौलुस और सीलास को पकड़ के चौक में प्रधानों के पास खींच ले गए; 20 और उन्हें फौजदारी के हाकिमों के पास ले गए और कहा, ''ये लोग जो यहूदी हैं, हमारे नगर में बड़ी हलचल मचा रहे हैं; 21 और ऐसी रीतियाँ बता रहे हैं, जिन्हें ग्रहण करना या मानना हम रोमियों के लिये ठीक नहीं।'' 22 तब भीड़ के लोग उनके विरोध में इकट्ठे होकर चढ़ आए, और हाकिमों ने उनके कपड़े फाड़कर उतार डाले, और उन्हें बेंत मारने की आज्ञा दी। 23 बहुत बेंत लगवाकर उन्होंने उन्हें बन्दीगृह में डाल दिया और दारोगा को आज्ञा दी कि उन्हें चौकसी से रखे। 24 उसने ऐसी आज्ञा पाकर उन्हें भीतर की कोठरी में रखा और उनके पाँव काठ में ठोंक दिए।

पौलुस और सीलास की बन्दीगृह से मुक्ति

25 आधी रात के लगभग पौलुस और सीलास प्रार्थना करते हुए परमेश्वर के भजन गा रहे थे, और क़ैदी उनकी सुन रहे थे। 26 इतने में एका-एक बड़ा भूकम्प आया, यहाँ तक कि बन्दीगृह की नींव हिल गई, और तुरन्त सब द्वार खुल गए; और सब के बन्धन खुल पड़े। 27 दारोगा जाग उठा, और बन्दीगृह के द्वार खुले देखकर समझा कि क़ैदी भाग गए हैं, अतः उसने तलवार खींचकर अपने आप को मार डालना चाहा। 28 परन्तु पौलुस ने ऊँचे शब्द से पुकारकर कहा, ''अपने आप को कुछ हानि न पहुँचा, क्योंकि हम सब यहीं हैं।'' 29 तब वह दीया मँगवाकर भीतर लपका, और काँपता हुआ पौलुस और सीलास के आगे गिरा; 30 और उन्हें बाहर लाकर कहा, ''हे सज्जनो, उद्धार पाने के लिये मैं क्या करूँ?'' 31 उन्होंने कहा, ''प्रभु यीशु मसीह पर विश्वास कर, तो तू और तेरा घराना उद्धार पाएगा।'' 32 और उन्होंने उसको और उसके सारे घर के लोगों को प्रभु का वचन सुनाया। 33 रात को उसी घड़ी उसने उन्हें ले जाकर उनके घाव धोए, और उसने अपने सब लोगों समेत तुरन्त बपतिस्मा लिया। 34 तब उसने उन्हें अपने घर में ले जाकर उनके आगे भोजन रखा, और सारे घराने समेत परमेश्वर पर विश्वास करके आनन्द किया।

35 जब दिन हुआ तब हाकिमों ने सिपाहियों के हाथ कहला भेजा कि उन मनुष्यों को छोड़ दो। 36 दारोगा ने ये बातें पौलुस से कहीं, ''हाकिमों ने तुम्हें छोड़ देने की आज्ञा भेज दी है। इसलिये अब निकलकर कुशल से चले जाओ।'' 37 परन्तु पौलुस ने उनसे कहा, ''उन्होंने हमें जो रोमी मनुष्य हैं, दोषी ठहराए बिना लोगों के सामने मारा और बन्दीगृह में डाला। अब क्या हमें चुपके से निकाल रहे हैं? ऐसा नहीं; परन्तु वे स्वयं आकर हमें बाहर निकालें।'' 38 सिपाहियों ने ये बातें हाकिमों से कहीं, और वे यह सुनकर कि रोमी हैं, डर गए, 39 और आकर उन्हें मनाया, और बाहर ले जाकर विनती की कि नगर से चले जाएँ। 40 वे बन्दीगृह से निकलकर लुदिया के यहाँ गए, और भाइयों से भेंट करके उन्हें शान्ति दी,* और चले गए।

थिस्सलुनीके नगर में

17 फिर वे अम्फिपुलिस और अपुल्लोनिया होकर थिस्सलुनीके में आए, जहाँ यहूदियों का एक आराधनालय था। 2 पौलुस अपनी रीति के अनुसार उनके पास गया, और तीन सब्त के दिन पवित्र शास्त्रों से उनके साथ वाद-विवाद किया; 3 और उनका अर्थ खोल खोलकर समझाता था कि मसीह को दुःख उठाना, और मरे हुओं में से जी उठना, अवश्य था; और

16:40 * या उपदेश किया

''यही यीशु जिसकी मैं तुम्हें कथा सुनाता हूँ,
मसीह है।'' 4 उनमें से कितनों ने, और भक्त
यूनानियों में से बहुतों ने, और बहुत सी कुलीन
स्त्रियों ने मान लिया, और पौलुस और सीलास
के साथ मिल गए। 5 परन्तु यहूदियों ने डाह से
भरकर बाजारू लोगों में से कुछ दुष्ट मनुष्यों को
अपने साथ में लिया, और भीड़ इकट्ठी कर के
नगर में हुल्लड़ मचाने लगे, और यासोन के घर
पर चढ़ाई करके उन्हें लोगों के सामने लाना चाहा।
6 उन्हें वहाँ न पाकर वे यह चिल्लाते हुए यासोन
और कुछ भाइयों को नगर के हाकिमों के सामने
खींच लाए, ''ये लोग जिन्होंने जगत को उलटा
पुलटा कर दिया है, यहाँ भी आ गए हैं। 7 यासोन
ने उन्हें अपने यहाँ उतारा है। ये सब के सब यह
कहते हैं कि यीशु राजा है, और कैसर की आज्ञाओं
का विरोध करते हैं।'' 8 उन्होंने लोगों को और
नगर के हाकिमों को यह सुनाकर घबरा दिया।
9 इसलिये उन्होंने यासोन और बाकी लोगों से
मुचलका लेकर उन्हें छोड़ दिया।

बिरीया नगर में

10 भाइयों ने तुरन्त रात ही रात पौलुस और
सीलास को बिरीया भेज दिया; और वे वहाँ
पहुँचकर यहूदियों के आराधनालय में गए।
11 ये लोग तो थिस्सलुनीके के यहूदियों से भले
थे, और उन्होंने बड़ी लालसा से वचन ग्रहण
किया, और प्रतिदिन पवित्र शास्त्रों में ढूँढ़ते रहे
कि ये बातें योंहीं हैं कि नहीं। 12 इसलिये उनमें
से बहुतों ने, और यूनानी कुलीन स्त्रियों में से
और पुरुषों में से भी बहुतों ने विश्वास किया।
13 किन्तु जब थिस्सलुनीके के यहूदी जान गए
कि पौलुस बिरीया में भी परमेश्वर का वचन
सुनाता है, तो वहाँ भी आकर लोगों को उसकाने
और हलचल मचाने लगे। 14 तब भाइयों ने
तुरन्त पौलुस को विदा किया कि समुद्र के किनारे
चला जाए; परन्तु सीलास और तीमुथियुस वहीं
रह गए। 15 पौलुस को पहुँचानेवाले उसे एथेंस
तक ले गए; और सीलास और तीमुथियुस के
लिये यह आज्ञा पाकर विदा हुए कि वे उसके
पास शीघ्र से शीघ्र आएँ।

एथेंस नगर में

16 जब पौलुस एथेंस में उनकी बाट जोह
रहा था, तो नगर को मूरतों से भरा हुआ देखकर
उसका जी जल गया। 17 अत: वह आराधनालय
में यहूदियों और भक्तों से, और चौक में जो
लोग उससे मिलते थे उनसे हर दिन वाद-विवाद
किया करता था। 18 तब इपिकूरी और स्तोईकी
दार्शनिकों में से कुछ उससे तर्क करने लगे, और
कुछ ने कहा, ''यह बकवादी क्या कहना चाहता
है?'' परन्तु दूसरों ने कहा, ''वह अन्य देवताओं
का प्रचारक मालूम पड़ता है'' — क्योंकि वह यीशु
का और पुनरुत्थान* का सुसमाचार सुनाता था।
19 तब वे उसे अपने साथ अरियुपगुस पर ले गए
और पूछा, ''क्या हम जान सकते हैं कि यह नया
मत जो तू सुनाता है, क्या है? 20 क्योंकि तू
अनोखी बातें हमें सुनाता है, इसलिये हम जानना
चाहते हैं कि इनका अर्थ क्या है।'' 21 (इसलिये
कि सब एथेंसवासी और परदेशी जो वहाँ रहते
थे, नई-नई बातें कहने और सुनने के सिवाय
और किसी काम में समय नहीं बिताते थे।)

अरियुपगुस की सभा में पौलुस का भाषण

22 तब पौलुस ने अरियुपगुस के बीच में
खड़े होकर कहा, ''हे एथेंस के लोगो, मैं देखता
हूँ कि तुम हर बात में देवताओं के बड़े माननेवाले
हो। 23 क्योंकि मैं फिरते हुए जब तुम्हारी पूजने
की वस्तुओं को देख रहा था, तो एक ऐसी वेदी
भी पाई, जिस पर लिखा था, 'अनजाने ईश्वर के
लिये।' इसलिये जिसे तुम बिना जाने पूजते हो,
मैं तुम्हें उसका समाचार सुनाता हूँ। 24 जिस
परमेश्वर ने पृथ्वी और उसकी सब वस्तुओं को
बनाया, वह स्वर्ग और पृथ्वी का स्वामी होकर,
हाथ के बनाए हुए मन्दिरों में नहीं रहता; 25 न
किसी वस्तु की आवश्यकता के कारण मनुष्यों
के हाथों की सेवा लेता है, क्योंकि वह स्वयं ही

17:18 * *या मृतकोत्थान; अर्थात् जी उठने*

सब को जीवन और श्वास और सब कुछ देता है।* 26 उसने एक ही मूल से मनुष्यों की सब जातियाँ सारी पृथ्वी पर रहने के लिये बनाई हैं; और उनके ठहराए हुए समय और निवास की सीमाओं को इसलिये बाँधा है, 27 कि वे परमेश्वर को ढूँढ़ें, कदाचित उसे टटोलकर पाएँ, तौभी वह हम में से किसी से दूर नहीं। 28 क्योंकि हम उसी में जीवित रहते, और चलते-फिरते, और स्थिर रहते हैं; जैसा तुम्हारे कितने कवियों ने भी कहा है, 'हम तो उसी के वंशज हैं।' 29 अत: परमेश्वर का वंश होकर हमें यह समझना उचित नहीं कि ईश्वरत्व सोने या रूपे या पत्थर के समान है, जो मनुष्य की कारीगरी और कल्पना से गढ़े गए हों। 30 इसलिये परमेश्वर ने अज्ञानता के समयों पर ध्यान नहीं दिया, पर अब हर जगह सब मनुष्यों को मन फिराने की आज्ञा देता है। 31 क्योंकि उसने एक दिन ठहराया है, जिसमें वह उस मनुष्य के द्वारा धार्मिकता से जगत का न्याय करेगा, जिसे उसने ठहराया है, और उसे मरे हुओं में से जिलाकर यह बात सब पर प्रमाणित कर दी है।''

32 मरे हुओं के पुनरुत्थान की बात सुनकर कुछ तो ठट्ठा करने लगे, और कुछ ने कहा, ''यह बात हम तुझ से फिर कभी सुनेंगे।'' 33 इस पर पौलुस उनके बीच में से निकल गया। 34 परन्तु कुछ मनुष्य उसके साथ मिल गए, और विश्वास किया; जिनमें दियुनुसियुस जो अरियुपगुस का सदस्य था, और दमरिस नामक एक स्त्री थी, और उनके साथ और भी लोग थे।

कुरिन्थुस नगर में

18 इसके बाद पौलुस एथेंस को छोड़कर कुरिन्थुस में आया। 2 वहाँ उसे अक्विला नामक एक यहूदी मिला, जिसका जन्म पुन्तुस में हुआ था। वह अपनी पत्नी प्रिस्किल्ला के साथ इटली से हाल ही में आया. था, क्योंकि क्लौदियुस ने सब यहूदियों को रोम से निकल जाने की आज्ञा दी थी। इसी लिये वह उनके यहाँ गया। 3 उसका और उनका एक ही उद्यम था, इसलिये वह उनके साथ रहा और वे काम करने लगे; और उनका उद्यम तम्बू बनाने का था। 4 वह हर एक सब्त के दिन आराधनालय में वाद-विवाद करके यहूदियों और यूनानियों को भी समझाता था।

5 जब सीलास और तीमुथियुस मकिदुनिया से आए, तो पौलुस वचन सुनाने की धुन में यहूदियों को गवाही देने लगा कि यीशु ही मसीह है। 6 परन्तु जब वे विरोध और निन्दा करने लगे, तो उसने अपने कपड़े झाड़कर उनसे कहा, ''तुम्हारा लहू तुम्हारी ही गर्दन पर रहे! मैं निर्दोष हूँ। अब से मैं अन्यजातियों के पास जाऊँगा।'' 7 वहाँ से चलकर वह तितुस यूस्तुस नामक परमेश्वर के एक भक्त के घर में आया; जिसका घर आराधनालय से लगा हुआ था। 8 तब आराधनालय के सरदार क्रिसपुस ने अपने सारे घराने समेत प्रभु पर विश्वास किया; और बहुत से कुरिन्थवासी सुनकर विश्वास लाए और बपतिस्मा लिया। 9 प्रभु ने एक रात दर्शन के द्वारा पौलुस से कहा, ''मत डर, वरन् कहे जा और चुप मत रह; 10 क्योंकि मैं तेरे साथ हूँ, और कोई तुझ पर चढ़ाई करके तेरी हानि न करेगा; क्योंकि इस नगर में मेरे बहुत से लोग हैं।'' 11 इसलिये वह उनमें परमेश्वर का वचन सिखाते हुए डेढ़ वर्ष तक रहा।

12 जब गल्लियो अखाया देश का हाकिम* था, तो यहूदी लोग एका कर के पौलुस पर चढ़ आए, और उसे न्याय आसन के सामने लाकर कहने लगे, 13 ''यह लोगों को समझाता है कि परमेश्वर की उपासना ऐसी रीति से करें, जो व्यवस्था के विपरीत है।'' 14 जब पौलुस बोलने पर ही था, तो गल्लियो ने यहूदियों से कहा, ''हे यहूदियो, यदि यह कुछ अन्याय या दुष्टता की बात होती, तो उचित था कि मैं तुम्हारी सुनता। 15 परन्तु यदि यह वाद-विवाद शब्दों, और नामों, और तुम्हारे यहाँ की व्यवस्था के विषय में है, तो तुम ही जानो; क्योंकि मैं इन बातों का न्यायी

17:24,25* 1 राजा 8:27; यशा 42:5; प्रेरि 8:47   18:12* या *प्रतिनिधि*

नहीं बनना चाहता।'' 16 और उसने उन्हें न्याय आसन के सामने से निकलवा दिया। 17 तब सब लोगों ने आराधनालय के सरदार सोस्थिनेस को पकड़ के न्याय आसन के सामने मारा। परन्तु गल्लियो ने इन बातों की कुछ भी चिन्ता न की।

अन्ताकिया को लौटना

18 पौलुस बहुत दिन तक वहाँ रहा। फिर भाइयों से विदा होकर किंख्रिया में इसलिये सिर मुण्डाया, क्योंकि उसने मन्नत मानी थी,* और जहाज पर सीरिया को चल दिया और उसके साथ प्रिस्किल्ला और अक्विला थे। 19 उसने इफिसुस पहुँचकर उनको वहाँ छोड़ा, और आप आराधनालय में जाकर यहूदियों से विवाद करने लगा। 20 जब उन्होंने उससे विनती की, ''हमारे साथ और कुछ दिन रह।'' तो उसने स्वीकार न किया; 21 परन्तु यह कहकर उनसे विदा हुआ, ''यदि परमेश्वर ने चाहा तो मैं तुम्हारे पास फिर आऊँगा।'' तब वह इफिसुस से जहाज खोलकर चल दिया; 22 और कैसरिया में उतरकर (यरूशलेम को) गया और कलीसिया को नमस्कार करके अन्ताकिया में आया।

पौलुस की तृतीय प्रचार-यात्रा

23 फिर कुछ दिन रहकर वह वहाँ से निकला, और एक ओर से गलातिया और फ्रूगिया प्रदेशों में सब चेलों को स्थिर करता फिरा।

इफिसुस नगर में अपुल्लोस

24 अपुल्लोस नामक एक यहूदी, जिसका जन्म सिकन्दरिया में हुआ था, जो विद्वान पुरुष था और पवित्रशास्त्र को अच्छी तरह से जानता था, इफिसुस में आया। 25 उसने प्रभु के मार्ग की शिक्षा पाई थी, और मन लगाकर यीशु के विषय ठीक ठीक सुनाता और सिखाता था, परन्तु वह केवल यूहन्ना के बपतिस्मा की बात जानता था। 26 वह आराधनालय में निडर होकर बोलने लगा, पर प्रिस्किल्ला और अक्विला उसकी बातें सुनकर उसे अपने यहाँ ले गए और परमेश्वर का मार्ग उसको और भी ठीक ठीक बताया। 27 जब उसने निश्चय किया कि पार उतरकर अखाया को जाए तो भाइयों ने उसे ढाढ़स देकर चेलों को लिखा कि वे उससे अच्छी तरह मिलें; और उसने वहाँ पहुँचकर उन लोगों की बड़ी सहायता की जिन्होंने अनुग्रह के कारण विश्वास किया था। 28 क्योंकि वह पवित्रशास्त्र से प्रमाण दे देकर कि यीशु ही मसीह है, बड़ी प्रबलता से यहूदियों को सब के सामने निरुत्तर करता रहा।

इफिसुस नगर में पौलुस

19 जब अपुल्लोस कुरिन्थुस में था, तो पौलुस ऊपर के सारे प्रदेश से होकर इफिसुस में आया। वहाँ कुछ चेलों को देखकर 2 उनसे कहा, ''क्या तुम ने विश्वास करते समय पवित्र आत्मा पाया?'' उन्होंने उससे कहा, ''हम ने तो पवित्र आत्मा की चर्चा भी नहीं सुनी।'' 3 उसने उनसे कहा, ''तो फिर तुम ने किसका बपतिस्मा लिया?'' उन्होंने कहा, ''यूहन्ना का बपतिस्मा।'' 4 पौलुस ने कहा, ''यूहन्ना ने यह कहकर मन फिराव का बपतिस्मा दिया कि जो मेरे बाद आनेवाला है, उस पर अर्थात् यीशु पर विश्वास करना।''* 5 यह सुनकर उन्होंने प्रभु यीशु के नाम में बपतिस्मा लिया। 6 जब पौलुस ने उन पर हाथ रखे, तो पवित्र आत्मा उन पर उतरा, और वे भिन्न-भिन्न भाषा बोलने और भविष्यद्वाणी करने लगे। 7 ये सब लगभग बारह पुरुष थे।

8 वह आराधनालय में जाकर तीन महीने तक निडर होकर बोलता रहा, और परमेश्वर के राज्य के विषय में विवाद करता और समझाता रहा। 9 परन्तु जब कुछ लोगों ने कठोर होकर उसकी नहीं मानी वरन् लोगों के सामने इस मार्ग को बुरा कहने लगे, तो उसने उनको छोड़ दिया और चेलों को अलग कर लिया, और प्रतिदिन तुरन्नुस की पाठशाला में वाद-विवाद किया करता था।

18:18 * गिन 6:18   **19:4** * मत्ती 3:11; मर 1:4,7,8; लूका 3:4,16; यूह 1:26,27

10 दो वर्ष तक यही होता रहा, यहाँ तक कि
आसिया के रहनेवाले क्या यहूदी क्या यूनानी सब
ने प्रभु का वचन सुन लिया।

11 परमेश्‍वर पौलुस के हाथों से सामर्थ्य के
अनोखे काम दिखाता था। 12 यहाँ तक कि रूमाल
और अंगोछे उसकी देह से स्पर्श करा कर बीमारों
पर डालते थे, और उनकी बीमारियाँ जाती रहती
थीं; और दुष्‍टात्माएँ उनमें से निकल जाया करती
थीं। 13 परन्तु कुछ यहूदी जो झाड़ा फूँकी करते
फिरते थे, यह करने लगे कि जिनमें दुष्‍टात्मा हो
उन पर प्रभु यीशु का नाम यह कहकर फूँके,
"जिस यीशु का प्रचार पौलुस करता है, मैं तुम्हें
उसी की शपथ देता हूँ।" 14 और स्किवा नाम
के एक यहूदी महा याजक के सात पुत्र थे, जो
ऐसा ही करते थे। 15 पर दुष्‍टात्मा ने उनको उत्तर
दिया, "यीशु को मैं जानती हूँ, और पौलुस
को भी पहचानती हूँ, परन्तु तुम कौन हो?"
16 और उस मनुष्य ने जिसमें दुष्‍ट आत्मा थी उन
पर लपककर और उन्हें वश में लाकर, उन पर
ऐसा उपद्रव किया कि वे नंगे और घायल होकर
उस घर से निकल भागे। 17 यह बात इफिसुस
के रहनेवाले सब यहूदी और यूनानी भी जान
गए, और उन सब पर भय छा गया; और प्रभु
यीशु के नाम की बड़ाई हुई। 18 जिन्होंने विश्‍वास
किया था, उनमें से बहुतेरों ने आकर अपने
अपने कामों को मान लिया और प्रगट किया।
19 जादू करनेवालों में से बहुतों ने अपनी–अपनी
पोथियाँ इकट्ठी करके सब के सामने जला दीं,
और जब उनका दाम जोड़ा गया, तो पचास हजार
चाँदी के सिक्‍कों के बराबर निकला। 20 इस
प्रकार प्रभु का वचन बलपूर्वक फैलता और प्रबल
होता गया।

21 जब ये बातें हो चुकीं तो पौलुस ने आत्मा
में ठाना कि मकिदुनिया और अखाया से होकर
यरूशलेम को जाऊँ, और कहा, "वहाँ जाने के
बाद मुझे रोम को भी देखना अवश्य है।"
22 इसलिये अपनी सेवा करनेवालों में से तीमु–
थियुस और इरास्तुस को मकिदुनिया भेजकर आप
कुछ दिन आसिया में रह गया।

इफिसुस में उपद्रव

23 उस समय उस पन्थ के विषय में बड़ा
हुल्लड़ हुआ। 24 क्योंकि देमेत्रियुस नाम का
एक सुनार अरतिमिस के चाँदी के मन्दिर बनवाकर
कारीगरों को बहुत काम दिलाया करता था।
25 उसने उनको और ऐसी ही वस्तुओं के कारीगरों
को इकट्ठा करके कहा, "हे मनुष्यो, तुम जानते
हो कि इस काम से हमें कितना धन मिलता है।
26 तुम देखते और सुनते हो कि केवल इफिसुस
ही में नहीं, वरन् प्रायः सारे आसिया में यह कह
कहकर इस पौलुस ने बहुत से लोगों को समझाया
और भरमाया भी है, कि जो हाथ की कारीगरी
हैं, वे ईश्‍वर नहीं। 27 इससे अब केवल इसी
बात का ही डर नहीं है कि हमारे इस धन्धे की
प्रतिष्‍ठा जाती रहेगी, वरन् यह कि महान् देवी
अरतिमिस का मन्दिर तुच्छ समझा जाएगा, और
जिसे सारा आसिया और जगत पूजता है उसका
महत्व भी जाता रहेगा।"

28 वे यह सुनकर क्रोध से भर गए और
चिल्ला–चिल्लाकर कहने लगे, "इफिसियों की
अरतिमिस, महान् है!" 29 और सारे नगर में
बड़ा कोलाहल मच गया, और लोगों ने मकि–
दुनियावासी गयुस और अरिस्तर्खुस को जो पौलुस
के संगी यात्री थे, पकड़ लिया, और एक साथ
रंगशाला में दौड़ गए। 30 जब पौलुस ने लोगों
के पास भीतर जाना चाहा तो चेलों ने उसे जाने न
दिया। 31 आसिया के हाकिमों में से भी उसके
कई मित्रों ने उसके पास कहला भेजा और विनती
की कि रंगशाला में जाकर जोखिम न उठाना।
32 वहाँ कोई कुछ चिल्लाता था और कोई कुछ,
क्योंकि सभा में बड़ी गड़बड़ी हो रही थी, और
बहुत से लोग तो यह जानते भी नहीं थे कि हम
किस लिये इकट्ठे हुए हैं। 33 तब उन्होंने सिकन्दर
को, जिसे यहूदियों ने खड़ा किया था, भीड़ में
से आगे बढ़ाया। सिकन्दर हाथ से संकेत करके
लोगों के सामने उत्तर देना चाहता था। 34 परन्तु
जब उन्होंने जान लिया कि वह यहूदी है, तो सब
के सब एक शब्द से कोई दो घंटे तक चिल्लाते

रहे, ''इफिसियों की अरतिमिस, महान् है।''
35 तब नगर के मन्त्री ने लोगों को शान्त करके
कहा, ''हे इफिसुस के लोगो, कौन नहीं जानता
कि इफिसियों का नगर महान् देवी अरतिमिस के
मन्दिर, और ज्यूस* की ओर से गिरी हुई मूर्ति
का टहलुआ है। 36 अत: जब कि इन बातों का
खण्डन ही नहीं हो सकता, तो उचित है कि तुम
शान्त रहो और बिना सोचे-विचारे कुछ न करो।
37 क्योंकि तुम इन मनुष्यों को लाए हो जो न
मन्दिर के लूटनेवाले हैं और न हमारी देवी के
निन्दक हैं। 38 यदि देमेत्रियुस और उसके साथी
कारीगरों को किसी से विवाद हो तो कचहरी
खुली है और हाकिम भी हैं; वे एक दूसरे पर
नालिश करें। 39 परन्तु यदि तुम किसी और बात
के विषय में कुछ पूछना चाहते हो, तो नियत
सभा में फैसला किया जाएगा। 40 क्योंकि आज
के बलवे के कारण हम पर दोष लगाए जाने
का डर है, इसलिये कि इसका कोई कारण नहीं,
और हम इस भीड़ के इकट्ठा होने का कोई उत्तर
न दे सकेंगे।'' 41 यह कहकर उसने सभा को
विदा किया।

मकिदुनिया, यूनान और त्रोआस में पौलुस

20 जब हुल्लड़ थम गया तो पौलुस ने
चेलों को बुलवाकर समझाया, और
उनसे विदा होकर मकिदुनिया की ओर चल दिया।
2 उस सारे प्रदेश में से होकर और चेलों को
बहुत उत्साहित कर वह यूनान में आया। 3 जब
तीन महीने रहकर वह वहाँ से जहाज पर सीरिया
की ओर जाने पर था, तो यहूदी उसकी घात में
लगे, इसलिये उसने यह निश्चय किया कि
मकिदुनिया होकर लौट जाए। 4 बिरीया के पुर्रुस
का पुत्र सोपत्रुस और थिस्सलुनीकियों में से
अरिस्तर्खुस और सिकुन्दुस, और दिरबे का गयुस,
और तीमुथियुस, और आसिया का तुखिकुस और
त्रुफिमुस आसिया तक उसके साथ हो लिए।
5 वे आगे जाकर त्रोआस में हमारी बाट जोहते
रहे। 6 और हम अखमीरी रोटी के दिनों के बाद
फिलिप्पी से जहाज पर चढ़कर पाँच दिन में
त्रोआस में उसके पास पहुँचे, और सात दिन तक
वहीं रहे।

त्रोआस में यूतुखुस का जिलाया जाना

7 सप्ताह के पहले दिन जब हम रोटी तोड़ने*
के लिये इकट्ठे हुए, तो पौलुस ने जो दूसरे दिन
चले जाने पर था, उनसे बातें कीं; और आधी रात
तक बातें करता रहा। 8 जिस अटारी पर हम
इकट्ठे थे, उसमें बहुत दीये जल रहे थे। 9 और
यूतुखुस नाम का एक जवान खिड़की पर बैठा
हुआ गहरी नींद से झुक रहा था। जब पौलुस देर
तक बातें करता रहा तो वह नींद के झोंके में
तीसरी अटारी पर से गिर पड़ा, और मरा हुआ
उठाया गया। 10 परन्तु पौलुस उतरकर उससे
लिपट गया, और गले लगाकर कहा, ''घबराओ
नहीं; क्योंकि उसका प्राण उसी में है।'' 11 और
ऊपर जाकर रोटी तोड़ी और खाकर इतनी देर
तक उनसे बातें करता रहा कि पौ फट गई। फिर
वह चला गया। 12 और वे उस जवान को जीवित
ले आए और बहुत शान्ति पाई।

त्रोआस से मिलेतुस की यात्रा

13 हम पहले ही जहाज पर चढ़कर अस्सुस
को इस विचार से आगे गए कि वहाँ से हम
पौलुस को चढ़ा लें, क्योंकि उसने यह इसलिये
ठहराया था कि आप ही पैदल जानेवाला था।
14 जब वह अस्सुस में हमें मिला तो हम उसे
चढ़ाकर मितुलेने में आए। 15 वहाँ से जहाज
खोलकर हम दूसरे दिन खियुस के सामने पहुँचे,
और अगले दिन सामुस में जा लगे; फिर दूसरे
दिन मिलेतुस में आए। 16 क्योंकि पौलुस ने
इफिसुस के पास से होकर जाने का निश्चय किया
था कि कहीं ऐसा न हो कि उसे आसिया में देर
लगे; क्योंकि वह जल्दी में था कि यदि हो सके
तो वह पिन्तेकुस्त के दिन यरूशलेम में रहे।

19:35 * अथवा *आकाश* 20:7 * प्रेरि 2:42

इफिसुस के प्राचीनों को उपदेश

17 उसने मिलेतुस से इफिसुस में कहला
भेजा, और कलीसिया के प्राचीनों* को बुलवाया।
18 जब वे उस के पास आए, तो उनसे कहा :
''तुम जानते हो कि पहले ही दिन से जब मैं
आसिया में पहुँचा, मैं हर समय तुम्हारे साथ
किस प्रकार रहा — 19 अर्थात् बड़ी दीनता से,
और आँसू बहा-बहाकर, और उन परीक्षाओं में
जो यहूदियों के षड्यन्त्र के कारण मुझ पर आ
पड़ी, मैं प्रभु की सेवा करता ही रहा; 20 और
जो-जो बातें तुम्हारे लाभ की थीं, उनको बताने
और लोगों के सामने और घर घर सिखाने से
कभी न झिझका, 21 वरन् यहूदियों और यूनानियों
के सामने गवाही देता रहा कि परमेश्वर की ओर
मन फिराना और हमारे प्रभु यीशु मसीह पर
विश्वास करना चाहिए। 22 अब देखो, मैं आत्मा
में बन्धा हुआ यरूशलेम को जाता हूँ, और
नहीं जानता कि वहाँ मुझ पर क्या-क्या बीतेगा;
23 केवल यह कि पवित्र आत्मा हर नगर में
गवाही दे देकर मुझ से कहता है कि बन्धन और
क्लेश तेरे लिये तैयार हैं। 24 परन्तु मैं अपने प्राण
को कुछ नहीं समझता कि उसे प्रिय जानूँ, वरन्
यह कि मैं अपनी दौड़ को और उस सेवा को
पूरी करूँ,* जो मैं ने परमेश्वर के अनुग्रह के
सुसमाचार पर गवाही देने के लिये प्रभु यीशु से
पाई है। 25 अब देखो, मैं जानता हूँ कि तुम सब
जिनमें मैं परमेश्वर के राज्य का प्रचार करता
फिरा, मेरा मुँह फिर न देखोगे। 26 इसलिये मैं
आज के दिन तुम से गवाही देकर कहता हूँ, कि
मैं सब के लहू से निर्दोष हूँ। 27 क्योंकि मैं
परमेश्वर के सारे अभिप्राय को तुम्हें पूरी रीति से
बताने से न झिझका। 28 इसलिये अपनी और
पूरे झुण्ड की चौकसी करो जिसमें पवित्र आत्मा
ने तुम्हें अध्यक्ष* ठहराया है, कि तुम परमेश्वर
की कलीसिया की रखवाली करो, जिसे उसने
अपने लहू से मोल लिया है। 29 मैं जानता हूँ कि
मेरे जाने के बाद फाड़नेवाले भेड़िए तुम में आएँगे
जो झुण्ड को न छोड़ेंगे। 30 तुम्हारे ही बीच में
से भी ऐसे-ऐसे मनुष्य उठेंगे, जो चेलों को अपने
पीछे खींच लेने को टेढ़ी-मेढ़ी बातें कहेंगे।
31 इसलिये जागते रहो, और स्मरण करो कि मैं
ने तीन वर्ष तक रात दिन आँसू बहा-बहाकर हर
एक को चितौनी देना न छोड़ा। 32 और अब मैं
तुम्हें परमेश्वर को, और उसके अनुग्रह के वचन
को सौंप देता हूँ; जो तुम्हारी उन्नति कर सकता है
और सब पवित्र किए गए लोगों में साझी करके
मीरास दे सकता है। 33 मैं ने किसी के चाँदी,
सोने या कपड़े का लालच नहीं किया। 34 तुम
आप ही जानते हो कि इन्हीं हाथों ने मेरी और
मेरे साथियों की आवश्यकताएँ पूरी कीं। 35 मैं
ने तुम्हें सब कुछ करके दिखाया कि इस रीति
से परिश्रम करते हुए निर्बलों को सम्भालना और
प्रभु यीशु के वचन स्मरण रखना अवश्य है, जो
उसने आप ही कहा है : 'लेने से देना धन्य
है'।''

36 यह कहकर उसने घुटने टेके और उन
सब के साथ प्रार्थना की। 37 तब वे सब बहुत
रोए और पौलुस के गले लिपट कर उसे चूमने
लगे। 38 वे विशेषकर इस बात से शोकित थे जो
उसने कही थी कि तुम मेरा मुँह फिर न देखोगे।
तब उन्होंने उसे जहाज तक पहुँचाया।

पौलुस का यरूशलेम को जाना

21 जब हम ने उनसे अलग होकर जहाज
खोला, तो सीधे मार्ग से कोस में आए,
और दूसरे दिन रुदुस में और वहाँ से पतरा में।
2 वहाँ एक जहाज फीनीके को जाता हुआ मिला,
और हम ने उस पर चढ़कर उसे खोल दिया।
3 जब साइप्रस दिखाई दिया, तो हम ने उसे बाएँ
हाथ छोड़ा, और सीरिया को चलकर सूर में
उतरे; क्योंकि वहाँ जहाज का माल उतारना था।
4 चेलों को पाकर हम वहाँ सात दिन तक रहे।
उन्होंने आत्मा के सिखाए पौलुस से कहा कि
यरूशलेम में पाँव न रखना। 5 जब वे दिन पूरे हो
गए, तो हम वहाँ से चल दिए; और सब ने स्त्रियों

20:17* या *प्रिसबुतिरों* **24*** 2 तीमु 4:7 **28*** या *बिशप*

और बालकों समेत हमें नगर के बाहर तक पहुँचाया; और हम ने किनारे पर घुटने टेककर प्रार्थना की, 6 तब एक दूसरे से विदा होकर, हम तो जहाज पर चढ़े और वे अपने अपने घर लौट गए।

7 तब हम सूर से जलयात्रा पूरी करके पतुलिमयिस में पहुँचे, और भाइयों को नमस्कार करके उनके साथ एक दिन रहे। 8 दूसरे दिन हम वहाँ से चलकर कैसरिया में आए, और फिलिप्पुस सुसमाचार प्रचारक के घर में जो सातों में से एक था;* जाकर उसके यहाँ रहे। 9 उसकी चार कुँवारी पुत्रियाँ थीं, जो भविष्यद्वाणी करती थीं। 10 जब हम वहाँ बहुत दिन रह चुके, तो अगबुस* नामक एक भविष्यद्वक्ता यहूदिया से आया। 11 उसने हमारे पास आकर पौलुस का कटिबन्ध लिया, और अपने हाथ पाँव बाँधकर कहा, ''पवित्र आत्मा यह कहता है कि जिस मनुष्य का यह कटिबन्ध है, उसको यरूशलेम में यहूदी इसी रीति से बाँधेंगे, और अन्यजातियों के हाथ में सौंपेंगे।'' 12 जब हम ने ये बातें सुनीं, तो हम और वहाँ के लोगों ने उससे विनती की कि यरूशलेम को न जाए। 13 परन्तु पौलुस ने उत्तर दिया, ''तुम क्या करते हो कि रो-रोकर मेरा दिल तोड़ते हो? मैं तो प्रभु यीशु के नाम के लिये यरूशलेम में न केवल बाँधे जाने ही के लिये वरन् मरने के लिये भी तैयार हूँ।'' 14 जब उसने न माना तो हम यह कहकर चुप हो गए, ''प्रभु की इच्छा पूरी हो।''

15 इन दिनों के बाद हम ने तैयारी की और यरूशलेम को चल दिए। 16 कैसरिया से भी कुछ चेले हमारे साथ हो लिए, और हमें मनासोन नामक साइप्रस के एक पुराने चेले के यहाँ ले आए, कि हम उसके यहाँ टिकें।

पौलुस की याकूब से भेंट

17 जब हम यरूशलेम में पहुँचे, तो भाई बड़े आनन्द के साथ हम से मिले। 18 दूसरे दिन पौलुस हमें लेकर याकूब के पास गया, जहाँ सब प्राचीन* इकट्ठे थे। 19 तब उसने उन्हें नमस्कार करके, जो जो काम परमेश्वर ने उसकी सेवा के द्वारा अन्यजातियों में किए थे, एक-एक करके सब बताए। 20 उन्होंने यह सुनकर परमेश्वर की महिमा की, फिर उससे कहा, ''हे भाई, तू देखता है कि यहूदियों में से कई हजार ने विश्वास किया है; और सब व्यवस्था के लिये धुन लगाए हैं। 21 उनको तेरे विषय में सिखाया गया है कि तू अन्यजातियों में रहनेवाले यहूदियों को मूसा से फिर जाने को सिखाता है, और कहता है, कि न अपने बच्चों का खतना कराओ और न रीतियों पर चलो। 22 तो फिर क्या किया जाए? लोग अवश्य सुनेंगे कि तू आया है। 23 इसलिये जो हम तुझ से कहते हैं, वह कर। हमारे यहाँ चार मनुष्य हैं जिन्होंने मन्नत मानी है।* 24 उन्हें लेकर उनके साथ अपने आप को शुद्ध कर; और उनके लिये खर्चा दे कि वे सिर मुड़ाएँ।* तब सब जान लेंगे कि जो बातें उन्हें तेरे विषय में बताई गईं, उनमें कुछ सच्चाई नहीं है परन्तु तू आप भी व्यवस्था को मानकर उसके अनुसार चलता है। 25 परन्तु उन अन्यजातियों के विषय में जिन्होंने विश्वास किया है, हम ने यह निर्णय करके लिख भेजा है कि वे मूर्तियों के सामने बलि किए हुए मांस से, और लहू से और गला घोंटे हुओं के मांस से, और व्यभिचार से बचे रहें।*'' 26 तब पौलुस उन मनुष्यों को लेकर, और दूसरे दिन उनके साथ शुद्ध होकर मन्दिर में गया, और वहाँ बता दिया कि शुद्ध होने के दिन, अर्थात् उनमें से हर एक के लिये चढ़ावा चढ़ाए जाने तक के दिन कब पूरे होंगे।

मन्दिर में पौलुस का पकड़ा जाना

27 जब वे सात दिन पूरे होने पर थे, तो आसिया के यहूदियों ने पौलुस को मन्दिर में देखकर सब लोगों को उकसाया, और यों चिल्लाकर उसको पकड़ लिया, 28 ''हे इस्राएलियो, सहायता करो; यह वही मनुष्य है, जो लोगों के, और व्यवस्था के, और इस स्थान के विरोध में

21:8* प्रेरि 6:5; 8:5 **10*** प्रेरि 11:28 **18*** या *प्रिसबुतिर* **23,24*** गिन 6:13–21 **25*** प्रेरि 15:29

हर जगह सब लोगों को सिखाता है, यहाँ तक कि
यूनानियों को भी मन्दिर में लाकर उस ने इस
पवित्र स्थान को अपवित्र किया है।'' 29 उन्होंने
इससे पहले इफिसुसवासी त्रुफिमुस को उसके
साथ नगर में देखा था,* और समझे थे कि पौलुस
उसे मन्दिर में ले आया है। 30 तब सारे नगर में
कोलाहल मच गया, और लोग दौड़कर इकट्ठे
हुए और पौलुस को पकड़कर मन्दिर के बाहर
घसीट लाए, और तुरन्त द्वार बन्द किए गए।
31 जब वे उसे मार डालना चाहते थे, तो पलटन
के सरदार को सन्देश पहुँचा कि सारे यरूशलेम
में कोलाहल मच रहा है। 32 तब वह तुरन्त
सैनिकों और सूबेदारों को लेकर उनके पास नीचे
दौड़ आया; और उन्होंने पलटन के सरदार को
और सैनिकों को देख कर पौलुस को मारना-
पीटना छोड़ दिया। 33 तब पलटन के सरदार ने
पास आकर उसे पकड़ लिया; और दो जंजीरों से
बाँधने की आज्ञा देकर पूछने लगा, ''यह कौन है
और इस ने क्या किया है?'' 34 परन्तु भीड़ में
से कोई कुछ और कोई कुछ चिल्लाता रहा। जब
हुल्लड़ के मारे वह ठीक सच्चाई न जान सका,
तो उसे गढ़ में ले जाने की आज्ञा दी। 35 जब
वह सीढ़ी पर पहुँचा, तो ऐसा हुआ कि भीड़ के
दबाव के मारे सैनिकों को उसे उठाकर ले जाना
पड़ा। 36 क्योंकि लोगों की भीड़ यह चिल्लाती
हुई उसके पीछे पड़ी थी, ''उसका अन्त कर
दो।''

37 जब वे पौलुस को गढ़ में ले जाने पर थे,
तो उसने पलटन के सरदार से कहा, ''क्या मुझे
आज्ञा है कि मैं तुझ से कुछ कहूँ?'' उसने कहा,
''क्या तू यूनानी जानता है? 38 क्या तू वह
मिस्री नहीं, जो इन दिनों से पहले विद्रोही बनाकर,
चार हजार कटारबन्द लोगों को जंगल में ले
गया?'' 39 पौलुस ने कहा, ''मैं तो तरसुस का
यहूदी मनुष्य हूँ! किलिकिया के प्रसिद्ध नगर का
निवासी हूँ। मैं तुझ से विनती करता हूँ कि मुझे
लोगों से बातें करने दे।'' 40 जब उसने आज्ञा
दी, तो पौलुस ने सीढ़ी पर खड़े होकर लोगों को
हाथ से संकेत किया। जब वे चुप हो गए तो वह
इब्रानी भाषा में बोलने लगा :

भीड़ के सामने पौलुस का भाषण

22 ''हे भाइयो और पितरो, मेरा प्रत्युत्तर
सुनो, जो मैं अब तुम्हारे सामने प्रस्तुत
करता हूँ।''

2 वे यह सुनकर कि वह हम से इब्रानी भाषा
में बोलता है, और भी चुप हो गए। तब उसने
कहा :

3 ''मैं तो यहूदी मनुष्य हूँ, जो किलिकिया
के तरसुस में जन्मा; परन्तु इस नगर में गमलीएल*
के पाँवों के पास बैठकर पढ़ाया गया, और बापदादों
की व्यवस्था की ठीक रीति पर सिखाया गया;
और परमेश्वर के लिये ऐसी धुन लगाए था, जैसे
तुम सब आज लगाए हो। 4 मैं ने पुरुष और स्त्री
दोनों को बाँध-बाँधकर और बन्दीगृह में डाल-
डालकर, इस पंथ को यहाँ तक सताया कि उन्हें
मरवा भी डाला।* 5 इस बात के लिये महायाजक
और सब पुरनिये गवाह हैं, कि उनसे मैं भाइयों
के नाम पर चिट्ठियाँ लेकर दमिश्क को चला जा
रहा था, कि जो वहाँ हों उन्हें भी दण्ड दिलाने के
लिये बाँधकर यरूशलेम लाऊँ।*

अपने हृदय-परिवर्तन का वर्णन

(प्रेरितों 9:1-19; 26:12-18)

6 ''जब मैं चलते-चलते दमिश्क के निकट
पहुँचा, तो ऐसा हुआ कि दो पहर के लगभग
एकाएक एक बड़ी ज्योति आकाश से मेरे चारों
ओर चमकी। 7 और मैं भूमि पर गिर पड़ा और
यह शब्द सुना,* 'हे शाऊल, हे शाऊल, तू मुझे
क्यों सताता है?' 8 मैं ने उत्तर दिया, 'हे प्रभु, तू
कौन है?' उसने मुझ से कहा, 'मैं यीशु नासरी
हूँ, जिसे तू सताता है।' 9 मेरे साथियों ने ज्योति
तो देखी, परन्तु जो मुझ से बोलता था उसका
शब्द न सुना। 10 तब मैं ने कहा, 'हे प्रभु, मैं
क्या करूँ?' प्रभु ने मुझ से कहा, 'उठकर दमिश्क
में जा, और जो कुछ तेरे करने के लिये ठहराया

21:29* प्रेरि 20:4 **22:3*** प्रेरि 5:34-39 **4,5*** प्रेरि 8:3; 26:9-11 **7*** यू० *जो मुझ से कहता था*

गया है वहाँ तुझ से सब बता दिया जाएगा।' 11 जब उस ज्योति के तेज के मारे मुझे कुछ दिखाई न दिया, तो मैं अपने साथियों के हाथ पकड़े हुए दमिश्क में आया।

12 ''तब हनन्याह नामक व्यवस्था के अनुसार एक भक्त मनुष्य, जो वहाँ रहनेवाले सब यहूदियों में सुनाम था, 13 मेरे पास आया, और खड़े होकर मुझ से कहा, 'हे भाई शाऊल, फिर देखने लग।' उसी घड़ी मेरे नेत्र खुल गए और मैं ने उसे देखा। 14 तब उसने कहा, 'हमारे बापदादों के परमेश्वर ने तुझे इसलिये ठहराया है कि तू उसकी इच्छा को जाने, और उस धर्मी को देखे और उसके मुँह से बातें सुने। 15 क्योंकि तू उसकी ओर से सब मनुष्यों के सामने उन बातों का गवाह होगा जो तू ने देखी और सुनी हैं। 16 अब क्यों देर करता है? उठ, बपतिस्मा ले, और उसका नाम लेकर अपने पापों को धो डाल।'

अन्यजातियों में प्रचार का आह्वान

17 ''जब मैं फिर यरूशलेम में आकर मन्दिर में प्रार्थना कर रहा था, तो बेसुध हो गया, 18 और उसको देखा कि वह मुझ से कहता है, 'जल्दी करके यरूशलेम से झट निकल जा; क्योंकि वे मेरे विषय में तेरी गवाही न मानेंगे।' 19 मैं ने कहा, 'हे प्रभु, वे तो आप जानते हैं कि मैं तुझ पर विश्वास करनेवालों को बन्दीगृह में डालता और जगह-जगह आराधनालय में पिटवाता था। 20 जब तेरे गवाह स्तिफनुस का लहू बहाया जा रहा था तब मैं भी वहाँ खड़ा था और इस बात में सहमत था, और उसके घातकों के कपड़ों की रखवाली करता था।*' 21 और उसने मुझ से कहा, 'चला जा : क्योंकि मैं तुझे अन्यजातियों के पास दूर-दूर भेजूँगा'।''

22 वे इस बात तक उसकी सुनते रहे, तब ऊँचे शब्द से चिल्लाए, ''ऐसे मनुष्य का अन्त करो, उसका जीवित रहना उचित नहीं!'' 23 जब वे चिल्लाते और कपड़े फेंकते और आकाश में धूल उड़ाते थे; 24 तो पलटन के सरदार ने कहा, ''इसे गढ़ में ले जाओ, और कोड़े मारकर जाँचो, कि मैं जानूँ कि लोग किस कारण उसके विरोध में ऐसा चिल्ला रहे हैं।'' 25 जब उन्होंने उसे तसमों से बाँधा तो पौलुस ने उस सूबेदार से जो पास खड़ा था, कहा, ''क्या यह उचित है कि तुम एक रोमी मनुष्य को, और वह भी बिना दोषी ठहराए हुए, कोड़े मारो?'' 26 सूबेदार ने यह सुनकर पलटन के सरदार के पास जाकर कहा, ''तू यह क्या करता है? यह तो रोमी मनुष्य है।'' 27 तब पलटन के सरदार ने उसके पास आकर कहा, ''मुझे बता, क्या तू रोमी है?'' उसने कहा, ''हाँ।'' 28 यह सुनकर पलटन के सरदार ने कहा, ''मैं ने रोमी होने का पद बहुत रुपये देकर पाया है।'' पौलुस ने कहा, ''मैं तो जन्म से रोमी हूँ।'' 29 तब जो लोग उसे जाँचने पर थे, वे तुरन्त उसके पास से हट गए; और पलटन का सरदार भी यह जानकर कि यह रोमी है और मैं ने उसे बाँधा है, डर गया।

महासभा के सामने पौलुस

30 दूसरे दिन उसने ठीक-ठीक जानने की इच्छा से कि यहूदी उस पर क्यों दोष लगाते हैं, उसके बन्धन खोल दिए; और प्रधान याजकों और सारी महासभा को इकट्ठा होने की आज्ञा दी, और पौलुस को नीचे ले जाकर उनके सामने खड़ा कर दिया।

23 पौलुस ने महासभा की ओर टकटकी लगाकर देखा और कहा, ''हे भाइयो, मैं ने आज तक परमेश्वर के लिये बिलकुल सच्चे विवेक* से जीवन बिताया है।'' 2 इस पर हनन्याह महायाजक ने उनको जो उसके पास खड़े थे, उसके मुँह पर थप्पड़ मारने की आज्ञा दी। 3 तब पौलुस ने उससे कहा, ''हे चूना फिरी हुई भीत,* परमेश्वर तुझे मारेगा। तू व्यवस्था के अनुसार मेरा न्याय करने को बैठा है, और फिर क्या व्यवस्था के विरुद्ध मुझे मारने की आज्ञा देता है?'' 4 जो पास खड़े थे उन्होंने कहा, ''क्या तू परमेश्वर के महायाजक को बुरा-भला कहता है?'' 5 पौलुस

22:20* प्रेरि 7:58 **23:1*** अर्थात् *मन या कान्शन्स* **3*** मत्ती 23:27,28

ने कहा, ''हे भाइयो, मैं नहीं जानता था कि यह महायाजक है; क्योंकि लिखा है : 'अपने लोगों के प्रधान को बुरा न कह'*।''

6 तब पौलुस ने यह जानकर कि एक दल सदूकियों और दूसरा फरीसियों का है, सभा में पुकारकर कहा, ''हे भाइयो, मैं फरीसी और फरीसियों के वंश का हूँ,* मरे हुओं की आशा और पुनरुत्थान† के विषय में मेरा मुकद्दमा हो रहा है।'' 7 जब उसने यह बात कही तो फरीसियों और सदूकियों में झगड़ा होने लगा; और सभा में फूट पड़ गई। 8 क्योंकि सदूकी तो यह कहते हैं, कि न पुनरुत्थान है, न स्वर्गदूत और न आत्मा है;* परन्तु फरीसी इन सब को मानते हैं। 9 तब बड़ा हल्ला मचा और कुछ शास्त्री जो फरीसियों के दल के थे, उठ खड़े हुए और यह कहकर झगड़ने लगे, ''हम इस मनुष्य में कोई बुराई नहीं पाते, और यदि कोई आत्मा या स्वर्गदूत उससे बोला है तो फिर क्या?'' 10 जब बहुत झगड़ा हुआ, तो पलटन के सरदार ने इस डर से कि वे पौलुस के टुकड़े टुकड़े न कर डालें, पलटन को आज्ञा दी कि उतरकर उसको उनके बीच में से जबरदस्ती निकालें, और गढ़ में ले जाएँ।

11 उसी रात प्रभु ने उसके पास खड़े होकर कहा, ''हे पौलुस, ढाढ़स बाँध; क्योंकि जैसी तू ने यरूशलेम में मेरी गवाही दी, वैसी ही तुझे रोम में भी गवाही देनी होगी।''

पौलुस की हत्या का षड्यन्त्र

12 जब दिन हुआ तो यहूदियों ने षड्यन्त्र रचा और शपथ खाई कि जब तक हम पौलुस को मार न डालें, तब तक खाएँ या पीएँ तो हम पर धिक्कार। 13 जिन्होंने आपस में यह शपथ खाई थी, वे चालीस जन से अधिक थे। 14 उन्होंने प्रधान याजकों और पुरनियों के पास जाकर कहा, ''हम ने यह ठान लिया है कि जब तक हम पौलुस को मार न डालें, तब तक यदि कुछ चखें भी तो हम पर धिक्कार है। 15 इसलिये अब महासभा समेत पलटन के सरदार को समझाओ कि उसे तुम्हारे पास ले आए, मानो कि तुम उसके विषय में और भी ठीक से जाँच करना चाहते हो; और हम उसके पहुँचने से पहले ही उसे मार डालने के लिये तैयार रहेंगे।''

16 पौलुस के भांजे ने सुना कि वे उसकी घात में हैं, तो गढ़ में जाकर पौलुस को सन्देश दिया। 17 पौलुस ने सूबेदारों में से एक को अपने पास बुलाकर कहा, ''इस जवान को पलटन के सरदार के पास ले जाओ, यह उससे कुछ कहना चाहता है।'' 18 इसलिये उसने उसको पलटन के सरदार के पास ले जाकर कहा, ''बन्दी पौलुस ने मुझे बुलाकर विनती की कि यह जवान पलटन के सरदार से कुछ कहना चाहता है; इसे उसके पास ले जा।'' 19 पलटन के सरदार ने उसका हाथ पकड़कर और अलग ले जाकर पूछा, ''तू मुझ से क्या कहना चाहता है?'' 20 उसने कहा, ''यहूदियों ने षड्यन्त्र रचा है कि तुझ से विनती करें कि कल पौलुस को महासभा में लाए, मानो वे और ठीक से उसकी जाँच करना चाहते हैं। 21 परन्तु उनकी मत मानना, क्योंकि उनमें से चालीस के ऊपर मनुष्य उसकी घात में हैं, जिन्होंने यह ठान लिया है कि जब तक वे पौलुस को मार न डालें, तब तक न खाएँगे और न पीएँगे। और अब वे तैयार हैं और तेरे वचन की प्रतीक्षा कर रहे हैं।'' 22 तब पलटन के सरदार ने जवान को यह आज्ञा देकर विदा किया, ''किसी से न कहना कि तू ने मुझ को ये बातें बताई हैं।''

पौलुस को फेलिक्स के पास भेजा जाना

23 तब उसने दो सूबेदारों को बुलाकर कहा, ''दो सौ सैनिक, सत्तर सवार, और दो सौ भालैत, पहर रात बीते कैसरिया को जाने के लिये तैयार कर रखो। 24 और पौलुस की सवारी के लिये घोड़े तैयार रखो, कि उसे फेलिक्स हाकिम के पास कुशल से पहुँचा दें।'' 25 उसने इस प्रकार की चिट्ठी भी लिखी :

23:5 * निर्ग 22:28 6 * प्रेरि 26:5; फिलि 3:5 † या *मृतकोत्थान* 8 * मत्ती 22:23; मर 12:18; लूका 20:27

26 ''महामहिम् फेलिक्स हाकिम को क्लौदियुस लूसियास का नमस्कार। 27 इस मनुष्य को यहूदियों ने पकड़कर मार डालना चाहा, परन्तु जब मैं ने जाना कि रोमी है, तो पलटन लेकर छुड़ा लाया। 28 मैं जानना चाहता था कि वे उस पर किस कारण दोष लगाते हैं, इसलिये उसे उनकी महासभा में ले गया। 29 तब मैं ने जान लिया कि वे अपनी व्यवस्था के विवादों के विषय में उस पर दोष लगाते हैं, परन्तु मार डाले जाने या बाँधे जाने के योग्य उसमें कोई दोष नहीं। 30 जब मुझे बताया गया कि वे इस मनुष्य की घात में लगे हैं तो मैं ने तुरन्त उसको तेरे पास भेज दिया; और मुद्दइयों को भी आज्ञा दी कि तेरे सामने उस पर नालिश करें।''

31 अत: जैसी सैनिकों को आज्ञा दी गई थी, वैसे ही वे पौलुस को लेकर रातों-रात अन्तिपत्रिस में आए। 32 दूसरे दिन वे सवारों को उसके साथ जाने के लिये छोड़कर आप गढ़ को लौटे। 33 उन्होंने कैसरिया पहुँचकर हाकिम को चिट्ठी दी; और पौलुस को भी उसके सामने खड़ा किया। 34 उसने चिट्ठी पढ़कर पूछा, ''यह किस प्रान्त का है?'' और जब जान लिया कि किलिकिया का है 35 तो उससे कहा, ''जब तेरे मुद्दई भी आएँगे, तो मैं तेरा मुकद्दमा करूँगा।'' और उसने उसे हेरोदेस के किले* में पहरे में रखने की आज्ञा दी।

हाकिम फेलिक्स के सम्मुख पौलुस

24 पाँच दिन के बाद हनन्याह महायाजक कई पुरनियों और तिरतुल्लुस नामक किसी वकील को साथ लेकर आया। उन्होंने हाकिम के सामने पौलुस पर नालिश की। 2 जब वह बुलाया गया तो तिरतुल्लुस उस पर दोष लगाकर कहने लगा :

''हे महामहिम् फेलिक्स, तेरे द्वारा हम में बड़ा कुशल होता है; और तेरे प्रबन्ध से इस जाति के लिये अनेक बुराइयाँ सुधरती जाती हैं। 3 इसको हम हर जगह और हर प्रकार से धन्यवाद के साथ मानते हैं। 4 परन्तु इसलिये कि तुझे और दु:ख नहीं देना चाहता, मैं तुझ से विनती करता हूँ कि कृपा करके हमारी दो एक बातें सुन ले। 5 क्योंकि हम ने इस मनुष्य को उपद्रवी और जगत के सारे यहूदियों में बलवा करानेवाला, और नासरियों के कुपन्थ का मुखिया पाया है। 6 उसने मन्दिर को अशुद्ध करना चाहा, पर हम ने उसे पकड़ लिया। [हमने उसे अपनी व्यवस्था के अनुसार दण्ड दिया होता; 7 परन्तु पलटन के सरदार लूसियास ने उसे जबरदस्ती हमारे हाथ से छीन लिया, 8 और मुद्दइयों को तेरे सामने आने की आज्ञा दी।]* इन सब बातों को जिनके विषय में हम उस पर दोष लगाते हैं, तू आप ही उस को जाँच करके जान लेगा।'' 9 यहूदियों ने भी उसका साथ देकर कहा, ये बातें इसी प्रकार की हैं।

पौलुस का प्रत्युत्तर

10 जब हाकिम ने पौलुस को बोलने का संकेत किया, तो उसने उत्तर दिया :

''मैं यह जानकर कि तू बहुत वर्षों से इस जाति का न्याय कर रहा है, आनन्द से अपना प्रत्युत्तर देता हूँ। 11 तू आप जान सकता है कि जब से मैं यरूशलेम में आराधना करने को आया, मुझे बारह दिन से ऊपर नहीं हुए। 12 उन्होंने मुझे न मन्दिर में न आराधनालयों में, न नगर में किसी से विवाद करते या भीड़ लगाते पाया; 13 और न तो वे उन बातों को, जिनका वे अब मुझ पर दोष लगाते हैं, तेरे सामने सच प्रमाणित कर सकते हैं। 14 परन्तु मैं तेरे सामने यह मान लेता हूँ कि जिस पन्थ को वे कुपन्थ कहते हैं, उसी की रीति पर मैं अपने बापदादों के परमेश्वर की सेवा करता हूँ; और जो बातें व्यवस्था और भविष्यद्वक्ताओं की पुस्तकों में लिखी हैं, उन सब पर विश्वास करता हूँ। 15 और परमेश्वर से आशा रखता हूँ जो वे आप भी रखते हैं, कि धर्मी और अधर्मी दोनों का जी उठना होगा। 16 इससे मैं आप भी यत्न करता हूँ कि परमेश्वर की, और

23:35* यू॰ *प्रितोरियुम* **24:8*** *कुछ हस्तलेखों में ये पद नहीं मिलते*

मनुष्यों की ओर मेरा विवेक* सदा निर्दोष रहे।
17 बहुत वर्षों के बाद मैं अपने लोगों को दान
पहुँचाने, और भेंट चढ़ाने आया था।* 18 उन्होंने
मुझे मन्दिर में, शुद्ध दशा में, बिना भीड़ के साथ,
और बिना दंगा करते हुए भेंट चढ़ाते पाया*—
हाँ, आसिया के कई यहूदी थे—उनको उचित
था 19 कि यदि मेरे विरोध में उनके पास कोई
बात हो तो यहाँ तेरे सामने आकर मुझ पर दोष
लगाते। 20 या ये आप ही बताएँ कि जब मैं
महासभा के सामने खड़ा था, तो उन्होंने मुझ में
कौन सा अपराध पाया? 21 इस एक बात को
छोड़ जो मैं ने उनके बीच में खड़े होकर पुकारकर
कही थी : 'मरे हुओं के जी उठने के विषय में
आज मेरा तुम्हारे सामने मुकद्दमा हो रहा है'*।''
22 फेलिक्स ने, जो इस पन्थ की बातें ठीक-
ठीक जानता था, उन्हें यह कहकर टाल दिया,
''जब पलटन का सरदार लूसियास आएगा, तो
तुम्हारी बात का निर्णय करूँगा।'' 23 और सूबेदार
को आज्ञा दी कि पौलुस को कुछ छूट में रखकर
रखवाली करना, और उसके मित्रों में से किसी
को भी उसकी सेवा करने से न रोकना।

फेलिक्स और द्रुसिल्ला के सम्मुख पौलुस

24 कुछ दिनों के बाद फेलिक्स अपनी पत्नी
द्रुसिल्ला को, जो यहूदिनी थी, साथ लेकर आया
और पौलुस को बुलवाकर उस विश्वास* के
विषय में जो मसीह यीशु पर है, उससे सुना।
25 जब वह धर्म, और संयम, और आनेवाले
न्याय की चर्चा कर रहा था, तो फेलिक्स ने भयभीत
होकर उत्तर दिया, ''अभी तो जा; अवसर पाकर
मैं तुझे फिर बुलाऊँगा।'' 26 उसे पौलुस से कुछ
रुपये मिलने की भी आशा थी, इसलिये और भी
बुला-बुलाकर उससे बातें किया करता था।
27 परन्तु जब दो वर्ष बीत गए तो पुरकियुस
फेस्तुस, फेलिक्स की जगह पर आया; और
फेलिक्स यहूदियों को खुश करने की इच्छा से
पौलुस को बन्दी ही छोड़ गया।

पौलुस का सम्राट की दोहाई देना

25 फेस्तुस उस प्रान्त में पहुँचने के तीन
दिन बाद कैसरिया से यरूशलेम को
गया। 2 तब प्रधान याजकों और यहूदियों के
प्रमुख लोगों ने उसके सामने पौलुस की नालिश
की; 3 और उससे विनती करके उसके विरोध में
यह वर चाहा कि वह उसे यरूशलेम में बुलवाए,
क्योंकि वे उसे रास्ते ही में मार डालने की घात में
लगे हुए थे। 4 फेस्तुस ने उत्तर दिया, ''पौलुस
कैसरिया में पहरे में है, और मैं आप जल्द वहाँ
जाऊँगा।'' 5 फिर कहा, ''तुम में जो अधिकार
रखते हैं वे साथ चलें, और यदि इस मनुष्य ने
कुछ अनुचित काम किया है तो उस पर दोष
लगाएँ।''
6 उनके बीच कोई आठ दस दिन रहकर वह
कैसरिया चला गया; और दूसरे दिन न्याय-आसन
पर बैठकर पौलुस को लाने की आज्ञा दी। 7 जब
वह आया तो जो यहूदी यरूशलेम से आए थे,
उन्होंने आस-पास खड़े होकर उस पर बहुत से
गम्भीर आरोप लगाए, जिनका प्रमाण वे नहीं दे
सकते थे। 8 परन्तु पौलुस ने उत्तर दिया, ''मैं ने
न तो यहूदियों की व्यवस्था के और न मन्दिर के,
और न ही कैसर के विरुद्ध कोई अपराध किया
है।'' 9 तब फेस्तुस ने यहूदियों को खुश करने
की इच्छा से पौलुस से कहा, ''क्या तू चाहता है
कि यरूशलेम को जाए; और वहाँ मेरे सामने तेरा
यह मुकद्दमा तय किया जाए?'' 10 पौलुस ने
कहा, ''मैं कैसर के न्याय-आसन के सामने खड़ा
हूँ; मेरे मुकद्दमे का यहीं फैसला होना चाहिए।
जैसा तू अच्छी तरह जानता है, यहूदियों का मैं ने
कुछ अपराध नहीं किया। 11 यदि मैं अपराधी
हूँ और मार डाले जाने योग्य कोई काम किया है,
तो मरने से नहीं मुकरता; परन्तु जिन बातों का ये
मुझ पर दोष लगाते हैं, यदि उनमें से कोई भी
बात सच न ठहरे, तो कोई मुझे उनके हाथ नहीं
सौंप सकता। मैं कैसर की दोहाई देता हूँ।''
12 तब फेस्तुस ने मन्त्रियों की सभा के साथ

24:16 * अर्थात् *मन या कान्शन्स* **17,18** * प्रेरि 21:17-28 **21** * प्रेरि 23:6 **24** * या *धर्म*

बातें करके उत्तर दिया, ''तू ने कैसर की दोहाई
दी है, तू कैसर के ही पास जाएगा।''

राजा अग्रिप्पा के सम्मुख पौलुस

13 कुछ दिन बीतने के बाद अग्रिप्पा राजा
और बिरनीके ने कैसरिया में आकर फेस्तुस से
भेंट की। 14 उनके बहुत दिन वहाँ रहने के बाद
फेस्तुस ने पौलुस के विषय में राजा को बताया :
''एक मनुष्य है, जिसे फेलिक्स बन्दी छोड़ गया
है। 15 जब मैं यरूशलेम में था, तो प्रधान याजक
और यहूदियों के पुरनियों ने उसकी नालिश की
और चाहा कि उस पर दण्ड की आज्ञा दी जाए।
16 परन्तु मैं ने उनको उत्तर दिया कि रोमियों की
यह रीति नहीं कि किसी मनुष्य को दण्ड के लिये
सौंप दें, जब तक मुद्दाअलैह को अपने मुद्दइयों
के सामने खड़े होकर दोष के उत्तर देने का अवसर
न मिले। 17 अत: जब वे यहाँ इकट्ठे हुए, तो मैं
ने कुछ देर न की, परन्तु दूसरे ही दिन न्याय-
आसन पर बैठकर उस मनुष्य को लाने की आज्ञा
दी। 18 जब उसके मुद्दई खड़े हुए, तो उन्होंने
ऐसी अनुचित बातों का दोष नहीं लगाया, जैसा
मैं समझता था। 19 परन्तु वे अपने मत के और
यीशु नाम किसी मनुष्य के विषय में, जो मर गया
था और पौलुस उसको जीवित बताता था, विवाद
करते थे। 20 मैं उलझन में था कि इन बातों का
पता कैसे लगाऊँ? इसलिये मैं ने उससे पूछा,
'क्या तू यरूशलेम जाएगा कि वहाँ इन बातों का
फैसला हो?' 21 परन्तु जब पौलुस ने दोहाई दी
कि उसके मुकद्दमे का फैसला महाराजाधिराज
के यहाँ हो, तो मैं ने आज्ञा दी कि जब तक उसे
कैसर के पास न भेजूँ, उसे हिरासत में रखा
जाए।'' 22 तब अग्रिप्पा ने फेस्तुस से कहा,
''मैं भी उस मनुष्य की सुनना चाहता हूँ।'' उसने
कहा, ''तू कल सुन लेगा।''

23 अत: दूसरे दिन जब अग्रिप्पा और बिरनीके
बड़ी धूमधाम से आए और पलटन के सरदारों
और नगर के प्रमुख लोगों के साथ दरबार में
पहुँचे। तब फेस्तुस ने आज्ञा दी कि वे पौलुस को
ले आएँ। 24 फेस्तुस ने कहा, ''हे राजा अग्रिप्पा,
और हे सब मनुष्यो जो यहाँ हमारे साथ हो, तुम
इस मनुष्य को देखते हो, जिसके विषय में सब
यहूदियों ने यरूशलेम में और यहाँ भी चिल्ला-
चिल्लाकर मुझ से विनती की कि इसका जीवित
रहना उचित नहीं। 25 परन्तु मैं ने जान लिया
कि उसने ऐसा कुछ नहीं किया कि मार डाला
जाए; और जबकि उसने आप ही महाराजाधि-
राज की दोहाई दी, तो मैं ने उसे भेजने का
निर्णय किया। 26 मैं ने उसके विषय में कोई
निश्चित बात नहीं पाई कि अपने स्वामी के पास
लिखूँ। इसलिये मैं उसे तुम्हारे सामने और विशेष
करके हे राजा अग्रिप्पा, तेरे सामने लाया हूँ कि
जाँचने के बाद मुझे कुछ लिखने को मिले।
27 क्योंकि बन्दी को भेजना और जो दोष उस
पर लगाए गए, उन्हें न बताना, मुझे व्यर्थ जान
पड़ता है।''

अग्रिप्पा के सम्मुख पौलुस का स्पष्टीकरण

26 अग्रिप्पा ने पौलुस से कहा, ''तुझे अपने
विषय में बोलने की आज्ञा है।'' तब
पौलुस हाथ बढ़ाकर उत्तर देने लगा,

2 ''हे राजा अग्रिप्पा, जितनी बातों का यहूदी
मुझ पर दोष लगाते हैं, आज तेरे सामने उनका
उत्तर देने में मैं अपने को धन्य समझता हूँ,
3 विशेष करके इसलिये कि तू यहूदियों के सब
व्यवहारों और विवादों को जानता है। अत: मैं
विनती करता हूँ, धीरज से मेरी सुन।

4 ''मेरा चाल-चलन आरम्भ से अपनी जाति
के बीच और यरूशलेम में जैसा था, वह सब
यहूदी जानते हैं। 5 यदि वे गवाही देना चाहें, तो
आरम्भ से मुझे पहिचानते हैं कि मैं फरीसी होकर
अपने धर्म के सबसे खरे पन्थ के अनुसार चला।*
6 और अब उस प्रतिज्ञा में आशा के कारण जो
परमेश्वर ने हमारे बापदादों से की थी, मुझ पर
मुकद्दमा चल रहा है। 7 उसी प्रतिज्ञा के पूरे होने
की आशा लगाए हुए, हमारे बारहों गोत्र अपने

26:5 * प्रेरि 23:6; फिलि 3:5

सारे मन से रात-दिन परमेश्‍वर की सेवा करते
आए हैं। हे राजा, इसी आशा के विषय में यहूदी
मुझ पर दोष लगाते हैं। 8 जबकि परमेश्‍वर मरे
हुओं को जिलाता है, तो तुम्हारे यहाँ यह बात
क्यों विश्‍वास के योग्य नहीं समझी जाती?

9 ''मैं ने भी समझा था कि यीशु नासरी के
नाम के विरोध में मुझे बहुत कुछ करना चाहिए।
10 और मैं ने यरूशलेम में ऐसा ही किया; और
प्रधान याजकों से अधिकार पाकर बहुत से पवित्र
लोगों को बन्दीगृह में डाला, और जब वे मार
डाले जाते थे तो मैं भी उनके विरोध में अपनी
सम्मति देता था। 11 हर आराधनालय में मैं उन्हें
ताड़ना दिला दिलाकर यीशु की निन्दा करवाता
था, यहाँ तक कि क्रोध के मारे ऐसा पागल हो
गया कि बाहर के नगरों में भी जाकर उन्हें सताता
था।*

अपने हृदय-परिवर्तन का वर्णन

(प्रेरितों 9:1-19; 22: 6-16)

12 ''इसी धुन में जब मैं प्रधान याजकों से
अधिकार और आज्ञा-पत्र लेकर दमिश्क को जा
रहा था; 13 तो हे राजा, मार्ग में दोपहर के समय
मैं ने आकाश से सूर्य के तेज से भी बढ़कर एक
ज्योति, अपने और अपने साथ चलनेवालों के
चारों ओर चमकती हुई देखी। 14 जब हम सब
भूमि पर गिर पड़े, तो मैं ने इब्रानी भाषा में, मुझ
से यह कहते हुए एक शब्द सुना, 'हे शाऊल, हे
शाऊल, तू मुझे क्यों सताता है? पैने पर लात
मारना तेरे लिये कठिन है।' 15 मैं ने कहा, 'हे
प्रभु, तू कौन है?' प्रभु ने कहा, 'मैं यीशु हूँ,
जिसे तू सताता है। 16 परन्तु तू उठ, अपने पाँवों
पर खड़ा हो; क्योंकि मैं ने तुझे इसलिये दर्शन
दिया है कि तुझे उन बातों का भी सेवक और
गवाह ठहराऊँ, जो तू ने देखी हैं, और उनका भी
जिनके लिये मैं तुझे दर्शन दूँगा। 17 और मैं तुझे
तेरे लोगों से और अन्यजातियों से बचाता रहूँगा,
जिनके पास मैं अब तुझे इसलिये भेजता हूँ
18 कि तू उनकी आँखें खोले कि वे अंधकार से
ज्योति की ओर, और शैतान के अधिकार से
परमेश्‍वर की ओर फिरें; कि पापों की क्षमा और
उन लोगों के साथ जो मुझ पर विश्‍वास करने से
पवित्र किए गए हैं, मीरास पाएँ।'

अपने कार्यों का वर्णन

19 ''अत: हे राजा अग्रिप्पा, मैं ने उस स्वर्गीय
दर्शन की बात न टाली, 20 परन्तु पहले दमिश्क
के, फिर यरूशलेम के, और तब यहूदिया के सारे
देश के रहनेवालों को, और अन्यजातियों को
समझाता रहा, कि मन फिराओ और परमेश्‍वर
की ओर फिर कर मन फिराव के योग्य काम
करो।* 21 इन बातों के कारण यहूदी मुझे मन्दिर
में पकड़ के मार डालने का यत्न करते थे।
22 परन्तु परमेश्‍वर की सहायता से मैं आज तक
बना हूँ और छोटे बड़े सभी के सामने गवाही
देता हूँ, और उन बातों को छोड़ कुछ नहीं कहता
जो भविष्यद्वक्‍ताओं और मूसा ने भी कहा कि
होनेवाली हैं, 23 कि मसीह को दु:ख उठाना
होगा, और वही सब से पहले मरे हुओं में से जी
उठकर, हमारे लोगों में और अन्यजातियों में
ज्योति का प्रचार करेगा।*''

24 जब वह इस रीति से उत्तर दे रहा था, तो
फेस्तुस ने ऊँचे शब्द से कहा, ''हे पौलुस, तू
पागल है। बहुत विद्या ने तुझे पागल कर दिया
है।'' 25 परन्तु पौलुस ने कहा, ''हे महामहिम्
फेस्तुस, मैं पागल नहीं, परन्तु सच्‍चाई और बुद्धि
की बातें कहता हूँ। 26 राजा भी जिसके सामने
मैं निडर होकर बोल रहा हूँ, ये बातें जानता है;
और मुझे विश्‍वास है कि इन बातों में से कोई
उससे छिपी नहीं, क्योंकि यह घटना किसी
कोने में नहीं हुई। 27 हे राजा अग्रिप्पा, क्या तू
भविष्यद्वक्‍ताओं का विश्‍वास करता है? हाँ, मैं
जानता हूँ कि तू विश्‍वास करता है।'' 28 तब
अग्रिप्पा ने पौलुस से कहा, ''तू थोड़े ही समझाने
से* मुझे मसीही बनाना चाहता है?'' 29 पौलुस
ने कहा, ''परमेश्‍वर से मेरी प्रार्थना है कि क्या
थोड़े में क्या बहुत में, केवल तू ही नहीं परन्तु

26:9-11 प्रेरि 8:3; 22:4,5   20* प्रेरि 9:20,28,29   23* यशा 42:6; 49:6; 1 कुरि 15:20   28* यू० थोड़े में*

जितने लोग आज मेरी सुनते हैं, इन बन्धनों को
छोड़ वे मेरे समान हो जाएँ।''
30 तब राजा और हाकिम और बिरनीके और
उनके साथ बैठनेवाले उठ खड़े हुए; 31 और
अलग जाकर आपस में कहने लगे, ''यह मनुष्य
ऐसा तो कुछ नहीं करता, जो मृत्युदण्ड या बन्दीगृह
में डाले जाने के योग्य हो।'' 32 अग्रिप्पा ने
फेस्तुस से कहा, ''यदि यह मनुष्य कैसर की
दोहाई न देता, तो छूट सकता था।''

पौलुस की रोम-यात्रा : क्रेते तक

27 जब यह निश्चित हो गया कि हम
जहाज द्वारा इटली जाएँ, तो उन्होंने
पौलुस और कुछ अन्य बन्दियों को भी यूलियुस
नामक औगुस्तुस की पलटन के एक सूबेदार के
हाथ सौंप दिया। 2 अद्रमुत्तियुम के एक जहाज
पर जो आसिया के किनारे की जगहों में जाने
पर था, चढ़कर हम ने उसे खोल दिया, और
अरिस्तर्खुस नामक थिस्सलुनीके का एक मकिदूनी
हमारे साथ था। 3 दूसरे दिन हम ने सैदा में लंगर
डाला, और यूलियुस ने पौलुस पर कृपा करके
उसे मित्रों के यहाँ जाने दिया कि उसका सत्कार
किया जाए। 4 वहाँ से जहाज खोलकर हवा
विरुद्ध होने के कारण हम साइप्रस की आड़ में
होकर चले; 5 और किलिकिया और पंफूलिया
के निकट के समुद्र में होकर लूसिया के मूरा में
उतरे। 6 वहाँ सूबेदार को सिकन्दरिया का एक
जहाज इटली जाता हुआ मिला, और उसने हमें
उस पर चढ़ा दिया। 7 जब हम बहुत दिनों तक
धीरे-धीरे चलकर कठिनाई से कनिदुस के सामने
पहुँचे, तो इसलिये कि हवा हमें आगे बढ़ने न
देती थी, हम सलमोने के सामने से होकर क्रेते
की आड़ में चले; 8 और उसके किनारे-किनारे
कठिनाई से चलकर 'शुभलंगरबारी' नामक
एक जगह पहुँचे, जहाँ से लसया नगर निकट
था।
9 जब बहुत दिन बीत गए और जलयात्रा में
जोखिम इसलिये होती थी कि उपवास के दिन
अब बीत चुके थे। अतः पौलुस ने उन्हें यह
कहकर समझाया, 10 ''हे सज्जनो, मुझे ऐसा
जान पड़ता है कि इस यात्रा में विपत्ति और बहुत
हानि, न केवल माल और जहाज की वरन् हमारे
प्राणों की भी होनेवाली है।'' 11 परन्तु सूबेदार
ने पौलुस की बातों से कप्तान और जहाज के
स्वामी की बातों को बढ़कर माना। 12 वह
बन्दरगाह जाड़ा काटने के लिये अच्छा न था,
इसलिये बहुतों का विचार हुआ कि वहाँ से
जहाज खोलकर यदि किसी रीति से हो सके तो
फीनिक्स पहुँचकर जाड़ा काटें। यह तो क्रेते का
एक बन्दरगाह है जो दक्षिण-पश्चिम और उत्तर-
पश्चिम की ओर खुलता है।

समुद्र में तूफान

13 जब कुछ-कुछ दक्षिणी हवा बहने लगी,
तो यह समझकर कि हमारा अभिप्राय पूरा हो
गया, लंगर उठाया और किनारा धरे हुए क्रेते के
पास से जाने लगे। 14 परन्तु थोड़ी देर में जमीन
की ओर से एक बड़ी आँधी उठी, जो 'यूरकुलीन'
कहलाती है। 15 जब आँधी जहाज पर लगी तो
वह उसके सामने ठहर न सका, अतः हम ने उसे
बहने दिया और इसी तरह बहते हुए चले गए।
16 तब कौदा नामक एक छोटे से टापू की आड़
में बहते बहते हम कठिनाई से डोंगी को वश में
कर सके। 17 फिर मल्लाहों ने उसे उठाकर अनेक
उपाय करके जहाज को नीचे से बाँधा, और सुरतिस
के चोरबालू पर टिक जाने के भय से पाल और
सामान उतार कर बहते हुए चले गए। 18 जब
हम ने आँधी से बहुत हिचकोले और धक्के
खाए, तो दूसरे दिन वे जहाज का माल फेंकने
लगे; 19 और तीसरे दिन उन्होंने अपने हाथों से
जहाज का साज़-सामान भी फेंक दिया। 20 जब
बहुत दिनों तक न सूर्य, न तारे दिखाई दिए और
बड़ी आँधी चलती रही, तो अन्त में हमारे बचने
की सारी आशा जाती रही।
21 जब वे बहुत दिन तक भूखे रह चुके, तो
पौलुस ने उनके बीच में खड़े होकर कहा, ''हे
लोगो, चाहिए था कि तुम मेरी बात मानकर क्रेते
से न जहाज खोलते और न यह विपत्ति आती

और न यह हानि उठाते। 22 परन्तु अब मैं तुम्हें समझाता हूँ कि ढाढ़स बाँधो, क्योंकि तुम में से किसी के प्राण की हानि न होगी, पर केवल जहाज की। 23 क्योंकि परमेश्वर जिसका मैं हूँ और जिसकी सेवा करता हूँ, उसके स्वर्गदूत ने आज रात मेरे पास आकर कहा, 24 'हे पौलुस, मत डर! तुझे कैसर के सामने खड़ा होना अवश्य है। देख, परमेश्वर ने सब को जो तेरे साथ यात्रा करते हैं, तुझे दिया है।' 25 इसलिये, हे सज्जनो, ढाढ़स बाँधो; क्योंकि मैं परमेश्वर का विश्वास करता हूँ, कि जैसा मुझ से कहा गया है, वैसा ही होगा। 26 परन्तु हमें किसी टापू पर जा टिकना होगा।''

जहाज का टूटना

27 जब चौदहवीं रात आई, और हम अद्रिया समुद्र में भटकते फिर रहे थे, तो आधी रात के निकट मल्लाहों ने अनुमान से जाना कि हम किसी देश के निकट पहुँच रहे हैं। 28 थाह लेने पर उन्होंने बीस पुरसा गहरा पाया, और थोड़ा आगे बढ़कर फिर थाह ली तो पन्द्रह पुरसा पाया। 29 तब पथरीली जगहों से टकराने के डर से उन्होंने जहाज की पिछाड़ी चार लंगर डाले, और भोर होने की कामना करते रहे। 30 परन्तु जब मल्लाह जहाज पर से भागना चाहते थे, और गलही से लंगर डालने के बहाने डोंगी समुद्र में उतार दी; 31 तो पौलुस ने सूबेदार और सैनिकों से कहा, ''यदि ये जहाज पर न रहें, तो तुम भी नहीं बच सकते।'' 32 तब सैनिकों ने रस्से काटकर डोंगी गिरा दी।

33 जब भोर होने पर था, तब पौलुस ने यह कहके, सब को भोजन करने के लिए समझाया, ''आज चौदह दिन हुए कि तुम आस देखते-देखते भूखे रहे, और कुछ भोजन न किया। 34 इसलिये तुम्हें समझाता हूँ कि कुछ खा लो, जिससे तुम्हारा बचाव हो; क्योंकि तुम में से किसी के सिर का एक बाल भी न गिरेगा।'' 35 यह कहकर उसने रोटी लेकर सब के सामने परमेश्वर का धन्यवाद किया और तोड़कर खाने लगा। 36 तब वे सब भी ढाढ़स बाँधकर भोजन करने लगे। 37 हम सब मिलकर जहाज पर दो सौ छिहत्तर जन थे। 38 जब वे भोजन करके तृप्त हुए, तो गेहूँ को समुद्र में फेंक कर जहाज हल्का करने लगे।

39 जब दिन निकला तो उन्होंने उस देश को नहीं पहिचाना, परन्तु एक खाड़ी देखी जिसका किनारा चौरस था, और विचार किया कि यदि हो सके तो इसी पर जहाज को टिकाएँ। 40 तब उन्होंने लंगरों को खोलकर समुद्र में छोड़ दिया और उसी समय पतवारों के बन्धन खोल दिए, और हवा के सामने अगला पाल चढ़ाकर किनारे की ओर चले। 41 परन्तु दो समुद्र के संगम की जगह पड़कर उन्होंने जहाज को टिकाया, और गलही तो धक्का खाकर गड़ गई और टल न सकी; परन्तु पिछाड़ी लहरों के बल से टूटने लगी। 42 तब सैनिकों का यह विचार हुआ कि बन्दियों को मार डालें, ऐसा न हो कि कोई तैर के निकल भागे। 43 परन्तु सूबेदार ने पौलुस को बचाने की इच्छा से उन्हें इस विचार से रोका और यह कहा, कि जो तैर सकते हैं, पहले कूदकर किनारे पर निकल जाएँ; 44 और बाकी कोई पटरों पर, और कोई जहाज की अन्य वस्तुओं के सहारे निकल जाएँ। इस रीति से सब कोई भूमि पर बच निकले।

माल्टा द्वीप में पौलुस

28 जब हम बच निकले, तो पता चला कि यह द्वीप माल्टा कहलाता है। 2 वहाँ के निवासियों ने हम पर अनोखी कृपा की; क्योंकि मेंह बरसने के कारण ठण्ड थी, इसलिये उन्होंने आग सुलगाकर हम सब को ठहराया। 3 जब पौलुस ने लकड़ियों का गट्ठा बटोरकर आग पर रखा, तो एक साँप आँच पाकर निकला और उसके हाथ से लिपट गया। 4 जब उन निवासियों ने साँप को उसके हाथ से लटके हुए देखा, तो आपस में कहा, ''सचमुच यह मनुष्य हत्यारा है कि यद्यपि समुद्र से बच गया, तौभी न्याय ने जीवित रहने न दिया।'' 5 तब

प्रेरितों 28:6-26

उसने साँप को आग में झटक दिया, और उसे कुछ हानि न पहुँची। 6 परन्तु वे बाट जोहते थे कि वह सूज जाएगा या एकाएक गिर के मर जाएगा, परन्तु जब वे बहुत देर तक देखते रहे और देखा कि उसका कुछ भी नहीं बिगड़ा, तो अपना विचार बदल कर कहा, ''यह तो कोई देवता है।''

7 उस जगह के आसपास उस टापू के प्रधान पुबलियुस की भूमि थी। उसने हमें अपने घर ले जाकर तीन दिन मित्रभाव से पहुनाई की। 8 पुबलियुस का पिता ज्वर और आँव लहू से रोगी पड़ा था। अत: पौलुस ने उसके पास घर में जाकर प्रार्थना की और उस पर हाथ रखकर उसे चंगा किया। 9 जब ऐसा हुआ तो उस द्वीप के बाकी बीमार आए और चंगे किए गए। 10 उन्होंने हमारा बहुत आदर किया, और जब हम चलने लगे तो जो कुछ हमारे लिए आवश्यक था, जहाज पर रख दिया।

माल्टा द्वीप से रोम की ओर

11 तीन महीने के बाद हम सिकन्दरिया के एक जहाज पर चल निकले, जो उस द्वीप में जाड़े भर रहा था, और जिसका चिह्न दियुसकूरी था। 12 सुरकूसा में लंगर डाल कर हम तीन दिन टिके रहे। 13 वहाँ से हम घूमकर रेगियुम में आए; और एक दिन के बाद दक्षिणी हवा चली, तब हम दूसरे दिन पुतियुली में आए। 14 वहाँ हम को भाई मिले, और उनके कहने से हम उनके यहाँ सात दिन तक रहे; और इस रीति से हम रोम को चले। 15 वहाँ से भाई हमारा समाचार सुनकर अप्पियुस के चौक और तीन-सराए तक हम से भेंट करने को निकल आए, जिन्हें देखकर पौलुस ने परमेश्वर का धन्यवाद किया और ढाढ़स बाँधा।

16 जब हम रोम में पहुँचे, तो पौलुस को एक सैनिक के साथ जो उसकी रखवाली करता था, अकेले रहने की आज्ञा मिल गई।

रोम में पौलुस

17 तीन दिन के बाद उसने यहूदियों के प्रमुख लोगों को बुलाया, और जब वे इकट्ठे हुए तो उनसे कहा, ''हे भाइयो, मैं ने अपने लोगों के या बापदादों के व्यवहारों के विरोध में कुछ भी नहीं किया, तौभी बन्दी बनाकर यरूशलेम से रोमियों के हाथ सौंपा गया। 18 उन्होंने मुझे जाँच कर छोड़ देना चाहा, क्योंकि मुझ में मृत्यु के योग्य कोई दोष न था। 19 परन्तु जब यहूदी इसके विरोध में बोलने लगे, तो मुझे कैसर की दोहाई देनी पड़ी* : यह नहीं कि मुझे अपने लोगों पर कोई दोष लगाना था। 20 इसलिये मैं ने तुम को बुलाया है कि तुम से मिलूँ और बातचीत करूँ; क्योंकि इस्राएल की आशा के लिये मैं इस जंजीर से जकड़ा हुआ हूँ।'' 21 उन्होंने उससे कहा, ''न हम ने तेरे विषय में यहूदियों से चिट्ठियाँ पाईं, और न भाइयों में से किसी ने आकर तेरे विषय में कुछ बताया और न बुरा कहा। 22 परन्तु तेरा विचार क्या है? वही हम तुझ से सुनना चाहते हैं, क्योंकि हम जानते हैं कि हर जगह इस मत के विरोध में लोग बातें करते हैं।''

23 तब उन्होंने उसके लिये एक दिन ठहराया, और बहुत से लोग उसके यहाँ इकट्ठे हुए, और वह परमेश्वर के राज्य की गवाही देता हुआ, और मूसा की व्यवस्था और भविष्यद्वक्ताओं की पुस्तकों से यीशु के विषय में समझा समझाकर भोर से साँझ तक वर्णन करता रहा। 24 तब कुछ ने उन बातों को मान लिया, और कुछ ने विश्वास न किया। 25 जब वे आपस में एक मत न हुए, तो पौलुस की इस बात के कहने पर चले गए : ''पवित्र आत्मा ने यशायाह भविष्यद्वक्ता के द्वारा तुम्हारे बापदादों से ठीक ही कहा,

26 'जाकर इन लोगों से कह,
कि सुनते तो रहोगे, परन्तु न समझोगे,
और देखते तो रहोगे, परन्तु न बूझोगे;*

28:19 * प्रेरि 25:11

27 क्योंकि इन लोगों का मन मोटा और
उनके कान भारी हो गए हैं,
और उन्होंने अपनी आँखें बन्द की हैं,
ऐसा न हो कि वे कभी आँखों से देखें
और कानों से सुनें और मन से समझें
और फिरें, और मैं उन्हें चंगा करूँ।' *
28 अत: तुम जानो कि परमेश्वर के इस उद्धार की कथा अन्यजातियों के पास भेजी गई है, और वे सुनेंगे।'' 29 जब उसने यह कहा तो यहूदी आपस में बहुत विवाद करने लगे और वहाँ से चले गए।

30 वह पूरे दो वर्ष अपने भाड़े के घर में रहा, 31 और जो उसके पास आते थे, उन सब से मिलता रहा और बिना रोक-टोक बहुत निडर होकर परमेश्वर के राज्य का प्रचार करता और प्रभु यीशु मसीह की बातें सिखाता रहा।

28:26, 27 * यशा 6:9,10

रोमियों के नाम पौलुस प्रेरित की पत्री

भूमिका

रोमियों के नाम पौलुस प्रेरित की पत्री का उद्देश्य था रोम स्थित कलीसिया की यात्रा के लिये मार्ग तैयार करना, जिसकी योजना पौलुस ने बनाई थी। उसकी योजना थी कि कुछ समय तक वह वहाँ के मसीहियों के बीच कार्य करे, फिर उनकी सहायता से स्पेन तक जाए। मसीही विश्वास के अपने ज्ञान और मसीहियों के जीवनों में इसके व्यावहारिक समावेश को समझाने के लिए पौलुस ने यह पत्री लिखी। इस पुस्तक में हमें पौलुस के संदेश का सबसे पूर्ण विवरण मिलता है।

रोम की कलीसिया के लोगों का अभिवादन करने और उनके लिये अपनी प्रार्थनाओं के विषय में बताने के बाद, पौलुस इस पत्री के मूल विषय का वर्णन करता है : ''क्योंकि उसमें (सुसमाचार में) परमेश्वर की धार्मिकता विश्वास से और विश्वास के लिये प्रगट होती है'' (1:17)।

पौलुस आगे इस मूल विषय को विस्तार से समझाता है। सम्पूर्ण मानव जाति, यहूदी और अन्यजाति दोनों ही, को परमेश्वर के साथ मेलमिलाप करने की आवश्यकता है, क्योंकि सभी समान रूप से पाप के अधिकार में हैं। यीशु मसीह में विश्वास के द्वारा ही लोगों का परमेश्वर के साथ मेलमिलाप होता है। फिर पौलुस मसीह के साथ नए जीवन का वर्णन करता है जो परमेश्वर के साथ इस नए सम्बन्ध का परिणाम होता है। विश्वासी का परमेश्वर के साथ मेलमिलाप होता है और परमेश्वर का आत्मा पाप और मृत्यु के अधिकार से उसे स्वतन्त्र कर देता है। अध्याय 5-8 में पौलुस विश्वासी के जीवन में परमेश्वर की व्यवस्था का उद्देश्य और परमेश्वर के आत्मा की सामर्थ्य पर भी विचार करता है। फिर प्रेरित इस प्रश्न से जूझता है कि सम्पूर्ण मानवजाति के लिये परमेश्वर की योजना में यहूदी और अन्यजाति कैसे ठीक-ठीक बैठते हैं। वह इस निष्कर्ष पर पहुँचता है कि यहूदियों द्वारा यीशु को अस्वीकार करना भी परमेश्वर की उस योजना का एक भाग है जो सम्पूर्ण

मानवजाति को यीशु मसीह में परमेश्वर के अनुग्रह की सीमा में लाने के लिये बनाई गई, और उसका विश्वास है कि यहूदी सदा यीशु का इन्कार नहीं करते रहेंगे। अंत में पौलुस लिखता है कि मसीही जीवन कैसे जीना चाहिए, विशेषकर दूसरों के साथ प्रेम का सम्बन्ध रखते हुए। वह इन विषय-वस्तुओं को परमेश्वर की सेवा, राज्य और एक दूसरे के प्रति मसीहियों का कर्त्तव्य, और विवेक के प्रश्नों के रूप में लेता है। वह पत्र का समापन व्यक्तिगत संदेशों और परमेश्वर की स्तुति के साथ करता है।

रूप-रेखा :

भूमिका और मूल विषय 1:1-17
मनुष्य के उद्धार की आवश्यकता 1:18 — 3:20
उद्धार का परमेश्वर का मार्ग 3:21 — 4:25
मसीह में नया जीवन 5:1 — 8:39
परमेश्वर की योजना में इस्राएल 9:1 — 11:36
मसीही आचार-व्यवहार (चाल-चलन) 12:1 — 15:13
उपसंहार और व्यक्तिगत अभिवादन 15:14 — 16:27

अभिवादन

1 पौलुस की ओर से जो यीशु मसीह का दास
है, और प्रेरित होने के लिये बुलाया गया,
और परमेश्वर के उस सुसमाचार के लिये अलग
किया गया है 2 जिसकी उसने पहले ही से अपने
भविष्यद्वक्ताओं के द्वारा पवित्रशास्त्र में, 3 अपने
पुत्र हमारे प्रभु यीशु मसीह के विषय में प्रतिज्ञा
की थी; वह शरीर के भाव से तो दाऊद के वंश से
उत्पन्न हुआ 4 और पवित्रता की आत्मा के भाव
से मरे हुओं में से जी उठने के कारण सामर्थ्य के
साथ परमेश्वर का पुत्र ठहरा है। 5 उसके द्वारा
हमें अनुग्रह और प्रेरिताई मिली कि उसके नाम
के कारण सब जातियों के लोग विश्वास करके
उसकी मानें, 6 जिनमें से तुम भी यीशु मसीह के
होने के लिये बुलाए गए हो।

7 उन सब के नाम जो रोम में परमेश्वर के
प्यारे हैं और पवित्र होने के लिये बुलाए गए हैं :

हमारे पिता परमेश्वर और प्रभु यीशु मसीह
की ओर से तुम्हें अनुग्रह और शान्ति मिलती
रहे।

धन्यवाद की प्रार्थना

8 पहले मैं तुम सब के लिये यीशु मसीह के
द्वारा अपने परमेश्वर का धन्यवाद करता हूँ, क्योंकि
तुम्हारे विश्वास की चर्चा सारे जगत में हो रही
है। 9 परमेश्वर जिसकी सेवा मैं अपनी आत्मा से
उसके पुत्र के सुसमाचार के विषय में करता हूँ,
वही मेरा गवाह है कि मैं तुम्हें किस प्रकार लगातार
स्मरण करता रहता हूँ, 10 और नित्य अपनी
प्रार्थनाओं में विनती करता हूँ कि किसी रीति से
अब तुम्हारे पास आने की मेरी यात्रा परमेश्वर
की इच्छा से सफल हो। 11 क्योंकि मैं तुम से
मिलने की लालसा करता हूँ कि मैं तुम्हें कोई
आत्मिक वरदान दूँ जिससे तुम स्थिर हो जाओ;
12 अर्थात् यह कि जब मैं तुम्हारे बीच में होऊँ,
तो हम उस विश्वास के द्वारा जो मुझ में और तुम
में है, एक दूसरे से प्रोत्साहन पाएँ। 13 हे भाइयो,
मैं नहीं चाहता कि तुम इससे अनजान रहो कि मैं
ने बार-बार तुम्हारे पास आना चाहा, कि जैसा
मुझे दूसरी अन्यजातियों में फल मिला, वैसा ही
तुम में भी मिले, परन्तु अब तक रोका गया।*

1:13* प्रेरि 19:21

14 मैं यूनानियों और अन्यभाषियों का, और बुद्धिमानों और निर्बुद्धियों का कर्जदार हूँ। 15 अतः मैं तुम्हें भी जो रोम में रहते हो, सुसमाचार सुनाने को भरसक तैयार हूँ।

सुसमाचार की सामर्थ्य

16 क्योंकि मैं सुसमाचार से नहीं लजाता,* इसलिये कि वह हर एक विश्वास करनेवाले के लिये, पहले तो यहूदी फिर यूनानी के लिये, उद्धार के निमित्त परमेश्वर की सामर्थ्य है। 17 क्योंकि उसमें परमेश्वर की धार्मिकता विश्वास से और विश्वास के लिये प्रगट होती है; जैसा लिखा है, ''विश्वास से धर्मी जन जीवित रहेगा।''*

मनुष्य जाति का पाप

18 परमेश्वर का क्रोध तो उन लोगों की सब अभक्ति और अधर्म पर स्वर्ग से प्रगट होता है, जो सत्य को अधर्म से दबाए रखते हैं। 19 इसलिये कि परमेश्वर के विषय का ज्ञान उनके मनों में प्रगट है, क्योंकि परमेश्वर ने उन पर प्रगट किया है। 20 उसके अनदेखे गुण, अर्थात् उसकी सनातन सामर्थ्य और परमेश्वरत्व, जगत की सृष्टि के समय से उसके कामों के द्वारा देखने में आते हैं, यहाँ तक कि वे निरुत्तर हैं। 21 इस कारण कि परमेश्वर को जानने पर भी उन्होंने परमेश्वर के योग्य बड़ाई और धन्यवाद न किया, परन्तु व्यर्थ विचार करने लगे, यहाँ तक कि उन का निर्बुद्धि मन अन्धेरा हो गया।* 22 वे अपने आप को बुद्धिमान जताकर मूर्ख बन गए, 23 और अविनाशी परमेश्वर की महिमा को नाशवान मनुष्य, और पक्षियों, और चौपायों, और रेंगनेवाले जन्तुओं की मूरत की समानता में बदल डाला।*

24 इस कारण परमेश्वर ने उन्हें उनके मन की अभिलाषाओं के अनुसार अशुद्धता के लिये छोड़ दिया कि वे आपस में अपने शरीरों का अनादर करें। 25 क्योंकि उन्होंने परमेश्वर की सच्चाई को बदलकर झूठ बना डाला, और सृष्टि की उपासना और सेवा की, न कि उस सृजनहार की जो सदा धन्य है! आमीन।

26 इसलिये परमेश्वर ने उन्हें नीच कामनाओं के वश में छोड़ दिया; यहाँ तक कि उनकी स्त्रियों ने भी स्वाभाविक व्यवहार को उससे जो स्वभाव के विरुद्ध है, बदल डाला। 27 वैसे ही पुरुष भी स्त्रियों के साथ स्वाभाविक व्यवहार छोड़कर आपस में कामातुर होकर जलने लगे, और पुरुषों ने पुरुषों के साथ निर्लज्ज काम करके अपने भ्रम का ठीक फल पाया।

28 जब उन्होंने परमेश्वर को पहिचानना न चाहा, तो परमेश्वर ने भी उन्हें उनके निकम्मे मन पर छोड़ दिया कि वे अनुचित काम करें। 29 इसलिये वे सब प्रकार के अधर्म, और दुष्टता, और लोभ, और बैरभाव से भर गए; और डाह, और हत्या, और झगड़े, और छल, और ईर्ष्या से भरपूर हो गए, और चुगलखोर, 30 बदनाम करनेवाले, परमेश्वर से घृणा करनेवाले, दूसरों का अनादर करनेवाले, अभिमानी, डींगमार, बुरी-बुरी बातों के बनानेवाले, माता पिता की आज्ञा न माननेवाले, 31 निर्बुद्धि, विश्वासघाती, मयारहित और निर्दय हो गए। 32 वे तो परमेश्वर की यह विधि जानते हैं कि ऐसे ऐसे काम करनेवाले मृत्यु के दण्ड के योग्य हैं, तौभी न केवल आप ही ऐसे काम करते हैं वरन् करनेवालों से प्रसन्न भी होते हैं।

परमेश्वर का न्याय

2 अतः हे दोष लगानेवाले, तू कोई क्यों न हो, तू निरुत्तर है; क्योंकि जिस बात में तू दूसरे पर दोष लगाता है उसी बात में अपने आप को भी दोषी ठहराता है,* इसलिये कि तू जो दोष लगाता है स्वयं ही वह काम करता है। 2 हम जानते हैं कि ऐसे ऐसे काम करनेवालों पर परमेश्वर की ओर से ठीक-ठीक दण्ड की आज्ञा होती है। 3 हे मनुष्य, तू जो ऐसे-ऐसे काम करनेवालों पर दोष लगाता है और आप वे ही काम करता है; क्या यह समझता है कि तू परमेश्वर की दण्ड की आज्ञा से बच जाएगा? 4 क्या तू

1:16* मर 8:38 **17*** इब्रा 2:4 **21*** इफि 4:17,18 **23*** व्य 4:16-18 **2:1*** मत्ती 7:1; लूका 6:37

उसकी कृपा, और सहनशीलता, और धीरजरूपी धन को तुच्छ जानता है? क्या यह नहीं समझता कि परमेश्वर की कृपा तुझे मन फिराव को सिखाती है? 5 पर तू अपनी कठोरता और हठीले मन के कारण उसके क्रोध के दिन के लिये, जिसमें परमेश्वर का सच्चा न्याय प्रगट होगा, अपने लिये क्रोध कमा रहा है। 6 वह हर एक को उसके कामों के अनुसार बदला देगा :* 7 जो सुकर्म में स्थिर रहकर महिमा, और आदर, और अमरता की खोज में हैं, उन्हें वह अनन्त जीवन देगा; 8 पर जो विवादी हैं और सत्य को नहीं मानते, वरन् अधर्म को मानते हैं, उन पर क्रोध और कोप पड़ेगा। 9 और क्लेश और संकट हर एक मनुष्य के प्राण पर जो बुरा करता है आएगा, पहले यहूदी पर फिर यूनानी पर; 10 परन्तु महिमा और आदर और कल्याण हर एक को मिलेगा, जो भला करता है, पहले यहूदी को फिर यूनानी को। 11 क्योंकि परमेश्वर किसी का पक्षपात नहीं करता।*

12 इसलिये जिन्होंने बिना व्यवस्था पाए पाप किया, वे बिना व्यवस्था के नष्ट भी होंगे; और जिन्होंने व्यवस्था पाकर पाप किया, उनका दण्ड व्यवस्था के अनुसार होगा; 13 (क्योंकि परमेश्वर के यहाँ व्यवस्था के सुननेवाले धर्मी नहीं, पर व्यवस्था पर चलनेवाले धर्मी ठहराए जाएँगे। 14 फिर जब अन्यजाति लोग जिनके पास व्यवस्था नहीं, स्वभाव ही से व्यवस्था की बातों पर चलते हैं, तो व्यवस्था उनके पास न होने पर भी वे अपने लिये आप ही व्यवस्था हैं। 15 वे व्यवस्था की बातें अपने अपने हृदयों में लिखी हुई दिखाते हैं और उनके विवेक* भी गवाही देते हैं, और उनके विचार परस्पर दोष लगाते या उन्हें निर्दोष ठहराते हैं;) 16 जिस दिन परमेश्वर मेरे सुसमाचार के अनुसार यीशु मसीह के द्वारा मनुष्यों की गुप्त बातों का न्याय करेगा।

यहूदी और व्यवस्था

17 यदि तू यहूदी कहलाता है, और व्यवस्था पर भरोसा रखता है, और परमेश्वर के विषय में घमण्ड करता है, 18 और उसकी इच्छा जानता और व्यवस्था की शिक्षा पाकर उत्तम उत्तम बातों को प्रिय जानता है; 19 और अपने पर भरोसा रखता है कि मैं अंधों का अगुवा, और अंधकार में पड़े हुओं की ज्योति, 20 और बुद्धिहीनों का सिखानेवाला, और बालकों का उपदेशक हूँ; और ज्ञान, और सत्य का नमूना, जो व्यवस्था में है, मुझे मिला है। 21 अतः क्या तू जो दूसरों को सिखाता है, अपने आप को नहीं सिखाता? क्या तू जो चोरी न करने का उपदेश देता है, आप ही चोरी करता है? 22 तू जो कहता है, ''व्यभिचार न करना,'' क्या आप ही व्यभिचार करता है? तू जो मूरतों से घृणा करता है, क्या आप ही मन्दिरों को लूटता है? 23 तू जो व्यवस्था के विषय में घमण्ड करता है, क्या व्यवस्था न मानकर परमेश्वर का अनादर करता है? 24 ''क्योंकि तुम्हारे कारण अन्यजातियों में परमेश्वर के नाम की निन्दा की जाती है,'' जैसा लिखा भी है।*

25 यदि तू व्यवस्था पर चले तो खतने से लाभ तो है, परन्तु यदि तू व्यवस्था को न माने तो तेरा खतना बिन खतना की दशा ठहरा। 26 इसलिये यदि खतनारहित मनुष्य व्यवस्था की विधियों को माना करे, तो क्या उसकी बिन खतना की दशा खतने के बराबर न गिनी जाएगी? 27 और जो मनुष्य शारीरिक रूप से बिन खतना रहा, यदि वह व्यवस्था को पूरा करे, तो क्या तुझे जो लेख पाने और खतना किए जाने पर भी व्यवस्था को माना नहीं करता है, दोषी न ठहराएगा? 28 क्योंकि यहूदी वह नहीं जो प्रगट में यहूदी है; और न वह खतना है जो प्रगट में है और देह में है। 29 पर यहूदी वही है जो मन में है; और खतना वही है जो हृदय का और आत्मा में है,* न कि लेख का : ऐसे की प्रशंसा मनुष्यों की ओर से नहीं, परन्तु परमेश्वर की ओर से होती है।

3 अतः यहूदी की क्या बड़ाई या खतने का क्या लाभ? 2 हर प्रकार से बहुत कुछ।

2:6* भजन 62:12; नीति 24:12 **11*** व्य 10:17 **15*** अर्थात् *मन या कान्शन्स* **24*** यशा 52:5 **29*** व्य 30:6

पहले तो यह कि परमेश्वर के वचन उनको सौंपे
गए। 3 यदि कुछ विश्वासघाती निकले भी तो
क्या हुआ? क्या उनके विश्वासघाती होने से
परमेश्वर की सच्चाई व्यर्थ ठहरेगी? 4 कदापि
नहीं! वरन् परमेश्वर सच्चा और हर एक मनुष्य
झूठा ठहरे, जैसा लिखा है,

"जिससे तू अपनी बातों में धर्मी ठहरे
और न्याय करते समय तू जय पाए।"*

5 इसलिये यदि हमारा अधर्म परमेश्वर की
धार्मिकता ठहरा देता है, तो हम क्या कहें? क्या
यह कि परमेश्वर जो क्रोध करता है अन्यायी है?
(यह तो मैं मनुष्य की रीति पर कहता हूँ)।
6 कदापि नहीं! नहीं तो परमेश्वर कैसे जगत का
न्याय करेगा? 7 यदि मेरे झूठ के कारण परमेश्वर
की सच्चाई उसकी महिमा के लिये, अधिक करके
प्रगट हुई तो फिर क्यों पापी के समान मैं दण्ड के
योग्य ठहराया जाता हूँ? 8 "हम क्यों बुराई न
करें कि भलाई निकले?" जैसा हम पर यही
दोष लगाया भी जाता है, और कुछ कहते हैं कि
इनका यही कहना है। परन्तु ऐसों का दोषी ठहराना
ठीक है।

कोई धर्मी नहीं

9 तो फिर क्या हुआ? क्या हम उनसे अच्छे
हैं? कभी नहीं; क्योंकि हम यहूदियों और
यूनानियों दोनों पर यह दोष लगा चुके हैं कि वे
सब के सब पाप के वश में हैं। 10 जैसा
लिखा है :

"कोई धर्मी नहीं, एक भी नहीं।
11 कोई समझदार नहीं;
कोई परमेश्वर का खोजनेवाला नहीं।
12 सब भटक गए हैं, सब के सब निकम्मे
बन गए हैं;
कोई भलाई करने वाला नहीं, एक भी
नहीं।*
13 उनका गला खुली हुई कब्र है,
उन्होंने अपनी जीभों से छल किया
है,
उनके होठों में साँपों का विष है।*
14 उनका मुँह श्राप और कड़वाहट से
भरा है।*
15 उनके पाँव लहू बहाने को फुर्तीले हैं,
16 उनके मार्गों में नाश और क्लेश है,
17 उन्होंने कुशल का मार्ग नहीं जाना।*
18 उनकी आँखों के सामने परमेश्वर का
भय नहीं।*"

19 हम जानते हैं कि व्यवस्था जो कुछ कहती
है उन्हीं से कहती है, जो व्यवस्था के अधीन हैं;
इसलिये कि हर एक मुँह बंद किया जाए और
सारा संसार परमेश्वर के दण्ड के योग्य ठहरे;
20 क्योंकि व्यवस्था के कामों से कोई प्राणी
उसके सामने धर्मी नहीं ठहरेगा, इसलिये कि
व्यवस्था के द्वारा पाप की पहिचान होती है।*

विश्वास द्वारा धार्मिकता

21 परन्तु अब व्यवस्था से अलग परमेश्वर
की वह धार्मिकता प्रगट हुई है, जिसकी गवाही
व्यवस्था और भविष्यद्वक्ता देते हैं, 22 अर्थात्
परमेश्वर की वह धार्मिकता जो यीशु मसीह पर
विश्वास करने से सब विश्वास करनेवालों के
लिये है। क्योंकि कुछ भेद नहीं; 23 इसलिये कि
सब ने पाप किया है और परमेश्वर की महिमा से
रहित हैं, 24 परन्तु उसके अनुग्रह से उस छुटकारे
के द्वारा जो मसीह यीशु में है, सेंत-मेंत धर्मी
ठहराए जाते हैं। 25 उसे परमेश्वर ने उसके लहू
के कारण एक ऐसा प्रायश्चित ठहराया, जो विश्वास
करने से कार्यकारी होता है, कि जो पाप पहले
किए गए और जिन पर परमेश्वर ने अपनी
सहनशीलता के कारण ध्यान नहीं दिया। उनके
विषय में वह अपनी धार्मिकता प्रगट करे।
26 वरन् इसी समय उसकी धार्मिकता प्रगट हो
कि जिससे वह आप ही धर्मी ठहरे, और जो
यीशु पर विश्वास करे उसका भी धर्मी ठहरानेवाला
हो।

3:4* भजन 51:4 **10–12*** भजन 14:1–3; 53:1–3 **13*** भजन 5:9; 140:3 **14*** भजन 10:7 **15–17*** यशा 59:7,8
18* भजन 36:1 **20*** भजन 143:2; गला 2:16

27 तो घमण्ड करना कहाँ रहा? उसकी तो
जगह ही नहीं। कौन-सी व्यवस्था के कारण से?
क्या कर्मों की व्यवस्था से? नहीं, वरन् विश्वास
की व्यवस्था के कारण। 28 इसलिये हम इस
परिणाम पर पहुँचते हैं कि मनुष्य व्यवस्था के
कामों से अलग ही, विश्वास के द्वारा धर्मी ठहरता
है। 29 क्या परमेश्वर केवल यहूदियों ही का है?
क्या अन्यजातियों का नहीं? हाँ, अन्यजातियों
का भी है। 30 क्योंकि एक ही परमेश्वर है, जो
खतनावालों को विश्वास से और खतनारहितों
को भी विश्वास के द्वारा धर्मी ठहराएगा।* 31 तो
क्या हम व्यवस्था को विश्वास के द्वारा व्यर्थ
ठहराते हैं? कदापि नहीं! वरन् व्यवस्था को स्थिर
करते हैं।

अब्राहम का उदाहरण

4 इसलिये हम क्या कहें हमारे शारीरिक पिता
अब्राहम को क्या प्राप्त हुआ? 2 क्योंकि
यदि अब्राहम कामों से धर्मी ठहराया जाता, तो
उसे घमण्ड करने की जगह होती, परन्तु परमेश्वर
के निकट नहीं। 3 पवित्रशास्त्र क्या कहता है?
यह कि "अब्राहम ने परमेश्वर पर विश्वास
किया,* और यह उसके लिये धार्मिकता गिना
गया†।" 4 काम करनेवाले की मजदूरी देना दान
नहीं, परन्तु हक्क समझा जाता है। 5 परन्तु जो
काम नहीं करता वरन् भक्तिहीन के धर्मी ठहराने-
वाले पर विश्वास करता है, उसका विश्वास उसके
लिये धार्मिकता गिना जाता है। 6 जिसे परमेश्वर
बिना कर्मों के धर्मी ठहराता है, उसे दाऊद भी
धन्य कहता है :

7 "धन्य हैं वे जिनके अधर्म क्षमा हुए,
और जिनके पाप ढाँपे गए।
8 धन्य है वह मनुष्य जिसे परमेश्वर पापी न
ठहराए।"*

9 तो यह धन्य वचन, क्या खतनावालों ही के
लिये है या खतनारहितों के लिए भी? हम यह
कहते हैं, "अब्राहम के लिये उसका विश्वास
धार्मिकता गिना गया।" 10 तो वह कैसे गिना
गया? खतने की दशा में या बिना खतने की दशा
में? खतने की दशा में नहीं परन्तु बिना खतने
की दशा में। 11 उसने खतने का चिह्न पाया कि
उस विश्वास की धार्मिकता पर छाप हो जाए जो
उसने बिना खतने की दशा में रखा था,* जिससे
वह उन सब का पिता ठहरे जो बिना खतने की
दशा में विश्वास करते हैं ताकि वे भी धर्मी
ठहरें; 12 और उन खतना किए हुओं का पिता
हो, जो न केवल खतना किए हुए हैं, परन्तु हमारे
पिता अब्राहम के उस विश्वास की लीक पर भी
चलते हैं जो उसने बिन खतने की दशा में किया
था।

विश्वास के द्वारा प्रतिज्ञा का मिलना

13 क्योंकि यह प्रतिज्ञा कि वह जगत का
वारिस होगा, न अब्राहम को न उसके वंश को
व्यवस्था के द्वारा दी गई थी, परन्तु विश्वास की
धार्मिकता के द्वारा मिली।* 14 क्योंकि यदि
व्यवस्थावाले वारिस हैं, तो विश्वास व्यर्थ और
प्रतिज्ञा निष्फल ठहरी।* 15 व्यवस्था तो क्रोध
उपजाती है, और जहाँ व्यवस्था नहीं वहाँ उसका
उल्लंघन भी नहीं।

16 इसी कारण प्रतिज्ञा विश्वास पर आधारित
है कि अनुग्रह की रीति पर हो, कि वह उसके
सब वंशजों के लिये दृढ़ हो, न कि केवल उसके
लिये जो व्यवस्थावाला है वरन् उनके लिये भी
जो अब्राहम के समान विश्वासवाले हैं; वही तो
हम सब का पिता है,* — 17 जैसा लिखा है,
"मैं ने तुझे बहुत सी जातियों का पिता ठहराया
है"* — उस परमेश्वर के सामने जिस पर उसने
विश्वास किया, और जो मरे हुओं को जिलाता
है, और जो बातें हैं ही नहीं उनका नाम ऐसा
लेता है कि मानो वे हैं। 18 उसने निराशा में भी
आशा रखकर विश्वास किया, इसलिये कि उस
वचन के अनुसार कि "तेरा वंश ऐसा होगा,"
वह बहुत सी जातियों का पिता हो।* 19 वह जो

3:30* व्य 6:4; गला 3:20 **4:3*** यू॰ *की प्रतीति की* **†** उत्प 15:6; गला 3:6 **7,8*** भजन 32:1,2 **11*** उत्प 17:10
13* उत्प 17:4-6; 22:17,18; गला 3:29 **14*** गला 3:18 **16*** गला 3:7 **17*** उत्प 17:5 **18*** उत्प 15:5

एक सौ वर्ष का था, अपने मरे हुए से शरीर और सारा के गर्भ की मरी हुई की सी दशा जानकर भी विश्वास में निर्बल न हुआ,* 20 और न अविश्वासी होकर परमेश्वर की प्रतिज्ञा पर संदेह किया, पर विश्वास में दृढ़ होकर परमेश्वर की महिमा की; 21 और निश्चय जाना कि जिस बात की उसने प्रतिज्ञा की है, वह उसे पूरा करने में भी समर्थ है। 22 इस कारण यह उसके लिये धार्मिकता गिना गया। 23 और यह वचन, ''विश्वास उसके लिये धार्मिकता गिना गया,'' न केवल उसी के लिये लिखा गया, 24 वरन् हमारे लिये भी जिनके लिए विश्वास धार्मिकता गिना जाएगा, अर्थात् हमारे लिये जो उस पर विश्वास करते हैं जिसने हमारे प्रभु यीशु को मरे हुओं में से जिलाया। 25 वह हमारे अपराधों के लिये पकड़वाया गया,* और हमारे धर्मी ठहरने के लिये जिलाया भी गया।

परमेश्वर से मेल

5 अत: जब हम विश्वास से धर्मी ठहरे, तो अपने प्रभु यीशु मसीह के द्वारा परमेश्वर के साथ मेल रखें, 2 जिसके द्वारा विश्वास के कारण उस अनुग्रह तक जिसमें हम बने हैं, हमारी पहुँच भी हुई, और परमेश्वर की महिमा की आशा पर घमण्ड करें। 3 केवल यही नहीं, वरन् हम क्लेशों में भी घमण्ड करें, यह जानकर कि क्लेश से धीरज, 4 और धीरज से खरा निकलना, और खरे निकलने से आशा उत्पन्न होती है; 5 और आशा से लज्जा नहीं होती, क्योंकि पवित्र आत्मा जो हमें दिया गया है उसके द्वारा परमेश्वर का प्रेम हमारे मन में डाला गया है।

6 क्योंकि जब हम निर्बल ही थे, तो मसीह ठीक समय पर भक्तिहीनों के लिये मरा। 7 किसी धर्मी जन के लिये कोई मरे, यह तो दुर्लभ है; परन्तु हो सकता है किसी भले मनुष्य के लिये कोई मरने का भी साहस करे। 8 परन्तु परमेश्वर हम पर अपने प्रेम की भलाई इस रीति से प्रगट करता है कि जब हम पापी ही थे तभी मसीह हमारे लिये मरा। 9 अत: जब कि हम अब उसके लहू के कारण धर्मी ठहरे, तो उसके द्वारा परमेश्वर के क्रोध से क्यों न बचेंगे? 10 क्योंकि बैरी होने की दशा में उसके पुत्र की मृत्यु के द्वारा हमारा मेल परमेश्वर के साथ हुआ, तो फिर मेल हो जाने पर उसके जीवन के कारण हम उद्धार क्यों न पाएँगे? 11 केवल यही नहीं, परन्तु हम अपने प्रभु यीशु मसीह के द्वारा, जिसके द्वारा हमारा मेल हुआ है, परमेश्वर में आनन्दित होते हैं।

आदम द्वारा मृत्यु - मसीह द्वारा जीवन

12 इसलिये जैसा एक मनुष्य के द्वारा पाप जगत में आया, और पाप के द्वारा मृत्यु आई, और इस रीति से मृत्यु सब मनुष्यों में फैल गई, क्योंकि सब ने पाप किया।* 13 व्यवस्था के दिए जाने तक पाप जगत में तो था, परन्तु जहाँ व्यवस्था नहीं वहाँ पाप गिना नहीं जाता। 14 तौभी आदम से लेकर मूसा तक मृत्यु ने उन लोगों पर भी राज्य किया, जिन्होंने उस आदम, जो उस आनेवाले का चिह्न है, के अपराध के समान पाप न किया।

15 पर जैसी अपराध की दशा है, वैसी अनुग्रह के वरदान की नहीं, क्योंकि जब एक मनुष्य के अपराध से बहुत लोग मरे, तो परमेश्वर का अनुग्रह और उसका जो दान एक मनुष्य के, अर्थात् यीशु मसीह के, अनुग्रह से हुआ बहुत से लोगों पर अवश्य ही अधिकाई से हुआ। 16 जैसा एक मनुष्य के पाप करने का फल हुआ, वैसा ही दान की दशा नहीं, क्योंकि एक ही के कारण दण्ड की आज्ञा का फैसला हुआ, परन्तु बहुत से अपराधों के कारण ऐसा वरदान उत्पन्न हुआ कि लोग धर्मी ठहरे। 17 क्योंकि जब एक मनुष्य के अपराध के कारण मृत्यु ने उस एक ही के द्वारा राज्य किया, तो जो लोग अनुग्रह और धर्मरूपी वरदान बहुतायत से पाते हैं वे एक मनुष्य के, अर्थात् यीशु मसीह के द्वारा अवश्य ही अनन्त जीवन में राज्य करेंगे।

18 इसलिये जैसा एक अपराध सब मनुष्यों

4:19 * उत्प 17:17   25 * 53:4,5   5:12 * उत्प 3:6

के लिये दण्ड की आज्ञा का कारण हुआ, वैसा ही
एक धर्म का काम भी सब मनुष्यों के लिये जीवन
के निमित्त धर्मी ठहराए जाने का कारण हुआ।
19 क्योंकि जैसा एक मनुष्य के आज्ञा न मानने
से बहुत लोग पापी ठहरे, वैसे ही एक मनुष्य
के आज्ञा मानने से बहुत लोग धर्मी ठहरेंगे।
20 व्यवस्था बीच में आ गई कि अपराध बहुत
हो, परन्तु जहाँ पाप बहुत हुआ वहाँ अनुग्रह
उससे भी कहीं अधिक हुआ, 21 कि जैसा पाप
ने मृत्यु फैलाते हुए राज्य किया, वैसा ही हमारे
प्रभु यीशु मसीह के द्वारा अनुग्रह भी अनन्त जीवन
के लिये धर्मी ठहराते हुए राज्य करे।

पाप के लिये मृतक : मसीह में जीवित

6 तो हम क्या कहें? क्या हम पाप करते रहें
कि अनुग्रह बहुत हो? 2 कदापि नहीं! हम
जब पाप के लिये मर गए तो फिर आगे को
उसमें कैसे जीवन बिताएँ? 3 क्या तुम नहीं जानते
कि हम सब जिन्होंने मसीह यीशु का बपतिस्मा
लिया, उसकी मृत्यु का बपतिस्मा लिया। 4 अत:
उस मृत्यु का बपतिस्मा पाने से हम उसके साथ
गाड़े गए, ताकि जैसे मसीह पिता की महिमा के
द्वारा मरे हुओं में से जिलाया गया, वैसे ही हम
भी नए जीवन की सी चाल चलें।*

5 क्योंकि यदि हम उसकी मृत्यु की समानता
में उसके साथ जुट गए हैं, तो निश्चय उसके जी
उठने की समानता में भी जुट जाएँगे। 6 हम
जानते हैं कि हमारा पुराना मनुष्यत्व उसके साथ
क्रूस पर चढ़ाया गया ताकि पाप का शरीर व्यर्थ
हो जाए, और हम आगे को पाप के दासत्व में न
रहें। 7 क्योंकि जो मर गया, वह पाप से छूटकर
धर्मी ठहरा। 8 इसलिये यदि हम मसीह के साथ
मर गए, तो हमारा विश्वास यह है कि उसके
साथ जीएँगे भी। 9 क्योंकि यह जानते हैं कि
मसीह मरे हुओं में से जी उठकर फिर मरने का
नहीं; उस पर फिर मृत्यु की प्रभुता नहीं होने
की। 10 क्योंकि वह जो मर गया तो पाप के
लिये एक ही बार मर गया; परन्तु जो जीवित है
तो परमेश्वर के लिये जीवित है। 11 ऐसे ही तुम
भी अपने आप को पाप के लिये तो मरा, परन्तु
परमेश्वर के लिये मसीह यीशु में जीवित समझो।

12 इसलिये पाप तुम्हारे नश्वर शरीर में राज्य
न करे, कि तुम उसकी लालसाओं के अधीन
रहो; 13 और न अपने अंगों को अधर्म के हथियार
होने के लिये पाप को सौंपो, पर अपने आपको
मरे हुओं में से जी उठा हुआ जानकर परमेश्वर
को सौंपो, और अपने अंगों को धार्मिकता के हथियार
होने के लिये परमेश्वर को सौंपो। 14 तब तुम
पर पाप की प्रभुता न होगी, क्योंकि तुम व्यवस्था
के अधीन नहीं वरन् अनुग्रह के अधीन हो।

धार्मिकता के दास

15 तो क्या हुआ? क्या हम इसलिये पाप करें
कि हम व्यवस्था के अधीन नहीं वरन् अनुग्रह के
अधीन हैं? कदापि नहीं! 16 क्या तुम नहीं जानते
कि जिस की आज्ञा मानने के लिये तुम अपने
आप को दासों के समान सौंप देते हो उसी के
दास हो : चाहे पाप के, जिसका अन्त मृत्यु है,
चाहे आज्ञाकारिता के, जिसका अन्त धार्मिकता
है? 17 परन्तु परमेश्वर का धन्यवाद हो कि तुम
जो पाप के दास थे अब मन से उस उपदेश
के माननेवाले हो गए, जिसके साँचे में ढाले गए
थे, 18 और पाप से छुड़ाए जाकर धार्मिकता के
दास हो गए। 19 मैं तुम्हारी शारीरिक दुर्बलता के
कारण मनुष्यों की रीति पर कहता हूँ। जैसे तुम
ने अपने अंगों को कुकर्म के लिये अशुद्धता और
कुकर्म के दास करके सौंपा था, वैसे ही अब
अपने अंगों को पवित्रता के लिये धार्मिकता के
दास करके सौंप दो।

20 जब तुम पाप के दास थे, तो धर्म की ओर
से स्वतंत्र थे। 21 अत: जिन बातों से अब तुम
लज्जित होते हो, उनसे उस समय तुम क्या फल
पाते थे? क्योंकि उनका अन्त तो मृत्यु है।
22 परन्तु अब पाप से स्वतंत्र होकर और परमेश्वर
के दास बनकर तुम को फल मिला जिससे पवित्रता
प्राप्त होती है, और उसका अन्त अनन्त जीवन

6:4* कुलु 2:12

है। 23 क्योंकि पाप की मजदूरी तो मृत्यु है,
परन्तु परमेश्वर का वरदान हमारे प्रभु मसीह यीशु
में अनन्त जीवन है।

विवाहित जीवन का दृष्टांत

7 हे भाइयो, क्या तुम नहीं जानते —मैं व्यवस्था
के जाननेवालों से कहता हूँ — कि जब
तक मनुष्य जीवित रहता है, तब तक उस पर
व्यवस्था की प्रभुता रहती है? 2 क्योंकि विवाहिता
स्त्री व्यवस्था के अनुसार अपने पति के जीते जी
उस से बन्धी है, परन्तु यदि पति मर जाए, तो वह
पति की व्यवस्था से छूट गई। 3 इसलिये यदि
पति के जीते जी वह किसी दूसरे पुरुष की हो
जाए, तो व्यभिचारिणी कहलाएगी, परन्तु यदि
पति मर जाए, तो वह उस व्यवस्था से छूट गई,
यहाँ तक कि यदि किसी दूसरे पुरुष की हो जाए
तौभी व्यभिचारिणी न ठहरेगी। 4 वैसे ही हे मेरे
भाइयो, तुम भी मसीह की देह के द्वारा व्यवस्था
के लिये मरे हुए बन गए, कि उस दूसरे के हो
जाओ, जो मरे हुओं में से जी उठा : ताकि हम
परमेश्वर के लिये फल लाएँ। 5 क्योंकि जब हम
शारीरिक थे, तो पापों की अभिलाषाएँ जो व्यवस्था
के द्वारा थीं, मृत्यु का फल उत्पन्न करने के
लिये हमारे अंगों में काम करती थीं। 6 परन्तु
जिस के बन्धन में हम थे उसके लिये मर कर,
अब व्यवस्था से ऐसे छूट गए, कि लेख की
पुरानी रीति पर नहीं, वरन् आत्मा की नई रीति
पर सेवा करते हैं।

व्यवस्था और पाप

7 तो हम क्या कहें? क्या व्यवस्था पाप है?
कदापि नहीं! वरन् बिना व्यवस्था के मैं पाप को
नहीं पहिचानता : व्यवस्था यदि न कहती, कि
लालच मत कर तो मैं लालच को न जानता।*
8 परन्तु पाप ने अवसर पाकर आज्ञा के द्वारा मुझ
में सब प्रकार का लालच उत्पन्न किया, क्योंकि
बिना व्यवस्था पाप मुर्दा है। 9 मैं तो व्यवस्था
बिना पहले जीवित था, परन्तु जब आज्ञा आई,
तो पाप जी गया, और मैं मर गया। 10 और वही
आज्ञा जो जीवन के लिये थी, मेरे लिये मृत्यु का
कारण ठहरी। 11 क्योंकि पाप ने अवसर पाकर
आज्ञा के द्वारा मुझे बहकाया, और उसी के द्वारा
मुझे मार भी डाला।*

12 इसलिये व्यवस्था पवित्र है, और आज्ञा
भी ठीक और अच्छी है। 13 तो क्या वह जो
अच्छी थी, मेरे लिये मृत्यु ठहरी? कदापि नहीं!
परन्तु पाप उस अच्छी वस्तु के द्वारा मेरे लिये
मृत्यु का उत्पन्न करनेवाला हुआ कि उसका पाप
होना प्रगट हो, और आज्ञा के द्वारा पाप बहुत ही
पापमय ठहरे।

मनुष्य का अन्तर्द्वन्द्व

14 हम जानते हैं कि व्यवस्था तो आत्मिक
है, परन्तु मैं शारीरिक और पाप के हाथ बिका
हुआ हूँ। 15 जो मैं करता हूँ उस को नहीं जानता;
क्योंकि जो मैं चाहता हूँ वह नहीं किया करता,
परन्तु जिस से मुझे घृणा आती है वही करता
हूँ।* 16 यदि जो मैं नहीं चाहता वही करता हूँ,
तो मैं मान लेता हूँ कि व्यवस्था भली है। 17 तो
ऐसी दशा में उसका करनेवाला मैं नहीं, वरन्
पाप है जो मुझ में बसा हुआ है। 18 क्योंकि मैं
जानता हूँ कि मुझ में अर्थात् मेरे शरीर में कोई
अच्छी वस्तु वास नहीं करती। इच्छा तो मुझ में
है, परन्तु भले काम मुझ से बन नहीं पड़ते।
19 क्योंकि जिस अच्छे काम की मैं इच्छा करता
हूँ, वह तो नहीं करता, परन्तु जिस बुराई की
इच्छा नहीं करता, वही किया करता हूँ। 20 अत:
यदि मैं वही करता हूँ जिस की इच्छा नहीं करता,
तो उसका करनेवाला मैं न रहा, परन्तु पाप जो
मुझ में बसा हुआ है।

21 इस प्रकार मैं यह व्यवस्था पाता हूँ कि
जब भलाई करने की इच्छा करता हूँ, तो बुराई
मेरे पास आती है। 22 क्योंकि मैं भीतरी मनुष्यत्व
से तो परमेश्वर की व्यवस्था से बहुत प्रसन्न रहता
हूँ। 23 परन्तु मुझे अपने अंगों में दूसरे प्रकार की
व्यवस्था दिखाई पड़ती है, जो मेरी बुद्धि की

7:7* निर्ग 20:17; व्य 5:21 **11*** उत्प 3:13 **15*** गला 5:17

व्यवस्था से लड़ती है और मुझे पाप की व्यवस्था
के बन्धन में डालती है जो मेरे अंगों में है। 24 मैं
कैसा अभागा मनुष्य हूँ! मुझे इस मृत्यु की देह से
कौन छुड़ाएगा? 25 हमारे प्रभु यीशु मसीह के
द्वारा परमेश्वर का धन्यवाद हो। इसलिये मैं आप
बुद्धि से तो परमेश्वर की व्यवस्था का, परन्तु
शरीर से पाप की व्यवस्था का सेवन करता हूँ।

पवित्र आत्मा के द्वारा जीवन

8 अतः अब जो मसीह यीशु में हैं, उन पर
दण्ड की आज्ञा नहीं। [क्योंकि वे शरीर के
अनुसार नहीं वरन् आत्मा के अनुसार चलते हैं।]*
2 क्योंकि जीवन की आत्मा की व्यवस्था ने मसीह
यीशु में मुझे पाप की और मृत्यु की व्यवस्था से
स्वतंत्र कर दिया। 3 क्योंकि जो काम व्यवस्था
शरीर के कारण दुर्बल होकर न कर सकी, उस
को परमेश्वर ने किया, अर्थात् अपने ही पुत्र को
पापमय शरीर की समानता में और पापबलि होने
के लिये भेजकर, शरीर में पाप पर दण्ड की
आज्ञा दी। 4 इसलिये कि व्यवस्था की विधि
हममें जो शरीर के अनुसार नहीं वरन् आत्मा के
अनुसार चलते हैं, पूरी की जाए। 5 क्योंकि
शारीरिक व्यक्ति शरीर की बातों पर मन लगाते
हैं; परन्तु आध्यात्मिक आत्मा की बातों पर मन
लगाते हैं। 6 शरीर पर मन लगाना तो मृत्यु है,
परन्तु आत्मा पर मन लगाना जीवन और शान्ति
है; 7 क्योंकि शरीर पर मन लगाना तो परमेश्वर
से बैर रखना है, क्योंकि न तो परमेश्वर की
व्यवस्था के अधीन है और न हो सकता है;
8 और जो शारीरिक दशा में हैं, वे परमेश्वर को
प्रसन्न नहीं कर सकते।

9 परन्तु जब कि परमेश्वर का आत्मा तुम में
बसता है, तो तुम शारीरिक दशा में नहीं परन्तु
आत्मिक दशा में हो। यदि किसी में मसीह का
आत्मा नहीं तो वह उसका जन नहीं। 10 यदि
मसीह तुम में है, तो देह पाप के कारण मरी हुई
है; परन्तु आत्मा धर्म के कारण जीवित है।
11 यदि उसी का आत्मा जिसने यीशु को मरे
हुओं में से जिलाया, तुम में बसा हुआ है; तो
जिसने मसीह को मरे हुओं में से जिलाया, वह
तुम्हारी नश्वर देहों को भी अपने आत्मा के द्वारा
जो तुम में बसा हुआ है, जिलाएगा।*

12 इसलिये हे भाइयो, हम शरीर के कर्ज़दार
नहीं कि शरीर के अनुसार दिन काटें, 13 क्योंकि
यदि तुम शरीर के अनुसार दिन काटोगे तो मरोगे,
यदि आत्मा से देह की क्रियाओं को मारोगे
तो जीवित रहोगे। 14 इसलिये कि जितने लोग
परमेश्वर के आत्मा के चलाए चलते हैं, वे ही
परमेश्वर के पुत्र हैं। 15 क्योंकि तुम को दासत्व
की आत्मा नहीं मिली कि फिर भयभीत हो,
परन्तु लेपालकपन की आत्मा मिली है, जिससे
हम हे अब्बा, हे पिता कहकर पुकारते हैं।*
16 आत्मा आप ही हमारी आत्मा के साथ गवाही
देता है, कि हम परमेश्वर की सन्तान हैं; 17 और
यदि सन्तान हैं तो वारिस भी, वरन् परमेश्वर के
वारिस और मसीह के संगी वारिस हैं, कि जब
हम उसके साथ दुःख उठाएँ तो उसके साथ महिमा
भी पाएँ।*

भविष्य में प्रगट होनेवाली महिमा

18 क्योंकि मैं समझता हूँ कि इस समय के
दुःख और क्लेश उस महिमा के सामने, जो
हम पर प्रगट होनेवाली है, कुछ भी नहीं हैं।
19 क्योंकि सृष्टि बड़ी आशाभरी दृष्टि से परमेश्वर
के पुत्रों के प्रगट होने की बाट जोह रही है।
20 क्योंकि सृष्टि अपनी इच्छा से नहीं पर अधीन
करनेवाले की ओर से, व्यर्थता के अधीन इस
आशा से की गई* 21 कि सृष्टि भी आप ही
विनाश के दासत्व से छुटकारा पाकर, परमेश्वर
की सन्तानों की महिमा की स्वतंत्रता प्राप्त करेगी।
22 क्योंकि हम जानते हैं कि सारी सृष्टि अब तक
मिलकर कराहती और पीड़ाओं में पड़ी तड़पती
है; 23 और केवल वही नहीं पर हम भी जिनके
पास आत्मा का पहला फल है, आप ही अपने में

8:1* *कुछ प्राचीन हस्तलेखों में यह भाग नहीं मिलता* **11*** 1 कुर 3:16 **15*** मर 14:36; गला 4:6 **15-17*** गला 4:5-7
20* उत्प 3:17-19

कराहते हैं; और लेपालक होने की, अर्थात् अपनी
देह के छुटकारे की बाट जोहते हैं।* 24 इस
आशा के द्वारा हमारा उद्धार हुआ है; परन्तु जिस
वस्तु की आशा की जाती है, जब वह देखने में
आए तो फिर आशा कहाँ रही? क्योंकि जिस
वस्तु को कोई देख रहा है उसकी आशा क्या
करेगा? 25 परन्तु जिस वस्तु को हम नहीं देखते,
यदि उसकी आशा रखते हैं, तो धीरज से उसकी
बाट जोहते भी हैं।

26 इसी रीति से आत्मा भी हमारी दुर्बलता में
सहायता करता है : क्योंकि हम नहीं जानते कि
प्रार्थना किस रीति से करना चाहिए, परन्तु आत्मा
आप ही ऐसी आहें भर भरकर, जो बयान से
बाहर हैं, हमारे लिये विनती करता है; 27 और
मनों का जाँचनेवाला जानता है कि आत्मा की
मनसा क्या है? क्योंकि वह पवित्र लोगों के
लिये परमेश्वर की इच्छा के अनुसार विनती करता
है।

28 हम जानते हैं कि जो लोग परमेश्वर से
प्रेम रखते हैं, उनके लिये सब बातें मिलकर
भलाई ही को उत्पन्न करती हैं; अर्थात् उन्हीं के
लिये जो उसकी इच्छा के अनुसार बुलाए हुए हैं।
29 क्योंकि जिन्हें उसने पहले से जान लिया है
उन्हें पहले से ठहराया भी है कि उसके पुत्र के
स्वरूप में हों, ताकि वह बहुत भाइयों में पहिलौठा
ठहरे। 30 फिर जिन्हें उसने पहले से ठहराया,
उन्हें बुलाया भी; और जिन्हें बुलाया, उन्हें धर्मी
भी ठहराया है; और जिन्हें धर्मी ठहराया, उन्हें
महिमा भी दी है।

परमेश्वर का प्रेम

31 अत: हम इन बातों के विषय में क्या
कहें? यदि परमेश्वर हमारी ओर है, तो हमारा
विरोधी कौन हो सकता है? 32 जिसने अपने
निज पुत्र को भी न रख छोड़ा, परन्तु उसे हम
सब के लिये दे दिया, वह उसके साथ हमें और
सब कुछ क्यों न देगा? 33 परमेश्वर के चुने
हुओं पर दोष कौन लगाएगा? परमेश्वर ही है जो
उनको धर्मी ठहरानेवाला है। 34 फिर कौन है जो
दण्ड की आज्ञा देगा? मसीह ही है जो मर गया
वरन् मुर्दों में से जी भी उठा, और परमेश्वर के
दाहिनी ओर है, और हमारे लिये निवेदन भी
करता है। 35 कौन हम को मसीह के प्रेम से
अलग करेगा? क्या क्लेश, या संकट, या उपद्रव,
या अकाल, या नंगाई, या जोखिम, या तलवार?
36 जैसा लिखा है,

"तेरे लिये हम दिन भर घात किए जाते हैं;
हम वध होनेवाली भेड़ों के समान गिने
गए हैं।"*

37 परन्तु इन सब बातों में हम उसके द्वारा जिसने
हम से प्रेम किया है, जयवन्त से भी बढ़कर हैं।
38 क्योंकि मैं निश्चय जानता हूँ कि न मृत्यु, न
जीवन, न स्वर्गदूत, न प्रधानताएँ, न वर्तमान, न
भविष्य, न सामर्थ्य, न ऊँचाई, 39 न गहराई,
और न कोई और सृष्टि हमें परमेश्वर के प्रेम से
जो हमारे प्रभु मसीह यीशु में है, अलग कर
सकेगी।

परमेश्वर और उसके चुने हुए लोग

9 मैं मसीह में सच कहता हूँ, मैं झूठ नहीं
बोल रहा और मेरा विवेक* भी पवित्र आत्मा
में गवाही देता है 2 कि मुझे बड़ा शोक है, और
मेरा मन सदा दुखता रहता है, 3 क्योंकि मैं यहाँ
तक चाहता था कि अपने भाइयों के लिये जो
शरीर के भाव से मेरे कुटुम्बी हैं, स्वयं ही मसीह
से शापित हो जाता। 4 वे इस्राएली हैं, और
लेपालकपन का अधिकार और महिमा और वाचाएँ
और व्यवस्था और उपासना और प्रतिज्ञाएँ उन्हीं
की हैं।* 5 पुरखे भी उन्हीं के हैं, और मसीह भी
शरीर के भाव से उन्हीं में से हुआ जो सब के
ऊपर परम परमेश्वर, युगानुयुग धन्य है। आमीन।

6 परन्तु यह नहीं कि परमेश्वर का वचन टल
गया, इसलिये कि जो इस्राएल के वंश हैं, वे सब
इस्राएली नहीं; 7 और न अब्राहम के वंश होने
के कारण सब उसकी सन्तान ठहरे, परन्तु (लिखा
है) "इसहाक ही से तेरा वंश कहलाएगा।"*

8:23* 2 कुर 5:2-4 **36*** भजन 44:22 **9:1*** अर्थात् *मन या कान्शन्स* **4*** निर्ग 9:4 **7*** उत्प 21:12

8 अर्थात् शरीर की सन्तान परमेश्वर की सन्तान नहीं, परन्तु प्रतिज्ञा की सन्तान वंश गिने जाते हैं। 9 क्योंकि प्रतिज्ञा का वचन यह है : ''मैं इस समय के अनुसार आऊँगा, और सारा के पुत्र होगा।''* 10 और केवल यही नहीं, परन्तु जब रिबका भी एक से अर्थात् हमारे पिता इसहाक से गर्भवती थी, 11 और अभी तक न तो बालक जन्मे थे, और न उन्होंने कुछ भला या बुरा किया था; इसलिये कि परमेश्वर की मनसा जो उसके चुन लेने के अनुसार है, कर्मों के कारण नहीं परन्तु बुलानेवाले के कारण है, बनी रहे : 12 उसने कहा, ''जेठा छोटे का दास होगा।''* 13 जैसा लिखा है, ''मैं ने याकूब से प्रेम किया, परन्तु एसाव को अप्रिय जाना।''*

14 इसलिये हम क्या कहें ? क्या परमेश्वर के यहाँ अन्याय है ? कदापि नहीं। 15 क्योंकि वह मूसा से कहता है,

''मैं जिस किसी पर दया करना चाहूँ उस
  पर दया करूँगा,
और जिस किसी पर कृपा करना चाहूँ
  उसी पर कृपा करूँगा।''*

16 अत: यह न तो चाहनेवाले की, न दौड़नेवाले की परन्तु दया करनेवाले परमेश्वर की बात है। 17 क्योंकि पवित्रशास्त्र में फिरौन से कहा गया, ''मैं ने तुझे इसी लिये खड़ा किया है कि तुझ में अपनी सामर्थ्य दिखाऊँ, और मेरे नाम का प्रचार सारी पृथ्वी पर हो।''* 18 इसलिये वह जिस पर चाहता है उस पर दया करता है, और जिसे चाहता है उसे कठोर कर देता है।

परमेश्वर का क्रोध और उसकी दया

19 अत: तू मुझ से कहेगा, ''वह फिर क्यों दोष लगाता है ? कौन उसकी इच्छा का सामना करता है ?'' 20 हे मनुष्य, भला तू कौन है जो परमेश्वर का सामना करता है ? क्या गढ़ी हुई वस्तु गढ़नेवाले से कह सकती है, ''तू ने मुझे ऐसा क्यों बनाया है ?''* 21 क्या कुम्हार को मिट्टी पर अधिकार नहीं कि एक ही लोंदे में से एक बरतन आदर के लिये, और दूसरे को अनादर के लिये बनाए ? 22 तो इसमें कौन सी आश्चर्य की बात है कि परमेश्वर ने अपना क्रोध दिखाने और अपनी सामर्थ्य प्रगट करने की इच्छा से क्रोध के बरतनों की, जो विनाश के लिये तैयार किए गए थे, बड़े धीरज से सही; 23 और दया के बरतनों पर, जिन्हें उसने महिमा के लिये पहले से तैयार किया, अपने महिमा के धन को प्रगट करने की इच्छा की ? 24 अर्थात् हम पर जिन्हें उसने न केवल यहूदियों में से, वरन् अन्यजातियों में से भी बुलाया। 25 जैसा वह होशे की पुस्तक में भी कहता है,

''जो मेरी प्रजा न थी, उन्हें मैं अपनी
  प्रजा कहूँगा;
और जो प्रिया न थी, उसे प्रिया कहूँगा।*

26 और ऐसा होगा कि जिस जगह में उनसे यह
  कहा गया था कि
तुम मेरी प्रजा नहीं हो,
उसी जगह वे जीवते परमेश्वर की सन्तान
  कहलाएँगे।''*

27 और यशायाह इस्राएल के विषय में पुकारकर कहता है,

''चाहे इस्राएल की सन्तानों की गिनती
  समुद्र के बालू के बराबर हो,
तौभी उनमें से थोड़े ही बचेंगे।

28 क्योंकि प्रभु अपना वचन पृथ्वी पर पूरा
  करके,
धार्मिकता से शीघ्र उसे सिद्ध करेगा।''*

29 जैसा यशायाह ने पहले भी कहा था,

''यदि सेनाओं का प्रभु हमारे लिये कुछ
  वंश न छोड़ता,
तो हम सदोम के समान हो जाते,
और अमोरा के सदृश ठहरते।''*

इस्राएल का अविश्वास

30 अत: हम क्या कहें ? यह कि अन्यजातियों

9:9 * उत्प 18:10   12 * उत्प 25:23   13 * मला 1:2,3   15 * निर्ग 33:19   17 * निर्ग 9:16   20 * यशा 29:16; 45:9
25 * होशे 2:23   26 * होशे 1:10   27,28 * यशा 10:22, 23   29 * यशा 1:9

ने जो धार्मिकता की खोज नहीं करते थे, धार्मिकता
प्राप्त की अर्थात् उस धार्मिकता को जो विश्वास
से है; 31 परन्तु इस्राएली, जो धर्म की व्यवस्था
की खोज करते थे उस व्यवस्था तक नहीं पहुँचे।
32 किस लिये? इसलिये कि वे विश्वास से
नहीं, परन्तु मानो कर्मों से उसकी खोज करते थे।
उन्होंने उस ठोकर के पत्थर पर ठोकर खाई,
33 जैसा लिखा है,

"देखो, मैं सिय्योन में एक ठेस लगने का
पत्थर,
और ठोकर खाने की चट्टान रखता हूँ,
और जो उस पर विश्वास करेगा वह
लज्जित न होगा।"*

10 हे भाइयो, मेरे मन की अभिलाषा और
उनके लिये परमेश्वर से मेरी प्रार्थना है
कि वे उद्धार पाएँ। 2 क्योंकि मैं उनकी गवाही
देता हूँ कि उनको परमेश्वर के लिये धुन रहती
है, परन्तु बुद्धिमानी के साथ नहीं। 3 क्योंकि
वे परमेश्वर की धार्मिकता से अनजान होकर,
और अपनी धार्मिकता स्थापित करने का यत्न
करके, परमेश्वर की धार्मिकता के अधीन न
हुए। 4 क्योंकि हर एक विश्वास करनेवाले के
लिये धार्मिकता के निमित्त मसीह व्यवस्था का
अन्त है।

उद्धार सबके लिये

5 क्योंकि मूसा ने यह लिखा है कि जो
मनुष्य उस धार्मिकता पर जो व्यवस्था से है,
चलता है, वह उसी से जीवित रहेगा।* 6 परन्तु
जो धार्मिकता विश्वास से है, वह यों कहती है,
"तू अपने मन में यह न कहना कि स्वर्ग पर
कौन चढ़ेगा?" (अर्थात् मसीह को उतार लाने
के लिये!) 7 या "अधोलोक में कौन उतरेगा?"
(अर्थात् मसीह को मरे हुओं में से जिलाकर
ऊपर लाने के लिये!) 8 परन्तु वह क्या कहती
है? यह कि "वचन तेरे निकट है, तेरे मुँह में
और तेरे मन में है,"* यह वही विश्वास का
वचन है, जो हम प्रचार करते हैं, 9 कि यदि तू
अपने मुँह से यीशु को प्रभु जानकर अंगीकार
करे, और अपने मन से विश्वास करे कि परमेश्वर
ने उसे मरे हुओं में से जिलाया, तो तू निश्चय
उद्धार पाएगा। 10 क्योंकि धार्मिकता के लिये
मन से विश्वास किया जाता है, और उद्धार के
लिये मुँह से अंगीकार किया जाता है। 11 क्योंकि
पवित्रशास्त्र यह कहता है, "जो कोई उस
पर विश्वास करेगा वह लज्जित न होगा।"*
12 यहूदियों और यूनानियों में कुछ भेद नहीं,
इसलिये कि वह सब का प्रभु है और अपने सब
नाम* लेनेवालों के लिये उदार है। 13 क्योंकि,
"जो कोई प्रभु का नाम लेगा, वह उद्धार
पाएगा।"*

14 फिर जिस पर उन्होंने विश्वास नहीं किया,
वे उसका नाम* कैसे लें? और जिसके विषय
सुना नहीं उस पर कैसे विश्वास करें? और प्रचारक
बिना कैसे सुनें? 15 और यदि भेजे न जाएँ, तो
कैसे प्रचार करें? जैसा लिखा है, "उनके पाँव
क्या ही सुहावने हैं, जो अच्छी बातों का सुसमाचार
सुनाते हैं!"* 16 परन्तु सब ने उस सुसमाचार
पर कान न लगाया : यशायाह कहता है, "हे
प्रभु, किसने हमारे समाचार पर विश्वास किया
है?"* 17 अत: विश्वास सुनने से और सुनना
मसीह के वचन से होता है।

18 परन्तु मैं कहता हूँ, क्या उन्होंने नहीं सुना?
सुना तो अवश्य है; क्योंकि लिखा है,

"उनके स्वर सारी पृथ्वी पर,
और उनके वचन जगत की छोर तक
पहुँच गए हैं।"*

19 मैं फिर कहता हूँ, क्या इस्राएली नहीं जानते
थे? पहले तो मूसा कहता है,

"मैं उनके द्वारा जो जाति नहीं, तुम्हारे
मन में जलन उपजाऊँगा;
मैं एक मूढ़ जाति के द्वारा तुम्हें रिस
दिलाऊँगा।"*

20 फिर यशायाह बड़े हियाव के साथ कहता है,

9:33* यशा 28:16 **10:5*** लैव्य 18:5 **6-8*** व्य 30:12-14 **11*** यशा 28:16 **12*** *प्रार्थना करनेवालों* **13*** योए 2:32
14* यू० *समाचार* **15*** यशा 52:7 **16*** यशा 53:1 **18*** भजन 19:4 **19*** व्य 32:21

''जो मुझे नहीं ढूँढ़ते थे, उन्होंने मुझे पा
लिया;
और जो मुझे पूछते भी न थे, उन पर मैं
प्रगट हो गया।''*
21 परन्तु इस्राएल के विषय में वह यह कहता
है,
''मैं सारा दिन अपने हाथ एक आज्ञा न
माननेवाली और विवाद करनेवाली
प्रजा की ओर पसारे रहा।''*

इस्राएल पर परमेश्वर की दया

11 इसलिये मैं कहता हूँ, क्या परमेश्वर ने
अपनी प्रजा को त्याग दिया? कदापि
नहीं! मैं भी तो इस्राएली हूँ; अब्राहम के वंश
और बिन्यामीन के गोत्र में से हूँ।* 2 परमेश्वर ने
अपनी उस प्रजा को नहीं त्यागा, जिसे उसने
पहले ही से जाना। क्या तुम नहीं जानते कि
पवित्रशास्त्र एलिय्याह के विषय में क्या कहता
है, कि वह इस्राएल के विरोध में परमेश्वर से
विनती करता है? 3 ''हे प्रभु, उन्होंने तेरे भविष्य-
द्वक्ताओं को घात किया, और तेरी वेदियों को ढा
दिया है; और मैं ही अकेला बचा हूँ, और वे मेरे
प्राण के भी खोजी हैं।''* 4 परन्तु परमेश्वर से
उसे क्या उत्तर मिला? ''मैं ने अपने लिये सात
हजार पुरुषों को रख छोड़ा है, जिन्होंने बाअल
के आगे घुटने नहीं टेके हैं।''* 5 ठीक इसी
रीति से इस समय भी, अनुग्रह से चुने हुए कुछ
लोग बाकी हैं। 6 यदि यह अनुग्रह से हुआ है,
तो फिर कर्मों से नहीं; नहीं तो अनुग्रह फिर
अनुग्रह नहीं रहा।
7 इसलिये परिणाम क्या हुआ? यह कि
इस्राएली जिसकी खोज में थे, वह उनको नहीं
मिला; परन्तु चुने हुओं को मिला, और शेष लोग
कठोर किए गए। 8 जैसा लिखा है,
''परमेश्वर ने उन्हें आज के दिन तक
भारी नींद में डाल रखा* है,
और ऐसी आँखें दीं जो न देखें
और ऐसे कान जो न सुनें।''†
9 और दाऊद कहता है,
''उनका भोजन उन के लिये जाल और
फन्दा,
और ठोकर और दण्ड का कारण हो जाए।
10 उनकी आँखों पर अन्धेरा छा जाए ताकि
न देखें,
और तू सदा उनकी पीठ को झुकाए
रख।''*
11 अत: मैं कहता हूँ क्या उन्होंने इसलिये
ठोकर खाई कि गिर पड़ें? कदापि नहीं! परन्तु
उनके गिरने के कारण अन्यजातियों को उद्धार
मिला, कि उन्हें जलन* हो। 12 इसलिये यदि
उनका गिरना जगत के लिये धन और उनकी
घटी अन्यजातियों के लिये सम्पत्ति का कारण
हुआ, तो उनकी भरपूरी से क्या कुछ न होगा।

अन्यजातियों का उद्धार : कलम लगाने का उदाहरण

13 मैं तुम अन्यजातियों से यह बातें कहता
हूँ। जब कि मैं अन्यजातियों के लिये प्रेरित हूँ,
तो मैं अपनी सेवा की बड़ाई करता हूँ, 14 ताकि
किसी रीति से मैं अपने कुटुम्बियों में जलन*
उत्पन्न करवाकर उनमें से कई एक का उद्धार
कराऊँ। 15 क्योंकि जब उनका त्याग दिया जाना
जगत के मिलाप का कारण हुआ, तो क्या उनका
ग्रहण किया जाना मरे हुओं में से जी उठने के
बराबर न होगा? 16 जब भेंट का पहला पेड़ा
पवित्र ठहरा, तो पूरा गूँधा हुआ आटा भी पवित्र
है; और जब जड़ पवित्र ठहरी, तो डालियाँ भी
ऐसी ही हैं।
17 पर यदि कुछ डालियाँ तोड़ दी गईं, और
तू जंगली जैतून होकर उनमें* साटा गया, और
जैतून की जड़ की चिकनाई का भागी हुआ है,
18 तो डालियों पर घमण्ड न करना; और यदि
तू घमण्ड करे तो जान रख कि तू जड़ को
नहीं परन्तु जड़ तुझे सम्भालती है। 19 फिर तू

10:20* यशा 65:1 21* यशा 65:2 11:1* फिलि 3:5 3* 1 राजा 19:10,14 4* 1 राजा 19:18
8* यू० *भारी नींद का आत्मा दिया* † व्य 29:4; यशा 29:10 9,10* भजन 69:22,23 11,14* या *उत्साह, ईर्ष्या, गैरत* 17* या *की जगह*

कहेगा, "डालियाँ इसलिये तोड़ी गईं कि मैं साटा जाऊँ।" 20 ठीक है, वे तो अविश्वास के कारण तोड़ी गईं, परन्तु तू विश्वास से बना रहता है इसलिये अभिमानी न हो, परन्तु भय मान, 21 क्योंकि जब परमेश्वर ने स्वाभाविक डालियों को न छोड़ा तो तुझे भी न छोड़ेगा। 22 इसलिये परमेश्वर की कृपा और कड़ाई को देख! जो गिर गए उन पर कड़ाई, परन्तु तुझ पर कृपा, यदि तू उसमें बना रहे, नहीं तो तू भी काट डाला जाएगा। 23 वे भी यदि अविश्वास में न रहें, तो साटे जाएँगे; क्योंकि परमेश्वर उन्हें फिर साट सकता है। 24 क्योंकि यदि तू उस जैतून से, जो स्वभाव से जंगली है, काटा गया और स्वभाव के विरुद्ध अच्छे जैतून में साटा गया, तो ये जो स्वाभाविक डालियाँ हैं, अपने ही जैतून में क्यों न साटे जाएँगे।

सारे इस्राएल का उद्धार

25 हे भाइयो, कहीं ऐसा न हो कि तुम अपने आप को बुद्धिमान समझ लो; इसलिये मैं नहीं चाहता कि तुम इस भेद से अनजान रहो कि जब तक अन्यजातियाँ पूरी रीति से प्रवेश न कर लें, तब तक इस्राएल का एक भाग ऐसा ही कठोर रहेगा। 26 और इस रीति से सारा इस्राएल उद्धार पाएगा। जैसा लिखा है, "छुड़ानेवाला सिय्योन से आएगा, और अभक्ति को याकूब से दूर करेगा;* 27 और उनके साथ मेरी यही वाचा होगी, जब कि मैं उनके पापों को दूर कर दूँगा।"* 28 सुसमाचार के भाव से तो तुम्हारे लिये वे परमेश्वर के बैरी हैं, परन्तु चुन लिये जाने के भाव से वे बापदादों के कारण प्यारे हैं। 29 क्योंकि परमेश्वर के वरदान और बुलाहट अटल हैं। 30 क्योंकि जैसे तुम ने पहले परमेश्वर की आज्ञा न मानी, परन्तु अभी उनके आज्ञा न मानने से तुम पर दया हुई; 31 वैसे ही उन्होंने भी अब आज्ञा न मानी, कि तुम पर जो दया होती है इससे उन पर भी दया हो। 32 क्योंकि परमेश्वर ने सब को आज्ञा-उल्लंघन का बन्दी बना कर रखा, ताकि वह सब पर दया करे।

परमेश्वर की स्तुति

33 आहा! परमेश्वर का धन और बुद्धि और ज्ञान क्या ही गंभीर है! उसके विचार कैसे अथाह, और उसके मार्ग कैसे अगम हैं!*

34 "प्रभु की बुद्धि को किसने जाना? या
   उसका मंत्री कौन हुआ?*

35 या किसने पहले उसे कुछ दिया है जिसका
   बदला उसे दिया जाए?*"

36 क्योंकि उसी की ओर से, और उसी के द्वारा, और उसी के लिये सब कुछ है।* उसकी महिमा युगानुयुग होती रहे : आमीन।

परमेश्वर की सेवा का जीवन

12 इसलिये हे भाइयो, मैं तुम से परमेश्वर की दया स्मरण दिला कर विनती करता हूँ कि अपने शरीरों को जीवित, और पवित्र, और परमेश्वर को भावता हुआ बलिदान करके चढ़ाओ। यही तुम्हारी आत्मिक* सेवा है। 2 इस संसार के सदृश न बनो; परन्तु तुम्हारे मन के नए हो जाने से तुम्हारा चाल-चलन भी बदलता जाए, जिससे तुम परमेश्वर की भली, और भावती, और सिद्ध इच्छा अनुभव से मालूम करते रहो।

3 क्योंकि मैं उस अनुग्रह के कारण जो मुझ को मिला है, तुम में से हर एक से कहता हूँ कि जैसा समझना चाहिए उससे बढ़कर कोई भी अपने आप को न समझे; पर जैसा परमेश्वर ने हर एक को विश्वास परिमाण के अनुसार बाँट दिया है, वैसा ही सुबुद्धि के साथ अपने को समझे। 4 क्योंकि जैसे हमारी एक देह में बहुत से अंग हैं, और सब अंगों का एक ही सा काम नहीं; 5 वैसा ही हम जो बहुत हैं, मसीह में एक देह होकर आपस में एक दूसरे के अंग हैं।* 6 जबकि उस अनुग्रह के अनुसार जो हमें दिया गया है, हमें भिन्न-भिन्न वरदान मिले हैं, तो जिसको

11:26 * यशा 59:20   27 * यिर्म 31:33,34   33 * यशा 55:8   34 * यशा 40:13   35 * अय्यू 41:11   36 * 1 कुर 8:6
12:1 * या *मानसिक*   4,5 * 1 कुर 12:12

भविष्यद्वाणी का दान मिला हो, वह विश्वास के
परिमाण के अनुसार भविष्यद्वाणी करे; 7 यदि
सेवा करने का दान मिला हो, तो सेवा में लगा
रहे; यदि कोई सिखानेवाला हो, तो सिखाने में
लगा रहे; 8 जो उपदेशक हो, वह उपदेश देने
में लगा रहे; दान देनेवाला उदारता* से दे; जो
अगुआई करे, वह उत्साह से करे; जो दया करे,
वह हर्ष से करे।†

9 प्रेम निष्कपट हो; बुराई से घृणा करो; भलाई
में लगे रहो। 10 भाईचारे के प्रेम से एक दूसरे
से स्नेह रखो; परस्पर आदर करने में एक
दूसरे से बढ़ चलो। 11 प्रयत्न करने में आलसी
न हो; आत्मिक उन्माद में भरे रहो; प्रभु की
सेवा करते रहो। 12 आशा में आनन्दित रहो;
क्लेश में स्थिर रहो; प्रार्थना में नित्य लगे
रहो। 13 पवित्र लोगों को जो कुछ आवश्यक
हो, उसमें उनकी सहायता करो; पहुनाई करने में
लगे रहो।

14 अपने सतानेवालों को आशीष दो; आशीष
दो स्राप न दो।* 15 आनन्द करनेवालों के साथ
आनन्द करो, और रोनेवालों के साथ रोओ।
16 आपस में एक सा मन रखो; अभिमानी न हो,
परन्तु दीनों के साथ संगति रखो; अपनी दृष्टि में
बुद्धिमान न हो।* 17 बुराई के बदले किसी से
बुराई न करो; जो बातें सब लोगों के निकट भली
हैं, उनकी चिंता किया करो। 18 जहाँ तक हो
सके, तुम भरसक सब मनुष्यों के साथ मेल
मिलाप रखो। 19 हे प्रियो, बदला न लेना, परन्तु
परमेश्वर के क्रोध को अवसर दो, क्योंकि लिखा
है, ''बदला लेना मेरा काम है, प्रभु कहता है मैं
ही बदला दूँगा।''* 20 परन्तु ''यदि तेरा बैरी
भूखा हो तो उसे खाना खिला, यदि प्यासा हो तो
उसे पानी पिला; क्योंकि ऐसा करने से तू उसके
सिर पर आग के अंगारों का ढेर लगाएगा।''*
21 बुराई से न हारो, परन्तु भलाई से बुराई को
जीत लो।

राज्य के प्रति कर्त्तव्य

13 हर एक व्यक्ति शासकीय अधिकारियों
के अधीन रहे, क्योंकि कोई अधिकार
ऐसा नहीं जो परमेश्वर की ओर से न हो; और
जो अधिकार हैं, वे परमेश्वर के ठहराए हुए हैं।
2 इसलिये जो कोई अधिकार का विरोध करता
है, वह परमेश्वर की विधि का सामना करता है,
और सामना करनेवाले दण्ड पाएँगे। 3 क्योंकि
हाकिम अच्छे काम के नहीं, परन्तु बुरे काम के
लिये डर का कारण है; अतः यदि तू हाकिम से
निडर रहना चाहता है, तो अच्छा काम कर, और
उसकी ओर से तेरी सराहना होगी; 4 क्योंकि वह
तेरी भलाई के लिये परमेश्वर का सेवक है। परन्तु
यदि तू बुराई करे, तो डर, क्योंकि वह तलवार
व्यर्थ लिए हुए नहीं; और परमेश्वर का सेवक है
कि उसके क्रोध के अनुसार बुरे काम करनेवाले
को दण्ड दे। 5 इसलिये अधीन रहना न केवल
उस क्रोध के डर से आवश्यक है, वरन् विवेक*
भी यही गवाही देता है। 6 इसलिये कर भी दो
क्योंकि शासन करनेवाले परमेश्वर के सेवक हैं
और सदा इसी काम में लगे रहते हैं। 7 इसलिये
हर एक का हक्क चुकाया करो; जिसे कर चाहिए,
उसे कर दो; जिसे महसूल चाहिए, उसे महसूल
दो; जिससे डरना चाहिए, उससे डरो; जिसका
आदर करना चाहिए, उसका आदर करो।*

एक-दूसरे के प्रति कर्त्तव्य

8 आपस के प्रेम को छोड़ और किसी बात में
किसी के कर्जदार न हो; क्योंकि जो दूसरे से प्रेम
रखता है, उसी ने व्यवस्था पूरी की है। 9 क्योंकि
यह कि ''व्यभिचार न करना, हत्या न करना,
चोरी न करना, लालच न करना,'' और इन को
छोड़ और कोई भी आज्ञा हो तो सब का सारांश
इस बात में पाया जाता है, ''अपने पड़ोसी से
अपने समान प्रेम रख।''* 10 प्रेम पड़ोसी की

12:6-8 † 1 कुर 12:4-11 **8** * या *सिधाई* **14** * मत्ती 5:44; लूका 6:28 **16** * नीति 3:7 **19** * व्य 32:35
20 * नीति 25:21, 22 **13:5** * अर्थात् *मन या कान्शन्स* **6,7** * मत्ती 22:21; मर 12:17; लूका 20:25
9 * निर्ग 20:13-15,17; व्य 5:17-19,21; लैव्य 19:18

कुछ बुराई नहीं करता, इसलिये प्रेम रखना व्यवस्था
को पूरा करना है।
11 समय को पहिचान कर ऐसा ही करो,
इसलिये कि अब तुम्हारे लिये नींद से जाग उठने
की घड़ी आ पहुँची है; क्योंकि जिस समय हम
ने विश्वास किया था, उस समय के विचार से
अब हमारा उद्धार निकट है। 12 रात बहुत बीत
गई है, और दिन निकलने पर है; इसलिये हम
अन्धकार के कामों को त्याग कर ज्योति के हथियार
बाँध लें। 13 जैसा दिन को शोभा देता है, वैसा
ही हम सीधी चाल चलें, न कि लीला-क्रीड़ा
और पियक्कड़पन में, न व्यभिचार और लुचपन
में, और न झगड़े और डाह में। 14 वरन् प्रभु
यीशु मसीह को पहिन लो, और शरीर की
अभिलाषाओं को पूरा करने का उपाय न करो।

अपने भाई पर दोष मत लगाओ

14 जो विश्वास में निर्बल है, उसे अपनी
संगति में ले लो, परन्तु उसकी शंकाओं
पर विवाद करने के लिये नहीं। 2 एक को
विश्वास है कि सब कुछ खाना उचित है, परन्तु
जो विश्वास में निर्बल है वह साग पात ही खाता
है। 3 खानेवाला न-खानेवाले को तुच्छ न जाने,
और न-खानेवाला खानेवाले पर दोष न लगाए;
क्योंकि परमेश्वर ने उसे ग्रहण किया है। 4 तू
कौन है जो दूसरे के सेवक पर दोष लगाता है?
उसका स्थिर रहना या गिर जाना उसके स्वामी ही
से सम्बन्ध रखता है; वरन् वह स्थिर ही कर दिया
जाएगा, क्योंकि प्रभु उसे स्थिर रख सकता है।
5 कोई तो एक दिन को दूसरे से बढ़कर
मानता है, और कोई सब दिनों को एक समान
मानता है। हर एक अपने ही मन में निश्चय कर
ले। 6 जो किसी दिन को मानता है, वह प्रभु के
लिये मानता है। जो खाता है, वह प्रभु के लिये
खाता है, क्योंकि वह परमेश्वर का धन्यवाद करता
है, और जो नहीं खाता, वह प्रभु के लिये नहीं
खाता और परमेश्वर का धन्यवाद करता है।*
7 क्योंकि हम में से न तो कोई अपने लिये जीता
है और न कोई अपने लिये मरता है। 8 यदि हम
जीवित हैं, तो प्रभु के लिये जीवित हैं; और यदि
मरते हैं, तो प्रभु के लिये मरते हैं; अत: हम जीएँ
या मरें, हम प्रभु ही के हैं। 9 क्योंकि मसीह इसी
लिये मरा और जी भी उठा कि वह मरे हुओं
और जीवतों दोनों का प्रभु हो।
10 तू अपने भाई पर क्यों दोष लगाता है? या
तू फिर क्यों अपने भाई को तुच्छ जानता है? हम
सब के सब परमेश्वर के न्याय सिंहासन के सामने
खड़े होंगे।* 11 क्योंकि लिखा है,

"प्रभु कहता है, मेरे जीवन की सौगन्ध
कि हर एक घुटना मेरे सामने
टिकेगा,
और हर एक जीभ परमेश्वर को
अंगीकार करेगी।*"

12 इसलिये हम में से हर एक परमेश्वर को
अपना अपना लेखा देगा।

अपने भाई के पतन का कारण मत बनो

13 अत: आगे को हम एक दूसरे पर दोष न
लगाएँ, पर तुम यह ठान लो कि कोई अपने भाई
के सामने ठेस या ठोकर खाने का कारण न रखे।
14 मैं जानता हूँ और प्रभु यीशु में मुझे निश्चय
हुआ है कि कोई वस्तु अपने आप से अशुद्ध
नहीं, परन्तु जो उसको अशुद्ध समझता है उसके
लिये अशुद्ध है। 15 यदि तेरा भाई तेरे भोजन के
कारण उदास होता है, तो फिर तू प्रेम की रीति से
नहीं चलता; जिसके लिये मसीह मरा, उसको तू
अपने भोजन के द्वारा नष्ट न कर। 16 अत: तुम्हारे
लिये जो भला है उसकी निन्दा न होने पाए।
17 क्योंकि परमेश्वर का राज्य खाना-पीना नहीं,
परन्तु धर्म और मेल-मिलाप और वह आनन्द है
जो पवित्र आत्मा से* होता है। 18 जो कोई इस
रीति से मसीह की सेवा करता है, वह परमेश्वर
को भाता है और मनुष्यों में ग्रहणयोग्य ठहरता
है। 19 इसलिये हम उन बातों में लगे रहें जिनसे
मेल-मिलाप और एक दूसरे का सुधार हो।
20 भोजन के लिये परमेश्वर का काम न बिगाड़।

14:1-6 * कुलु 2:16 **10** * 2 कुर 5:10 **11** * यशा 45:23 **17** * यू० *में*

सब कुछ शुद्ध तो है, परन्तु उस मनुष्य के लिये
बुरा है जिसको उसके भोजन से ठोकर लगती
है। 21 भला तो यह है कि तू न मांस खाए और
न दाखरख पीए, न और कुछ ऐसा करे जिससे
तेरा भाई ठोकर खाए। 22 तेरा जो विश्वास हो,
उसे परमेश्वर के सामने अपने ही मन में रख।
धन्य है वह जो उस बात में, जिसे वह ठीक
समझता है, अपने आप को दोषी नहीं ठहराता।
23 परन्तु जो सन्देह कर के खाता है वह दण्ड के
योग्य ठहर चुका, क्योंकि वह विश्वास* से नहीं
खाता; और जो कुछ विश्वास* से नहीं, वह पाप
है।

दूसरों की उन्नति करो

15 अत: हम बलवानों को चाहिए कि
निर्बलों की निर्बलताओं को सहें, न
कि अपने आप को प्रसन्न करें। 2 हम में से हर
एक अपने पड़ोसी को उसकी भलाई के लिये
प्रसन्न करे कि उसकी उन्नति हो। 3 क्योंकि मसीह
ने अपने आप को प्रसन्न नहीं किया, पर जैसा
लिखा है : "तेरे निन्दकों की निन्दा मुझ पर आ
पड़ी।"* 4 जितनी बातें पहले से लिखी गईं, वे
हमारी ही शिक्षा के लिये लिखी गईं हैं कि हम
धीरज और पवित्रशास्त्र के प्रोत्साहन द्वारा आशा
रखें। 5 धीरज और शान्ति का दाता* परमेश्वर
तुम्हें यह वरदान दे कि मसीह यीशु के अनुसार
आपस में एक मन रहो। 6 ताकि तुम एक मन
और एक स्वर में हमारे प्रभु यीशु मसीह के पिता
परमेश्वर की स्तुति करो।

सब के लिये सुसमाचार

7 इसलिये, जैसा मसीह ने परमेश्वर की
महिमा के लिये तुम्हें ग्रहण किया है, वैसे ही तुम
भी एक दूसरे को ग्रहण करो। 8 इसलिये मैं
कहता हूँ कि जो प्रतिज्ञाएँ बापदादों को दी गई
थीं उन्हें दृढ़ करने के लिये मसीह, परमेश्वर की
सच्चाई का प्रमाण देने के लिये, खतना किए हुए
लोगों का सेवक बना; 9 और अन्यजातीय भी
दया के कारण परमेश्वर की स्तुति करें; जैसा
लिखा है,

"इसलिये मैं जाति-जाति में तेरा धन्यवाद
करूँगा,
और तेरे नाम के भजन गाऊँगा।"*

10 फिर कहा है,

"हे जाति जाति के सब लोगो,
उसकी प्रजा के साथ आनन्द करो।"*

11 और फिर,

"हे जाति-जाति के सब लोगो, प्रभु की
स्तुति करो;
और हे राज्य राज्य के सब लोगो,
उसे सराहो।"*

12 और फिर यशायाह कहता है,

"यिशै की एक जड़ प्रगट होगी,
और अन्यजातियों का हाकिम होने के
लिये एक उठेगा,
उस पर अन्यजातियाँ आशा रखेंगी।"*

13 परमेश्वर जो आशा का दाता* है तुम्हें विश्वास
करने में सब प्रकार के आनन्द और शान्ति से
परिपूर्ण करे, कि पवित्र आत्मा की सामर्थ्य से
तुम्हारी आशा बढ़ती जाए।

साहस से लिखने का कारण

14 हे मेरे भाइयो, मैं स्वयं तुम्हारे विषय में
निश्चय जानता हूँ कि तुम भी आप ही भलाई से
भरे और ईश्वरीय ज्ञान से भरपूर हो, और एक
दूसरे को चिता सकते हो। 15 तौभी मैं ने कहीं-
कहीं याद दिलाने के लिये तुम्हें जो बहुत साहस
करके लिखा। यह उस अनुग्रह के कारण हुआ
जो परमेश्वर ने मुझे दिया है, 16 कि मैं अन्य-
जातियों के लिये मसीह यीशु का सेवक होकर
परमेश्वर के सुसमाचार की सेवा याजक के समान
करूँ, जिससे अन्यजातियों का मानो चढ़ाया जाना,
पवित्र आत्मा से पवित्र बनकर ग्रहण किया जाए।
17 इसलिये उन बातों के विषय में जो परमेश्वर

14:23 * यू० *निश्चय* 15:3 * भजन 69:9 5 * यू० *स्रोत* 9 * 2 शमू 22:50; भजन 18:49 10 * व्य 32:43 11 * भजन 117:1
12 * यशा 11:10 13 * यू० *स्रोत*

से सम्बन्ध रखती हैं, मैं मसीह यीशु में बड़ाई कर सकता हूँ। 18 क्योंकि उन बातों को छोड़ मुझे और किसी बात के विषय में कहने का साहस नहीं, जो मसीह ने अन्यजातियों की अधीनता के लिये वचन, और कर्म, 19 और चिह्नों, और अद्भुत कामों की सामर्थ्य से, और पवित्र आत्मा की सामर्थ्य से मेरे ही द्वारा किए; यहाँ तक कि मैं ने यरूशलेम से लेकर चारों ओर इल्लुरिकुम तक मसीह के सुसमाचार का पूरा पूरा प्रचार किया। 20 पर मेरे मन की उमंग यह है कि जहाँ जहाँ मसीह का नाम नहीं लिया गया, वहीं सुसमाचार सुनाऊँ ऐसा न हो कि दूसरे की नींव पर घर बनाऊँ। 21 परन्तु जैसा लिखा है वैसा ही हो, ''जिन्हें उसका सुसमाचार नहीं पहुँचा, वे ही देखेंगे और जिन्होंने नहीं सुना वे ही समझेंगे।''*

रोम यात्रा की पौलुस की योजना

22 इसी लिये मैं तुम्हारे पास आने से बार बार रुका रहा।* 23 परन्तु अब इन देशों में मेरे कार्य के लिये और जगह नहीं रही, और बहुत वर्षों से मुझे तुम्हारे पास आने की लालसा है। 24 इसलिये जब मैं स्पेन को जाऊँगा तो तुम्हारे पास होता हुआ जाऊँगा, क्योंकि मुझे आशा है कि उस यात्रा में तुम से भेंट होगी, और जब तुम्हारी संगति से मेरा जी कुछ भर जाए तो तुम मुझे कुछ दूर आगे पहुँचा देना। 25 परन्तु अभी तो मैं पवित्र लोगों की सेवा करने के लिये यरूशलेम को जाता हूँ। 26 क्योंकि मकिदुनिया और अखया के लोगों को यह अच्छा लगा कि यरूशलेम के पवित्र लोगों में निर्धनों के लिये कुछ चन्दा करें।* 27 उन्हें अच्छा तो लगा, परन्तु वे उनके कर्जदार भी हैं, क्योंकि यदि अन्यजातीय उनकी आत्मिक बातों में भागी हुए, तो उन्हें भी उचित है कि शारीरिक बातों में उनकी सेवा करें।* 28 इसलिये मैं यह काम पूरा करके और उनको यह चन्दा सौंपकर तुम्हारे पास होता हुआ स्पेन को जाऊँगा। 29 और मैं जानता हूँ कि जब मैं तुम्हारे पास आऊँगा, तो मसीह की पूरी आशीष के साथ आऊँगा।

30 हे भाइयो, हमारे प्रभु यीशु मसीह के और पवित्र आत्मा के प्रेम का स्मरण दिला कर मैं तुम से विनती करता हूँ, कि मेरे लिये परमेश्वर से प्रार्थना करने में मेरे साथ मिलकर लौलीन रहो 31 कि मैं यहूदिया के अविश्वासियों से बचा रहूँ, और मेरी वह सेवा जो यरूशलेम के लिये है, पवित्र लोगों को भाए; 32 और मैं परमेश्वर की इच्छा से तुम्हारे पास आनन्द के साथ आकर तुम्हारे साथ विश्राम पाऊँ। 33 शान्ति का परमेश्वर तुम सब के साथ रहे। आमीन।

व्यक्तिगत अभिवादन

16 मैं तुम से फीबे के लिये जो हमारी बहिन और किंख्रिया की कलीसिया की सेविका है, विनती करता हूँ 2 कि तुम, जैसा कि पवित्र लोगों को चाहिए, उसे प्रभु में ग्रहण करो; और जिस किसी बात में उसको तुम्हारी आवश्यकता हो, उसकी सहायता करो, क्योंकि वह भी बहुतों की वरन् मेरी भी उपकार करनेवाली रही है।

3 प्रिस्का और अक्विला* को जो मसीह यीशु में मेरे सहकर्मी हैं, नमस्कार। 4 उन्होंने मेरे प्राण के लिये अपना ही जीवन जोखिम में डाल दिया था; और केवल मैं ही नहीं, वरन् अन्यजातियों की सारी कलीसियाएँ भी उनका धन्यवाद करती हैं। 5 उस कलीसिया को भी नमस्कार जो उनके घर में है। मेरे प्रिय इपैनितुस को, जो मसीह के लिये आसिया का पहला फल है, नमस्कार। 6 मरियम को, जिसने तुम्हारे लिये बहुत परिश्रम किया, नमस्कार। 7 अन्द्रुनीकुस और यूनियास को जो मेरे कुटुम्बी हैं, और मेरे साथ कैद हुए थे और प्रेरितों में नामी हैं, और मुझ से पहले मसीही हुए थे, नमस्कार। 8 अम्पलियातुस को, जो प्रभु में मेरा प्रिय है, नमस्कार। 9 उरबानुस को, जो मसीह में हमारा सहकर्मी है, और मेरे प्रिय इस्तखुस को नमस्कार। 10 अपिल्लेस को जो

15:21 * यशा 53:15   22 * रोम 1:13   25,26 * 1 कुर 16:1-4   27 * 1 कुर 9:11   16:3 * प्रेरि 18:2

मसीह में खरा निकला, नमस्कार। अरिस्तुबुलुस के घराने को नमस्कार। 11 मेरे कुटुम्बी हेरोदियोन को नमस्कार। नरकिस्सुस के घराने के जो लोग प्रभु में हैं, उनको नमस्कार। 12 त्रूफेना और त्रूफोसा को जो प्रभु में परिश्रम करती हैं, नमस्कार। प्रिय पिरसिस को, जिसने प्रभु में बहुत परिश्रम किया, नमस्कार। 13 रूफुस को जो प्रभु में चुना हुआ है और उसकी माता को, जो मेरी भी माता है, दोनों को नमस्कार।* 14 असुंक्रितुस और फिलगोन और हिर्मेस और पत्रुबास और हिर्मास और उनके साथ के भाइयों को नमस्कार। 15 फिलुलुगुस और यूलिया और नेर्युस और उसकी बहिन, और उलुम्पास और उनके साथ के सब पवित्र लोगों को नमस्कार। 16 आपस में पवित्र चुम्बन से नमस्कार करो। तुम को मसीह की सारी कलीसियाओं की ओर से नमस्कार।

आखिरी निर्देश

17 अब हे भाइयो, मैं तुम से विनती करता हूँ, कि जो लोग उस शिक्षा के विपरीत, जो तुम ने पाई है, फूट डालने और ठोकर खिलाने का कारण होते हैं, उन्हें ताड़ लिया करो और उनसे दूर रहो। 18 क्योंकि ऐसे लोग हमारे प्रभु मसीह की नहीं, परन्तु अपने पेट की सेवा करते हैं; और चिकनी चुपड़ी बातों से सीधे-सादे मन के लोगों को बहका देते हैं। 19 तुम्हारे आज्ञा मानने की चर्चा सब लोगों में फैल गई है, इसलिये मैं तुम्हारे विषय में आनन्द करता हूँ, परन्तु मैं यह चाहता हूँ कि तुम भलाई के लिये बुद्धिमान परन्तु बुराई के लिये भोले बने रहो। 20 शान्ति का परमेश्वर शैतान को तुम्हारे पाँवों से शीघ्र कुचलवा देगा।

हमारे प्रभु यीशु मसीह का अनुग्रह तुम पर होता रहे*।

21 मेरे सहकर्मी तीमुथियुस का, और मेरे कुटुम्बियों लूकियुस और यासोन और सोसिपत्रुस का तुम को नमस्कार। 22 मुझ पत्री के लिखने-वाले तिरतियुस का, प्रभु में तुम को नमस्कार। 23 गयुस जो मेरी और कलीसिया की पहुनाई करनेवाला है, उसका तुम्हें नमस्कार। इरास्तुस जो नगर का भण्डारी है, और भाई क्वारतुस का तुम को नमस्कार।* [24]*

परमेश्वर की स्तुति

25 अब जो तुम को मेरे सुसमाचार अर्थात् यीशु मसीह के संदेश के प्रचार के अनुसार स्थिर कर सकता है, उस भेद के प्रकाश के अनुसार जो सनातन से छिपा रहा, 26 परन्तु अब प्रगट होकर सनातन परमेश्वर की आज्ञा से भविष्यद्वक्ताओं की पुस्तकों के द्वारा सब जातियों को बताया गया है कि वे विश्वास से आज्ञा माननेवाले हो जाएँ, 27 उसी एकमात्र बुद्धिमान परमेश्वर की यीशु मसीह के द्वारा युगानुयुग महिमा होती रहे। आमीन।

16:13* मर 15:21 20* यह वाक्य पहले 24 पद गिना जाता था। सब से पुराने हस्तलेखों में यह इसी जगह लिखा हुआ है।
23* प्रेरि 19:29; 1 कुर 1:14; 2 तीमु 4:20 24* देखें 20 पद को

कुरिन्थियों के नाम पौलुस प्रेरित की पहली पत्री

भूमिका

पौलुस ने कुरिन्थुस नगर में कलीसिया की स्थापना की थी। उसमें मसीही जीवन और विश्वास सम्बन्धी अनेक समस्याएँ उत्पन्न हुईं। उन समस्याओं के समाधान के लिए *कुरिन्थियों के नाम पौलुस प्रेरित की पहली पत्री* लिखी गई थी। उस समय कुरिन्थुस यूनान का एक अन्तर्राष्ट्रीय नगर था। जो रोमी साम्राज्य के अखाया प्रान्त की राजधानी था। वह अपनी व्यापार सम्पन्नता, वैभवशाली संस्कृति और विविध धर्मों के लिये प्रसिद्ध था। पर वह अपनी व्यापक अनैतिकता के लिये बदनाम था।

प्रेरित की प्रमुख चिन्ता के विषय थे कलीसिया में विभाजन और अनैतिकता, यौन और विवाह तथा विवेक सम्बन्धी प्रश्न, कलीसियाई प्रबन्ध, पवित्र आत्मा के दान, और पुनरुत्थान। पौलुस अपनी गहन अन्तर्दृष्टि से यह बताता है कि सुसमाचार के द्वारा इन प्रश्नों का समाधान कैसे हो सकता है।

अध्याय 13 में पौलुस बताता है कि परमेश्वर के लोगों को मिले वरदानों में से सबसे उत्तम वरदान प्रेम है। यह इस पुस्तक का सबसे प्रसिद्ध अध्याय है।

रूप-रेखा :

भूमिका 1:1—9
कलीसिया में दलबन्दी 1:10—4:21
नैतिकता और पारिवारिक जीवन 5:1—7:40
मसीही और मूर्तिपूजक 8:1—11:1
कलीसियाई जीवन और आराधना 11:2—14:40
मसीह यीशु और विश्वासियों का पुनरुत्थान 15:1—58
यहूदिया के मसीहियों के लिये दान 16:1—4
व्यक्तिगत विषय और उपसंहार 16:5—24

अभिवादन

1 पौलुस की ओर से जो परमेश्वर की इच्छा से यीशु मसीह का प्रेरित होने के लिये बुलाया गया और भाई सोस्थिनेस की ओर से, 2 परमेश्वर की उस कलीसिया के नाम जो कुरिन्थुस* में है, अर्थात् उनके नाम जो मसीह यीशु में पवित्र किए गए, और पवित्र होने के लिये बुलाए गए हैं; और उन सब के नाम भी जो हर जगह हमारे और अपने प्रभु यीशु मसीह के नाम से प्रार्थना करते हैं।

3 हमारे पिता परमेश्वर और प्रभु यीशु मसीह की ओर से तुम्हें अनुग्रह और शान्ति मिलती रहे।

मसीह में आशीषें

4 मैं तुम्हारे विषय में अपने परमेश्वर का

1:2 * प्रेरि 18:1

धन्यवाद सदा करता हूँ, इसलिये कि परमेश्वर
का यह अनुग्रह तुम पर मसीह यीशु में हुआ
5 कि उस में होकर तुम हर बात में, अर्थात् सारे
वचन और सारे ज्ञान में धनी किए गए — 6 कि
मसीह की गवाही तुम में पक्की निकली —
7 यहाँ तक कि किसी वरदान में तुम्हें घटी नहीं,
और तुम हमारे प्रभु यीशु मसीह के प्रगट होने
की बाट जोहते रहते हो। 8 वह तुम्हें अन्त तक
दृढ़ भी करेगा कि तुम हमारे प्रभु यीशु मसीह के
दिन में निर्दोष ठहरो। 9 परमेश्वर सच्चा* है,
जिसने तुम को अपने पुत्र हमारे प्रभु यीशु मसीह
की संगति में बुलाया है।

कलीसिया में फूट

10 हे भाइयो, मैं तुम से हमारे प्रभु यीशु
मसीह के नाम से विनती करता हूँ कि तुम सब
एक ही बात कहो, और तुम में फूट न हो, परन्तु
एक ही मन और एक ही मत होकर मिले रहो।
11 क्योंकि हे मेरे भाइयो, खलोए के घराने के
लोगों ने मुझे तुम्हारे विषय में बताया है कि तुम
में झगड़े हो रहे हैं। 12 मेरे कहने का अर्थ यह है
कि तुम में से कोई तो अपने आप को ''पौलुस
का,'' कोई ''अपुल्लोस का,'' कोई ''कैफा का,''
तो कोई ''मसीह का'' कहता है।* 13 क्या
मसीह बँट गया? क्या पौलुस तुम्हारे लिये क्रूस
पर चढ़ाया गया? या तुम्हें पौलुस के नाम पर
बपतिस्मा मिला? 14 मैं परमेश्वर का धन्यवाद
करता हूँ कि क्रिस्पुस और गयुस को छोड़ मैं ने
तुम में से किसी को भी बपतिस्मा नहीं दिया।*
15 कहीं ऐसा न हो कि कोई कहे कि तुम्हें मेरे
नाम पर बपतिस्मा मिला। 16 और हाँ, मैं ने
स्तिफनास के घराने को भी बपतिस्मा दिया; इनको
छोड़ मैं नहीं जानता कि मैं ने और किसी को
बपतिस्मा दिया।* 17 क्योंकि मसीह ने मुझे
बपतिस्मा देने को नहीं, वरन् सुसमाचार सुनाने
को भेजा है, और यह भी शब्दों के ज्ञान के
अनुसार नहीं, ऐसा न हो कि मसीह का क्रूस
व्यर्थ ठहरे।

मसीह परमेश्वर का ज्ञान और सामर्थ्य है

18 क्योंकि क्रूस की कथा नाश होनेवालों के
लिये मूर्खता है, परन्तु हम उद्धार पानेवालों के
लिये परमेश्वर की सामर्थ्य है। 19 क्योंकि
लिखा है,

''मैं ज्ञानवानों के ज्ञान को नष्ट करूँगा,
और समझदारों की समझ को तुच्छ कर
दूँगा।''*

20 कहाँ रहा ज्ञानवान? कहाँ रहा शास्त्री? कहाँ
रहा इस संसार का विवादी? क्या परमेश्वर ने
संसार के ज्ञान को मूर्खता नहीं ठहराया?*
21 क्योंकि जब परमेश्वर के ज्ञान के अनुसार
संसार ने ज्ञान से परमेश्वर को न जाना, तो परमेश्वर
को यह अच्छा लगा कि इस प्रचार की मूर्खता के
द्वारा विश्वास करनेवालों को उद्धार दे। 22 यहूदी
तो चिह्न चाहते हैं, और यूनानी ज्ञान की खोज में
हैं, 23 परन्तु हम तो उस क्रूस पर चढ़ाए हुए
मसीह का प्रचार करते हैं, जो यहूदियों के लिये
ठोकर का कारण और अन्यजातियों के लिये मूर्खता
है; 24 परन्तु जो बुलाए हुए हैं, क्या यहूदी क्या
यूनानी, उनके निकट मसीह परमेश्वर की सामर्थ्य
और परमेश्वर का ज्ञान है। 25 क्योंकि परमेश्वर
की मूर्खता मनुष्यों के ज्ञान से ज्ञानवान है, और
परमेश्वर की निर्बलता मनुष्यों के बल से बहुत
बलवान है।

26 हे भाइयो, अपने बुलाए जाने को तो सोचो
कि न शरीर के अनुसार बहुत ज्ञानवान, और न
बहुत सामर्थी, और न बहुत कुलीन बुलाए गए।
27 परन्तु परमेश्वर ने जगत के मूर्खों को चुन
लिया है कि ज्ञानवानों को लज्जित करे, और
परमेश्वर ने जगत के निर्बलों को चुन लिया है
कि बलवानों को लज्जित करे; 28 और परमेश्वर
ने जगत के नीचों और तुच्छों को, वरन् जो हैं भी
नहीं उनको भी चुन लिया कि उन्हें जो हैं, व्यर्थ
ठहराए। 29 ताकि कोई प्राणी परमेश्वर के सामने
घमण्ड न करने पाए। 30 परन्तु उसी की ओर से
तुम मसीह यीशु में हो, जो परमेश्वर की ओर से

1:9* यू० *विश्वासयोग्य* **12*** प्रेरि 18:24 **14*** प्रेरि 18:8; 19:29; रोम 16:23 **16*** 1 कुर 16:15 **19*** यशा 29:14
20* अय्यू 12:17; यशा 19:12; 33:18; 44:25

हमारे लिये ज्ञान ठहरा, अर्थात् धर्म, और पवित्रता,
और छुटकारा; 31 ताकि जैसा लिखा है, वैसा ही
हो, ''जो घमण्ड करे वह प्रभु में घमण्ड करे।''*

क्रूसित मसीह के विषय संदेश

2 हे भाइयो, जब मैं परमेश्वर का भेद सुनाता
हुआ तुम्हारे पास आया, तो शब्दों या ज्ञान
की उत्तमता के साथ नहीं आया। 2 क्योंकि मैं ने
यह ठान लिया था कि तुम्हारे बीच यीशु मसीह
वरन् क्रूस पर चढ़ाए हुए मसीह को छोड़ और
किसी बात को न जानूँ। 3 मैं निर्बलता और भय
के साथ, और बहुत थरथराता हुआ तुम्हारे साथ
रहा;* 4 और मेरे वचन, और मेरे प्रचार में ज्ञान
की लुभानेवाली बातें नहीं, परन्तु आत्मा और
सामर्थ्य का प्रमाण था, 5 इसलिये कि तुम्हारा
विश्वास मनुष्यों के ज्ञान पर नहीं, परन्तु परमेश्वर
की सामर्थ्य पर निर्भर हो।

परमेश्वर का ज्ञान

6 फिर भी सिद्ध लोगों में हम ज्ञान सुनाते हैं,
परन्तु इस संसार का और इस संसार के नाश
होनेवाले हाकिमों का ज्ञान नहीं; 7 परन्तु हम
परमेश्वर का वह गुप्त ज्ञान, भेद की रीति पर
बताते हैं, जिसे परमेश्वर ने सनातन से हमारी
महिमा के लिये ठहराया। 8 जिसे इस संसार के
हाकिमों में से किसी ने नहीं जाना, क्योंकि यदि
वे जानते तो तेजोमय प्रभु को क्रूस पर न चढ़ाते।
9 परन्तु जैसा लिखा है,

''जो बातें आँख ने नहीं देखीं और कान
ने नहीं सुनीं,
और जो बातें मनुष्य के चित में नहीं
चढ़ीं,
वे ही हैं जो परमेश्वर ने अपने प्रेम
रखनेवालों के लिये तैयार की हैं।''*

10 परन्तु परमेश्वर ने उनको अपने आत्मा के
द्वारा हम पर प्रगट किया, क्योंकि आत्मा सब
बातें, वरन् परमेश्वर की गूढ़ बातें भी जाँचता है।
11 मनुष्यों में से कौन किसी मनुष्य की बातें
जानता है, केवल मनुष्य की आत्मा जो उसमें
है? वैसे ही परमेश्वर की बातें भी कोई नहीं
जानता, केवल परमेश्वर का आत्मा। 12 परन्तु
हम ने संसार की आत्मा नहीं, परन्तु वह आत्मा
पाया है जो परमेश्वर की ओर से है कि हम उन
बातों को जानें जो परमेश्वर ने हमें दी हैं।
13 जिनको हम मनुष्यों के ज्ञान की सिखाई हुई
बातों में नहीं, परन्तु आत्मा की सिखाई हुई बातों
में, आत्मिक बातें आत्मिक बातों से मिला मिलाकर
सुनाते हैं। 14 परन्तु शारीरिक* मनुष्य परमेश्वर
के आत्मा की बातें ग्रहण नहीं करता, क्योंकि वे
उसकी दृष्टि में मूर्खता की बातें हैं, और न वह
उन्हें जान सकता है क्योंकि उनकी जाँच आत्मिक
रीति से होती है। 15 आत्मिक जन सब कुछ
जाँचता है, परन्तु वह आप किसी से जाँचा नहीं
जाता। 16 ''क्योंकि प्रभु का मन किसने जाना है
कि उसे सिखाए?''* परन्तु हम में मसीह का
मन है।

कलीसिया में गुटबन्दी की भर्त्सना

3 हे भाइयो, मैं तुम से इस रीति से बातें न कर
सका जैसे आत्मिक लोगों से, परन्तु जैसे
शारीरिक लोगों से, और उनसे जो मसीह में
बालक हैं। 2 मैं ने तुम्हें दूध पिलाया, अन्न न
खिलाया; क्योंकि तुम उसको नहीं खा सकते थे;
वरन् अब तक भी नहीं खा सकते हो,* 3 क्योंकि
अब तक शारीरिक हो। इसलिये कि जब तुम में
डाह और झगड़ा है, तो क्या तुम शारीरिक नहीं?
और क्या मनुष्य की रीति पर नहीं चलते?
4 क्योंकि जब एक कहता है, ''मैं पौलुस का
हूँ,'' और दूसरा, ''मैं अपुल्लोस का हूँ,'' तो
क्या तुम मनुष्य नहीं?*

5 अपुल्लोस क्या है? और पौलुस क्या है?
केवल सेवक, जिनके द्वारा तुम ने विश्वास किया,
जैसा हर एक को प्रभु ने दिया। 6 मैं ने लगाया,
अपुल्लोस ने सींचा, परन्तु परमेश्वर ने बढ़ाया।*

1:31* यिर्म 9:24 **2:3*** प्रेरि 18:9 **9*** यशा 64:4 **14*** यू० *प्राणिक* **16*** यशा 40:13 **3:2*** इब्रा 5:12,13 **4*** 1 कुर 1:12
6* प्रेरि 18:4-11, 24-28

7 इसलिये न तो लगानेवाला कुछ है और न सींचनेवाला, परन्तु परमेश्वर ही सब कुछ है जो बढ़ानेवाला है। 8 लगानेवाला और सींचनेवाला दोनों एक हैं; परन्तु हर एक व्यक्ति अपने ही परिश्रम के अनुसार अपनी ही मजदूरी पाएगा। 9 क्योंकि हम परमेश्वर के सहकर्मी हैं; तुम परमेश्वर की खेती और परमेश्वर की रचना हो।

10 परमेश्वर के उस अनुग्रह के अनुसार जो मुझे दिया गया, मैं ने बुद्धिमान राजमिस्त्री के समान नींव डाली, और दूसरा उस पर रद्दा रखता है। परन्तु हर एक मनुष्य चौकस रहे कि वह उस पर कैसा रद्दा रखता है। 11 क्योंकि उस नींव को छोड़ जो पड़ी है, और वह यीशु मसीह है, कोई दूसरी नींव नहीं डाल सकता। 12 यदि कोई इस नींव पर सोना या चाँदी या बहुमूल्य पत्थर या काठ या घास या फूस का रद्दा रखे, 13 तो हर एक का काम प्रगट हो जाएगा; क्योंकि वह दिन उसे बताएगा, इसलिये कि आग के साथ प्रगट होगा और वह आग हर एक का काम परखेगी कि कैसा है। 14 जिसका काम उस पर बना हुआ स्थिर रहेगा, वह मजदूरी पाएगा। 15 यदि किसी का काम जल जाएगा, तो वह हानि उठाएगा; पर वह आप बच जाएगा परन्तु जलते-जलते।

16 क्या तुम नहीं जानते कि तुम परमेश्वर का मन्दिर* हो, और परमेश्वर का आत्मा तुम में वास करता है?† 17 यदि कोई परमेश्वर के मन्दिर को नष्ट करेगा तो परमेश्वर उसे नष्ट करेगा; क्योंकि परमेश्वर का मन्दिर पवित्र है, और वह तुम हो।

18 कोई अपने आप को धोखा न दे। यदि तुम में से कोई इस संसार में अपने आप को ज्ञानी समझे, तो मूर्ख बने कि ज्ञानी हो जाए। 19 क्योंकि इस संसार का ज्ञान परमेश्वर के निकट मूर्खता है, जैसा लिखा है, ''वह ज्ञानियों को उनकी चतुराई में फँसा देता है,''* 20 और फिर, ''प्रभु ज्ञानियों के विचारों को जानता है कि वे व्यर्थ हैं।''* 21 इसलिये मनुष्यों पर कोई घमण्ड न करे, क्योंकि सब कुछ तुम्हारा है : 22 क्या पौलुस, क्या अपुल्लोस, क्या कैफा, क्या जगत, क्या जीवन, क्या मरण, क्या वर्तमान, क्या भविष्य, सब कुछ तुम्हारा है, 23 और तुम मसीह के हो, और मसीह परमेश्वर का है।

मसीह के प्रेरित

4 मनुष्य हमें मसीह के सेवक और परमेश्वर के भेदों के भण्डारी समझे। 2 फिर यहाँ भण्डारी में यह बात देखी जाती है कि वह विश्वासयोग्य हो। 3 परन्तु मेरी दृष्टि में यह बहुत छोटी बात है कि तुम या मनुष्यों का कोई न्यायी मुझे परखे, वरन् मैं स्वयं अपने आप को नहीं परखता। 4 क्योंकि मेरा मन मुझे किसी बात में दोषी नहीं ठहराता, परन्तु इससे मैं निर्दोष नहीं ठहरता, क्योंकि मेरा परखनेवाला प्रभु है। 5 इसलिये जब तक प्रभु न आए, समय से पहले किसी बात का न्याय न करो : वही अन्धकार की छिपी बातें ज्योति में दिखाएगा, और मनों के अभिप्रायों को प्रगट करेगा, तब परमेश्वर की ओर से हर एक की प्रशंसा होगी।

6 हे भाइयो, मैं ने इन बातों में तुम्हारे लिये अपनी और अपुल्लोस की चर्चा दृष्टान्त की रीति पर की है, इसलिये कि तुम हमारे द्वारा यह सीखो कि लिखे हुए से आगे न बढ़ना, और एक के पक्ष में और दूसरे के विरोध में गर्व न करना। 7 क्योंकि तुझ में और दूसरे में कौन भेद करता है? और तेरे पास क्या है जो तू ने (दूसरे से) नहीं पाया? और जब कि तू ने (दूसरे से) पाया है, तो ऐसा घमण्ड क्यों करता है कि मानो नहीं पाया?

8 तुम तो तृप्त हो चुके, तुम धनी हो चुके, तुम ने हमारे बिना राज्य किया; परन्तु भला होता कि तुम राज्य करते कि हम भी तुम्हारे साथ राज्य करते। 9 मेरी समझ में परमेश्वर ने हम प्रेरितों को सब के बाद उन लोगों के समान ठहराया है, जिनकी मृत्यु की आज्ञा हो चुकी हो; क्योंकि हम जगत और स्वर्गदूतों और मनुष्यों के लिये एक तमाशा ठहरे हैं। 10 हम मसीह के लिये मूर्ख हैं,

3:16 * यू० *पवित्रस्थान* † 1 कुर 6:19; 2 कुर 6:16 19 * अय्यू 5:13 20 * भजन 94:11

परन्तु तुम मसीह में बुद्धिमान हो; हम निर्बल हैं,
परन्तु तुम बलवान हो। तुम आदर पाते हो, परन्तु
हम निरादर होते हैं। 11 हम इस घड़ी तक भूखे
प्यासे और नंगे हैं, और घूसे खाते हैं और मारे
मारे फिरते हैं; 12 और अपने ही हाथों से काम
करके परिश्रम करते हैं।* लोग हमें बुरा कहते
हैं, हम आशीष देते हैं; वे सताते हैं, हम सहते
हैं। 13 वे बदनाम करते हैं, हम विनती करते हैं।
हम आज तक जगत का कूड़ा और सब वस्तुओं
की खुरचन के समान ठहरे हैं।

चेतावनी

14 मैं तुम्हें लज्जित करने के लिये ये बातें
नहीं लिखता, परन्तु अपने प्रिय बालक जानकर
तुम्हें चिताता हूँ। 15 क्योंकि यदि मसीह में तुम्हारे
सिखानेवाले दस हजार भी होते, तौभी तुम्हारे
पिता बहुत से नहीं; इसलिये कि मसीह यीशु
में सुसमाचार के द्वारा मैं तुम्हारा पिता हुआ।
16 इसलिये मैं तुम से विनती करता हूँ कि मेरी
सी चाल चलो।* 17 इसलिये मैं ने तीमुथियुस
को जो प्रभु में मेरा प्रिय और विश्वासयोग्य पुत्र
है, तुम्हारे पास भेजा है। वह तुम्हें मसीह में मेरा
चरित्र स्मरण कराएगा, जैसे कि मैं हर जगह हर
एक कलीसिया में उपदेश करता हूँ। 18 कुछ तो
ऐसे फूल गए हैं, मानो मैं तुम्हारे पास आने ही
का नहीं। 19 परन्तु प्रभु ने चाहा तो मैं तुम्हारे
पास शीघ्र ही आऊँगा, और उन फूले हुओं की
बातों को नहीं, परन्तु उनकी सामर्थ्य को जान
लूँगा। 20 क्योंकि परमेश्वर का राज्य बातों में
नहीं परन्तु सामर्थ्य में है। 21 तुम क्या चाहते
हो? क्या मैं छड़ी लेकर तुम्हारे पास आऊँ, या
प्रेम और नम्रता की आत्मा के साथ?

कलीसिया में अनैतिकता

5 यहाँ तक सुनने में आता है कि तुम में
व्यभिचार होता है, वरन् ऐसा व्यभिचार जो
अन्यजातियों में भी नहीं होता कि एक मनुष्य
अपने पिता की पत्नी को रखता है।* 2 और तुम
शोक तो नहीं करते, जिससे ऐसा काम करनेवाला
तुम्हारे बीच में से निकाला जाता, परन्तु घमण्ड
करते हो। 3 मैं तो शरीर के भाव से दूर था, परन्तु
आत्मा के भाव से तुम्हारे साथ होकर मानो
उपस्थिति की दशा में ऐसे काम करनेवाले के
विषय में यह आज्ञा दे चुका हूँ 4 कि जब तुम
और मेरी आत्मा, हमारे प्रभु यीशु की सामर्थ्य के
साथ इकट्ठे हो, तो ऐसा मनुष्य हमारे प्रभु यीशु
के नाम से 5 शरीर के विनाश के लिये शैतान को
सौंपा जाए, ताकि उसकी आत्मा प्रभु यीशु के
दिन में उद्धार पाए।

6 तुम्हारा घमण्ड करना अच्छा नहीं; क्या तुम
नहीं जानते कि थोड़ा सा खमीर पूरे गूँधे हुए
आटे को खमीर कर देता है।* 7 पुराना खमीर
निकाल कर अपने आप को शुद्ध करो कि नया
गूँधा हुआ आटा बन जाओ; ताकि तुम अखमीरी
हो। क्योंकि हमारा भी फसह, जो मसीह है,
बलिदान हुआ है।* 8 इसलिये आओ, हम उत्सव
में आनन्द मनावें, न तो पुराने खमीर से और न
बुराई और दुष्टता के खमीर से, परन्तु सीधाई और
सच्चाई की अखमीरी रोटी से।*

9 मैं ने अपनी पत्री में तुम्हें लिखा है कि
व्यभिचारियों की संगति न करना। 10 यह नहीं
कि तुम बिलकुल इस जगत के व्यभिचारियों, या
लोभियों, या अन्धेर करनेवालों, या मूर्तिपूजकों
की संगति न करो; क्योंकि इस दशा में तो तुम्हें
जगत में से निकल जाना ही पड़ता। 11 पर मेरा
कहना यह है कि यदि कोई भाई कहलाकर,
व्यभिचारी, या लोभी, या मूर्तिपूजक, या गाली
देनेवाला, या पियक्कड़, या अन्धेर करनेवाला
हो, तो उसकी संगति मत करना; वरन् ऐसे मनुष्य
के साथ खाना भी न खाना। 12 क्योंकि मुझे
बाहरवालों का न्याय करने से क्या काम? क्या
तुम भीतरवालों का न्याय नहीं करते? 13 परन्तु
बाहरवालों का न्याय परमेश्वर करता है। इसलिये
उस कुकर्मी को अपने बीच में से निकाल दो।*

4:12* प्रेरि 18:3 **16*** 1 कुर 11:1; फिलि 3:17 **5:1*** व्य 22:30 **6*** गला 5:9 **7*** निर्ग 12:5 **8*** निर्ग 13:7; व्य 16:3
13* व्य 13:5; 17:7

मसीहियों में मुकद्दमेबाजी

6 क्या तुम में से किसी को यह हियाव है कि जब दूसरे के साथ झगड़ा हो, तो फैसले के लिये अधर्मियों के पास जाए और पवित्र लोगों के पास न जाए? 2 क्या तुम नहीं जानते कि पवित्र लोग जगत का न्याय करेंगे? इसलिये जब तुम्हें जगत का न्याय करना है, तो क्या तुम छोटे से छोटे झगड़ों का भी निर्णय करने के योग्य नहीं? 3 क्या तुम नहीं जानते कि हम स्वर्गदूतों का न्याय करेंगे? तो क्या सांसारिक बातों का निर्णय न करें? 4 यदि तुम्हें सांसारिक बातों का निर्णय करना हो, तो क्या उन्हीं को बैठाओगे जो कलीसिया में कुछ नहीं समझे जाते हैं? 5 मैं तुम्हें लज्जित करने के लिये यह कहता हूँ। क्या सचमुच तुम में एक भी बुद्धिमान नहीं मिलता, जो अपने भाइयों का निर्णय कर सके? 6 तुम में भाई-भाई में मुकद्दमा होता है, और वह भी अविश्वासियों के सामने।

7 परन्तु सचमुच तुम में बड़ा दोष तो यह है कि आपस में मुकद्दमा करते हो। अन्याय क्यों नहीं सहते? अपनी हानि क्यों नहीं सहते? 8 परन्तु तुम तो स्वयं अन्याय करते और हानि पहुँचाते हो, और वह भी भाइयों को। 9 क्या तुम नहीं जानते कि अन्यायी लोग परमेश्वर के राज्य के वारिस न होंगे? धोखा न खाओ; न वेश्यागामी, न मूर्तिपूजक, न परस्त्रीगामी, न लुच्चे, न पुरुषगामी, 10 न चोर, न लोभी, न पियक्कड़, न गाली देनेवाले, न अन्धेर करनेवाले परमेश्वर के राज्य के वारिस होंगे। 11 और तुम में से कितने ऐसे ही थे, परन्तु तुम प्रभु यीशु मसीह के नाम से और हमारे परमेश्वर के आत्मा से धोए गए और पवित्र हुए और धर्मी ठहरे।

देह परमेश्वर की महिमा के लिये

12 सब वस्तुएँ मेरे लिये उचित तो हैं, परन्तु सब वस्तुएँ लाभ की नहीं; सब वस्तुएँ मेरे लिये उचित हैं, परन्तु मैं किसी बात के अधीन न हूँगा।* 13 भोजन पेट के लिये, और पेट भोजन के लिये है, परन्तु परमेश्वर इस को और उस को दोनों को नष्ट करेगा। परन्तु देह व्यभिचार के लिये नहीं, वरन् प्रभु के लिये है, और प्रभु देह के लिये है। 14 परमेश्वर ने अपनी सामर्थ्य से प्रभु को जिलाया, और हमें भी जिलाएगा। 15 क्या तुम नहीं जानते कि तुम्हारी देह मसीह के अंग हैं? तो क्या मैं मसीह के अंग लेकर उन्हें वेश्या के अंग बनाऊँ? कदापि नहीं। 16 क्या तुम नहीं जानते कि जो कोई वेश्या से संगति करता है, वह उसके साथ एक तन हो जाता है? क्योंकि लिखा है : "वे दोनों एक तन होंगे।"* 17 और जो प्रभु की संगति में रहता है, वह उसके साथ एक आत्मा हो जाता है। 18 व्यभिचार से बचे रहो। जितने अन्य पाप मनुष्य करता है वे देह के बाहर हैं, परन्तु व्यभिचार करनेवाला अपनी ही देह के विरुद्ध पाप करता है। 19 क्या तुम नहीं जानते कि तुम्हारी देह पवित्र आत्मा का मन्दिर* है, जो तुम में बसा हुआ है और तुम्हें परमेश्वर की ओर से मिला है;† और तुम अपने नहीं हो? 20 क्योंकि दाम देकर मोल लिये गए हो, इसलिये अपनी देह के द्वारा परमेश्वर की महिमा करो।

विवाह से सम्बन्धित प्रश्न

7 उन बातों के विषय में जो तुम ने लिखीं, यह अच्छा है कि पुरुष स्त्री को न छूए। 2 परन्तु व्यभिचार के डर से हर एक पुरुष की पत्नी, और हर एक स्त्री का पति हो। 3 पति अपनी पत्नी का हक्क पूरा करे; और वैसे ही पत्नी भी अपने पति का। 4 पत्नी को अपनी देह पर अधिकार नहीं पर उसके पति का अधिकार है; वैसे ही पति को भी अपनी देह पर अधिकार नहीं, परन्तु पत्नी का है। 5 तुम एक दूसरे से अलग न रहो; परन्तु केवल कुछ समय तक आपस की सम्मति से कि प्रार्थना के लिये अवकाश मिले, और फिर एक साथ रहो; ऐसा न हो कि तुम्हारे असंयम के कारण शैतान तुम्हें परखे।

6:12* 1 कुर 10:23   16* उत्प 2:24   19* यू० *पवित्रस्थान*   † 1 कुर 3:16; 2 कुर 6:16

6 परन्तु मैं जो यह कहता हूँ वह अनुमति है न कि आज्ञा। 7 मैं यह चाहता हूँ कि जैसा मैं हूँ, वैसे ही सब मनुष्य हों; परन्तु हर एक को परमेश्वर की ओर से विशेष विशेष वरदान मिले हैं; किसी को किसी प्रकार का, और किसी को किसी और प्रकार का।

8 परन्तु मैं अविवाहितों और विधवाओं के विषय में कहता हूँ कि उनके लिये ऐसा ही रहना अच्छा है, जैसा मैं हूँ। 9 परन्तु यदि वे संयम न कर सकें, तो विवाह करें; क्योंकि विवाह करना कामातुर रहने से भला है।

10 जिनका विवाह हो गया है, उनको मैं नहीं, वरन् प्रभु आज्ञा देता है कि पत्नी अपने पति से अलग न हो। 11 और यदि अलग भी हो जाए, तो बिन दूसरा विवाह किए रहे; या अपने पति से फिर मेल कर ले - और न पति अपनी पत्नी को छोड़े।*

12 दूसरों से प्रभु नहीं परन्तु मैं ही कहता हूँ, यदि किसी भाई की पत्नी विश्वास न रखती हो और उसके साथ रहने से प्रसन्न हो, तो वह उसे न छोड़े। 13 जिस स्त्री का पति विश्वास न रखता हो, और उसके साथ रहने से प्रसन्न हो; वह पति को न छोड़े। 14 क्योंकि ऐसा पति जो विश्वास न रखता हो, वह पत्नी के कारण पवित्र ठहरता है; और ऐसी पत्नी जो विश्वास नहीं रखती, पति के कारण पवित्र ठहरती है; नहीं तो तुम्हारे बाल-बच्चे अशुद्ध होते, परन्तु अब तो पवित्र हैं। 15 परन्तु जो पुरुष विश्वास नहीं रखता, यदि वह अलग हो तो अलग होने दो, ऐसी दशा में कोई भाई या बहिन बन्धन में नहीं। परमेश्वर ने हमें मेलमिलाप के लिये बुलाया है। 16 क्योंकि हे स्त्री, तू क्या जानती है कि तू अपने पति का उद्धार करा लेगी? और हे पुरुष, तू क्या जानता है कि तू अपनी पत्नी का उद्धार करा लेगा?

परमेश्वर की बुलाहट के अनुसार चलो

17 जैसा प्रभु ने हर एक को बाँटा है, और जैसा परमेश्वर ने हर एक को बुलाया है, वैसा ही वह चले। मैं सब कलीसियाओं में ऐसा ही ठहराता हूँ। 18 जो खतना किया हुआ बुलाया गया हो, वह खतनारहित न बने। जो खतनारहित बुलाया गया हो, वह खतना न कराए। 19 न खतना कुछ है और न खतनारहित, परन्तु परमेश्वर की आज्ञाओं को मानना ही सब कुछ है। 20 हर एक जन जिस दशा में बुलाया गया हो, उसी में रहे। 21 यदि तू दास की दशा में बुलाया गया हो तो चिन्ता न कर; परन्तु यदि तू स्वतंत्र हो सके, तो ऐसा ही काम कर। 22 क्योंकि जो दास की दशा में प्रभु में बुलाया गया है, वह प्रभु का स्वतंत्र किया हुआ है। वैसे ही जो स्वतंत्रता की दशा में बुलाया गया है, वह मसीह का दास है। 23 तुम दाम देकर मोल लिए गए हो; मनुष्यों के दास न बनो। 24 हे भाइयो, जो कोई जिस दशा में बुलाया गया हो, वह उसी में परमेश्वर के साथ रहे।

अविवाहित और विधवाएँ

25 कुँवारियों के विषय में प्रभु की कोई आज्ञा मुझे नहीं मिली, परन्तु विश्वासयोग्य होने के लिये जैसी दया प्रभु ने मुझ पर की है, उसी के अनुसार सम्मति देता हूँ। 26 मेरी समझ में यह अच्छा है कि आजकल क्लेश के कारण, मनुष्य जैसा है वैसा ही रहे। 27 यदि तेरे पत्नी है, तो उससे अलग होने का यत्न न कर; और यदि तेरे पत्नी नहीं,* तो पत्नी की खोज न कर। 28 परन्तु यदि तू विवाह भी करे, तो पाप नहीं; और यदि कुँवारी ब्याही जाए तो कोई पाप नहीं। परन्तु ऐसों को शारीरिक दुःख होगा, और मैं बचाना चाहता हूँ। 29 हे भाइयो, मैं यह कहता हूँ कि समय कम किया गया है, इसलिये चाहिए कि जिन के पत्नी हों, वे ऐसे हों मानो उन के पत्नी नहीं; 30 और रोनेवाले ऐसे हों, मानो रोते नहीं; और आनन्द करनेवाले ऐसे हों, मानो आनन्द नहीं करते; और मोल लेनेवाले ऐसे हों, मानो उनके पास कुछ है ही नहीं। 31 और इस संसार

7:10,11 * मत्ती 5:32; 19:9; मर 10:11,12; लूका 16:18   27 * या यदि तू पत्नी से छूट गया है

के साथ व्यवहार करनेवाले ऐसे हों, कि संसार ही के न हो लें;* क्योंकि इस संसार की रीति और व्यवहार बदलते जाते हैं।

32 अत: मैं यह चाहता हूँ कि तुम्हें चिन्ता न हो। अविवाहित पुरुष प्रभु की बातों की चिन्ता में रहता है कि प्रभु को कैसे प्रसन्न रखे। 33 परन्तु विवाहित मनुष्य संसार की बातों की चिन्ता में रहता है कि अपनी पत्नी को किस रीति से प्रसन्न रखे। 34 विवाहिता और अविवाहिता में भी भेद है : अविवाहिता प्रभु की चिन्ता में रहती है कि वह देह और आत्मा दोनों में पवित्र हो, परन्तु विवाहिता संसार की चिन्ता में रहती है कि अपने पति को प्रसन्न रखे। 35 मैं यह बात तुम्हारे ही लाभ के लिये कहता हूँ, न कि तुम्हें फँसाने के लिये, वरन् इसलिये कि जैसा शोभा देता है वैसा ही किया जाए, कि तुम एक चित्त होकर प्रभु की सेवा में लगे रहो।

36 यदि कोई यह समझे कि मैं अपनी उस कुँवारी का हक्क मार रहा हूँ, जिसकी जवानी ढल रही है, और आवश्यकता भी हो, तो जैसा चाहे वैसा करे, इसमें पाप नहीं, वह उसका विवाह होने दे*। 37 परन्तु जो मन में दृढ़ रहता है, और उसको आवश्यकता न हो, वरन् अपनी इच्छा पर अधिकार रखता हो, और अपने मन में यह बात ठान ली हो कि वह अपनी कुँवारी लड़की को अविवाहित रखेगा, वह अच्छा करता है। 38 इसलिये जो अपनी कुँवारी का विवाह कर देता है, वह अच्छा करता है, और जो विवाह नहीं कर देता, वह और भी अच्छा करता है।

39 जब तक किसी स्त्री का पति जीवित रहता है, तब तक वह उससे बन्धी हुई है; परन्तु यदि उसका पति मर जाए तो जिस से चाहे विवाह कर सकती है, परन्तु केवल प्रभु में। 40 परन्तु जैसी है यदि वैसी ही रहे, तो मेरे विचार में और भी धन्य है; और मैं समझता हूँ कि परमेश्वर का आत्मा मुझ में भी है।

मूर्तियों को चढ़ाया गया भोजन

8 अब मूर्तियों के सामने बलि की हुई वस्तुओं के विषय में — हम जानते हैं कि हम सब को ज्ञान है। ज्ञान घमण्ड उत्पन्न करता है, परन्तु प्रेम से उन्नति होती है। 2 यदि कोई समझे कि मैं कुछ जानता हूँ, तो जैसा जानना चाहिए वैसा अब तक नहीं जानता। 3 परन्तु यदि कोई परमेश्वर से प्रेम रखता है, तो परमेश्वर उसे पहिचानता है।

4 अत: मूर्तियों के सामने बलि की हुई वस्तुओं के खाने के विषय में—हम जानते हैं कि मूर्ति जगत में कोई वस्तु नहीं, और एक को छोड़ और कोई परमेश्वर नहीं। 5 यद्यपि आकाश में और पृथ्वी पर बहुत से ईश्वर कहलाते हैं—जैसा कि बहुत से ईश्वर और बहुत से प्रभु हैं—6 तौभी हमारे लिये तो एक ही परमेश्वर है : अर्थात् पिता जिसकी ओर से सब वस्तुएँ हैं, और हम उसी के लिये हैं। और एक ही प्रभु है, अर्थात् यीशु मसीह जिसके द्वारा सब वस्तुएँ हुईं, और हम भी उसी के द्वारा हैं।

7 पर सब को यह ज्ञान नहीं, परन्तु कुछ तो अब तक मूर्ति को कुछ समझने के कारण मूर्तियों के सामने बलि की हुई वस्तु को कुछ समझकर खाते हैं, और उनका विवेक* निर्बल होने के कारण अशुद्ध हो जाता है। 8 भोजन हमें परमेश्वर के निकट नहीं पहुँचाता। यदि हम न खाएँ तो हमारी कुछ हानि नहीं, और यदि खाएँ तो कुछ लाभ नहीं। 9 परन्तु सावधान! ऐसा न हो कि तुम्हारी यह स्वतंत्रता कहीं निर्बलों के लिये ठोकर का कारण हो जाए। 10 क्योंकि यदि कोई तुझ ज्ञानी को मूर्ति के मन्दिर में भोजन करते देखे और वह निर्बल जन हो, तो क्या उसके विवेक को मूर्ति के सामने बलि की हुई वस्तु खाने का साहस न हो जाएगा। 11 इस रीति से तेरे ज्ञान के कारण वह निर्बल भाई जिसके लिये मसीह मरा, नष्ट हो जाएगा। 12 इस प्रकार भाइयों के विरुद्ध अपराध करने से और उनके निर्बल विवेक* को

7:31* *यू० उससे अधिक व्यवहार न रखें* **36*** *यू० वे ब्याहे जाएँ* **8:7*** अर्थात् *मन या कान्शन्स* **12*** अर्थात् *मन या कान्शन्स*

चोट पहुँचाने से, तुम मसीह के विरुद्ध अपराध
करते हो। 13 इस कारण यदि भोजन मेरे भाई को
ठोकर खिलाए, तो मैं कभी किसी रीति से मांस
न खाऊँगा, न हो कि मैं अपने भाई के लिये
ठोकर का कारण बनूँ।

प्रेरित के अधिकार और कर्त्तव्य

9 क्या मैं स्वतंत्र नहीं? क्या मैं प्रेरित नहीं?
क्या मैं ने यीशु को जो हमारा प्रभु है, नहीं
देखा? क्या तुम प्रभु में मेरे बनाए हुए नहीं?
2 यदि मैं दूसरों के लिये प्रेरित नहीं, तौभी तुम्हारे
लिये तो हूँ; क्योंकि तुम प्रभु में मेरी प्रेरिताई पर
छाप हो।

3 जो मुझे जाँचते हैं, उनके लिये यही मेरा
उत्तर है। 4 क्या हमें खाने-पीने का अधिकार
नहीं? 5 क्या हमें यह अधिकार नहीं, कि किसी
मसीही बहिन के साथ विवाह करके उसे लिये
फिरें, जैसा अन्य प्रेरित और प्रभु के भाई और
कैफा करते हैं? 6 या केवल मुझे और बरनबास
को ही अधिकार नहीं कि कमाई करना छोड़ें।
7 कौन कभी अपनी गिरह से खाकर सिपाही का
काम करता है? कौन दाख की बारी लगाकर
उसका फल नहीं खाता? कौन भेड़ों की रखवाली
करके उनका दूध नहीं पीता?

8 क्या मैं ये बातें मनुष्य ही की रीति पर
बोलता हूँ? 9 क्या व्यवस्था भी यही नहीं कहती?
क्योंकि मूसा की व्यवस्था में लिखा है, ''दाँवते
समय चलते हुए बैल का मुँह न बाँधना।''* क्या
परमेश्वर बैलों ही की चिन्ता करता है? 10 या
विशेष करके हमारे लिये कहता है। हाँ, हमारे
लिये ही लिखा गया, क्योंकि उचित है कि
जोतनेवाला आशा से जोते और दाँवनेवाला भागी
होने की आशा से दाँवनी करे। 11 अत: जब कि
हम ने तुम्हारे लिये आत्मिक वस्तुएँ बोईं, तो क्या
यह कोई बड़ी बात है कि तुम्हारी शारीरिक वस्तुओं
की फसल काटें।* 12 जब दूसरों का तुम पर यह
अधिकार है, तो क्या हमारा इससे अधिक न
होगा?

परन्तु हम यह अधिकार काम में नहीं लाए;
परन्तु सब कुछ सहते हैं कि हमारे द्वारा मसीह के
सुसमाचार में कुछ रुकावट न हो। 13 क्या तुम
नहीं जानते कि जो मन्दिर में सेवा करते हैं, वे
मन्दिर में से खाते हैं; और जो वेदी की सेवा
करते हैं, वे वेदी के साथ भागी होते हैं?*
14 इसी रीति से प्रभु ने भी ठहराया कि जो लोग
सुसमाचार सुनाते हैं, उनकी जीविका सुसमाचार
से हो।*

15 परन्तु मैं इनमें से कोई भी बात काम में न
लाया, और मैं ने ये बातें इसलिये नहीं लिखीं कि
मेरे लिये ऐसा किया जाए, क्योंकि इससे तो मेरा
मरना ही भला है कि कोई मेरे घमण्ड को व्यर्थ
ठहराए। 16 यदि मैं सुसमाचार सुनाऊँ, तो मेरे
लिए कुछ घमण्ड की बात नहीं; क्योंकि यह
तो मेरे लिये अवश्य है। यदि मैं सुसमाचार न
सुनाऊँ, तो मुझ पर हाय! 17 क्योंकि यदि अपनी
इच्छा से यह करता हूँ तो मजदूरी मुझे मिलती है,
और यदि अपनी इच्छा से नहीं करता तौभी
भण्डारीपन मुझे सौंपा गया है। 18 तो मेरी कौन
सी मजदूरी है? यह कि सुसमाचार सुनाने में मैं
मसीह का सुसमाचार सेंत मेंत कर दूँ, यहाँ तक
कि सुसमाचार में जो मेरा अधिकार है उसको भी
मैं पूरी रीति से काम में न लाऊँ।

19 क्योंकि सब से स्वतंत्र होने पर भी मैं ने
अपने आप को सब का दास बना दिया है कि
अधिक लोगों को खींच लाऊँ। 20 मैं यहूदियों
के लिये यहूदी बना कि यहूदियों को खींच लाऊँ।
जो लोग व्यवस्था के अधीन हैं उनके लिये मैं
व्यवस्था के अधीन न होने पर भी व्यवस्था के
अधीन बना कि उन्हें जो व्यवस्था के अधीन हैं,
खींच लाऊँ। 21 व्यवस्थाहीनों के लिये मैं —
जो परमेश्वर की व्यवस्था से हीन नहीं परन्तु
मसीह की व्यवस्था के अधीन हूँ — व्यवस्थाहीन
सा बना कि व्यवस्थाहीनों को खींच लाऊँ।
22 मैं निर्बलों के लिये निर्बल सा बना कि निर्बलों
को खींच लाऊँ। मैं सब मनुष्यों के लिये सब
कुछ बना कि किसी न किसी रीति से कई एक

9:9 * व्य 25:4; 1 तीमु 5:18 **11** * रोम 15:27 **13** * व्य 18:1 **14** * मत्ती 10:10; लूका 10:7

का उद्धार कराऊँ। 23 मैं यह सब कुछ सुसमाचार के लिये करता हूँ कि औरों के साथ उसका भागी हो जाऊँ।

मसीही दौड़

24 क्या तुम नहीं जानते कि दौड़ में तो दौड़ते सब ही हैं, परन्तु इनाम एक ही ले जाता है? तुम वैसे ही दौड़ो कि जीतो। 25 हर एक पहलवान सब प्रकार का संयम करता है; वे तो एक मुरझानेवाले मुकुट को पाने के लिये यह सब करते हैं, परन्तु हम तो उस मुकुट के लिये करते हैं जो मुरझाने का नहीं। 26 इसलिये मैं तो इसी रीति से दौड़ता हूँ, परन्तु लक्ष्यहीन नहीं; मैं भी इसी रीति से मुक्कों से लड़ता हूँ, परन्तु उस के समान नहीं जो हवा पीटता हुआ लड़ता है। 27 परन्तु मैं अपनी देह को मारता कूटता और वश में लाता हूँ, ऐसा न हो कि औरों को प्रचार करके मैं आप ही किसी रीति से निकम्मा ठहरूँ।

इस्राएल के इतिहास से चेतावनी

10 हे भाइयो, मैं नहीं चाहता कि तुम इस बात से अनजान रहो कि हमारे सब बापदादे बादल के नीचे थे, और सब के सब समुद्र के बीच से पार हो गए;* 2 और सब ने बादल में और समुद्र में, मूसा का बपतिस्मा लिया; 3 और सब ने एक ही आत्मिक भोजन किया;* 4 और सब ने एक ही आत्मिक जल पीया,* क्योंकि वे उस आत्मिक चट्टान से पीते थे जो उनके साथ-साथ चलती थी, और वह चट्टान मसीह था। 5 परन्तु परमेश्वर उनमें से बहुतों से प्रसन्न न हुआ, इसलिये वे जंगल में ढेर हो गए।*

6 ये बातें हमारे लिये दृष्टान्त ठहरीं, कि जैसे उन्होंने लालच किया,* वैसे हम बुरी वस्तुओं का लालच न करें; 7 और न तुम मूर्तिपूजक बनो, जैसे कि उनमें से कितने बन गए थे, जैसा लिखा है, "लोग खाने-पीने बैठे, और खेलने-कूदने उठे।"* 8 और न हम व्यभिचार करें, जैसा उनमें से कितनों ने किया; और एक दिन में तेईस हजार मर गये।* 9 और न हम प्रभु को परखें, जैसा उनमें से कितनों ने किया, और साँपों के द्वारा नष्ट किए गए।* 10 और न तुम कुड़कुड़ाओ, जिस रीति से उनमें से कितने कुड़-कुड़ाए और नष्ट करनेवाले के द्वारा नष्ट किए गए।* 11 परन्तु ये सब बातें, जो उन पर पड़ीं, दृष्टान्त की रीति पर थीं; और वे हमारी चेतावनी के लिये जो जगत के अन्तिम समय में रहते हैं लिखी गईं हैं। 12 इसलिये जो समझता है, "मैं स्थिर हूँ," वह चौकस रहे कि कहीं गिर न पड़े। 13 तुम किसी ऐसी परीक्षा में नहीं पड़े, जो मनुष्य के सहने से बाहर है। परमेश्वर सच्चा* है और वह तुम्हें सामर्थ्य से बाहर परीक्षा में न पड़ने देगा, वरन् परीक्षा के साथ निकास भी करेगा कि तुम सह सको।

मूर्तिपूजा के विरुद्ध चेतावनी

14 इस कारण, हे मेरे प्रियो, मूर्तिपूजा से बचे रहो। 15 मैं बुद्धिमान जानकर तुम से कहता हूँ : जो मैं कहता हूँ, उसे तुम परखो। 16 वह धन्यवाद का कटोरा, जिस पर हम धन्यवाद करते हैं; क्या मसीह के लहू की सहभागिता नहीं? वह रोटी जिसे हम तोड़ते हैं, क्या वह मसीह की देह की सहभागिता नहीं?* 17 इसलिये कि एक ही रोटी है तो हम भी जो बहुत हैं, एक देह हैं : क्योंकि हम सब उसी एक रोटी में भागी होते हैं। 18 जो शरीर के भाव से इस्राएली हैं, उनको देखो : क्या बलिदानों के खानेवाले वेदी के सहभागी नहीं?* 19 फिर मैं क्या कहता हूँ? क्या यह कि मूर्ति पर चढ़ाया गया बलिदान कुछ है, या मूर्ति कुछ है? 20 नहीं, वरन् यह कि अन्यजाति जो बलिदान करते हैं; वे परमेश्वर के लिये नहीं परन्तु दुष्टात्माओं के लिये बलिदान

10:1 * निर्ग 13:21-22; 14:22-29 3 * निर्ग 16:35 4 * निर्ग 17:6; गिन 20:11 5 * गिन 14:29, 30 6 * गिन 11:4 7 * निर्ग 32:6 8 * गिन 25:1-18 9 * गिन 21:5,6 10 * गिन 16:41-49 13 * यू० *विश्वासयोग्य* 16 * मत्ती 26:26-28; मर 14:22-24; लूका 22:19,20 18 * लैव्य 7:6

करते हैं और मैं नहीं चाहता कि तुम दुष्टात्माओं
के सहभागी हो।* 21 तुम प्रभु के कटोरे और
दुष्टात्माओं के कटोरे दोनों में से नहीं पी सकते।
तुम प्रभु की मेज और दुष्टात्माओं की मेज दोनों
के साझी नहीं हो सकते। 22 क्या हम प्रभु को
क्रोध दिलाते हैं?* क्या हम उस से शक्तिमान
हैं?

सब कुछ परमेश्वर की महिमा के लिये

23 सब वस्तुएँ मेरे लिये उचित तो हैं, परन्तु
सब लाभ की नहीं : सब वस्तुएँ मेरे लिये उचित
तो हैं, परन्तु सब वस्तुओं से उन्नति नहीं।*
24 कोई अपनी ही भलाई को नहीं, वरन् दूसरों
की भलाई को ढूँढ़े। 25 जो कुछ कस्साइयों के
यहाँ बिकता है, वह खाओ और विवेक* के
कारण कुछ न पूछो? 26 ''क्योंकि पृथ्वी और
उस की भरपूरी प्रभु की है।''* 27 यदि अविश्वा-
सियों में से कोई तुम्हें नेवता दे, और तुम जाना
चाहो, तो जो कुछ तुम्हारे सामने रखा जाए वही
खाओ; और विवेक के कारण कुछ न पूछो।
28 परन्तु यदि कोई तुम से कहे, ''यह तो मूर्ति
को बलि की हुई वस्तु है,'' तो उसी बतानेवाले
के कारण और विवेक के कारण न खाओ।
29 मेरा मतलब तेरा विवेक नहीं, परन्तु उस
दूसरे का। भला, मेरी स्वतंत्रता दूसरे के विचार
से क्यों परखी जाए? 30 यदि मैं धन्यवाद करके
साझी होता हूँ, तो जिस पर मैं धन्यवाद करता हूँ
उसके कारण मेरी बदनामी क्यों होती है?

31 इसलिये तुम चाहे खाओ, चाहे पीओ,
चाहे जो कुछ करो, सब कुछ परमेश्वर की महिमा
के लिये करो। 32 तुम न यहूदियों, न यूनानियों,
और न परमेश्वर की कलीसिया के लिये ठोकर
के कारण बनो। 33 जैसा मैं भी सब बातों में सब
को प्रसन्न रखता हूँ, और अपना नहीं परन्तु बहुतों
का लाभ ढूँढ़ता हूँ कि वे उद्धार पाएँ।

11 तुम मेरी सी चाल चलो जैसा मैं मसीह
की सी चाल चलता हूँ।*

आराधना में सिर ढाँकना

2 हे भाइयो, मैं तुम्हें सराहता हूँ कि सब
बातों में तुम मुझे स्मरण करते हो; और जो
परम्पराएँ मैं ने तुम्हें सौंपी हैं, उनका पालन करते
हो। 3 परन्तु मैं चाहता हूँ कि तुम यह जान लो
कि हर एक पुरुष का सिर मसीह है, और स्त्री का
सिर पुरुष है, और मसीह का सिर परमेश्वर है।
4 जो पुरुष सिर ढाँके हुए प्रार्थना या भविष्यद्वाणी
करता है, वह अपने सिर का अपमान करता है।
5 परन्तु जो स्त्री उघाड़े सिर प्रार्थना या भविष्यद्वाणी
करती है, वह अपने सिर का अपमान करती है,
क्योंकि वह मुण्डी होने के बराबर है। 6 यदि
स्त्री ओढ़नी न ओढ़े तो बाल भी कटा ले; यदि
स्त्री के लिये बाल कटाना या मुण्डन कराना
लज्जा की बात है, तो ओढ़नी ओढ़े। 7 हाँ,
पुरुष को अपना सिर ढाँकना उचित नहीं, क्योंकि
वह परमेश्वर का स्वरूप और महिमा है; परन्तु
स्त्री पुरुष की महिमा है।* 8 क्योंकि पुरुष
स्त्री से नहीं हुआ, परन्तु स्त्री पुरुष से हुई है;
9 और पुरुष स्त्री के लिये नहीं सिरजा गया,
परन्तु स्त्री पुरुष के लिये सिरजी गई है।*
10 इसी लिये स्वर्गदूतों के कारण स्त्री को
उचित है कि अधिकार* अपने सिर पर रखे।
11 तौभी प्रभु में न तो स्त्री बिना पुरुष, और न
पुरुष बिना स्त्री के है। 12 क्योंकि जैसे स्त्री पुरुष
से है, वैसे ही पुरुष स्त्री के द्वारा है; परन्तु सब
वस्तुएँ परमेश्वर से हैं। 13 तुम आप ही विचार
करो, क्या स्त्री को उघाड़े सिर परमेश्वर से प्रार्थना
करना शोभा देता है? 14 क्या स्वाभाविक रीति
से भी तुम नहीं जानते कि यदि पुरुष लम्बे बाल
रखे, तो उसके लिये अपमान है। 15 परन्तु यदि
स्त्री लम्बे बाल रखे तो उसके लिये शोभा है,
क्योंकि बाल उस को ओढ़नी के लिये दिए गए
हैं। 16 परन्तु यदि कोई विवाद करना चाहे, तो
यह जान ले कि न हमारी और न परमेश्वर की
कलीसियाओं की ऐसी रीति है।

10:20* व्य 32:17 **22*** व्य 32:21 **23*** 1 कुर 6:12 **25*** अर्थात् *मन या कान्शन्स* **26*** भजन 24:1
11:1* 1 कुर 4:16; फिलि 3:17 **7*** उत्प 1:26,27 **8,9*** उत्प 2:18–23 **10*** या *अधीनता का चिह्न*

प्रभु-भोज के विषय में

(मत्ती 26: 26-29; मरकुस 14: 22-25; लूका 22: 14-20)

17 परन्तु यह आज्ञा देते हुए मैं तुम्हें नहीं सराहता, इसलिये कि तुम्हारे इकट्ठे होने से भलाई नहीं, परन्तु हानि होती है। 18 क्योंकि पहले तो मैं यह सुनता हूँ, कि जब तुम कलीसिया में इकट्ठे होते हो तो तुम में फूट होती है, और मैं इस पर कुछ-कुछ विश्वास भी करता हूँ। 19 क्योंकि दलबन्दी भी तुम में अवश्य होगी, इसलिये कि जो लोग तुम में खरे हैं वे प्रगट हो जाएँ। 20 अत: तुम जो एक जगह में इकट्ठे होते हो तो यह प्रभु-भोज खाने के लिये नहीं, 21 क्योंकि खाने के समय एक दूसरे से पहले अपना भोज खा लेता है, इस प्रकार कोई तो भूखा रहता है और कोई मतवाला हो जाता है। 22 क्या खाने-पीने के लिये तुम्हारे घर नहीं? या परमेश्वर की कलीसिया को तुच्छ जानते हो, और जिनके पास नहीं है उन्हें लज्जित करते हो? मैं तुम से क्या कहूँ? क्या इस बात में तुम्हारी प्रशंसा करूँ? नहीं, मैं प्रशंसा नहीं करता।

23 क्योंकि यह बात मुझे प्रभु से पहुँची, और मैं ने तुम्हें भी पहुँचा दी कि प्रभु यीशु ने जिस रात वह पकड़वाया गया, रोटी ली, 24 और धन्यवाद करके तोड़ी और कहा, ''यह मेरी देह है, जो तुम्हारे लिये है : मेरे स्मरण के लिये यही किया करो।'' 25 इसी रीति से उसने बियारी के पीछे कटोरा भी लिया और कहा, ''यह कटोरा मेरे लहू में नई वाचा है : जब कभी पीओ, तो मेरे स्मरण के लिये यही किया करो।''* 26 क्योंकि जब कभी तुम यह रोटी खाते और इस कटोरे में से पीते हो, तो प्रभु की मृत्यु को जब तक वह न आए, प्रचार करते हो।

27 इसलिये जो कोई अनुचित रीति से प्रभु की रोटी खाए या उसके कटोरे में से पीए, वह प्रभु की देह और लहू का अपराधी ठहरेगा। 28 इसलिये मनुष्य अपने आप को जाँच ले और इसी रीति से इस रोटी में से खाए, और इस कटोरे में से पीए। 29 क्योंकि जो खाते-पीते समय प्रभु की देह को न पहिचाने, वह इस खाने और पीने से अपने ऊपर दण्ड लाता है। 30 इसी कारण तुम में बहुत से निर्बल और रोगी हैं, और बहुत से सो भी गए। 31 यदि हम अपने आप को जाँचते तो दण्ड न पाते। 32 परन्तु प्रभु हमें दण्ड देकर हमारी ताड़ना करता है, इसलिये कि हम संसार के साथ दोषी न ठहरें।

33 इसलिये, हे मेरे भाइयो, जब तुम खाने के लिये इकट्ठे होते हो तो एक दूसरे के लिये ठहरा करो। 34 यदि कोई भूखा हो तो अपने घर में खा ले, जिससे तुम्हारा इकट्ठा होना दण्ड का कारण न हो। शेष बातों को मैं आकर ठीक करूँगा।

आत्मिक वरदान

12 हे भाइयो, मैं नहीं चाहता कि तुम आत्मिक वरदानों के विषय में अनजान रहो। 2 तुम जानते हो कि जब तुम अन्यजातीय थे, तो गूंगी मूर्तियों के पीछे जैसे चलाए जाते थे वैसे चलते थे। 3 इसलिये मैं तुम्हें चेतावनी देता हूँ कि जो कोई परमेश्वर की आत्मा की अगुआई से बोलता है, वह नहीं कहता कि यीशु स्रापित है; और न कोई पवित्र आत्मा के बिना कह सकता है कि यीशु प्रभु है।

4 वरदान तो कई प्रकार के हैं, परन्तु आत्मा एक ही है; 5 और सेवा भी कई प्रकार की हैं, परन्तु प्रभु एक ही है; 6 और प्रभावशाली कार्य कई प्रकार के हैं, परन्तु परमेश्वर एक ही है, जो सब में हर प्रकार का प्रभाव उत्पन्न करता है। 7 किन्तु सब के लाभ पहुँचाने के लिये हर एक को आत्मा का प्रकाश दिया जाता है। 8 क्योंकि एक को आत्मा के द्वारा बुद्धि की बातें दी जाती हैं, और दूसरे को उसी आत्मा के अनुसार ज्ञान की बातें। 9 किसी को उसी आत्मा से विश्वास, और किसी को उसी एक आत्मा से चंगा करने का वरदान दिया जाता है। 10 फिर किसी को सामर्थ्य के काम करने की शक्ति, और किसी को

11:25 * निर्ग 24:6-8; यिर्म 31:31-34

भविष्यद्वाणी की, और किसी को आत्माओं की परख, और किसी को अनेक प्रकार की भाषा, और किसी को भाषाओं का अर्थ बताना। 11 परन्तु ये सब प्रभावशाली कार्य वही एक आत्मा कराता है, और जिसे जो चाहता है वह बाँट देता है।*

देह एक : अंग अनेक

12 क्योंकि जिस प्रकार देह तो एक है और उसके अंग बहुत से हैं, और उस एक देह के सब अंग बहुत होने पर भी सब मिलकर एक ही देह हैं, उसी प्रकार मसीह भी है।* 13 क्योंकि हम सब ने क्या यहूदी हो क्या यूनानी, क्या दास हो क्या स्वतंत्र, एक ही आत्मा के द्वारा एक देह होने के लिये बपतिस्मा लिया, और हम सब को एक ही आत्मा पिलाया गया।

14 इसलिये कि देह में एक ही अंग नहीं परन्तु बहुत से हैं। 15 यदि पाँव कहे, ''मैं हाथ नहीं, इसलिये देह का नहीं,'' तो क्या वह इस कारण देह का नहीं? 16 और यदि कान कहे, ''मैं आँख नहीं, इसलिये देह का नहीं,'' तो क्या वह इस कारण देह का नहीं है? 17 यदि सारी देह आँख ही होती तो सुनना कहाँ होता? यदि सारी देह कान ही होती, तो सूँघना कहाँ होता? 18 परन्तु सचमुच परमेश्वर ने अंगों को अपनी इच्छा के अनुसार एक एक करके देह में रखा है। 19 यदि वे सब एक ही अंग होते, तो देह कहाँ होती? 20 परन्तु अब अंग तो बहुत से हैं, परन्तु देह एक ही है। 21 आँख हाथ से नहीं कह सकती, ''मुझे तेरी आवश्यकता नहीं,'' और न सिर पाँवों से कह सकता है, ''मुझे तुम्हारी आवश्यकता नहीं।'' 22 परन्तु देह के वे अंग जो दूसरों से निर्बल लगते हैं, बहुत ही आवश्यक हैं; 23 और देह के जिन अंगों को हम आदर के योग्य नहीं समझते उन्हीं को हम अधिक आदर देते हैं; और हमारे शोभाहीन अंग और भी बहुत शोभायमान हो जाते हैं, 24 फिर भी हमारे शोभायमान अंगों को इसकी आवश्यकता नहीं।

परन्तु परमेश्वर ने देह को ऐसा बना दिया है कि जिस अंग को आदर की घटी थी उसी को और भी बहुत आदर मिले। 25 ताकि देह में फूट न पड़े, परन्तु अंग एक दूसरे की बराबर चिन्ता करें। 26 इसलिये यदि एक अंग दु:ख पाता है, तो सब अंग उसके साथ दु:ख पाते हैं; और यदि एक अंग की बड़ाई होती है, तो उसके साथ सब अंग आनन्द मनाते हैं।

27 इसी प्रकार तुम सब मिलकर मसीह की देह हो, और अलग अलग उसके अंग हो; 28 और परमेश्वर ने कलीसिया में अलग अलग व्यक्ति नियुक्त किए हैं : प्रथम प्रेरित, दूसरे भविष्यद्वक्ता, तीसरे शिक्षक,* फिर सामर्थ्य के काम करनेवाले, फिर चंगा करनेवाले, और उपकार करनेवाले, और प्रबन्ध करनेवाले, और नाना प्रकार की भाषा बोलनेवाले।† 29 क्या सब प्रेरित हैं? क्या सब भविष्यद्वक्ता हैं? क्या सब उपदेशक हैं? क्या सब सामर्थ्य के काम करनेवाले हैं? 30 क्या सब को चंगा करने का वरदान मिला है? क्या सब नाना प्रकार की भाषा बोलते हैं? 31 क्या सब अनुवाद करते हैं? तुम बड़े से बड़े वरदानों की धुन में रहो।

परन्तु मैं तुम्हें और भी सब से उत्तम मार्ग बताता हूँ।

प्रेम - सबसे उत्तम मार्ग

13 यदि मैं मनुष्यों और स्वर्गदूतों की बोलियाँ बोलूँ और प्रेम न रखूँ, तो मैं ठनठनाता हुआ पीतल, और झंझनाती हुई झाँझ हूँ। 2 और यदि मैं भविष्यद्वाणी कर सकूँ, और सब भेदों और सब प्रकार के ज्ञान को समझूँ, और मुझे यहाँ तक पूरा विश्वास हो कि मैं पहाड़ों को हटा दूँ, परन्तु प्रेम न रखूँ, तो मैं कुछ भी नहीं।* 3 यदि मैं अपनी सम्पूर्ण संपत्ति कंगालों को खिला दूँ, या अपनी देह जलाने के लिये दे दूँ, और प्रेम न रखूँ, तो मुझे कुछ भी लाभ नहीं।

4 प्रेम धीरजवन्त है, और कृपालु है; प्रेम डाह नहीं करता; प्रेम अपनी बड़ाई नहीं करता,

---

12:4–11* रोम 12:6–8   12* रोम 12:4,5   28* या उपदेशक   † इफि 4:11   13:2* मत्ती 17:20; 21:21; मर 11:23

और फूलता नहीं, 5 वह अनरीति नहीं चलता, वह अपनी भलाई नहीं चाहता, झुंझलाता नहीं, बुरा नहीं मानता। 6 कुकर्म से आनन्दित नहीं होता, परन्तु सत्य से आनन्दित होता है। 7 वह सब बातें सह लेता है, सब बातों की प्रतीति करता है, सब बातों की आशा रखता है, सब बातों में धीरज धरता है।

8 प्रेम कभी टलता नहीं; भविष्यद्वाणियाँ हों, तो समाप्त हो जाएँगी; भाषाएँ हों, तो जाती रहेंगी; ज्ञान हो, तो मिट जाएगा। 9 क्योंकि हमारा ज्ञान अधूरा है, और हमारी भविष्यद्वाणी अधूरी; 10 परन्तु जब सर्वसिद्ध आएगा, तो अधूरा मिट जाएगा। 11 जब मैं बालक था, तो मैं बालकों के समान बोलता था, बालकों का सा मन था, बालकों की सी समझ थी; परन्तु जब सियाना हो गया तो बालकों की बातें छोड़ दीं। 12 अभी हमें दर्पण में धुँधला सा दिखाई देता है, परन्तु उस समय आमने-सामने देखेंगे; इस समय मेरा ज्ञान अधूरा है, परन्तु उस समय ऐसी पूरी रीति से पहिचानूँगा, जैसा मैं पहिचाना गया हूँ। 13 पर अब विश्वास, आशा, प्रेम ये तीनों स्थायी हैं, पर इन में सब से बड़ा प्रेम है।

भविष्यद्वाणी और अन्य-अन्य भाषाएँ

14 प्रेम का अनुकरण करो, और आत्मिक वरदानों की भी धुन में रहो, विशेष करके यह कि भविष्यद्वाणी करो। 2 क्योंकि जो अन्य भाषा में बातें करता है वह मनुष्यों से नहीं परन्तु परमेश्वर से बातें करता है; इसलिये कि उसकी बातें कोई नहीं समझता, क्योंकि वह भेद की बातें आत्मा में होकर बोलता है। 3 परन्तु जो भविष्यद्वाणी करता है, वह मनुष्यों से उन्नति और उपदेश और शान्ति की बातें कहता है। 4 जो अन्य भाषा में बातें करता है, वह अपनी ही उन्नति करता है; परन्तु जो भविष्यद्वाणी करता है, वह कलीसिया की उन्नति करता है। 5 मैं चाहता हूँ कि तुम सब अन्य भाषाओं में बातें करो परन्तु इससे अधिक यह चाहता हूँ कि भविष्यद्वाणी करो : क्योंकि यदि अन्य भाषाएँ बोलनेवाला कलीसिया की उन्नति के लिये अनुवाद न करे तो भविष्यद्वाणी करनेवाला उससे बढ़कर है।

6 इसलिये हे भाइयो, यदि मैं तुम्हारे पास आकर अन्य भाषाओं में बातें करूँ, और प्रकाश या ज्ञान या भविष्यद्वाणी या उपदेश की बातें तुम से न कहूँ, तो मुझ से तुम्हें क्या लाभ होगा? 7 इसी प्रकार यदि निर्जीव वस्तुएँ भी जिनसे ध्वनि निकलती है, जैसे बाँसुरी या बीन, यदि उनके स्वरों में भेद न हो तो जो फूँका या बजाया जाता है, वह कैसे पहिचाना जाएगा? 8 और यदि तुरही का शब्द साफ न हो, तो कौन लड़ाई के लिये तैयारी करेगा? 9 ऐसे ही तुम भी यदि जीभ से साफ-साफ बातें न कहो, तो जो कुछ कहा जाता है वह कैसे समझा जाएगा? तुम तो हवा से बातें करनेवाले ठहरोगे। 10 जगत में कितने ही प्रकार की भाषाएँ क्यों न हों, परन्तु उनमें से कोई भी बिना अर्थ की न होगी। 11 इसलिये यदि मैं किसी भाषा का अर्थ न समझूँ, तो बोलनेवाले की दृष्टि में परदेशी ठहरूँगा और बोलनेवाला मेरी दृष्टि में परदेशी ठहरेगा। 12 इसलिये तुम भी जब आत्मिक वरदानों की धुन में हो, तो ऐसा प्रयत्न करो कि तुम्हारे वरदानों की उन्नति से कलीसिया की उन्नति हो।

13 इस कारण जो अन्य भाषा बोले, वह प्रार्थना करे कि उसका अनुवाद भी कर सके। 14 इसलिये यदि मैं अन्य भाषा में प्रार्थना करूँ, तो मेरी आत्मा प्रार्थना करती है परन्तु मेरी बुद्धि काम नहीं देती। 15 अतः क्या करना चाहिए? मैं आत्मा से भी प्रार्थना करूँगा, और बुद्धि से भी प्रार्थना करूँगा; मैं आत्मा से गाऊँगा, और बुद्धि से भी गाऊँगा। 16 नहीं तो यदि तू आत्मा ही से धन्यवाद करेगा, तो फिर अज्ञानी तेरे धन्यवाद पर आमीन कैसे कहेगा? क्योंकि वह तो नहीं जानता कि तू क्या कहता है? 17 तू तो भली भाँति धन्यवाद करता है, परन्तु दूसरे की उन्नति नहीं होती। 18 मैं अपने परमेश्वर का धन्यवाद करता हूँ, कि मैं तुम सब से अधिक अन्य भाषाओं में बोलता हूँ। 19 परन्तु कलीसिया में अन्य भाषा में दस हजार बातें कहने से यह मुझे और भी

अच्छा जान पड़ता है, कि दूसरों को सिखाने के लिये बुद्धि से पाँच ही बातें कहूँ।

20 हे भाइयो, तुम समझ में बालक न बनो : बुराई में तो बालक रहो, परन्तु समझ में सियाने बनो। 21 व्यवस्था में लिखा है कि प्रभु कहता है, ''मैं अपरिचित भाषा बोलनेवालों के द्वारा, और पराए मुख के द्वारा इन लोगों से बातें करूँगा तौभी वे मेरी न सुनेंगे।''* 22 इसलिये अन्य भाषाएँ विश्वासियों के लिये नहीं, परन्तु अविश्वासियों के लिये चिह्न हैं; और भविष्यद्वाणी अविश्वासियों के लिये नहीं, परन्तु विश्वासियों के लिये चिह्न हैं। 23 अत: यदि कलीसिया एक जगह इकट्ठी हो, और सब के सब अन्य भाषाएँ बोलें, और बाहरवाले या अविश्वासी लोग भीतर आ जाएँ तो क्या वे तुम्हें पागल न कहेंगे ? 24 परन्तु यदि सब भविष्यद्वाणी करने लगें, और कोई अविश्वासी या बाहरवाला मनुष्य भीतर आ जाए, तो सब उसे दोषी ठहरा देंगे और परख लेंगे; 25 और उसके मन के भेद प्रगट हो जाएँगे, और तब वह मुँह के बल गिरकर परमेश्वर को दण्डवत् करेगा, और मान लेगा कि सचमुच परमेश्वर तुम्हारे बीच में है।

उपासना में अनुशासन

26 इसलिये हे भाइयो, क्या करना चाहिए ? जब तुम इकट्ठे होते हो, तो हर एक के हृदय में भजन या उपदेश या अन्य भाषा या प्रकाश या अन्य भाषा का अर्थ बताना रहता है। सब कुछ आत्मिक उन्नति के लिये होना चाहिए। 27 यदि अन्य भाषा में बातें करनी हों तो दो या बहुत हो तो तीन जन बारी-बारी से बोलें, और एक व्यक्ति अनुवाद करे। 28 परन्तु यदि अनुवाद करनेवाला न हो, तो अन्य भाषा बोलनेवाला कलीसिया में शान्त रहे, और अपने मन से और परमेश्वर से बातें करे। 29 भविष्यद्वक्ताओं में से दो या तीन बोलें, और शेष लोग उनके वचन को परखें। 30 परन्तु यदि दूसरे पर जो बैठा है, कुछ ईश्वरीय प्रकाश हो तो पहला चुप हो जाए। 31 क्योंकि तुम सब एक एक कर के भविष्यद्वाणी कर सकते हो, ताकि सब सीखें और सब शान्ति पाएँ। 32 और भविष्यद्वक्ताओं की आत्मा भविष्यद्वक्ताओं के वश में है। 33 क्योंकि परमेश्वर गड़बड़ी का नहीं, परन्तु शान्ति का परमेश्वर है।

जैसा पवित्र लोगों की सब कलीसियाओं में है। 34 स्त्रियाँ कलीसिया की सभा में चुप रहें, क्योंकि उन्हें बातें करने की आज्ञा नहीं, परन्तु अधीन रहने की आज्ञा है, जैसा व्यवस्था में लिखा भी है। 35 यदि वे कुछ सीखना चाहें, तो घर में अपने अपने पति से पूछें, क्योंकि स्त्री का कलीसिया में बातें करना लज्जा की बात है। 36 क्या परमेश्वर का वचन तुम में से निकला है ? या केवल तुम ही तक पहुँचा है ?

37 यदि कोई मनुष्य अपने आप को भविष्यद्वक्ता या आत्मिक जन समझे, तो यह जान ले कि जो बातें मैं तुम्हें लिखता हूँ, वे प्रभु की आज्ञाएँ हैं। 38 परन्तु यदि कोई यह न माने, तो उसको भी न मानो।

39 अत: हे भाइयो, भविष्यद्वाणी करने की धुन में रहो और अन्य भाषा बोलने से मना न करो; 40 पर सारी बातें शालीनता और व्यवस्थित रूप से की जाएँ।

मसीह का पुनरुत्थान

15 हे भाइयो, अब मैं तुम्हें वही सुसमाचार बताता हूँ जो पहले सुना चुका हूँ, जिसे तुम ने अंगीकार भी किया था और जिसमें तुम स्थिर भी हो। 2 उसी के द्वारा तुम्हारा उद्धार भी होता है, यदि उस सुसमाचार को जो मैं ने तुम्हें सुनाया था स्मरण रखते हो; नहीं तो तुम्हारा विश्वास करना व्यर्थ हुआ।

3 इसी कारण मैं ने सब से पहले तुम्हें वही बात पहुँचा दी, जो मुझे पहुँची थी कि पवित्रशास्त्र के वचन के अनुसार यीशु मसीह हमारे पापों के लिये मर गया,* 4 और गाड़ा गया, और पवित्रशास्त्र के अनुसार तीसरे दिन जी भी उठा,* 5 और

14:21 * यशा 28:11, 12   15:3 * यशा 53:5-12   4 * भजन 16:8-10; मत्ती 12:40; प्रेरि 2:24-32

कैफा को तब बारहों को दिखाई दिया।* 6 फिर वह पाँच सौ से अधिक भाइयों को एक साथ दिखाई दिया, जिनमें से बहुत से अब तक जीवित हैं पर कुछ सो गए। 7 फिर वह याकूब को दिखाई दिया तब सब प्रेरितों को दिखाई दिया। 8 सब के बाद मुझ को भी दिखाई दिया, जो मानो अधूरे दिनों का जन्मा हूँ।* 9 क्योंकि मैं प्रेरितों में सब से छोटा हूँ, वरन् प्रेरित कहलाने के योग्य भी नहीं, क्योंकि मैं ने परमेश्वर की कलीसिया को सताया था।* 10 परन्तु मैं जो कुछ भी हूँ, परमेश्वर के अनुग्रह से हूँ। उसका अनुग्रह जो मुझ पर हुआ, वह व्यर्थ नहीं हुआ; परन्तु मैं ने उन सब से बढ़कर परिश्रम भी किया: तौभी यह मेरी ओर से नहीं हुआ परन्तु परमेश्वर के अनुग्रह से जो मुझ पर था। 11 इसलिये चाहे मैं हूँ, चाहे वे हों, हम यही प्रचार करते हैं, और इसी पर तुम ने विश्वास भी किया।

हमारा पुनरुत्थान

12 इसलिये जब कि मसीह का यह प्रचार किया जाता है कि वह मरे हुओं में से जी उठा, तो तुम में से कितने कैसे कहते हैं कि मरे हुओं का पुनरुत्थान* है ही नहीं? 13 यदि मरे हुओं का पुनरुत्थान है ही नहीं, तो मसीह भी नहीं जी उठा; 14 और यदि मसीह नहीं जी उठा, तो हमारा प्रचार करना भी व्यर्थ है, और तुम्हारा विश्वास भी व्यर्थ है। 15 वरन् हम परमेश्वर के झूठे गवाह ठहरे; क्योंकि हम ने परमेश्वर के विषय में यह गवाही दी कि उसने मसीह को जिला दिया, यद्यपि नहीं जिलाया यदि मरे हुए नहीं जी उठते। 16 और यदि मुर्दे नहीं जी उठते, तो मसीह भी नहीं जी उठा; 17 और यदि मसीह नहीं जी उठा, तो तुम्हारा विश्वास व्यर्थ है, और तुम अब तक अपने पापों में फँसे हो। 18 वरन् जो मसीह में सो गए हैं, वे भी नष्ट हुए। 19 यदि हम केवल इसी जीवन में मसीह से आशा रखते हैं तो हम सब मनुष्यों से अधिक अभागे हैं।

20 परन्तु सचमुच मसीह मुर्दों में से जी उठा है, और जो सो गए हैं उनमें वह पहला फल हुआ। 21 क्योंकि जब मनुष्य के द्वारा मृत्यु आई, तो मनुष्य ही के द्वारा मरे हुओं का पुनरुत्थान भी आया। 22 और जैसे आदम में सब मरते हैं, वैसे ही मसीह में सब जिलाए जाएँगे, 23 परन्तु हर एक अपनी अपनी बारी से : पहला फल मसीह, फिर मसीह के आने पर उसके लोग। 24 इसके बाद अन्त होगा। उस समय वह सारी प्रधानता, और सारा अधिकार, और सामर्थ्य का अन्त करके राज्य को परमेश्वर पिता के हाथ में सौंप देगा। 25 क्योंकि जब तक वह अपने बैरियों को अपने पाँवों तले न ले आए, तब तक उसका राज्य करना अवश्य है।* 26 सब से अन्तिम बैरी जो नष्ट किया जाएगा, वह मृत्यु है। 27 क्योंकि ''परमेश्वर ने सब कुछ उसके पाँवों तले कर दिया है,''* परन्तु जब वह कहता है कि सब कुछ उसके अधीन कर दिया गया है तो प्रत्यक्ष है कि जिसने सब कुछ उसके अधीन कर दिया, वह आप अलग रहा। 28 और जब सब कुछ उसके अधीन हो जाएगा, तो पुत्र आप भी उसके अधीन हो जाएगा, जिसने सब कुछ उसके अधीन कर दिया, ताकि सब में परमेश्वर ही सब कुछ हो।

29 नहीं तो जो लोग मरे हुओं के लिये बपतिस्मा लेते हैं वे क्या करेंगे? यदि मुर्दे जी उठते ही नहीं तो फिर क्यों उनके लिये बपतिस्मा लेते हैं? 30 और हम भी क्यों हर घड़ी जोखिम में पड़े रहते हैं? 31 हे भाइयो, मुझे उस घमण्ड की शपथ जो हमारे मसीह यीशु में मैं तुम्हारे विषय में करता हूँ कि मैं प्रतिदिन मरता हूँ। 32 यदि मैं मनुष्य की रीति पर इफिसुस में वन-पशुओं से लड़ा तो मुझे क्या लाभ हुआ? यदि मुर्दे जिलाए नहीं जाएँगे, ''तो आओ, खाएँ-पीएँ, क्योंकि कल तो मर ही जाएँगे।''* 33 धोखा न खाना, ''बुरी संगति अच्छे चरित्र को बिगाड़ देती है।'' 34 धर्म के लिये जाग उठो

15:5 * मत्ती 28:16,17; मर 16:14; लूका 24:34,36; यूह 20:19   8 * प्रेरि 9:3-6   9 * प्रेरि 8:3   12 * या *मृतकोत्थान*
25 * भजन 110:1   27 * भजन 8:6   32 * यशा 22:13

और पाप न करो; क्योंकि कुछ ऐसे हैं जो परमेश्‍वर को नहीं जानते। मैं तुम्हें लज्जित करने के लिये यह कहता हूँ।

पुनरुत्थान की देह

35 अब कोई यह कहेगा, "मुर्दे किस रीति से जी उठते हैं, और कैसी देह के साथ आते हैं?" 36 हे निर्बुद्धि! जो कुछ तू बोता है, जब तक वह न मरे जिलाया नहीं जाता। 37 और जो तू बोता है, यह वह देह नहीं जो उत्पन्न होनेवाली है, परन्तु निरा दाना है, चाहे गेहूँ का चाहे किसी और अनाज का। 38 परन्तु परमेश्‍वर अपनी इच्छा के अनुसार उसको देह देता है, और हर एक बीज को उसकी विशेष देह। 39 सब शरीर एक समान नहीं : मनुष्यों का शरीर और है, पशुओं का शरीर और है; पक्षियों का शरीर और है; मछलियों का शरीर और है। 40 स्वर्गीय देह हैं और पार्थिव देह भी हैं। परन्तु स्वर्गीय देहों का तेज और है, और पार्थिव का और। 41 सूर्य का तेज और है, चाँद का तेज और है, और तारागणों का तेज और है, (क्योंकि एक तारे से दूसरे तारे के तेज में अन्तर है)।

42 मुर्दों का जी उठना भी ऐसा ही है। शरीर नाशवान दशा में बोया जाता है और अविनाशी रूप में जी उठता है। 43 वह अनादर के साथ बोया जाता है, और तेज़ के साथ जी उठता है; निर्बलता के साथ बोया जाता है, और सामर्थ्य के साथ जी उठता है। 44 स्वाभाविक देह बोई जाती है, और आत्मिक देह जी उठती है : जबकि स्वाभाविक देह है, तो आत्मिक देह भी है। 45 ऐसा ही लिखा भी है, कि "प्रथम मनुष्य, अर्थात् आदम जीवित प्राणी बना"* और अन्तिम आदम, जीवनदायक आत्मा बना। 46 परन्तु पहले आत्मिक न था पर स्वाभाविक था, इसके बाद आत्मिक हुआ। 47 प्रथम मनुष्य धरती से अर्थात् मिट्टी का था; दूसरा मनुष्य स्वर्गीय है। 48 जैसा वह मिट्टी का था, वैसे ही वे भी हैं जो मिट्टी के हैं; और जैसा वह स्वर्गीय है, वैसे ही वे भी हैं जो स्वर्गीय हैं। 49 और जैसे हम ने उसका रूप धारण किया जो मिट्टी का था वैसे ही उस स्वर्गीय का रूप भी धारण करेंगे।

50 हे भाइयो, मैं यह कहता हूँ कि मांस और लहू परमेश्‍वर के राज्य के अधिकारी नहीं हो सकते, और न नाशवान अविनाशी का अधिकारी हो सकता है। 51 देखो, मैं तुम से भेद की बात कहता हूँ : हम सब नहीं सोएँगे, परन्तु सब बदल जाएँगे, 52 और यह क्षण भर में, पलक मारते ही अन्तिम तुरही फूँकते ही होगा। क्योंकि तुरही फूँकी जाएगी और मुर्दे अविनाशी दशा में उठाए जाएँगे, और हम बदल जाएँगे।* 53 क्योंकि अवश्य है कि यह नाशवान देह अविनाश को पहिन ले, और यह मरनहार देह अमरता को पहिन ले। 54 और जब यह नाशवान अविनाश को पहिन लेगा, और यह मरनहार अमरता को पहिन लेगा,* तब वह वचन जो लिखा है पूरा हो जाएगा :

"जय ने मृत्यु को निगल लिया।
55 हे मृत्यु, तेरी जय कहाँ रही?
हे मृत्यु, तेरा डंक कहाँ रहा?"*

56 मृत्यु का डंक पाप है, और पाप का बल व्यवस्था है। 57 परन्तु परमेश्‍वर का धन्यवाद हो, जो हमारे प्रभु यीशु मसीह के द्वारा हमें जयवन्त करता है। 58 इसलिये हे मेरे प्रिय भाइयो, दृढ़ और अटल रहो, और प्रभु के काम में सर्वदा बढ़ते जाओ, क्योंकि यह जानते हो कि तुम्हारा परिश्रम प्रभु में व्यर्थ नहीं है।

विश्‍वासियों के लिये दान

16 अब उस चन्दे के विषय में जो पवित्र लोगों के लिये किया जाता है,* जैसी आज्ञा मैं ने गलातिया की कलीसियाओं को दी, वैसा ही तुम भी करो। 2 सप्ताह के पहले दिन तुम में से हर एक अपनी आमदनी के अनुसार कुछ अपने पास रख छोड़ा करे कि मेरे आने पर

15:45* उत्प 2:7 **51,52*** 1 थिस्स 4:15-17 **54*** यशा 25:8 **55*** होशे 13:14 **16:1*** रोम 15:25,26

चन्दा न करना पड़े। 3 और जब मैं आऊँगा,
तो जिन्हें तुम चाहोगे उन्हें मैं चिट्ठियाँ देकर
भेज दूँगा कि तुम्हारा दान यरूशलेम पहुँचा दें।
4 यदि मेरा भी जाना उचित हुआ, तो वे मेरे साथ
जाएँगे।

पौलुस की यात्रा का कार्यक्रम

5 मैं मकिदुनिया होकर तुम्हारे पास आऊँगा,
क्योंकि मुझे मकिदुनिया होकर जाना ही है।*
6 परन्तु सम्भव है कि तुम्हारे यहाँ ही ठहर जाऊँ
और शरद ऋतु तुम्हारे यहाँ काटूँ, तब जिस ओर
मेरा जाना हो उस ओर तुम मुझे पहुँचा देना।
7 क्योंकि मैं अब मार्ग में तुम से भेंट करना नहीं
चाहता; परन्तु मुझे आशा है कि यदि प्रभु चाहे तो
कुछ समय तक तुम्हारे साथ रहूँगा। 8 परन्तु मैं
पिन्तेकुस्त* तक इफिसुस में रहूँगा, 9 क्योंकि
मेरे लिये वहाँ एक बड़ा और उपयोगी द्वार खुला
है, और विरोधी बहुत से हैं।*

10 यदि तीमुथियुस आ जाए, तो देखना
कि वह तुम्हारे यहाँ निडर रहे; क्योंकि वह मेरे
समान प्रभु का काम करता है।* 11 इसलिये
कोई उसे तुच्छ न जाने, परन्तु उसे कुशल से इस
ओर पहुँचा देना कि मेरे पास आ जाए; क्योंकि
मैं उसकी बाट जोह रहा हूँ कि वह भाइयों के
साथ आए। 12 भाई अपुल्लोस से मैं ने बहुत
विनती की है कि तुम्हारे पास भाइयों के साथ
जाए; परन्तु उसने इस समय जाने की कुछ भी
इच्छा न की, परन्तु जब अवसर पाएगा तब आ
जाएगा।

अन्तिम आदेश और अभिवादन

13 जागते रहो, विश्वास में स्थिर रहो, पुरुषार्थ
करो, बलवन्त होओ। 14 जो कुछ करते हो प्रेम
से करो।

15 हे भाइयो, तुम स्तिफनास के घराने को
जानते हो कि वे अखया के पहले फल हैं, और
पवित्र लोगों की सेवा के लिये तैयार रहते हैं।*
16 इसलिये मैं तुम से विनती करता हूँ कि ऐसों
के अधीन रहो, वरन् हर एक के जो इस काम में
परिश्रमी और सहकर्मी है। 17 मैं स्तिफनास और
फूरतूनातुस और अखइकुस के आने से आनन्दित
हूँ, क्योंकि उन्होंने तुम्हारी घटी को पूरा किया
है। 18 उन्होंने मेरी और तुम्हारी आत्मा को चैन
दिया है, इसलिये ऐसों को मानो।

19 आसिया की कलीसियाओं की ओर से
तुम को नमस्कार; अक्विला और प्रिस्का* का
और उनके घर की कलीसिया का भी तुम को
प्रभु में बहुत बहुत नमस्कार! 20 सब भाइयों का
तुम को नमस्कार। पवित्र चुम्बन से आपस में
नमस्कार करो।

21 मुझ पौलुस का अपने हाथ का लिखा
हुआ नमस्कार। 22 यदि कोई प्रभु से प्रेम न
रखे तो वह शापित हो। हे हमारे प्रभु, आ!*
23 प्रभु यीशु का अनुग्रह तुम पर होता रहे।
24 मेरा प्रेम मसीह यीशु में तुम सब के साथ
रहे। आमीन।

16:5* प्रेरि 19:21 **8*** लैव्य 25:15-21; व्य 16:9-11 **8,9*** प्रेरि 19:8-10 **10*** 1 कुर 4:17 **15*** 1 कुर 1:16 **19*** प्रेरि 18:2
22* मूल में, *मारानाथा*

कुरिन्थियों के नाम पौलुस प्रेरित की दूसरी पत्री

भूमिका

कुरिन्थियों के नाम पौलुस प्रेरित की दूसरी पत्री पौलुस और कुरिन्थुस की कलीसिया के बीच कटु सम्बन्धों के दौरान लिखी गई थी। कलीसिया के कुछ सदस्यों ने पौलुस के विरुद्ध स्पष्ट रूप से गम्भीर आरोप लगाए थे, परन्तु वह मेल-मिलाप की अपनी गहरी लालसा को दर्शाता है, और जब ऐसा हो जाता है तो वह अपने अत्यधिक आनन्द को भी प्रगट करता है।

इस पत्री के पहले भाग में पौलुस कुरिन्थुस की कलीसिया के साथ अपने सम्बन्धों पर विचार करता है, और उन्हें समझाता है कि उसने क्यों कलीसिया में अपमान और विरोध करने जैसा कठोर व्यवहार किया, और फिर अपने आनन्द को प्रगट करता है कि उसकी कठोरता का परिणाम पश्चाताप और मेल-मिलाप हुआ। तब वह कलीसिया से, यहूदिया के गरीब मसीहियों के लिये उदारतापूर्वक दान देने का आग्रह करता है। अन्त के अध्यायों में पौलुस कुरिन्थुस के कुछ लोगों के विरुद्ध अपनी प्रेरिताई का समर्थन करता है जिन्होंने स्वयं अपने आप को सच्चा प्रेरित होने का दर्जा दे दिया था, जबकि वे पौलुस पर झूठा प्रेरित होने का आरोप लगाया करते थे।

रूप-रेखा :

भूमिका 1:1-11
पौलुस और कुरिन्थुस की कलीसिया 1:12 — 7:16
यहूदिया के मसीहियों के लिये दान 8:1 — 9:15
पौलुस द्वारा प्रेरित के रूप में अपने अधिकार का समर्थन 10:1 — 13:10
उपसंहार 13:11-14

अभिवादन

1 पौलुस की ओर से जो परमेश्वर की इच्छा से मसीह यीशु का प्रेरित है, और भाई तीमुथियुस की ओर से परमेश्वर की उस कलीसिया के नाम, जो कुरिन्थुस* में है, और सारे अखया के सब पवित्र लोगों के नाम :

2 हमारे पिता परमेश्वर और प्रभु यीशु मसीह की ओर से तुम्हें अनुग्रह और शान्ति मिलती रहे।

परमेश्वर का धन्यवाद करना

3 हमारे प्रभु यीशु मसीह के परमेश्वर और पिता का धन्यवाद हो, जो दया का पिता और सब प्रकार की शान्ति का परमेश्वर है। 4 वह हमारे सब क्लेशों में शान्ति देता है; ताकि हम उस शान्ति के कारण जो परमेश्वर हमें देता है, उन्हें भी शान्ति दे सकें जो किसी प्रकार के क्लेश में हों। 5 क्योंकि जैसे मसीह के दु:खों में हम अधिक सहभागी होते हैं, वैसे ही हम शान्ति में

1:1 * प्रेरि 18:1

भी मसीह के द्वारा अधिक सहभागी होते हैं। 6 यदि हम क्लेश पाते हैं, तो यह तुम्हारी शान्ति और उद्धार के लिये है; और यदि शान्ति पाते हैं, तो यह तुम्हारी शान्ति के लिये है; जिसके प्रभाव से तुम धीरज के साथ उन क्लेशों को सह लेते हो, जिन्हें हम भी सहते हैं। 7 हमारी आशा तुम्हारे विषय में दृढ़ है; क्योंकि हम जानते हैं कि तुम जैसे हमारे दु:खों में, वैसे ही शान्ति में भी सहभागी हो।

8 हे भाइयो, हम नहीं चाहते कि तुम हमारे उस क्लेश से अनजान रहो जो आसिया में हम पर पड़ा; हम ऐसे भारी बोझ से दब गए थे, जो हमारी सामर्थ्य से बाहर था, यहाँ तक कि हम जीवन से भी हाथ धो बैठे थे।* 9 वरन् हम ने अपने मन में समझ लिया था कि हम पर मृत्यु की आज्ञा हो चुकी है, ताकि हम अपना भरोसा न रखें वरन् परमेश्वर का जो मरे हुओं को जिलाता है। 10 उसी ने हमें मृत्यु के ऐसे बड़े संकट से बचाया, और बचाएगा; और उस पर हमारी यह आशा है कि वह आगे को भी बचाता रहेगा। 11 तुम भी मिलकर प्रार्थना के द्वारा हमारी सहायता करोगे कि जो वरदान बहुतों के द्वारा हमें मिला, उसके कारण बहुत लोग हमारी ओर से धन्यवाद करें।

पौलुस की यात्रा-योजना में परिवर्तन

12 क्योंकि हम अपने विवेक* की इस गवाही पर घमण्ड करते हैं, कि जगत में और विशेष करके तुम्हारे बीच, हमारा चरित्र परमेश्वर के योग्य ऐसी पवित्रता और सच्चाई सहित था, जो शारीरिक ज्ञान से नहीं परन्तु परमेश्वर के अनुग्रह के साथ था। 13 हम तुम्हें और कुछ नहीं लिखते, केवल वह जो तुम पढ़ते या मानते भी हो, और मुझे आशा है कि अन्त तक भी मानते रहोगे। 14 जैसा तुम में से कितनों ने* मान लिया है कि हम तुम्हारे घमण्ड का कारण हैं, वैसे ही तुम भी प्रभु यीशु के दिन हमारे लिये घमण्ड का कारण ठहरोगे।

15 इसी भरोसे से मैं चाहता था कि पहले तुम्हारे पास आऊँ कि तुम्हें एक और दान मिले; 16 और तुम्हारे पास से होकर मकिदुनिया को जाऊँ, और फिर मकिदुनिया से तुम्हारे पास आऊँ; और तुम मुझे यहूदिया की ओर कुछ दूर तक पहुँचाओ।* 17 इसलिये मैं ने जो यह इच्छा की थी तो क्या मैं ने चंचलता दिखाई? या जो करना चाहता हूँ क्या शरीर के अनुसार करना चाहता हूँ कि मैं बात में 'हाँ, हाँ' भी करूँ और 'नहीं नहीं' भी करूँ? 18 परमेश्वर सच्चा* गवाह है कि हमारे उस वचन में जो तुम से कहा 'हाँ' और 'नहीं' दोनों नहीं पाए जाते। 19 क्योंकि परमेश्वर का पुत्र यीशु मसीह जिसका हमारे द्वारा अर्थात् मेरे और सिलवानुस और तीमुथियुस के द्वारा तुम्हारे बीच में प्रचार हुआ,* उसमें 'हाँ' और 'नहीं' दोनों नहीं थे, परन्तु उसमें 'हाँ' ही 'हाँ' हुई। 20 क्योंकि परमेश्वर की जितनी प्रतिज्ञाएँ हैं, वे सब उसी में 'हाँ' के साथ हैं। इसलिये उसके द्वारा आमीन भी हुई कि हमारे द्वारा परमेश्वर की महिमा हो। 21 और जो हमें तुम्हारे साथ मसीह में दृढ़ करता है, और जिसने हमारा अभिषेक किया वही परमेश्वर है, 22 जिसने हम पर छाप भी कर दी है और बयाने में आत्मा को हमारे मनों में दिया।

23 मैं परमेश्वर को गवाह* करके कहता हूँ कि मैं अब तक कुरिन्थुस में इसलिये नहीं आया, कि मुझे तुम पर तरस आता था। 24 यह नहीं कि हम विश्वास के विषय में तुम पर प्रभुता जताना चाहते हैं; परन्तु तुम्हारे आनन्द में सहायक हैं क्योंकि तुम विश्वास ही से स्थिर रहते हो।

2 मैं ने अपने मन में यही ठान लिया था कि फिर तुम्हारे पास उदास करने न आऊँ। 2 क्योंकि यदि मैं तुम्हें उदास करूँ, तो मुझे आनन्द देनेवाला कौन होगा, केवल वही जिसको

1:8* 1 कुर 15:32 12* अर्थात् *मन या कान्सन्स* 14* या *थोड़ा बहुत* 16* प्रेरि 19:21 18* या *विश्वासी* 19* प्रेरि 18:5
23* यू० *अपने प्राण पर गवाह*

मैं ने उदास किया? 3 और मैं ने यही बात तुम्हें इसलिये लिखी कि कहीं ऐसा न हो कि मेरे आने पर, जिनसे मुझे आनन्द मिलना चाहिए मैं उनसे उदास होऊँ; क्योंकि मुझे तुम सब पर इस बात का भरोसा है कि जो मेरा आनन्द है, वही तुम सब का भी है। 4 बड़े क्लेश और मन के कष्ट से मैं ने बहुत से आँसू बहा बहाकर तुम्हें लिखा था, इसलिये नहीं कि तुम उदास हो परन्तु इसलिये कि तुम उस बड़े प्रेम को जान लो, जो मुझे तुम से है।

अपराधी को क्षमा

5 यदि किसी ने उदास किया है, तो मुझे ही नहीं वरन् (कि उसके साथ बहुत कड़ाई न करूँ) कुछ कुछ तुम सब को भी उदास किया है। 6 ऐसे जन के लिये यह दण्ड जो भाइयों में से बहुतों ने दिया, बहुत है। 7 इसलिये इससे भला यह है कि उसका अपराध क्षमा करो और शान्ति दो, न हो कि ऐसा मनुष्य बहुत उदासी में डूब जाए। 8 इस कारण मैं तुम से विनती करता हूँ कि उसको अपने प्रेम का प्रमाण दो। 9 क्योंकि मैं ने इसलिये भी लिखा था कि तुम्हें परख लूँ कि तुम मेरी सब बातों के मानने के लिये तैयार हो कि नहीं। 10 जिसका तुम कुछ क्षमा करते हो उसे मैं भी क्षमा करता हूँ, क्योंकि मैं ने भी जो कुछ क्षमा किया है, यदि किया हो, तो तुम्हारे कारण मसीह की जगह में होकर* क्षमा किया है 11 कि शैतान का हम पर दाँव न चले, क्योंकि हम उसकी युक्तियों से अनजान नहीं।

त्रोआस में पौलुस की व्याकुलता

12 जब मैं मसीह का सुसमाचार सुनाने को त्रोआस आया, और प्रभु ने मेरे लिये एक द्वार खोल दिया, 13 तो मेरे मन में चैन न मिला, इसलिये कि मैं ने अपने भाई तीतुस को नहीं पाया; इसलिये उनसे विदा होकर मैं मकिदुनिया को चला गया।*

मसीह में विजय-उत्सव

14 परन्तु परमेश्वर का धन्यवाद हो जो मसीह में सदा हम को जय के उत्सव में लिये फिरता है, और अपने ज्ञान की सुगन्ध हमारे द्वारा हर जगह फैलाता है। 15 क्योंकि हम परमेश्वर के निकट उद्धार पानेवालों और नाश होनेवालों दोनों के लिये मसीह की सुगन्ध हैं। 16 कुछ के लिये तो मरने के निमित्त मृत्यु की गन्ध, और कितनों के लिये जीवन के निमित्त जीवन की सुगन्ध। भला इन बातों के योग्य कौन है? 17 क्योंकि हम उन बहुतों के समान नहीं जो परमेश्वर के वचन में मिलावट करते हैं; परन्तु मन की सच्चाई से और परमेश्वर की ओर से परमेश्वर को उपस्थित जानकर मसीह में बोलते हैं।

नई वाचा के सेवक

3 क्या हम फिर अपनी बड़ाई करने लगे? या हमें अन्य लोगों के समान सिफारिश की पत्रियाँ तुम्हारे पास लानी या तुम से लेनी हैं? 2 हमारी पत्री तुम ही हो, जो हमारे हृदयों पर लिखी हुई है और उसे सब मनुष्य पहिचानते और पढ़ते हैं। 3 यह प्रगट है कि तुम मसीह की पत्री हो, जिसको हम ने सेवकों के समान लिखा, और जो स्याही से नहीं परन्तु जीवते परमेश्वर के आत्मा से, पत्थर की पटियों पर नहीं, परन्तु हृदय की मांस रूपी पटियों पर लिखी है।*

4 हम मसीह के द्वारा परमेश्वर पर ऐसा ही भरोसा रखते हैं। 5 यह नहीं कि हम अपने आप से इस योग्य हैं कि अपनी ओर से किसी बात का विचार कर सकें, पर हमारी योग्यता परमेश्वर की ओर से है, 6 जिसने हमें नई वाचा* के सेवक होने के योग्य भी किया, शब्द† के सेवक नहीं वरन् आत्मा के; क्योंकि शब्द मारता है, पर आत्मा जिलाता है।

7 यदि मृत्यु की वह वाचा जिसके अक्षर पत्थरों पर खोदे गए थे, यहाँ तक तेजोमय हुई

2:10* या मसीह को हाजिर जानकर 12,13* प्रेरि 20:1 3:3* निर्ग 24:12; यिर्म 31:33; यहेज 11:19; 36:26 6* यिर्म 31:31
† यू० अक्षर

कि मूसा के मुँह पर के तेज के कारण जो घटता भी जाता था, इस्राएली उसके मुँह पर दृष्टि नहीं कर सकते थे,* 8 तो आत्मा की वाचा और भी तेजोमय क्यों न होगी? 9 क्योंकि जब दोषी ठहरानेवाली वाचा तेजोमय थी, तो धर्मी ठहराने-वाली वाचा और भी तेजोमय क्यों न होगी? 10 और जो तेजोमय था, वह भी उस तेज के कारण जो उससे बढ़कर तेजोमय था, कुछ तेजोमय न ठहरा। 11 क्योंकि जब वह जो घटता जाता था तेजोमय था, तो वह जो स्थिर रहेगा और भी तेजोमय क्यों न होगा?

12 इसलिये ऐसी आशा रखकर हम हियाव के साथ बोलते हैं, 13 और मूसा के समान नहीं, जिसने अपने मुँह पर परदा* डाला था ताकि इस्राएली उस घटनेवाले तेज के अन्त को न देखें।† 14 परन्तु वे मतिमन्द हो गए, क्योंकि आज तक पुराना नियम पढ़ते समय उनके हृदयों पर वही परदा पड़ा रहता है, पर वह मसीह में उठ जाता है। 15 आज तक जब कभी मूसा की पुस्तक पढ़ी जाती है, तो उनके हृदय पर परदा पड़ा रहता है। 16 परन्तु जब कभी उनका हृदय प्रभु की ओर फिरेगा, तब वह परदा उठ जाएगा।* 17 प्रभु तो आत्मा है : और जहाँ कहीं प्रभु का आत्मा है वहाँ स्वतंत्रता है। 18 परन्तु जब हम सब के उघाड़े चेहरे से प्रभु का प्रताप इस प्रकार प्रगट होता है, जिस प्रकार दर्पण में, तो प्रभु के द्वारा जो आत्मा है, हम उसी तेजस्वी रूप में अंश अंश करके बदलते जाते हैं।

मिट्टी के पात्रों में धन

4 इसलिये जब हम पर ऐसी दया हुई कि हमें यह सेवा मिली, तो हम हियाव नहीं छोड़ते। 2 परन्तु हम ने लज्जा के गुप्त कामों को त्याग दिया, और न चतुराई से चलते, और न परमेश्वर के वचन में मिलावट करते हैं; परन्तु सत्य को प्रगट करके, परमेश्वर के सामने हर एक मनुष्य के विवेक* में अपनी भलाई बैठाते हैं। 3 परन्तु यदि हमारे सुसमाचार पर परदा पड़ा है, तो यह नष्ट होनेवालों ही के लिये पड़ा है। 4 और उन अविश्वासियों के लिये, जिन की बुद्धि इस संसार के ईश्वर ने अंधी कर दी है, ताकि मसीह जो परमेश्वर का प्रतिरूप है, उसके तेजोमय सुसमाचार का प्रकाश उन पर न चमके। 5 क्योंकि हम अपने को नहीं, परन्तु मसीह यीशु को प्रचार करते हैं कि वह प्रभु है; और अपने विषय में यह कहते हैं कि हम यीशु के कारण तुम्हारे सेवक हैं। 6 इसलिये कि परमेश्वर ही है, जिसने कहा, "अन्धकार में से ज्योति चमके,"* और वही हमारे हृदयों में चमका कि परमेश्वर की महिमा की पहिचान की ज्योति यीशु मसीह के चेहरे से प्रकाशमान हो।

7 परन्तु हमारे पास वह धन मिट्टी के बरतनों में रखा है कि यह असीम सामर्थ्य हमारी ओर से नहीं, वरन् परमेश्वर ही की ओर से ठहरे। 8 हम चारों ओर से क्लेश तो भोगते हैं, पर संकट में नहीं पड़ते; निरुपाय तो हैं, पर निराश नहीं होते; 9 सताए तो जाते हैं, पर त्यागे नहीं जाते; गिराए तो जाते हैं, पर नष्ट नहीं होते। 10 हम यीशु की मृत्यु को अपनी देह में हर समय लिये फिरते हैं कि यीशु का जीवन भी हमारी देह में प्रगट हो। 11 क्योंकि हम जीते जी सर्वदा यीशु के कारण मृत्यु के हाथ में सौंपे जाते हैं कि यीशु का जीवन भी हमारे मरनहार शरीर में प्रगट हो। 12 इस प्रकार मृत्यु तो हम पर प्रभाव डालती है और जीवन तुम पर।

13 इसलिये कि हम में वही विश्वास की आत्मा है, जिसके विषय में लिखा है, "मैं ने विश्वास किया, इसलिये मैं बोला।"* अतः हम भी विश्वास करते हैं, इसी लिये बोलते हैं। 14 क्योंकि हम जानते हैं कि जिसने प्रभु यीशु को जिलाया, वही हमें भी यीशु में भागी जानकर जिलाएगा, और तुम्हारे साथ अपने सामने उपस्थित करेगा। 15 क्योंकि सब वस्तुएँ तुम्हारे लिये हैं, ताकि अनुग्रह बहुतों के द्वारा अधिक होकर

3:7* निर्ग 34:29 **13*** या *ओढ़ना* † निर्ग 34:33 **16*** निर्ग 34:34 **4:2*** अर्थात् *मन या कान्शन्स* **6*** उत्प 1:3
13* भजन 116:10

परमेश्‍वर की महिमा के लिये धन्यवाद भी बढ़ाए।

16 इसलिये हम हियाव नहीं छोड़ते; यद्यपि हमारा बाहरी मनुष्यत्व नष्‍ट होता जाता है, तौभी हमारा भीतरी मनुष्यत्व दिन प्रतिदिन नया होता जाता है। 17 क्योंकि हमारा पल भर का हल्का सा क्लेश हमारे लिये बहुत ही महत्वपूर्ण और अनन्त महिमा उत्पन्न करता जाता है; 18 और हम तो देखी हुई वस्तुओं को नहीं परन्तु अनदेखी वस्तुओं को देखते रहते हैं; क्योंकि देखी हुई वस्तुएँ थोड़े ही दिन की हैं, परन्तु अनदेखी वस्तुएँ सदा बनी रहती हैं।

हमारा स्वर्गीय घर

5 क्योंकि हम जानते हैं कि जब हमारा पृथ्वी पर का डेरा सरीखा घर गिराया जाएगा, तो हमें परमेश्‍वर की ओर से स्वर्ग पर एक ऐसा भवन मिलेगा जो हाथों से बना हुआ घर नहीं, परन्तु चिरस्थाई है। 2 इसमें तो हम कराहते और बड़ी लालसा रखते हैं कि अपने स्वर्गीय घर को पहिन लें 3 कि इस के पहिनने से हम नंगे न पाए जाएँ। 4 और हम इस डेरे में रहते हुए बोझ से दबे कराहते रहते हैं, क्योंकि हम उतारना नहीं वरन् और पहिनना चाहते हैं, ताकि वह जो मरनहार है जीवन में डूब जाए। 5 जिसने हमें इसी बात के लिये तैयार किया है वह परमेश्‍वर है, जिसने हमें बयाने में आत्मा भी दिया है।

6 अत: हम सदा ढाढ़स बाँधे रहते हैं और यह जानते हैं कि जब तक हम देह में रहते हैं, तब तक प्रभु से अलग हैं — 7 क्योंकि हम रूप को देखकर नहीं, पर विश्‍वास से चलते हैं — 8 इसलिये हम ढाढ़स बाँधे रहते हैं, और देह से अलग होकर प्रभु के साथ रहना और भी उत्तम समझते हैं। 9 इस कारण हमारे मन की उमंग यह है कि चाहे साथ रहें चाहे अलग रहें, पर हम उसे भाते रहें। 10 क्योंकि अवश्य है कि हम सब का हाल मसीह के न्याय आसन के सामने खुल जाए, कि हर एक व्यक्‍ति अपने अपने भले बुरे कामों का बदला जो उसने देह के द्वारा किए हों पाए।*

परमेश्‍वर से मेल-मिलाप

11 इसलिये प्रभु का भय मानकर हम लोगों को समझाते हैं; परन्तु परमेश्‍वर पर हमारा हाल प्रगट है, और मेरी आशा यह है कि तुम्हारे विवेक* पर भी प्रगट हुआ होगा। 12 हम फिर भी अपनी बड़ाई तुम्हारे सामने नहीं करते, वरन् हम अपने विषय में तुम्हें घमण्ड करने का अवसर देते हैं कि तुम उन्हें उत्तर दे सको, जो मन पर नहीं वरन् दिखावटी बातों पर घमण्ड करते हैं। 13 यदि हम बेसुध हैं तो परमेश्‍वर के लिये, और यदि चैतन्य हैं तो तुम्हारे लिये हैं। 14 क्योंकि मसीह का प्रेम हमें विवश कर देता है; इसलिये कि हम यह समझते हैं कि जब एक सब के लिये मरा तो सब मर गए। 15 और वह इस निमित्त सब के लिये मरा कि जो जीवित हैं, वे आगे को अपने लिये न जीएँ परन्तु उसके लिये जो उनके लिये मरा और फिर जी उठा।

मसीह में नई सृष्‍टि

16 अत: अब से हम किसी को शरीर के अनुसार न समझेंगे। यद्यपि हम ने मसीह को भी शरीर के अनुसार जाना था, तौभी अब से उसको ऐसा नहीं जानेंगे। 17 इसलिये यदि कोई मसीह में है तो वह नई सृष्‍टि है : पुरानी बातें बीत गई हैं; देखो, सब बातें नई हो गई हैं। 18 ये सब बातें परमेश्‍वर की ओर से हैं, जिसने मसीह के द्वारा अपने साथ हमारा मेल-मिलाप कर लिया, और मेल-मिलाप की सेवा हमें सौंप दी है। 19 अर्थात् परमेश्‍वर ने मसीह में होकर अपने साथ संसार का मेल-मिलाप कर लिया, और उनके अपराधों का दोष उन पर नहीं लगाया, और उस ने मेल-मिलाप का वचन हमें सौंप दिया है।

20 इसलिये, हम मसीह के राजदूत हैं; मानो परमेश्‍वर हमारे द्वारा विनती कर रहा है। हम मसीह की ओर से निवेदन करते हैं कि परमेश्‍वर के साथ मेल-मिलाप कर लो। 21 जो पाप से अज्ञात था, उसी को उसने हमारे लिये पाप ठहराया

5:10* रोम 14:10 **11*** अर्थात् *मन या कान्शन्स*

कि हम उसमें होकर परमेश्वर की धार्मिकता बन जाएँ।

6 हम जो परमेश्वर के सहकर्मी हैं यह भी समझाते हैं कि उसका अनुग्रह जो तुम पर हुआ, उसे व्यर्थ न जाने दो*। 2 क्योंकि वह तो कहता है,

''अपनी प्रसन्नता के समय मैं ने तेरी सुन ली,
और उद्धार के दिन मैं ने तेरी सहायता
की।''*

देखो, अभी वह प्रसन्नता का समय है; देखो, अभी वह उद्धार का दिन है। 3 हम किसी बात में ठोकर खाने का कोई भी अवसर नहीं देते ताकि हमारी सेवा पर कोई दोष न आए। 4 परन्तु हर बात से परमेश्वर के सेवकों के समान अपने सद्‌गुणों को प्रगट करते हैं, बड़े धैर्य से, क्लेशों से, दरिद्रता से, संकटों से, 5 कोड़े खाने से, कैद होने से*, हुल्लड़ों से, परिश्रम से, जागते रहने से, उपवास करने से, 6 पवित्रता से, ज्ञान से, धीरज से, कृपालुता से, पवित्र आत्मा से, 7 सच्चे प्रेम से, सत्य के वचन से, परमेश्वर की सामर्थ्य से, धार्मिकता के हथियारों से जो दाहिने–बाएँ हाथों में हैं, 8 आदर और निरादर से, दुर्नाम और सुनाम से। यद्यपि भरमानेवालों जैसे मालूम होते हैं तौभी सच्चे हैं; 9 अनजानों के सदृश हैं, तौभी प्रसिद्ध हैं; मरते हुओं के समान हैं और देखो जीवित हैं; मारखानेवालों के सदृश हैं परन्तु प्राण से मारे नहीं जाते; 10 शोक करनेवालों के समान हैं, परन्तु सर्वदा आनन्द करते हैं; कंगालों के समान हैं, परन्तु बहुतों को धनवान बना देते हैं; ऐसे हैं जैसे हमारे पास कुछ नहीं तौभी सब कुछ रखते हैं।

11 हे कुरिन्थियो, हम ने खुलकर तुम से बातें की हैं, हमारा हृदय तुम्हारी ओर खुला हुआ है। 12 तुम्हारे लिये हमारे मन में कोई संकोच नहीं, पर तुम्हारे ही मनों में संकोच है। 13 पर अपने बच्चे जानकर तुम से कहता हूँ कि तुम भी उसके बदले में अपना हृदय खोल दो।

असमान जूए में न जुतो

14 अविश्वासियों के साथ असमान जूए में न जुतो, क्योंकि धार्मिकता और अधर्म का क्या मेल–जोल? या ज्योति और अन्धकार की क्या संगति? 15 और मसीह का बलियाल के साथ क्या लगाव? या विश्वासी के साथ अविश्वासी का क्या नाता? 16 और मूर्तियों के साथ परमेश्वर के मन्दिर का क्या सम्बन्ध? क्योंकि हम तो जीवते परमेश्वर के मन्दिर हैं; जैसा परमेश्वर ने कहा है,

''मैं उनमें बसूँगा और उनमें चला फिरा
करूँगा;
और मैं उनका परमेश्वर हूँगा,
और वे मेरे लोग होंगे।''*

17 इसलिये प्रभु कहता है,

''उनके बीच में से निकलो और अलग
रहो;
और अशुद्ध वस्तु को मत छूओ,
तो मैं तुम्हें ग्रहण करूँगा;*
18 और मैं तुम्हारा पिता हूँगा,
और तुम मेरे बेटे और बेटियाँ होगे।
यह सर्वशक्तिमान प्रभु परमेश्वर का
वचन है।''*

7 अतः हे प्रियो, जब कि ये प्रतिज्ञाएँ हमें मिली हैं, तो आओ, हम अपने आप को शरीर और आत्मा की सब मलिनता से शुद्ध करें, और परमेश्वर का भय रखते हुए पवित्रता को सिद्ध करें।

पौलुस का आनन्द

2 हमें अपने हृदय में जगह दो। हम ने न किसी के साथ अन्याय किया, न किसी को बिगाड़ा, और न किसी को ठगा। 3 मैं तुम्हें दोषी ठहराने के लिये यह नहीं कहता। क्योंकि मैं पहले ही कह चुका हूँ कि तुम हमारे हृदय में ऐसे बस गए हो कि हम तुम्हारे साथ

6:1* या *व्यर्थ होने के लिये न ले लो* 2* यशा 49:8 5* प्रेरि 16:23 16* लैव्य 26:12; यहेज 37:27; 1 कुर 3:16; 6:19
17* यशा 52:11 18* 2 शमू 7:14; 1 इति 17:13; यशा 43:6; यिर्म 31:9

मरने जीने के लिये तैयार हैं। 4 मैं तुम से बहुत हियाव के साथ बोल रहा हूँ, मुझे तुम पर बड़ा घमण्ड है; मैं शान्ति से भर गया हूँ। अपने सारे क्लेश में मैं आनन्द से अति भरपूर रहता हूँ।

5 क्योंकि जब हम मकिदुनिया में आए, तब भी हमारे शरीर को चैन नहीं मिला,* परन्तु हम चारों ओर से क्लेश पाते थे; बाहर लड़ाइयाँ थीं, भीतर भयंकर बातें थीं। 6 तौभी दीनों को शान्ति देनेवाले परमेश्वर ने तीतुस के आने से हम को शान्ति दी; 7 और न केवल उसके आने से परन्तु उसकी उस शान्ति से भी, जो उसको तुम्हारी ओर से मिली थी। उसने तुम्हारी लालसा, तुम्हारे दु:ख, और मेरे लिये तुम्हारी धुन का समाचार हमें सुनाया, जिससे मुझे और भी आनन्द हुआ। 8 क्योंकि यद्यपि मैं ने अपनी पत्री से तुम्हें शोकित किया, परन्तु उससे पछताता नहीं जैसा कि पहले पछताता था, क्योंकि मैं देखता हूँ कि उस पत्री से तुम्हें शोक तो हुआ परन्तु वह थोड़ी देर के लिये था। 9 अब मैं आनन्दित हूँ पर इसलिये नहीं कि तुम को शोक पहुँचा, वरन् इसलिये कि तुम ने उस शोक के कारण मन फिराया, क्योंकि तुम्हारा शोक परमेश्वर की इच्छा के अनुसार था कि हमारी ओर से तुम्हें किसी बात में हानि न पहुँचे। 10 क्योंकि परमेश्वर-भक्ति का शोक ऐसा पश्चाताप उत्पन्न करता है जिसका परिणाम उद्धार है और फिर उससे पछताना नहीं पड़ता। परन्तु सांसारिक शोक मृत्यु उत्पन्न करता है। 11 अत: देखो, इसी बात से कि तुम्हें परमेश्वर-भक्ति का शोक हुआ तुम में कितना उत्साह और प्रत्युत्तर* और रिस, और भय, और लालसा, और धुन और दण्ड देने का विचार उत्पन्न हुआ? तुम ने सब प्रकार से यह सिद्ध कर दिखाया कि तुम इस बात में निर्दोष हो। 12 फिर मैं ने जो तुम्हारे पास लिखा था, वह न तो उसके कारण लिखा जिसने अन्याय किया और न उसके कारण जिस पर अन्याय किया गया, परन्तु इसलिये कि तुम्हारा उत्साह जो हमारे लिये है, वह परमेश्वर के सामने तुम पर प्रगट हो जाए। 13 इसलिये हमें शान्ति मिली।

हमारी इस शान्ति के साथ तीतुस के आनन्द के कारण और भी आनन्द हुआ क्योंकि उसका जी तुम सब के कारण हरा-भरा हो गया है। 14 क्योंकि यदि मैं ने उसके सामने तुम्हारे विषय में कुछ घमण्ड दिखाया, तो लज्जित नहीं हुआ, परन्तु जैसे हम ने तुम से सब बातें सच-सच कह दी थीं, वैसे ही हमारा घमण्ड दिखाना तीतुस के सामने भी सच निकला। 15 जब उसको तुम सब के आज्ञाकारी होने का स्मरण आता है कि कैसे तुम ने डरते और काँपते हुए उससे भेंट की; तो उसका प्रेम तुम्हारी ओर और भी बढ़ता जाता है। 16 मैं आनन्दित हूँ क्योंकि मुझे हर बात में तुम पर पूरा भरोसा है।

उदारतापूर्वक दान देना

8 अब हे भाइयो, हम तुम्हें परमेश्वर के उस अनुग्रह का समाचार देते हैं जो मकिदुनिया की कलीसियाओं पर हुआ है। 2 कि क्लेश की बड़ी परीक्षा में उनके बड़े आनन्द और भारी कंगालपन में उनकी उदारता बहुत बढ़ गई। 3 उनके विषय में मेरी यह गवाही है कि उन्होंने अपनी सामर्थ्य भर वरन् सामर्थ्य से भी बाहर, मन से दिया। 4 और इस दान में और पवित्र लोगों की सेवा में भागी होने के अनुग्रह के विषय में, हम से बार-बार बहुत विनती की,* 5 और जैसी हम ने आशा की थी, वैसी ही नहीं वरन् उन्होंने प्रभु को फिर परमेश्वर की इच्छा से हम को भी अपने आपको दे दिया। 6 इसलिये हम ने तीतुस को समझाया कि जैसा उसने पहले आरम्भ किया था, वैसा ही तुम्हारे बीच में इस दान के काम को पूरा भी कर ले। 7 इसलिये जैसे तुम हर बात में अर्थात् विश्वास, वचन, ज्ञान और सब प्रकार के यत्न में, और उस प्रेम में जो हम से रखते हो, बढ़ते जाते हो, वैसे ही इस दान के काम में भी बढ़ते जाओ।

8 मैं आज्ञा की रीति पर तो नहीं, परन्तु दूसरों

7:5* 2 कुर 2:13 11* या बचाव के लिये उत्तर 8:1-4* रोम 15:26

के उत्साह से तुम्हारे प्रेम की सच्चाई को परखने
के लिये कहता हूँ। 9 तुम हमारे प्रभु यीशु मसीह
का अनुग्रह जानते हो कि वह धनी होकर भी
तुम्हारे लिये कंगाल बन गया, ताकि उसके कंगाल
हो जाने से तुम धनी हो जाओ। 10 इस बात में
मेरी सलाह यही है : यह तुम्हारे लिये अच्छा है,
जो एक वर्ष से न तो केवल इस काम को करने
ही में, परन्तु इस बात के चाहने में भी प्रथम हुए
थे, 11 इसलिये अब यह काम पूरा करो कि जैसा
इच्छा करने में तुम तैयार थे, वैसा ही अपनी
अपनी पूंजी के अनुसार पूरा भी करो। 12 क्योंकि
यदि मन की तैयारी हो तो दान उसके अनुसार
ग्रहण भी होता है जो उसके पास है, न कि उसके
अनुसार जो उसके पास नहीं। 13 यह नहीं
कि दूसरों को चैन और तुम को क्लेश मिले,
14 परन्तु बराबरी के विचार से इस समय तुम्हारी
बढ़ती उनकी घटी में काम आए, ताकि उनकी
बढ़ती भी तुम्हारी घटी में काम आए कि बराबरी
हो जाए। 15 जैसा लिखा है, ''जिसने बहुत
बटोरा उसका कुछ अधिक न निकला, और जिसने
थोड़ा बटोरा उसका कुछ कम न निकला।''*

तीतुस और उसके सहकर्मी

16 परमेश्वर का धन्यवाद हो, जिसने तुम्हारे
लिये वही उत्साह तीतुस के हृदय में डाल दिया
है 17 कि उसने हमारा समझाना मान लिया वरन्
बहुत उत्साही होकर वह अपनी इच्छा से तुम्हारे
पास गया है। 18 हम ने उसके साथ उस भाई को
भी भेजा है जिसका नाम सुसमाचार के विषय में
सब कलीसिया में फैला हुआ है; 19 और इतना
ही नहीं, परन्तु वह कलीसिया द्वारा ठहराया भी
गया कि इस दान के काम के लिये हमारे साथ
जाए। हम यह सेवा इसलिये करते हैं कि प्रभु की
महिमा और हमारे मन की तैयारी प्रगट हो जाए।
20 हम इस बात में चौकस रहते हैं कि इस
उदारता के काम के विषय में जिसकी सेवा हम
करते हैं, कोई हम पर दोष न लगाने पाए।
21 क्योंकि जो बातें केवल प्रभु ही के निकट
नहीं, परन्तु मनुष्यों के निकट भी भली हैं हम
उनकी चिन्ता करते हैं।* 22 हम ने उसके साथ
अपने भाई को भी भेजा है, जिसको हम ने बार-
बार परख के बहुत बातों में उत्साही पाया है;
परन्तु अब तुम पर उसको बड़ा भरोसा है, इस
कारण वह और भी अधिक उत्साही है। 23 यदि
कोई तीतुस के विषय में पूछे, तो वह मेरा साथी
और तुम्हारे लिये मेरा सहकर्मी है; और यदि
हमारे भाइयों के विषय में पूछे, तो वे कलीसियाओं
के भेजे हुए और मसीह की महिमा हैं। 24 अत:
अपना प्रेम और हमारा वह घमण्ड जो तुम्हारे
विषय में है कलीसियाओं के सामने सिद्ध करके
उन्हें दिखाओ।

साथी-मसीहियों के लिये सहायता

9 अब उस सेवा के विषय में जो पवित्र लोगों
के लिये की जाती है, मुझे तुम को लिखना
आवश्यक नहीं। 2 क्योंकि मैं तुम्हारे मन की
तैयारी को जानता हूँ, जिसके कारण मैं तुम्हारे
विषय में मकिदुनियावासियों के सामने घमण्ड
दिखाता हूँ कि अखया के लोग एक वर्ष से तैयार
हुए हैं, और तुम्हारे उत्साह ने और बहुतों को भी
उभारा है। 3 परन्तु मैं ने भाइयों को इसलिये
भेजा है कि हम ने जो घमण्ड तुम्हारे विषय में
दिखाया, वह इस बात में व्यर्थ न ठहरे; परन्तु
जैसा मैं ने कहा वैसे ही तुम तैयार रहो, 4 ऐसा न
हो कि यदि कोई मकिदुनियावासी मेरे साथ आए
और तुम्हें तैयार न पाए, तो हो सकता है कि इस
भरोसे के कारण हम (यह नहीं कहते कि तुम)
लज्जित हों। 5 इसलिये मैं ने भाइयों से यह विनती
करना आवश्यक समझा कि वे पहले से तुम्हारे
पास जाएँ, और तुम्हारी उदारता का फल जिसके
विषय में पहले से वचन दिया गया था, तैयार कर
रखें कि यह दबाव* से नहीं परन्तु उदारता के
फल के समान तैयार हो।

दान कैसे दें

6 परन्तु बात यह है : जो थोड़ा* बोता है,

8:15 * निर्ग 16:18 21 * नीति 3:4 (LXX) 9:5 * यू० *लोभ* 6 * या *कंजूसी से*

वह थोड़ा काटेगा भी; और जो बहुत† बोता है, वह बहुत काटेगा। 7 हर एक जन जैसा मन में ठाने वैसा ही दान करे; न कुढ़ कुढ़ के और न दबाव से, क्योंकि परमेश्वर हर्ष से देनेवाले से प्रेम रखता है। 8 परमेश्वर सब प्रकार का अनुग्रह तुम्हें बहुतायत से दे सकता है जिस से हर बात में और हर समय, सब कुछ, जो तुम्हें आवश्यक हो, तुम्हारे पास रहे; और हर एक भले काम के लिये तुम्हारे पास बहुत कुछ हो। 9 जैसा लिखा है,

"उसने बिखेरा, उसने कंगालों को दान दिया,
उसका धर्म सदा बना रहेगा।"*

10 अत: जो बोनेवाले को बीज और भोजन के लिये रोटी देता है, वह तुम्हें बीज देगा, और उसे फलवन्त करेगा; और तुम्हारे धर्म के फलों को बढ़ाएगा।* 11 तुम हर बात में सब प्रकार की उदारता के लिये जो हमारे द्वारा परमेश्वर का धन्यवाद करवाती है, धनवान किए जाओ। 12 क्योंकि इस सेवा के पूरा करने से न केवल पवित्र लोगों की आवश्यकताएँ पूरी होती हैं, परन्तु लोगों की ओर से परमेश्वर का भी बहुत धन्यवाद होता है। 13 क्योंकि इस सेवा को प्रमाण स्वीकार कर वे परमेश्वर की महिमा प्रगट करते हैं कि तुम मसीह के सुसमाचार को मान कर उसके अधीन रहते हो, और उनकी और सब की सहायता करने में उदारता प्रगट करते रहते हो। 14 और वे तुम्हारे लिये प्रार्थना करते हैं; और इसलिये कि तुम पर परमेश्वर का बड़ा ही अनुग्रह है, तुम्हारी लालसा करते रहते हैं। 15 परमेश्वर का, उसके उस दान के लिये जो वर्णन से बाहर है, धन्यवाद हो।

पौलुस का अधिकार

10 मैं वही पौलुस जो तुम्हारे सामने दीन हूँ परन्तु पीठ पीछे तुम्हारी ओर साहस करता हूँ, तुम को मसीह की नम्रता और कोमलता के कारण समझाता हूँ। 2 मैं यह विनती करता हूँ कि तुम्हारे सामने मुझे निर्भय होकर* साहस करना न पड़े, जैसा मैं कुछ लोगों पर जो हम को शरीर के अनुसार चलनेवाले समझते हैं, साहस दिखाने का विचार करता हूँ। 3 क्योंकि यद्यपि हम शरीर में चलते फिरते हैं, तौभी शरीर के अनुसार नहीं लड़ते। 4 क्योंकि हमारी लड़ाई के हथियार शारीरिक नहीं, पर गढ़ों को ढा देने के लिये परमेश्वर के द्वारा* सामर्थी हैं। 5 इसलिये हम कल्पनाओं का और हर एक ऊँची बात का, जो परमेश्वर की पहिचान के विरोध में उठती है, खण्डन करते हैं; और हर एक भावना को कैद करके मसीह का आज्ञाकारी बना देते हैं, 6 और तैयार रहते हैं कि जब तुम्हारा आज्ञापालन पूरा हो जाए, तो हर एक प्रकार के आज्ञा-उल्लंघन को दण्डित करें।

7 तुम उन्हीं बातों को देखो, जो आँखों के सामने हैं। यदि किसी को अपने पर यह भरोसा हो कि मैं मसीह का हूँ, तो वह यह भी जान ले कि जैसा वह मसीह का है वैसे ही हम भी हैं। 8 क्योंकि यदि मैं उस अधिकार के विषय में और भी घमण्ड दिखाऊँ, जो प्रभु ने तुम्हारे बिगाड़ने के लिये नहीं पर बनाने के लिये हमें दिया है, तो लज्जित न हूँगा। 9 यह मैं इसलिये कहता हूँ कि पत्रियों के द्वारा तुम्हें डरानेवाला न ठहरूँ। 10 क्योंकि वे कहते हैं, "उसकी पत्रियाँ तो गम्भीर और प्रभावशाली हैं; परन्तु जब वह सामने होता है, तो वह देह का निर्बल और वक्तव्य में हल्का जान पड़ता है।" 11 जो ऐसा कहता है, वह यह समझ रखे कि जैसे पीठ पीछे पत्रियों में हमारे वचन हैं, वैसे ही तुम्हारे सामने हमारे काम भी होंगे। 12 क्योंकि हमें यह साहस नहीं कि हम अपने आप को उनमें से ऐसे कुछ के साथ गिनें या उनसे अपने को मिलाएँ, जो अपनी प्रशंसा आप करते हैं, और अपने आप को आपस में नाप तौलकर एक दूसरे से मिलान करके मूर्ख ठहरते हैं।

13 हम तो सीमा से बाहर घमण्ड कदापि न करेंगे, परन्तु उसी सीमा तक जो परमेश्वर ने हमारे लिये ठहरा दी है, और उसमें तुम भी आ

9:6† या उदारता से 9* भजन 112:9 10* यशा 55:10 10:2* यू० भरोसे से 4* या लिए

गए हो, और उसी के अनुसार घमण्ड भी करेंगे।
14 क्योंकि हम अपनी सीमा से बाहर अपने
आप को बढ़ाना नहीं चाहते, जैसे कि तुम तक
न पहुँचने की दशा में होता, वरन् मसीह का
सुसमाचार सुनाते हुए तुम तक पहुँच चुके हैं।
15 हम सीमा से बाहर दूसरों के परिश्रम पर
घमण्ड नहीं करते; परन्तु हमें आशा है कि ज्यों-
ज्यों तुम्हारा विश्वास बढ़ता जाएगा त्यों-त्यों हम
अपनी सीमा के अनुसार तुम्हारे कारण और भी
बढ़ते जाएँगे, 16 ताकि हम तुम्हारी सीमा से
आगे बढ़कर सुसमाचार सुनाएँ, और यह नहीं
कि हम दूसरों की सीमा के भीतर बने बनाए
कामों पर घमण्ड करें। 17 परन्तु जो घमण्ड करे,
वह प्रभु पर घमण्ड करे।* 18 क्योंकि जो अपनी
बड़ाई करता है वह नहीं, परन्तु जिसकी बड़ाई
प्रभु करता है, वही ग्रहण किया जाता है।

पौलुस और झूठे प्रेरित

11 यदि तुम मेरी थोड़ी सी मूर्खता सह
लेते तो क्या ही भला होता; हाँ, मेरी
सह भी लो। 2 क्योंकि मैं तुम्हारे विषय में ईश्वरीय
धुन लगाए रहता हूँ, इसलिये कि मैं ने एक
ही पुरुष से तुम्हारी बात लगाई है कि तुम्हें
पवित्र कुँवारी के समान मसीह को सौंप दूँ।
3 परन्तु मैं डरता हूँ कि जैसे साँप ने अपनी
चतुराई से हव्वा को बहकाया,* वैसे ही तुम्हारे
मन उस सीधाई और पवित्रता से जो मसीह के
साथ होनी चाहिए, कहीं भ्रष्ट न किए जाएँ।
4 यदि कोई तुम्हारे पास आकर किसी दूसरे यीशु
का प्रचार करे, जिसका प्रचार हम ने नहीं किया;
या कोई और आत्मा तुम्हें मिले, जो पहले न
मिला था; या और कोई सुसमाचार सुनाए जिसे
तुम ने पहले न माना था, तो तुम उसे सह लेते
हो। 5 मैं तो समझता हूँ कि मैं किसी बात में बड़े
से बड़े प्रेरितों से कम नहीं हूँ। 6 यदि मैं वक्तव्य
में अनाड़ी हूँ, तौभी ज्ञान में नहीं। हम ने इसको
हर बात में सब प्रकार से तुम्हारे लिये प्रगट किया
है।

7 क्या इसमें मैं ने कुछ पाप किया कि मैं ने
तुम्हें परमेश्वर का सुसमाचार सेंत-मेंत सुनाया;
और अपने आप को नीचा किया कि तुम ऊँचे हो
जाओ? 8 मैं ने अन्य कलीसियाओं को लूटा,
अर्थात् मैं ने उनसे मजदूरी ली ताकि तुम्हारी
सेवा करूँ। 9 और जब मैं तुम्हारे साथ था और
मुझे घटी हुई, तो मैं ने किसी पर भार नहीं डाला,
क्योंकि भाइयों ने मकिदुनिया से आकर मेरी घटी
को पूरा किया;* और मैं ने हर बात में अपने
आप को तुम पर भार बनने से रोका, और रोके
रहूँगा। 10 यदि मसीह की सच्चाई मुझ में है तो
अखया देश में कोई मुझे इस घमण्ड से न रोकेगा।
11 क्यों? क्या इसलिये कि मैं तुम से प्रेम नहीं
रखता? परमेश्वर यह जानता है कि मैं प्रेम
रखता हूँ।

12 परन्तु जो मैं करता हूँ, वही करता रहूँगा
कि जो लोग दाँव ढूँढ़ते हैं उन्हें मैं दाँव पाने न दूँ,
ताकि जिस बात में वे घमण्ड करते हैं, उसमें वे
हमारे ही समान ठहरें। 13 क्योंकि ऐसे लोग झूठे
प्रेरित, और छल से काम करनेवाले, और मसीह
के प्रेरितों का रूप धरनेवाले हैं। 14 यह कुछ
अचम्भे की बात नहीं क्योंकि शैतान आप भी
ज्योतिर्मय स्वर्गदूत का रूप धारण करता है।
15 इसलिये यदि उसके सेवक भी धर्म के सेवकों
का सा रूप धरें, तो कोई बड़ी बात नहीं, परन्तु
उनका अन्त उनके कामों के अनुसार होगा।

प्रेरित के रूप में पौलुस का दुःखभोग

16 मैं फिर कहता हूँ, कोई मुझे मूर्ख न समझे;
नहीं तो मूर्ख ही समझकर मेरी सह लो, ताकि
थोड़ा सा मैं भी घमण्ड कर सकूँ। 17 इस बेधड़क
घमण्ड में जो कुछ मैं कहता हूँ, वह प्रभु की
आज्ञा के अनुसार* नहीं पर मानो मूर्खता से ही
कहता हूँ। 18 जबकि बहुत से लोग शरीर के
अनुसार घमण्ड करते हैं, तो मैं भी घमण्ड करूँगा।
19 तुम तो समझदार होकर आनन्द से मूर्खों की
सह लेते हो। 20 क्योंकि जब तुम्हें कोई दास
बना लेता है, या खा जाता है, या फँसा लेता है,

10:17 * यिर्म 9:24 11:3 * उत्प 3:1—5:13 9 * फिलि 4:15-18 17 * यू० *प्रभु की रीति पर*

या अपने आप को बड़ा बनाता है, या तुम्हारे मुँह पर थप्पड़ मारता है, तो तुम सह लेते हो। 21 मेरा कहना अनादर ही की रीति पर है, मानो हम इसके लिए निर्बल से थे।

परन्तु जिस किसी बात में कोई साहस करता है—मैं मूर्खता से कहता हूँ—तो मैं भी साहस करता हूँ। 22 क्या वे ही इब्रानी हैं? मैं भी हूँ। क्या वे ही इस्राएली हैं? मैं भी हूँ। क्या वे ही अब्राहम के वंश हैं? मैं भी हूँ। 23 क्या वे ही मसीह के सेवक हैं—मैं पागल के समान कहता हूँ—मैं उनसे बढ़कर हूँ! अधिक परिश्रम करने में; बार बार कैद होने में; कोड़े खाने में; बार बार मृत्यु के जोखिमों में।* 24 पाँच बार मैं ने यहूदियों के हाथ से उन्तालीस उन्तालीस कोड़े खाए।* 25 तीन बार मैं ने बेंतें खाईं; एक बार मुझ पर पथराव किया गया; तीन बार जहाज, जिन पर मैं चढ़ा था, टूट गए; एक रात-दिन मैं ने समुद्र में काटा।* 26 मैं बार बार यात्राओं में; नदियों के जोखिमों में; डाकुओं के जोखिमों में; अपने जातिवालों से जोखिमों में; अन्यजातियों से जोखिमों में; नगरों के जोखिमों में; जंगल के जोखिमों में; समुद्र के जोखिमों में; झूठे भाइयों के बीच जोखिमों में रहा।* 27 परिश्रम और कष्ट में; बार बार जागते रहने में; भूख-प्यास में; बार बार उपवास करने में; जाड़े में; उघाड़े रहने में; 28 और अन्य बातों को छोड़कर जिनका वर्णन मैं नहीं करता, सब कलीसियाओं की चिन्ता प्रतिदिन मुझे दबाती है। 29 किसकी निर्बलता से मैं निर्बल नहीं होता? किसके ठोकर खाने से मेरा जी नहीं दुखता?

30 यदि घमण्ड करना अवश्य है, तो मैं अपनी निर्बलता की बातों पर घमण्ड करूँगा। 31 प्रभु यीशु का परमेश्वर और पिता जो सदा धन्य है, जानता है कि मैं झूठ नहीं बोलता। 32 दमिश्क में अरितास राजा की ओर से जो हाकिम था, उसने मुझे पकड़ने को दमिश्कियों के नगर पर पहरा बैठा रखा था, 33 और मैं टोकरे में खिड़की से होकर शहरपनाह पर से उतारा गया, और उसके हाथ से बच निकला।*

पौलुस का दिव्य दर्शन और दुर्बलता

12 यद्यपि घमण्ड करना मेरे लिये ठीक नहीं तौभी करना पड़ता है; इसलिये मैं प्रभु के दिए हुए दर्शनों और प्रकाशनों की चर्चा करूँगा। 2 मैं मसीह में एक मनुष्य को जानता हूँ; चौदह वर्ष हुए कि न जाने देहसहित, न जाने देहरहित, परमेश्वर जानता है; ऐसा मनुष्य तीसरे स्वर्ग तक उठा लिया गया। 3 मैं ऐसे मनुष्य को जानता हूँ न जाने देहसहित, न जाने देहरहित परमेश्वर ही जानता है 4 कि स्वर्ग लोक पर उठा लिया गया, और ऐसी बातें सुनीं जो कहने की नहीं; और जिनका मुँह पर लाना मनुष्य को उचित नहीं। 5 ऐसे मनुष्य पर तो मैं घमण्ड करूँगा, परन्तु अपने पर अपनी निर्बलताओं को छोड़, अपने विषय में घमण्ड न करूँगा। 6 क्योंकि यदि मैं घमण्ड करना चाहूँ भी तो मूर्ख न हूँगा, क्योंकि सच बोलूँगा; तौभी रुक जाता हूँ, ऐसा न हो कि जैसा कोई मुझे देखता है या मुझ से सुनता है, मुझे उससे बढ़कर समझे। 7 इसलिये कि मैं प्रकाशनों की बहुतायत से फूल न जाऊँ, मेरे शरीर में एक काँटा चुभाया* गया, अर्थात् शैतान का एक दूत कि मुझे घूँसे मारे ताकि मैं फूल न जाऊँ। 8 इसके विषय में मैं ने प्रभु से तीन बार विनती की कि मुझ से यह दूर हो जाए। 9 पर उसने मुझ से कहा, ''मेरा अनुग्रह तेरे लिये बहुत है; क्योंकि मेरी सामर्थ्य निर्बलता में सिद्ध होती है।'' इसलिये मैं बड़े आनन्द से अपनी निर्बलताओं पर घमण्ड करूँगा कि मसीह की सामर्थ्य मुझ पर छाया करती रहे। 10 इस कारण मैं मसीह के लिये निर्बलताओं में, और निन्दाओं में, और दरिद्रता में, और उपद्रवों में, और संकटों में प्रसन्न हूँ; क्योंकि जब मैं निर्बल होता हूँ, तभी बलवन्त होता हूँ।

11:23 * प्रेरि 16:23 24 * व्य 25:3 25 * प्रेरि 16:22; 14:19 26 * प्रेरि 9:23; 14:15 32,33 * प्रेरि 9:23-25
12:7 * यू० दिया

कुरिन्थियों के लिये पौलुस की चिन्ता

11 मैं मूर्ख तो बना, परन्तु तुम ही ने मुझे यह
करने के लिये विवश किया। तुम्हें तो मेरी प्रशंसा
करनी चाहिए थी, क्योंकि यद्यपि मैं कुछ भी
नहीं, तौभी उन बड़े से बड़े प्रेरितों से किसी बात
में कम नहीं हूँ। 12 प्रेरित के लक्षण भी तुम्हारे
बीच सब प्रकार के धीरज सहित चिह्नों, और
अद्‌भुत कामों, और सामर्थ्य के कामों से दिखाए
गए। 13 तुम कौन सी बात में दूसरी कलीसियाओं
से कम थे, केवल इसमें कि मैं ने तुम पर अपना
भार न डाला। मेरा यह अन्याय क्षमा करो।

14 देखो, मैं तीसरी बार तुम्हारे पास आने को
तैयार हूँ, और मैं तुम पर कोई भार न रखूँगा,
क्योंकि मैं तुम्हारी सम्पत्ति नहीं वरन् तुम ही को
चाहता हूँ। क्योंकि बच्चों को माता-पिता के लिये
धन बटोरना नहीं चाहिए, पर माता-पिता को
बच्चों के लिये। 15 मैं तुम्हारी आत्माओं के लिये
बहुत आनन्द से खर्च करूँगा, वरन् आप भी
खर्च हो जाऊँगा। क्या जितना बढ़कर मैं तुम से
प्रेम रखता हूँ, उतना ही घटकर तुम मुझ से प्रेम
रखोगे? 16 ऐसा हो सकता है कि मैं ने तुम पर
बोझ नहीं डाला, परन्तु चतुराई से तुम्हें धोखा
देकर फँसा लिया! 17 भला, जिन्हें मैं ने तुम्हारे
पास भेजा, क्या उनमें से किसी के द्वारा मैं ने छल
करके तुम से कुछ ले लिया? 18 मैं ने तीतुस को
समझाकर उसके साथ उस भाई को भेजा, तो
क्या तीतुस ने छल करके तुम से कुछ लिया?
क्या हम एक ही आत्मा के चलाए न चले? क्या
एक ही लीक पर न चले?

19 तुम अभी तक समझ रहे होगे कि हम
तुम्हारे सामने प्रत्युत्तर दे रहे हैं। हम तो परमेश्वर
को उपस्थित जानकर मसीह में बोलते हैं, और
हे प्रियो, सब बातें तुम्हारी उन्नति ही के लिये
कहते हैं। 20 क्योंकि मुझे डर है, कहीं ऐसा न
हो कि मैं आकर जैसा चाहता हूँ, वैसा तुम्हें न
पाऊँ; और मुझे भी जैसा तुम नहीं चाहते वैसा ही
पाओ; और तुम में झगड़ा, डाह, क्रोध, विरोध,
ईर्ष्या, चुगली, अभिमान और बखेड़े हों; 21 और
कहीं ऐसा न हो कि मेरा परमेश्वर मेरे फिर से
तुम्हारे यहाँ आने पर मुझ पर दबाव डाले और
मुझे बहुतों के लिये फिर शोक करना पड़े, जिन्होंने
पहले पाप किया था और गन्दे काम और व्यभिचार
और लुचपन से, जो उन्होंने किया, मन नहीं
फिराया।

अन्तिम चेतावनी

13 अब तीसरी बार मैं तुम्हारे पास आता
हूँ: दो या तीन गवाहों के मुँह से हर
एक बात ठहराई जाएगी।* 2 जैसे मैं जब दूसरी
बार तुम्हारे साथ था,* वैसे ही अब दूर रहते हुए
उन लोगों से जिन्होंने पहले पाप किया, और
अन्य सब लोगों से अब पहले से कहे देता
हूँ कि यदि मैं फिर आऊँगा तो नहीं छोड़ूँगा,
3 क्योंकि तुम तो इसका प्रमाण चाहते हो कि
मसीह मुझ में बोलता है, जो तुम्हारे लिये निर्बल
नहीं परन्तु तुम में सामर्थी है। 4 वह निर्बलता के
कारण क्रूस पर चढ़ाया तो गया, तौभी परमेश्वर
की सामर्थ्य से जीवित है। हम भी उसमें निर्बल
हैं, परन्तु परमेश्वर की सामर्थ्य से जो तुम्हारे
लिये है, उसके साथ जीएँगे।

5 अपने आप को परखो कि विश्वास में हो
कि नहीं। अपने आप को जाँचो। क्या तुम अपने
विषय में यह नहीं जानते कि यीशु मसीह तुम में
है? नहीं तो तुम जाँच में निकम्मे निकले हो।
6 पर मेरी आशा है कि तुम जान लोगे कि हम
निकम्मे नहीं। 7 हम अपने परमेश्वर से यह प्रार्थना
करते हैं कि तुम कोई बुराई न करो, इसलिये नहीं
कि हम खरे दीख पड़ें, पर इसलिये कि तुम
भलाई करो, चाहे हम निकम्मे ही ठहरें। 8 क्योंकि
हम सत्य के विरोध में कुछ नहीं कर सकते, पर
सत्य के लिये ही कर सकते हैं। 9 जब हम
निर्बल हैं और तुम बलवन्त हो, तो हम आनन्दित
होते हैं, और यह प्रार्थना भी करते हैं कि तुम
सिद्ध हो जाओ। 10 इस कारण मैं तुम्हारे पीठ
पीछे ये बातें लिखता हूँ, कि उपस्थित होकर मुझे

13:1 * व्य 17:6; 19:15 2 * *या मानो दूसरी बार उपस्थित होकर*

उस अधिकार के अनुसार जिसे प्रभु ने बिगाड़ने के लिये नहीं पर बनाने के लिये मुझे दिया है, कड़ाई से कुछ करना न पड़े।

अभिवादन

11 अतः हे भाइयो, आनन्दित रहो; सिद्ध बनते जाओ; ढाढ़स रखो; एक ही मन रखो; मेल से रहो। और प्रेम और शान्ति का दाता* परमेश्वर तुम्हारे साथ होगा। 12 एक दूसरे को पवित्र चुम्बन से नमस्कार करो। 13 सब पवित्र लोग तुम्हें नमस्कार कहते हैं। 14 प्रभु यीशु मसीह का अनुग्रह और परमेश्वर का प्रेम और पवित्र आत्मा की सहभागिता* तुम सब के साथ होती रहे।

13:11* यू॰ स्रोत 14* या संगति

गलातियों के नाम पौलुस प्रेरित की पत्री

भूमिका

जब यीशु के सुसमाचार का प्रचार और प्रसार गैर-यहूदी लोगों के बीच होने लगा, तो यह प्रश्न उठा कि एक सच्चा मसीही होने के लिये एक व्यक्ति को मूसा की व्यवस्था का पालन करना अनिवार्य है या नहीं। पौलुस यह तर्क प्रस्तुत करता है कि यह आवश्यक नहीं है। वह कहता है कि वास्तव में मसीह में जीवन का एकमात्र ठोस आधार है विश्वास। उसके द्वारा ही सभी लोगों का परमेश्वर के साथ सम्बन्ध सुधरता है। परन्तु एशिया माइनर स्थित एक रोमी प्रान्त, गलातिया, की कलीसियाओं के लोगों ने पौलुस का विरोध किया और दावा किया कि परमेश्वर के साथ सही सम्बन्ध के लिये एक व्यक्ति को मूसा की व्यवस्था का पालन करना भी अनिवार्य है।

गलातियों के नाम पौलुस प्रेरित की पत्री इसलिये लिखी गई थी कि वे लोग जो इस गलत शिक्षा से बहक गए थे, उन्हें सच्चे विश्वास और व्यवहार में वापिस लाया जाए। पौलुस इस पत्री का आरम्भ यीशु मसीह का एक प्रेरित होने के अपने अधिकार के समर्थन के साथ करता है। वह इस बात पर बल देता है कि एक प्रेरित होने के लिये उसका बुलाया जाना परमेश्वर की ओर से है न कि किसी मानवीय अधिकार से; और यह कि उसका उद्देश्य विशेषकर गैर-यहूदियों में सुसमाचार प्रचार करना था। फिर वह यह तर्क प्रस्तुत करता है कि मात्र विश्वास के द्वारा ही लोगों का परमेश्वर के साथ सम्बन्ध सुधरता है। अन्त के अध्यायों में पौलुस यह दर्शाता है कि मसीह में विश्वास के परिणाम स्वरूप उत्पन्न प्रेम के द्वारा ही मसीही चरित्र स्वाभाविक रूप से प्रवाहित होता है।

रूप-रेखा :

भूमिका 1:1-10
प्रेरित के रूप में पौलुस का अधिकार 1:11 — 2:21
परमेश्वर के अनुग्रह का सुसमाचार 3:1 — 4:31
मसीही स्वतन्त्रता और उत्तरदायित्व 5:1 — 6:10
उपसंहार 6:11-18

अभिवादन

1 पौलुस की—जो न मनुष्यों की ओर से
और न मनुष्य के द्वारा, वरन् यीशु मसीह
और परमेश्वर पिता के द्वारा, जिसने उसको मरे
हुओं में से जिलाया, प्रेरित है—2 और सारे
भाइयों की ओर से जो मेरे साथ हैं, गलातिया की
कलीसियाओं के नाम :

3 परमेश्वर पिता और हमारे प्रभु यीशु मसीह
की ओर से तुम्हें अनुग्रह और शान्ति मिलती
रहे। 4 उसी ने अपने आप को हमारे पापों के
लिये दे दिया, ताकि हमारे परमेश्वर और पिता
की इच्छा के अनुसार हमें इस वर्तमान बुरे संसार
से छुड़ाए। 5 उसकी स्तुति और बड़ाई युगानुयुग
होती रहे। आमीन।

कोई दूसरा सुसमाचार नहीं

6 मुझे आश्चर्य होता है कि जिसने तुम्हें
मसीह के अनुग्रह में बुलाया उससे तुम इतनी
जल्दी फिर कर और ही प्रकार के सुसमाचार की
ओर झुकने लगे। 7 परन्तु वह दूसरा सुसमाचार
है ही नहीं : पर बात यह है कि कितने ऐसे हैं जो
तुम्हें घबरा देते, और मसीह के सुसमाचार को
बिगाड़ना चाहते हैं। 8 परन्तु यदि हम, या स्वर्ग
से कोई दूत भी उस सुसमाचार को छोड़ जो हम
ने तुम को सुनाया है, कोई और सुसमाचार तुम्हें
सुनाए, तो शापित हो। 9 जैसा हम पहले कह
चुके हैं, वैसा ही मैं अब फिर कहता हूँ कि उस
सुसमाचार को छोड़ जिसे तुम ने ग्रहण किया है,
यदि कोई और सुसमाचार सुनाता है, तो शापित
हो।

10 अब मैं क्या मनुष्यों को मनाता हूँ या
परमेश्वर को? क्या मैं मनुष्यों को प्रसन्न करना
चाहता हूँ? यदि मैं अब तक मनुष्यों को ही
प्रसन्न करता रहता तो मसीह का दास न होता।

पौलुस कैसे प्रेरित बना

11 हे भाइयो, मैं तुम्हें बताए देता हूँ कि जो
सुसमाचार मैं ने सुनाया है, वह मनुष्य का नहीं।
12 क्योंकि वह मुझे मनुष्य की ओर से नहीं
पहुँचा, और न मुझे सिखाया गया, पर यीशु मसीह
के प्रकाशन से मिला। 13 यहूदी मत में जो पहले
मेरा चाल-चलन था उसके विषय तुम सुन चुके
हो कि मैं परमेश्वर की कलीसिया को बहुत ही
सताता और नष्ट करता था।* 14 अपने बहुत से
जातिवालों से जो मेरी अवस्था के थे, यहूदी मत
में अधिक बढ़ता जाता था और अपने बापदादों
की परम्पराओं के लिये बहुत ही उत्साही था।*
15 परन्तु परमेश्वर की, जिसने मेरी माता के गर्भ
ही से मुझे ठहराया और अपने अनुग्रह से बुला
लिया, 16 जब इच्छा हुई कि मुझ में अपने पुत्र
को प्रगट करे कि मैं अन्यजातियों में उसका
सुसमाचार सुनाऊँ, तो न मैं ने मांस और लहू से
सलाह ली,* 17 और न यरूशलेम को उनके
पास गया जो मुझ से पहले प्रेरित थे, पर तुरन्त
अरब को चला गया और फिर वहाँ से दमिश्क
को लौट आया।

18 फिर तीन वर्ष के बाद मैं कैफा से भेंट
करने के लिये यरूशलेम गया, और उसके पास
पंद्रह दिन तक रहा।* 19 परन्तु प्रभु के भाई
याकूब को छोड़ और प्रेरितों में से किसी से न
मिला। 20 जो बातें मैं तुम्हें लिखता हूँ, देखो,
परमेश्वर को उपस्थित जानकर कहता हूँ कि
वे झूठी नहीं। 21 इसके बाद मैं सीरिया और
किलिकिया के प्रान्तों में आया। 22 पर यहूदिया
की कलीसियाओं ने जो मसीह में थीं, मेरा मुँह
कभी नहीं देखा था; 23 परन्तु यही सुना करती
थीं कि जो हमें पहले सताता था, वह अब उसी
विश्वास का सुसमाचार सुनाता है जिसे पहले नष्ट
करता था। 24 और वे मेरे विषय में परमेश्वर की
महिमा करती थीं।

अन्य प्रेरितों द्वारा पौलुस को मान्यता

2 चौदह वर्ष के बाद मैं बरनबास के साथ
फिर यरूशलेम को गया, और तीतुस को
भी साथ ले गया।* 2 मेरा जाना ईश्वरीय प्रकाशन

1:13 * प्रेरि 8:3; 22:4,5; 26:9–11   14 * प्रेरि 22:3   15,16 * प्रेरि 9:3–6; 22:6–10; 26:13–18   18 * प्रेरि 9:26–30   2:1 * प्रेरि 11:30; 15:2

के अनुसार हुआ; और जो सुसमाचार मैं अन्य-
जातियों में प्रचार करता हूँ, उसको मैं ने उन्हें
बता दिया, पर एकान्त में उनको जो बड़े समझे
जाते थे, ताकि ऐसा न हो कि मेरी इस समय की
या पिछली दौड़ धूप व्यर्थ ठहरे। 3 परन्तु तीतुस
को भी जो मेरे साथ था और जो यूनानी है,
खतना कराने के लिये विवश नहीं किया गया।
4 यह उन झूठे भाइयों के कारण हुआ जो चोरी
से घुस आए थे, कि उस स्वतंत्रता का जो मसीह
यीशु में हमें मिली है, भेद लेकर हमें दास बनाएँ।
5 एक घड़ी भर उनके अधीन होना हम ने न
माना, इसलिये कि सुसमाचार की सच्चाई तुम में
बनी रहे। 6 फिर जो लोग कुछ समझे जाते थे
(वे चाहे कैसे भी थे मुझे इस से कुछ काम नहीं;
परमेश्वर किसी का पक्षपात नहीं करता*) —
उनसे जो कुछ समझे जाते थे, मुझे कुछ भी नहीं
प्राप्त हुआ। 7 परन्तु इसके विपरीत जब उन्होंने
देखा कि जैसा खतना किए हुए लोगों के लिये
सुसमाचार का काम पतरस को सौंपा गया, वैसा
ही खतनारहितों के लिये मुझे सुसमाचार सुनाना
सौंपा गया। 8 (क्योंकि जिसने पतरस से खतना
किए हुओं में प्रेरिताई का कार्य बड़े प्रभाव सहित
करवाया, उसी ने मुझ से भी अन्यजातियों में
प्रभावशाली कार्य करवाया), 9 और जब उन्होंने
उस अनुग्रह को जो मुझे मिला था जान लिया, तो
याकूब, और कैफा, और यूहन्ना ने जो कलीसिया
के खम्भे समझे जाते थे, मुझ को और बरनबास
को संगति का दाहिना हाथ दिया कि हम अन्य-
जातियों के पास जाएँ और वे खतना किए हुओं
के पास; 10 केवल यह कहा कि हम कंगालों
की सुधि लें, और इसी काम को करने का मैं
आप भी यत्न कर रहा था।

पौलुस द्वारा पतरस का विरोध

11 पर जब कैफा अन्ताकिया में आया, तो मैं
ने उसके मुँह पर उसका सामना किया, क्योंकि
वह दोषी ठहरा था। 12 इसलिये कि याकूब की
ओर से कुछ लोगों के आने से पहले वह
अन्यजातियों के साथ खाया करता था, परन्तु जब
वे आए तो खतना किए हुए लोगों के डर के मारे
वह पीछे हट गया और किनारा करने लगा।
13 उसके साथ शेष यहूदियों ने भी कपट किया,
यहाँ तक कि बरनबास भी उनके कपट में पड़
गया। 14 पर जब मैं ने देखा कि वे सुसमाचार
की सच्चाई पर सीधी चाल नहीं चलते, तो मैं ने
सब के सामने कैफा से कहा, ''जब तू यहूदी
होकर अन्यजातियों के समान चलता है और
यहूदियों के समान नहीं तो तू अन्यजातियों
को यहूदियों के समान चलने को क्यों कहता
है?''

विश्वास द्वारा धर्मी ठहरना

15 हम तो जन्म से यहूदी हैं, और पापी
अन्यजातियों में से नहीं। 16 तौभी यह जानकर
कि मनुष्य व्यवस्था के कामों से नहीं, पर केवल
यीशु मसीह पर विश्वास करने के द्वारा धर्मी ठहरता
है, हम ने आप भी मसीह यीशु पर विश्वास
किया कि हम व्यवस्था के कामों से नहीं,
पर मसीह पर विश्वास करने से धर्मी ठहरें; इस-
लिये कि व्यवस्था के कामों से कोई प्राणी धर्मी
न ठहरेगा।* 17 हम जो मसीह में धर्मी ठहरना
चाहते हैं, यदि आप ही पापी निकलें तो क्या
मसीह पाप का सेवक है? कदापि नहीं!
18 क्योंकि जो कुछ मैं ने गिरा दिया यदि उसी
को फिर बनाता हूँ, तो अपने आप को अपराधी
ठहराता हूँ। 19 मैं तो व्यवस्था के द्वारा व्यवस्था
के लिये मर गया कि परमेश्वर के लिये जीऊँ।
20 मैं मसीह के साथ क्रूस पर चढ़ाया गया हूँ,
अब मैं जीवित न रहा, पर मसीह मुझ में जीवित
है; और मैं शरीर में अब जो जीवित हूँ तो केवल
उस विश्वास से जीवित हूँ जो परमेश्वर के पुत्र
पर है, जिस ने मुझ से प्रेम किया और मेरे लिये
अपने आप को दे दिया। 21 मैं परमेश्वर के
अनुग्रह को व्यर्थ नहीं ठहराता; क्योंकि यदि
व्यवस्था के द्वारा धार्मिकता होती, तो मसीह का
मरना व्यर्थ होता।

2:6 * व्य 10:17 **16** * भजन 143:2; रोम 3:20, 22

गलातियों 3:1-22

व्यवस्था या विश्वास

3 हे निर्बुद्धि गलातियो, किसने तुम्हें मोह लिया है? तुम्हारी तो मानो आँखों के सामने यीशु मसीह क्रूस पर दिखाया गया! 2 मैं तुम से केवल यह जानना चाहता हूँ कि तुम ने आत्मा को, क्या व्यवस्था के कामों से या विश्वास के समाचार से पाया? 3 क्या तुम ऐसे निर्बुद्धि हो कि आत्मा की रीति पर आरम्भ करके अब शरीर की रीति पर अन्त करोगे? 4 क्या तुम ने इतना दु:ख व्यर्थ ही उठाया? परन्तु कदाचित् व्यर्थ नहीं। 5 जो तुम्हें आत्मा दान करता और तुम में सामर्थ्य के काम करता है, वह क्या व्यवस्था के कामों से या सुसमाचार पर विश्वास से ऐसा करता है?

6 ''अब्राहम ने तो परमेश्वर पर विश्वास किया* और यह उसके लिये धार्मिकता गिनी गई।''† 7 अत: यह जान लो कि जो विश्वास करनेवाले हैं, वे ही अब्राहम की सन्तान हैं।* 8 और पवित्रशास्त्र ने पहले ही से यह जानकर कि परमेश्वर अन्यजातियों को विश्वास से धर्मी ठहराएगा, पहले ही से अब्राहम को यह सुसमाचार सुना दिया कि ''तुझ में सब जातियाँ आशीष पाएँगी।''* 9 इसलिये जो विश्वास करनेवाले हैं, वे विश्वासी अब्राहम के साथ आशीष पाते हैं।

10 इसलिये जितने लोग व्यवस्था के कामों पर भरोसा रखते हैं, वे सब शाप के अधीन हैं, क्योंकि लिखा है, ''जो कोई व्यवस्था की पुस्तक में लिखी हुई सब बातों के करने में स्थिर नहीं रहता, वह शापित है।''* 11 पर यह बात प्रगट है कि व्यवस्था के द्वारा परमेश्वर के यहाँ कोई धर्मी नहीं ठहरता, क्योंकि धर्मी जन विश्वास से जीवित रहेगा।* 12 पर व्यवस्था का विश्वास से कोई सम्बन्ध नहीं; क्योंकि ''जो उनको मानेगा, वह उनके कारण जीवित रहेगा।''* 13 मसीह ने जो हमारे लिये शापित बना, हमें मोल लेकर व्यवस्था के शाप से छुड़ाया, क्योंकि लिखा है, ''जो कोई काठ पर लटकाया जाता है वह शापित है।''* 14 यह इसलिये हुआ कि अब्राहम की आशीष मसीह यीशु में अन्यजातियों तक पहुँचे, और हम विश्वास के द्वारा उस आत्मा को प्राप्त करें जिसकी प्रतिज्ञा हुई है।

व्यवस्था और वाचा

15 हे भाइयो, मैं मनुष्य की रीति पर कहता हूँ; मनुष्य की वाचा भी जो पक्की हो जाती है, तो न कोई उसे टालता है और न उसमें कुछ बढ़ाता है। 16 अत: प्रतिज्ञाएँ अब्राहम को और उसके वंश को दी गईं।* वह यह नहीं कहता, ''वंशों को,'' जैसे बहुतों के विषय में कहा; पर जैसे एक के विषय में कि ''तेरे वंश को'' और वह मसीह है। 17 पर मैं यह कहता हूँ : जो वाचा परमेश्वर ने पहले से पक्की की थी, उसको व्यवस्था चार सौ तीस वर्ष के बाद आकर नहीं टाल सकती कि प्रतिज्ञा व्यर्थ ठहरे।* 18 क्योंकि यदि मीरास व्यवस्था से मिली है तो फिर प्रतिज्ञा से नहीं, परन्तु परमेश्वर ने अब्राहम को प्रतिज्ञा के द्वारा दे दी है।*

19 तब फिर व्यवस्था क्यों दी गई? वह तो अपराधों के कारण बाद में दी गई कि उस वंश के आने तक रहे, जिस को प्रतिज्ञा दी गई थी; और वह स्वर्गदूतों के द्वारा एक मध्यस्थ के हाथ ठहराई गई। 20 मध्यस्थ तो एक का नहीं होता, परन्तु परमेश्वर एक ही है।

व्यवस्था का उद्देश्य

21 तो क्या व्यवस्था परमेश्वर की प्रतिज्ञाओं के विरोध में है? कदापि नहीं! क्योंकि यदि ऐसी व्यवस्था दी जाती जो जीवन दे सकती, तो सचमुच धार्मिकता व्यवस्था से होती। 22 परन्तु पवित्रशास्त्र ने सब को पाप के अधीन कर दिया, ताकि वह प्रतिज्ञा जिसका आधार यीशु मसीह पर विश्वास करना है, विश्वास करनेवालों के लिये पूरी हो जाए।

3:6 * यू० *की प्रतीति की* † उत्प 15:6; रोम 4:3 7 * रोम 4:16 8 * उत्प 12:3 10 * व्य 27:26 11 * इब्रा 2:4 12 * लैव्य 18:5
13 * व्य 21:23 16 * उत्प 12:7 17 * निर्ग 12:40 18 * रोम 4:14

23 पर विश्वास के आने से पहले व्यवस्था की अधीनता में हमारी रखवाली होती थी, और उस विश्वास के आने तक जो प्रगट होनेवाला था, हम उसी के बन्धन में रहे। 24 इसलिये व्यवस्था मसीह तक पहुँचाने के लिये हमारी शिक्षक हुई है कि हम विश्वास से धर्मी ठहरें। 25 परन्तु जब विश्वास आ चुका, तो हम अब शिक्षक के अधीन न रहे। 26 क्योंकि तुम सब उस विश्वास के द्वारा जो मसीह यीशु पर है, परमेश्वर की सन्तान हो। 27 और तुम में से जितनों ने मसीह में बपतिस्मा लिया है उन्होंने मसीह को पहिन लिया है। 28 अब न कोई यहूदी रहा और न यूनानी, न कोई दास न स्वतंत्र, न कोई नर न नारी, क्योंकि तुम सब मसीह यीशु में एक हो। 29 और यदि तुम मसीह के हो तो अब्राहम के वंश और प्रतिज्ञा के अनुसार वारिस भी हो।*

4 मैं यह कहता हूँ कि वारिस जब तक बालक है, यद्यपि सब वस्तुओं का स्वामी है, तौभी उसमें और दास में कोई भेद नहीं। 2 परन्तु पिता के ठहराए हुए समय तक संरक्षकों और प्रबन्धकों के वश में रहता है। 3 वैसे ही हम भी, जब बालक थे, तो संसार की आदि शिक्षा के वश में होकर दास बने हुए थे। 4 परन्तु जब समय पूरा हुआ, तो परमेश्वर ने अपने पुत्र को भेजा जो स्त्री से जन्मा, और व्यवस्था के अधीन उत्पन्न हुआ, 5 ताकि व्यवस्था के अधीनों को मोल लेकर छुड़ा ले, और हम को लेपालक होने का पद मिले। 6 और तुम जो पुत्र हो, इसलिये परमेश्वर ने अपने पुत्र के आत्मा को, जो 'हे अब्बा, हे पिता' कहकर पुकारता है, हमारे हृदयों में भेजा है। 7 इसलिये तू अब दास नहीं, परन्तु पुत्र है; और जब पुत्र हुआ, तो परमेश्वर के द्वारा वारिस भी हुआ।*

गलातियों के विषय में पौलुस की चिन्ता

8 पहले तो तुम परमेश्वर को न जानकर उनके दास थे जो स्वभाव से परमेश्वर नहीं, 9 पर अब जो तुम ने परमेश्वर को पहचान लिया वरन् परमेश्वर ने तुम को पहचाना, तो उन निर्बल और निकम्मी आदि-शिक्षा की बातों की ओर क्यों फिरते हो, जिनके तुम दोबारा दास होना चाहते हो? 10 तुम दिनों और महीनों और नियत समयों और वर्षों को मानते हो। 11 मैं तुम्हारे विषय में डरता हूँ, कहीं ऐसा न हो कि जो परिश्रम मैं ने तुम्हारे लिये किया है वह व्यर्थ ठहरे।

12 हे भाइयो, मैं तुम से विनती करता हूँ, तुम मेरे समान हो जाओ; क्योंकि मैं भी तुम्हारे समान हो गया हूँ; तुम ने मेरा कुछ बिगाड़ा नहीं। 13 पर तुम जानते हो कि पहले-पहल मैं ने शरीर की निर्बलता के कारण तुम्हें सुसमाचार सुनाया। 14 और तुम ने मेरी शारीरिक दशा को जो तुम्हारी परीक्षा का कारण थी, तुच्छ न जाना; न उससे घृणा की; और परमेश्वर के दूत वरन् स्वयं मसीह के समान मुझे ग्रहण किया। 15 तो वह तुम्हारा आनन्द मनाना कहाँ गया? मैं तुम्हारा गवाह हूँ कि यदि हो सकता तो तुम अपनी आँखें भी निकालकर मुझे दे देते। 16 तो क्या तुम से सच बोलने के कारण मैं तुम्हारा बैरी बन गया हूँ? 17 वे तुम्हें मित्र बनाना तो चाहते हैं, पर भले उद्देश्य से नहीं; वरन् तुम्हें अलग करना चाहते हैं कि तुम उन्हीं को मित्र बना लो। 18 पर यह भी अच्छा है कि भली बात में हर समय मित्र बनाने का यत्न किया जाए, न केवल उसी समय कि जब मैं तुम्हारे साथ रहता हूँ। 19 हे मेरे बालको, जब तक तुम में मसीह का रूप न बन जाए, तब तक मैं तुम्हारे लिये फिर जच्चा की सी पीड़ाएँ सहता हूँ। 20 इच्छा तो यह होती है कि अब तुम्हारे पास आकर और ही प्रकार से बोलूँ, क्योंकि तुम्हारे विषय में मैं उलझन में हूँ।

सारा और हाजिरा का उदाहरण

21 तुम जो व्यवस्था के अधीन होना चाहते हो, मुझे बताओ, क्या तुम व्यवस्था की नहीं सुनते? 22 यह लिखा है कि अब्राहम के दो पुत्र हुए; एक दासी से और एक स्वतंत्र स्त्री से।*

3:29* रोम 4:13 **4:5-7*** रोम 8:15-17 **22*** उत्प 16:15; 21:2

गलातियों 4:23 — 5:21

23 परन्तु जो दासी से हुआ, वह शारीरिक रीति से जन्मा; और जो स्वतंत्र स्त्री से हुआ, वह प्रतिज्ञा के अनुसार जन्मा। 24 इन बातों में दृष्टान्त है : ये स्त्रियाँ मानो दो वाचाएँ हैं, एक तो सीनै पहाड़ की जिससे दास ही उत्पन्न होते हैं; और वह हाजिरा है। 25 और हाजिरा मानो अरब का सीनै पहाड़ है, और आधुनिक यरूशलेम उसके तुल्य है, क्योंकि वह अपने बालकों समेत दासत्व में है। 26 पर ऊपर की यरूशलेम स्वतंत्र है, और वह हमारी माता है। 27 क्योंकि लिखा है,

''हे बाँझ, तू जो नहीं जनती आनन्द कर;
तू जिसको पीड़ाएँ नहीं उठतीं, गला
   खोलकर जय जयकार कर;
क्योंकि त्यागी हुई की सन्तान
सुहागिन की सन्तान से भी अधिक
   हैं।''*

28 हे भाइयो, हम इसहाक के समान प्रतिज्ञा की सन्तान हैं। 29 और जैसा उस समय शरीर के अनुसार जन्मा हुआ आत्मा के अनुसार जन्मे हुए को सताता था,* वैसा ही अब भी होता है। 30 परन्तु पवित्रशास्त्र क्या कहता है? ''दासी और उसके पुत्र को निकाल दे, क्योंकि दासी का पुत्र स्वतंत्र स्त्री के पुत्र के साथ उत्तराधिकारी नहीं होगा।''* 31 इसलिये हे भाइयो, हम दासी के नहीं परन्तु स्वतंत्र स्त्री की सन्तान हैं।

स्वतंत्रता को सुरक्षित रखो

5 मसीह ने स्वतंत्रता के लिये हमें स्वतंत्र किया है; अत: इसी में स्थिर रहो, और दासत्व के जूए में फिर से न जुतो।

2 देखो, मैं पौलुस तुम से कहता हूँ कि यदि खतना कराओगे, तो मसीह से तुम्हें कुछ लाभ न होगा। 3 फिर भी मैं हर एक खतना करानेवाले को जताए देता हूँ कि उसे सारी व्यवस्था माननी पड़ेगी। 4 तुम जो व्यवस्था के द्वारा धर्मी ठहरना चाहते हो, मसीह से अलग और अनुग्रह से गिर गए हो। 5 क्योंकि आत्मा के कारण हम विश्वास से, आशा की हुई धार्मिकता की बाट जोहते हैं।

6 मसीह यीशु में न खतना और न खतनारहित कुछ काम का है, परन्तु केवल विश्वास, जो प्रेम के द्वारा प्रभाव डालता है। 7 तुम तो भली-भाँति दौड़ रहे थे। अब किसने तुम्हें रोक दिया कि सत्य को न मानो। 8 ऐसी सीख तुम्हारे बुलानेवाले की ओर से नहीं। 9 थोड़ा सा खमीर सारे गूँधे हुए आटे को खमीर कर डालता है।* 10 मैं प्रभु पर तुम्हारे विषय में भरोसा रखता हूँ कि तुम्हारा कोई दूसरा विचार न होगा; परन्तु जो तुम्हें घबरा देता है, वह कोई क्यों न हो दण्ड पाएगा। 11 परन्तु हे भाइयो, यदि मैं अब तक खतना का प्रचार करता हूँ, तो क्यों अब तक सताया जाता हूँ? फिर तो क्रूस की ठोकर जाती रही। 12 भला होता कि जो तुम्हें डाँवाँडोल करते हैं, वे अपना अंग ही काट डालते।

13 हे भाइयो, तुम स्वतंत्र होने के लिये बुलाए गए हो; परन्तु ऐसा न हो कि यह स्वतंत्रता शारीरिक कामों के लिये अवसर बने, वरन् प्रेम से एक दूसरे के दास बनो। 14 क्योंकि सारी व्यवस्था इस एक ही बात में पूरी हो जाती है, ''तू अपने पड़ोसी से अपने समान प्रेम रख।''* 15 पर यदि तुम एक दूसरे को दाँत से काटते और फाड़ खाते हो, तो चौकस रहो कि एक दूसरे का सत्यानाश न कर दो।

पवित्र आत्मा द्वारा संचालन

16 पर मैं कहता हूँ, आत्मा के अनुसार चलो तो तुम शरीर की लालसा किसी रीति से पूरी न करोगे। 17 क्योंकि शरीर आत्मा के विरोध में और आत्मा शरीर के विरोध में लालसा करता है, और ये एक दूसरे के विरोधी हैं,* इसलिये कि जो तुम करना चाहते हो वह न करने पाओ। 18 और यदि तुम आत्मा के चलाए चलते हो तो व्यवस्था के अधीन न रहे। 19 शरीर के काम तो प्रगट हैं, अर्थात् व्यभिचार, गन्दे काम, लुचपन, 20 मूर्तिपूजा, टोना, बैर, झगड़ा, ईर्ष्या, क्रोध विरोध, फूट, विधर्म, 21 डाह, मतवालापन, लीलाक्रीड़ा और इनके जैसे और-और काम हैं,

---

4:27* यशा 54:1   29* उत्प 21:9   30* उत्प 21:10   5:9* 1 कुर 5:6   14* लैव्य 19:18   17* रोम 7:15–23

इनके विषय में मैं तुम से पहले से कह देता हूँ
जैसा पहले कह भी चुका हूँ, कि ऐसे ऐसे काम
करनेवाले परमेश्वर के राज्य के वारिस न होंगे।
22 पर आत्मा का फल प्रेम, आनन्द, शान्ति,
धीरज, कृपा, भलाई, विश्वास, 23 नम्रता, और
संयम है; ऐसे ऐसे कामों के विरोध में कोई भी
व्यवस्था नहीं। 24 और जो मसीह यीशु के हैं,
उन्होंने शरीर को उसकी लालसाओं और अभि-
लाषाओं समेत क्रूस पर चढ़ा दिया है।

25 यदि हम आत्मा के द्वारा जीवित हैं, तो
आत्मा के अनुसार चलें भी। 26 हम घमण्डी
होकर न एक दूसरे को छेड़ें, और न एक दूसरे से
डाह करें।

एक दूसरे की सहायता करो

6 हे भाइयो, यदि कोई मनुष्य किसी अपराध
में पकड़ा भी जाए तो तुम जो आत्मिक हो,
नम्रता* के साथ ऐसे को संभालो, और अपनी
भी चौकसी रखो कि तुम भी परीक्षा में न पड़ो।
2 तुम एक दूसरे का भार उठाओ, और इस प्रकार
मसीह की व्यवस्था को पूरी करो। 3 क्योंकि
यदि कोई कुछ न होने पर भी अपने आप को
कुछ समझता है, तो अपने आप को धोखा
देता है। 4 पर हर एक अपने ही काम को जाँच
ले, और तब दूसरे के विषय में नहीं परन्तु अपने
ही विषय में उसको घमण्ड करने का अवसर
होगा। 5 क्योंकि हर एक व्यक्ति अपना ही बोझ
उठाएगा।

6 जो वचन की शिक्षा पाता है, वह सब
अच्छी वस्तुओं में सिखानेवाले को भागी करे।

7 धोखा न खाओ; परमेश्वर ठट्ठों में नहीं
उड़ाया जाता, क्योंकि मनुष्य जो कुछ बोता है
वही काटेगा। 8 क्योंकि जो अपने शरीर के लिये
बोता है, वह शरीर के द्वारा विनाश की कटनी
काटेगा; और जो आत्मा के लिये बोता है, वह
आत्मा के द्वारा अनन्त जीवन की कटनी काटेगा।
9 हम भले काम करने में साहस न छोड़ें, क्योंकि
यदि हम ढीले न हों तो ठीक समय पर कटनी
काटेंगे। 10 इसलिये जहाँ तक अवसर मिले हम
सब के साथ भलाई करें, विशेष करके विश्वासी
भाइयों के साथ।

अन्तिम चेतावनी और अभिवादन

11 देखो, मैं ने कैसे बड़े बड़े अक्षरों में तुम
को अपने हाथ से लिखा है। 12 जो लोग शारीरिक
दिखावा चाहते हैं वे ही तुम्हारा खतना करवाने
के लिये दबाव डालते हैं, केवल इसलिये कि
वे मसीह के क्रूस के कारण सताए न जाएँ।
13 क्योंकि खतना करानेवाले स्वयं तो व्यवस्था
पर नहीं चलते, पर तुम्हारा खतना इसलिये कराना
चाहते हैं कि तुम्हारी शारीरिक दशा पर घमण्ड
करें। 14 पर ऐसा न हो कि मैं अन्य किसी बात
का घमण्ड करूँ, केवल हमारे प्रभु यीशु मसीह
के क्रूस का, जिसके द्वारा संसार मेरी दृष्टि में और
मैं संसार की दृष्टि में क्रूस पर चढ़ाया गया हूँ।
15 क्योंकि न खतना और न खतनारहित कुछ है,
परन्तु नई सृष्टि। 16 जितने इस नियम पर चलेंगे
उन पर, और परमेश्वर के इस्राएल पर शान्ति
और दया होती रहे।

17 आगे को कोई मुझे दु:ख न दे, क्योंकि
मैं यीशु के दागों को अपनी देह में लिये फिरता
हूँ।

18 हे भाइयो, हमारे प्रभु यीशु मसीह का
अनुग्रह तुम्हारी आत्मा के साथ रहे। आमीन।

6:1 * यू॰ *नम्रता की आत्मा*

इफिसियों के नाम पौलुस प्रेरित की पत्री

भूमिका

इफिसियों के नाम पौलुस प्रेरित की पत्री सबसे पहले सम्बन्धित है परमेश्वर की योजना से... ''कि जो कुछ स्वर्ग में है और जो कुछ पृथ्वी पर है, सब कुछ वह मसीह में एकत्र करे'' (1:10)। यह परमेश्वर के लोगों से एक आग्रह भी है कि वे यीशु मसीह में एकत्व के द्वारा मानवजाति की एकता के लिये, इस महान् योजना के अनुरूप जीवन व्यतीत करें।

इफिसियों के पहले भाग में लेखक एकता के विषय को व्यक्त करता है; उस मार्ग के विषय में बताते हुए जिसके द्वारा परमेश्वर पिता ने अपने लोगों का चुनाव किया, कि कैसे पुत्र यीशु मसीह के द्वारा उन्होंने अपने पापों से क्षमा प्राप्त की और छुड़ाए गए हैं, और कैसे पवित्र आत्मा के द्वारा परमेश्वर की महान् प्रतिज्ञा के पूरा होने का आश्वासन दिया गया है। दूसरे भाग में वह पाठकों से ऐसा जीवन जीने का आग्रह करता है कि मसीह में उनकी एकता उनके सामूहिक जीवन की सच्चाई बन जाए।

मसीह से जुड़े परमेश्वर के लोगों के एकत्व को दर्शाने के लिये कई उपमाओं का प्रयोग किया गया है : कलीसिया एक देह के समान है, जिसका सिर मसीह है; या यह एक भवन के समान है, जिसके कोने के सिरे का पत्थर मसीह है; या एक पत्नी के समान है जिसका पति मसीह है। मसीह में परमेश्वर के अनुग्रह की धारणा से प्रभावित लेखक के कारण यह पत्री अभिव्यक्ति की महान् ऊँचाइयों को छू लेती है। हर एक बात को इसमें मसीह के प्रेम, बलिदान, क्षमा, अनुग्रह और सिद्धता के प्रकाश में देखा गया है।

रूप-रेखा :

भूमिका 1:1, 2
मसीह और कलीसिया 1:3 — 3:21
मसीह में नया जीवन 4:1 — 6:20
उपसंहार 6:21-24

1 पौलुस की ओर से जो परमेश्वर की इच्छा से यीशु मसीह का प्रेरित है, उन पवित्र और मसीह यीशु में विश्वासी लोगों के नाम जो इफिसुस* में हैं :

2 हमारे पिता परमेश्वर और प्रभु यीशु मसीह की ओर से तुम्हें अनुग्रह और शान्ति मिलती रहे।

मसीह में आत्मिक आशीषें

3 हमारे प्रभु यीशु मसीह के परमेश्वर और पिता का धन्यवाद हो कि उसने हमें मसीह में स्वर्गीय स्थानों में सब प्रकार की आत्मिक आशीष* दी है। 4 जैसा उसने हमें जगत की उत्पत्ति से पहले उसमें चुन लिया कि हम उसके निकट प्रेम

1:1 * प्रेरि 18:19-21; 19:1 3 * यू॰ *आशीष से आशीष*

में पवित्र और निर्दोष हों। 5 और अपनी इच्छा
के भले अभिप्राय के अनुसार हमें अपने लिये
पहले से ठहराया कि यीशु मसीह के द्वारा हम
उसके लेपालक पुत्र हों, 6 कि उसके उस अनुग्रह
की महिमा की स्तुति हो, जिसे उसने हमें उस
प्रिय में सेंत-मेंत दिया। 7 हम को उसमें उसके
लहू के द्वारा छुटकारा, अर्थात् अपराधों की क्षमा,
उसके उस अनुग्रह के धन के अनुसार मिला है,*
8 जिसे उसने सारे ज्ञान और समझ सहित हम पर
बहुतायत से किया। 9 क्योंकि उसने अपनी इच्छा
का भेद उस भले अभिप्राय के अनुसार हमें बताया,
जिसे उसने अपने आप में ठान लिया था 10 कि
समयों के पूरे होने का ऐसा प्रबन्ध हो कि जो
कुछ स्वर्ग में है और जो कुछ पृथ्वी पर है, सब
कुछ वह मसीह में एकत्र करे।

11 उसी में जिसमें हम भी उसी की मनसा से
जो अपनी इच्छा के मत के अनुसार सब कुछ
करता है, पहले से ठहराए जाकर मीरास बने
12 कि हम, जिन्होंने पहले से मसीह पर आशा
रखी थी, उसकी महिमा की स्तुति के कारण हों।
13 और उसी में तुम पर भी, जब तुम ने सत्य का
वचन सुना जो तुम्हारे उद्धार का सुसमाचार है
और जिस पर तुम ने विश्वास किया, प्रतिज्ञा
किए हुए पवित्र आत्मा की छाप लगी। 14 वह
उसके मोल लिये हुओं के छुटकारे के लिये हमारी
मीरास का बयाना है, कि उसकी महिमा की
स्तुति हो।

पौलुस की प्रार्थना

15 इस कारण, मैं भी उस विश्वास का समाचार
सुनकर जो तुम लोगों में प्रभु यीशु पर है और*
सब पवित्र लोगों पर प्रगट है, 16 तुम्हारे लिये
धन्यवाद करना नहीं छोड़ता, और अपनी प्रार्थनाओं
में तुम्हें स्मरण किया करता हूँ 17 कि हमारे प्रभु
यीशु मसीह का परमेश्वर जो महिमा का पिता है,
तुम्हें अपनी पहचान में ज्ञान और प्रकाश की
आत्मा दे, 18 और तुम्हारे मन की आँखें ज्योतिर्मय
हों कि तुम जान लो कि उसकी बुलाहट की
आशा क्या है, और पवित्र लोगों में उसकी मीरास
की महिमा का धन कैसा है, 19 और उसकी
सामर्थ्य हम में जो विश्वास करते हैं, कितनी
महान् है, उसकी शक्ति के प्रभाव के उस कार्य
के अनुसार 20 जो उसने मसीह में किया कि
उसको मरे हुओं में से जिलाकर स्वर्गीय स्थानों
में अपनी दाहिनी ओर* 21 सब प्रकार की
प्रधानता, और अधिकार, और सामर्थ्य, और प्रभुता
के, और हर एक नाम के ऊपर, जो न केवल इस
लोक में पर आनेवाले लोक में भी लिया जाएगा,
बैठाया; 22 और सब कुछ उसके पाँवों तले कर
दिया;* और उसे सब वस्तुओं पर शिरोमणि
ठहराकर कलीसिया को दे दिया, 23 यह उसकी
देह है, और उसी की परिपूर्णता है जो सब में
सब कुछ पूर्ण करता है।*

मृत्यु से जीवन की ओर

2 उसने तुम्हें भी जिलाया, जो अपने अपराधों
और पापों के कारण मरे हुए थे 2 जिनमें
तुम पहले इस संसार की रीति पर, और आकाश
के अधिकार के हाकिम अर्थात् उस आत्मा के
अनुसार चलते थे, जो अब भी आज्ञा न माननेवालों
में कार्य करता है। 3 इनमें हम भी सब के सब
पहले अपने शरीर की लालसाओं में दिन बिताते
थे, और शरीर और मन की इच्छाएँ पूरी करते थे,
और अन्य लोगों के समान स्वभाव ही से क्रोध
की सन्तान थे। 4 परन्तु परमेश्वर ने जो दया का
धनी है, अपने उस बड़े प्रेम के कारण जिस से
उसने हम से प्रेम किया, 5 जब हम अपराधों के
कारण मरे हुए थे तो हमें मसीह के साथ जिलाया
(अनुग्रह ही से तुम्हारा उद्धार हुआ है),* 6 और
मसीह यीशु में उसके साथ उठाया, और स्वर्गीय
स्थानों में उसके साथ बैठाया 7 कि वह अपनी
उस कृपा से जो मसीह यीशु में हम पर है,
आनेवाले समयों में अपने अनुग्रह का असीम
धन दिखाए। 8 क्योंकि विश्वास के द्वारा अनुग्रह

1:7* कुलु 1:14 **15*** या *तुम्हारा प्रेम जो सब पवित्र लोगों से है* **20*** भजन 110:1 **22*** भजन 8:6 **22,23*** कुलु 1:18
2:1-5* कुलु 2:13

ही से तुम्हारा उद्धार हुआ है; और यह तुम्हारी ओर से नहीं, वरन् परमेश्वर का दान है, 9 और न कर्मों के कारण, ऐसा न हो कि कोई घमण्ड करे। 10 क्योंकि हम उसके बनाए हुए हैं, और मसीह यीशु में उन भले कामों के लिये सृजे गए जिन्हें परमेश्वर ने पहले से हमारे करने के लिये तैयार किया।

मसीह में एक

11 इस कारण स्मरण करो कि तुम जो शारीरिक रीति से अन्यजाति हो (और जो लोग शरीर में हाथ के किए हुए खतने से खतनावाले कहलाते हैं, वे तुम को खतनारहित कहते हैं), 12 तुम लोग उस समय मसीह से अलग, और इस्राएल की प्रजा के पद से अलग किए हुए, और प्रतिज्ञा की वाचाओं के भागी न थे, और आशाहीन और जगत में ईश्वररहित थे। 13 पर अब मसीह यीशु में तुम जो पहले दूर थे, मसीह के लहू के द्वारा निकट हो गए हो। 14 क्योंकि वही हमारा मेल है जिसने दोनों को एक कर लिया और अलग करनेवाली दीवार को जो बीच में थी ढा दिया, 15 और अपने शरीर में बैर अर्थात् वह व्यवस्था जिसकी आज्ञाएँ विधियों की रीति पर थीं, मिटा दिया कि दोनों से अपने में एक नया मनुष्य उत्पन्न कर के मेल करा दे,* 16 और क्रूस पर बैर को नाश करके इसके द्वारा दोनों को एक देह बनाकर परमेश्वर से मिलाए।* 17 उसने आकर तुम्हें जो दूर थे और उन्हें जो निकट थे, दोनों को मेलमिलाप का सुसमाचार सुनाया।* 18 क्योंकि उसी के द्वारा हम दोनों की एक आत्मा में पिता के पास पहुँच होती है। 19 इसलिये तुम अब विदेशी और मुसाफिर नहीं रहे, परन्तु पवित्र लोगों के संगी स्वदेशी और परमेश्वर के घराने के हो गए। 20 और प्रेरितों और भविष्यद्वक्ताओं की नींव पर, जिसके कोने का पत्थर मसीह यीशु स्वयं ही है, बनाए गए हो। 21 जिसमें सारी रचना एक साथ मिलकर प्रभु में एक पवित्र मन्दिर बनती जाती है, 22 जिसमें तुम भी आत्मा के द्वारा परमेश्वर का निवासस्थान होने के लिये एक साथ बनाए जाते हो।

अन्यजातियों में पौलुस की सेवा

3 इसी कारण मैं पौलुस जो तुम अन्यजातियों के लिये मसीह यीशु का बन्दी हूँ — 2 यदि तुम ने परमेश्वर के उस अनुग्रह के प्रबंध का समाचार सुना हो, जो तुम्हारे लिये मुझे दिया गया, 3 अर्थात् यह कि वह भेद मुझ पर प्रकाशन के द्वारा प्रगट हुआ, जैसा मैं पहले ही संक्षेप में लिख चुका हूँ, 4 जिससे तुम पढ़कर जान सकते हो कि मैं मसीह का वह भेद कहाँ तक समझता हूँ। 5 जो अन्य समयों में मनुष्यों की सन्तानों को ऐसा नहीं बताया गया था, जैसा कि आत्मा के द्वारा अब उसके पवित्र प्रेरितों और भविष्यद्वक्ताओं पर प्रगट किया गया है। 6 अर्थात् यह कि मसीह यीशु में सुसमाचार के द्वारा अन्यजातीय लोग मीरास में साझी, और एक ही देह के और प्रतिज्ञा के भागी हैं।*

7 मैं परमेश्वर के अनुग्रह के उस दान के अनुसार, जो उसकी सामर्थ्य के प्रभाव के अनुसार मुझे दिया गया, उस सुसमाचार का सेवक बना। 8 मुझ पर जो सब पवित्र लोगों में से छोटे से भी छोटा हूँ, यह अनुग्रह हुआ कि मैं अन्यजातियों को मसीह के अगम्य धन का सुसमाचार सुनाऊँ, 9 और सब पर यह बात प्रकाशित करूँ कि उस भेद का प्रबन्ध क्या है, जो सब के सृजनहार परमेश्वर में आदि से गुप्त था। 10 ताकि अब कलीसिया के द्वारा, परमेश्वर का विभिन्न प्रकार का ज्ञान उन प्रधानों और अधिकारियों पर जो स्वर्गीय स्थानों में हैं, प्रगट किया जाए। 11 उस सनातन मनसा के अनुसार जो उसने हमारे प्रभु मसीह यीशु में की थी। 12 जिसमें हम को उस पर विश्वास करने से साहस और भरोसे के साथ परमेश्वर के निकट आने का अधिकार है। 13 इसलिये मैं विनती करता हूँ कि जो क्लेश तुम्हारे लिये मुझे हो रहे हैं, उनके कारण साहस न छोड़ो, क्योंकि उन में तुम्हारी महिमा है।

2:15 * कुलु 2:14 16 * कुलु 1:20 17 * यशा 57:19 3:4-6 * कुलु 1:26,27

मसीह का प्रेम

14 मैं इसी कारण उस पिता के सामने घुटने
टेकता हूँ, 15 जिस से स्वर्ग और पृथ्वी पर, हर
एक* घराने का नाम रखा जाता है, 16 कि वह
अपनी महिमा के धन के अनुसार तुम्हें यह दान
दे कि तुम उसके आत्मा से अपने भीतरी मनुष्यत्व
में सामर्थ्य पाकर बलवन्त होते जाओ; 17 और
विश्वास के द्वारा मसीह तुम्हारे हृदय में बसे कि
तुम प्रेम में जड़ पकड़कर और नेव डाल कर,
18 सब पवित्र लोगों के साथ भली-भाँति समझने
की शक्ति पाओ कि उसकी चौड़ाई, और लम्बाई,
और ऊँचाई, और गहराई कितनी है, 19 और
मसीह के उस प्रेम को जान सको जो ज्ञान से परे
है कि तुम परमेश्वर की सारी भरपूरी तक परिपूर्ण
हो जाओ।

20 अब जो ऐसा सामर्थी है कि हमारी विनती
और समझ से कहीं अधिक काम कर सकता है,
उस सामर्थ्य के अनुसार जो हम में कार्य करता
है, 21 कलीसिया में और मसीह यीशु में उसकी
महिमा पीढ़ी से पीढ़ी तक युगानुयुग होती रहे।
आमीन।

मसीह की देह में एकता

4 इसलिये मैं जो प्रभु में बन्दी हूँ तुम से विनती
करता हूँ कि जिस बुलाहट से तुम बुलाए
गए थे, उसके योग्य चाल चलो, 2 अर्थात् सारी
दीनता और नम्रता सहित, और धीरज धरकर प्रेम
से एक दूसरे की सह लो;* 3 और मेल के
बन्धन में आत्मा की एकता रखने का यत्न करो।
4 एक ही देह है, और एक ही आत्मा; जैसे तुम्हें
जो बुलाए गए थे अपने बुलाए जाने से एक ही
आशा है। 5 एक ही प्रभु है, एक ही विश्वास,
एक ही बपतिस्मा, 6 और सब का एक ही
परमेश्वर और पिता है, जो सब के ऊपर और
सब के मध्य में और सब में है। 7 पर हम में से
हर एक को मसीह के दान के परिमाण के अनुसार
अनुग्रह मिला है। 8 इसलिये वह कहता है :

''वह ऊँचे पर चढ़ा और बन्दियों को
बाँध ले गया, और मनुष्यों को दान
दिए।''*

9 (उसके चढ़ने से, और क्या पाया जाता है
केवल यह कि वह पृथ्वी की निचली जगहों में
उतरा भी था। 10 और जो उतर गया यह वही है
जो सारे आकाश से ऊपर चढ़ भी गया कि सब
कुछ परिपूर्ण करे)। 11 उसने कुछ को प्रेरित
नियुक्त करके, और कुछ को भविष्यद्वक्ता नियुक्त
करके, और कुछ को सुसमाचार सुनानेवाले
नियुक्त करके, और कुछ को रखवाले और
उपदेशक नियुक्त करके दे दिया, 12 जिस से
पवित्र लोग सिद्ध हो जाएँ और सेवा का काम
किया जाए और मसीह की देह उन्नति पाए,
13 जब तक कि हम सब के सब विश्वास और
परमेश्वर के पुत्र की पहिचान में एक न हो जाएँ,
और एक सिद्ध मनुष्य न बन जाएँ और मसीह के
पूरे डील-डौल तक न बढ़ जाएँ। 14 ताकि हम
आगे को बालक न रहें जो मनुष्यों की ठग-विद्या
और चतुराई से, उन के भ्रम की युक्तियों के और
उपदेश के हर एक झोंके से उछाले और इधर-
उधर घुमाए जाते हों। 15 वरन् प्रेम में सच्चाई से
चलते हुए सब बातों में उसमें जो सिर है, अर्थात्
मसीह में बढ़ते जाएँ, 16 जिससे सारी देह, हर
एक जोड़ की सहायता से एक साथ मिलकर
और एक साथ गठकर, उस प्रभाव के अनुसार
जो हर एक अंग के ठीक-ठीक कार्य करने के
द्वारा उस में होता है, अपने आप को बढ़ाती है
कि वह प्रेम में उन्नति करती जाए।*

मसीह में नया जीवन

17 इसलिये मैं यह कहता हूँ और प्रभु में
आग्रह करता हूँ कि जैसे अन्यजातीय लोग अपने
मन की अनर्थ रीति पर चलते हैं, तुम अब से
फिर ऐसे न चलो। 18 क्योंकि उनकी बुद्धि अन्धेरी
हो गई है, और उस अज्ञानता के कारण जो उनमें
है और उनके मन की कठोरता के कारण वे
परमेश्वर के जीवन से अलग किए हुए हैं;

3:15 * *या सारे* **4:2** * कुलु 3:12,13 **8** * भजन 68:18 **16** * कुलु 2:19

19 और वे सुन्न होकर लुचपन में लग गए हैं कि
सब प्रकार के गन्दे काम लालसा से किया करें।
20 पर तुम ने मसीह की ऐसी शिक्षा नहीं पाई।
21 वरन् तुम ने सचमुच उसी की सुनी और,
जैसा यीशु में सत्य है, उसी में सिखाए भी गए
22 कि तुम पिछले चालचलन के पुराने मनुष्यत्व
को जो भरमानेवाली अभिलाषाओं के अनुसार
भ्रष्ट होता जाता है, उतार डालो* 23 और अपने
मन के आत्मिक स्वभाव में नये बनते जाओ,
24 और नये मनुष्यत्व को पहिन लो जो परमेश्वर
के अनुरूप सत्य की धार्मिकता और पवित्रता में
सृजा गया है।*

25 इस कारण झूठ बोलना छोड़कर हर एक
अपने पड़ोसी से सच बोले, क्योंकि हम आपस
में एक दूसरे के अंग हैं।* 26 क्रोध तो करो, पर
पाप मत करो; सूर्य अस्त होने तक तुम्हारा क्रोध
न रहे,* 27 और न शैतान* को अवसर दो।
28 चोरी करनेवाला फिर चोरी न करे, वरन् भले
काम करने में अपने हाथों से परिश्रम करे, इसलिये
कि जिसे प्रयोजन हो उसे देने को उसके पास
कुछ हो। 29 कोई गन्दी बात तुम्हारे मुँह से न
निकले, पर आवश्यकता के अनुसार वही निकले
जो उन्नति के लिये उत्तम हो, ताकि उससे
सुननेवालों पर अनुग्रह हो। 30 परमेश्वर के पवित्र
आत्मा को शोकित मत करो, जिस से* तुम पर
छुटकारे के दिन के लिये छाप दी गई है। 31 सब
प्रकार की कड़वाहट, और प्रकोप और क्रोध,
और कलह, और निन्दा, सब बैरभाव समेत तुम
से दूर की जाए। 32 एक दूसरे पर कृपालु और
करुणामय हो, और जैसे परमेश्वर ने मसीह में
तुम्हारे अपराध क्षमा किए, वैसे ही तुम भी एक
दूसरे के अपराध क्षमा करो।*

ज्योति की सन्तान बनो

5 इसलिये प्रिय बालकों के समान परमेश्वर
का अनुकरण करो, 2 और प्रेम में चलो
जैसे मसीह ने भी तुम से प्रेम किया, और हमारे
लिये अपने आप को सुखदायक सुगन्ध के लिये
परमेश्वर के आगे भेंट करके बलिदान कर दिया।*

3 जैसा पवित्र लोगों के योग्य है, वैसा तुम में
व्यभिचार और किसी प्रकार के अशुद्ध काम या
लोभ की चर्चा तक न हो; 4 और न निर्लज्जता, न
मूढ़ता की बातचीत की, न ठट्ठे की; क्योंकि ये
बातें शोभा नहीं देतीं, वरन् धन्यवाद ही सुना
जाए। 5 क्योंकि तुम यह जानते हो कि किसी
व्यभिचारी, या अशुद्ध जन, या लोभी मनुष्य की,
जो मूर्तिपूजक के बराबर है, मसीह और परमेश्वर
के राज्य में मीरास नहीं। 6 कोई तुम्हें व्यर्थ बातों
से धोखा न दे, क्योंकि इन ही कामों के कारण
परमेश्वर का क्रोध आज्ञा न माननेवालों पर भड़कता
है। 7 इसलिये तुम उनके सहभागी न हो।
8 क्योंकि तुम तो पहले अन्धकार थे परन्तु अब
प्रभु में ज्योति हो, अतः ज्योति की सन्तान के
समान चलो 9 (क्योंकि ज्योति* का फल सब
प्रकार की भलाई, और धार्मिकता, और सत्य
है), 10 और यह परखो कि प्रभु को क्या भाता
है। 11 अन्धकार के निष्फल कामों में सहभागी
न हो, वरन् उन पर उलाहना दो। 12 क्योंकि
उनके गुप्त कामों की चर्चा भी लज्जा की बात है।
13 पर जितने कामों पर उलाहना दिया जाता है वे
सब ज्योति से प्रगट होते हैं, क्योंकि जो सब
कुछ को प्रगट करता है वह ज्योति है। 14 इस
कारण वह कहता है,

"हे सोनेवाले,
जाग और मुर्दों में से जी उठ;
तो मसीह की ज्योति तुझ पर चमकेगी।"

15 इसलिये ध्यान से देखो, कि कैसी चाल
चलते हो : निर्बुद्धियों के समान नहीं पर बुद्धिमानों
के समान चलो। 16 अवसर को बहुमूल्य समझो,
क्योंकि दिन बुरे हैं।* 17 इस कारण निर्बुद्धि न
हो, पर ध्यान से समझो कि प्रभु की इच्छा क्या
है। 18 दाखरस से मतवाले न बनो, क्योंकि इससे
लुचपन होता है, पर आत्मा से परिपूर्ण होते जाओ,
19 और आपस में भजन और स्तुतिगान और

4:22* कुलु 3:9 **24*** उत्प 1:26; कुलु 3:10 **25*** जक 8:16 **26*** भजन 4:4 **27*** यू॰ *इब्लीस* **30*** यू॰ *में* **32*** कुलु 3:13
5:2* निर्ग 29:18; भजन 40:6 **9*** *किसी किसी लेख में 'आत्मा' शब्द आया है* **16*** कुलु 4:5

आत्मिक गीत गाया करो, और अपने-अपने मन
में प्रभु के सामने गाते और कीर्तन करते रहो।
20 और सदा सब बातों के लिये हमारे प्रभु यीशु
मसीह के नाम से परमेश्वर पिता का धन्यवाद
करते रहो।* 21 मसीह के भय से एक दूसरे के
अधीन रहो।

पति और पत्नी

22 हे पत्नियो, अपने अपने पति के ऐसे
अधीन रहो जैसे प्रभु के।* 23 क्योंकि पति पत्नी
का सिर है जैसे कि मसीह कलीसिया का सिर है
और स्वयं ही देह का उद्धारकर्ता है। 24 पर
जैसे कलीसिया मसीह के अधीन है, वैसे ही
पत्नियाँ भी हर बात में अपने अपने पति के
अधीन रहें।

25 हे पतियो, अपनी अपनी पत्नी से प्रेम
रखो जैसा मसीह ने भी कलीसिया से प्रेम करके
अपने आप को उसके लिये दे दिया* 26 कि
उसको वचन के द्वारा जल के स्नान से शुद्ध
करके पवित्र बनाए, 27 और उसे एक ऐसी तेजस्वी
कलीसिया बनाकर अपने पास खड़ी करे, जिसमें
न कलंक, न झुर्री, न कोई और ऐसी वस्तु हो
वरन् पवित्र और निर्दोष हो। 28 इसी प्रकार उचित
है कि पति अपनी अपनी पत्नी से अपनी देह के
समान प्रेम रखे। जो अपनी पत्नी से प्रेम रखता
है, वह अपने आप से प्रेम रखता है। 29 क्योंकि
किसी ने कभी अपने शरीर से बैर नहीं रखा वरन्
उसका पालन-पोषण करता है, जैसा मसीह भी
कलीसिया के साथ करता है। 30 इसलिये कि
हम उसकी देह के अंग हैं।

31 ''इस कारण मनुष्य अपने माता-पिता को
छोड़कर अपनी पत्नी से मिला रहेगा,
और वे दोनों एक तन होंगे।''*

32 यह भेद तो बड़ा है, पर मैं यहाँ मसीह और
कलीसिया के विषय में कहता हूँ। 33 पर तुम में
से हर एक अपनी पत्नी से अपने समान प्रेम रखे,
और पत्नी भी अपने पति का भय माने।

माता-पिता और बच्चे

6 हे बालको, प्रभु में अपने माता-पिता के
आज्ञाकारी बनो, क्योंकि यह उचित है।*
2 ''अपनी माता और पिता का आदर कर (यह
पहली आज्ञा है जिसके साथ प्रतिज्ञा भी है)
3 कि तेरा भला हो, और तू धरती पर बहुत दिन
जीवित रहे।''* 4 हे बच्चेवालो, अपने बच्चों को
रिस न दिलाओ, परन्तु प्रभु की शिक्षा और चेतावनी
देते हुए उनका पालन-पोषण करो।*

स्वामी और दास

5 हे दासो, जो लोग इस संसार में तुम्हारे
स्वामी हैं, अपने मन की सीधाई से डरते और
काँपते हुए, जैसे मसीह की वैसे ही उनकी भी
आज्ञा मानो। 6 मनुष्यों को प्रसन्न करनेवालों के
समान दिखाने के लिये सेवा न करो, पर मसीह
के दासों के समान मन से परमेश्वर की इच्छा पर
चलो, 7 और उस सेवा को मनुष्यों की नहीं परन्तु
प्रभु की जानकर सच्चे हृदय से करो। 8 क्योंकि
तुम जानते हो कि जो कोई जैसा अच्छा काम
करेगा, चाहे दास हो चाहे स्वतंत्र, प्रभु से वैसा
ही पाएगा।* 9 हे स्वामियो, तुम भी धमकियाँ
देना छोड़कर उनके साथ वैसा ही व्यवहार करो;
क्योंकि तुम जानते हो कि उन का और तुम्हारा
दोनों का स्वामी स्वर्ग में है, और वह किसी का
पक्ष नहीं करता।*

आत्मिक युद्ध के हथियार

10 इसलिये प्रभु में और उसकी शक्ति के
प्रभाव में बलवन्त बनो। 11 परमेश्वर के सारे
हथियार बाँध लो कि तुम शैतान* की युक्तियों
के सामने खड़े रह सको। 12 क्योंकि हमारा यह
मल्लयुद्ध लहू और मांस से नहीं परन्तु प्रधानों
से, और अधिकारियों से, और इस संसार के
अन्धकार के हाकिमों से और उस दुष्टता की
आत्मिक सेनाओं से है जो आकाश में हैं।

5:19,20* कुलु 13:16,17 **22*** कुलु 3:18; 1 पत 3:1 **25*** कुलु 3:19; 1 पत 3:7 **31*** उत्प 2:24 **6:1*** कुलु 3:20
2,3* निर्ग 20:12; व्य 5:16 **4*** कुलु 3:21 **5-8*** कुलु 3:22-25 **9*** व्य 10:17; कुलु 3:25; 4:1 **11*** यू० *इब्लीस*

13 इसलिये परमेश्वर के सारे हथियार बाँध लो
कि तुम बुरे दिन में सामना कर सको, और सब
कुछ पूरा करके स्थिर रह सको। 14 इसलिये
सत्य से अपनी कमर कसकर, और धार्मिकता
की झिलम पहिन कर,* 15 और पाँवों में मेल
के सुसमाचार की तैयारी के जूते पहिन कर;*
16 और इन सब के साथ विश्वास की ढाल
लेकर स्थिर रहो जिससे तुम उस दुष्ट के सब
जलते हुए तीरों को बुझा सको। 17 और उद्धार
का टोप, और आत्मा की तलवार, जो परमेश्वर
का वचन है, ले लो।* 18 हर समय और हर
प्रकार से आत्मा में प्रार्थना, और विनती करते
रहो, और इसी लिये जागते रहो कि सब पवित्र
लोगों के लिये लगातार विनती किया करो,
19 और मेरे लिये भी कि मुझे बोलने के समय
ऐसा प्रबल वचन दिया जाए कि मैं साहस के
साथ सुसमाचार का भेद बता सकूँ, 20 जिसके
लिये मैं जंजीर से जकड़ा हुआ राजदूत हूँ; और
यह भी कि मैं उसके विषय में जैसा मुझे चाहिये
साहस से बोलूँ।

अन्तिम अभिवादन

21 तुखिकुस,* जो प्रिय भाई और प्रभु में
विश्वासयोग्य सेवक है, तुम्हें सब बातें बताएगा
कि तुम भी मेरी दशा जानो कि मैं कैसा रहता हूँ।
22 उसे मैं ने तुम्हारे पास इसी लिये भेजा है कि
तुम हमारी दशा को जानो, और वह तुम्हारे मनों
को शान्ति दे।*

23 परमेश्वर पिता और प्रभु यीशु मसीह की
ओर से भाइयों को शान्ति और विश्वास सहित
प्रेम मिले। 24 जो हमारे प्रभु यीशु मसीह से सच्चा
प्रेम रखते हैं, उन सब पर अनुग्रह होता रहे।

6:14* यशा 11:5; 59:17 **15*** यशा 52:7 **17*** यशा 59:17 **21*** प्रेरि 20:4; 2 तीमु 4:12 **21, 22*** कुलु 4:7,8

फिलिप्पियों के नाम पौलुस प्रेरित की पत्री

भूमिका

फिलिप्पियों के नाम पौलुस प्रेरित की पत्री यूरोप की धरती पर स्थापित प्रथम कलीसिया को लिखी गई थी, जिसकी स्थापना पौलुस ने की थी। वह रोमी प्रान्त मकिदुनिया में स्थित थी। यह पत्री उस समय लिखी गई थी जब प्रेरित जेल में था, और जब वह अन्य मसीही कार्यकर्ताओं के द्वारा अपने विरोध के कारण परेशान और फिलिप्पी की कलीसिया में व्याप्त गलत शिक्षाओं से दु:खी था। फिर भी यह पत्री एक आनन्द और निश्चय को व्यक्त करती है जिसे केवल यीशु मसीह में पौलुस के गहरे विश्वास के द्वारा ही समझाया जा सकता है।

यह पत्री लिखे जाने का तात्कालिक कारण था फिलिप्पियों के मसीहियों को धन्यवाद देना, उस भेंट के लिये जो उन्होंने पौलुस की आवश्यकता के समय उसे भेजी थी। वह इस अवसर का उपयोग उन्हें आश्वासन देने के लिये करता है, ताकि वे उसकी और साथ ही साथ स्वयं अपनी सारी कठिनाइयों के बावजूद साहस और भरोसा रखें। वह उनसे निवेदन करता है कि वे स्वार्थी अभिलाषाओं और घमण्ड के बदले यीशु के नम्र स्वभाव को अपनाएँ। वह उन्हें याद दिलाता है कि मसीह में उनका जीवन परमेश्वर के अनुग्रह का एक दान है जो उन्होंने विश्वास के द्वारा पाया है, न कि यहूदी व्यवस्था

की विधियों का पालन करने के द्वारा। वह उस आनन्द और शान्ति के विषय में लिखता है जिसे परमेश्वर उन लोगों को देता है जो मसीह के साथ एकता का जीवन जीते हैं।

मसीही विश्वास और जीवन में आनन्द, निश्चय, एकता और दृढ़ता पर बल देना इस पत्री की विशेषता है। यह पत्री फिलिप्पियों की कलीसिया के प्रति पौलुस के गहरे प्रेम को प्रगट करती है।

रूप-रेखा :

भूमिका 1:1-11
पौलुस की व्यक्तिगत परिस्थितियाँ 1:12-26
मसीह में जीवन 1:27—2:18
तीमुथियुस और इपफ्रुदीतुस के लिये योजनाएँ 2:19-30
शत्रुओं और खतरों के विरुद्ध चेतावनी 3:1—4:9
पौलुस और उसके फिलिप्पी मित्र 4:10-20
उपसंहार 4:21-23

1 मसीह यीशु के दास पौलुस और तीमुथियुस की ओर से, सब पवित्र लोगों के नाम जो मसीह यीशु में होकर फिलिप्पी* में रहते हैं, अध्यक्षों† और सेवकों§ समेत।

2 हमारे पिता परमेश्वर और प्रभु यीशु मसीह की ओर से तुम्हें अनुग्रह और शान्ति मिलती रहे।

पौलुस की प्रार्थना और धन्यवाद

3 मैं जब जब तुम्हें स्मरण करता हूँ, तब तब अपने परमेश्वर का धन्यवाद करता हूँ; 4 और जब कभी तुम सब के लिये विनती करता हूँ, तो सदा आनन्द के साथ विनती करता हूँ। 5 इसलिये कि तुम पहले दिन से लेकर आज तक सुसमाचार के फैलाने में मेरे सहभागी रहे हो। 6 मुझे इस बात का भरोसा है कि जिसने तुम में अच्छा काम आरम्भ किया है, वही उसे यीशु मसीह के दिन तक पूरा करेगा। 7 उचित है कि मैं तुम सब के लिये ऐसा ही विचार करूँ, क्योंकि तुम मेरे मन में आ बसे हो, और मेरी कैद में और सुसमाचार के लिये उत्तर और प्रमाण देने में तुम सब मेरे साथ अनुग्रह में सहभागी हो। 8 इसमें परमेश्वर मेरा गवाह है कि मैं मसीह यीशु की सी प्रीति करके तुम सब की लालसा करता हूँ। 9 मैं यह प्रार्थना करता हूँ कि तुम्हारा प्रेम ज्ञान और सब प्रकार के विवेक सहित और भी बढ़ता जाए, 10 यहाँ तक कि तुम उत्तम से उत्तम बातों को प्रिय जानो, और मसीह के दिन तक सच्चे बने रहो, और ठोकर न खाओ; 11 और उस धार्मिकता के फल से जो यीशु मसीह के द्वारा होते हैं, भरपूर होते जाओ जिससे परमेश्वर की महिमा और स्तुति होती रहे।

पौलुस की कैद से सुसमाचार की उन्नति

12 हे भाइयो, मैं चाहता हूँ कि तुम यह जान लो कि मुझ पर जो बीता है, उससे सुसमाचार ही की बढ़ती हुई है। 13 यहाँ तक कि कैसर के राजभवन की सारी पलटन और शेष सब लोगों में यह प्रगट हो गया है कि मैं मसीह के लिये कैद हूँ;* 14 और प्रभु में जो भाई हैं, उन में से अधिकांश मेरे कैद होने के कारण, हियाव बाँध कर परमेश्वर का वचन निधड़क सुनाने का और भी साहस करते हैं।

15 कुछ तो डाह और झगड़े के कारण मसीह

1:1 * प्रेरि 16:12 † या बिशपों § या डीकनों 13 * प्रेरि 28:30

फिलिप्पियों 1:16 — 2:10

का प्रचार करते हैं और कुछ भली इच्छा से। 16 कई एक तो यह जान कर कि मैं सुसमाचार के लिये उत्तर देने को ठहराया गया हूँ, प्रेम से प्रचार करते हैं। 17 और कई एक तो सीधाई से नहीं पर विरोध से मसीह की कथा सुनाते हैं, यह सोचकर कि मेरी कैद में मेरे लिये क्लेश उत्पन्न करें। 18 तो क्या हुआ? केवल यह कि हर प्रकार से, चाहे बहाने से चाहे सच्चाई से, मसीह की कथा सुनाई जाती है, और मैं इससे आनन्दित हूँ, और आनन्दित रहूँगा भी।

जीवित रहना मसीह है

19 क्योंकि मैं जानता हूँ कि तुम्हारी विनती के द्वारा, और यीशु मसीह की आत्मा के दान के द्वारा, इसका प्रतिफल मेरा उद्धार होगा। 20 मैं तो यही हार्दिक लालसा और आशा रखता हूँ कि मैं किसी बात में लज्जित न होऊँ, पर जैसे मेरे प्रबल साहस के कारण मसीह की बड़ाई मेरी देह के द्वारा सदा होती रही है, वैसी ही अब भी हो, चाहे मैं जीवित रहूँ या मर जाऊँ। 21 क्योंकि मेरे लिये जीवित रहना मसीह है, और मर जाना लाभ है। 22 पर यदि शरीर में जीवित रहना ही मेरे काम के लिये लाभदायक है तो मैं नहीं जानता कि किसको चुनूँ। 23 क्योंकि मैं दोनों के बीच अधर में लटका हूँ; जी तो चाहता है कि कूच करके मसीह के पास जा रहूँ, क्योंकि यह बहुत ही अच्छा है, 24 परन्तु शरीर में रहना तुम्हारे कारण और भी आवश्यक है। 25 इसलिये कि मुझे इसका भरोसा है अत: मैं जानता हूँ कि मैं जीवित रहूँगा, वरन् तुम सब के साथ रहूँगा जिससे तुम विश्वास में दृढ़ होते जाओ और उसमें आनन्दित रहो; 26 और जो घमण्ड तुम मेरे विषय में करते हो, वह मेरे फिर तुम्हारे पास आने से मसीह यीशु में अधिक बढ़ जाए।

27 केवल इतना करो कि तुम्हारा चाल-चलन मसीह के सुसमाचार के योग्य हो कि चाहे मैं आकर तुम्हें देखूँ, चाहे न भी आऊँ, तुम्हारे विषय में यही सुनूँ कि तुम एक ही आत्मा में स्थिर हो,

और एक चित्त होकर सुसमाचार के विश्वास के लिये परिश्रम करते रहते हो, 28 और किसी बात में विरोधियों से भय नहीं खाते। यह उनके लिये विनाश का स्पष्ट चिह्न है, परन्तु तुम्हारे लिये उद्धार का और यह परमेश्वर की ओर से है। 29 क्योंकि मसीह के कारण तुम पर यह अनुग्रह हुआ कि न केवल उस पर विश्वास करो पर उसके लिये दु:ख भी उठाओ; 30 और तुम्हें वैसा ही परिश्रम करना है, जैसा तुम ने मुझे करते देखा है, और अब भी सुनते हो कि मैं वैसा ही करता हूँ।*

मसीह की दीनता और महानता

2 अत: यदि मसीह में कुछ शान्ति, और प्रेम से ढाढ़स, और आत्मा की सहभागिता, और कुछ करुणा और दया है, 2 तो मेरा यह आनन्द पूरा करो कि एक मन रहो, और एक ही प्रेम, एक ही चित्त, और एक ही मनसा रखो। 3 विरोध या झूठी बड़ाई के लिये कुछ न करो, पर दीनता से एक दूसरे को अपने से अच्छा समझो। 4 हर एक अपने ही हित की नहीं, वरन् दूसरों के हित की भी चिन्ता करे। 5 जैसा मसीह यीशु का स्वभाव था वैसा ही तुम्हारा भी स्वभाव हो;

6 जिसने परमेश्वर के स्वरूप में होकर भी
 परमेश्वर के तुल्य होने को अपने वश में
 रखने की वस्तु न समझा।
7 वरन् अपने आप को ऐसा शून्य कर दिया,
 और दास का स्वरूप धारण किया,
 और मनुष्य की समानता में हो गया।
8 और मनुष्य के रूप में प्रगट होकर अपने
 आप को दीन किया,
 और यहाँ तक आज्ञाकारी रहा कि मृत्यु,
 हाँ, क्रूस की मृत्यु भी सह ली।
9 इस कारण परमेश्वर ने उसको अति महान्
 भी किया,
 और उसको वह नाम दिया जो सब नामों
 में श्रेष्ठ है,
10 कि जो स्वर्ग में और पृथ्वी पर और पृथ्वी
 के नीचे हैं,

1:30 * प्रेरि 16:19-40

वे सब यीशु के नाम पर घुटना टेकें;
11 और परमेश्‍वर पिता की महिमा के लिये
हर एक जीभ अंगीकार कर ले कि
यीशु मसीह ही प्रभु है।*

संसार में ज्योति सदृश चमको

12 इसलिये हे मेरे प्रियो, जिस प्रकार तुम
सदा से आज्ञा मानते आए हो, वैसे ही अब भी न
केवल मेरे साथ रहते हुए पर विशेष करके अब
मेरे दूर रहने पर भी डरते और काँपते हुए अपने
अपने उद्धार का कार्य पूरा करते जाओ; 13 क्योंकि
परमेश्‍वर ही है जिसने अपनी सुइच्छा निमित्त
तुम्हारे मन में इच्छा और काम, दोनों बातों के
करने का प्रभाव डाला है।
14 सब काम बिना कुड़कुड़ाए और बिना
विवाद के किया करो, 15 ताकि तुम निर्दोष और
भोले होकर टेढ़े और हठीले लोगों के बीच
परमेश्‍वर के निष्कलंक सन्तान बने रहो, जिनके
बीच में तुम जीवन का वचन लिए हुए जगत में
जलते दीपकों के समान दिखाई देते हो* 16 कि
मसीह के दिन मुझे घमण्ड करने का कारण हो
कि न मेरा दौड़ना और न मेरा परिश्रम करना
व्यर्थ हुआ। 17 यदि मुझे तुम्हारे विश्‍वास रूपी
बलिदान और सेवा के साथ अपना लहू भी बहाना
पड़े, तौभी मैं आनन्दित हूँ और तुम सब के साथ
आनन्द करता हूँ। 18 वैसे ही तुम भी आनन्दित
हो और मेरे साथ आनन्द करो।

तीमुथियुस और इपफ्रुदीतुस

19 मुझे प्रभु यीशु में आशा है कि मैं तीमुथियुस
को तुम्हारे पास तुरन्त भेजूँगा, ताकि तुम्हारी दशा
सुनकर मुझे शान्ति मिले। 20 क्योंकि मेरे पास
ऐसे स्वभाव का कोई नहीं जो शुद्ध मन से तुम्हारी
चिन्ता करे। 21 क्योंकि सब अपने स्वार्थ की
खोज में रहते हैं, न कि यीशु मसीह की। 22 पर
उसको तो तुम ने परखा और जान भी लिया है
कि जैसा पुत्र पिता के साथ करता है, वैसा ही
उसने सुसमाचार के फैलाने में मेरे साथ परिश्रम
किया। 23 इसलिये मुझे आशा है कि ज्यों ही
मुझे जान पड़ेगा कि मेरी क्या दशा होगी, त्यों ही
मैं उसे तुरन्त भेज दूँगा। 24 और मुझे प्रभु में
भरोसा है कि मैं आप भी शीघ्र आऊँगा।
25 पर मैं ने इपफ्रुदीतुस को जो मेरा भाई
और सहकर्मी और संगी योद्धा और तुम्हारा दूत,
और आवश्यक बातों में मेरी सेवा टहल करनेवाला
है, तुम्हारे पास भेजना आवश्यक समझा। 26 क्योंकि
उसका मन तुम सब में लगा हुआ था, इस कारण
वह व्याकुल रहता था क्योंकि तुम ने उस की
बीमारी का हाल सुना था। 27 निश्‍चय ही वह
बीमार तो हो गया था यहाँ तक कि मरने पर था,
परन्तु परमेश्‍वर ने उस पर दया की, और केवल
उस ही पर नहीं पर मुझ पर भी कि मुझे शोक पर
शोक न हो। 28 इसलिये मैं ने उसे भेजने का
और भी यत्न किया कि तुम उससे फिर भेंट
करके आनन्दित हो जाओ और मेरा भी शोक
घट जाए। 29 इसलिये तुम प्रभु में उससे बहुत
आनन्द के साथ भेंट करना, और ऐसों का आदर
किया करना, 30 क्योंकि वह मसीह के काम के
लिये अपने प्राणों पर जोखिम उठाकर मृत्यु के
निकट आ गया था ताकि जो घटी तुम्हारी ओर से
मेरी सेवा में हुई उसे पूरा करे।

सच्ची धार्मिकता

3 इसलिये हे मेरे भाइयो, प्रभु में आनन्दित
रहो। वे ही बातें तुम को बार बार लिखने में
मुझे तो कोई कष्‍ट नहीं होता, और इसमें तुम्हारी
कुशलता है, 2 कुत्तों से चौकस रहो, उन बुरे
काम करनेवालों से चौकस रहो, उन काट कूट
करनेवालों से चौकस रहो। 3 क्योंकि खतनावाले
तो हम ही हैं जो परमेश्‍वर के आत्मा की अगुआई
से उपासना करते हैं, और मसीह यीशु पर घमण्ड
करते हैं, और शरीर पर भरोसा नहीं रखते। 4 पर
मैं तो शरीर पर भी भरोसा रख सकता हूँ। यदि
किसी और को शरीर पर भरोसा रखने का विचार
हो, तो मैं उससे भी बढ़कर रख सकता हूँ।
5 आठवें दिन मेरा खतना हुआ, इस्राएल के वंश,

2:10,11 * यशा 45:23 **15** * व्य 32:5

और बिन्यामीन के गोत्र का हूँ; इब्रानियों का इब्रानी हूँ; व्यवस्था के विषय में यदि कहो तो फरीसी हूँ।* 6 उत्साह के विषय में यदि कहो तो कलीसिया का सतानेवाला; और व्यवस्था की धार्मिकता के विषय में यदि कहो तो निर्दोष था।*
7 परन्तु जो जो बातें मेरे लाभ की थीं, उन्हीं को मैं ने मसीह के कारण हानि समझ लिया है।
8 वरन् मैं अपने प्रभु मसीह यीशु की पहिचान की उत्तमता के कारण सब बातों को हानि समझता हूँ। जिसके कारण मैं ने सब वस्तुओं की हानि उठाई, और उन्हें कूड़ा समझता हूँ, जिससे मैं मसीह को प्राप्त करूँ 9 और उसमें पाया जाऊँ; न कि अपनी उस धार्मिकता के साथ, जो व्यवस्था से है, वरन् उस धार्मिकता के साथ जो मसीह पर विश्वास करने के कारण है और परमेश्वर की ओर से विश्वास करने पर मिलती है; 10 ताकि मैं उसको और उसके मृत्युञ्जय की सामर्थ्य को, और उसके साथ दु:खों में सहभागी होने के मर्म को जानूँ, और उसकी मृत्यु की समानता को प्राप्त करूँ 11 कि मैं किसी भी रीति से मरे हुओं में से जी उठने के पद तक पहुँचूँ।

निशाने की ओर दौड़ना

12 यह मतलब नहीं कि मैं पा चुका हूँ, या सिद्ध हो चुका हूँ; पर उस पदार्थ को पकड़ने के लिये दौड़ा चला जाता हूँ, जिसके लिये मसीह यीशु ने मुझे पकड़ा था। 13 हे भाइयो, मेरी भावना यह नहीं कि मैं पकड़ चुका हूँ; परन्तु केवल यह एक काम करता हूँ कि जो बातें पीछे रह गई हैं उनको भूल कर, आगे की बातों की ओर बढ़ता हुआ, 14 निशाने की ओर दौड़ा चला जाता हूँ, ताकि वह इनाम पाऊँ जिसके लिये परमेश्वर ने मुझे मसीह यीशु में ऊपर बुलाया है। 15 हम में से जितने सिद्ध हैं, यही विचार रखें, और यदि किसी बात में तुम्हारा और ही विचार हो तो परमेश्वर उसे भी तुम पर प्रगट कर देगा। 16 इसलिये जहाँ तक हम पहुँचे हैं, उसी के अनुसार चलें।

17 हे भाइयो, तुम सब मिलकर मेरी सी चाल चलो, और उन्हें पहिचान रखो जो इस रीति पर चलते हैं जिसका उदाहरण तुम हम में पाते हो;* 18 क्योंकि बहुत से ऐसी चाल चलते हैं, जिनकी चर्चा मैं ने तुम से बार बार की है, और अब भी रो रोकर कहता हूँ कि वे अपनी चाल-चलन से मसीह के क्रूस के बैरी हैं। 19 उनका अन्त विनाश है, उनका ईश्वर पेट है, वे अपनी लज्जा की बातों पर घमण्ड करते हैं और पृथ्वी की वस्तुओं पर मन लगाए रहते हैं। 20 पर हमारा स्वदेश स्वर्ग पर है; और हम एक उद्धारकर्ता प्रभु यीशु मसीह के वहाँ से आने की बाट जोह रहे हैं। 21 वह अपनी शक्ति के उस प्रभाव के अनुसार जिसके द्वारा वह सब वस्तुओं को अपने वश में कर सकता है, हमारी दीन-हीन देह का रूप बदलकर, अपनी महिमा की देह के अनुकूल बना देगा।

4 इसलिये हे मेरे प्रिय भाइयो, जिनमें मेरा जी लगा रहता है, जो मेरे आनन्द और मुकुट हो, हे प्रिय भाइयो, प्रभु में इसी प्रकार स्थिर रहो।

व्यावहारिक निर्देश

2 मैं यूओदिया को भी समझाता हूँ और सुन्तुखे को भी, कि वे प्रभु में एक मन रहें। 3 हे सच्चे सहकर्मी, मैं तुझ से भी विनती करता हूँ कि तू उन स्त्रियों की सहायता कर, क्योंकि उन्होंने मेरे साथ सुसमाचार फैलाने में, क्लेमेंस और मेरे अन्य सहकर्मियों समेत परिश्रम किया, जिनके नाम जीवन की पुस्तक में लिखे हुए हैं।

4 प्रभु में सदा आनन्दित रहो; मैं फिर कहता हूँ, आनन्दित रहो। 5 तुम्हारी कोमलता सब मनुष्यों पर प्रगट हो। प्रभु निकट है। 6 किसी भी बात की चिन्ता मत करो; परन्तु हर एक बात में तुम्हारे निवेदन, प्रार्थना और विनती के द्वारा धन्यवाद के साथ परमेश्वर के सम्मुख उपस्थित किए जाएँ। 7 तब परमेश्वर की शान्ति, जो सारी समझ से परे है, तुम्हारे हृदय और तुम्हारे विचारों को मसीह

3:5* प्रेरि 23:6; 26:5; रोम 11:1 **6*** प्रेरि 8:3; 22:4; 26:9-11 **17*** 1 कुर 4:16; 11:1

यीशु में सुरिक्षत रखेगी।

8 इसलिये हे भाइयो, जो जो बातें सत्य हैं, और जो जो बातें आदरणीय हैं, और जो जो बातें उचित हैं, और जो जो बातें पवित्र हैं, और जो जो बातें सुहावनी हैं, और जो जो बातें मनभावनी हैं, अर्थात् जो भी सद्‌गुण और प्रशंसा की बातें हैं उन पर ध्यान लगाया करो।
9 जो बातें तुम ने मुझ से सीखीं, और ग्रहण कीं, और सुनीं, और मुझ में देखीं, उन्हीं का पालन किया करो, तब परमेश्वर जो शान्ति का सोता है तुम्हारे साथ रहेगा।

दान के लिये धन्यवाद

10 मैं प्रभु में बहुत आनन्दित हूँ कि अब इतने दिनों के बाद तुम्हारी चिन्ता मेरे विषय में फिर जागृत हुई है; निश्चय तुम्हें आरम्भ में भी इस का विचार था, पर तुम्हें अवसर न मिला।
11 यह नहीं कि मैं अपनी घटी के कारण यह कहता हूँ; क्योंकि मैं ने यह सीखा है कि जिस दशा में हूँ; उसी में सन्तोष करूँ।
12 मैं दीन होना भी जानता हूँ और बढ़ना भी जानता हूँ; हर एक बात और सब दशाओं में मैं ने तृप्त होना, भूखा रहना, और बढ़ना–घटना सीखा है।
13 जो मुझे सामर्थ्य देता है उसमें मैं सब कुछ कर सकता हूँ।

14 तौभी तुम ने भला किया कि मेरे क्लेश में मेरे सहभागी हुए।
15 हे फिलिप्पियो, तुम आप भी जानते हो कि सुसमाचार प्रचार के आरम्भ में, जब मैं मकिदुनिया से विदा हुआ, तब तुम्हें छोड़ और किसी मण्डली ने लेने देने के विषय में मेरी सहायता नहीं की।
16 इसी प्रकार जब मैं थिस्सलुनीके† में था, तब भी तुम ने मेरी घटी पूरी करने के लिये एक बार क्या वरन् दो बार कुछ भेजा था।*
17 यह नहीं कि मैं दान चाहता हूँ परन्तु मैं ऐसा फल चाहता हूँ जो तुम्हारे लाभ के लिये बढ़ता जाए।
18 मेरे पास सब कुछ है, वरन् बहुतायत से भी है; जो वस्तुएँ तुम ने इपफ्रुदीतुस के हाथ से भेजी थीं उन्हें पाकर मैं तृप्त हो गया हूँ, वह तो सुखदायक सुगन्ध, ग्रहण करने योग्य बलिदान है,* जो परमेश्वर को भाता है।
19 मेरा परमेश्वर भी अपने उस धन के अनुसार जो महिमा सहित मसीह यीशु में है, तुम्हारी हर एक घटी को पूरी करेगा।
20 हमारे परमेश्वर और पिता की महिमा युगानुयुग होती रहे। आमीन।

अन्तिम नमस्कार

21 हर एक पवित्र जन को, जो यीशु मसीह में है नमस्कार कहो। जो भाई मेरे साथ हैं, तुम्हें नमस्कार कहते हैं।
22 सब पवित्र लोग, विशेष करके जो कैसर के घराने के हैं, तुम को नमस्कार कहते हैं।

23 हमारे प्रभु यीशु मसीह का अनुग्रह तुम्हारी आत्मा के साथ रहे।

4:15,16* 2 कुर 11:9 **16†** प्रेरि 17:1 **18*** निर्ग 29:18

कुलुस्सियों के नाम पौलुस प्रेरित की पत्री

भूमिका

कुलुस्सियों के नाम पौलुस प्रेरित की पत्री एशिया माइनर के कुलुस्से नामक नगर की कलीसिया को लिखी गई थी, जो इफिसुस नगर के पूर्व में स्थित था। इस कलीसिया की स्थापना पौलुस ने नहीं की थी, परन्तु यह उस क्षेत्र में स्थित थी जिसका उत्तरदायित्व पौलुस अपने कंधों पर अनुभव करता था, जैसा कि हम पौलुस को रोमी साम्राज्य के एक प्रान्त, अखाया की राजधानी इफिसुस से मसीही सेवकों को भेजते हुए पाते हैं। पौलुस को यह पता चला था कि कुलुस्से की कलीसिया में कुछ गलत शिक्षक थे जो इस बात पर जोर देते थे कि परमेश्वर को जानने और पूर्ण उद्धार प्राप्त करने के लिये एक व्यक्ति को कुछ विशेष ''आत्मिक प्रधानों और अधिकारियों'' की उपासना करना अनिवार्य था। इसके साथ ही साथ, ये शिक्षक कहते थे कि व्यक्ति को कुछ विशेष धर्म-विधियों, जैसे खतना, को मानना और भोजन तथा अन्य बातों से सम्बन्धित कठोर नियमों का पालन करना अनिवार्य है।

पौलुस इन शिक्षाओं का विरोध करने के लिये, सच्चे मसीही संदेश के साथ यह पत्री लिखता है। उसके उत्तर का मर्म यह है कि यीशु मसीह पूर्ण उद्धार देने में समर्थ है, और यह कि ये अन्य विश्वास और विधियाँ वास्तव में व्यक्ति को उससे दूर कर देती हैं। मसीह के द्वारा ही परमेश्वर ने इस सृष्टि की रचना की, और अब उसी के द्वारा ही वह इसे अपने पास वापस ला रहा है। केवल मसीह में ही संसार के उद्धार की आशा है। पौलुस तब विश्वासियों के जीवन के लिये इस महान् शिक्षा का अर्थ बताता है।

यह ध्यान देने योग्य बात है कि तुखिकुस, जो पौलुस की यह पत्री कुलुस्से ले गया था, के साथ उनेसिमुस भी था—वह गुलाम जिसके पक्ष में पौलुस ने *फिलेमोन की पत्री* लिखी थी।

रूप-रेखा :

भूमिका 1:1-8
मसीह का स्वभाव और कार्य 1:9—2:19
मसीह में नया जीवन 2:20—4:6
उपसंहार 4:7-18

अभिवादन

1 पौलुस की ओर से, जो परमेश्वर की इच्छा
से मसीह यीशु का प्रेरित है, और भाई
तीमुथियुस की ओर से, 2 मसीह में उन पवित्र
और विश्वासी भाइयों के नाम जो कुलुस्से में
रहते हैं :

हमारे पिता परमेश्वर की ओर से तुम्हें अनुग्रह और शान्ति प्राप्त होती रहे।

धन्यवाद की प्रार्थना

3 हम तुम्हारे लिये नित्य प्रार्थना करके अपने
प्रभु यीशु मसीह के पिता अर्थात् परमेश्वर का
धन्यवाद करते हैं, 4 क्योंकि हम ने सुना है कि
मसीह यीशु पर तुम्हारा विश्वास है, और सब
पवित्र लोगों से तुम प्रेम रखते हो; 5 उस आशा
की हुई वस्तु के कारण जो तुम्हारे लिये स्वर्ग में
रखी हुई है, जिसका वर्णन तुम उस सुसमाचार

के सत्य वचन में सुन चुके हो, 6 जो तुम्हारे पास
पहुँचा है, और जैसा जगत में भी फल लाता और
बढ़ता जाता है, वैसे ही जिस दिन से तुम ने
उसको सुना और सच्चाई से परमेश्वर का अनुग्रह
पहिचाना है, तुम में भी ऐसा ही करता है।
7 उसी की शिक्षा तुम ने हमारे प्रिय सहकर्मी
इपफ्रास से पाई,* जो हमारे लिये मसीह का
विश्वासयोग्य सेवक है। 8 उसी ने तुम्हारे प्रेम
को जो आत्मा में है हम पर प्रगट किया।

9 इसी लिये जिस दिन से यह सुना है, हम
भी तुम्हारे लिये यह प्रार्थना और विनती करना
नहीं छोड़ते कि तुम सारे आत्मिक ज्ञान और
समझ सहित परमेश्वर की इच्छा की पहिचान में
परिपूर्ण हो जाओ, 10 ताकि तुम्हारा चाल-चलन
प्रभु के योग्य हो, और वह सब प्रकार से प्रसन्न
हो, और तुम में हर प्रकार के भले कामों का फल
लगे, और तुम परमेश्वर की पहिचान में बढ़ते
जाओ, 11 उसकी महिमा की शक्ति के अनुसार
सब प्रकार की सामर्थ्य से बलवन्त होते जाओ,
यहाँ तक कि आनन्द के साथ हर प्रकार से धीरज
और सहनशीलता दिखा सको, 12 और पिता का
धन्यवाद करते रहो, जिसने हमें इस योग्य बनाया
कि ज्योति में पवित्र लोगों के साथ मीरास में
सहभागी हों। 13 उसी ने हमें अन्धकार के वश
से छुड़ाकर अपने प्रिय पुत्र के राज्य में प्रवेश
कराया, 14 जिस में हमें छुटकारा अर्थात् पापों
की क्षमा प्राप्त होती है।*

मसीह की श्रेष्ठता और उसके कार्य

15 वह तो अदृश्य परमेश्वर का प्रतिरूप और
सारी सृष्टि में पहिलौठा है। 16 क्योंकि उसी में
सारी वस्तुओं की सृष्टि हुई, स्वर्ग की हों अथवा
पृथ्वी की, देखी या अनदेखी, क्या सिंहासन,
क्या प्रभुताएँ, क्या प्रधानताएँ, क्या अधिकार, सारी
वस्तुएँ उसी के द्वारा और उसी के लिये सृजी गई
हैं। 17 वही सब वस्तुओं में प्रथम है, और सब
वस्तुएँ उसी में स्थिर रहती हैं। 18 वही देह,
अर्थात् कलीसिया का सिर है; वही आदि है,
और मरे हुओं में से जी उठनेवालों में पहिलौठा
कि सब बातों में वही प्रधान ठहरे।* 19 क्योंकि
पिता की प्रसन्नता इसी में है कि उसमें सारी
परिपूर्णता वास करे, 20 और उस के क्रूस पर
बहे हुए लहू के द्वारा मेलमिलाप करके, सब
वस्तुओं का उसी के द्वारा से अपने साथ मेल कर
ले, चाहे वे पृथ्वी पर की हों चाहे स्वर्ग में की।*

21 तुम जो पहले निकाले हुए थे और बुरे
कामों के कारण मन से बैरी थे; 22 उसने अब
उसकी शारीरिक देह में मृत्यु के द्वारा तुम्हारा भी
मेल कर लिया ताकि तुम्हें अपने सम्मुख पवित्र
और निष्कलंक, और निर्दोष बनाकर उपस्थित
करे। 23 यदि तुम विश्वास की नींव पर दृढ़ बने
रहो और उस सुसमाचार की आशा को जिसे तुम
ने सुना है न छोड़ो, जिसका प्रचार आकाश के
नीचे की सारी सृष्टि में किया गया, और जिसका
मैं, पौलुस, सेवक बना।

कलीसिया का सेवक—पौलुस

24 अब मैं उन दु:खों के कारण आनन्द करता
हूँ, जो तुम्हारे लिये उठाता हूँ और मसीह के
क्लेशों की घटी उसकी देह के लिये, अर्थात्
कलीसिया के लिये, अपने शरीर में पूरी करता
हूँ; 25 जिसका मैं परमेश्वर के उस प्रबन्ध के
अनुसार सेवक बना जो तुम्हारे लिये मुझे सौंपा
गया, ताकि मैं परमेश्वर के वचन को पूरा पूरा
प्रचार करूँ। 26 अर्थात् उस भेद को जो समयों
और पीढ़ियों से गुप्त रहा, परन्तु अब उसके उन
पवित्र लोगों पर प्रगट हुआ है। 27 जिन पर
परमेश्वर ने प्रगट करना चाहा कि उन्हें ज्ञात हो
कि अन्यजातियों में उस भेद की महिमा का मूल्य
क्या है, और वह यह है कि मसीह जो महिमा
की आशा है तुम में रहता है। 28 जिसका प्रचार
करके हम हर एक मनुष्य को चेतावनी देते हैं
और सारे ज्ञान से हर एक मनुष्य को सिखाते हैं,
कि हम हर एक व्यक्ति को मसीह में सिद्ध
करके उपस्थित करें। 29 इसी के लिये मैं उसकी
उस शक्ति के अनुसार जो मुझ में सामर्थ्य के

1:7* कुलु 4:12; फिले 23 **14*** इफि 1:7 **18*** इफि 1:22,23 **20*** इफि 2:16

साथ प्रभाव डालती है, तन मन लगाकर परिश्रम भी करता हूँ।

2 मैं चाहता हूँ कि तुम जान लो कि तुम्हारे और उनके लिये जो लौदीकिया में हैं, और उन सब के लिये जिन्होंने मेरा शारीरिक मुँह नहीं देखा, मैं कैसा परिश्रम करता हूँ, 2 ताकि उनके मनों में शान्ति हो और वे प्रेम से आपस में गठे रहें, और वे पूरी समझ का सारा धन प्राप्त करें, और परमेश्वर पिता के भेद को अर्थात् मसीह को पहचान लें। 3 जिसमें बुद्धि और ज्ञान के सारे भण्डार* छिपे हुए हैं। 4 यह मैं इसलिये कहता हूँ कि कोई मनुष्य तुम्हें लुभानेवाली बातों से धोखा न दे। 5 यद्यपि मैं शरीर के भाव से तुम से दूर हूँ, तौभी आत्मिक भाव से तुम्हारे निकट हूँ, और तुम्हारे व्यवस्थित जीवन को और तुम्हारे विश्वास की, जो मसीह में है, दृढ़ता देखकर प्रसन्न होता हूँ।

मसीह में जीवन की भरपूरी

6 अत: जैसे तुम ने मसीह यीशु को प्रभु करके ग्रहण कर लिया है, वैसे ही उसी में चलते रहो, 7 और उसी में जड़ पकड़ते और बढ़ते जाओ; और जैसे तुम सिखाए गए वैसे ही विश्वास में दृढ़ होते जाओ, और अधिकाधिक धन्यवाद करते रहो।

8 चौकस रहो कि कोई तुम्हें उस तत्व-ज्ञान और व्यर्थ धोखे के द्वारा अपना अहेर* न बना ले, जो मनुष्यों की परम्पराओं और संसार की आदि शिक्षा के अनुसार तो है, पर मसीह के अनुसार नहीं। 9 क्योंकि उसमें ईश्वरत्व की सारी परिपूर्णता सदेह वास करती है, 10 और तुम उसी में भरपूर हो गए हो जो सारी प्रधानता और अधिकार का शिरोमणि है। 11 उसी में तुम्हारा ऐसा खतना हुआ है जो हाथ से नहीं होता, अर्थात् मसीह का खतना, जिससे शारीरिक देह उतार दी जाती है, 12 और उसी के साथ बपतिस्मा में गाड़े गए और उसी में परमेश्वर की सामर्थ्य पर विश्वास करके, जिसने उसको मरे हुओं में से जिलाया, उसके साथ जी भी उठे।* 13 उसने तुम्हें भी, जो अपने अपराधों और अपने शरीर की खतनारहित दशा में मुर्दा थे, उसके साथ जिलाया, और हमारे सब अपराधों को क्षमा किया,* 14 और विधियों का वह लेख जो हमारे नाम पर और हमारे विरोध में था मिटा डाला, और उसे क्रूस पर कीलों से जड़कर सामने से हटा दिया है।* 15 और उसने प्रधानताओं और अधिकारों को ऊपर से उतारकर उनका खुल्लमखुल्ला तमाशा बनाया और क्रूस के द्वारा उन पर जय-जयकार की ध्वनि सुनाई।

16 इसलिये खाने-पीने या पर्व या नए चाँद, या सब्त के विषय में तुम्हारा कोई फैसला न करे।* 17 क्योंकि ये सब आनेवाली बातों की छाया हैं, पर मूल* वस्तुएँ मसीह की हैं। 18 कोई मनुष्य आत्म-हीनता और स्वर्गदूतों की पूजा कराके तुम्हें दौड़ के प्रतिफल से वंचित न करे। ऐसा मनुष्य देखी हुई बातों में लगा रहता है और अपनी शारीरिक समझ पर व्यर्थ फूलता है, 19 और उस शिरोमणि को पकड़े नहीं रहता जिससे सारी देह जोड़ों और पट्ठों के द्वारा पालन-पोषण पाकर और एक साथ गठकर, परमेश्वर की ओर से बढ़ती जाती है।*

मसीह के साथ मरना और जीना

20 जब कि तुम मसीह के साथ संसार की आदि शिक्षा की ओर से मर गए हो, तो फिर क्यों उनके समान जो संसार के हैं जीवन बिताते हो? तुम ऐसी विधियों के वश में क्यों रहते हो 21 कि 'यह न छूना,' 'उसे न चखना,' और 'उसे हाथ न लगाना'? 22 (ये सब वस्तुएँ काम में लाते-लाते नष्ट हो जाएँगी) क्योंकि ये मनुष्यों की आज्ञाओं और शिक्षाओं के अनुसार हैं। 23 इन विधियों में अपनी इच्छा के अनुसार गढ़ी हुई भक्ति की रीति, और आत्म-हीनता, और शारीरिक योगाभ्यास के भाव से ज्ञान का नाम तो है, परन्तु शारीरिक लालसाओं को रोकने में इनसे कुछ भी लाभ नहीं होता।

2:3 * या धन   8 * या लूट न ले   12 * रोम 6:4   13 * इफि 2:1-5   14 * इफि 2:15   16 * रोम 14:1-6   17 * यू० देह   19 * इफि 4:16

कुलुस्सियों 3:1 — 4:1

3 अत: जब तुम मसीह के साथ जिलाए गए, तो स्वर्गीय वस्तुओं की खोज में रहो, जहाँ मसीह विद्यमान है और परमेश्वर के दाहिनी ओर बैठा है।* 2 पृथ्वी पर की नहीं परन्तु स्वर्गीय वस्तुओं पर ध्यान लगाओ, 3 क्योंकि तुम तो मर गए और तुम्हारा जीवन मसीह के साथ परमेश्वर में छिपा हुआ है। 4 जब मसीह जो हमारा जीवन है, प्रगट होगा, तब तुम भी उसके साथ महिमा सहित प्रगट किए जाओगे।

पुराना जीवन और नया जीवन

5 इसलिये अपने उन अंगों को मार डालो जो पृथ्वी पर हैं, अर्थात् व्यभिचार, अशुद्धता, दुष्कामना, बुरी लालसा और लोभ को जो मूर्तिपूजा के बराबर है*। 6 इन ही के कारण परमेश्वर का प्रकोप आज्ञा न माननेवालों पर पड़ता है। 7 और तुम भी, जब इन बुराइयों में जीवन बिताते थे तो इन्हीं के अनुसार चलते थे। 8 पर अब तुम भी इन सब को, अर्थात् क्रोध, रोष, बैरभाव, निन्दा और मुँह से गालियाँ बकना ये सब बातें छोड़ दो। 9 एक दूसरे से झूठ मत बोलो, क्योंकि तुम ने पुराने मनुष्यत्व को उसके कामों समेत उतार डाला है* 10 और नए मनुष्यत्व को पहिन लिया है, जो अपने सृजनहार के स्वरूप के अनुसार ज्ञान प्राप्त करने के लिये नया बनता जाता है, 11 उसमें न तो यूनानी रहा न यहूदी, न खतना न खतनारहित, न जंगली, न स्कूती, न दास और न स्वतंत्र : केवल मसीह सब कुछ और सब में है।

12 इसलिये परमेश्वर के चुने हुओं के समान जो पवित्र और प्रिय हैं, बड़ी करुणा, और भलाई, और दीनता, और नम्रता, और सहनशीलता धारण करो,* 13 और यदि किसी को किसी पर दोष देने का कोई कारण हो, तो एक दूसरे की सह लो और एक दूसरे के अपराध क्षमा करो; जैसे प्रभु ने तुम्हारे अपराध क्षमा किए, वैसे ही तुम भी करो।* 14 इन सब के ऊपर प्रेम को जो सिद्धता का कटिबन्ध है बाँध लो। 15 मसीह की शान्ति जिसके लिये तुम एक देह होकर बुलाए भी गए हो, तुम्हारे हृदय में राज्य करे; और तुम धन्यवादी बने रहो। 16 मसीह के वचन को अपने हृदय में अधिकाई से बसने दो, और सिद्ध ज्ञान सहित एक दूसरे को सिखाओ और चिताओ, और अपने अपने मन में अनुग्रह के साथ परमेश्वर के लिये भजन और स्तुतिगान और आत्मिक गीत गाओ। 17 वचन में या काम में जो कुछ भी करो सब प्रभु यीशु के नाम से करो, और उसके द्वारा परमेश्वर पिता का धन्यवाद करो।*

नए जीवन के पारिवारिक नियम

18 हे पत्नियो, जैसा प्रभु में उचित है, वैसा ही अपने अपने पति के अधीन रहो।* 19 हे पतियो, अपनी अपनी पत्नी से प्रेम रखो, और उनसे कठोरता न करो।* 20 हे बालको, सब बातों में अपने अपने माता-पिता की आज्ञा का पालन करो, क्योंकि प्रभु इस से प्रसन्न होता है।* 21 हे बच्चेवालो, अपने बालकों को तंग न करो, न हो कि उनका साहस टूट जाए।* 22 हे सेवको, जो शरीर के अनुसार तुम्हारे स्वामी हैं, सब बातों में उनकी आज्ञा का पालन करो, मनुष्यों को प्रसन्न करनेवालों के समान दिखाने के लिये नहीं, परन्तु मन की सीधाई और परमेश्वर के भय से। 23 जो कुछ तुम करते हो, तन मन से करो, यह समझकर कि मनुष्यों के लिये नहीं परन्तु प्रभु के लिये करते हो; 24 क्योंकि तुम जानते हो कि तुम्हें इस के बदले प्रभु से मीरास मिलेगी; तुम प्रभु मसीह की सेवा करते हो। 25 क्योंकि जो बुरा करता है वह अपनी बुराई का फल पाएगा,* वहाँ किसी का पक्षपात नहीं।†

4 हे स्वामियो, अपने अपने दासों के साथ न्याय और ठीक ठीक व्यवहार करो, यह

3:1* भजन 110:1 5* या *मूर्तिपूजा है* 9* इफि 4:22 10* उत्प 1:26; इफि 4:24 12* इफि 4:2 13* इफि 4:32
16,17* इफि 5:19,20 18* इफि 5:22; 1 पत 3:1 19* इफि 5:25; 1 पत 3:7 20* इफि 6:1 21* इफि 6:4
22-25* इफि 6:5-8 25† व्य 10:17; इफि 6:9

समझकर कि स्वर्ग में तुम्हारा भी एक स्वामी है।*

कुछ व्यावहारिक सलाह

2 प्रार्थना में लगे रहो, और धन्यवाद के साथ उस में जागृत रहो; 3 और इसके साथ ही साथ हमारे लिये भी प्रार्थना करते रहो कि परमेश्वर हमारे लिये वचन सुनाने का ऐसा द्वार खोल दे, कि हम मसीह के उस भेद का वर्णन कर सकें जिसके कारण मैं कैद में हूँ, 4 और उसे ऐसा प्रगट करूँ, जैसा मुझे करना उचित है।

5 अवसर को बहुमूल्य समझकर बाहरवालों के साथ बुद्धिमानी से व्यवहार करो।* 6 तुम्हारा वचन सदा अनुग्रह सहित और सलोना हो कि तुम्हें हर मनुष्य को उचित रीति से उत्तर देना आ जाए।

अन्तिम अभिवादन

7 प्रिय भाई और विश्वासयोग्य सेवक, तुखिकुस*, जो प्रभु में मेरा सहकर्मी है, मेरी सब बातें तुम्हें बता देगा। 8 उसे मैं ने इसलिये तुम्हारे पास भेजा है कि तुम्हें हमारी दशा मालूम हो जाए और वह तुम्हारे हृदयों को शान्ति दे।* 9 उसके साथ मैं ने उनेसिमुस को भी भेजा है* जो विश्वासयोग्य और प्रिय भाई और तुम ही में से है; ये तुम्हें यहाँ की सारी बातें बता देंगे।

10 अरिस्तर्खुस*, जो मेरे साथ कैदी है, और मरकुस† जो बरनबास का भाई लगता है (जिसके विषय में तुम ने आज्ञा पाई थी कि यदि वह तुम्हारे पास आए, तो उससे अच्छी तरह व्यवहार करना), 11 और यीशु जो यूस्तुस कहलाता है, तुम्हें नमस्कार कहते हैं। खतना किए हुए लोगों में से केवल ये ही परमेश्वर के राज्य के लिये मेरे सहकर्मी और मेरी शान्ति का कारण रहे हैं। 12 इपफ्रास*, जो तुम में से है और मसीह यीशु का दास है, तुम्हें नमस्कार कहता है और सदा तुम्हारे लिये प्रार्थनाओं में प्रयत्न करता है, ताकि तुम सिद्ध होकर पूर्ण विश्वास के साथ परमेश्वर की इच्छा पर स्थिर रहो। 13 मैं उसका गवाह हूँ कि वह तुम्हारे लिये और लौदीकिया और हियरापुलिसवालों के लिये बड़ा परिश्रम करता रहता है। 14 प्रिय वैद्य लूका* और देमास† का तुम्हें नमस्कार। 15 लौदीकिया के भाइयों को, और नुमफास और उनके घर की कलीसिया को नमस्कार कहना। 16 जब यह पत्र तुम्हारे यहाँ पढ़ लिया जाए तो ऐसा करना कि लौदीकिया की कलीसिया में भी पढ़ा जाए, और वह पत्र जो लौदीकिया से आए उसे तुम भी पढ़ना। 17 और अर्खिप्पुस* से कहना कि जो सेवा प्रभु में तुझे सौंपी गई है, उसे सावधानी के साथ पूरी करना।

18 मुझ पौलुस का अपने हाथ से लिखा हुआ नमस्कार। मेरी जंजीरों को स्मरण रखना। तुम पर अनुग्रह होता रहे। आमीन।

4:1* इफि 6:9 5* इफि 5:16 7* प्रेरि 20:4; 2 तीमु 4:12 7,8* इफि 6:21,22 9* फिले 10-12 10* प्रेरि 19:29; 27:2; फिले 24
† प्रेरि 12:12, 25; 13:13; 15:37-39 12* कुलु 1:7; फिले 23 14* 2 तीमु 4:11; फिले 24 † 2 तीमु 4:10; फिले 24
17* फिले 2

थिस्सलुनीकियों के नाम पौलुस प्रेरित की पहली पत्री

भूमिका

रोमी साम्राज्य में अनेक प्रान्त थे उनमें से मकिदुनिया एक था और थिस्सलुनीके नगर उस की राजधानी था। फिलिप्पी नगर से आने के बाद पौलुस ने यहाँ एक कलीसिया की स्थापना की थी। यहाँ भी, शीघ्र ही उन यहूदियों द्वारा विरोध प्रारम्भ हो गया, जो गैर-यहूदियों में पौलुस के मसीही संदेश के प्रसार की सफलता से जलते थे, क्योंकि ये गैर-यहूदी यहूदी धर्म में रुचि रखते थे। अत: पौलुस को थिस्सलुनीके छोड़ना पड़ा और वह बिरीया चला गया। बाद में, जब वह कुरिन्थुस पहुँचा, तब पौलुस को उसके सहकर्मी और साथी तीमुथियुस के द्वारा व्यक्तिगत रूप से थिस्सलुनीके की कलीसिया की स्थिति के विषय में समाचार प्राप्त हुआ।

यह समाचार पाने के बाद *थिस्सलुनीकियों के नाम पौलुस प्रेरित की पहली पत्री* वहाँ के मसीहियों को उत्साहित करने और पुन: आश्वस्त करने के लिये लिखी गई। वह उनके विश्वास और प्रेम के विषय में समाचार के लिये धन्यवाद देता है। वह उन्हें अपने जीवन की याद दिलाता है जो उसने उनके साथ रहते हुए बिताया था। तब वह मसीह के पुनरागमन से सम्बन्धित प्रश्नों का उत्तर देता है जो उस कलीसिया में उठ खड़े हुए थे। प्रश्न ये थे : क्या एक विश्वासी, जो मसीह के पुनरागमन से पूर्व ही मर जाता है, उस जीवन का भागी होगा जो उसके आगमन से मिलने वाला है ? मसीह का पुनरागमन कब होगा ? पौलुस इस अवसर पर उन्हें यह बताता है कि उस स्थिति में जब कि तुम मसीह के पुनरागमन की आशा से प्रतीक्षा कर रहे हो, चुपचाप अपने कार्य में लगे रहो।

रूप-रेखा :

भूमिका 1:1
धन्यवाद और स्तुति 1:2 — 3:13
मसीही आचार-व्यवहार सम्बन्धी उपदेश 4:1-12
मसीह के पुनरागमन के विषय शिक्षा 4:13 — 5:11
अन्तिम उपदेश 5:12-22
उपसंहार 5:23-28

अभिवादन

1 पौलुस और सिलवानुस और तीमुथियुस की ओर से थिस्सलुनीकियों* की कलीसिया के नाम, जो परमेश्वर पिता और प्रभु यीशु मसीह में है :

अनुग्रह और शान्ति तुम्हें मिलती रहे।

थिस्सलुनीकियों का विश्वास

2 हम अपनी प्रार्थनाओं में तुम्हें स्मरण करते और सदा तुम सब के विषय में परमेश्वर का धन्यवाद करते हैं, 3 और अपने परमेश्वर और पिता के सामने तुम्हारे विश्वास के काम, और प्रेम का परिश्रम, और हमारे प्रभु यीशु मसीह में

1:1 * प्रेरि 17:1

आशा की धीरता को लगातार स्मरण करते हैं।
4 हे भाइयो, परमेश्‍वर के प्रिय लोगो, हम जानते
हैं कि तुम चुने हुए हो। 5 क्योंकि हमारा सुसमाचार
तुम्हारे पास न केवल शब्द मात्र ही में वरन् सामर्थ्य
और पवित्र आत्मा में, और बड़े निश्‍चय के साथ
पहुँचा है; जैसा तुम जानते हो कि हम तुम्हारे
लिये तुम्हारे बीच में कैसे बन गए थे। 6 तुम बड़े
क्लेश में, पवित्र आत्मा के आनन्द के साथ, वचन
को मानकर हमारी और प्रभु की सी चाल चलने
लगे।* 7 यहाँ तक कि मकिदुनिया और अखया
के सब विश्‍वासियों के लिये तुम आदर्श बने।
8 क्योंकि तुम्हारे यहाँ से न केवल मकिदुनिया
और अखया में प्रभु का वचन सुनाया गया, पर
तुम्हारे विश्‍वास की जो परमेश्‍वर पर है, हर
जगह ऐसी चर्चा फैल गई है कि हमें कहने की
आवश्यकता ही नहीं। 9 क्योंकि वे आप ही
हमारे विषय में बताते हैं कि तुम्हारे पास हमारा
आना कैसा हुआ; और तुम कैसे मूरतों से परमेश्‍वर
की ओर फिरे ताकि जीवते और सच्चे परमेश्‍वर
की सेवा करो, 10 और उसके पुत्र के स्वर्ग पर से
आने की बाट जोहते रहो जिसे उसने मरे हुओं में
से जिलाया, अर्थात् यीशु की, जो हमें आनेवाले
प्रकोप से बचाता है।

पौलुस का प्रचार कार्य

2 हे भाइयो, तुम आप ही जानते हो कि हमारा
तुम्हारे पास आना व्यर्थ न हुआ, 2 वरन् तुम
आप ही जानते हो कि पहले फिलिप्पी में दुःख
उठाने और उपद्रव सहने पर भी हमारे परमेश्‍वर
ने हमें ऐसा साहस दिया, कि हम परमेश्‍वर का
सुसमाचार भारी विरोधों के होते हुए भी तुम्हें
सुनाएँ।* 3 क्योंकि हमारा उपदेश न भ्रम से है
और न अशुद्धता से, और न छल के साथ है;
4 पर जैसा परमेश्‍वर ने हमें योग्य ठहराकर
सुसमाचार सौंपा, हम वैसा ही वर्णन करते हैं,
और इस में मनुष्यों को नहीं, परन्तु परमेश्‍वर को,
जो हमारे मनों को जाँचता है, प्रसन्न करते हैं।
5 क्योंकि तुम जानते हो कि हम न तो कभी
चापलूसी की बातें किया करते थे, और न लोभ
के लिये बहाना करते थे, परमेश्‍वर गवाह है;
6 और यद्यपि हम मसीह के प्रेरित होने के कारण
तुम पर बोझ डाल सकते थे, तौभी हम मनुष्यों से
आदर नहीं चाहते थे, और न तुम से, न और
किसी से। 7 परन्तु जिस तरह माता अपने बालकों
का पालन-पोषण करती है, वैसे ही हम ने भी
तुम्हारे बीच में रहकर कोमलता दिखाई है;
8 और वैसे ही हम तुम्हारी लालसा करते हुए, न
केवल परमेश्‍वर का सुसमाचार पर अपना अपना
प्राण भी तुम्हें देने को तैयार थे, इसलिये कि तुम
हमारे प्रिय हो गए थे।

9 क्योंकि, हे भाइयो, तुम हमारे परिश्रम और
कष्‍ट को स्मरण रखते हो; हम ने इसलिये रात
दिन काम धन्धा करते हुए तुम में परमेश्‍वर का
सुसमाचार प्रचार किया कि तुम में से किसी पर
भार न हों। 10 तुम आप ही गवाह हो, और
परमेश्‍वर भी गवाह है कि तुम विश्‍वासियों के
बीच में हमारा व्यवहार कैसा पवित्र और धार्मिक
और निर्दोष रहा। 11 तुम जानते हो कि जैसा
पिता अपने बालकों के साथ व्यवहार करता है,
वैसे ही हम भी तुम में से हर एक को उपदेश
करते, और शान्ति देते, और समझाते थे* 12 कि
तुम्हारा चाल-चलन परमेश्‍वर के योग्य हो, जो
तुम्हें अपने राज्य और महिमा में बुलाता है।

13 इसलिये हम भी परमेश्‍वर का धन्यवाद
निरन्तर करते हैं कि जब हमारे द्वारा परमेश्‍वर के
सुसमाचार का वचन तुम्हारे पास पहुँचा, तो तुम
ने उसे मनुष्यों का नहीं परन्तु परमेश्‍वर का वचन
समझकर (और सचमुच यह ऐसा ही है) ग्रहण
किया; और वह तुम विश्‍वासियों में जो विश्‍वास
रखते हो, प्रभावशील है। 14 इसलिये तुम, हे
भाइयो, परमेश्‍वर की उन कलीसियाओं की सी
चाल चलने लगे जो यहूदिया में मसीह यीशु में
हैं, क्योंकि तुम ने भी अपने लोगों से वैसा ही
दुःख पाया जैसा उन्होंने यहूदियों से पाया था,*
15 जिन्होंने प्रभु यीशु को और भविष्यद्वक्‍ताओं
को भी मार डाला और हम को सताया, और

1:6 * प्रेरि 17:5–9 **2:2** * प्रेरि 16:19–24; 17:1–9 **11** * यू॰ *गवाही देते थे* **14** * प्रेरि 17:5

परमेश्वर उन से प्रसन्न नहीं, और वे सब मनुष्यों का विरोध करते हैं,* 16 और वे अन्यजातियों से उनके उद्धार के लिये बातें करने से हमें रोकते हैं कि सदा अपने पापों का नपुआ भरते रहें; पर उन पर परमेश्वर का भयानक प्रकोप आ पहुँचा है।

कलीसिया से मिलने की अभिलाषा

17 हे भाइयो, जब हम थोड़ी देर के लिये, मन में नहीं वरन् प्रगट में, तुम से अलग हो गए थे, तो हम ने बड़ी लालसा के साथ तुम्हारा मुँह देखने के लिये और भी अधिक यत्न किया। 18 इसलिये हम ने (अर्थात् मुझ पौलुस ने) एक बार नहीं वरन् दो बार तुम्हारे पास आना चाहा, परन्तु शैतान हमें रोके रहा। 19 भला हमारी आशा या आनन्द या बड़ाई का मुकुट क्या है? क्या हमारे प्रभु यीशु के सम्मुख उसके आने के समय तुम ही न होगे? 20 हमारी बड़ाई और आनन्द तुम ही हो।

तीमुथियुस का भेजा जाना

3 इसलिये जब हम से और न रहा गया, तो हम ने यह ठहराया कि एथेन्स* में अकेले रह जाएँ; 2 और हम ने तीमुथियुस को, जो मसीह के सुसमाचार में हमारा भाई और परमेश्वर का सेवक है, इसलिये भेजा कि वह तुम्हें स्थिर करे और तुम्हारे विश्वास के विषय में तुम्हें समझाए, 3 कि कोई इन क्लेशों के कारण डगमगा न जाए। क्योंकि तुम आप जानते हो कि हम इन ही के लिये ठहराए गए हैं। 4 क्योंकि पहले ही, जब हम तुम्हारे यहाँ थे तो तुम से कहा करते थे कि हमें क्लेश उठाने पड़ेंगे, और ऐसा ही हुआ है, जैसा कि तुम जानते भी हो। 5 इस कारण जब मुझ से और न रहा गया, तो तुम्हारे विश्वास का हाल जानने के लिये भेजा, कि कहीं ऐसा न हो कि परीक्षा करनेवाले ने तुम्हारी परीक्षा की हो, और हमारा परिश्रम व्यर्थ हो गया हो।

तीमुथियुस द्वारा समाचार मिलना

6 पर अभी तीमुथियुस* ने, जो तुम्हारे पास से हमारे यहाँ आया है, तुम्हारे विश्वास और प्रेम का सुसमाचार सुनाया और इस बात को भी सुनाया कि तुम सदा प्रेम के साथ हमें स्मरण करते हो, और हमारे देखने की लालसा रखते हो, जैसा हम भी तुम्हें देखने की। 7 इसलिये हे भाइयो, हम ने अपने सारे दुःख और क्लेश में तुम्हारे विश्वास से तुम्हारे विषय में शान्ति पाई। 8 क्योंकि अब यदि तुम प्रभु में स्थिर रहो तो हम जीवित हैं। 9 और जैसा आनन्द हमें तुम्हारे कारण अपने परमेश्वर के सामने है, उसके बदले तुम्हारे विषय में हम किस रीति से परमेश्वर का धन्यवाद करें? 10 हम रात दिन बहुत ही प्रार्थना करते रहते हैं कि तुम्हारा मुँह देखें और तुम्हारे विश्वास की घटी पूरी करें।

11 अब हमारा परमेश्वर और पिता आप ही और हमारा प्रभु यीशु, तुम्हारे यहाँ आने में हमारी अगुआई करे; 12 और प्रभु ऐसा करे कि जैसा हम तुम से प्रेम रखते हैं, वैसा ही तुम्हारा प्रेम भी आपस में और सब मनुष्यों के साथ बढ़े, और उन्नति करता जाए, 13 ताकि वह तुम्हारे मनों को ऐसा स्थिर करे कि जब हमारा प्रभु यीशु अपने सब पवित्र लोगों के साथ आए, तो वे हमारे परमेश्वर और पिता के सामने पवित्रता में निर्दोष ठहरें।

जीवन जो परमेश्वर को प्रसन्न करे

4 इसलिये हे भाइयो, हम तुम से विनती करते हैं और तुम्हें प्रभु यीशु में समझाते हैं कि जैसे तुम ने हम से योग्य चाल चलना और परमेश्वर को प्रसन्न करना सीखा है, और जैसा तुम चलते भी हो, वैसे ही और भी बढ़ते जाओ। 2 क्योंकि तुम जानते हो कि हम ने प्रभु यीशु की ओर से तुम्हें कौन कौन सी आज्ञा पहुँचाई। 3 क्योंकि परमेश्वर की इच्छा यह है कि तुम पवित्र बनो : अर्थात् व्यभिचार से बचे रहो,

2:15 * प्रेरि 9:23,29; 13:45,50; 14:2,5,19; 17:5,13; 18:12 **3:1** * प्रेरि 17:15 **6** * प्रेरि 18:5

4 और तुम में से हर एक पवित्रता और आदर के साथ अपनी पत्नी को प्राप्त करना जाने, 5 और यह काम अभिलाषा से नहीं, और न उन जातियों के समान जो परमेश्वर को नहीं जानतीं, 6 कि इस बात में कोई अपने भाई को न ठगे, और न उस पर दाँव चलाए, क्योंकि प्रभु इन सब बातों का पलटा लेनेवाला है; जैसा कि हम ने पहले ही तुम से कहा और चिताया भी था। 7 क्योंकि परमेश्वर ने हमें अशुद्ध होने के लिये नहीं, परन्तु पवित्र होने के लिये बुलाया है। 8 इस कारण जो इसे तुच्छ जानता है, वह मनुष्य को नहीं परन्तु परमेश्वर को तुच्छ जानता है, जो अपना पवित्र आत्मा तुम्हें देता है।

9 किन्तु भाईचारे की प्रीति के विषय में यह आवश्यक नहीं कि मैं तुम्हारे पास कुछ लिखूँ, क्योंकि आपस में प्रेम रखना तुम ने आप ही परमेश्वर से सीखा है; 10 और सारे मकिदुनिया के सब भाइयों के साथ ऐसा करते भी हो। परन्तु हे भाइयो, हम तुम्हें समझाते हैं कि और भी बढ़ते जाओ, 11 और जैसी हम ने तुम्हें आज्ञा दी है, वैसे ही चुपचाप रहने और अपना-अपना काम काज करने और अपने अपने हाथों से कमाने का प्रयत्न करो; 12 ताकि बाहरवालों से आदर प्राप्त करो, और तुम्हें किसी वस्तु की घटी न हो।

यीशु का पुनरागमन

13 हे भाइयो, हम नहीं चाहते कि तुम उनके विषय में जो सोते हैं, अज्ञानी रहो; ऐसा न हो कि तुम दूसरों के समान शोक करो जिन्हें आशा नहीं। 14 क्योंकि यदि हम विश्वास करते हैं कि यीशु मरा और जी भी उठा, तो वैसे ही परमेश्वर उन्हें भी जो यीशु में सो गए हैं, उसी के साथ ले आएगा। 15 क्योंकि हम प्रभु के वचन के अनुसार तुम से यह कहते हैं कि हम जो जीवित हैं और प्रभु के आने तक बचे रहेंगे, सोए हुओं से कभी आगे न बढ़ेंगे। 16 क्योंकि प्रभु आप ही स्वर्ग से उतरेगा; उस समय ललकार, और प्रधान दूत का शब्द सुनाई देगा, और परमेश्वर की तुरही फूँकी जाएगी; और जो मसीह में मरे हैं, वे पहले जी उठेंगे। 17 तब हम जो जीवित और बचे रहेंगे उनके साथ बादलों पर उठा लिये जाएँगे कि हवा में प्रभु से मिलें; और इस रीति से हम सदा प्रभु के साथ रहेंगे।* 18 इस प्रकार इन बातों से एक दूसरे को शान्ति दिया करो।

पुनरागमन के लिये तैयार रहना

5 पर हे भाइयो, इसका प्रयोजन नहीं कि समयों और कालों के विषय में तुम्हारे पास कुछ लिखा जाए। 2 क्योंकि तुम आप ठीक जानते हो कि जैसा रात को चोर आता है, वैसा ही प्रभु का दिन आनेवाला है।* 3 जब लोग कहते होंगे, ''कुशल है, और कुछ भय नहीं,'' तो उन पर एकाएक विनाश आ पड़ेगा, जिस प्रकार गर्भवती पर पीड़ा; और वे किसी रीति से न बचेंगे। 4 पर हे भाइयो, तुम तो अन्धकार में नहीं हो कि वह दिन तुम पर चोर के समान आ पड़े। 5 क्योंकि तुम सब ज्योति की सन्तान और दिन की सन्तान हो; हम न रात के हैं, न अन्धकार के हैं। 6 इसलिये हम दूसरों के समान सोते न रहें, पर जागते और सावधान रहें। 7 क्योंकि जो सोते हैं वे रात ही को सोते हैं, और जो मतवाले होते हैं वे रात ही को मतवाले होते हैं। 8 पर हम जो दिन के हैं, विश्वास और प्रेम की झिलम पहिनकर और उद्धार की आशा का टोप पहिनकर सावधान रहें।* 9 क्योंकि परमेश्वर ने हमें क्रोध के लिये नहीं, परन्तु इसलिये ठहराया है कि हम अपने प्रभु यीशु मसीह के द्वारा उद्धार प्राप्त करें। 10 वह हमारे लिये इस कारण मरा कि हम चाहे जागते हों चाहे सोते हों, सब मिलकर उसी के साथ जीएँ। 11 इस कारण एक दूसरे को शान्ति दो और एक दूसरे की उन्नति का कारण बनो,* जैसा कि तुम करते भी हो।

कलीसिया को उपदेश

12 हे भाइयो, हम तुम से विनती करते हैं कि

4:15-17 * 1 कुर 15:51,52 5:2 * मत्ती 24:43; लूका 12:39; 2 पत 3:10 8 * यशा 59:17; इफि 6:13-17 11 * यू० का स्थापन करो

जो तुम में परिश्रम करते हैं, और प्रभु में तुम्हारे अगुवे हैं, और तुम्हें शिक्षा देते हैं, उनका सम्मान करो। 13 और उनके काम के कारण प्रेम के साथ उनको बहुत ही आदर के योग्य समझो। आपस में मेलमिलाप से रहो। 14 हे भाइयो, हम तुम्हें समझाते हैं कि जो ठीक चाल नहीं चलते उनको समझाओ, कायरों को ढाढ़स दो, निर्बलों को संभालो, सब की ओर सहनशीलता दिखाओ। 15 सावधान! कोई किसी से बुराई के बदले बुराई न करे; पर सदा भलाई करने पर तत्पर रहो, आपस में और सब से भी भलाई ही की चेष्टा करो। 16 सदा आनन्दित रहो। 17 निरन्तर प्रार्थना में लगे रहो। 18 हर बात में धन्यवाद करो; क्योंकि तुम्हारे लिये मसीह यीशु में परमेश्वर की यही इच्छा है। 19 आत्मा को न बुझाओ। 20 भविष्यद्वाणियों को तुच्छ न जानो। 21 सब बातों को परखो; जो अच्छी है उसे पकड़े रहो। 22 सब प्रकार की बुराई से बचे रहो।

आशीर्वाद

23 शान्ति का परमेश्वर आप ही तुम्हें पूरी रीति से पवित्र करे; और तुम्हारी आत्मा और प्राण और देह हमारे प्रभु यीशु मसीह के आने तक पूरे पूरे और निर्दोष सुरक्षित रहें। 24 तुम्हारा बुलानेवाला सच्चा* है, और वह ऐसा ही करेगा।

25 हे भाइयो, हमारे लिये प्रार्थना करो।

26 सब भाइयों को पवित्र चुम्बन से नमस्कार करो।

27 मैं तुम्हें प्रभु की शपथ देता हूँ कि यह पत्री सब भाइयों को पढ़कर सुनाई जाए।

28 हमारे प्रभु यीशु मसीह का अनुग्रह तुम पर होता रहे।

5:24 * यू० *विश्वासयोग्य*

थिस्सलुनीकियों के नाम पौलुस प्रेरित की दूसरी पत्री

भूमिका

मसीह के पुनरागमन से सम्बन्धित उलझन के कारण थिस्सलुनीकियों की कलीसिया में गड़बड़ी की स्थिति बनी हुई थी। *थिस्सलुनीकियों के नाम पौलुस प्रेरित की दूसरी पत्री* इस धारणा पर कि प्रभु के आगमन का दिन पहले ही आ चुका है, विचार करने के लिये लिखी गई है। पौलुस यह बताते हुए इस धारणा को सुधारता है कि मसीह के आगमन से पहले दुष्टता और बुराई अपनी चरम सीमा पर होगी। यह एक रहस्यमय शासक की अधीनता में होगा जिसे ''पाप का पुरुष अर्थात् विनाश का पुत्र'' कहा गया है, जो मसीह का विरोध करेगा।

प्रेरित यहाँ इस आवश्यकता पर बल देता है कि सारे दुःखों और कष्टों के होते हुए भी उसके पाठकों को अपने विश्वास में दृढ़ बने रहना चाहिए, अपनी जीविका के लिये कार्य करते रहना चाहिये जैसा कि पौलुस और उसके साथी करते थे, तथा भलाई करने में लगे रहना चाहिये।

रूप-रेखा :

भूमिका 1:1,2
स्तुति और प्रशंसा 1:3–12
मसीह के पुनरागमन से सम्बन्धित शिक्षा 2:1–17
मसीही आचार-व्यवहार सम्बन्धी उपदेश 3:1–15
उपसंहार 3:16–18

अभिवादन

1 पौलुस और सिलवानुस और तीमुथियुस की ओर से थिस्सलुनीकियों* की कलीसिया के नाम, जो हमारे पिता परमेश्वर और प्रभु यीशु मसीह में है :

2 हमारे पिता परमेश्वर और प्रभु यीशु मसीह की ओर से तुम्हें अनुग्रह और शान्ति मिलती रहे।

न्याय का दिन

3 हे भाइयो, तुम्हारे विषय में हमें हर समय परमेश्वर का धन्यवाद करना चाहिए, और यह उचित भी है, इसलिये कि तुम्हारा विश्वास बहुत बढ़ता जाता है, और तुम सब का प्रेम आपस में बहुत ही बढ़ता जाता है। 4 यहाँ तक कि हम आप परमेश्वर की कलीसिया में तुम्हारे विषय में घमण्ड करते हैं कि जितने उपद्रव और क्लेश तुम सहते हो, उन सब में तुम्हारा धीरज और विश्वास प्रगट होता है।

5 यह परमेश्वर के सच्चे न्याय का स्पष्ट प्रमाण है कि तुम परमेश्वर के राज्य के योग्य ठहरो, जिसके लिये तुम दुःख भी उठाते हो। 6 क्योंकि परमेश्वर के निकट यह न्याय है कि जो तुम्हें क्लेश देते हैं, उन्हें बदले में क्लेश दे 7 और तुम्हें, जो क्लेश पाते हो, हमारे साथ चैन दे; उस समय जब कि प्रभु यीशु अपने सामर्थी दूतों के साथ, धधकती हुई आग में स्वर्ग से प्रगट होगा, 8 और जो परमेश्वर को नहीं पहचानते और हमारे प्रभु यीशु के सुसमाचार को नहीं मानते उनसे पलटा लेगा। 9 वे प्रभु के सामने से और उसकी शक्ति के तेज से दूर होकर अनन्त विनाश का दण्ड पाएँगे।* 10 यह उस दिन होगा, जब वह अपने पवित्र लोगों में महिमा पाने और सब विश्वास करनेवालों में आश्चर्य का कारण होने को आएगा; क्योंकि तुम ने हमारी गवाही पर विश्वास किया। 11 इसी लिये हम सदा तुम्हारे लिये प्रार्थना भी करते हैं कि हमारा परमेश्वर तुम्हें इस बुलाहट के योग्य समझे, और भलाई की हर एक इच्छा और विश्वास के हर एक काम को सामर्थ्य सहित पूरा करे, 12 ताकि हमारे परमेश्वर और प्रभु यीशु मसीह के अनुग्रह के अनुसार हमारे प्रभु यीशु का नाम तुम में महिमा पाए, और तुम उस में।

पाप का पुरुष अर्थात् विनाश का पुत्र

2 हे भाइयो, अब हम अपने प्रभु यीशु मसीह के आने, और उसके पास अपने इकट्ठे होने के विषय में तुम से विनती करते हैं* 2 कि किसी आत्मा, या वचन, या पत्री के द्वारा, जो कि मानो हमारी ओर से हो, यह समझकर कि प्रभु का दिन आ पहुँचा है, तुम्हारा मन अचानक अस्थिर न हो जाए और न तुम घबराओ। 3 किसी रीति से किसी के धोखे में न आना, क्योंकि वह दिन न आएगा जब तक धर्म का त्याग न हो ले, और वह पाप का पुरुष अर्थात् विनाश का पुत्र प्रगट न हो। 4 जो विरोध करता है, और हर एक से जो ईश्वर या पूज्य कहलाता है, अपने आप को बड़ा ठहराता है,

1:1* प्रेरि 17:1 9* यशा 2:10 2:1* 1 थिस्स 4:15–17 4* यू० *पवित्रस्थान*

यहाँ तक कि वह परमेश्‍वर के मन्दिर* में
बैठकर अपने आप को ईश्‍वर ठहराता है।†
5 क्या तुम्हें स्मरण नहीं कि जब मैं तुम्हारे यहाँ
था, तो तुम से ये बातें कहा करता था? 6 तुम
उस वस्तु को जानते हो, जो उसे अभी रोक रहा
है कि वह अपने ही समय में प्रगट हो।
7 क्योंकि अधर्म का भेद अब भी कार्य करता
जाता है, पर अभी एक रोकनेवाला है, और जब
तक वह दूर न हो जाए वह रोके रहेगा। 8 तब
वह अधर्मी प्रगट होगा, जिसे प्रभु यीशु अपने
मुँह की फूँक से मार डालेगा, और अपने आगमन
के तेज से भस्म करेगा।* 9 उस अधर्मी का
आना शैतान के कार्य के अनुसार सब प्रकार की
झूठी सामर्थ्य, और चिह्न, और अद्‌भुत काम के
साथ,* 10 और नाश होनेवालों के लिये अधर्म
के सब प्रकार के धोखे के साथ होगा; क्योंकि
उन्होंने सत्य से प्रेम नहीं किया जिस से उनका
उद्धार होता। 11 इसी कारण परमेश्‍वर उनमें एक
भटका देनेवाली सामर्थ्य को भेजेगा कि वे झूठ
की प्रतीति करें, 12 ताकि जितने लोग सत्य की
प्रतीति नहीं करते, वरन् अधर्म से प्रसन्न होते हैं,
वे सब दण्ड पाएँ।

दृढ़ बने रहो

13 हे भाइयो, और प्रभु के प्रिय लोगो, चाहिये
कि हम तुम्हारे विषय में सदा परमेश्‍वर का
धन्यवाद करते रहें, क्योंकि परमेश्‍वर ने आदि
से तुम्हें चुन लिया कि आत्मा के द्वारा पवित्र
बनकर, और सत्य की प्रतीति करके उद्धार पाओ,
14 जिस के लिये उसने तुम्हें हमारे सुसमाचार
के द्वारा बुलाया, कि तुम हमारे प्रभु यीशु मसीह
की महिमा को प्राप्‍त करो। 15 इसलिये हे भाइयो,
स्थिर रहो; और जो जो बातें तुम ने चाहे वचन
या पत्री के द्वारा हम से सीखी हैं, उन्हें थामे
रहो।

16 हमारा प्रभु यीशु मसीह आप ही, और
हमारा पिता परमेश्‍वर, जिसने हम से प्रेम रखा
और अनुग्रह से अनन्त शान्ति और उत्तम आशा
दी है, 17 तुम्हारे मनों में शान्ति दे और तुम्हें हर
एक अच्छे काम और वचन में दृढ़ करे।

प्रार्थना करने का अनुरोध

3 अन्त में, हे भाइयो, हमारे लिये प्रार्थना किया
करो कि प्रभु का वचन ऐसा शीघ्र फैले और
महिमा पाए, जैसा तुम में हुआ, 2 और हम टेढ़े
और दुष्‍ट मनुष्यों से बचे रहें क्योंकि हर एक में
विश्‍वास नहीं।

3 परन्तु प्रभु सच्चा* है; वह तुम्हें दृढ़ता से
स्थिर करेगा और उस दुष्‍ट† से सुरक्षित रखेगा।
4 हमें प्रभु में तुम्हारे ऊपर भरोसा है कि जो-जो
आज्ञा हम तुम्हें देते हैं, उन्हें तुम मानते हो, और
मानते भी रहोगे। 5 परमेश्‍वर के प्रेम और मसीह
के धीरज की ओर प्रभु तुम्हारे मन की अगुआई
करे।

कार्य करने का उत्तरदायित्व

6 हे भाइयो, हम तुम्हें अपने प्रभु यीशु मसीह
के नाम से आज्ञा देते हैं कि तुम हर एक ऐसे भाई
से अलग रहो जो अनुचित चाल चलता और जो
शिक्षा उसने हम से पाई उसके अनुसार नहीं करता।
7 क्योंकि तुम आप जानते हो कि किस रीति से
हमारी सी चाल चलनी चाहिए, क्योंकि हम तुम्हारे
बीच में अनुचित चाल न चले, 8 और किसी की
रोटी मुफ़्त में न खाई; पर परिश्रम और कष्‍ट से
रात दिन काम धन्धा करते थे कि तुम में से किसी
पर भार न हो। 9 यह नहीं कि हमें अधिकार
नहीं, पर इसलिये कि अपने आप को तुम्हारे
लिये आदर्श ठहराएँ कि तुम हमारी सी चाल
चलो। 10 क्योंकि जब हम तुम्हारे यहाँ थे, तब
भी यह आज्ञा तुम्हें देते थे कि यदि कोई काम
करना न चाहे तो खाने भी न पाए। 11 हम सुनते
हैं कि कुछ लोग तुम्हारे बीच में अनुचित चाल
चलते हैं, और कुछ काम नहीं करते पर दूसरों के
काम में हाथ डाला करते हैं। 12 ऐसों को हम

2:4† दानि 11:36; यहेज 28:2 **8*** यशा 11:4 **9*** मत्ती 24:24 **3:3*** यू॰ *विश्‍वासयोग्य* **†** या *बुराई*

प्रभु यीशु मसीह में आज्ञा देते और समझाते हैं कि चुपचाप काम करके अपनी ही रोटी खाया करें। 13 तुम, हे भाइयो, भलाई करने में साहस न छोड़ो।

14 यदि कोई हमारी इस पत्री की बात को न माने तो उस पर दृष्टि रखो, और उस की संगति न करो, जिससे वह लज्जित हो। 15 तौभी उसे बैरी मत समझो, पर भाई जानकर चिताओ।

अन्तिम नमस्कार

16 अब प्रभु जो शान्ति का सोता है आप ही तुम्हें सदा और हर प्रकार से शान्ति दे। प्रभु तुम सब के साथ रहे।

17 मैं, पौलुस, अपने हाथ से नमस्कार लिखता हूँ। हर पत्री में मेरा यही चिह्न है; मैं इसी प्रकार से लिखता हूँ। 18 हमारे प्रभु यीशु मसीह का अनुग्रह तुम सब पर होता रहे।

तीमुथियुस के नाम पौलुस प्रेरित की पहली पत्री

भूमिका

तीमुथियुस एक युवा मसीही था, जो एशिया माइनर का निवासी, और यहूदिन माता और यूनानी पिता का पुत्र था। वह पौलुस के प्रचार कार्य में उसका साथी और सहायक बन गया था। *तीमुथियुस के नाम पौलुस प्रेरित की पहली पत्री* तीन मुख्य बातों पर विचार करने के लिये लिखी गई थी।

सर्वप्रथम, यह पत्री कलीसिया में झूठी शिक्षा के विरुद्ध एक चेतावनी है। वह शिक्षा, जो कि यहूदी और गैर-यहूदी विचारों का मिश्रण थी, इस धारणा पर आधारित थी कि भौतिक संसार ही बुरा है और एक व्यक्ति विशेष गुप्त ज्ञान तथा कुछ रीति-रिवाजों, जैसे कुछ खाद्य पदार्थ न खाना और विवाह न करना आदि, का पालन करने के द्वारा ही उद्धार प्राप्त कर सकता है। इस पत्री में कलीसिया के प्रबन्ध और आराधना सम्बन्धी निर्देश भी हैं, और साथ ही उस चरित्र का भी वर्णन है जो कलीसिया के अगुवों और सहायकों के लिये आवश्यक है। अन्त में, तीमुथियुस को यह सलाह दी गई है कि वह कैसे यीशु मसीह का एक अच्छा सेवक बन सकता है, तथा विभिन्न विश्वासी समूहों के प्रति उसकी क्या-क्या जिम्मेवारियाँ हैं।

रूप-रेखा :

भूमिका 1:1,2
कलीसिया और इसके अगुवों से सम्बन्धित निर्देश 1:3 — 3:16
तीमुथियुस को उसके कार्य सम्बन्धी निर्देश 4:1 — 6:21

अभिवादन

1 पौलुस की ओर से जो हमारे उद्धारकर्ता परमेश्वर और हमारी आशा के आधार मसीह यीशु की आज्ञा से मसीह यीशु का प्रेरित है, 2 तीमुथियुस* के नाम जो विश्वास में मेरा सच्चा पुत्र है :

पिता परमेश्वर, और हमारे प्रभु मसीह यीशु की ओर से तुझे अनुग्रह, और दया और शान्ति मिलती रहे।

झूठे शिक्षकों के विरुद्ध चेतावनी

3 जैसे मैं ने मकिदुनिया को जाते समय तुझे समझाया था, कि इफिसुस में रहकर कुछ लोगों को आज्ञा दे कि अन्य प्रकार की शिक्षा न दें, 4 और उन कहानियों और अनन्त वंशावलियों पर मन न लगाएँ, जिनसे विवाद होते हैं, और परमेश्वर के उस प्रबन्ध के अनुसार नहीं, जो विश्वास पर आधारित है। वैसे ही फिर भी कहता हूँ। 5 आज्ञा का सारांश यह है कि शुद्ध मन और अच्छे विवेक,* और कपटरहित विश्वास से प्रेम उत्पन्न हो। 6 इनको छोड़कर कितने लोग बकवाद की ओर भटक गए हैं, 7 और व्यवस्थापक तो होना चाहते हैं, पर जो बातें कहते और जिनको दृढ़ता से बोलते हैं, उनको समझते भी नहीं।

8 पर हम जानते हैं कि यदि कोई व्यवस्था को उचित रीति से काम में लाए तो वह भली है। 9 यह जानकर कि व्यवस्था धर्मी जन के लिये नहीं पर अधर्मियों, निरंकुशों, भक्तिहीनों, पापियों, अपवित्र और अशुद्ध मनुष्यों, माँ-बाप के घात करनेवालों, हत्यारों, 10 व्यभिचारियों, पुरुष-गामियों, मनुष्य के बेचनेवालों, झूठ बोलनेवालों, और झूठी शपथ खानेवालों, और इनके अतिरिक्त खरे उपदेश के सब विरोधियों के लिये ठहराई गई है। 11 यही परमधन्य परमेश्वर की महिमा के उस सुसमाचार के अनुसार है जो मुझे सौंपा गया है।

अनुग्रह के लिये धन्यवाद

12 मैं अपने प्रभु मसीह यीशु का जिसने मुझे सामर्थ्य दी है, धन्यवाद करता हूँ कि उसने मुझे विश्वासयोग्य समझकर अपनी सेवा के लिये ठहराया। 13 मैं तो पहले निन्दा करनेवाला, और सतानेवाला, और अन्धेर करनेवाला था; तौभी मुझ पर दया हुई, क्योंकि मैं ने अविश्वास की दशा में बिन समझे बूझे ये काम किये थे।*
14 और हमारे प्रभु का अनुग्रह उस विश्वास और प्रेम के साथ जो मसीह यीशु में है, बहुतायत से हुआ। 15 यह बात सच* और हर प्रकार से मानने के योग्य है कि मसीह यीशु पापियों का उद्धार करने के लिये जगत में आया, जिनमें सब से बड़ा मैं हूँ। 16 पर मुझ पर इसलिये दया हुई कि मुझ सब से बड़े पापी में यीशु मसीह अपनी पूरी सहनशीलता दिखाए, कि जो लोग उस पर अनन्त जीवन के लिये विश्वास करेंगे उनके लिये मैं एक आदर्श बनूँ। 17 अब सनातन राजा अर्थात् अविनाशी, अनदेखे, एकमात्र परमेश्वर का आदर और महिमा युगानुयुग होती रहे। आमीन।

18 हे पुत्र तीमुथियुस, उन भविष्यद्वाणियों के अनुसार जो पहले तेरे विषय में की गई थीं, मैं यह आज्ञा सौंपता हूँ कि तू उनके अनुसार अच्छी लड़ाई को लड़ते रह, 19 और विश्वास और उस अच्छे विवेक* को थामे रह, जिसे दूर करने के कारण कितनों का विश्वास रूपी जहाज डूब गया। 20 उन्हीं में से हुमिनयुस और सिकन्दर हैं, जिन्हें मैं ने शैतान को सौंप दिया है कि वे परमेश्वर की निन्दा करना न सीखें।

आराधना सम्बन्धी निर्देश

2 अब मैं सब से पहले यह आग्रह करता हूँ कि विनती, और प्रार्थना, और निवेदन, और धन्यवाद सब मनुष्यों के लिये किए जाएँ। 2 राजाओं और सब ऊँचे पदवालों के निमित्त इसलिये कि हम विश्राम और चैन के साथ सारी

1:2* *प्रेरि 16:1*   5* *अर्थात् मन या कानशन्स*   13* *प्रेरि 8:3; 9:4,5*   15* *यू० विश्वासयोग्य*   19* *अर्थात् मन या कानशन्स*

भक्ति और गम्भीरता से जीवन बिताएँ। 3 यह हमारे उद्धारकर्ता परमेश्वर को अच्छा लगता और भाता भी है, 4 जो यह चाहता है कि सब मनुष्यों का उद्धार हो, और वे सत्य को भली भाँति पहचान लें। 5 क्योंकि परमेश्वर एक ही है, और परमेश्वर और मनुष्यों के बीच में भी एक ही बिचवई है, अर्थात् मसीह यीशु जो मनुष्य है। 6 जिसने अपने आप को सब के छुटकारे के दाम में दे दिया, और उसकी गवाही ठीक समय पर दी गई। 7 मैं सच कहता हूँ, झूठ नहीं बोलता, कि मैं इसी उद्देश्य से प्रचारक और प्रेरित और अन्यजातियों के लिये विश्वास और सत्य का उपदेशक ठहराया गया।*

8 इसलिये मैं चाहता हूँ कि हर जगह पुरुष, बिना क्रोध और विवाद के पवित्र हाथों को उठाकर प्रार्थना किया करें। 9 वैसे ही स्त्रियाँ भी संकोच और संयम के साथ सुहावने वस्त्रों से अपने आप को संवारे; न कि बाल गूँथने और सोने और मोतियों और बहुमोल कपड़ों से,* 10 पर भले कामों से, क्योंकि परमेश्वर की भक्ति करनेवाली स्त्रियों को यही उचित भी है। 11 स्त्री को चुपचाप पूरी अधीनता से सीखना चाहिए। 12 मैं कहता हूँ कि स्त्री न उपदेश करे और न पुरुष पर आज्ञा चलाए, परन्तु चुपचाप रहे। 13 क्योंकि आदम पहले, उसके बाद हव्वा बनाई गई;* 14 और आदम बहकाया न गया, पर स्त्री बहकाने में आकर अपराधिनी हुई।* 15 तौभी स्त्री बच्चे जनने के द्वारा उद्धार पाएगी, यदि वह संयम सहित विश्वास, प्रेम, और पवित्रता में स्थिर रहे।

कलीसिया में अध्यक्ष (बिशप)

3 यह बात सत्य* है कि जो अध्यक्ष† होना चाहता है, वह भले काम की इच्छा करता है। 2 यह आवश्यक है कि अध्यक्ष निर्दोष, और एक ही पत्नी का पति, संयमी, सुशील, सभ्य, अतिथि-सत्कार करनेवाला, और सिखाने में निपुण हो। 3 पियक्कड़ या मारपीट करनेवाला न हो; वरन् कोमल हो, और न झगड़ालु, और न धन का लोभी हो। 4 अपने घर का अच्छा प्रबन्ध करता हो, और अपने बाल-बच्चों को सारी गम्भीरता से अधीन रखता हो। 5 जब कोई अपने घर ही का प्रबन्ध करना न जानता हो, तो परमेश्वर की कलीसिया की रखवाली कैसे करेगा? 6 फिर यह कि नया चेला न हो, ऐसा न हो कि अभिमान करके शैतान* का सा दण्ड पाए। 7 और बाहरवालों में भी उसका सुनाम हो, ऐसा न हो कि निन्दित होकर शैतान के फंदे में फँस जाए।*

कलीसिया में सेवक (डीकन)

8 वैसे ही सेवकों* को भी गम्भीर होना चाहिए, दोरंगी, पियक्कड़ और नीच कमाई के लोभी न हों; 9 पर विश्वास के भेद को शुद्ध विवेक* से सुरक्षित रखें। 10 और ये भी पहले परखे जाएँ, तब यदि निर्दोष निकलें तो सेवक का काम करें। 11 इसी प्रकार से स्त्रियों को भी गम्भीर होना चाहिए; दोष लगानेवाली न हों, पर सचेत और सब बातों में विश्वासयोग्य हों। 12 सेवक* एक ही पत्नी के पति हों और बाल-बच्चों और अपने घरों का अच्छा प्रबन्ध करना जानते हों। 13 क्योंकि जो सेवक का काम अच्छी तरह से कर सकते हैं, वे अपने लिये अच्छा पद और उस विश्वास में जो मसीह यीशु पर है, बड़ा साहस प्राप्त करते हैं।

महान् रहस्य

14 मैं तेरे पास जल्द आने की आशा रखने पर भी ये बातें तुझे इसलिये लिखता हूँ, 15 कि यदि मेरे आने में देर हो, तो तू जान ले कि परमेश्वर के घराने में जो जीवते परमेश्वर की कलीसिया है और जो सत्य का खंभा और नींव है, कैसा बर्ताव करना चाहिए। 16 इसमें सन्देह नहीं कि भक्ति का भेद गम्भीर है, अर्थात्,

2:7* 2 तीमु 1:11 9* 1 पत 3:3 13* उत्प 2:7, 21,22 14* उत्प 3:1-6 3:1* यू॰ *विश्वासयोग्य* † या *बिशप*
2-7* तीतुस 1:6-9 6* यू॰ *इब्लीस* 8* या *डीकनों* 9* अर्थात् *मन या कानशन्स* 12* या *डीकन*

वह जो शरीर में प्रगट हुआ,
आत्मा में धर्मी ठहरा,
स्वर्गदूतों को दिखाई दिया,
अन्यजातियों में उसका प्रचार हुआ,
जगत में उस पर विश्वास किया गया,
और महिमा में ऊपर उठाया गया।

झूठे शिक्षक

4 परन्तु आत्मा स्पष्टता से कहता है कि आनेवाले समयों में कितने लोग भरमानेवाली आत्माओं, और दुष्टात्माओं की शिक्षाओं पर मन लगाकर विश्वास से बहक जाएँगे। 2 यह उन झूठे मनुष्यों के कपट के कारण होगा, जिनका विवेक* मानो जलते हुए लोहे से दागा गया है, 3 जो विवाह करने से रोकेंगे, और भोजन की कुछ वस्तुओं से परे रहने की आज्ञा देंगे, जिन्हें परमेश्वर ने इसलिये सृजा कि विश्वासी और सत्य के पहिचाननेवाले उन्हें धन्यवाद के साथ खाएँ। 4 क्योंकि परमेश्वर की सृजी हुई हर एक वस्तु अच्छी है, और कोई वस्तु अस्वीकार करने के योग्य नहीं; पर यह कि धन्यवाद के साथ खाई जाए, 5 क्योंकि परमेश्वर के वचन और प्रार्थना के द्वारा शुद्ध हो जाती है।

मसीह यीशु का अच्छा सेवक

6 यदि तू भाइयों को इन बातों की सुधि दिलाता रहेगा, तो मसीह यीशु का अच्छा सेवक ठहरेगा; और विश्वास और उस अच्छे उपदेश की बातों से, जो तू मानता आया है, तेरा पालन-पोषण होता रहेगा। 7 पर अशुद्ध और बूढ़ियों की सी कहानियों से अलग रह; और भक्ति की साधना कर। 8 क्योंकि देह की साधना से कम लाभ होता है, पर भक्ति सब बातों के लिये लाभदायक है, क्योंकि इस समय के और आनेवाले जीवन की भी प्रतिज्ञा इसी के लिये है। 9 यह बात सच* और हर प्रकार से मानने के योग्य है। 10 क्योंकि हम परिश्रम और यत्न इसी लिये करते हैं कि हमारी आशा उस जीवते परमेश्वर पर है, जो सब मनुष्यों का और निज करके विश्वासियों का उद्धारकर्ता है।

11 इन बातों की आज्ञा दे और सिखाता रह। 12 कोई तेरी जवानी को तुच्छ न समझने पाए; पर वचन, और चाल-चलन, और प्रेम, और विश्वास, और पवित्रता में विश्वासियों के लिये आदर्श बन जा। 13 जब तक मैं न आऊँ, तब तक पढ़ने और उपदेश देने और सिखाने में लौलीन रह। 14 उस वरदान के प्रति जो तुझ में है, और भविष्यद्वाणी के द्वारा प्राचीनों* के हाथ रखते समय तुझे मिला था, निश्चिन्त मत रह। 15 इन बातों को सोचते रह और इन्हीं में अपना ध्यान लगाए रह, ताकि तेरी उन्नति सब पर प्रगट हो। 16 अपनी और अपने उपदेश की चौकसी रख। इन बातों पर स्थिर रह, क्योंकि यदि ऐसा करता रहेगा तो तू अपने और अपने सुननेवालों के लिये भी उद्धार का कारण होगा।

विश्वासियों के प्रति जिम्मेवारियाँ

5 किसी बूढ़े को न डाँट, पर उसे पिता जानकर समझा दे, और जवानों को भाई जानकर; 2 बूढ़ी स्त्रियों को माता जानकर; और जवान स्त्रियों को पूरी पवित्रता से बहिन जानकर समझा दे।

3 उन विधवाओं का, जो सचमुच विधवा हैं, आदर कर। 4 यदि किसी विधवा के बच्चे या नाती-पोते हों, तो वे पहले अपने ही घराने के साथ भक्ति का बर्ताव करना, और अपने माता-पिता आदि को उनका हक्क देना सीखें, क्योंकि यह परमेश्वर को भाता है। 5 जो सचमुच विधवा है, और उसका कोई नहीं, वह परमेश्वर पर आशा रखती है, और रात दिन विनती और प्रार्थना में लौलीन रहती है; 6 पर जो भोगविलास में पड़ गई, वह जीते जी मर गई है। 7 इन बातों की भी आज्ञा दिया कर ताकि वे निर्दोष रहें। 8 पर यदि कोई अपनों की और निज करके अपने घराने की

4:2* *अर्थात् मन या कानशन्स* 9* यू० *विश्वासयोग्य* 14* *या प्रिसबुतिरों*

चिन्ता न करे, तो वह विश्वास से मुकर गया है
और अविश्वासी से भी बुरा बन गया है।

9 उसी विधवा का नाम लिखा जाए जो साठ
वर्ष से कम की न हो, और एक ही पति की पत्नी
रही हो, 10 और भले काम में सुनाम रही हो,
जिस ने बच्चों का पालन-पोषण किया हो;
अतिथियों की सेवा की हो, पवित्र लोगों के पाँव
धोए हों, दुखियों की सहायता की हो, और हर
एक भले काम में मन लगाया हो। 11 पर जवान
विधवाओं के नाम न लिखना, क्योंकि जब वे
मसीह का विरोध करके सुख-विलास में पड़
जाती हैं तो विवाह करना चाहती हैं, 12 और
दोषी ठहरती हैं, क्योंकि उन्होंने अपने पहले
विश्वास को छोड़ दिया है। 13 इसके साथ ही
साथ वे घर-घर फिरकर आलसी होना सीखती
हैं, और केवल आलसी नहीं पर बकबक करती
रहतीं और दूसरों के काम में हाथ भी डालती हैं
और अनुचित बातें बोलती हैं। 14 इसलिये मैं
यह चाहता हूँ कि जवान विधवाएँ विवाह करें,
और बच्चे जनें और घरबार संभालें, और किसी
विरोधी को बदनाम करने का अवसर न दें।
15 क्योंकि कई एक तो बहककर शैतान के पीछे
हो चुकी हैं। 16 यदि किसी विश्वासिनी के यहाँ
विधवाएँ हों, तो वही उनकी सहायता करे कि
कलीसिया पर भार न हो, ताकि वह उनकी सहायता
कर सके जो सचमुच विधवाएँ हैं।

17 जो प्राचीन* अच्छा प्रबन्ध करते हैं, विशेष
करके वे जो वचन सुनाने और सिखाने में परिश्रम
करते हैं, दो गुने आदर के योग्य समझे जाएँ।
18 क्योंकि पवित्रशास्त्र कहता है, "दाँवनेवाले
बैल का मुँह न बाँधना," क्योंकि "मजदूर अपनी
मजदूरी का हक्कदार है।"* 19 कोई दोष किसी
प्राचीन पर लगाया जाए तो बिना दो या तीन
गवाहों के उसको न सुन।* 20 पाप करनेवालों
को सब के सामने समझा दे, ताकि और लोग भी
डरें। 21 परमेश्वर, और मसीह यीशु और चुने
हुए स्वर्गदूतों को उपस्थित जानकर मैं तुझे चेतावनी
देता हूँ कि तू मन खोलकर इन बातों को माना
कर, और कोई काम पक्षपात से न कर।
22 किसी पर शीघ्र हाथ न रखना, और दूसरों के
पापों में भागी न होना; अपने आप को पवित्र
बनाए रख।

23 भविष्य में केवल जल ही का पीनेवाला न
रह, पर अपने पेट के और अपने बार-बार बीमार
होने के कारण थोड़ा-थोड़ा दाखरस भी काम में
लाया कर।

24 कुछ मनुष्यों के पाप प्रगट हो जाते हैं
और न्याय के लिये पहले से पहुँच जाते हैं, पर
कुछ के पीछे से आते हैं। 25 वैसे ही कुछ भले
काम भी प्रगट होते हैं; और जो ऐसे नहीं होते, वे
भी छिप नहीं सकते।

6 जितने दासता के जूए के नीचे हैं, वे अपने
अपने स्वामी को बड़े आदर के योग्य जानें,
ताकि परमेश्वर के नाम और उपदेश की निन्दा न
हो। 2 जिनके स्वामी विश्वासी हैं उन्हें वे भाई
होने के कारण तुच्छ न जानें, वरन् उनकी और
भी सेवा करें, क्योंकि इससे लाभ उठानेवाले
विश्वासी और प्रेमी हैं। इन बातों का उपदेश
किया कर और समझाता रह।

झूठी शिक्षा और धन का लोभ

3 यदि कोई और ही प्रकार का उपदेश देता है
और खरी बातों को, अर्थात् हमारे प्रभु यीशु
मसीह की बातों को और उस उपदेश को नहीं
मानता, जो भक्ति के अनुसार है, 4 तो वह
अभिमानी हो गया, और कुछ नहीं जानता; वरन्
उसे विवाद और शब्दों पर तर्क करने का रोग है,
जिससे डाह, और झगड़े, और निन्दा की बातें,
और बुरे-बुरे सन्देह, 5 और उन मनुष्यों में व्यर्थ
रगड़े-झगड़े उत्पन्न होते हैं जिनकी बुद्धि बिगड़
गई है, और वे सत्य से विहीन हो गए हैं, जो
समझते हैं कि भक्ति कमाई का द्वार है। 6 पर
सन्तोष सहित भक्ति बड़ी कमाई है। 7 क्योंकि
न हम जगत में कुछ लाए हैं और न कुछ ले जा

5:17* या *प्रिसबुतिर* **18*** व्य 25:4; मत्ती 10:10; लूका 10:7 **19*** व्य 17:6; 19:15

सकते हैं। 8 यदि हमारे पास खाने और पहिनने
को हो, तो इन्हीं पर सन्तोष करना चाहिए। 9 पर
जो धनी होना चाहते हैं, वे ऐसी परीक्षा और फंदे
और बहुत सी व्यर्थ और हानिकारक लालसाओं
में फँसते हैं, जो मनुष्यों को बिगाड़ देती हैं और
विनाश के समुद्र में डुबा देती हैं। 10 क्योंकि
रुपये का लोभ सब प्रकार की बुराइयों की जड़
है, जिसे प्राप्त करने का प्रयत्न करते हुए बहुतों
ने विश्वास से भटककर अपने आप को नाना
प्रकार के दु:खों से छलनी बना लिया है।

तीमुथियुस को व्यक्तिगत निर्देश

11 पर हे परमेश्वर के जन, तू इन बातों से
भाग, और धर्म, भक्ति, विश्वास, प्रेम, धीरज
और नम्रता का पीछा कर। 12 विश्वास की अच्छी
कुश्ती लड़; और उस अनन्त जीवन को धर ले,
जिसके लिये तू बुलाया गया और बहुत से गवाहों
के सामने अच्छा अंगीकार किया था। 13 मैं तुझे
परमेश्वर को, जो सब को जीवित रखता है, और
मसीह यीशु को गवाह करके जिसने पुन्तियुस
पिलातुस के सामने अच्छा अंगीकार किया,* यह
आज्ञा देता हूँ 14 कि तू हमारे प्रभु यीशु मसीह के
प्रगट होने तक इस आज्ञा को निष्कलंक और
निर्दोष रख, 15 जिसे वह ठीक समय पर
दिखाएगा, जो परमधन्य और एकमात्र अधिपति
और राजाओं का राजा और प्रभुओं का प्रभु है,
16 और अमरता केवल उसी की है, और वह
अगम्य ज्योति में रहता है, और न उसे किसी
मनुष्य ने देखा और न कभी देख सकता है। उस
की प्रतिष्ठा और राज्य युगानुयुग रहेगा। आमीन।

17 इस संसार के धनवानों को आज्ञा दे कि वे
अभिमानी न हों और चंचल धन पर आशा न
रखें, परन्तु परमेश्वर पर जो हमारे सुख के लिये
सब कुछ बहुतायत से देता है। 18 वे भलाई करें,
और भले कामों में धनी बनें, और उदार और
सहायता देने में तत्पर हों, 19 और आगे के लिये
एक अच्छी नींव डाल रखें कि सच्चे जीवन को
वश में कर लें।

20 हे तीमुथियुस, इस धरोहर की रखवाली
कर; और जिस ज्ञान को ज्ञान कहना ही भूल है,
उसके अशुद्ध बकवाद और विरोध की बातों से
परे रह। 21 कितने इस ज्ञान का अंगीकार करके
विश्वास से भटक गए हैं।

तुम पर अनुग्रह होता रहे।

6:13* यूह 18:37

तीमुथियुस के नाम पौलुस प्रेरित की दूसरी पत्री

भूमिका

तीमुथियुस के नाम पौलुस प्रेरित की दूसरी पत्री, पौलुस के एक युवा साथी और सहायक के रूप में कार्यरत तीमुथियुस को पौलुस की व्यक्तिगत सलाह है। इसका मुख्य विषय है धीरता। तीमुथियुस को परामर्श और प्रोत्साहन दिया गया है कि सताव और विरोध के होते हुए भी वह विश्वासयोग्यता के साथ यीशु मसीह की गवाही देता रहे, सुसमाचार और पुराना-नियम की सच्ची शिक्षाओं पर दृढ़ बना रहे, और एक शिक्षक और प्रचारक के रूप में अपने कर्त्तव्य का निर्वाह करता रहे।

तीमुथियुस को विशेष रूप से ''मूर्खतापूर्ण और व्यर्थ के वाद-विवादों'' में उलझने से उत्पन्न खतरों के विषय में चेतावनी दी गई है। इससे कुछ लाभ नहीं होता परन्तु यह सुनने वालों के लिये विनाश का कारण हो जाता है।

इन सभी में, तीमुथियुस को स्वयं लेखक के अपने जीवन और उद्देश्य — उसके विश्वास, सहनशक्ति, प्रेम, धैर्य, और सताव के समय दु:ख — के उदाहरण को याद दिलाया गया है।

रूप-रेखा :

भूमिका 1:1, 2
प्रशंसा और उपदेश 1:3 — 2:13
सलाह और चेतावनी 2:14 — 4:5
पौलुस की अपनी स्थिति 4:6-18
उपसंहार 4:19-22

अभिवादन

1 पौलुस की ओर से जो, उस जीवन की प्रतिज्ञा के अनुसार जो मसीह यीशु में है, परमेश्वर की इच्छा से मसीह यीशु का प्रेरित है, 2 प्रिय पुत्र तीमुथियुस* के नाम :

परमेश्वर पिता और हमारे प्रभु मसीह यीशु की ओर से तुझे अनुग्रह और दया और शान्ति मिलती रहे।

धन्यवाद और प्रोत्साहन

3 जिस परमेश्वर की सेवा मैं अपने बापदादों की रीति पर शुद्ध विवेक* से करता हूँ, उसका धन्यवाद हो कि मैं अपनी प्रार्थनाओं में तुझे लगातार स्मरण करता हूँ, 4 और तेरे आँसुओं की सुधि कर करके रात दिन तुझ से भेंट करने की लालसा रखता हूँ कि आनन्द से भर जाऊँ। 5 मुझे तेरे उस निष्कपट विश्वास की सुधि आती है, जो पहले तेरी नानी लोइस और तेरी माता यूनीके में था, और मुझे निश्चय है कि तुझ में भी है।* 6 इसी कारण मैं तुझे सुधि दिलाता हूँ कि तू परमेश्वर के उस वरदान को जो मेरे हाथ रखने के द्वारा तुझे मिला है प्रज्वलित कर दे। 7 क्योंकि परमेश्वर ने हमें भय की नहीं पर सामर्थ्य और प्रेम और संयम की आत्मा दी है।

8 इसलिये हमारे प्रभु की गवाही से, और मुझ से जो उसका कैदी हूँ, लज्जित न हो, पर उस परमेश्वर की सामर्थ्य के अनुसार सुसमाचार के लिये मेरे साथ दु:ख उठा 9 जिसने हमारा उद्धार किया और पवित्र बुलाहट से बुलाया, और यह हमारे कामों के अनुसार नहीं; पर उसके उद्देश्य और उस अनुग्रह के अनुसार है जो मसीह यीशु में सनातन से हम पर हुआ है, 10 पर अब हमारे उद्धारकर्ता मसीह यीशु के प्रगट होने के द्वारा प्रकाशित हुआ, जिसने मृत्यु का नाश किया और जीवन और अमरता को उस सुसमाचार के द्वारा प्रकाशमान कर दिया। 11 जिस के लिये मैं प्रचारक, और प्रेरित, और उपदेशक भी ठहरा।* 12 इस कारण मैं इन दु:खों को भी उठाता हूँ, पर लजाता नहीं, क्योंकि मैं उसे जिस पर मैं ने विश्वास किया है, जानता हूँ; और मुझे निश्चय है कि वह मेरी धरोहर की उस दिन तक रखवाली कर सकता है। 13 जो खरी बातें तू ने मुझ से सुनी हैं उनको उस विश्वास और प्रेम के साथ, जो मसीह यीशु में है, अपना आदर्श बनाकर रख। 14 और पवित्र आत्मा के द्वारा जो हम में बसा हुआ है, इस

1:2* प्रेरि 16:1 **3*** अर्थात् *मन या कानशन्स* **5*** प्रेरि 16:1 **11*** 1 तीमु 2:7

अच्छी धरोहर की रखवाली कर।

15 तू जानता है कि आसियावाले सब मुझ से फिर गए हैं, जिनमें फूगिलुस और हिरमुगिनेस हैं। 16 उनेसिफुरुस के घराने पर प्रभु दया करे, क्योंकि उसने बहुत बार मेरे जी को ठंडा किया और मेरी जंजीरों से लज्जित न हुआ। 17 पर जब वह रोम में आया, तो बड़े यत्न से ढूँढ़कर मुझ से भेंट की— 18 प्रभु करे कि उस दिन उस पर प्रभु की दया हो—और जो जो सेवा उसने इफिसुस में की है उन्हें भी तू भली भाँति जानता है।

मसीह यीशु का स्वामिभक्त सैनिक

2 इसलिये हे मेरे पुत्र, तू उस अनुग्रह से जो मसीह यीशु में है, बलवन्त हो जा, 2 और जो बातें तू ने बहुत से गवाहों के सामने मुझ से सुनी हैं, उन्हें विश्वासी मनुष्यों को सौंप दे; जो दूसरों को भी सिखाने के योग्य हों। 3 मसीह यीशु के अच्छे योद्धा के समान मेरे साथ दुःख उठा। 4 जब कोई योद्धा लड़ाई पर जाता है, तो इसलिये कि अपने भरती करनेवाले को प्रसन्न करे, अपने आप को संसार के कामों में नहीं फँसाता। 5 फिर अखाड़े में लड़नेवाला यदि विधि के अनुसार न लड़े तो मुकुट नहीं पाता। 6 जो किसान परिश्रम करता है, फल का अंश पहले उसे मिलना चाहिए। 7 जो मैं कहता हूँ उस पर ध्यान दे, और प्रभु तुझे सब बातों की समझ देगा। 8 यीशु मसीह को स्मरण रख, जो दाऊद के वंश से हुआ और मरे हुओं में से जी उठा, और यह मेरे सुसमाचार के अनुसार है। 9 जिसके लिये मैं कुकर्मी के समान दुःख उठाता हूँ, यहाँ तक कि कैद भी हूँ; परन्तु परमेश्वर का वचन कैद नहीं। 10 इस कारण मैं चुने हुए लोगों के लिये सब कुछ सहता हूँ, कि वे भी उस उद्धार को जो मसीह यीशु में है अनन्त महिमा के साथ पाएँ। 11 यह बात सच* है,

कि यदि हम उसके साथ मर गए हैं,
   तो उसके साथ जीएँगे भी;
12 यदि हम धीरज से सहते रहेंगे, तो उसके
   साथ राज्य भी करेंगे;
यदि हम उसका इन्कार करेंगे, तो वह भी
   हमारा इन्कार करेगा;*
13 यदि हम अविश्वासी भी हों,
   तौभी वह विश्वासयोग्य बना रहता है,
   क्योंकि वह आप अपना इन्कार नहीं कर
   सकता।

उत्तम कारीगर

14 इन बातों की सुधि उन्हें दिला और प्रभु के सामने चिता दे कि शब्दों पर तर्क-वितर्क न किया करें, जिनसे कुछ लाभ नहीं होता वरन् सुननेवाले बिगड़ जाते हैं। 15 अपने आप को परमेश्वर का ग्रहणयोग्य और ऐसा काम करनेवाला ठहराने का प्रयत्न कर, जो लज्जित होने न पाए, और जो सत्य के वचन को ठीक रीति से काम में लाता हो। 16 पर अशुद्ध बकवाद से बचा रह, क्योंकि ऐसे लोग और भी अभक्ति में बढ़ते जाएँगे, 17 और उनका वचन सड़े घाव की तरह फैलता जाएगा। हुमिनयुस और फिलेतुस उन्हीं में से हैं, 18 जो यह कहकर कि पुनरुत्थान* हो चुका है सत्य से भटक गए हैं, और कितनों के विश्वास को उलट पुलट कर देते हैं। 19 तौभी परमेश्वर की पक्की नींव बनी रहती है, और उस पर यह छाप लगी है : ''प्रभु अपनों को पहिचानता है,'' और ''जो कोई प्रभु का नाम लेता है, वह अधर्म से बचा रहे।''*

20 बड़े घर में न केवल सोने-चाँदी ही के, पर काठ और मिट्टी के बरतन भी होते हैं; कोई-कोई आदर, और कोई-कोई अनादर के लिये। 21 यदि कोई अपने आप को इनसे शुद्ध करेगा, तो वह आदर का बरतन और पवित्र ठहरेगा; और स्वामी के काम आएगा, और हर भले काम के लिये तैयार होगा। 22 जवानी की अभिलाषाओं से भाग, और जो शुद्ध मन से प्रभु का नाम लेते हैं उनके साथ धर्म, और विश्वास, और प्रेम, और मेलमिलाप का पीछा कर। 23 पर मूर्खता और अविद्या के विवादों से अलग रह, क्योंकि तू

2:11 * यू० *विश्वासयोग्य*   12 * मत्ती 10:33; लूका 12:9   18 * या *मृतकोत्थान*   19 * गिनती 16:5

जानता है कि इनसे झगड़े उत्पन्न होते हैं।
24 प्रभु के दास को झगड़ालू नहीं होना चाहिए,
पर वह सब के साथ कोमल और शिक्षा में निपुण
और सहनशील हो। 25 वह विरोधियों को नम्रता
से समझाए, क्या जाने परमेश्वर उन्हें मन फिराव
का मन दे कि वे भी सत्य को पहिचानें, 26 और
इसके द्वारा उसकी इच्छा पूरी करने के लिये सचेत
होकर शैतान* के फंदे से छूट जाएँ।

अन्तिम दिनों में अधर्म

3 पर यह स्मरण रख कि अन्तिम दिनों में
कठिन समय आएँगे। 2 क्योंकि मनुष्य
स्वार्थी, लोभी, डींगमार, अभिमानी, निन्दक,
माता-पिता की आज्ञा टालनेवाले, कृतघ्न, अपवित्र,
3 दयारहित, क्षमारहित, दोष लगानेवाले, असंयमी,
कठोर, भले के बैरी, 4 विश्वासघाती, ढीठ,
घमण्डी, और परमेश्वर के नहीं वरन् सुखविलास
ही के चाहनेवाले होंगे। 5 वे भक्ति का भेष तो
धरेंगे, पर उसकी शक्ति को न मानेंगे; ऐसों से
परे रहना। 6 इन्हीं में से वे लोग हैं जो घरों में
दबे पाँव घुस आते हैं, और उन दुर्बल स्त्रियों को
वश में कर लेते हैं जो पापों से दबी और हर
प्रकार की अभिलाषाओं के वश में हैं, 7 और
सदा सीखती तो रहती हैं पर सत्य की पहिचान
तक कभी नहीं पहुँचतीं। 8 जैसे यन्नेस और यम्ब्रेस
ने मूसा का विरोध किया था, वैसे ही ये भी सत्य
का विरोध करते हैं; ये ऐसे मनुष्य हैं, जिनकी
बुद्धि भ्रष्ट हो गई है और वे विश्वास के विषय में
निकम्मे हैं।* 9 पर वे इससे आगे नहीं बढ़ सकते,
क्योंकि जैसे उनकी अज्ञानता सब मनुष्यों पर
प्रगट हो गई थी, वैसे ही इनकी भी हो जाएगी।

तीमुथियुस को विशेष निर्देश

10 परन्तु तू ने उपदेश, चालचलन, मनसा,
विश्वास, सहनशीलता, प्रेम, धीरज, और सताए
जाने, और दुःख उठाने में मेरा साथ दिया;
11 और ऐसे दुःखों में भी जो अन्ताकिया और
इकुनियुम और लुस्त्रा में मुझ पर पड़े थे,* और
अन्य दुःखों में भी जो मैं ने उठाए हैं; परन्तु प्रभु
ने मुझे उन सब से छुड़ा लिया। 12 पर जितने
मसीह यीशु में भक्ति के साथ जीवन बिताना
चाहते हैं वे सब सताए जाएँगे; 13 परन्तु दुष्ट
और बहकानेवाले धोखा देते हुए और धोखा
खाते हुए, बिगड़ते चले जाएँगे। 14 पर तू उन
बातों पर जो तू ने सीखीं हैं और विश्वास किया
है, यह जानकर दृढ़ बना रह कि तू ने उन्हें किन
लोगों से सीखा है, 15 और बचपन से पवित्रशास्त्र
तेरा जाना हुआ है, जो तुझे मसीह पर विश्वास
करने से उद्धार प्राप्त करने के लिये बुद्धिमान
बना सकता है। 16 सम्पूर्ण पवित्रशास्त्र परमेश्वर
की प्रेरणा से रचा गया है और उपदेश, और
समझाने, और सुधारने, और धार्मिकता की शिक्षा
के लिये लाभदायक है, 17 ताकि परमेश्वर का
जन सिद्ध बने, और हर एक भले काम के लिये
तत्पर हो जाए।

4 परमेश्वर और मसीह यीशु को गवाह करके,
जो जीवतों और मरे हुओं का न्याय करेगा,
और उसके प्रगट होने और राज्य की सुधि दिलाकर
मैं तुझे आदेश देता हूँ 2 कि तू वचन का प्रचार
कर, समय और असमय तैयार रह, सब प्रकार
की सहनशीलता और शिक्षा के साथ उलाहना दे
और डाँट और समझा। 3 क्योंकि ऐसा समय
आएगा जब लोग खरा उपदेश न सह सकेंगे, पर
कानों की खुजली के कारण अपनी अभिलाषाओं
के अनुसार अपने लिये बहुत से उपदेशक बटोर
लेंगे, 4 और अपने कान सत्य से फेरकर कथा-
कहानियों पर लगाएँगे। 5 पर तू सब बातों में
सावधान रह, दुःख उठा, सुसमाचार प्रचार का
काम कर, और अपनी सेवा को पूरा कर।

6 क्योंकि अब मैं अर्घ के समान उंडेला जाता
हूँ, और मेरे कूच का समय आ पहुँचा है। 7 मैं
अच्छी कुश्ती लड़ चुका हूँ, मैं ने अपनी दौड़
पूरी कर ली है, मैं ने विश्वास की रखवाली की
है। 8 भविष्य में मेरे लिये धर्म का वह मुकुट

2:26* यू० *इब्लीस* **3:8*** निर्ग 7:11 **11*** प्रेरि 13:14-52; 14:1-7, 8-20

रखा हुआ है, जिसे प्रभु, जो धर्मी और न्यायी है,
मुझे उस दिन देगा, और मुझे ही नहीं वरन् उन
सब को भी जो उसके प्रगट होने को प्रिय जानते
हैं।

व्यक्तिगत संदेश

9 मेरे पास शीघ्र आने का प्रयत्न कर।
10 क्योंकि देमास* ने इस संसार को प्रिय जानकर
मुझे छोड़ दिया है और थिस्सलुनीके को चला
गया है। क्रेसकेंस गलातिया को और तीतुस†
दलमतिया को चला गया है। 11 केवल लूका*
मेरे साथ है। मरकुस† को लेकर चला आ; क्योंकि
सेवा के लिये वह मेरे बहुत काम का है।
12 तुखिकुस* को मैं ने इफिसुस भेजा है।
13 जो बागा मैं त्रोआस* में करपुस के यहाँ छोड़
आया हूँ, जब तू आए तो उसे और पुस्तकें विशेष
करके चर्मपत्रों को लेते आना। 14 सिकन्दर*
ठठेरे ने मुझ से बहुत बुराइयाँ की हैं; प्रभु उसे
उसके कामों के अनुसार बदला देगा।† 15 तू
भी उससे सावधान रह, क्योंकि उसने हमारी
बातों का बहुत ही विरोध किया है। 16 मेरे
पहले प्रतिवाद के समय किसी ने भी मेरा साथ
नहीं दिया, वरन् सब ने मुझे छोड़ दिया था।
भला हो कि इसका उनको लेखा देना न पड़े!
17 परन्तु प्रभु मेरा सहायक रहा और मुझे सामर्थ्य
दी, ताकि मेरे द्वारा पूरा पूरा प्रचार हो और सब
अन्यजातीय सुन लें। मैं सिंह के मुँह से छुड़ाया
गया। 18 और प्रभु मुझे हर एक बुरे काम से
छुड़ाएगा, और अपने स्वर्गीय राज्य में सुरक्षित
पहुँचाएगा। उसी की महिमा युगानुयुग होती
रहे। आमीन।

अन्तिम अभिवादन

19 प्रिस्का और अक्विला* को और उनेसि-
फुरुस† के घराने को नमस्कार। 20 इरास्तुस*
कुरिन्थुस में रह गया, और त्रुफिमुस† को मैं ने
मीलेतुस में बीमार छोड़ा है। 21 जाड़े से पहले
चले आने का प्रयत्न कर। यूबूलुस, और पूदेंस,
और लीनुस और क्लौदिया, और सब भाइयों का
तुझे नमस्कार।

22 प्रभु तेरी आत्मा के साथ रहे। तुम पर
अनुग्रह होता रहे।

4:10* कुलु 4:14; फिले 24 † 2 कुरि 8:23; गला 2:3; तीतुस 1:4 **11*** कुलु 4:14; फिले 24 † प्रेरि 12:12, 25; 13:13; 15:37–39; कुलु 4:10 **12*** प्रेरि 20:4; इफि 6:21, 22; कुलु 4:7,8 **13*** प्रेरि 20:6 **14*** 1 तीमु 1:20 † भजन 62:12; रोम 2:6 **19*** प्रेरि 18:2 † 2 तीमु 1:16,17 **20** प्रेरि 19:22; रोम 16:23 † प्रेरि 20:4; 21:29

तीतुस के नाम पौलुस प्रेरित की पत्री

भूमिका

तीतुस एक गैर-यहूदी मसीही था, जो पौलुस के प्रचार कार्य में उसका साथी और सहायक बन गया था। *तीतुस के नाम पौलुस प्रेरित की पत्री* क्रेते में रह रहे पौलुस के इसी युवा सहायक को सम्बोधित की गई है, जिसे वहाँ कलीसिया के कार्य का निरीक्षण करने के लिये छोड़ा गया था। यह पत्री तीन महत्त्वपूर्ण विषयों को अभिव्यक्त करती है।

प्रथम, तीतुस को यह याद दिलाया गया है कि कलीसिया के अगुवों का चरित्र किस प्रकार का होना चाहिए, विशेष कर बहुत से क्रेतेवासियों के बुरे चरित्र को देखते हुए यह कहा गया है। द्वितीय, तीतुस को यह सलाह दी गई है कि कलीसिया में उपस्थित विभिन्न समूहों को किस प्रकार शिक्षा दी जाए, अर्थात् वृद्ध पुरुष, वृद्ध महिलाएँ (जो क्रमशः युवा स्त्रियों को शिक्षा दें), युवा पुरुष, और दास। तृतीय, लेखक तीतुस को मसीही आचरण सम्बन्धी सलाह देता है, विशेष कर शान्तिपूर्ण और मित्रवत् बनने के लिये; और घृणा, वाद-विवाद और कलीसिया में गुटबन्दी से बचने के लिये।

रूप-रेखा :

भूमिका 1:1-4
कलीसिया के अगुवे 1:5-16
कलीसिया में विभिन्न समूहों के कर्त्तव्य 2:1-15
उपदेश और चेतावनी 3:1-11
उपसंहार 3:12-15

अभिवादन

1 पौलुस की ओर से जो परमेश्वर का दास
और यीशु मसीह का प्रेरित है, परमेश्वर के
चुने हुए लोगों के विश्वास और उस सत्य की
पहिचान के अनुसार जो भक्ति के अनुसार है,
2 उस अनन्त जीवन की आशा पर जिसकी प्रतिज्ञा
परमेश्वर ने, जो झूठ बोल नहीं सकता सनातन
से की है, 3 पर ठीक समय पर अपने वचन को
उस प्रचार के द्वारा प्रगट किया, जो हमारे उद्धारकर्ता
परमेश्वर की आज्ञा के अनुसार मुझे सौंपा गया।
4 तीतुस* के नाम, जो विश्वास की सहभागिता
के विचार से मेरा सच्चा पुत्र है :

परमेश्वर पिता और हमारे उद्धारकर्ता मसीह
यीशु की ओर से तुझे अनुग्रह और शान्ति
मिलती रहे।

क्रेते में तीतुस का कार्य

5 मैं इसलिये तुझे क्रेते में छोड़ आया था कि
तू शेष बातों को सुधारे, और मेरी आज्ञा के अनुसार
नगर नगर प्राचीनों* को नियुक्त करे। 6 जो निर्दोष
और एक ही पत्नी के पति हों, जिन के बच्चे
विश्वासी हों, और उनमें लुचपन और निरंकुशता
का दोष न हो। 7 क्योंकि अध्यक्ष* को परमेश्वर
का भण्डारी होने के कारण निर्दोष होना चाहिए;
न हठी, न क्रोधी, न पियक्कड़, न मारपीट
करनेवाला, और न नीच कमाई का लोभी हो,
8 पर अतिथि सत्कार करनेवाला, भलाई का
चाहनेवाला, संयमी, न्यायी, पवित्र और जितेन्द्रिय
हो; 9 और वह विश्वासयोग्य वचन पर जो

1:4* 2 कुरि 8:23; गला 2:3; 2 तीमु 4:10 5* या *प्रिसबुतिरों* 7* या *बिशप*

धर्मोपदेश के अनुसार है, स्थिर रहे कि खरी शिक्षा
से उपदेश दे सके और विरोधियों का मुँह भी
बन्द कर सके।*

10 क्योंकि बुहत से लोग निरंकुश, बकवादी
और धोखा देनेवाले हैं; विशेष करके खतनावालों
में से। 11 इनका मुँह बन्द करना चाहिए। ये
लोग नीच कमाई के लिये अनुचित बातें सिखाकर
घर के घर बिगाड़ देते हैं। 12 उन्हीं में से एक
जन ने, जो उन्हीं का भविष्यद्वक्ता है, कहा है,
''क्रेती लोग सदा झूठे, दुष्ट पशु, और आलसी
पेटू होते हैं।'' 13 यह गवाही सच है, इसलिये
उन्हें कड़ाई से चेतावनी दिया कर कि वे विश्वास
में पक्के हो जाएँ, 14 और यहूदियों की कथा
कहानियों और उन मनुष्यों की आज्ञाओं पर मन
न लगाएँ, जो सत्य से भटक जाते हैं। 15 शुद्ध
लोगों के लिये सब वस्तुएँ शुद्ध हैं, पर अशुद्ध
और अविश्वासियों के लिये कुछ भी शुद्ध नहीं,
वरन् उनकी बुद्धि और विवेक* दोनों अशुद्ध हैं।
16 वे कहते हैं कि हम परमेश्वर को जानते हैं,
पर अपने कामों से उसका इन्कार करते हैं; क्योंकि
वे घृणित और आज्ञा न माननेवाले हैं, और किसी
अच्छे काम के योग्य नहीं।

आचरण के लिये खरी शिक्षा

2 पर तू ऐसी बातें कहा कर जो खरे उपदेश
के योग्य हैं। 2 अर्थात् बूढ़े पुरुष सचेत
और गम्भीर और संयमी हों, और उनका विश्वास
और प्रेम और धीरज पक्का हो। 3 इसी प्रकार
बूढ़ी स्त्रियों का चाल-चलन पवित्र लोगों-सा
हो; वे दोष लगानेवाली और पियक्कड़ नहीं, पर
अच्छी बातें सिखानेवाली हों 4 ताकि वे जवान
स्त्रियों को चेतावनी देती रहें कि अपने पतियों
और बच्चों से प्रीति रखें; 5 और संयमी, पतिव्रता,
घर का कारबार करनेवाली, भली, और अपने-
अपने पति के अधीन रहनेवाली हों, ताकि परमेश्वर
के वचन की निन्दा न होने पाए।

6 ऐसे ही जवान पुरुषों को भी समझाया कर
कि संयमी हों। 7 सब बातों में अपने आप को
भले कामों का नमूना बना। तेरे उपदेश में सफाई,
गम्भीरता, 8 और ऐसी खराई पाई जाए कि कोई
उसे बुरा न कह सके, जिससे विरोधी हम पर
कोई दोष लगाने का अवसर न पाकर लज्जित
हों।

9 दासों को समझा कि अपने-अपने स्वामी
के अधीन रहें, और सब बातों में उन्हें प्रसन्न
रखें, और उलटकर जवाब न दें; 10 चोरी चालाकी
न करें, पर सब प्रकार से पूरे विश्वासी निकलें
कि वे सब बातों में हमारे उद्धारकर्ता परमेश्वर के
उपदेश की शोभा बढ़ाएँ।

11 क्योंकि परमेश्वर का वह अनुग्रह प्रगट
है, जो सब मनुष्यों के उद्धार का कारण है,
12 और हमें चेतावनी देता है कि हम अभक्ति
और सांसारिक अभिलाषाओं से मन फेरकर इस
युग में संयम और धर्म और भक्ति से जीवन
बिताएँ; 13 और उस धन्य आशा की अर्थात्
अपने महान् परमेश्वर और उद्धारकर्ता यीशु मसीह
की महिमा के प्रगट होने की बाट जोहते रहें।
14 जिस ने अपने आप को हमारे लिये दे दिया
कि हमें हर प्रकार के अधर्म से छुड़ा ले, और
शुद्ध करके अपने लिये एक ऐसी जाति* बना ले
जो भले-भले कामों में सरगर्म हो।†

15 पूरे अधिकार के साथ ये बातें कह, और
समझा और सिखाता रह। कोई तुझे तुच्छ न
जानने पाए।

मसीही चाल-चलन

3 लोगों को सुधि दिला कि हाकिमों और
अधिकारियों के अधीन रहें, और उनकी
आज्ञा मानें, और हर एक अच्छे काम के लिये
तैयार रहें, 2 किसी को बदनाम न करें, झगड़ालू
न हों; पर कोमल स्वभाव के हों, और सब मनुष्यों
के साथ बड़ी नम्रता के साथ रहें। 3 क्योंकि हम
भी पहले निर्बुद्धि, और आज्ञा न माननेवाले,
और भ्रम में पड़े हुए और विभिन्न प्रकार की

1:6-9* 1 तीमु 3:2-7 15* अर्थात् *मन या कानशन्स* **2:14*** या *लोग* † भजन 130:8; निर्ग 19:5; व्य 4:20; 7:6; 14:2; 1 पत 2:9

अभिलाषाओं और सुखविलास के दासत्व में थे, और बैरभाव, और डाह करने में जीवन व्यतीत करते थे, और घृणित थे, और एक दूसरे से बैर रखते थे। 4 पर जब हमारे उद्धारकर्ता परमेश्वर की कृपा और मनुष्यों पर उसका प्रेम प्रगट हुआ, 5 तो उसने हमारा उद्धार किया; और यह धर्म के कामों के कारण नहीं, जो हम ने आप किए, पर अपनी दया के अनुसार नए जन्म के स्नान और पवित्र आत्मा के हमें नया बनाने के द्वारा हुआ। 6 जिसे उसने हमारे उद्धारकर्ता यीशु मसीह के द्वारा हम पर अधिकाई से उंडेला। 7 जिस से हम उसके अनुग्रह से धर्मी.ठहरकर, अनन्त जीवन की आशा के अनुसार वारिस बनें।

8 यह बात सच* है, और मैं चाहता हूँ कि तू इन बातों के विषय में दृढ़ता से बोले इसलिये कि जिन्होंने परमेश्वर पर विश्वास किया है, वे भले-भले कामों में लगे रहने का ध्यान रखें। ये बातें भली और मनुष्यों के लाभ की हैं। 9 पर मूर्खता के विवादों, और वंशावलियों, और विरोध और झगड़ों से जो व्यवस्था के विषय में हों, बचा रह; क्योंकि वे निष्फल और व्यर्थ हैं। 10 किसी पाखंडी को एक दो बार समझा-बुझाकर उससे अलग रह, 11 यह जानकर कि ऐसा मनुष्य भटक गया है, और अपने आप को दोषी ठहराकर पाप करता रहता है।

व्यक्तिगत निर्देश और अभिवादन

12 जब मैं तेरे पास अरतिमास या तुखिकुस* को भेजूँ तो मेरे पास निकुपुलिस आने का प्रयत्न करना, क्योंकि मैं ने वहीं जाड़ा काटने का निश्चय किया है। 13 जेनास व्यवस्थापक और अपुल्लोस* को यत्न करके आगे पहुँचा दे, और देख कि उन्हें किसी वस्तु की घटी न होने पाए। 14 हमारे लोग भी आवश्यकताओं को पूरा करने के लिये अच्छे कामों में लगे रहना सीखें ताकि निष्फल न रहें।

15 मेरे सब साथियों का तुझे नमस्कार। जो विश्वास के कारण हम से प्रीति रखते हैं, उनको नमस्कार।

तुम सब पर अनुग्रह होता रहे।

3:8 * यू० *विश्वासयोग्य* 12 * प्रेरि 20:4; इफि 6:21,22; कुलु 4:7,8; 2 तीमु 4:12 13 * प्रेरि 18:24; 1 कुरि 16:12

फिलेमोन के नाम पौलुस प्रेरित की पत्री

भूमिका

फिलेमोन एक प्रमुख मसीही था, जो सम्भवतः कुलुस्से की कलीसिया का सदस्य और उनेसिमुस नामक एक दास का स्वामी था। यह दास अपने स्वामी के यहाँ से भाग गया था, और फिर किसी तरह पौलुस के सम्पर्क में आया, जो उस समय जेल में था। पौलुस के द्वारा, उनेसिमुस एक मसीही बन गया। *फिलेमोन के नाम पौलुस प्रेरित की पत्री* फिलेमोन से यह आग्रह करती है कि वह अपने दास से पुनः मेल-मिलाप कर ले, जिसे पौलुस फिर से उसके पास भेज रहा है, तथा न केवल एक क्षमा किये गए दास के रूप में ही परन्तु एक मसीही भाई के रूप में उसका स्वागत करे।

रूप-रेखा :

भूमिका 1-3
फिलेमोन की प्रशंसा 4-7
उनेसिमुस के लिए निवेदन 8-22
उपसंहार 23-25

अभिवादन

1 पौलुस की ओर से जो मसीह यीशु का कैदी है, और भाई तीमुथियुस की ओर से हमारे प्रिय सहकर्मी फिलेमोन, 2 और बहिन अफफिया, और हमारे साथी योद्धा अरखिप्पुस* और फिलेमोन के घर की कलीसिया के नाम :

3 हमारे पिता परमेश्वर और प्रभु यीशु मसीह की ओर से अनुग्रह और शान्ति तुम्हें मिलती रहे।

फिलेमोन का प्रेम और विश्वास

4 मैं सदा परमेश्वर का धन्यवाद करता हूँ, और अपनी प्रार्थनाओं में भी तुझे स्मरण करता हूँ, 5 क्योंकि मैं तेरे उस प्रेम और विश्वास की चर्चा सुनता हूँ, जो सब पवित्र लोगों के साथ और प्रभु यीशु पर है। 6 मैं प्रार्थना करता हूँ कि विश्वास में तेरा सहभागी होना, तुम्हारी सारी भलाई की पहिचान में, मसीह के लिये प्रभावशाली हो। 7 क्योंकि हे भाई, मुझे तेरे प्रेम से बहुत आनन्द और शान्ति मिली है, इसलिये कि तेरे द्वारा पवित्र लोगों के मन हरे-भरे हो गए हैं।

उनेसिमुस के लिये निवेदन

8 इसलिये यद्यपि मुझे मसीह में बड़ा साहस है कि जो बात ठीक है, उसकी आज्ञा तुझे दूँ। 9 तौभी मुझ बूढ़े पौलुस को जो अब मसीह यीशु के लिये कैदी है, यह और भी भला जान पड़ा कि प्रेम से विनती करूँ। 10 मैं अपने बच्चे उनेसिमुस* के लिये, जो मुझ से मेरी कैद में जन्मा है, तुझ से विनती करता हूँ। 11 वह तो पहले तेरे कुछ काम का न था, पर अब तेरे और मेरे दोनों के बड़े काम का है। 12 उसी को अर्थात् जो मेरे हृदय का टुकड़ा है, मैं ने तेरे पास लौटा दिया है। 13 उसे मैं अपने ही पास रखना चाहता था कि वह तेरी ओर से इस कैद में जो सुसमाचार के कारण है, मेरी सेवा करे। 14 पर मैं ने तेरी इच्छा बिना कुछ भी करना न चाहा, कि तेरी यह कृपा दबाव से नहीं पर आनन्द से हो।

15 क्योंकि क्या जाने वह तुझ से कुछ दिन तक के लिये इसी कारण अलग हुआ कि सदैव तेरे निकट रहे। 16 परन्तु अब से दास की तरह नहीं वरन् दास से भी उत्तम, अर्थात् भाई के

2* कुलु 4:17   10* कुलु 4:9

समान रहे, जो मेरा तो विशेष प्रिय है ही, पर
अब शरीर में और प्रभु में भी, तेरा भी विशेष
प्रिय हो। 17 अत: यदि तू मुझे अपना सहभागी
समझता है, तो उसे इस प्रकार ग्रहण कर जैसे
मुझे। 18 यदि उसने तेरी कुछ हानि की है, या
उस पर तेरा कुछ आता है, तो मेरे नाम पर लिख
ले। 19 मैं पौलुस अपने हाथ से लिखता हूँ कि
मैं आप भर दूँगा; और इस के कहने की कुछ
आवश्यकता नहीं कि मेरा कर्ज़ जो तुझ पर है
वह तू ही है। 20 हे भाई, यह आनन्द मुझे प्रभु में
तेरी ओर से मिले। मसीह में मेरे जी को हरा-
भरा कर दे।

21 मैं तेरे आज्ञाकारी होने का भरोसा रखकर
तुझे लिखता हूँ, और यह जानता हूँ कि जो कुछ
मैं कहता हूँ, तू उस से कहीं बढ़कर करेगा।
22 और यह भी कि मेरे लिये ठहरने की जगह
तैयार रख। मुझे आशा है कि तुम्हारी प्रार्थनाओं
के द्वारा मैं तुम्हें दे दिया जाऊँगा।

अन्तिम अभिवादन

23 इपफ्रास,* जो मसीह यीशु में मेरे साथ
कैदी है, 24 और मरकुस* और अरिस्तर्खुस†
और देमास और लूका§ जो मेरे सहकर्मी हैं,
इनका तुझे नमस्कार।

25 हमारे प्रभु यीशु मसीह का अनुग्रह तुम्हारी
आत्मा पर होता रहे। आमीन।

23 * कुलु 1:7; 4:12 **24** * प्रेरि 12:12, 25; 13:13; 15:37–39; कुलु 4:10; 2 तीमु 4:11 † प्रेरि 19:29; 27:2; कुलु 4:10
§ कुलु 4:14; 2 तीमु 4:10, 11

इब्रानियों के नाम पत्री

भूमिका

इब्रानियों के नाम पत्री मसीहियों के एक झुण्ड को लिखी गई थी, जो बढ़ते हुए विरोध के कारण, अपने मसीही विश्वास को त्यागने के खतरे में थे। लेखक उन्हें अपने विश्वास में बने रहने के लिये उत्साहित करता है, मुख्यत: यह दर्शाते हुए कि यीशु मसीह ही परमेश्वर का वास्तविक और अन्तिम प्रकाशन है। ऐसा करते समय वह तीन सच्चाइयों पर बल देता है : (1) यीशु ही परमेश्वर का शाश्वत् पुत्र है, जिसने दु:ख उठा-उठा कर पिता की सच्ची आज्ञाकारिता सीखी। परमेश्वर के पुत्र के रूप में यीशु पुराना-नियम के भविष्यद्वक्ताओं, स्वर्गदूतों, और स्वयं मूसा से भी श्रेष्ठ है। (2) यीशु परमेश्वर द्वारा अनन्त काल का महायाजक घोषित किया गया है, पुराना-नियम के महायाजकों से श्रेष्ठ। (3) यीशु के द्वारा विश्वासी पाप, भय, और मृत्यु से बचा लिया गया है; और यीशु, महायाजक के रूप में, सच्चा उद्धार प्रदान करता है, यहूदी धर्म की धर्म-विधियों और पशु बलियों के द्वारा जिसका मात्र पूर्वाभास ही मिलता था।

इस्राएली इतिहास के कुछ प्रसिद्ध व्यक्तियों के विश्वास के उदाहरणों को उद्धृत करते हुए (अध्याय 11), लेखक अपने पाठकों से विश्वास में बने रहने का आग्रह करता है, और 12 वें

अध्याय में वह अपने पाठकों से निवेदन करता है कि वे अन्त तक विश्वास में बने रहें और अपनी आँखें यीशु पर लगाए रहें, तथा जो दु:ख और सताव उन पर आते हैं उसे वे धीरज से सहें। यह पत्री कुछ सलाहों और चेतावनियों के साथ समाप्त होती है।

रूप-रेखा :

भूमिका : मसीह, परमेश्वर का पूर्ण प्रकाशन 1:1-3
मसीह, स्वर्गदूतों से भी श्रेष्ठ 1:4 — 2:18
मसीह, मूसा और यहोशू से भी श्रेष्ठ 3:1 — 4:13
मसीह के याजकपद की श्रेष्ठता 4:14 — 7:28
मसीह की वाचा की श्रेष्ठता 8:1 — 9:28
मसीह के बलिदान की श्रेष्ठता 10:1-39
विश्वास की श्रेष्ठता 11:1 — 12:29
अन्तिम उपदेश और उपसंहार 13:1-25

परमेश्वर का वचन, पुत्र द्वारा

1 पूर्व युग में परमेश्वर ने बापदादों से थोड़ा थोड़ा करके और भाँति-भाँति से भविष्यद्वक्ताओं के द्वारा बातें कर, 2 इन अन्तिम दिनों में हम से पुत्र के द्वारा बातें कीं, जिसे उसने सारी वस्तुओं का वारिस ठहराया और उसी के द्वारा उसने सारी सृष्टि की रचना की है। 3 वह उसकी महिमा का प्रकाश और उसके तत्व की छाप है, और सब वस्तुओं को अपनी सामर्थ्य के वचन से संभालता है। वह पापों को धोकर ऊँचे स्थानों पर महामहिमन् के दाहिने जा बैठा; 4 और स्वर्गदूतों से उतना ही उत्तम ठहरा, जितना उसने उनसे बड़े पद का वारिस होकर उत्तम नाम पाया।

परमेश्वर-पुत्र की श्रेष्ठता

5 क्योंकि स्वर्गदूतों में से उसने कब किसी से कहा,

"तू मेरा पुत्र है,
आज तू मुझ से उत्पन्न हुआ ?"*

और फिर यह,

"मैं उसका पिता हूँगा,
और वह मेरा पुत्र होगा ?"†

6 और जब पहिलौठे को जगत में फिर लाता है, तो कहता है,

"परमेश्वर के सब स्वर्गदूत उसे दण्डवत् करें।"*

7 और स्वर्गदूतों के विषय में यह कहता है,

"वह अपने दूतों को पवन,
और अपने सेवकों को धधकती आग बनाता है।"*

8 परन्तु पुत्र के विषय में कहता है,

"हे परमेश्वर, तेरा सिंहासन युगानुयुग रहेगा :
तेरे राज्य का राजदण्ड न्याय का राजदण्ड है।

9 तू ने धर्म से प्रेम और अधर्म से बैर रखा;
इस कारण परमेश्वर, तेरे परमेश्वर ने, तेरे साथियों से बढ़कर हर्षरूपी तेल से तेरा अभिषेक किया।"*

10 और यह कि,

"हे प्रभु, आदि में तू ने पृथ्वी की नींव डाली,

1:5* भजन 2:7 † 2 शमू 7:14; 1 इति 17:13 6* व्य 32:43 7* भजन 104:4 8,9* भजन 45:6,7

और स्वर्ग तेरे हाथों की कारीगरी है।
11 वे तो नष्ट हो जाएँगे, परन्तु तू बना रहेगा;
और वे सब वस्त्र के समान पुराने हो जाएँगे,
12 और तू उन्हें चादर के समान लपेटेगा,
और वे वस्त्र के समान बदल जाएँगे :
पर तू वही है और तेरे वर्षों का अन्त न होगा।''*

13 और स्वर्गदूतों में से उसने किस से कब कहा, ''तू मेरे दाहिने बैठ,
जब तक कि मैं तेरे बैरियों को तेरे पाँवों के नीचे की पीढ़ी न कर दूँ?''*

14 क्या वे सब सेवा टहल करनेवाली आत्माएँ नहीं, जो उद्धार पानेवालों के लिये सेवा करने को भेजी जाती हैं?

महान् उद्धार

2 इस कारण चाहिए कि हम उन बातों पर जो हम ने सुनी हैं, और भी मन लगाएँ, ऐसा न हो कि बहककर उन से दूर चले जाएँ। 2 क्योंकि जो वचन स्वर्गदूतों के द्वारा कहा गया था जब वह स्थिर रहा और हर एक अपराध और आज्ञा न मानने का ठीक-ठीक बदला मिला, 3 तो हम लोग ऐसे बड़े उद्धार से निश्चिन्त रहकर कैसे बच सकते हैं? जिसकी चर्चा पहले-पहल प्रभु के द्वारा हुई, और सुननेवालों के द्वारा हमें इसका निश्चय हुआ। 4 और साथ ही परमेश्वर भी अपनी इच्छा के अनुसार चिह्नों, और अद्भुत कामों, और नाना प्रकार के सामर्थ्य के कामों, और पवित्र आत्मा के वरदानों के बाँटने के द्वारा इसकी गवाही देता रहा।

हमारा उद्धारकर्ता

5 उसने उस आनेवाले जगत को जिसकी चर्चा हम कर रहे हैं, स्वर्गदूतों के अधीन न किया। 6 वरन् किसी ने कहीं यह गवाही दी है,
''मनुष्य क्या है कि तू उसकी सुधि लेता है?
या मनुष्य का पुत्र क्या है कि तू उसकी चिन्ता करता है?

7 तू ने उसे स्वर्गदूतों से कुछ ही कम किया;
तू ने उस पर महिमा और आदर का मुकुट रखा,
और उसे अपने हाथों के कामों पर अधिकार दिया*।

8 तू ने सब कुछ उसके पाँवों के नीचे कर दिया।''*

इसलिये जब कि उसने सब कुछ उसके अधीन कर दिया, तो उसने कुछ भी रख न छोड़ा जो उसके अधीन न हो। पर हम अब तक सब कुछ उसके अधीन नहीं देखते। 9 पर हम यीशु को जो स्वर्गदूतों से कुछ ही कम किया गया था, मृत्यु का दु:ख उठाने के कारण महिमा और आदर का मुकुट पहिने हुए देखते हैं, ताकि परमेश्वर के अनुग्रह से वह हर एक मनुष्य के लिये मृत्यु का स्वाद चखे। 10 क्योंकि जिसके लिये सब कुछ है और जिसके द्वारा सब कुछ है, उसे यही अच्छा लगा कि जब वह बहुत से पुत्रों को महिमा में पहुँचाए, तो उनके उद्धार के कर्ता को दु:ख उठाने के द्वारा सिद्ध करे। 11 क्योंकि पवित्र करनेवाला और जो पवित्र किए जाते हैं, सब एक ही मूल से हैं; इसी कारण वह उन्हें भाई कहने से नहीं लजाता। 12 वह कहता है,

''मैं तेरा नाम अपने भाइयों को सुनाऊँगा;
सभा के बीच में मैं तेरा भजन गाऊँगा।''*

13 और फिर यह,
''मैं उस पर भरोसा रखूँगा।''*

और फिर यह,
''देख, मैं उन लड़कों सहित जिसे परमेश्वर ने मुझे दिए।''*

14 इसलिये जब कि लड़के मांस और लहू के भागी हैं, तो वह आप भी उनके समान उनका सहभागी हो गया, ताकि मृत्यु के द्वारा उसे जिसे मृत्यु पर शक्ति मिली थी, अर्थात् शैतान* को निकम्मा कर दे; 15 और जितने मृत्यु के भय के मारे जीवन भर दासत्व में फँसे थे, उन्हें छुड़ा ले। 16 क्योंकि वह तो स्वर्गदूतों को नहीं वरन् अब्राहम

1:10-12* भजन 102:25-27   13* भजन 110:1   2:6-8* भजन 8:4-6   7* कुछ हस्तलेखों में यह वाक्यांश भी पाया जाता है
12* भजन 22:22   13* यशा 8:17   * यशा 8:18   14* यू० इब्लीस

के वंश को संभालता है। 17 इस कारण उस को चाहिए था, कि सब बातों में अपने भाइयों के समान बने; जिससे वह उन बातों में जो परमेश्वर से सम्बन्ध रखती हैं, एक दयालु और विश्वासयोग्य महायाजक बने ताकि लोगों के पापों के लिये प्रायश्चित करे। 18 क्योंकि जब उसने परीक्षा की दशा में दु:ख उठाया, तो वह उनकी भी सहायता कर सकता है जिनकी परीक्षा होती है।

यीशु मूसा से श्रेष्ठ

3 इसलिये हे पवित्र भाइयो, तुम जो स्वर्गीय बुलाहट में भागी हो, उस प्रेरित और महायाजक यीशु पर जिसे हम अंगीकार करते हैं, ध्यान करो। 2 वह अपने नियुक्त करनेवाले के लिये विश्वासयोग्य था, जैसा मूसा भी परमेश्वर के सारे घर में था।* 3 क्योंकि यीशु मूसा से इतना बढ़कर महिमा के योग्य समझा गया है, जितना कि घर का बनानेवाला घर से बढ़कर आदर रखता है। 4 क्योंकि हर एक घर का कोई न कोई बनानेवाला होता है, पर जिसने सब कुछ बनाया वह परमेश्वर है। 5 मूसा तो परमेश्वर के सारे घर में सेवक के समान विश्वासयोग्य रहा कि जिन बातों का वर्णन होनेवाला था, उन की गवाही दे। 6 परन्तु मसीह पुत्र के समान परमेश्वर के घर का अधिकारी है; और उस का घर हम हैं, यदि हम साहस पर और अपनी आशा के घमण्ड पर अन्त तक दृढ़ता से स्थिर रहें।

अविश्वास के प्रति चेतावनी

7 अत: जैसा पवित्र आत्मा कहता है,
''यदि आज तुम उसका शब्द सुनो,
8 तो अपने मन को कठोर न करो,
जैसा कि क्रोध दिलाने के समय और परीक्षा
के दिन जंगल में किया था।
9 जहाँ तुम्हारे बापदादों ने मुझे जाँचकर परखा
और चालीस वर्ष तक मेरे काम देखे।

10 इस कारण मैं उस समय के लोगों से
क्रोधित रहा, और कहा,
'इनके मन सदा भटकते रहते हैं,
और इन्होंने मेरे मार्गों को नहीं पहिचाना।'
11 तब मैं ने क्रोध में आकर शपथ खाई,
'वे मेरे विश्राम में प्रवेश करने न पाएँगे' ।''*

12 हे भाइयो, चौकस रहो कि तुम में ऐसा बुरा और अविश्वासी मन न हो, जो तुम्हें जीवते परमेश्वर से दूर हटा ले जाए। 13 वरन् जिस दिन तक आज का दिन कहा जाता है, हर दिन एक दूसरे को समझाते रहो, ऐसा न हो कि तुम में से कोई जन पाप के छल में आकर कठोर हो जाए। 14 क्योंकि हम मसीह के* भागीदार हुए हैं, यदि हम अपने प्रथम भरोसे पर अन्त तक दृढ़ता से स्थिर रहें। 15 जैसा कहा जाता है,

''यदि आज तुम उसका शब्द सुनो,
तो अपने मनों को कठोर न करो,
जैसा कि क्रोध दिलाने के समय किया था।''*

16 भला किन लोगों ने सुनकर भी क्रोध दिलाया? क्या उन सब ने नहीं, जो मूसा के द्वारा मिस्र से निकले थे? 17 और वह चालीस वर्ष तक किन लोगों से क्रोधित रहा? क्या उन्हीं से नहीं जिन्होंने पाप किया, और उनके शव जंगल में पड़े रहे? 18 और उसने किनसे शपथ खाई कि तुम मेरे विश्राम में प्रवेश करने न पाओगे? क्या केवल उनसे नहीं जिन्होंने आज्ञा न मानी?* 19 अत: हम देखते हैं कि वे अविश्वास के कारण प्रवेश न कर सके।

परमेश्वर के लोगों का विश्राम

4 इसलिये जब कि उसके विश्राम में प्रवेश करने की प्रतिज्ञा अब तक है, तो हमें डरना चाहिए ऐसा न हो कि तुम में से कोई जन उससे वंचित रह जाए। 2 क्योंकि हमें उन्हीं की तरह सुसमाचार सुनाया गया है, पर सुने हुए वचन से उन्हें कुछ लाभ न हुआ; क्योंकि सुननेवालों के मन में विश्वास के साथ नहीं बैठा। 3 परन्तु हम

3:2* गिनती 12:7 7–11* भजन 95:7-11 14* या सम्मिलित 15* भजन 95:7,8 16–18* गिनती 14:1-35

जिन्होंने विश्वास किया है, उस विश्राम में प्रवेश करते हैं; जैसा उसने कहा,

"मैं ने अपने क्रोध में शपथ खाई कि
वे मेरे विश्राम में प्रवेश करने न पाएँगे।"*

यद्यपि जगत की उत्पत्ति के समय से उसके काम पूरे हो चुके थे। 4 क्योंकि सातवें दिन के विषय में उसने कहीं यों कहा है, "परमेश्वर ने सातवें दिन अपने सब कामों को निपटा करके* विश्राम किया।"† 5 और इस जगह फिर यह कहता है,

"वे मेरे विश्राम में प्रवेश न करने पाएँगे।"*

6 तो जब यह बात बाकी है कि कितने और हैं जो उस विश्राम में प्रवेश करें, और जिन्हें उसका सुसमाचार पहले सुनाया गया उन्होंने आज्ञा न मानने के कारण उसमें प्रवेश न किया, 7 इसलिये वह किसी विशेष दिन को ठहराकर इतने दिन के बाद दाऊद की पुस्तक में उसे 'आज का दिन' कहता है। जैसे पहले कहा गया,

"यदि आज तुम उसका शब्द सुनो,
तो अपने मनों को कठोर न करो।"*

8 क्योंकि यदि यहोशू उन्हें विश्राम में प्रवेश करा लेता, तो उसके बाद दूसरे दिन की चर्चा न होती।* 9 अत: जान लो कि परमेश्वर के लोगों के लिये सब्त का विश्राम बाकी है; 10 क्योंकि जिसने उसके विश्राम में प्रवेश किया है, उसने भी परमेश्वर के समान अपने कामों को पूरा करके* विश्राम किया है।† 11 अत: हम उस विश्राम में प्रवेश करने का प्रयत्न करें, ऐसा न हो कि कोई जन उन के समान आज्ञा न मानकर* गिर पड़े। 12 क्योंकि परमेश्वर का वचन जीवित, और प्रबल, और हर एक दोधारी तलवार से भी बहुत चोखा है; और प्राण और आत्मा को, और गाँठ-गाँठ और गूदे-गूदे को अलग करके आर-पार छेदता है और मन की भावनाओं और विचारों को जाँचता है। 13 सृष्टि की कोई वस्तु उससे छिपी नहीं है वरन् जिस से हमें काम है, उसकी आँखों के सामने सब वस्तुएँ खुली और प्रगट हैं।

बड़ा महायाजक

14 इसलिये जब हमारा ऐसा बड़ा महायाजक है, जो स्वर्गों से होकर गया है, अर्थात् परमेश्वर का पुत्र यीशु, तो आओ, हम अपने अंगीकार को दृढ़ता से थामे रहें। 15 क्योंकि हमारा ऐसा महायाजक नहीं जो हमारी निर्बलताओं में हमारे साथ दु:खी न हो सके; वरन् वह सब बातों में हमारे समान परखा तो गया, तौभी निष्पाप निकला। 16 इसलिये आओ, हम अनुग्रह के सिंहासन के निकट हियाव बाँधकर चलें कि हम पर दया हो, और वह अनुग्रह पाएँ जो आवश्यकता के समय हमारी सहायता करे।

5 क्योंकि हर एक महायाजक मनुष्यों में से लिया जाता है और मनुष्यों ही के लिये, उन बातों के विषय में जो परमेश्वर से सम्बन्ध रखती हैं, ठहराया जाता है कि भेंट और पाप बलि चढ़ाया करे। 2 वह अज्ञानों और भूले भटकों के साथ नर्मी से व्यवहार कर सकता है, इसलिये कि वह आप भी निर्बलता से घिरा है। 3 इसी लिये उसे चाहिए कि जैसे लोगों के लिये वैसे ही अपने लिये भी पाप-बलि चढ़ाया करे।* 4 यह आदर का पद कोई अपने आप से नहीं लेता, जब तक कि हारून के समान परमेश्वर की ओर से ठहराया न जाए।*

5 वैसे ही मसीह ने भी महायाजक बनने की बड़ाई अपने आप से नहीं ली, पर उसको उसी ने दी, जिसने उससे कहा था,

"तू मेरा पुत्र है,
आज मैं ही ने तुझे उत्पन्न किया है।"*

6 इसी प्रकार वह दूसरी जगह में भी कहता है,

"तू मलिकिसिदक की रीति पर सदा के लिये
याजक है।"*

7 यीशु ने अपनी देह में रहने के दिनों में ऊँचे शब्द से पुकार-पुकारकर और आँसू बहा-बहाकर उससे जो उसको मृत्यु से बचा* सकता

4:3 * भजन 95:11   4 * या कामों से   † उत्प 2:2   5 * भजन 95:11   7 * भजन 95:7,8   8 * व्य 31:7; यहो 22:4   10 * या कामों से
† उत्प 2:2   11 * या अविश्वासी होकर   5:3 * लैव्य 9:7   4 * निर्ग 28:1   5 * भजन 2:7   6 * भजन 110:4   7 * या उद्धार कर

था, प्रार्थनाएँ और विनती की†, और भक्ति के कारण उसकी सुनी गई। 8 पुत्र होने पर भी उसने दुःख उठा-उठाकर आज्ञा माननी सीखी, 9 और सिद्ध बनकर, अपने सब आज्ञा माननेवालों के लिये सदा काल के उद्धार का कारण हो गया, 10 और उसे परमेश्वर की ओर से मलिकिसिदक की रीति पर महायाजक का पद मिला।

विश्वास से भटक जाने का परिणाम

11 इसके विषय में हमें बहुत सी बातें कहनी हैं, जिनका समझाना भी कठिन है, इसलिये कि तुम ऊँचा सुनने लगे हो। 12 समय के विचार से तो तुम्हें गुरु हो जाना चाहिए था, तौभी यह आवश्यक हो गया है कि कोई तुम्हें परमेश्वर के वचनों की आदि शिक्षा फिर से सिखाए। तुम तो ऐसे हो गए हो कि तुम्हें अन्न के बदले अब तक दूध ही चाहिए। 13 क्योंकि दूध पीनेवाले बच्चे को तो धर्म के वचन की पहिचान नहीं होती, क्योंकि वह बालक है।* 14 पर अन्न सयानों के लिये है, जिनकी ज्ञानेन्द्रियाँ अभ्यास करते-करते भले-बुरे में भेद करने में निपुण हो गई हैं।

6 इसलिये आओ मसीह की शिक्षा की आरम्भ की बातों को छोड़कर हम सिद्धता की ओर आगे बढ़ते जाएँ, और मरे हुए कामों से मन फिराने, और परमेश्वर पर विश्वास करने, 2 और बपतिस्मों और हाथ रखने, और मरे हुओं के जी उठने,* और अन्तिम न्याय की शिक्षा रूपी नींव फिर से न डालें। 3 यदि परमेश्वर चाहे तो हम यही करेंगे। 4 क्योंकि जिन्होंने एक बार ज्योति पाई है, और जो स्वर्गीय वरदान का स्वाद चख चुके हैं और पवित्र आत्मा के भागी हो गए हैं, 5 और परमेश्वर के उत्तम वचन का और आनेवाले युग की सामर्थ्य का स्वाद चख चुके हैं, 6 यदि वे भटक जाएँ तो उन्हें मन फिराव के लिये फिर नया बनाना अन्होना है; क्योंकि वे परमेश्वर के पुत्र को अपने लिये फिर क्रूस पर चढ़ाते हैं और प्रगट में उस पर कलंक लगाते हैं। 7 क्योंकि जो भूमि वर्षा के पानी को, जो उस पर बार-बार पड़ता है, पी पीकर जिन लोगों के लिये वह जोती-बोई जाती है उनके काम का साग-पात उपजाती है, वह परमेश्वर से आशीष पाती है। 8 पर यदि वह झाड़ी और ऊँटकटारे उगाती है, तो निकम्मी और स्रापित होने पर है,* और उसका अन्त जलाया जाना है।

9 पर हे प्रियो, यद्यपि हम ये बातें कहते हैं तौभी तुम्हारे विषय में हम इससे अच्छी और उद्धारवाली बातों का भरोसा करते हैं। 10 क्योंकि परमेश्वर अन्यायी नहीं कि तुम्हारे काम, और उस प्रेम को भूल जाए, जो तुम ने उसके नाम के लिये इस रीति से दिखाया, कि पवित्र लोगों की सेवा की और कर भी रहे हो। 11 पर हम बहुत चाहते हैं कि तुम में से हर एक जन अन्त तक पूरी आशा के लिये ऐसा ही प्रयत्न करता रहे। 12 ताकि तुम आलसी न हो जाओ, वरन् उनका अनुकरण करो जो विश्वास और धीरज के द्वारा प्रतिज्ञाओं के वारिस होते हैं।

परमेश्वर की अटल प्रतिज्ञा

13 परमेश्वर ने अब्राहम से प्रतिज्ञा करते समय जब शपथ खाने के लिये किसी को अपने से बड़ा न पाया, तो अपनी ही शपथ खाकर कहा, 14 "मैं सचमुच तुझे बहुत आशीष दूँगा, और तेरी सन्तान को बढ़ाता जाऊँगा।"* 15 और इस रीति से उसने धीरज धरकर प्रतिज्ञा की हुई बात प्राप्त की। 16 मनुष्य तो अपने से किसी बड़े की शपथ खाया करते हैं, और उनके हर एक विवाद का फैसला शपथ से पक्का होता है। 17 इसलिये जब परमेश्वर ने प्रतिज्ञा के वारिसों पर और भी साफ रीति से प्रगट करना चाहा कि उसका उद्देश्य बदल नहीं सकता, तो शपथ को बीच में लाया। 18 ताकि दो बे-बदल बातों के द्वारा, जिनके विषय में परमेश्वर का झूठा ठहरना अन्होना है, दृढ़ता से हमारा ढाढ़स बंध जाए, जो शरण लेने को इसलिये दौड़े हैं कि उस आशा को जो सामने

5:7† मत्ती 26:36-46; मर 14:32-42; लूका 22:39-46 **12,13*** 1 कुरि 3:2 **6:2*** या *मृतकोत्थान* **8*** उत्प 3:17,18
14* उत्प 22:16,17

रखी हुई है प्राप्त करें। 19 वह आशा हमारे प्राण
के लिये ऐसा लंगर है जो स्थिर और दृढ़ है, और
परदे के भीतर तक पहुँचता है,* 20 जहाँ यीशु ने
मलिकिसिदक की रीति पर सदा काल का
महायाजक बनकर, हमारे लिये अगुआ के रूप
में प्रवेश किया है।*

मलिकिसिदक याजक

7 यह मलिकिसिदक शालेम का राजा, और
परमप्रधान परमेश्वर का याजक, सर्वदा
याजक बना रहता है। जब अब्राहम राजाओं को
मारकर लौटा जाता था, तो इसी ने उससे भेंट
करके उसे आशीष दी। 2 इसी को अब्राहम ने
सब वस्तुओं का दसवाँ अंश भी दिया।* यह
पहले अपने नाम के अर्थ के अनुसार, धर्म का
राजा, और फिर शालेम अर्थात् शान्ति का राजा
है। 3 जिसका न पिता, न माता, न वंशावली है,
जिसके दिनों का न आदि है और न जीवन का
अन्त है; परन्तु परमेश्वर के पुत्र के स्वरूप ठहर
कर वह सदा के लिये याजक बना रहता है।

4 अब इस पर ध्यान करो कि वह कैसा
महान् था जिसको कुलपति अब्राहम ने लूट के
अच्छे से अच्छे माल का दसवाँ अंश दिया।
5 लेवी की सन्तान में से जो याजक का पद पाते
हैं, उन्हें आज्ञा मिली है कि लोगों, अर्थात् अपने
भाइयों से, चाहे वे अब्राहम ही की देह से क्यों न
जन्मे हों, व्यवस्था के अनुसार दसवाँ अंश लें।*
6 पर इसने, जो उनकी वंशावली में का भी न था,
अब्राहम से दसवाँ अंश लिया, और जिसे प्रतिज्ञाएँ
मिली थीं उसे आशीष दी। 7 इसमें संदेह नहीं
कि छोटा बड़े से आशीष पाता है। 8 और यहाँ
तो मरनहार मनुष्य दसवाँ अंश लेते हैं, पर वहाँ
वही लेता है जिसकी गवाही दी जाती है कि वह
जीवित है। 9 तो हम यह भी कह सकते हैं कि
लेवी ने भी, जो दसवाँ अंश लेता है, अब्राहम के
द्वारा दसवाँ अंश दिया। 10 क्योंकि जिस समय
मलिकिसिदक ने उसके पिता से भेंट की, उस
समय वह अपने पिता की देह में था।

मलिकिसिदक के सदृश दूसरा याजक

11 यदि लेवीय याजक पद के द्वारा सिद्धि
प्राप्त हो सकती (जिसके सहारे लोगों को व्यवस्था
मिली थी) तो फिर क्या आवश्यकता थी कि
दूसरा याजक मलिकिसिदक की रीति पर खड़ा
हो, और हारून की रीति का न कहलाए?
12 क्योंकि जब याजक का पद बदला जाता है,
तो व्यवस्था का भी बदलना अवश्य है। 13 क्योंकि
जिसके विषय में ये बातें कही जाती हैं कि वह
दूसरे गोत्र का है, जिसमें से किसी ने वेदी की
सेवा नहीं की, 14 तो प्रगट है कि हमारा प्रभु
यहूदा के गोत्र में से उदय हुआ है, और इस गोत्र
के विषय में मूसा ने याजक पद की कुछ चर्चा
नहीं की।

15 हमारा दावा और भी स्पष्टता से प्रगट हो
जाता है, जब मलिकिसिदक के समान एक और
याजक उत्पन्न हो जाता है, 16 जो शारीरिक आज्ञा
की व्यवस्था के अनुसार नहीं, पर अविनाशी
जीवन की सामर्थ्य के अनुसार नियुक्त हुआ हो।
17 क्योंकि उसके विषय में यह गवाही दी गई
है,

''तू मलिकिसिदक की रीति पर युगानुयुग
याजक है।''*

18 इस प्रकार, पहली आज्ञा निर्बल और निष्फल
होने के कारण लोप हो गई 19 (इसलिये कि
व्यवस्था ने किसी बात की सिद्धि नहीं की),
और उसके स्थान पर एक ऐसी उत्तम आशा रखी
गई है जिसके द्वारा हम परमेश्वर के समीप जा
सकते हैं। 20 मसीह की नियुक्ति बिना शपथ
नहीं हुई, 21 क्योंकि वे तो बिना शपथ याजक
ठहराए गए पर यह शपथ के साथ उसकी ओर से
नियुक्त किया गया जिसने उसके विषय में कहा,

''प्रभु ने शपथ खाई,
और वह उससे फिर न पछताएगा कि
तू युगानुयुग याजक है''।*

22 इस प्रकार यीशु एक उत्तम वाचा का जामिन
ठहरा।

6:19* लैव्य 16:2 **20*** भजन 110:4 **7:1,2*** उत्प 14:17–20 **5*** गिनती 18:21 **17*** भजन 110:4 **21*** भजन 110:4

23 वे तो बहुत बड़ी संख्या में याजक बनते
आए, इसका कारण यह था कि मृत्यु उन्हें रहने
नहीं देती थी; 24 पर यह युगानुयुग रहता है, इस
कारण उसका याजक पद अटल है। 25 इसी
लिये जो उसके द्वारा परमेश्वर के पास आते हैं,
वह उनका पूरा पूरा उद्धार कर सकता है, क्योंकि
वह उनके लिये विनती करने को सर्वदा जीवित है।

26 अतः ऐसा ही महायाजक हमारे योग्य था
जो पवित्र, और निष्कपट, और निर्मल, और
पापियों से अलग, और स्वर्ग से भी ऊँचा किया
हुआ हो। 27 उन महायाजकों के समान उसे
आवश्यक नहीं कि प्रतिदिन पहले अपने पापों
और फिर लोगों के पापों के लिये बलिदान
चढ़ाए;* क्योंकि उसने अपने आप को बलिदान
चढ़ाकर उसे एक ही बार में पूरा कर दिया।
28 क्योंकि व्यवस्था तो निर्बल मनुष्यों को
महायाजक नियुक्त करती है, परन्तु उस शपथ
का वचन, जो व्यवस्था के बाद खाई गई, उस
पुत्र को नियुक्त करता है जो युगानुयुग के लिये
सिद्ध किया गया है।

यीशु हमारा महायाजक

8 अब जो बातें हम कह रहे हैं उनमें से सब
से बड़ी बात यह है कि हमारा ऐसा महा-
याजक है, जो स्वर्ग पर महामहिमन् के सिंहासन
के दाहिने जा बैठा है,* 2 और पवित्र स्थान और
उस सच्चे तम्बू का सेवक हुआ जिसे किसी मनुष्य
ने नहीं, वरन् प्रभु ने खड़ा किया है। 3 क्योंकि
हर एक महायाजक भेंट और बलिदान चढ़ाने के
लिये ठहराया जाता है, इस कारण अवश्य है कि
इस याजक के पास भी कुछ चढ़ाने के लिये हो।
4 यदि वह पृथ्वी पर होता तो कभी याजक न
होता, इसलिये कि व्यवस्था के अनुसार भेंट
चढ़ानेवाले तो हैं। 5 वे स्वर्ग में की वस्तुओं के
प्रतिरूप और प्रतिबिम्ब की सेवा करते हैं; जैसे
जब मूसा तम्बू बनाने पर था, तो उसे यह चेतावनी
मिली, ''देख, जो नमूना तुझे पहाड़ पर दिखाया
गया था, उसके अनुसार सब कुछ बनाना।''*
6 पर उन याजकों से बढ़कर सेवा यीशु को मिली
क्योंकि वह और भी उत्तम वाचा का मध्यस्थ
ठहरा, जो और उत्तम प्रतिज्ञाओं के सहारे बाँधी
गई है।

7 क्योंकि यदि वह पहली वाचा निर्दोष होती,
तो दूसरी के लिये अवसर न ढूँढ़ा जाता। 8 पर
वह उन पर दोष लगाकर कहता है,

''प्रभु कहता है, देखो, वे दिन आते हैं कि
मैं इस्राएल के घराने के साथ,
और यहूदा के घराने के साथ नई वाचा
बाँधूँगा।
9 यह उस वाचा के समान न होगी, जो मैं
ने उनके बापदादों के साथ
उस समय बाँधी थी, जब मैं उनका हाथ
पकड़कर उन्हें मिस्र देश से निकाल
लाया;
क्योंकि वे मेरी वाचा पर स्थिर न रहे,
इसलिये मैं ने उनकी सुधि न ली, प्रभु यही
कहता है।
10 फिर प्रभु कहता है, कि
जो वाचा मैं उन दिनों के बाद इस्राएल
के घराने के साथ बाँधूँगा,
वह यह है कि मैं अपनी व्यवस्था को
उनके मनों में डालूँगा,
और उसे उनके हृदयों पर लिखूँगा,
और मैं उनका परमेश्वर ठहरूँगा
और वे मेरे लोग ठहरेंगे।
11 और हर एक अपने देशवाले को और
अपने भाई को यह शिक्षा न देगा,
कि तू प्रभु को पहिचान,
क्योंकि छोटे से बड़े तक सब मुझे जान
लेंगे।
12 क्योंकि मैं उनके अधर्म के विषय में
दयावन्त हूँगा,
और उनके पापों को फिर स्मरण न
करूँगा।''*

13 नई वाचा की स्थापना से उसने प्रथम वाचा
को पुरानी ठहरा दिया; और जो वस्तु पुरानी और

7:27* लैव्य 9:7 **8:1*** भजन 110:1 **5*** निर्ग 25:40 **8-12*** यिर्म 31:31-34

जीर्ण हो जाती है उसका मिट जाना अनिवार्य है।

पार्थिव तम्बू में सेवा

9 उस पहली वाचा में भी सेवा के नियम थे, और ऐसा पवित्रस्थान था जो इस जगत का था। 2 क्योंकि एक तम्बू बनाया गया, पहले तम्बू में दीवट, और मेज, और भेंट की रोटियाँ थीं; और वह पवित्र स्थान कहलाता है।* 3 दूसरा, परदे के पीछे वह तम्बू था, जो परमपवित्र स्थान कहलाता है।* 4 उसमें सोने की धूपदानी, और चारों ओर सोने से मढ़ा हुआ वाचा का सन्दूक और इसमें मन्ना से भरा हुआ सोने का मर्तबान और हारून की छड़ी जिसमें फूल फल आ गए थे और वाचा की पटियाँ थीं।* 5 उसके ऊपर दोनों तेजोमय करूब थे, जो प्रायश्चित के ढकने पर छाया किए हुए थे;* इनका एक-एक करके वर्णन करने का अभी अवसर नहीं है।

6 ये वस्तुएँ इस रीति से तैयार हो चुकीं। उस पहले तम्बू में याजक हर समय प्रवेश करके सेवा के कार्य सम्पन्न करते हैं,* 7 पर दूसरे में केवल महायाजक वर्ष भर में एक ही बार जाता है, और बिना लहू लिये नहीं जाता;* जिसे वह अपने लिये और लोगों की भूल चूक के लिये चढ़ाता है। 8 इस से पवित्र आत्मा यही दिखाता है कि जब तक पहला तम्बू खड़ा है, तब तक पवित्र स्थान का मार्ग प्रगट नहीं हुआ। 9 यह तम्बू वर्तमान समय के लिये एक दृष्टान्त है; जिसमें ऐसी भेंट और बलिदान चढ़ाए जाते हैं, जिनसे आराधना करनेवालों के विवेक* सिद्ध नहीं हो सकते। 10 क्योंकि वे केवल खाने पीने की वस्तुओं और भाँति-भाँति की स्नान-विधि के आधार पर शारीरिक नियम हैं, जो सुधार के समय तक के लिये नियुक्त किए गए हैं।

मसीह के लहू की सामर्थ्य

11 परन्तु जब मसीह आनेवाली* अच्छी अच्छी वस्तुओं का महायाजक होकर आया, तो उसने और भी बड़े और सिद्ध तम्बू से होकर, जो हाथ का बनाया हुआ नहीं अर्थात् इस सृष्टि का नहीं, 12 और बकरों और बछड़ों के लहू के द्वारा नहीं पर अपने ही लहू के द्वारा, एक ही बार पवित्र स्थान में प्रवेश किया और अनन्त छुटकारा प्राप्त किया। 13 क्योंकि जब बकरों और बैलों का लहू और कलोर की राख का अपवित्र लोगों पर छिड़का जाना शरीर की शुद्धता के लिये उन्हें पवित्र करता है,* 14 तो मसीह का लहू जिसने अपने आप को सनातन आत्मा के द्वारा परमेश्वर के सामने निर्दोष चढ़ाया, तुम्हारे विवेक* को मरे हुए कामों से क्यों न शुद्ध करेगा ताकि तुम जीवते परमेश्वर की सेवा करो।

15 इसी कारण वह नई वाचा का मध्यस्थ है, ताकि उसकी मृत्यु के द्वारा जो पहली वाचा के समय के अपराधों से छुटकारा पाने के लिये हुई है, बुलाए हुए लोग प्रतिज्ञा के अनुसार अनन्त मीरास को प्राप्त करें। 16 क्योंकि जहाँ वाचा बाँधी गई* है वहाँ वाचा बाँधनेवाले† की मृत्यु का समझ लेना भी अवश्य है। 17 क्योंकि ऐसी वाचा मरने पर पक्की होती है, और जब तक वाचा बाँधनेवाला जीवित रहता है तब तक वाचा काम की नहीं होती। 18 इसी लिये पहली वाचा भी बिना लहू के नहीं बाँधी गई। 19 क्योंकि जब मूसा सब लोगों को व्यवस्था की हर एक आज्ञा सुना चुका तो उसने बछड़ों और बकरों का लहू लेकर, पानी और लाल ऊन और जूफा के साथ, उस पुस्तक पर और सब लोगों पर छिड़क दिया 20 और कहा, "यह उस वाचा का लहू है, जिसकी आज्ञा परमेश्वर ने तुम्हारे लिये दी है।"* 21 और इसी रीति से उसने तम्बू और सेवा के सारे सामान पर लहू छिड़का।* 22 सच तो यह है कि व्यवस्था के अनुसार प्रायः सब वस्तुएँ लहू के द्वारा शुद्ध की जाती हैं,* और बिना लहू बहाए पापों की क्षमा नहीं।

9:2* निर्ग 26:1–30; 25:31–40, 23–30 **3*** निर्ग 26:31–33 **4*** निर्ग 30:1–6; 25:10–16; 16:33; गिनती 17:8–10; निर्ग 25:16; व्य 10:3–5 **5*** निर्ग 25:18–22 **6*** गिनती 18:2–6 **7*** लैव्य 16:2–34 **9*** अर्थात् *मन या कानशन्स*
11* और पढ़ते हैं : *आई हुई* **13*** लैव्य 16:15, 16; गिनती 19:9,17–19 **14*** अर्थात् *मन या कानशन्स*
16* या *वसीयत या विल की हुई* **†** या *वसीयत या विल लिखनेवाले* **19,20*** निर्ग 24:6–8 **21*** लैव्य 8:15 **22*** लैव्य 17:11

मसीह के बलिदान द्वारा पाप-क्षमा

23 इसलिये अवश्य है कि स्वर्ग में की वस्तुओं के प्रतिरूप इन बलिदानों के द्वारा शुद्ध किए जाएँ, पर स्वर्ग में की वस्तुएँ स्वयं इनसे उत्तम बलिदानों के द्वारा शुद्ध की जातीं। 24 क्योंकि मसीह ने उस हाथ के बनाए हुए पवित्र स्थान में, जो सच्चे पवित्र स्थान का नमूना है, प्रवेश नहीं किया पर स्वर्ग ही में प्रवेश किया, ताकि हमारे लिये अब परमेश्वर के सामने दिखाई दे। 25 यह नहीं कि वह अपने आप को बार-बार चढ़ाए, जैसा कि महायाजक प्रति वर्ष दूसरे का लहू लिए पवित्र स्थान में प्रवेश किया करता है, 26 नहीं तो जगत की उत्पत्ति से लेकर उसको बार-बार दु:ख उठाना पड़ता; पर अब युग के अन्त में वह एक ही बार प्रगट हुआ है, ताकि अपने ही बलिदान के द्वारा पाप को दूर कर दे। 27 और जैसे मनुष्यों के लिये एक बार मरना और उसके बाद न्याय का होना नियुक्त है, 28 वैसे ही मसीह भी बहुतों के पापों को उठा लेने के लिये एक बार बलिदान हुआ; और जो लोग उसकी बाट जोहते हैं उनके उद्धार के लिये दूसरी बार बिना पाप उठाए हुए दिखाई देगा।*

सिद्ध बलिदान

10 क्योंकि व्यवस्था, जिसमें आनेवाली अच्छी वस्तुओं का प्रतिबिम्ब है पर उनका असली स्वरूप नहीं, इसलिये उन एक ही प्रकार के बलिदानों के द्वारा जो प्रतिवर्ष अचूक चढ़ाए जाते हैं, पास आनेवालों को कदापि सिद्ध नहीं कर सकती। 2 नहीं तो उनका चढ़ाना बन्द क्यों न हो जाता? इसलिये जब सेवा करनेवाले एक ही बार शुद्ध हो जाते, तो फिर उनका विवेक* उन्हें पापी न ठहराता। 3 परन्तु उनके द्वारा प्रति वर्ष पापों का स्मरण हुआ करता है। 4 क्योंकि यह अनहोना है कि बैलों और बकरों का लहू पापों को दूर करे।

5 इसी कारण वह जगत में आते समय कहता है,

"बलिदान और भेंट तू ने न चाही,
पर मेरे लिये एक देह तैयार की।
6 होम-बलियों और पाप-बलियों से तू
प्रसन्न नहीं हुआ।
7 तब मैं ने कहा, 'देख, मैं आ गया हूँ,
पवित्र शास्त्र में मेरे विषय में लिखा हुआ है,
ताकि हे परमेश्वर, तेरी इच्छा पूरी करूँ'।"*

8 ऊपर तो वह कहता है, "न तू ने बलिदान और भेंट और होम-बलियों और पाप-बलियों को चाहा, और न उनसे प्रसन्न हुआ," यद्यपि ये बलिदान तो व्यवस्था के अनुसार चढ़ाए जाते हैं। 9 फिर यह भी कहता है, "देख, मैं आ गया हूँ, ताकि तेरी इच्छा पूरी करूँ," अत: वह पहले को उठा देता है, ताकि दूसरे को नियुक्त करे। 10 उसी इच्छा से हम यीशु मसीह की देह के एक ही बार बलिदान चढ़ाए जाने के द्वारा पवित्र किए गए हैं।

11 हर एक याजक तो खड़े होकर प्रतिदिन सेवा करता है, और एक ही प्रकार के बलिदान को जो पापों को कभी भी दूर नहीं कर सकते, बार-बार चढ़ाता है।* 12 परन्तु यह व्यक्ति तो पापों के बदले एक ही बलिदान सर्वदा के लिये चढ़ाकर परमेश्वर के दाहिने जा बैठा, 13 और उसी समय से इसकी बाट जोह रहा है, कि उसके बैरी उसके पाँवों के नीचे की पीढ़ी बनें।* 14 क्योंकि उसने एक ही चढ़ावे के द्वारा उन्हें जो पवित्र किए जाते हैं, सर्वदा के लिये सिद्ध कर दिया है। 15 और पवित्र आत्मा भी हमें यही गवाही देता है; क्योंकि उसने पहले कहा था,

16 "प्रभु कहता है कि जो वाचा मैं उन दिनों के बाद
उनसे बाँधूँगा वह यह है कि
मैं अपने नियमों को उनके हृदय पर लिखूँगा
और मैं उनके विवेक में डालूँगा।"*

9:28* यशा 53:12   10:2* अर्थात् मन या कानशन्स   5-7* भजन 40:6-8   11* निर्ग 29:38   12,13* भजन 110:1
16* यिर्म 31:33

17 फिर वह यह कहता है,

"मैं उनके पापों को और उनके अधर्म के
कामों को फिर कभी स्मरण न करूँगा।"*

18 और जब इनकी क्षमा हो गई है, तो
फिर पाप का बलिदान नहीं रहा।

परमेश्वर के समीप जाएँ

19 इसलिये हे भाइयो, जब हमें यीशु के लहू
के द्वारा उस नए और जीवते मार्ग से पवित्र स्थान
में प्रवेश करने का हियाव हो गया है, 20 जो
उसने परदे अर्थात् अपने शरीर में से होकर, हमारे
लिये अभिषेक किया है, 21 और इसलिये कि
हमारा ऐसा महान् याजक है, जो परमेश्वर के घर
का अधिकारी है, 22 तो आओ, हम सच्चे मन
और पूरे विश्वास के साथ, और विवेक* का दोष
दूर करने के लिये हृदय पर छिड़काव लेकर, और
देह को शुद्ध जल से धुलवाकर परमेश्वर के समीप
जाएँ।† 23 आओ हम अपनी आशा के अंगीकार
को दृढ़ता से थामे रहें, क्योंकि जिसने प्रतिज्ञा की
है, वह सच्चा* है; 24 और प्रेम, और भले कामों
में उस्काने के लिये हम एक दूसरे की चिन्ता
किया करें, 25 और एक दूसरे के साथ इकट्ठा
होना न छोड़ें, जैसे कि कितनों की रीति है, पर
एक दूसरे को समझाते रहें; और ज्यों ज्यों उस
दिन को निकट आते देखो त्यों-त्यों और भी
अधिक यह किया करो।

26 क्योंकि सच्चाई की पहिचान प्राप्त करने
के बाद यदि हम जान बूझकर पाप करते रहें, तो
पापों के लिये फिर कोई बलिदान बाकी नहीं।
27 हाँ, दण्ड का एक भयानक बाट जोहना और
आग का ज्वलन बाकी है जो विरोधियों को भस्म
कर देगा।* 28 जब मूसा की व्यवस्था का न
माननेवाला, दो या तीन जनों की गवाही पर,
बिना दया के मार डाला जाता है,* 29 तो सोच
लो कि वह कितने और भी भारी दण्ड के योग्य
ठहरेगा, जिसने परमेश्वर के पुत्र को पाँवों से
रौंदा और वाचा के लहू को,* जिसके द्वारा वह
पवित्र ठहराया गया था, अपवित्र जाना है, और
अनुग्रह के आत्मा का अपमान किया। 30 क्योंकि
हम उसे जानते हैं, जिसने कहा, "पलटा लेना
मेरा काम है, मैं ही बदला दूँगा।"* और फिर
यह, कि "प्रभु अपने लोगों का न्याय करेगा।"†
31 जीवते परमेश्वर के हाथों में पड़ना भयानक
बात है।

32 परन्तु उन पिछले दिनों को स्मरण करो,
जिन में तुम ज्योति पाकर दुःखों के बड़े संघर्ष में
स्थिर रहे। 33 कभी-कभी तो यों कि तुम निन्दा
और क्लेश सहते हुए तमाशा बने, और कभी यों
कि तुम उनके साझी हुए जिनकी दुर्दशा की जाती
थी। 34 क्योंकि तुम कैदियों के दुःख में भी
दुःखी हुए, और अपनी संपत्ति भी आनन्द से
लुटने दी; यह जानकर कि तुम्हारे पास एक और
भी उत्तम और सर्वदा ठहरनेवाली संपत्ति है।
35 इसलिये अपना हियाव न छोड़ो क्योंकि उसका
प्रतिफल बड़ा है। 36 क्योंकि तुम्हें धीरज धरना
आवश्यक है, ताकि परमेश्वर की इच्छा को पूरी
करके तुम प्रतिज्ञा का फल पाओ।

37 "क्योंकि अब बहुत ही थोड़ा समय
रह गया है,
जब कि आनेवाला आएगा और देर न
करेगा।
38 पर मेरा धर्मी जन विश्वास से जीवित
रहेगा,
और यदि वह पीछे हट जाए
तो मेरा मन उस से प्रसन्न न होगा।"*

39 पर हम हटनेवाले नहीं कि नाश हो जाएँ पर
विश्वास करनेवाले हैं कि प्राणों को बचाएँ।

विश्वास के उदाहरण

11 अब विश्वास आशा की हुई वस्तुओं
का निश्चय, और अनदेखी वस्तुओं
का प्रमाण है। 2 क्योंकि इसी के विषय में प्राचीनों
की अच्छी गवाही दी गई। 3 विश्वास ही से हम
जान जाते हैं कि सारी सृष्टि की रचना परमेश्वर

10:17* यिर्म 31:34 **22*** अर्थात् *मन या कानशन्स* † लैव्य 8:30; यहेज 36:25 **23*** यू० *विश्वासयोग्य* **27*** यशा 26:11
28* व्य 17:6; 19:15 **29*** निर्ग 24:8 **30*** व्य 32:35 † व्य 32:36 **37,38*** हब 2:3,4

के वचन के द्वारा हुई है।* पर यह नहीं कि जो कुछ देखने में आता है, वह देखी हुई वस्तुओं से बना हो।

4 विश्‍वास ही से हाबिल ने कैन से उत्तम बलिदान परमेश्‍वर के लिये चढ़ाया, और उसी के द्वारा उसके धर्मी होने की गवाही भी दी गई, क्योंकि परमेश्‍वर ने उसकी भेंटों के विषय में गवाही दी;* और उसी के द्वारा वह मरने पर भी अब तक बातें करता है। 5 विश्‍वास ही से हनोक उठा लिया गया कि मृत्यु को न देखे, और उसका पता नहीं मिला क्योंकि परमेश्‍वर ने उसे उठा लिया था, और उसके उठाए जाने से पहले उसकी यह गवाही दी गई थी कि उसने परमेश्‍वर को प्रसन्न किया है।* 6 और विश्‍वास बिना उसे प्रसन्न करना अनहोना है; क्योंकि परमेश्‍वर के पास आनेवाले को विश्‍वास करना चाहिए कि वह है, और अपने खोजनेवालों को प्रतिफल देता है। 7 विश्‍वास ही से नूह ने उन बातों के विषय में जो उस समय दिखाई न पड़ती थीं, चेतावनी पाकर भक्‍ति के साथ अपने घराने के बचाव के लिये जहाज बनाया, और उसके द्वारा उसने संसार को दोषी ठहराया;* और उस धर्म का वारिस हुआ जो विश्‍वास से होता है।

8 विश्‍वास ही से अब्राहम जब बुलाया गया तो आज्ञा मानकर ऐसी जगह निकल गया जिसे मीरास में लेनेवाला था; और यह न जानता था कि मैं किधर जाता हूँ,* तौभी निकल गया। 9 विश्‍वास ही से उसने प्रतिज्ञा किए हुए देश में, पराए देश में परदेशी के समान, रहकर इसहाक और याकूब समेत, जो उसके साथ उसी प्रतिज्ञा के वारिस थे, तम्बुओं में वास किया।* 10 क्योंकि वह उस स्थिर नींववाले* नगर की बाट जोहता था, जिसका रचनेवाला और बनानेवाला परमेश्‍वर है। 11 विश्‍वास से सारा ने आप बूढ़ी होने पर भी गर्भ धारण करने की सामर्थ्य पाई,* क्योंकि उसने प्रतिज्ञा करनेवाले को सच्चा† जाना था। 12 इस कारण एक ही जन से, जो मरा हुआ सा था, आकाश के तारों और समुद्र के तीर के बालू के समान अनगिनित वंश उत्पन्न हुए।*

13 ये सब विश्‍वास ही की दशा में मरे; और उन्होंने प्रतिज्ञा की हुई वस्तुएँ नहीं पाईं, पर उन्हें दूर से देखकर आनन्दित हुए और मान लिया कि हम पृथ्वी पर परदेशी और बाहरी हैं।* 14 जो ऐसी बातें कहते हैं, वे प्रगट करते हैं कि स्वदेश की खोज में हैं। 15 और जिस देश से वे निकल आए थे, यदि उस की सुधि करते तो उन्हें लौट जाने का अवसर था। 16 पर वे एक उत्तम अर्थात् स्वर्गीय देश के अभिलाषी हैं; इसी लिये परमेश्‍वर उनका परमेश्‍वर कहलाने में उनसे नहीं लजाता, क्योंकि उसने उनके लिये एक नगर तैयार किया है।

17 विश्‍वास ही से अब्राहम ने, परखे जाने के समय में, इसहाक को बलिदान चढ़ाया;* और जिसने प्रतिज्ञाओं को सच माना था 18 और जिससे यह कहा गया था, "इसहाक से तेरा वंश कहलाएगा,"* वही अपने एकलौते को चढ़ाने लगा। 19 क्योंकि उसने मान लिया, कि परमेश्‍वर सामर्थी है कि उसे मरे हुओं में से जिलाए; अतः उन्हीं में से दृष्‍टान्त की रीति पर वह उसे फिर मिला। 20 विश्‍वास ही से इसहाक ने याकूब और एसाव को आनेवाली बातों के विषय में आशीष दी।* 21 विश्‍वास ही से याकूब ने मरते समय यूसुफ के दोनों पुत्रों में से एक एक को आशीष दी, और अपनी लाठी के सिरे पर सहारा लेकर दण्डवत् किया।* 22 विश्‍वास ही से यूसुफ ने, जब वह मरने पर था, तो इस्राएल की सन्तान के निकल जाने की चर्चा की, और अपनी हड्डियों के विषय में आज्ञा दी।*

23 विश्‍वास ही से मूसा के माता पिता ने उसको, उत्पन्न होने के बाद तीन महीने तक छिपा रखा, क्योंकि उन्होंने देखा कि बालक सुन्दर है, और वे राजा की आज्ञा से न डरे।* 24 विश्‍वास

11:3* उत्प 1:1; भजन 33:6,9; यूह 1:9 **4*** उत्प 4:3-10 **5*** उत्प 5:21,24 **7*** उत्प 6:13-22 **8*** उत्प 12:1-5
9* उत्प 35:27 **10*** या *स्थिर रहनेवाले* **11*** उत्प 18:11-14; 21:2 **†** यू० *विश्‍वासयोग्य* **12*** उत्प 15:5; 22:17; 32:12
13* उत्प 23:4; 1 इति 29:15; भजन 39:12 **17*** उत्प 22:1-14 **18*** उत्प 21:12 **20*** उत्प 27:27-29, 39, 40
21* उत्प 47:31—48:20 **22*** उत्प 50:24,25; निर्ग 13:19 **23*** निर्ग 2:2; 1:22

ही से मूसा ने सयाना होकर फिरौन की बेटी का
पुत्र कहलाने से इन्कार किया।* 25 इसलिये कि
उसे पाप में थोड़े दिन के सुख भोगने से परमेश्वर
के लोगों के साथ दुःख भोगना अधिक उत्तम
लगा। 26 उसने मसीह के कारण निन्दित होने
को मिस्र के भण्डार से बड़ा धन समझा, क्योंकि
उसकी आँखें फल पाने की ओर लगी थीं।
27 विश्वास ही से राजा के क्रोध से न डरकर
उसने मिस्र को छोड़ दिया, क्योंकि वह अनदेखे
को मानो देखता हुआ दृढ़ रहा।* 28 विश्वास ही
से उस ने फसह और लहू छिड़कने की विधि
मानी, कि पहिलौठों का नाश करनेवाला इस्रा-
एलियों पर हाथ न डाले।*

29 विश्वास ही से वे लाल समुद्र के पार ऐसे
उतर गए, जैसे सूखी भूमि पर से; और जब
मिस्रियों ने वैसा ही करना चाहा तो सब डूब
मरे।* 30 विश्वास ही से यरीहो की शहरपनाह,
जब वे सात दिन तक उसका चक्कर लगा चुके,
तो वह गिर पड़ी।* 31 विश्वास ही से राहाब
वेश्या आज्ञा न माननेवालों* के साथ नष्ट नहीं
हुई, इसलिये कि उसने भेदियों को कुशल से
रखा था।†

32 अब और क्या कहूँ? क्योंकि समय नहीं
रहा कि गिदोन* का, और बाराक† और शिमशोन§
का, और यिफतह‡ का, और दाऊद❖ और
शमूएल★ का, और भविष्यद्वक्ताओं का वर्णन
करूँ। 33 इन्होंने विश्वास ही के द्वारा राज्य जीते;
धर्म के काम किए; प्रतिज्ञा की हुई वस्तुएँ प्राप्त
कीं; सिंहों के मुँह बन्द किए;* 34 आग की
ज्वाला को ठंडा किया;* तलवार की धार से बच
निकले; निर्बलता में बलवन्त हुए; लड़ाई में वीर
निकले; विदेशियों की फौजों को मार भगाया।
35 स्त्रियों ने अपने मरे हुओं को फिर जीवित
पाया; कितने तो मार खाते खाते मर गए और
छुटकारा न चाहा, इसलिये कि उत्तम पुनरुत्थान*
के भागी हों।† 36 कई एक ठट्ठों में उड़ाए जाने;
और कोड़े खाने वरन् बाँधे जाने, और कैद में
पड़ने के द्वारा परखे गए।* 37 पथराव किए गए;
आरे से चीरे गए; उनकी परीक्षा की गई; तलवार
से मारे गए; वे कंगाली में, और क्लेश में, और
दुःख भोगते हुए भेड़ों और बकरियों की खालें
ओढ़े हुए, इधर-उधर मारे मारे फिरे;* 38 और
जंगलों, और पहाड़ों, और गुफाओं में, और पृथ्वी
की दरारों में भटकते फिरे। संसार उनके योग्य न
था।

39 विश्वास ही के द्वारा इन सब के विषय में
अच्छी गवाही दी गई, तौभी उन्हें प्रतिज्ञा की हुई
वस्तु न मिली। 40 क्योंकि परमेश्वर ने हमारे
लिये पहले से एक उत्तम बात ठहराई, कि वे
हमारे बिना सिद्धता को न पहुँचें।

परमेश्वर पिता द्वारा ताड़ना

12 इस कारण जब कि गवाहों का ऐसा
बड़ा बादल हम को घेरे हुए है, तो
आओ, हर एक रोकनेवाली वस्तु और उलझानेवाले
पाप को दूर करके, वह दौड़ जिसमें हमें दौड़ना
है धीरज से दौड़ें, 2 और विश्वास के कर्ता और
सिद्ध करनेवाले यीशु की ओर ताकते रहें, जिसने
उस आनन्द के लिये जो उसके आगे धरा था,
लज्जा की कुछ चिन्ता न करके क्रूस का दुःख
सहा, और परमेश्वर के सिंहासन की दाहिनी
ओर जा बैठा।

3 इसलिये उस पर ध्यान करो, जिसने अपने
विरोध में पापियों का इतना विरोध सह लिया कि
तुम निराश होकर साहस न छोड़ दो। 4 तुम ने
पाप से लड़ते हुए उससे ऐसी मुठभेड़ नहीं की
कि तुम्हारा लहू बहा हो; 5 और तुम उस उपदेश
को, जो तुम को पुत्रों के समान दिया जाता है,
भूल गए हो :

''हे मेरे पुत्र, प्रभु की ताड़ना को हलकी

11:24* निर्ग 2:10-12 **27*** निर्ग 2:15 **28*** निर्ग 12:21-30 **29*** निर्ग 14:21-31 **30*** यहो 6:12-21 **31*** या *अविश्वासियों*
† यहो 2:1-21; 6:22-25 **32*** न्याय 6:11—8:32 † न्याय 4:6—5:31 § न्याय 13:2—16:31 ‡ न्याय 11:1—12:7
❖ 1 शमू 16:1—1 राजा 2:11 ★ 1 शमू 1:1—25:1 **33*** दानि 6:1-27 **34*** दानि 3:1-30 **35*** या *मृतकोत्थान*
† 1 राजा 17:17-24; 2 राजा 4:25-37 **36*** 1 राजा 22:26,27; 2 इति 18:25,26; यिर्म 20:2; 37:15; 38:6 **37*** 2 इति 24:21

बात न जान,
और जब वह तुझे घुड़के तो साहस न छोड़।
6 क्योंकि प्रभु जिससे प्रेम करता है, उसकी
ताड़ना भी करता है,
और जिसे पुत्र बना लेता है, उसको कोड़े
भी लगाता है।''*
7 तुम दु:ख को ताड़ना समझकर सह लो; परमेश्वर
तुम्हें पुत्र जानकर तुम्हारे साथ बर्ताव करता है।
वह कौन सा पुत्र है जिसकी ताड़ना पिता नहीं
करता? 8 यदि वह ताड़ना जिसके भागी सब
होते हैं, तुम्हारी नहीं हुई तो तुम पुत्र नहीं, पर
व्यभिचार की सन्तान ठहरे। 9 फिर जब कि हमारे
शारीरिक पिता भी हमारी ताड़ना किया करते थे
और हमने उनका आदर किया, तो क्या आत्माओं
के पिता के और भी अधीन न रहें जिससे हम
जीवित रहें। 10 वे तो अपनी-अपनी समझ के
अनुसार थोड़े दिनों के लिये ताड़ना करते थे, पर
वह तो हमारे लाभ के लिये करता है, कि हम भी
उसकी पवित्रता के भागी हो जाएँ। 11 वर्तमान
में हर प्रकार की ताड़ना आनन्द की नहीं, पर
शोक ही की बात दिखाई पड़ती है; तौभी जो
उसको सहते–सहते पक्के हो गए हैं, बाद में
उन्हें चैन के साथ धर्म का प्रतिफल मिलता है।

उपदेश और चेतावनी

12 इसलिये ढीले हाथों और निर्बल घुटनों
को सीधे करो,* 13 और अपने पाँवों के लिये
सीधे मार्ग बनाओ कि लंगड़ा भटक न जाए* पर
भला चंगा हो जाए।

14 सब से मेल मिलाप रखो, और उस पवित्रता
के खोजी हो जिसके बिना कोई प्रभु को कदापि
न देखेगा। 15 ध्यान से देखते रहो, ऐसा न हो
कि कोई परमेश्वर के अनुग्रह से वंचित रह जाए,
या कोई कड़वी जड़ फूटकर कष्ट दे, और उसके
द्वारा बहुत से लोग अशुद्ध हो जाएँ।* 16 ऐसा
न हो कि कोई जन व्यभिचारी, या एसाव के
समान अधर्मी हो जिसने एक बार के भोजन के
बदले अपने पहिलौठे होने का पद बेच डाला।*
17 तुम जानते हो कि बाद में जब उसने आशीष
पानी चाही तो अयोग्य गिना गया, और आँसू
बहा बहाकर खोजने पर भी मन फिराव का अवसर
उसे न मिला।*

18 तुम तो उस पहाड़ के पास, जो छुआ जा
सकता था, और आग से प्रज्वलित था, और काली
घटा, और अंधेरा, और आँधी के पास, 19 और
तुरही की ध्वनि, और बोलनेवाले के ऐसे शब्द
के पास नहीं आए, जिसके सुननेवालों ने विनती
की कि अब हम से और बातें न की जाएँ।*
20 क्योंकि वे उस आज्ञा को न सह सके :
''यदि कोई पशु भी पहाड़ को छुए तो उस पर
पथराव किया जाए।''* 21 और वह दर्शन ऐसा
डरावना था कि मूसा ने कहा, ''मैं बहुत डरता
और काँपता हूँ।''*

22 पर तुम सिय्योन के पहाड़ के पास, और
जीवते परमेश्वर के नगर, स्वर्गीय यरूशलेम, के
पास और लाखों स्वर्गदूतों 23 और उन पहिलौठों
की साधारण सभा और कलीसिया, जिनके नाम
स्वर्ग में लिखे हुए हैं, और सब के न्यायी परमेश्वर
के पास, और सिद्ध किए हुए धर्मियों की
आत्माओं, 24 और नई वाचा के मध्यस्थ यीशु
और छिड़काव के उस लहू के पास आए हो, जो
हाबिल के लहू से उत्तम बातें कहता है।*

25 सावधान रहो, और उस कहनेवाले से
मुँह न फेरो, क्योंकि वे लोग जब पृथ्वी पर के
चेतावनी देनेवाले से मुँह मोड़कर न बच सके,
तो हम स्वर्ग पर से चेतावनी देनेवाले से मुँह
मोड़कर कैसे बच सकेंगे?* 26 उस समय तो
उसके शब्द ने पृथ्वी को हिला दिया, पर अब
उसने यह प्रतिज्ञा की है, ''एक बार फिर मैं न
केवल पृथ्वी को वरन् आकाश को भी हिला
दूँगा।''* 27 और यह वाक्य 'एक बार फिर'
इस बात को प्रगट करता है कि जो वस्तुएँ हिलाई

12:5,6* अय्यू 5:17; नीति 3:11,12 **12*** यशा 35:3 **13*** नीति 4:26 **15*** व्य 29:18 **16*** उत्प 25:29–34
17* उत्प 27:30–40 **18,19*** निर्ग 19:16–22; 20:18–21; व्य 4:11,12; 5:22–27 **20*** निर्ग 19:12,13 **21*** व्य 9:19
24* उत्प 4:10 **25*** निर्ग 20:22 **26*** हाग्गै 2:6

जाती हैं, वे सृजी हुई वस्तुएँ होने के कारण टल
जाएँगी; ताकि जो वस्तुएँ हिलाई नहीं जातीं, वे
अटल बनी रहें। 28 इस कारण हम इस राज्य को
पाकर जो हिलने का नहीं कृतज्ञ हों, और भक्ति,
और भय सहित परमेश्वर की ऐसी आराधना करें
जिससे वह प्रसन्न होता है; 29 क्योंकि हमारा
परमेश्वर भस्म करनेवाली आग है।*

मसीही जीवन जीने के निर्देश

13 भाईचारे की प्रीति बनी रहे। 2 अतिथि-
सत्कार करना न भूलना, क्योंकि इसके
द्वारा कुछ लोगों ने अनजाने में स्वर्गदूतों का आदर-
सत्कार किया है।* 3 कैदियों की ऐसी सुधि लो
कि मानो उनके साथ तुम भी कैद हो, और जिनके
साथ बुरा बर्ताव किया जाता है, उनकी भी यह
समझकर सुधि लिया करो कि हमारी भी देह है।
4 विवाह सब में आदर की बात समझी जाए,
और विवाह-बिछौना निष्कलंक रहे, क्योंकि
परमेश्वर व्यभिचारियों, और परस्त्रीगामियों का
न्याय करेगा। 5 तुम्हारा स्वभाव लोभरहित हो,
और जो तुम्हारे पास है उसी पर सन्तोष करो;
क्योंकि उसने आप ही कहा है, ''मैं तुझे कभी न
छोड़ूँगा, और न कभी तुझे त्यागूँगा।'' * 6 इसलिये
हम निडर होकर कहते हैं, ''प्रभु मेरा सहायक
है, मैं न डरूँगा; मनुष्य मेरा क्या कर सकता
है।'' *

7 जो तुम्हारे अगुवे थे, और जिन्होंने तुम्हें
परमेश्वर का वचन सुनाया है, उन्हें स्मरण रखो;
और ध्यान से उनके चाल-चलन का अन्त देखकर
उनके विश्वास का अनुकरण करो। 8 यीशु मसीह
कल और आज और युगानुयुग एक-सा है।
9 नाना प्रकार के विचित्र उपदेशों से न भरमाए
जाओ, क्योंकि मन का अनुग्रह से दृढ़ रहना
भला है, न कि उन खाने की वस्तुओं से जिन
से काम रखनेवालों को कुछ लाभ न हुआ।
10 हमारी एक ऐसी वेदी है जिस पर से खाने का
अधिकार उन लोगों को नहीं, जो तम्बू की सेवा
करते हैं। 11 क्योंकि जिन पशुओं का लहू
महायाजक पाप-बलि के लिये पवित्र स्थान में
ले जाता है, उनकी देह छावनी के बाहर जलाई
जाती हैं।* 12 इसी कारण, यीशु ने भी लोगों को
अपने ही लहू के द्वारा पवित्र करने के लिये फाटक
के बाहर दु:ख उठाया। 13 इसलिये आओ, उस
की निन्दा अपने ऊपर लिये हुए छावनी के बाहर
उसके पास निकल चलें। 14 क्योंकि यहाँ हमारा
कोई स्थाई नगर नहीं, वरन् हम एक आनेवाले
नगर की खोज में हैं। 15 इसलिये हम उसके
द्वारा स्तुतिरूपी बलिदान, अर्थात् उन होठों का
फल जो उसके नाम का अंगीकार करते हैं,
परमेश्वर को सर्वदा चढ़ाया करें। 16 भलाई करना
और उदारता दिखाना न भूलो, क्योंकि परमेश्वर
ऐसे बलिदानों से प्रसन्न होता है।

17 अपने अगुवों की आज्ञा मानो और उनके
अधीन रहो, क्योंकि वे उनके समान तुम्हारे प्राणों
के लिये जागते रहते हैं जिन्हें लेखा देना पड़ेगा;
वे यह काम आनन्द से करें, न कि ठंडी साँस ले
लेकर, क्योंकि इस दशा में तुम्हें कुछ लाभ नहीं।

18 हमारे लिये प्रार्थना करते रहो, क्योंकि
हमें भरोसा है कि हमारा विवेक* शुद्ध है : और
हम सब बातों में अच्छी चाल चलना चाहते हैं।
19 प्रार्थना करने के लिये मैं तुम्हें और भी समझाता
हूँ कि मैं शीघ्र तुम्हारे पास फिर आ सकूँ।

20 अब शान्तिदाता परमेश्वर, जो हमारे प्रभु
यीशु को जो भेड़ों का महान् रखवाला है सनातन
वाचा के लहू के गुण से मरे हुओं में से जिलाकर
ले आया, 21 तुम्हें हर एक भली बात में सिद्ध
करे, जिससे तुम उसकी इच्छा पूरी करो, और जो
कुछ उसको भाता है उसे यीशु मसीह के द्वारा
हम में उत्पन्न करे। उसी की महिमा युगानुयुग
होती रहे। आमीन।

22 हे भाइयो, मैं तुम से विनती करता हूँ कि
इस उपदेश की बातों को सह लो, क्योंकि मैं ने

12:29* व्य 4:24 **13:2*** उत्प 18:1-8; 19:1-3 **5*** व्य 31:6,8; यहो 1:5 **6*** भजन 118:6 **11*** लैव्य 16:27
18* अर्थात् *मन या कानशन्स*

तुम्हें बहुत संक्षेप में लिखा है। 23 तुम्हें यह ज्ञात हो कि तीमुथियुस, हमारा भाई छूट गया है और यदि वह शीघ्र आ गया तो मैं उसके साथ तुम से भेंट करूँगा।

24 अपने सब अगुवों और सब पवित्र लोगों को नमस्कार कहो। इटलीवाले तुम्हें नमस्कार कहते हैं।

25 तुम सब पर अनुग्रह होता रहे। आमीन।

याकूब की पत्री

भूमिका

याकूब की पत्री व्यावहारिक निर्देशों का एक संग्रह है जो सारे संसार में तितर-बितर हो कर रहनेवाले परमेश्वर के लोगों के लिये लिखा गया है। लेखक मसीही आचार-व्यवहार और चाल-चलन के लिये व्यावहारिक ज्ञान और मार्गदर्शन से सम्बन्धित निर्देशों को प्रस्तुत करने के लिये कई सजीव उपमाओं का प्रयोग करता है। वह विभिन्न विषयों पर मसीही दृष्टिकोण से विचार करता है, जैसे अमीरी और गरीबी, परीक्षा, अच्छा चाल-चलन, पक्षपात, विश्वास और कर्म, जीभ का प्रयोग, बुद्धिमानी, लड़ाई-झगड़ा, घमण्ड और दीनता, दूसरों पर दोष लगाना, डींग मारना, धीरज धरना, और प्रार्थना करना।

यह पत्री मसीहियत का पालन करने में विश्वास के साथ ही कर्म करने के महत्त्व पर भी बल देती है।

रूप-रेखा :

भूमिका 1:1
विश्वास और बुद्धिमानी 1:2-8
गरीबी और धन-दौलत 1:9-11
परख और प्रलोभन 1:12-18
सुनना और करना 1:19-27
पक्षपात के विरुद्ध चेतावनी 2:1-13
विश्वास और कर्म 2:14-26
मसीही और उसकी जीभ 3:1-18
मसीही और संसार 4:1 — 5:6
विभिन्न निर्देश 5:7-20

अभिवादन

1 परमेश्वर के और प्रभु यीशु मसीह के दास याकूब* की ओर से उन बारहों गोत्रों को जो तितर-बितर होकर रहते हैं नमस्कार पहुँचे।

विश्वास और बुद्धिमानी

2 हे मेरे भाइयो, जब तुम नाना प्रकार की परीक्षाओं में पड़ो, तो इसको पूरे आनन्द की बात समझो, 3 यह जानकर कि तुम्हारे विश्वास के

1:1* मत्ती 13:55; मर 6:3; प्रेरि 15:13; गला 1:19

परखे जाने से धीरज उत्पन्न होता है। 4 पर धीरज
को अपना पूरा काम करने दो कि तुम पूरे और
सिद्ध हो जाओ, और तुम में किसी बात की घटी
न रहे।

5 पर यदि तुम में से किसी को बुद्धि की घटी
हो तो परमेश्वर से माँगे, जो बिना उलाहना दिए
सब को उदारता से देता है, और उसको दी जाएगी।
6 पर विश्वास से माँगे, और कुछ सन्देह न करे,
क्योंकि सन्देह करनेवाला समुद्र की लहर के समान
है जो हवा से बहती और उछलती है। 7 ऐसा
मनुष्य यह न समझे कि मुझे प्रभु से कुछ मिलेगा,
8 वह व्यक्ति दुचित्ता है और अपनी सारी बातों
में चंचल है।

गरीबी और अमीरी

9 दीन भाई अपने ऊँचे पद पर घमण्ड
करे, 10 और धनवान अपनी नीची दशा पर;
क्योंकि वह घास के फूल की तरह जाता रहेगा।
11 क्योंकि सूर्य उदय होते ही कड़ी धूप पड़ती
है और घास को सुखा देती है, और उसका फूल
झड़ जाता है और उसकी शोभा जाती रहती है।*
इसी प्रकार धनवान भी अपने मार्ग पर चलते-
चलते धूल में मिल जाएगा।

परख और प्रलोभन

12 धन्य है वह मनुष्य जो परीक्षा में स्थिर
रहता है, क्योंकि वह खरा निकलकर जीवन का
वह मुकुट पाएगा जिसकी प्रतिज्ञा प्रभु ने अपने
प्रेम करनेवालों से की है। 13 जब किसी की
परीक्षा* हो, तो वह यह न कहे कि मेरी परीक्षा
परमेश्वर की ओर से होती है; क्योंकि न तो बुरी
बातों से परमेश्वर की परीक्षा हो सकती है, और
न वह किसी की परीक्षा आप करता है। 14 परन्तु
प्रत्येक व्यक्ति अपनी ही अभिलाषा से खिंचकर
और फँसकर परीक्षा* में पड़ता है। 15 फिर
अभिलाषा गर्भवती होकर पाप को जनती है और
पाप जब बढ़ जाता है तो मृत्यु को उत्पन्न
करता है।

16 हे मेरे प्रिय भाइयो, धोखा न खाओ।
17 क्योंकि हर एक अच्छा वरदान और हर एक
उत्तम दान ऊपर ही से है, और ज्योतियों के पिता
की ओर से मिलता है, जिसमें न तो कोई परिवर्तन
हो सकता है, और न अदल बदल के कारण उस
पर छाया पड़ती है। 18 उसने अपनी ही इच्छा से
हमें सत्य के वचन के द्वारा उत्पन्न किया, ताकि
हम उसकी सृष्टि की हुई वस्तुओं में से एक
प्रकार के प्रथम फल हों।

सुनना और करना

19 हे मेरे प्रिय भाइयो, यह बात तुम जान
लो : हर एक मनुष्य सुनने के लिये तत्पर और
बोलने में धीर और क्रोध में धीमा हो, 20 क्योंकि
मनुष्य का क्रोध परमेश्वर के धर्म का निर्वाह नहीं
कर सकता। 21 इसलिये सारी मलिनता और बैर
भाव की बढ़ती को दूर करके, उस वचन को
नम्रता से ग्रहण कर लो जो हृदय में बोया गया
और जो तुम्हारे प्राणों का उद्धार कर सकता है।
22 परन्तु वचन पर चलनेवाले बनो, और केवल
सुननेवाले ही नहीं जो अपने आप को धोखा देते
हैं। 23 क्योंकि जो कोई वचन का सुननेवाला हो
और उस पर चलनेवाला न हो, तो वह उस मनुष्य
के समान है जो अपना स्वाभाविक मुँह दर्पण में
देखता है। 24 इसलिये कि वह अपने आप को
देखकर चला जाता और तुरन्त भूल जाता है कि
वह कैसा था। 25 पर जो व्यक्ति स्वतंत्रता की
सिद्ध व्यवस्था पर ध्यान करता रहता है, वह अपने
काम में इसलिये आशीष पाएगा कि सुनकर भूलता
नहीं पर वैसा ही काम करता है। 26 यदि कोई
अपने आप को भक्त समझे और अपनी जीभ पर
लगाम न दे पर अपने हृदय को धोखा दे, तो
उसकी भक्ति व्यर्थ है। 27 हमारे परमेश्वर और
पिता के निकट शुद्ध और निर्मल भक्ति
यह है कि अनाथों और विधवाओं के क्लेश में
उनकी सुधि लें, और अपने आप को संसार से

1:10,11* यशा 40:6,7 13* या *प्रलोभन* 14* या *प्रलोभन*

निष्कलंक रखें।

पक्षपात के विरुद्ध चेतावनी

2 हे मेरे भाइयो, हमारे महिमायुक्त प्रभु यीशु मसीह पर तुम्हारा विश्वास पक्षपात के साथ न हो। 2 क्योंकि यदि एक पुरुष सोने के छल्ले और सुन्दर वस्त्र पहिने हुए तुम्हारी सभा में आए, और एक कंगाल भी मैले कुचैले कपड़े पहिने हुए आए, 3 और तुम उस सुन्दर वस्त्रवाले का मुँह देखकर कहो, "तू वहाँ अच्छी जगह बैठ," और उस कंगाल से कहो, "तू यहाँ खड़ा रह," या "मेरे पाँवों के पास बैठ।" 4 तो क्या तुम ने आपस में भेद-भाव न किया और बुरे विचार से न्याय करनेवाले न ठहरे? 5 हे मेरे प्रिय भाइयो, सुनो। क्या परमेश्वर ने इस जगत के कंगालों को नहीं चुना कि विश्वास में धनी और उस राज्य के अधिकारी हों, जिसकी प्रतिज्ञा उस ने उनसे की है जो उससे प्रेम रखते हैं? 6 पर तुम ने उस कंगाल का अपमान किया। क्या धनी लोग तुम पर अत्याचार नहीं करते और क्या वे ही तुम्हें कचहरियों में घसीट घसीट कर नहीं ले जाते? 7 क्या वे उस उत्तम नाम की निन्दा नहीं करते जिसके तुम कहलाते हो? 8 तौभी यदि तुम पवित्र शास्त्र के इस वचन के अनुसार कि "तू अपने पड़ोसी से अपने समान प्रेम रख"* सचमुच उस राज व्यवस्था को पूरी करते हो, तो अच्छा ही करते हो। 9 पर यदि तुम पक्षपात करते हो तो पाप करते हो; और व्यवस्था तुम्हें अपराधी ठहराती है। 10 क्योंकि जो कोई सारी व्यवस्था का पालन करता है परन्तु एक ही बात में चूक जाए तो वह सब बातों में दोषी ठहर चुका है। 11 इसलिये कि जिसने यह कहा, "तू व्यभिचार न करना"* उसी ने यह भी कहा, "तू हत्या न करना,"† इसलिये यदि तू ने व्यभिचार तो नहीं किया पर हत्या की तौभी तू व्यवस्था का उल्लंघन करनेवाला ठहरा। 12 तुम उन लोगों के समान वचन बोलो और काम भी करो, जिनका न्याय स्वतंत्रता की व्यवस्था के अनुसार होगा। 13 क्योंकि जिसने दया नहीं की, उसका न्याय बिना दया के होगा : दया न्याय पर जयवन्त होती है।

विश्वास और कर्म

14 हे मेरे भाइयो, यदि कोई कहे कि मुझे विश्वास है पर वह कर्म न करता हो, तो इससे क्या लाभ? क्या ऐसा विश्वास कभी उसका उद्धार कर सकता है? 15 यदि कोई भाई या बहिन नंगे-उघाड़े हो और उन्हें प्रतिदिन भोजन की घटी हो, 16 और तुम में से कोई उनसे कहे, "कुशल से जाओ, तुम गरम रहो और तृप्त रहो," पर जो वस्तुएँ देह के लिये आवश्यक हैं वह उन्हें न दे तो क्या लाभ? 17 वैसे ही विश्वास भी, यदि कर्म सहित न हो तो अपने स्वभाव में मरा हुआ है।

18 वरन् कोई कह सकता है, "तुझे विश्वास है और मैं कर्म करता हूँ।" तू अपना विश्वास मुझे कर्म बिना तो दिखा; और मैं अपना विश्वास अपने कर्मों के द्वारा तुझे दिखाऊँगा। 19 तुझे विश्वास है कि एक ही परमेश्वर है; तू अच्छा करता है। दुष्टात्मा भी विश्वास रखते, और थरथराते हैं। 20 पर हे निकम्मे मनुष्य, क्या तू यह भी नहीं जानता कि कर्म बिना विश्वास व्यर्थ है? 21 जब हमारे पिता अब्राहम ने अपने पुत्र इसहाक को वेदी पर चढ़ाया,* तो क्या वह कर्मों से धार्मिक न ठहरा था? 22 अत: तू ने देख लिया कि विश्वास ने उसके कामों के साथ मिलकर प्रभाव डाला है, और कर्मों से विश्वास सिद्ध हुआ, 23 और पवित्र शास्त्र का यह वचन पूरा हुआ : "अब्राहम ने परमेश्वर का विश्वास किया, और यह उसके लिये धर्म गिना गया;"* और वह परमेश्वर का मित्र कहलाया। 24 इस प्रकार तुम ने देख लिया कि मनुष्य केवल विश्वास से ही नहीं, वरन् कर्मों से भी धर्मी ठहरता है। 25 वैसे ही राहाब वेश्या भी, जब उसने दूतों को अपने घर में उतारा और दूसरे मार्ग से विदा किया,* तो

2:8* लैव्य 19:18 11* निर्ग 20:14; व्य 5:18 † निर्ग 20:13; व्य 5:17 21* उत्प 22:1-14 23* उत्प 15:6
† 2 इति 20:7; यशा 41:8 25* यहो 2:1-21

क्या कर्मों से धार्मिक न ठहरी? 26 अत: जैसे देह आत्मा बिना मरी हुई है, वैसा ही विश्‍वास भी कर्म बिना मरा हुआ है।

जीभ को वश में करना

3 हे मेरे भाइयो, तुम में से बहुत उपदेशक न बनें, क्योंकि जानते हो कि हम उपदेशक और भी दोषी ठहरेंगे। 2 इसलिये कि हम सब बहुत बार चूक जाते हैं; जो कोई वचन में नहीं चूकता वही तो सिद्ध मनुष्य है और सारी देह पर भी लगाम लगा सकता है। 3 जब हम अपने वश में करने के लिये घोड़ों के मुँह में लगाम लगाते हैं, तो हम उनकी सारी देह को भी घुमा सकते हैं। 4 देखो, जहाज भी, यद्यपि ऐसे बड़े होते हैं और प्रचण्ड वायु से चलाए जाते हैं, तौभी एक छोटी सी पतवार के द्वारा माँझी की इच्छा के अनुसार घुमाए जाते हैं। 5 वैसे ही जीभ भी एक छोट सा अंग है और वह बड़ी-बडी़ डींगें मारती है। देखो, थोड़ी सी आग से कितने बड़े वन में आग लग जाती है। 6 जीभ भी एक आग है; जीभ हमारे अंगों में अधर्म का एक लोक है, और सारी देह पर कलंक लगाती है, और जीवन-गति में आग लगा देती है, और नरक कुण्ड की आग से जलती रहती है। 7 क्योंकि हर प्रकार के वन-पशु, पक्षी, और रेंगनेवाले जन्तु, और जलचर तो मनुष्य जाति के वश में हो सकते हैं और हो भी गए हैं, 8 पर जीभ को मनुष्यों में से कोई वश में नहीं कर सकता; वह एक ऐसी बला है जो कभी रुकती ही नहीं, वह प्राण नाशक विष से भरी हुई है। 9 इसी से हम प्रभु और पिता की स्तुति करते हैं, और इसी से मनुष्यों को जो परमेश्‍वर के स्वरूप में उत्पन्न हुए हैं* शाप देते हैं। 10 एक ही मुँह से धन्यवाद और शाप दोनों निकलते हैं। हे मेरे भाइयो, ऐसा नहीं होना चाहिए। 11 क्या सोते के एक ही मुँह से मीठा और खारा जल दोनों निकलता है? 12 हे मेरे भाइयो, क्या अंजीर के पेड़ में जैतून, या दाख की लता में अंजीर लग सकते हैं? वैसे ही खारे सोते से मीठा पानी नहीं निकल सकता।

स्वर्गीय ज्ञान

13 तुम में ज्ञानवान और समझदार कौन है? जो ऐसा हो वह अपने कामों को अच्छे चाल-चलन से उस नम्रता सहित प्रगट करे जो ज्ञान से उत्पन्न होती है। 14 पर यदि तुम अपने-अपने मन में कड़वी डाह और विरोध रखते हो, तो सत्य के विरोध में घमण्ड न करना, और न तो झूठ बोलना। 15 यह ज्ञान वह नहीं जो ऊपर से उतरता है, वरन् सांसारिक, और शारीरिक, और शैतानी है। 16 क्योंकि जहाँ डाह और विरोध होता है, वहाँ बखेड़ा और हर प्रकार का दुष्कर्म भी होता है। 17 पर जो ज्ञान ऊपर से आता है वह पहले तो पवित्र होता है फिर मिलनसार, कोमल और मृदुभाव और दया और अच्छे फलों से लदा हुआ और पक्षपात और कपट रहित होता है। 18 मिलाप कराने वाले धार्मिकता का फल मेल-मिलाप के साथ बोते हैं।

संसार से मित्रता

4 तुम में लड़ाइयाँ और झगड़े कहाँ से आ गए? क्या उन सुख-विलासों से नहीं जो तुम्हारे अंगों में लड़ते-भिड़ते हैं? 2 तुम लालसा रखते हो, और तुम्हें मिलता नहीं; इसलिये तुम हत्या करते हो। तुम डाह करते हो, और कुछ प्राप्‍त नहीं कर पाते; तो तुम झगड़ते और लड़ते हो। तुम्हें इसलिये नहीं मिलता कि माँगते नहीं। 3 तुम माँगते हो और पाते नहीं, इसलिये कि बुरी इच्छा से माँगते हो, ताकि अपने भोग-विलास में उड़ा दो। 4 हे व्यभिचारिणियो, क्या तुम नहीं जानतीं कि संसार से मित्रता करनी परमेश्‍वर से बैर करना है? अत: जो कोई संसार का मित्र होना चाहता है, वह अपने आप को परमेश्‍वर का बैरी बनाता है। 5 क्या तुम यह समझते हो कि पवित्रशास्त्र व्यर्थ कहता है, ''जिस आत्मा को

3:9* उत्प 1:26

उसने हमारे भीतर बसाया है, क्या वह ऐसी लालसा करता है जिसका प्रतिफल डाह हो'' ? 6 वह तो और भी अनुग्रह देता है; इस कारण यह लिखा है, ''परमेश्वर अभिमानियों का विरोध करता है, पर दीनों पर अनुग्रह करता है।''* 7 इसलिये परमेश्वर के अधीन हो जाओ; और शैतान* का सामना करो, तो वह तुम्हारे पास से भाग निकलेगा। 8 परमेश्वर के निकट आओ तो वह भी तुम्हारे निकट आएगा। हे पापियो, अपने हाथ शुद्ध करो; और हे दुचित्ते लोगो, अपने हृदय को पवित्र करो। 9 दुःखी हो, और शोक करो, और रोओ। तुम्हारी हँसी शोक में और तुम्हारा आनन्द उदासी में बदल जाए। 10 प्रभु के सामने दीन बनो तो वह तुम्हें शिरोमणि बनाएगा।

भाइयों पर दोष लगाना

11 हे भाइयो, एक दूसरे की बदनामी न करो। जो अपने भाई की बदनामी करता है या भाई पर दोष लगाता है, वह व्यवस्था की बदनामी करता है और व्यवस्था पर दोष लगाता है; और यदि तू व्यवस्था पर दोष लगाता है, तो तू व्यवस्था पर चलनेवाला नहीं पर उस पर हाकिम ठहरा। 12 व्यवस्था देनेवाला और हाकिम तो एक ही है, जो बचाने और नाश करने में समर्थ है। पर तू कौन है, जो अपने पड़ोसी पर दोष लगाता है?

घमण्ड के विरुद्ध चेतावनी

13 तुम जो यह कहते हो, ''आज या कल हम किसी और नगर में जाकर वहाँ एक वर्ष बिताएँगे, और व्यापार करके लाभ कमाएँगे।'' 14 और यह नहीं जानते कि कल क्या होगा।* सुन तो लो, तुम्हारा जीवन है ही क्या? तुम तो भाप के समान हो, जो थोड़ी देर दिखाई देती है फिर लोप हो जाती है। 15 इसके विपरीत तुम्हें यह कहना चाहिए, ''यदि प्रभु चाहे तो हम जीवित रहेंगे, और यह या वह काम भी करेंगे।'' 16 पर अब तुम अपने डींग मारने पर घमण्ड करते हो; ऐसा सब घमण्ड बुरा होता है। 17 इसलिये जो कोई भलाई करना जानता है और नहीं करता, उसके लिये यह पाप है।

धनवानों को चेतावनी

5 हे धनवानो, सुन तो लो, तुम अपने आनेवाले क्लेशों पर चिल्ला-चिल्लाकर रोओ। 2 तुम्हारा धन बिगड़ गया है और तुम्हारे वस्त्रों को कीड़े खा गए हैं। 3 तुम्हारे सोने-चाँदी में काई लग गई है;* और वह काई तुम पर गवाही देगी, और आग के समान तुम्हारा मांस खा जाएगी। तुम ने अन्तिम युग में धन बटोरा है। 4 देखो, जिन मजदूरों ने तुम्हारे खेत काटे, उनकी वह मजदूरी जो तुम ने धोखा देकर रख ली है चिल्ला रही है, और लवनेवालों की दोहाई सेनाओं के प्रभु के कानों तक पहुँच गई है।* 5 तुम पृथ्वी पर भोग-विलास में लगे रहे और बड़ा ही सुख भोगा; तुम ने इस वध के दिन के लिये अपने हृदय का पालन-पोषण करके उसको मोटा-ताजा किया। 6 तुम ने धर्मी को दोषी ठहराकर मार डाला, वह तुम्हारा सामना नहीं करता।

दुःख में धीरज धरना

7 इसलिये हे भाइयो, प्रभु के आगमन तक धीरज धरो। देखो, किसान पृथ्वी की बहुमूल्य फसल की आशा रखता हुआ प्रथम और अन्तिम वर्षा होने तक धीरज धरता है। 8 तुम भी धीरज धरो; और अपने हृदय को दृढ़ करो, क्योंकि प्रभु का आगमन निकट है। 9 हे भाइयो, एक दूसरे पर दोष न लगाओ, ताकि तुम दोषी न ठहरो; देखो, हाकिम द्वार पर खड़ा है। 10 हे भाइयो, जिन भविष्यद्वक्ताओं ने प्रभु के नाम से बातें कीं, उनको दुःख उठाने और धीरज धरने का एक आदर्श समझो। 11 देखो, हम धीरज धरनेवालों को धन्य कहते हैं। तुम ने अय्यूब के धीरज के विषय में तो सुना ही है, और प्रभु की ओर से जो उसका प्रतिफल हुआ उसे भी जान लिया है,*

4:6* नीति 3:34 **7*** यू० *इब्लीस* **13,14*** नीति 27:1 **5:2,3*** मत्ती 6:19 **4*** व्य 24:14,15 **11*** अय्यू 1:21,22; 2:10

जिससे प्रभु की अत्यन्त करुणा† और दया प्रगट होती है।

12 पर हे मेरे भाइयो, सब से श्रेष्ठ बात यह है कि शपथ न खाना, न स्वर्ग की, न पृथ्वी की, न किसी और वस्तु की; पर तुम्हारी बातचीत हाँ की हाँ, और नहीं की नहीं हो, कि तुम दण्ड के योग्य न ठहरो।*

प्रार्थना की शक्ति

13 यदि तुम में कोई दु:खी है, तो वह प्रार्थना करे। यदि आनन्दित है, तो वह स्तुति के भजन गाए। 14 यदि तुम में कोई रोगी है, तो कलीसिया के प्राचीनों* को बुलाए, और वे प्रभु के नाम से उस पर तेल मल कर उसके लिये प्रार्थना करें,† 15 और विश्वास की प्रार्थना के द्वारा रोगी बच जाएगा और प्रभु उसको उठाकर खड़ा करेगा; और यदि उसने पाप भी किए हों, तो उन की भी क्षमा हो जाएगी। 16 इसलिये तुम आपस में एक दूसरे के सामने अपने-अपने पापों को मान लो, और एक दूसरे के लिये प्रार्थना करो, जिस से चंगे हो जाओ : धर्मी जन की प्रार्थना के प्रभाव से बहुत कुछ हो सकता है। 17 एलिय्याह भी तो हमारे समान दु:ख-सुख भोगी मनुष्य था; और उसने गिड़गिड़ाकर प्रार्थना की कि मेंह न बरसे; और साढ़े तीन वर्ष तक भूमि पर मेंह नहीं बरसा।*
18 फिर उसने प्रार्थना की, तो आकाश से वर्षा हुई, और भूमि फलवन्त हुई।*

19 हे मेरे भाइयो, यदि तुम में कोई सत्य के मार्ग से भटक जाए और कोई उस को फेर लाए, 20 तो वह यह जान ले कि जो कोई किसी भटके हुए पापी को फेर लाएगा, वह एक प्राण को मृत्यु से बचाएगा और अनेक पापों पर परदा डालेगा।*

5:11† भजन 103:8   12* मत्ती 5:34-37   14* *प्रिसबुतिरों*   † मर 6:13   17* 1 राजा 17:1; 18:1   18* 1 राजा 18:42-45
20* नीति 10:12; 1 पत 4:8

पतरस की पहली पत्री

भूमिका

पतरस की पहली पत्री मसीहियों के नाम लिखी गई थी, जिन्हें यहाँ 'परमेश्वर के चुने हुए लोग' कहा गया है, जो एशिया माइनर के सम्पूर्ण उत्तरी क्षेत्र में तितर-बितर हो कर रह रहे थे। इस पत्री का मुख्य उद्देश्य अपने पाठकों को उत्साहित करना है, जो कि अपने विश्वास के कारण दु:ख और सताव का सामना कर रहे थे। लेखक अपने पाठकों को यीशु मसीह के सुसमाचार की याद दिला कर ऐसा करता है, क्योंकि यीशु की मृत्यु, पुनरुत्थान, और प्रतिज्ञात आगमन उन्हें आशा प्रदान करता है। इस दृष्टिकोण से उन्हें अपने दु:खों को स्वीकार करना और सहन करना था, इस विश्वास के साथ कि यह उनके विश्वास की सच्चाई की परख है, और यह कि ''मसीह यीशु के प्रगट होने'' के दिन उन्हें इसका प्रतिफल मिलेगा।

सताव के समय प्रोत्साहित करने के साथ ही साथ, लेखक यह भी आग्रह करता है कि उसके पाठक ऐसे लोगों के समान जीवन व्यतीत करें जो मसीह के जन हैं।

रूप-रेखा :

भूमिका 1:1,2
परमेश्वर के उद्धार का स्मरण कराना 1:3-12
पवित्र जीवन के लिये उपदेश 1:13 — 2:10
दु:खों के समय मसीही की जिम्मेवारियाँ 2:11 — 4:19
मसीही की दीनता और सेवा 5:1-11
उपसंहार 5:12-14

अभिवादन

1 पतरस की ओर से जो यीशु मसीह का प्रेरित है, उन परदेशियों के नाम जो पुन्तुस, गलातिया, कप्पदुकिया, आसिया और बिथुनिया में तितर-बितर होकर रहते हैं, 2 और परमेश्वर पिता के भविष्य ज्ञान के अनुसार, आत्मा के पवित्र करने के द्वारा आज्ञा मानने और यीशु मसीह के लहू के छिड़के जाने के लिये चुने गए हैं।

तुम्हें अनुग्रह और शान्ति बहुतायत से मिलती रहे।

एक जीवित आशा

3 हमारे प्रभु यीशु मसीह के परमेश्वर और पिता का धन्यवाद हो, जिसने यीशु मसीह के मरे हुओं में से जी उठने के द्वारा, अपनी बड़ी दया से हमें जीवित आशा के लिये नया जन्म दिया, 4 अर्थात् एक अविनाशी, और निर्मल, और अजर मीरास के लिये जो तुम्हारे लिये स्वर्ग में रखी है; 5 जिनकी रक्षा परमेश्वर की सामर्थ्य से विश्वास के द्वारा उस उद्धार के लिये, जो आनेवाले समय में प्रगट होनेवाली है, की जाती है। 6 इस कारण तुम मगन होते हो, यद्यपि अवश्य है कि अभी कुछ दिन के लिये नाना प्रकार की परीक्षाओं के कारण दु:ख में हो; 7 और यह इसलिये है कि तुम्हारा परखा हुआ विश्वास, जो आग से ताए हुए नाशवान सोने से भी कहीं अधिक बहुमूल्य है, यीशु मसीह के प्रगट होने पर प्रशंसा और महिमा और आदर का कारण ठहरे। 8 उससे तुम बिन देखे प्रेम रखते हो, और अब तो उस पर बिन देखे भी विश्वास करके ऐसे आनन्दित और मगन होते हो जो वर्णन से बाहर और महिमा से भरा हुआ है; 9 और अपने विश्वास का प्रतिफल अर्थात् आत्माओं का उद्धार प्राप्त करते हो।

10 इसी उद्धार के विषय में उन भविष्यद्वक्ताओं ने बहुत खोजबीन और जाँच-पड़ताल की, जिन्होंने उस अनुग्रह के विषय में जो तुम पर होने को था, भविष्यद्वाणी की थी। 11 उन्होंने इस बात की खोज की कि मसीह का आत्मा जो उनमें था, और पहले ही से मसीह के दु:खों की और उसके बाद होनेवाली महिमा की गवाही देता था, वह कौन से और कैसे समय की ओर संकेत करता था। 12 उन पर यह प्रगट किया गया कि वे अपनी नहीं वरन् तुम्हारी सेवा के लिये ये बातें कहा करते थे, जिनका समाचार अब तुम्हें उनके द्वारा मिला जिन्होंने पवित्र आत्मा के द्वारा, जो स्वर्ग से भेजा गया, तुम्हें सुसमाचार सुनाया; और इन बातों को स्वर्गदूत भी ध्यान से देखने की लालसा रखते हैं।

पवित्र जीवन जीने की बुलाहट

13 इस कारण अपनी अपनी बुद्धि की कमर बाँधकर, और सचेत रहकर, उस अनुग्रह की पूरी आशा रखो जो यीशु मसीह के प्रगट होने के समय तुम्हें मिलनेवाला है। 14 आज्ञाकारी बालकों के समान अपनी अज्ञानता के समय की पुरानी अभिलाषाओं के सदृश न बनो। 15 पर जैसा तुम्हारा बुलानेवाला पवित्र है, वैसे ही तुम भी

अपने सारे चाल-चलन में पवित्र बनो। 16 क्योंकि
लिखा है, ''पवित्र बनो, क्योंकि मैं पवित्र हूँ।''*
17 और जब कि तुम 'हे पिता' कहकर उससे
प्रार्थना करते हो, जो बिना पक्षपात हर एक
के काम के अनुसार न्याय करता है, तो अपने
परदेशी होने का समय भय से बिताओ। 18 क्योंकि
तुम जानते हो कि तुम्हारा निकम्मा चाल-
चलन जो बापदादों से चला आता है, उससे
तुम्हारा छुटकारा चाँदी-सोने अर्थात् नाशवान
वस्तुओं के द्वारा नहीं हुआ; 19 पर निर्दोष
और निष्कलंक मेम्ने, अर्थात् मसीह के बहुमूल्य
लहू के द्वारा हुआ। 20 उसका ज्ञान तो जगत
की उत्पत्ति के पहले ही से जाना गया था, पर
अब इस अन्तिम युग में तुम्हारे लिये प्रगट हुआ।
21 उसके द्वारा तुम उस परमेश्वर पर विश्वास
करते हो, जिसने उसे मरे हुओं में से जिलाया
और महिमा दी कि तुम्हारा विश्वास और आशा
परमेश्वर पर हो।

22 अत: जब कि तुम ने भाईचारे की निष्कपट
प्रीति के निमित्त सत्य के मानने से अपने मनों को
पवित्र किया है, तो तन-मन लगाकर एक दूसरे
से अधिक प्रेम रखो। 23 क्योंकि तुम ने नाशवान
नहीं पर अविनाशी बीज से, परमेश्वर के जीवते
और सदा ठहरनेवाले वचन के द्वारा नया जन्म
पाया है। 24 क्योंकि

''हर एक प्राणी घास के समान है,
और उसकी सारी शोभा घास के फूल
के समान है।
घास सूख जाती है, और फूल झड़ जाता
है,
25 परन्तु प्रभु का वचन युगानुयुग स्थिर रहता
है।''*

और यही सुसमाचार का वचन है जो तुम्हें सुनाया
गया था।

जीवित पत्थर और पवित्र प्रजा

2 इसलिये सब प्रकार का बैरभाव और
छल और कपट और डाह और निन्दा को
दूर करके, 2 नये जन्मे हुए बच्चों के समान
निर्मल आत्मिक दूध की लालसा करो, ताकि
उसके द्वारा उद्धार पाने के लिये बढ़ते जाओ,
3 क्योंकि तुम ने प्रभु की कृपा का स्वाद चख
लिया है।*

4 उसके पास आकर, जिसे मनुष्यों ने तो
निकम्मा ठहराया परन्तु परमेश्वर के निकट चुना
हुआ और बहुमूल्य जीवता पत्थर है, 5 तुम भी
आप जीवते पत्थरों के समान आत्मिक घर बनते
जाते हो, जिससे याजकों का पवित्र समाज बनकर,
ऐसे आत्मिक बलिदान चढ़ाओ जो यीशु मसीह
के द्वारा परमेश्वर को ग्राह्य हैं। 6 इस कारण
पवित्र शास्त्र में भी आया है :

''देखो, मैं सिय्योन में कोने के सिरे का
चुना हुआ और बहुमूल्य पत्थर धरता
हूँ :
और जो कोई उस पर विश्वास करेगा,
वह किसी रीति से लज्जित नहीं
होगा।''*

7 अत: तुम्हारे लिये जो विश्वास करते हो वह
तो बहुमूल्य है, पर जो विश्वास नहीं करते उनके
लिये

''जिस पत्थर को राजमिस्त्रियों ने निकम्मा
ठहराया था,
वही कोने का सिरा हो गया,''*

8 और

''ठेस लगने का पत्थर और
ठोकर खाने की चट्टान हो गया है,''*

क्योंकि वे तो वचन को न मानकर ठोकर खाते हैं
और इसी के लिये वे ठहराए भी गए थे। 9 पर
तुम एक चुना हुआ वंश, और राज-पदधारी
याजकों का समाज, और पवित्र लोग, और
(परमेश्वर की) निज प्रजा हो, इसलिये कि जिसने
तुम्हें अन्धकार में से अपनी अद्भुत ज्योति में
बुलाया है, उसके गुण प्रगट करो।* 10 तुम पहले
तो कुछ भी नहीं थे पर अब परमेश्वर की प्रजा
हो; तुम पर दया नहीं हुई थी पर अब तुम पर
दया हुई है।*

1:16* लैव्य 11:44, 45; 19:2 **24,25*** यशा 40:6-8 **2:3*** भजन 34:8 **6*** यशा 28:16 **7*** भजन 118:22 **8*** यशा 8:14,15
9* निर्ग 19:5,6; यशा 43:20,21; व्य 4:20; 7:6; 14:2; तीतुस 2:14; यशा 9:2 **10*** होशे 2:23

मसीही उत्तरदायित्व

11 हे प्रियो, मैं तुम से विनती करता हूँ कि
तुम अपने आप को परदेशी और यात्री जानकर
उन सांसारिक अभिलाषाओं से जो आत्मा से
युद्ध करती हैं, बचे रहो। 12 अन्यजातियों में
तुम्हारा चाल-चलन भला हो; ताकि जिन-जिन
बातों में वे तुम्हें कुकर्मी जानकर बदनाम करते
हैं, वे तुम्हारे भले कामों को देखकर उन्हीं के
कारण कृपा-दृष्टि के दिन परमेश्वर की महिमा
करें।

परमेश्वर के दास

13 प्रभु के लिये मनुष्यों के ठहराए हुए हर
एक प्रबन्ध के अधीन रहो, राजा के इसलिये कि
वह सब पर प्रधान है, 14 और हाकिमों के,
क्योंकि वे कुकर्मियों को दण्ड देने और सुकर्मियों
की प्रशंसा के लिये उसके भेजे हुए हैं। 15 क्योंकि
परमेश्वर की इच्छा यह है कि तुम भले काम
करने के द्वारा निर्बुद्धि लोगों की अज्ञानता की
बातों को बन्द कर दो। 16 अपने आप को स्वतंत्र
जानो, पर अपनी इस स्वतंत्रता को बुराई के लिये
आड़ न बनाओ; परन्तु अपने आप को परमेश्वर
के दास समझकर चलो। 17 सब का आदर करो,
भाइयों से प्रेम रखो, परमेश्वर से डरो, राजा का
सम्मान करो।

मसीह हमारा आदर्श

18 हे सेवको, हर प्रकार के भय* के साथ
अपने स्वामियों के अधीन रहो, न केवल उनके
जो भले और नम्र हों पर उनके भी जो कुटिल
हों। 19 क्योंकि यदि कोई परमेश्वर का विचार
करके* अन्याय से दुःख उठाता हुआ क्लेश सहता
है तो यह सुहावना है। 20 क्योंकि यदि तुम ने
अपराध करके घूँसे खाए और धीरज धरा, तो इस
में क्या बड़ाई की बात है? पर यदि भला काम
करके दुःख उठाते हो और धीरज धरते हो, तो
यह परमेश्वर को भाता है। 21 और तुम इसी के
लिये बुलाए भी गए हो, क्योंकि मसीह भी तुम्हारे
लिये दुःख उठाकर तुम्हें एक आदर्श दे गया है
कि तुम भी उसके पद-चिह्नों पर चलो। 22 न तो
उसने पाप किया और न उसके मुँह से छल की
कोई बात निकली।* 23 वह गाली सुनकर गाली
नहीं देता था, और दुःख उठाकर किसी को भी
धमकी नहीं देता था, पर अपने आप को सच्चे
न्यायी के हाथ में सौंपता था।* 24 वह आप ही
हमारे पापों को अपनी देह पर लिये हुए क्रूस पर
चढ़ गया,* जिससे हम पापों के लिये मरकर
धार्मिकता के लिये जीवन बिताएँ : उसी के मार
खाने से तुम चंगे हुए†। 25 क्योंकि तुम पहले
भटकी हुई भेड़ों के समान थे,* पर अब अपने
प्राणों के रखवाले और अध्यक्ष† के पास लौट
आए हो।

पति और पत्नी

3 हे पत्नियो, तुम भी अपने पति के अधीन
रहो,* इसलिये कि यदि इन में से कोई ऐसे
हों जो वचन को न मानते हों, 2 तौभी तुम्हारे
भय* सहित पवित्र चाल-चलन को देखकर
बिना वचन के अपनी-अपनी पत्नी के चाल-
चलन के द्वारा खिंच जाएँ। 3 तुम्हारा श्रृंगार
दिखावटी न हो, अर्थात् बाल गूँथना, और सोने
के गहने, या भाँति भाँति के कपड़े पहिनना,*
4 वरन् तुम्हारा छिपा हुआ और गुप्त मनुष्यत्व,
नम्रता और मन की दीनता की अविनाशी सजावट
से सुसज्जित रहे, क्योंकि परमेश्वर की दृष्टि में
इसका मूल्य बड़ा है। 5 पूर्वकाल में पवित्र स्त्रियाँ
भी, जो परमेश्वर पर आशा रखती थीं, अपने
आप को इसी रीति से संवारती और अपने-अपने
पति के अधीन रहती थीं। 6 जैसे सारा अब्राहम
की आज्ञा में रहती और उसे स्वामी कहती थी।*
इसी प्रकार तुम भी यदि भलाई करो और किसी
प्रकार के भय से भयभीत न हो, तो उसकी बेटियाँ
ठहरोगी।

2:18* *या आदर* **19*** *यू० के विवेक या कानशन्स से* **22*** यशा 53:9 **23*** यशा 53:7
24* *या उस ने आप क्रूस पर हमारे पापों को अपनी देह पर उठा लिया* **†** यशा 53:5 **25*** यशा 53:6 **†** *या बिशप*
3:1* इफि 5:22; कुलु 3:18 **2*** *या आदर* **3*** 1 तीमु 2:9 **6*** उत्प 18:12

7 वैसे ही हे पतियो, तुम भी बुद्धिमानी से
पत्नियों के साथ जीवन निर्वाह करो, और स्त्री
को निर्बल पात्र जानकर उसका आदर करो, यह
समझकर कि हम दोनों जीवन के वरदान* के
वारिस हैं,† जिससे तुम्हारी प्रार्थनाएँ रुक न जाएँ।

भलाई करने के कारण सताव

8 अत: सब के सब एक मन और कृपामय
और भाईचारे की प्रीति रखनेवाले, और करुणामय,
और नम्र बनो। 9 बुराई के बदले बुराई मत करो
और न गाली के बदले गाली दो; पर इसके विपरीत
आशीष ही दो, क्योंकि तुम आशीष के वारिस
होने के लिये बुलाए गए हो। 10 क्योंकि

"जो कोई जीवन की इच्छा रखता है,
और अच्छे दिन देखना चाहता है,
वह अपनी जीभ को बुराई से,
और अपने होंठों को छल की बातें
करने से रोके रहे।
11 वह बुराई का साथ छोड़े, और भलाई ही
करे;
वह मेल मिलाप को ढूँढ़े, और उसके
यत्न में रहे।
12 क्योंकि प्रभु की आँखें धर्मियों पर लगी
रहती हैं,
और उसके कान उनकी विनती की ओर
लगे रहते हैं;
परन्तु प्रभु बुराई करनेवालों के विमुख
रहता है।"*

13 यदि तुम भलाई करने के लिये उत्तेजित
रहो तो तुम्हारी बुराई करनेवाला फिर कौन है?
14 यदि तुम धर्म के कारण दु:ख भी उठाओ, तो
धन्य हो;* पर लोगों के डराने से मत डरो, और
न घबराओ, 15 पर मसीह को प्रभु जानकर अपने
अपने मन में पवित्र समझो।* जो कोई तुम से
तुम्हारी आशा के विषय में कुछ पूछे, उसे उत्तर
देने के लिये सर्वदा तैयार रहो, पर नम्रता और
भय के साथ; 16 और विवेक* भी शुद्ध रखो,
इसलिये कि जिन बातों के विषय में तुम्हारी बदनामी
होती है उनके विषय में वे, जो मसीह में तुम्हारे
अच्छे चाल-चलन का अपमान करते हैं, लज्जित
हों। 17 क्योंकि यदि परमेश्वर की यही इच्छा हो
कि तुम भलाई करने के कारण दु:ख उठाओ, तो
यह बुराई करने के कारण दु:ख उठाने से उत्तम
है। 18 इसलिये कि मसीह ने भी, अर्थात्
अधर्मियों के लिये धर्मी ने, पापों के कारण एक
बार दु:ख उठाया, ताकि हमें परमेश्वर के पास
पहुँचाए; वह शरीर के भाव से तो घात किया
गया, पर आत्मा के भाव से जिलाया गया।
19 उसी में उसने जाकर कैदी आत्माओं को भी
प्रचार किया, 20 जिन्होंने उस बीते समय में
आज्ञा न मानी, जब परमेश्वर नूह के दिनों में
धीरज धरकर ठहरा रहा, और वह जहाज बन
रहा था, जिसमें बैठकर थोड़े लोग अर्थात् आठ
प्राणी पानी के द्वारा बच गए*। 21 उसी पानी का
दृष्टान्त भी, अर्थात् बपतिस्मा, यीशु मसीह के जी
उठने के द्वारा, अब तुम्हें बचाता है; इससे शरीर
के मैल को दूर करने का अर्थ नहीं है, परन्तु शुद्ध
विवेक* से परमेश्वर के वश में हो जाने का अर्थ
है। 22 वह स्वर्ग पर जाकर परमेश्वर की दाहिनी
ओर बैठ गया; और स्वर्गदूत और अधिकारी और
सामर्थी उसके अधीन किए गए हैं।

परिवर्तित जीवन

4 इसलिये जब कि मसीह ने शरीर में होकर
दु:ख उठाया तो तुम भी उसी मनसा को
हथियार के समान धारण करो, क्योंकि जिसने
शरीर में दु:ख उठाया वह पाप से छूट गया,
2 ताकि भविष्य में अपना शेष शारीरिक जीवन
मनुष्यों की अभिलाषाओं के अनुसार नहीं वरन्
परमेश्वर की इच्छा के अनुसार व्यतीत करे।
3 क्योंकि अन्यजातियों की इच्छा के अनुसार
काम करने, और लुचपन की बुरी अभिलाषाओं,
मतवालापन, लीलाक्रीड़ा, पियक्कड़पन, और
घृणित मूर्तिपूजा में जहाँ तक हम ने पहले समय

3:7* यू० *अनुग्रह* † इफि 5:25; कुलु 3:19 10–12* भजन 34:12–16 14* मत्ती 5:10 14,15* यशा 8:12,13
16* अर्थात् *मन या कानशन्स* 20* उत्प 6:1—7:24 21* अर्थात् *मन या कानशन्स*

गँवाया, वही बहुत हुआ। 4 इससे वे अचम्भा करते
हैं कि तुम ऐसे भारी लुचपन में उनका साथ नहीं
देते, और इसलिये वे बुरा भला कहते हैं; 5 पर वे
उसको जो जीवतों और मरे हुओं का न्याय करने
को तैयार है, लेखा देंगे। 6 क्योंकि मरे हुओं को
भी सुसमाचार इसी लिये सुनाया गया कि शरीर में
तो मनुष्यों के अनुसार उनका न्याय हो, पर आत्मा
में वे परमेश्वर के अनुसार जीवित रहें।

परमेश्वर के भले भण्डारी

7 सब बातों का अन्त तुरन्त होनेवाला है;
इसलिये संयमी होकर प्रार्थना के लिये सचेत
रहो। 8 सब में श्रेष्ठ बात यह है कि एक दूसरे से
अधिक प्रेम रखो, क्योंकि प्रेम अनेक पापों को
ढाँप देता है।* 9 बिना कुड़कुड़ाए एक दूसरे का
अतिथि-सत्कार करो। 10 जिसको जो वरदान
मिला है, वह उसे परमेश्वर के नाना प्रकार के
अनुग्रह के भले भण्डारियों के समान एक दूसरे
की सेवा में लगाए। 11 यदि कोई बोले, तो ऐसा
बोले मानो परमेश्वर का वचन है; यदि कोई सेवा
करे, तो उस शक्ति से करे जो परमेश्वर देता है;
जिससे सब बातों में यीशु मसीह के द्वारा, परमेश्वर
की महिमा प्रगट हो। महिमा और साम्राज्य
युगानुयुग उसी का है। आमीन।

मसीह के दुःखों में सहभागी होना

12 हे प्रियो, जो दुःख रूपी अग्नि तुम्हारे
परखने के लिये तुम में भड़की है, इस से यह
समझकर अचम्भा न करो कि कोई अनोखी
बात तुम पर बीत रही है। 13 पर जैसे जैसे
मसीह के दुःखों में सहभागी होते हो, आनन्द
करो, जिससे उसकी महिमा के प्रगट होते समय
भी तुम आनन्दित और मगन हो। 14 फिर यदि
मसीह के नाम के लिये तुम्हारी निन्दा की जाती
है तो तुम धन्य हो, क्योंकि महिमा का आत्मा,
जो परमेश्वर का आत्मा है, तुम पर छाया करता
है। 15 तुम में से कोई व्यक्ति हत्यारा या चोर या
कुकर्मी होने, या पराए काम में हाथ डालने के
कारण दुःख न पाए। 16 पर यदि मसीही होने के
कारण दुःख पाए, तो लज्जित न हो, पर इस बात
के लिये परमेश्वर की महिमा करे। 17 क्योंकि
वह समय आ पहुँचा है कि पहले परमेश्वर के
लोगों* का न्याय किया जाए; और जब कि न्याय
का आरम्भ हम ही से होगा तो उनका क्या अन्त
होगा जो परमेश्वर के सुसमाचार को नहीं मानते?
18 और

"यदि धर्मी व्यक्ति ही कठिनाई से उद्धार
पाएगा,
तो भक्तिहीन और पापी का क्या ठिकाना?"*

19 इसलिये जो परमेश्वर की इच्छा के अनुसार
दुःख उठाते हैं, वे भलाई करते हुए अपने-अपने
प्राण को विश्वासयोग्य सृजनहार के हाथ में सौंप
दें।

प्राचीनों और नवयुवकों को संदेश

5 तुम में जो प्राचीन* हैं, मैं उनके समान
प्राचीन और मसीह के दुःखों का गवाह
और प्रगट होनेवाली महिमा में सहभागी होकर
उन्हें यह समझाता हूँ 2 कि परमेश्वर के उस झुंड
की, जो तुम्हारे बीच में है रखवाली करो; और
यह दबाव से नहीं परन्तु परमेश्वर की इच्छा के
अनुसार आनन्द से, और नीच-कमाई के लिये
नहीं पर मन लगा कर।* 3 जो लोग तुम्हें सौंपे
गए हैं, उन पर अधिकार न जताओ, वरन् झुंड के
लिये आदर्श बनो। 4 जब प्रधान रखवाला प्रगट
होगा, तो तुम्हें महिमा का मुकुट दिया जाएगा जो
मुरझाने का नहीं। 5 इसी प्रकार हे नवयुवको,
तुम भी प्राचीनों* के अधीन रहो, वरन् तुम सब
के सब एक दूसरे की सेवा के लिये दीनता से
कमर बाँधे रहो, क्योंकि "परमेश्वर अभिमानियों
का विरोध करता है, परन्तु दीनों पर अनुग्रह करता
है।"†

6 इसलिये परमेश्वर के बलवन्त हाथ के नीचे
दीनता से रहो, जिस से वह तुम्हें उचित समय पर

4:8* नीति 10:12 **17*** यू० *घर* **18*** नीति 11:31 **5:1*** या *प्रिसबुतिरों* **2*** यूह 21:15-17 **5*** या *प्रिसबुतिर* **†** नीति 3:34

बढ़ाए।* 7 अपनी सारी चिन्ता उसी पर डाल दो,
क्योंकि उसको तुम्हारा ध्यान है। 8 सचेत हो,
और जागते रहो; क्योंकि तुम्हारा विरोधी शैतान*
गर्जनेवाले सिंह के समान इस खोज में रहता है
कि किस को फाड़ खाए। 9 विश्वास में दृढ़
होकर, और यह जानकर उसका सामना करो
कि तुम्हारे भाई जो संसार में हैं ऐसे ही दुःख
सह रहे हैं। 10 अब परमेश्वर जो सारे अनुग्रह
का दाता है, जिसने तुम्हें मसीह में अपनी अनन्त
महिमा के लिये बुलाया, तुम्हारे थोड़ी देर तक
दुःख उठाने के बाद आप ही तुम्हें सिद्ध और
स्थिर और बलवन्त करेगा। 11 उसी का साम्राज्य
युगानुयुग रहे। आमीन।

अन्तिम अभिवादन

12 मैं ने सिलवानुस* के हाथ, जिसे मैं
विश्वासयोग्य भाई समझता हूँ, संक्षेप में लिखकर
तुम्हें समझाया है, और यह गवाही दी है कि
परमेश्वर का सच्चा अनुग्रह यही है, इसी में स्थिर
रहो। 13 जो बेबीलोन में तुम्हारे समान चुने हुए
लोग हैं, वह और मेरा पुत्र मरकुस* तुम्हें नमस्कार
कहते हैं। 14 प्रेम के चुम्बन से एक दूसरे को
नमस्कार करो।

तुम सब को, जो मसीह में हो, शान्ति मिलती रहे।

5:6* मत्ती 23:12; लूका 14:11; 18:14 **8*** यू॰ इब्लीस **12*** अर्थात् *सीलास* प्रेरि 15:22,40
13* प्रेरि 12:12,25; 13:13; 15:37-39; कुलु 4:10; फिले 24

पतरस की दूसरी पत्री

भूमिका

पतरस की दूसरी पत्री प्रारम्भिक मसीहियों के एक विशाल समुदाय के नाम लिखी गई थी। इस पत्री की प्रमुख चिन्ता का विषय झूठे शिक्षकों के कार्य और उनकी शिक्षाओं से उत्पन्न अनैतिकता के विरुद्ध संघर्ष करना है। इन समस्याओं का उत्तर परमेश्वर और प्रभु यीशु मसीह के सच्चे ज्ञान में बने रहने में मिलता है, वह ज्ञान जो उन लोगों द्वारा पहुँचाया गया है जिन्होंने स्वयं यीशु मसीह को देखा और उसकी शिक्षाओं को सुना है। लेखक विशेष रूप से उन लोगों की शिक्षाओं से चिन्तित है जो दावा करते हैं कि मसीह फिर से वापस नहीं आएगा। लेखक कहता है कि ऐसा प्रतीत होता है कि मसीह के आगमन में देर हो रही है, पर वास्तव में ऐसा इसलिये है कि परमेश्वर ''नहीं चाहता कि कोई नष्ट हो, वरन् यह कि सब को मन फिराव का अवसर मिले।''

रूप-रेखा :

भूमिका 1:1,2
मसीही बुलाहट 1:3-21
झूठे शिक्षक 2:1-22
मसीह का निर्णायक आगमन 3:1-18

अभिवादन

1 शमौन पतरस की ओर से, जो यीशु मसीह का दास और प्रेरित है, उन लोगों के नाम जिन्होंने हमारे परमेश्‍वर और उद्धारकर्ता यीशु मसीह की धार्मिकता द्वारा हमारे समान बहुमूल्य विश्‍वास प्राप्‍त किया है।

2 परमेश्‍वर की और हमारे प्रभु यीशु की पहचान के द्वारा अनुग्रह और शान्ति तुम में बहुतायत से बढ़ती जाए।

ईश्‍वरीय बुलाहट और चुनाव

3 क्योंकि उसकी ईश्‍वरीय सामर्थ्य ने सब कुछ जो जीवन और भक्‍ति से सम्बन्ध रखता है, हमें उसी की पहचान के द्वारा दिया है, जिसने हमें अपनी ही महिमा और सद्‌गुण के अनुसार बुलाया है। 4 जिनके द्वारा उसने हमें बहुमूल्य और बहुत ही बड़ी प्रतिज्ञाएँ दी हैं : ताकि इनके द्वारा तुम उस सड़ाहट से छूटकर, जो संसार में बुरी अभिलाषाओं से होती है, ईश्‍वरीय स्वभाव के समभागी हो जाओ। 5 इसी कारण तुम सब प्रकार का यत्न करके अपने विश्‍वास पर सद्‌गुण, और सद्‌गुण पर समझ, 6 और समझ पर संयम, और संयम पर धीरज, और धीरज पर भक्‍ति, 7 और भक्‍ति पर भाईचारे की प्रीति और भाईचारे की प्रीति पर प्रेम बढ़ाते जाओ। 8 क्योंकि यदि ये बातें तुम में वर्तमान रहें और बढ़ती जाएँ, तो तुम्हें हमारे प्रभु यीशु मसीह की पहचान में निकम्मे और निष्फल न होने देंगी। 9 क्योंकि जिसमें ये बातें नहीं, वह अंधा है और धुँधला देखता है, और अपने पिछले पापों से धुलकर शुद्ध होने को भूल बैठा है। 10 इस कारण हे भाइयो, अपने बुलाए जाने, और चुन लिये जाने को सिद्ध करने का भली भाँति यत्न करते जाओ, क्योंकि यदि ऐसा करोगे तो कभी भी ठोकर न खाओगे; 11 वरन् इस रीति से तुम हमारे प्रभु और उद्धारकर्ता यीशु मसीह के अनन्त राज्य में बड़े आदर के साथ प्रवेश करने पाओगे।

पतरस का अन्तिम समय

12 इसलिये यद्यपि तुम ये बातें जानते हो, और जो सत्य वचन तुम्हें मिला है उसमें बने रहते हो, तौभी मैं तुम्हें इन बातों की सुधि दिलाने को सर्वदा तैयार रहूँगा। 13 मैं यह अपने लिये उचित समझता हूँ कि जब तक मैं इस डेरे में हूँ, तब तक तुम्हें सुधि दिला दिलाकर उभारता रहूँ। 14 क्योंकि यह जानता हूँ कि मेरे डेरे के गिराए जाने का समय शीघ्र आनेवाला है, जैसा कि हमारे प्रभु यीशु मसीह ने मुझ पर प्रगट किया है। 15 इसलिये मैं ऐसा यत्न करूँगा कि मेरे कूच करने के बाद तुम इन सब बातों को सर्वदा स्मरण कर सको।

मसीह की महिमा के आँखों देखे गवाह

16 क्योंकि जब हम ने तुम्हें अपने प्रभु यीशु मसीह की सामर्थ्य का और आगमन का समाचार दिया था, तो वह चतुराई से गढ़ी हुई कहानियों का अनुकरण नहीं था वरन् हम ने आप ही उसके प्रताप को देखा था। 17 क्योंकि जब उसने परमेश्‍वर पिता से आदर और महिमा पाई और उस प्रतापमय महिमा में से यह वाणी आई, "यह मेरा प्रिय पुत्र है, जिससे मैं प्रसन्न हूँ।" 18 तब हम उसके साथ पवित्र पहाड़ पर थे और स्वर्ग से यही वाणी आते सुनी।* 19 हमारे पास जो भविष्यद्वक्‍ताओं का वचन है, वह इस घटना से दृढ़ ठहरा। तुम यह अच्छा करते हो जो यह समझकर उस पर ध्यान करते हो कि वह एक दीया है, जो अन्धियारे स्थान में उस समय तक प्रकाश देता रहता है जब तक कि पौ न फटे और भोर का तारा तुम्हारे हृदयों में न चमक उठे। 20 पर पहले यह जान लो कि पवित्र शास्त्र की कोई भी भविष्यद्वाणी किसी के अपने ही विचार–धारा के आधार पर पूर्ण नहीं होती, 21 क्योंकि कोई भी भविष्यद्वाणी मनुष्य की इच्छा से कभी नहीं हुई, पर भक्‍त जन पवित्र आत्मा के द्वारा उभारे जाकर परमेश्‍वर की ओर से बोलते थे।

1:17,18* मत्ती 17:1–5; मर 9:2–7; लूका 9:28–35

झूठे शिक्षक

2 जिस प्रकार उन लोगों में झूठे भविष्यद्वक्ता
थे, उसी प्रकार तुम में भी झूठे उपदेशक
होंगे, जो नाश करनेवाले पाखण्ड का उद्घाटन
छिप छिपकर करेंगे, और उस स्वामी का जिसने
उन्हें मोल लिया है इन्कार करेंगे, और अपने
आप को शीघ्र विनाश में डाल देंगे। 2 बहुत से
उन के समान लुचपन करेंगे, जिनके कारण सत्य
के मार्ग की निन्दा की जाएगी। 3 वे लोभ के
लिये बातें गढ़कर तुम्हें अपने लाभ का कारण
बनाएँगे, और जो दण्ड की आज्ञा उन पर पहले
से हो चुकी है उसके आने में कुछ भी देर नहीं,
और उन का विनाश ऊँघता नहीं।

4 क्योंकि जब परमेश्वर ने उन स्वर्गदूतों को
जिन्होंने पाप किया नहीं छोड़ा, पर नरक में भेजकर
अन्धेरे कुण्डों में डाल दिया ताकि न्याय के दिन
तक बन्दी रहें; 5 और प्राचीन युग के संसार को
भी न छोड़ा वरन् भक्तिहीन संसार पर महा जल-
प्रलय भेजा, पर धर्म के प्रचारक नूह समेत आठ
व्यक्तियों को बचा लिया;* 6 और सदोम और
अमोरा के नगरों को विनाश का ऐसा दण्ड दिया
कि उन्हें भस्म करके राख में मिला दिया* ताकि
वे आनेवाले भक्तिहीन लोगों की शिक्षा के लिये
एक दृष्टान्त बनें, 7 और धर्मी लूत को जो अधर्मियों
के अशुद्ध चालचलन से बहुत दुःखी था छुटकारा
दिया।* 8 (क्योंकि वह धर्मी उनके बीच में
रहते हुए और उनके अधर्म के कामों को देख
देखकर और सुन सुनकर, हर दिन अपने सच्चे
मन को पीड़ित करता था।) 9 तो प्रभु भक्तों को
परीक्षा में से निकाल लेना और अधर्मियों को
न्याय के दिन तक दण्ड की दशा में रखना भी
जानता है, 10 विशेष करके उन्हें जो अशुद्ध
अभिलाषाओं के पीछे शरीर के अनुसार चलते
और प्रभुता को तुच्छ जानते हैं।

वे ढीठ, और हठी हैं, और ऊँचे पदवालों को
बुरा भला कहने से नहीं डरते, 11 तौभी स्वर्गदूत
जो शक्ति और सामर्थ्य में उनसे बड़े हैं, प्रभु के
सामने उन्हें बुरा भला कहकर दोष नहीं लगाते।
12 पर ये लोग निर्बुद्धि पशुओं ही के तुल्य हैं,
जो पकड़े जाने और नाश होने के लिये उत्पन्न
हुए हैं; और जिन बातों को जानते ही नहीं उनके
विषय में दूसरों को बुरा भला कहते हैं, वे अपनी
सड़ाहट में आप ही सड़ जाएँगे। 13 दूसरों का
बुरा करने के बदले उन्हीं का बुरा होगा। उन्हें
दिन दोपहर भोग-विलास करना भला लगता है।
ये कलंक और दोष हैं; जब वे तुम्हारे साथ खाते-
पीते हैं, तो अपनी ओर से प्रेम भोज करके भोग-
विलास करते हैं। 14 उनकी आँखों में व्यभिचार
बसा हुआ है, और वे पाप किए बिना रुक नहीं
सकते। वे चंचल मनवालों को फुसला लेते हैं।
उनके मन को लोभ करने का अभ्यास हो गया
है; वे सन्ताप की सन्तान हैं। 15 वे सीधे मार्ग को
छोड़कर भटक गए हैं, और बओर के पुत्र बिलाम
के मार्ग पर हो लिए हैं, जिसने अधर्म की मजदूरी
को प्रिय जाना; 16 पर उसके अपराध के विषय
में उलाहना दिया गया, यहाँ तक कि अबोल
गदही ने मनुष्य की बोली से उस भविष्यद्वक्ता
को उसके बावलेपन से रोका।*

17 ये लोग सूखे कूएँ, और आँधी के उड़ाए
हुए बादल हैं; उनके लिये अनन्त अन्धकार ठहराया
गया है। 18 वे व्यर्थ घमण्ड की बातें कर करके
लुचपन के कामों के द्वारा, उन लोगों को शारीरिक
अभिलाषाओं में फँसा लेते हैं जो भटके हुओं में
से अभी निकल ही रहे हैं। 19 वे उन्हें स्वतंत्र
करने की प्रतिज्ञा तो करते हैं, पर आप ही सड़ाहट
के दास हैं; क्योंकि जो व्यक्ति जिससे हार गया
है, वह उसका दास बन जाता है। 20 जब वे प्रभु
और उद्धारकर्ता यीशु मसीह की पहचान के द्वारा
संसार की नाना प्रकार की अशुद्धता से बच निकले,
और फिर उनमें फँसकर हार गए, तो उनकी पिछली
दशा पहली से भी बुरी हो गई है। 21 क्योंकि
धर्म के मार्ग का न जानना ही उनके लिये इससे
भला होता कि उसे जानकर, उस पवित्र आज्ञा से

2:5* उत्प 6:1—7:24 **6*** उत्प 19:24 **7*** उत्प 19:1-16 **15,16*** गिनती 22:4-35

फिर जाते जो उन्हें सौंपी गई थी। 22 उन पर यह कहावत ठीक बैठती है, कि कुत्ता अपनी छाँट की ओर और नहलाई हुई सूअरनी कीचड़ में लोटने के लिये फिर चली जाती है।*

प्रभु के आगमन का दिन

3 हे प्रियो, अब मैं तुम्हें यह दूसरी पत्री लिखता हूँ, और दोनों में सुधि दिलाकर तुम्हारे शुद्ध मन को उभारता हूँ, 2 कि तुम उन बातों को जो पवित्र भविष्यद्वक्ताओं ने पहले से कही हैं, और प्रभु और उद्धारकर्ता की उस आज्ञा को स्मरण करो जो तुम्हारे प्रेरितों के द्वारा दी गई थी। 3 पहले यह जान लो कि अन्तिम दिनों में हँसी ठट्ठा करनेवाले आएँगे जो अपनी ही अभिलाषाओं के अनुसार चलेंगे* 4 और कहेंगे, ''उसके आने की प्रतिज्ञा कहाँ गई? क्योंकि जब से बापदादे सो गए हैं, सब कुछ वैसा ही है जैसा सृष्टि के आरम्भ से था?'' 5 वे तो जान बूझकर यह भूल गए कि परमेश्वर के वचन के द्वारा आकाश प्राचीन काल से विद्यमान है और पृथ्वी भी जल में से बनी और जल में स्थिर है,* 6 इसी के कारण उस युग का जगत जल में डूब कर नष्ट हो गया।* 7 पर वर्तमान काल के आकाश और पृथ्वी उसी वचन के द्वारा इसलिये रखे गए हैं कि जलाए जाएँ; और ये भक्तिहीन मनुष्यों के न्याय और नष्ट होने के दिन तक ऐसे ही रखे रहेंगे।

8 हे प्रियो, यह बात तुम से छिपी न रहे कि प्रभु के यहाँ एक दिन हजार वर्ष के बराबर है, और हजार वर्ष एक दिन के बराबर है।* 9 प्रभु अपनी प्रतिज्ञा के विषय में देर नहीं करता, जैसी देर कुछ लोग समझते हैं; पर तुम्हारे विषय में धीरज धरता है, और नहीं चाहता कि कोई नष्ट हो, वरन् यह कि सब को मन फिराव का अवसर मिले। 10 परन्तु प्रभु का दिन चोर के समान आ जाएगा, उस दिन आकाश बड़ी हड़हड़ाहट के शब्द से जाता रहेगा और तत्व बहुत ही तप्त होकर पिघल जाएँगे और पृथ्वी और उस पर के काम जल जाएँगे।* 11 जबकि ये सब वस्तुएँ इस रीति से पिघलनेवाली हैं, तो तुम्हें पवित्र चाल-चलन और भक्ति में कैसे मनुष्य होना चाहिए, 12 और परमेश्वर के उस दिन की बाट किस रीति से जोहना चाहिए और उसके जल्द आने के लिये कैसा यत्न करना चाहिए, जिसके कारण आकाश आग से पिघल जाएँगे, और आकाश के गण बहुत ही तप्त होकर गल जाएँगे। 13 पर उसकी प्रतिज्ञा के अनुसार हम एक नए आकाश और नई पृथ्वी की आस देखते हैं जिनमें धार्मिकता वास करेगी।*

जागते और तैयार रहो

14 इसलिये, हे प्रियो, जब कि तुम इन बातों की आस देखते हो, तो यत्न करो कि तुम शान्ति से उसके सामने निष्कलंक और निर्दोष ठहरो, 15 और हमारे प्रभु के धीरज को उद्धार समझो, जैसा हमारे प्रिय भाई पौलुस ने भी उस ज्ञान के अनुसार जो उसे मिला, तुम्हें लिखा है। 16 वैसे ही उसने अपनी सब पत्रियों में भी इन बातों की चर्चा की है, जिनमें कुछ बातें ऐसी हैं जिनका समझना कठिन है, और अनपढ़ और चंचल लोग उन के अर्थों को भी पवित्रशास्त्र की अन्य बातों की तरह खींच तानकर अपने ही नाश का कारण बनाते हैं। 17 इसलिये हे प्रियो, तुम लोग पहले ही से इन बातों को जानकर चौकस रहो, ताकि अधर्मियों के भ्रम में फँसकर अपनी स्थिरता को कहीं हाथ से खो न दो। 18 पर हमारे प्रभु और उद्धारकर्ता यीशु मसीह के अनुग्रह और पहचान में बढ़ते जाओ। उसी की महिमा अब भी हो, और युगानुयुग होती रहे। आमीन।

2:22* नीति 26:11 3:3* यहूदा 18 5* उत्प 1:6-9 6* उत्प 7:11 8* भजन 90:4
10* मत्ती 24:43; लूका 12:39; 1 थिस्स 5:2; प्रका 16:15 13* यशा 65:17; 66:22; प्रका 21:1

यूहन्ना की पहली पत्री

भूमिका

यूहन्ना की पहली पत्री के दो मुख्य उद्देश्य हैं : (1) अपने पाठकों को परमेश्वर और उसके पुत्र, यीशु मसीह, की सहभागिता में जीवन व्यतीत करने को उत्साहित करना, और (2) उन्हें झूठी शिक्षा का पालन करने, जिससे यह सहभागिता नष्ट हो जाएगी, के विरुद्ध चेतावनी देना। यह झूठी शिक्षा इस धारणा पर आधारित थी कि बुराई भौतिक संसार के सम्पर्क में आने का परिणाम होती है, और इसलिये यीशु, परमेश्वर का पुत्र, वास्तव में एक मनुष्य हो ही नहीं सकता। इन शिक्षकों का दावा था कि उद्धार प्राप्त करने के लिये एक व्यक्ति को इस संसार के जीवन से सम्बन्धित बातों से मुक्त होना होगा; तथा वे यह भी सिखाते थे कि नैतिकता या अपने भाई से प्रेम रखने जैसी बातों का उद्धार से कोई सम्बन्ध नहीं है।

इस शिक्षा के विरुद्ध लेखक स्पष्ट रूप से यह दर्शाता है कि यीशु मसीह एक वास्तविक मानव था, तथा वह इस बात पर बल देता है कि वे जो यीशु मसीह में विश्वास करते और परमेश्वर से प्रेम रखते हैं अवश्य ही आपस में एक दूसरे से भी प्रेम रखें।

रूप-रेखा :

भूमिका 1:1-4
ज्योति और अन्धकार 1:5 — 2:29
परमेश्वर की सन्तान और शैतान की सन्तान 3:1-24
सत्य और झूठ 4:1-6
प्रेम का कर्तव्य 4:7-21
विजयी विश्वास 5:1-21

जीवन का वचन

1 उस जीवन के वचन के विषय में जो आदि से था,* जिसे हम ने सुना, और जिसे अपनी आँखों से देखा, वरन् जिसे हम ने ध्यान से देखा और हाथों से छुआ— 2 यह जीवन प्रगट हुआ, और हम ने उसे देखा,* और उसकी गवाही देते हैं, और तुम्हें उस अनन्त जीवन का समाचार देते हैं जो पिता के साथ था और हम पर प्रगट हुआ— 3 जो कुछ हम ने देखा और सुना है उसका समाचार तुम्हें भी देते हैं, इसलिये कि तुम भी हमारे साथ सहभागी हो; और हमारी यह सहभागिता पिता के साथ और उसके पुत्र यीशु मसीह के साथ है। 4 और ये बातें हम इसलिये लिखते हैं कि हमारा आनन्द पूरा हो जाए।

ज्योति में चलना

5 जो समाचार हम ने उस से सुना और तुम्हें सुनाते हैं, वह यह है कि परमेश्वर ज्योति है और उसमें कुछ भी अन्धकार नहीं। 6 यदि हम कहें कि उसके साथ हमारी सहभागिता है और फिर अन्धकार में चलें, तो हम झूठे हैं और सत्य पर

1:1* यूह 1:1   2* यूह 1:14

नहीं चलते; 7 पर यदि जैसा वह ज्योति में है, वैसे ही हम भी ज्योति में चलें, तो एक दूसरे से सहभागिता रखते हैं, और उसके पुत्र यीशु का लहू हमें सब पापों से शुद्ध करता है। 8 यदि हम कहें कि हम में कुछ भी पाप नहीं, तो अपने आप को धोखा देते हैं, और हम में सत्य नहीं। 9 यदि हम अपने पापों को मान लें, तो वह हमारे पापों को क्षमा करने और हमें सब अधर्म से शुद्ध करने में विश्वासयोग्य और धर्मी है। 10 यदि हम कहें कि हम ने पाप नहीं किया, तो उसे झूठा ठहराते हैं, और उसका वचन हम में नहीं है।

मसीह हमारा सहायक

2 हे मेरे बालको, मैं ये बातें तुम्हें इसलिये लिखता हूँ कि तुम पाप न करो; और यदि कोई पाप करे, तो पिता के पास हमारा एक सहायक है, अर्थात् धर्मी यीशु मसीह; 2 और वही हमारे पापों का प्रायश्चित है, और केवल हमारे ही नहीं वरन् सारे जगत के पापों का भी। 3 यदि हम उसकी आज्ञाओं को मानेंगे, तो इससे हम जान लेंगे कि हम उसे जान गए हैं। 4 जो कोई यह कहता है, ''मैं उसे जान गया हूँ,'' और उसकी आज्ञाओं को नहीं मानता, वह झूठा है और उसमें सत्य नहीं; 5 पर जो कोई उसके वचन पर चले, उसमें सचमुच परमेश्वर का प्रेम सिद्ध हुआ है। इसी से हम जानते हैं कि हम उसमें हैं : 6 जो कोई यह कहता है कि मैं उसमें बना रहता हूँ, उसे चाहिए कि आप भी वैसा ही चले जैसा वह चलता था।

नई आज्ञा

7 हे प्रियो, मैं तुम्हें कोई नई आज्ञा नहीं लिखता, पर वही पुरानी आज्ञा जो आरम्भ से तुम्हें मिली है;* यह पुरानी आज्ञा वह वचन है जिसे तुम ने सुना है। 8 फिर भी मैं तुम्हें नई आज्ञा लिखता हूँ, और यह उसमें और तुम में सच्ची ठहरती है; क्योंकि अन्धकार मिटता जाता है और सत्य की ज्योति अब चमकने लगी है। 9 जो कोई यह कहता है कि मैं ज्योति में हूँ और अपने भाई से बैर रखता है, वह अब तक अन्धकार ही में है। 10 जो कोई अपने भाई से प्रेम रखता है वह ज्योति में रहता है, और ठोकर नहीं खा सकता। 11 पर जो कोई अपने भाई से बैर रखता है वह अन्धकार में है और अन्धकार में चलता है, और नहीं जानता कि कहाँ जाता है, क्योंकि अन्धकार ने उसकी आँखें अंधी कर दी हैं।

12 हे बालको, मैं तुम्हें इसलिये लिखता हूँ कि उसके नाम से तुम्हारे पाप क्षमा हुए हैं। 13 हे पितरो, मैं तुम्हें इसलिये लिखता हूँ कि जो आदि से है तुम उसे जानते हो। हे जवानो, मैं तुम्हें इसलिये लिखता हूँ कि तुम ने उस दुष्ट पर जय पाई है। हे लड़को, मैं ने तुम्हें इसलिये लिखा है कि तुम पिता को जान गए हो। 14 हे पितरो, मैं ने तुम्हें इसलिये लिखा है कि जो आदि से है तुम उसे जान गए हो। हे जवानो, मैं ने तुम्हें इसलिये लिखा है कि तुम बलवन्त हो, और परमेश्वर का वचन तुम में बना रहता है, और तुम ने उस दुष्ट पर जय पाई है।

संसार से प्रेम न करो

15 तुम न तो संसार से और न संसार में की वस्तुओं से प्रेम रखो। यदि कोई संसार से प्रेम रखता है, तो उसमें पिता का प्रेम नहीं है। 16 क्योंकि जो कुछ संसार में है, अर्थात् शरीर की अभिलाषा और आँखों की अभिलाषा और जीविका का घमण्ड, वह पिता की ओर से नहीं परन्तु संसार ही की ओर से है। 17 संसार और उसकी अभिलाषाएँ दोनों मिटते जाते हैं, पर जो परमेश्वर की इच्छा पर चलता है वह सर्वदा बना रहेगा।

मसीह-विरोधी

18 हे लड़को, यह अन्तिम समय है; और

2:7 * यूह 13:34

जैसा तुम ने सुना है कि मसीह का विरोधी आनेवाला है, उसके अनुसार अब भी बहुत से मसीह–विरोधी उठ खड़े हुए हैं; इससे हम जानते हैं कि यह अन्तिम समय है। 19 वे निकले तो हम ही में से, पर हम में के थे नहीं; क्योंकि यदि वे हम में के होते, तो हमारे साथ रहते; पर निकल इसलिये गए कि यह प्रगट हो कि वे सब हम में के नहीं हैं। 20 परन्तु तुम्हारा तो उस पवित्र से अभिषेक हुआ है, और तुम सब कुछ* जानते हो। 21 मैं ने तुम्हें इसलिये नहीं लिखा कि तुम सत्य को नहीं जानते, पर इसलिये कि उसे जानते हो, और इसलिये कि कोई झूठ, सत्य की ओर से नहीं। 22 झूठा कौन है ? केवल वह जो यीशु के मसीह होने से इन्कार करता है; और मसीह का विरोधी वही है, जो पिता का और पुत्र का इन्कार करता है। 23 जो कोई पुत्र का इन्कार करता है उसके पास पिता भी नहीं : जो पुत्र को मान लेता है, उसके पास पिता भी है। 24 जो कुछ तुम ने आरम्भ से सुना है, वही तुम में बना रहे; जो तुम ने आरम्भ से सुना है, यदि वह तुम में बना रहे तो तुम भी पुत्र में और पिता में बने रहोगे। 25 और जिसकी उसने हमसे प्रतिज्ञा की वह अनन्त जीवन है।

26 मैं ने ये बातें तुम्हें उन के विषय में लिखी हैं, जो तुम्हें भरमाते हैं; 27 परन्तु तुम्हारा वह अभिषेक जो उसकी ओर से किया गया, तुम में बना रहता है; और तुम्हें इसका प्रयोजन नहीं कि कोई तुम्हें सिखाए, वरन् जैसे वह अभिषेक जो उसकी ओर से किया गया तुम्हें सब बातें सिखाता है, और यह सच्चा है और झूठा नहीं; और जैसा उसने तुम्हें सिखाया है वैसे ही तुम उसमें बने रहते हो।

परमेश्वर की सन्तान

28 अत: हे बालको, उसमें बने रहो कि जब वह प्रगट हो तो हमें हियाव हो, और हम उसके आने पर उसके सामने लज्जित न हों। 29 यदि तुम जानते हो, कि वह धर्मी है, तो यह भी जानते हो कि जो कोई धर्म का काम करता है वह उस से जन्मा है।

3 देखो, पिता ने हम से कैसा प्रेम किया है कि हम परमेश्वर की सन्तान कहलाएँ; और हम हैं भी।* इस कारण संसार हमें नहीं जानता, क्योंकि उसने उसे भी नहीं जाना। 2 हे प्रियो, अब हम परमेश्वर की सन्तान हैं, और अभी तक यह प्रगट नहीं हुआ कि हम क्या कुछ होंगे! इतना जानते हैं कि जब वह प्रगट होगा तो हम उसके समान होंगे, क्योंकि उसको वैसा ही देखेंगे जैसा वह है। 3 और जो कोई उस पर यह आशा रखता है, वह अपने आप को वैसा ही पवित्र करता है जैसा वह पवित्र है।

4 जो कोई पाप करता है, वह व्यवस्था का विरोध करता है; और पाप तो व्यवस्था का विरोध है। 5 तुम जानते हो कि वह इसलिये प्रगट हुआ कि पापों को हर ले जाए;* और उसके स्वभाव में पाप नहीं। 6 जो कोई उसमें बना रहता है, वह पाप नहीं करता : जो कोई पाप करता है, उसने न तो उसे देखा है और न उसको जाना है। 7 हे बालको, किसी के भरमाने में न आना। जो धर्म के काम करता है, वही उस के समान धर्मी है। 8 जो कोई पाप करता है वह शैतान* की ओर से है, क्योंकि शैतान आरम्भ ही से पाप करता आया है। परमेश्वर का पुत्र इसलिये प्रगट हुआ कि शैतान के कामों का नाश करे। 9 जो कोई परमेश्वर से जन्मा है वह पाप नहीं करता; क्योंकि उसका बीज उसमें बना रहता है, और वह पाप कर ही नहीं सकता क्योंकि परमेश्वर से जन्मा है। 10 इसी से परमेश्वर की सन्तान और शैतान की सन्तान जाने जाते हैं; जो कोई धर्म के काम नहीं करता वह परमेश्वर से नहीं, और न वह जो अपने भाई से प्रेम नहीं रखता।

एक दूसरे से प्रेम रखो

11 क्योंकि जो समाचार तुम ने आरम्भ से

2:20* *या तुम सब के सब जानते हो* **3:1*** यूह 1:12 **5*** यूह 1:29 **8*** यू० *इब्लीस*

सुना, वह यह है कि हम एक दूसरे से प्रेम रखें;* 12 और कैन के समान न बनें जो उस दुष्ट से था, और जिसने अपने भाई को घात किया।* और उसे किस कारण घात किया? इस कारण कि उसके काम बुरे थे, और उसके भाई के काम धर्म के थे।

13 हे भाइयो, यदि संसार तुम से बैर करता है तो अचम्भा न करना। 14 हम जानते हैं कि हम मृत्यु से पार होकर जीवन में पहुँचे हैं,* क्योंकि हम भाइयों से प्रेम रखते हैं। जो प्रेम नहीं रखता वह मृत्यु की दशा में रहता है। 15 जो कोई अपने भाई से बैर रखता है, वह हत्यारा है; और तुम जानते हो कि किसी हत्यारे में अनन्त जीवन नहीं रहता। 16 हम ने प्रेम इसी से जाना कि उसने हमारे लिये अपने प्राण दे दिए; और हमें भी भाइयों के लिये प्राण देना चाहिए। 17 पर जिस किसी के पास संसार की संपत्ति हो और वह अपने भाई को कंगाल देखकर उस पर तरस खाना न चाहे, तो उसमें परमेश्वर का प्रेम कैसे बना रह सकता है? 18 हे बालको, हम वचन और जीभ ही से नहीं, पर काम और सत्य के द्वारा भी प्रेम करें।

परमेश्वर के सम्मुख हियाव

19 इसी से हम जानेंगे कि हम सत्य के हैं; और जिस बात में हमारा मन हमें दोष देगा, उसके विषय में हम उसके सामने अपने अपने मन को ढाढ़स दे सकेंगे; 20 क्योंकि परमेश्वर हमारे मन से बड़ा है, और सब कुछ जानता है। 21 हे प्रियो, यदि हमारा मन हमें दोष न दे, तो हमें परमेश्वर के सामने हियाव होता है; 22 और जो कुछ हम माँगते हैं, वह हमें उससे मिलता है, क्योंकि हम उसकी आज्ञाओं को मानते हैं और जो उसे भाता है वही करते हैं। 23 उसकी आज्ञा यह है कि हम उसके पुत्र यीशु मसीह के नाम पर विश्वास करें, और जैसा उस ने हमें आज्ञा दी है उसी के अनुसार आपस में प्रेम रखें।*

24 जो उसकी आज्ञाओं को मानता है, वह उसमें और वह उन में बना रहता है : और इसी से, अर्थात् उस आत्मा से जो उस ने हमें दिया है, हम जानते हैं कि वह हम में बना रहता है।

आत्माओं को परखो

4 हे प्रियो, हर एक आत्मा की प्रतीति न करो, वरन् आत्माओं को परखो कि वे पर-मेश्वर की ओर से हैं कि नहीं; क्योंकि बहुत से झूठे भविष्यद्वक्ता जगत में निकल खड़े हुए हैं। 2 परमेश्वर का आत्मा तुम इस रीति से पहचान सकते हो : जो आत्मा मान लेती है कि यीशु मसीह शरीर में होकर आया है वह परमेश्वर की ओर से है, 3 और जो आत्मा यीशु को नहीं मानती, वह परमेश्वर की ओर से नहीं; और वही तो मसीह के विरोधी की आत्मा है, जिसकी चर्चा तुम सुन चुके हो कि वह आनेवाला है, और अब भी जगत में है। 4 हे बालको, तुम परमेश्वर के हो, और तुम ने उन पर जय पाई है; क्योंकि जो तुम में है वह उस से जो संसार में है, बड़ा है। 5 वे संसार के हैं, इस कारण वे संसार की बातें बोलते हैं, और संसार उनकी सुनता है। 6 हम परमेश्वर के हैं। जो परमेश्वर को जानता है, वह हमारी सुनता है; जो परमेश्वर को नहीं जानता वह हमारी नहीं सुनता। इस प्रकार हम सत्य की आत्मा और भ्रम की आत्मा को पहचान लेते हैं।

परमेश्वर प्रेम है

7 हे प्रियो, हम आपस में प्रेम रखें; क्योंकि प्रेम परमेश्वर से है। जो कोई प्रेम करता है, वह परमेश्वर से जन्मा है और परमेश्वर को जानता है। 8 जो प्रेम नहीं रखता वह परमेश्वर को नहीं जानता, क्योंकि परमेश्वर प्रेम है। 9 जो प्रेम परमेश्वर हम से रखता है, वह इस से प्रगट हुआ कि परमेश्वर ने अपने एकलौते पुत्र को जगत में भेजा है कि हम उसके द्वारा जीवन पाएँ।

3:11* यूह 13:34   12* उत्प 4:8   14* यूह 5:24   23* यूह 13:34; 15:12,17

10 प्रेम इस में नहीं कि हम ने परमेश्वर से
प्रेम किया, पर इस में है कि उसने हम से
प्रेम किया और हमारे पापों के प्रायश्चित के
लिये अपने पुत्र को भेजा। 11 हे प्रियो, जब
परमेश्वर ने हम से ऐसा प्रेम किया, तो हम
को भी आपस में प्रेम रखना चाहिए। 12 पर-
मेश्वर को कभी किसी ने नहीं देखा;* यदि हम
आपस में प्रेम रखें, तो परमेश्वर हम में बना
रहता है और उसका प्रेम हम में सिद्ध हो गया
है।

13 इसी से हम जानते हैं कि हम उसमें बने
रहते हैं, और वह हम में; क्योंकि उसने अपने
आत्मा में से हमें दिया है। 14 हम ने देख भी
लिया और गवाही देते हैं कि पिता ने पुत्र को
जगत का उद्धारकर्ता करके भेजा है। 15 जो कोई
यह मान लेता है कि यीशु परमेश्वर का पुत्र है,
परमेश्वर उसमें बना रहता है, और वह परमेश्वर
में। 16 जो प्रेम परमेश्वर हम से रखता है, उसको
हम जान गए और हमें उसका विश्वास है।
परमेश्वर प्रेम है, और जो प्रेम में बना रहता है
वह परमेश्वर में बना रहता है, और परमेश्वर
उसमें बना रहता है। 17 इसी से प्रेम हम में सिद्ध
हुआ कि हमें न्याय के दिन हियाव हो; क्योंकि
जैसा वह है वैसे ही संसार में हम भी हैं। 18 प्रेम
में भय नहीं होता, वरन् सिद्ध प्रेम भय को दूर
कर देता है; क्योंकि भय का सम्बन्ध दण्ड से
होता है, और जो भय करता है वह प्रेम में सिद्ध
नहीं हुआ। 19 हम इसलिये प्रेम करते हैं, कि
पहले उसने हम से प्रेम किया। 20 यदि कोई
कहे, "मैं परमेश्वर से प्रेम रखता हूँ," और
अपने भाई से बैर रखे तो वह झूठा है; क्योंकि
जो अपने भाई से जिसे उसने देखा है प्रेम नहीं
रखता, तो वह परमेश्वर से भी जिसे उसने नहीं
देखा प्रेम नहीं रख सकता। 21 उससे हमें यह
आज्ञा मिली है, कि जो कोई परमेश्वर से प्रेम
रखता है वह अपने भाई से भी प्रेम रखे।

संसार पर जय पाना

5 जिसका यह विश्वास है कि यीशु ही मसीह
है, वह परमेश्वर से उत्पन्न हुआ है; और जो
कोई उत्पन्न करनेवाले से प्रेम रखता है, वह उस
से भी प्रेम रखता हैं जो उससे उत्पन्न हुआ है।
2 जब हम परमेश्वर से प्रेम रखते हैं और उसकी
आज्ञाओं को मानते हैं, तो इसी से हम जानते हैं
कि हम परमेश्वर की सन्तानों से प्रेम रखते हैं।
3 क्योंकि परमेश्वर से प्रेम रखना यह है कि हम
उसकी आज्ञाओं को मानें;* और उसकी आज्ञाएँ
कठिन नहीं। 4 क्योंकि जो कुछ परमेश्वर से
उत्पन्न हुआ है, वह संसार पर जय प्राप्त करता
है; और वह विजय जिस से संसार पर जय प्राप्त
होती है हमारा विश्वास है। 5 संसार पर जय
पानेवाला कौन है? केवल वह जिसका यह
विश्वास है कि यीशु, परमेश्वर का पुत्र है।

यीशु मसीह के विषय गवाही

6 यही है वह जो पानी और लहू के द्वारा
आया था, अर्थात् यीशु मसीह : वह न केवल
पानी के द्वारा वरन् पानी और लहू दोनों के द्वारा
आया था। 7 और जो गवाही देता है, वह आत्मा
है; क्योंकि आत्मा सत्य है। 8 गवाही देनेवाले
तीन हैं, आत्मा, और पानी, और लहू; और तीनों
एक ही बात पर सहमत हैं। 9 जब हम मनुष्यों
की गवाही मान लेते हैं, तो परमेश्वर की गवाही
तो उससे बढ़कर है; और परमेश्वर की गवाही
यह है कि उसने अपने पुत्र के विषय में गवाही
दी है। 10 जो परमेश्वर के पुत्र पर विश्वास
करता है वह अपने ही में गवाही रखता है। जिसने
परमेश्वर पर विश्वास नहीं किया उसने उसे झूठा
ठहराया, क्योंकि उसने उस गवाही पर विश्वास
नहीं किया जो परमेश्वर ने अपने पुत्र के विषय
में दी है। 11 और वह गवाही यह है कि परमेश्वर
ने हमें अनन्त जीवन दिया है, और यह जीवन

4:12* यूह 1:18 **5:3*** यूह 14:15

उसके पुत्र में है।* 12 जिसके पास पुत्र है, उसके पास जीवन है; और जिसके पास परमेश्वर का पुत्र नहीं, उसके पास जीवन भी नहीं है।

अनन्त जीवन

13 मैं ने तुम्हें, जो परमेश्वर के पुत्र के नाम पर विश्वास करते हो, इसलिये लिखा है कि तुम जानो कि अनन्त जीवन तुम्हारा है। 14 और हमें उसके सामने जो हियाव होता है, वह यह है; कि यदि हम उसकी इच्छा के अनुसार कुछ माँगते हैं, तो वह हमारी सुनता है। 15 जब हम जानते हैं कि जो कुछ हम माँगते हैं वह हमारी सुनता है, तो यह भी जानते हैं कि जो कुछ हम ने उससे मांगा, वह पाया है।

16 यदि कोई अपने भाई को ऐसा पाप करते देखे जिसका फल मृत्यु न हो, तो विनती करे, और परमेश्वर उसे उनके लिये, जिन्होंने ऐसा पाप किया है जिसका फल मृत्यु न हो, जीवन देगा। पाप ऐसा भी होता है जिसका फल मृत्यु है; इसके विषय में मैं विनती करने के लिये नहीं कहता। 17 सब प्रकार का अधर्म तो पाप है, परन्तु ऐसा पाप भी है जिसका फल मृत्यु नहीं।

18 हम जानते हैं, कि जो कोई परमेश्वर से उत्पन्न हुआ है, वह पाप नहीं करता; पर जो परमेश्वर से उत्पन्न हुआ, उसे वह बचाए रखता है, और वह दुष्ट उसे छूने नहीं पाता।

19 हम जानते हैं कि हम परमेश्वर से हैं, और सारा संसार उस दुष्ट के वश में पड़ा है।

20 हम यह भी जानते हैं कि परमेश्वर का पुत्र आ गया है और उसने हमें समझ दी है कि हम उस सच्चे को पहचानें; और हम उसमें जो सत्य है, अर्थात् उसके पुत्र यीशु मसीह में रहते हैं। सच्चा परमेश्वर और अनन्त जीवन यही है। 21 हे बालको, अपने आप को मूरतों से बचाए रखो।

5:11* यूह 3:36

यूहन्ना की दूसरी पत्री

भूमिका

यूहन्ना की दूसरी पत्री ''प्राचीन'' की ओर से ''चुनी हुई महिला और उसके बच्चों'' के नाम लिखी गई थी, सम्भवत: जिसका अर्थ है एक स्थानीय कलीसिया और उसके सदस्य। संक्षेप में इसका संदेश है, एक दूसरे से प्रेम रखने का आग्रह और झूठे शिक्षकों और उनकी शिक्षाओं के विरुद्ध चेतावनी।

रूप-रेखा :

भूमिका 1-3
प्रेम की प्रमुखता 4-6
झूठे धर्मसिद्धान्तों के विरुद्ध चेतावनी 7-11
उपसंहार 12,13

अभिवादन

1 मुझ प्राचीन* की ओर से उस चुनी हुई महिला और उसके बच्चों के नाम, जिनसे मैं सच्चा प्रेम रखता हूँ, और केवल मैं ही नहीं वरन् वे सब भी प्रेम रखते हैं जो सत्य को जानते हैं; 2 वह सत्य जो हम में स्थिर रहता है, और सर्वदा हमारे साथ अटल रहेगा;

3 परमेश्वर पिता, और पिता के पुत्र यीशु मसीह की ओर से अनुग्रह और दया और शान्ति, सत्य और प्रेम सहित हमारे साथ रहेंगे।

सत्य और प्रेम

4 मैं बहुत आनन्दित हुआ कि मैं ने तेरे कुछ बच्चों को उस आज्ञा के अनुसार, जो हमें पिता की ओर से मिली थी, सत्य पर चलते हुए पाया। 5 अब हे महिला, मैं तुझे कोई नई आज्ञा नहीं, पर वही जो आरम्भ से हमारे पास है, लिखता हूँ; और तुझ से विनती करता हूँ कि हम एक दूसरे से प्रेम रखें।* 6 और प्रेम यह है कि हम उसकी आज्ञाओं के अनुसार चलें; यह वही आज्ञा है जो तुम ने आरम्भ से सुनी है, और तुम्हें इस पर चलना भी चाहिए। 7 क्योंकि बहुत से ऐसे भरमानेवाले जगत में निकल आए हैं, जो यह नहीं मानते कि यीशु मसीह शरीर में होकर आया; भरमानेवाला और मसीह-विरोधी यही है। 8 अपने विषय में चौकस रहो, कि जो परिश्रम हम ने किया है उसको तुम गवाँ न दो, वरन् उसका पूरा प्रतिफल पाओ। 9 जो कोई मसीह की शिक्षा से आगे बढ़ जाता है और उसमें बना नहीं रहता, उसके पास परमेश्वर नहीं; जो कोई उसकी शिक्षा में स्थिर रहता है, उसके पास पिता भी है और पुत्र भी। 10 यदि कोई तुम्हारे पास आए और यही शिक्षा न दे, उसे न तो घर में आने दो और न नमस्कार करो। 11 क्योंकि जो कोई ऐसे जन को नमस्कार करता है, वह उसके बुरे कामों में साझी होता है।

अन्तिम अभिवादन

12 मुझे बहुत सी बातें तुम्हें लिखनी हैं, पर कागज और स्याही से लिखना नहीं चाहता, पर आशा है कि मैं तुम्हारे पास आऊँगा और आमने-सामने बातचीत करूँगा, जिस से तुम्हारा* आनन्द पूरा हो।

13 तेरी चुनी हुई बहिन के बच्चे तुझे नमस्कार कहते हैं।

1* या *प्रिसबुतिर*   5* *यूह* 13:34; 15:12,17   12* या *हमारा*

यूहन्ना की तीसरी पत्री

भूमिका

यूहन्ना की तीसरी पत्री ''प्राचीन'' की ओर से कलीसिया के एक अगुवे, गयुस, को लिखी गई थी। लेखक गयुस की इसलिये प्रशंसा करता है क्योंकि वह अन्य मसीहियों की बड़ी सहायता करता है, साथ ही दियुत्रिफेस नामक एक व्यक्ति से सावधान रहने की चेतावनी भी देता है।

रूप-रेखा :

भूमिका 1-4
गयुस की प्रशंसा 5-8
दियुत्रिफेस की भर्त्सना 9,10
दिमेत्रियुस की सराहना 11,12
उपसंहार 13-15

अभिवादन

1 मुझ प्राचीन* की ओर से प्रिय गयुस† के
नाम, जिससे मैं सच्चा§ प्रेम रखता हूँ।
2 हे प्रिय, मेरी यह प्रार्थना है कि जैसे तू
आत्मिक उन्नति कर रहा है, वैसे ही तू सब बातों
में उन्नति करे और भला चंगा रहे। 3 क्योंकि जब
भाइयों ने आकर तेरे उस सत्य की गवाही दी,
जिस पर तू सचमुच चलता है, तो मैं बहुत ही
आनन्दित हुआ। 4 मुझे इससे बढ़कर और कोई
आनन्द नहीं कि मैं सुनूं, कि मेरे बच्चे सत्य पर
चलते हैं।

गयुस की प्रशंसा

5 हे प्रिय, जो कुछ तू उन भाइयों के साथ
करता है, जो परदेशी हैं, उसे विश्वासी के रूप में
करता है। 6 उन्होंने कलीसिया के सामने तेरे प्रेम
की गवाही दी है। यदि तू उन्हें उस प्रकार विदा
करेगा जिस प्रकार परमेश्वर के लोगों के लिये
उचित है तो अच्छा करेगा। 7 क्योंकि वे उस
नाम के लिये निकले हैं, और अन्यजातियों से
कुछ नहीं लेते। 8 इसलिये ऐसों का स्वागत करना
चाहिए, जिससे हम भी सत्य के पक्ष में उनके
सहकर्मी हों।

दियुत्रिफेस और दिमेत्रियुस

9 मैं ने कलीसिया को कुछ लिखा था, पर
दियुत्रिफेस जो उनमें बड़ा बनना चाहता है,
हमें ग्रहण नहीं करता। 10 इसलिये जब मैं
आऊँगा तो उसके कामों की जो वह कर रहा
है, सुधि दिलाऊँगा, कि वह हमारे विषय में
बुरी-बुरी बातें बकता है; और इस पर भी
सन्तोष न करके आप ही भाइयों को ग्रहण
नहीं करता, और उन्हें जो ग्रहण करना चाहते
हैं मना करता है और कलीसिया से निकाल
देता है।
11 हे प्रिय, बुराई के नहीं पर भलाई के
अनुयायी हो। जो भलाई करता है, वह परमेश्वर
की ओर से है; पर जो बुराई करता है, उसने
परमेश्वर को नहीं देखा। 12 दिमेत्रियुस के विषय
में सब ने, वरन् सत्य ने भी आप ही गवाही दी;
और हम भी गवाही देते हैं, और तू जानता है कि
हमारी गवाही सच्ची है।

अन्तिम अभिवादन

13 मुझे तुझ को बहुत कुछ लिखना तो
था, पर स्याही और कलम से लिखना नहीं
चाहता। 14 पर मुझे आशा है कि तुझ से शीघ्र
भेंट करूँगा, तब हम आमने-सामने बातचीत
करेंगे।
15 तुझे शान्ति मिलती रहे। यहाँ के मित्र तुझे
नमस्कार कहते हैं। वहाँ के मित्रों से नाम ले
लेकर नमस्कार कह देना।

1* या *प्रिसबुतिर* † प्रेरि 19:29; रोम 16:23; 1 कुरि 1:14 § या *सत्य में प्रेम*

यहूदा की पत्री

भूमिका

यहूदा की पत्री झूठे शिक्षकों के विरुद्ध चेतावनी देने के लिये लिखी गई थी, क्योंकि वे विश्वासी होने का दावा करते थे। इस छोटी-सी पत्री की विषय-वस्तु *पतरस की दूसरी पत्री* के समान है, इसमें लेखक अपने पाठकों को उत्साहित करता है कि ''उस विश्वास के लिये पूरा यत्न करो जो पवित्र लोगों को एक ही बार सौंपा गया था।''

रूप-रेखा :

भूमिका 1,2
झूठे शिक्षकों का चरित्र, शिक्षा, और अन्त 3-16
विश्वास में बने रहने की चेतावनी 17-23
आशीर्वचन 24,25

अभिवादन

1 यहूदा की ओर से जो यीशु मसीह का दास और याकूब का भाई है,* उन बुलाए हुओं के नाम जो परमेश्वर पिता में प्रिय और यीशु मसीह के लिये सुरक्षित हैं।

2 दया और शान्ति और प्रेम तुम्हें बहुतायत से प्राप्त होता रहे।

झूठे शिक्षक

3 हे प्रियो, जब मैं तुम्हें उस उद्धार के विषय में लिखने में अत्यन्त परिश्रम से प्रयत्न कर रहा था जिसमें हम सब सहभागी हैं, तो मैं ने तुम्हें यह समझाना आवश्यक जाना कि उस विश्वास के लिये पूरा यत्न करो जो पवित्र लोगों को एक ही बार सौंपा गया था। 4 क्योंकि कितने ऐसे मनुष्य चुपके से हम में आ मिले हैं, जिनके इस दण्ड का वर्णन पुराने समय में पहले ही से लिखा गया था : ये भक्तिहीन हैं, और हमारे परमेश्वर के अनुग्रह को लुचपन में बदल डालते हैं, और हमारे एकमात्र स्वामी और प्रभु यीशु मसीह का इन्कार करते हैं।

5 पर यद्यपि तुम सब बात एक बार जान चुके हो, तौभी मैं तुम्हें इस बात की सुधि दिलाना चाहता हूँ कि प्रभु ने एक कुल को मिस्र देश से छुड़ाने* के बाद विश्वास न लानेवालों को नष्ट कर दिया।† 6 फिर जिन स्वर्गदूतों ने अपने पद को स्थिर न रखा वरन् अपने निज निवास को छोड़ दिया, उसने उनको भी उस भीषण दिन के न्याय के लिये अन्धकार में, जो सदा काल के लिये है, बन्धनों में रखा है। 7 जिस रीति से सदोम और अमोरा और उनके आस-पास के नगर, जो इन के समान व्यभिचारी हो गए थे और पराये शरीर के पीछे लग गए थे, आग के अनन्त दण्ड में पड़कर दृष्टान्त ठहरे हैं।*

8 उसी रीति से ये स्वप्नदर्शी भी अपने-अपने शरीर को अशुद्ध करते, और प्रभुता को तुच्छ जानते हैं, और ऊँचे पदवालों को बुरा भला कहते हैं। 9 परन्तु प्रधान स्वर्गदूत मीकाईल* ने, जब शैतान† से मूसा के शव§ के विषय में वाद-विवाद किया, तो उसको बुरा-भला कहके दोष लगाने का साहस न किया पर यह कहा, ''प्रभु

1* मत्ती 13:55; मर 6:3   5* निर्ग 12:51   † गिनती 14:29,30   7* उत्प 19:1-24   9* दानि 10:13,21; 12:1; प्रका 12:7
† यू० इब्लीस   § व्य 34:6

तुझे डाँटे।''‡ 10 पर ये लोग जिन बातों को नहीं
जानते उनको बुरा-भला कहते हैं, और जिन
बातों को अचेतन पशुओं के समान स्वभाव ही
से जानते हैं, उनमें अपने आप को नष्ट करते
हैं। 11 उन पर हाय! क्योंकि वे कैन की सी
चाल चले,* और मजदूरी के लिये बिलाम के
समान भ्रष्ट हो गए हैं,† और कोरह के समान
विरोध करके नष्ट हुए§ हैं। 12 ये तुम्हारी प्रेम
सभाओं में तुम्हारे साथ खाते-पीते, समुद्र में
छिपी हुई चट्टान सरीखे हैं, और बेधड़क अपना
ही पेट भरनेवाले रखवाले हैं; वे निर्जल बादल
हैं, जिन्हें हवा उड़ा ले जाती है; पतझड़ के निष्फल
पेड़ हैं, जो दो बार मर चुके हैं, और जड़ से
उखड़ गए हैं; 13 ये समुद्र के प्रचण्ड हिलकोरे
हैं, जो अपनी लज्जा का फेन उछालते हैं; ये
डाँवाडोल तारे हैं, जिनके लिये सदा काल तक
घोर अन्धकार रखा गया है।

14 हनोक* ने भी जो आदम से सातवीं पीढ़ी
में था, इनके विषय में यह भविष्यद्वाणी की,
''देखो, प्रभु अपने लाखों पवित्रों के साथ आया
15 कि सबका न्याय करे, और सब भक्तिहीनों
को उनके अभक्ति के सब कामों के विषय में
जो उन्होंने भक्तिहीन होकर किए हैं, और
उन सब कठोर बातों के विषय में जो भक्तिहीन
पापियों ने उसके विरोध में कही हैं, दोषी
ठहराए।'' 16 ये तो असंतुष्ट, कुड़कुड़ानेवाले,
और अपनी अभिलाषाओं के अनुसार चलनेवाले
हैं, और अपने मुँह से घमण्ड की बातें बोलते हैं,
और वे लाभ के लिये मुँह देखी बड़ाई किया
करते हैं।

चेतावनी और उपदेश

17 पर हे प्रियो, तुम उन बातों को स्मरण
रखो जो हमारे प्रभु यीशु मसीह के प्रेरित पहले
ही कह चुके हैं। 18 वे तुम से कहा करते थे,
''पिछले दिनों में ऐसे ठट्ठा करनेवाले होंगे जो
अपनी अभक्ति की अभिलाषाओं के अनुसार
चलेंगे।''* 19 ये वे हैं जो फूट डालते हैं; ये
शारीरिक लोग हैं, जिनमें आत्मा नहीं। 20 पर हे
प्रियो, तुम अपने अति पवित्र विश्वास में उन्नति
करते हुए और पवित्र आत्मा में प्रार्थना करते
हुए, 21 अपने आप को परमेश्वर के प्रेम में
बनाए रखो; और अनन्त जीवन के लिये हमारे
प्रभु यीशु मसीह की दया की बाट जोहते रहो।
22 उन पर जो शंका में हैं दया करो; 23 और
बहुतों को आग में से झपटकर निकालो; और
बहुतों पर भय के साथ दया करो, पर उस वस्त्र से
भी घृणा करो जो शरीर के द्वारा कलंकित हो
गया है।

आशीर्वचन

24 अब जो तुम्हें ठोकर खाने से बचा सकता
है, और अपनी महिमा की भरपूरी के सामने
मगन और निर्दोष करके खड़ा कर सकता है,
25 उस एकमात्र परमेश्वर हमारे उद्धारकर्ता की
महिमा और गौरव और पराक्रम और अधिकार,
हमारे प्रभु यीशु मसीह के द्वारा जैसा सनातन
काल से है, अब भी हो और युगानुयुग रहे।
आमीन।

9 ‡ जक 3:2 11 * उत्प 4:3–8 † गिनती 22:1–35 § गिनती 16:1–35 14 * उत्प 5:18, 21–24 18 * 2 पत 3:3

यूहन्ना का प्रकाशितवाक्य

भूमिका

यूहन्ना का प्रकाशितवाक्य ऐसे समय में लिखा गया था जब मसीहियों को उनके विश्वास के कारण सताया जा रहा था, यीशु मसीह पर प्रभु और स्वामी के रूप में विश्वास करने के कारण। इसके लेखक की चिन्ता का प्रमुख विषय अपने पाठकों में आशा और उत्साह का संचार करना और उनसे यह आग्रह करना था कि वे इस दु:ख और सताव के समय विश्वासयोग्य बने रहें।

इस पुस्तक का अधिकांश भाग प्रकाशनों और दर्शनों की श्रृंखलाओं के रूप में है, जिसे सांकेतिक भाषा में प्रस्तुत किया गया है जो सम्भवत: उस समय के मसीहियों को समझ में आ गई थी, परन्तु अन्य सभी लोगों के लिये यह रहस्य ही रहा। जैसे संगीत में एक धुन होती है, उसी प्रकार इस पुस्तक की विषय-वस्तु बार-बार विभिन्न तरीकों से अलग-अलग दर्शनों की श्रृंखलाओं के द्वारा दोहराई जाती है। यद्यपि इस पुस्तक की विस्तृत व्याख्या के सम्बन्ध में मतभेद है, फिर भी प्रमुख विषय स्पष्ट है : परमेश्वर प्रभु यीशु मसीह के द्वारा अपने सारे शत्रुओं को, जिनमें शैतान भी सम्मिलित है, सदा के लिये पूर्ण रूप से पराजित करेगा; और जब यह विजय पूर्ण हो जाएगी तो वह अपने विश्वासयोग्य लोगों को नया आकाश और नई पृथ्वी की आशीषों से परिपूर्ण करेगा।

रूप-रेखा :

भूमिका 1:1-8
आरम्भिक दर्शन और सातों कलीसियाओं को पत्र 1:9—3:22
सात मुहरों द्वारा बन्द चर्मपत्र 4:1—8:1
सात तुरहियाँ 8:2—11:19
अजगर और दो पशु 12:1—13:18
अन्य दर्शन 14:1—15:8
परमेश्वर के प्रकोप के सात कटोरे 16:1-21
बेबीलोन का विनाश, तथा पशु, झूठे भविष्यद्वक्ता, और शैतान की पराजय 17:1—20:10
अन्तिम न्याय 20:11-15
नया आकाश, नई पृथ्वी, और नया यरूशलेम 21:1—22:5
उपसंहार 22:6-21

1 यीशु मसीह का प्रकाशितवाक्य, जो उसे
परमेश्वर ने इसलिये दिया कि अपने दासों
को वे बातें, जिनका शीघ्र होना अवश्य है, दिखाए;
और उसने अपने स्वर्गदूत को भेजकर उसके द्वारा
अपने दास यूहन्ना को बताया, 2 जिसने परमेश्वर
के वचन और यीशु मसीह की गवाही, अर्थात् जो
कुछ उसने देखा था उसकी गवाही दी। 3 धन्य है
वह जो इस भविष्यद्वाणी के वचन को पढ़ता है,
और वे जो सुनते हैं और इसमें लिखी हुई बातों को
मानते हैं; क्योंकि समय निकट है।

सातों कलीसियाओं का अभिवादन

4 यूहन्ना की ओर से आसिया की सात कलीसियाओं के नाम :

उसकी ओर से जो है और जो था और जो आनेवाला है;* और उन सात आत्माओं की ओर से जो उसके सिंहासन के सामने हैं,† 5 और यीशु मसीह की ओर से जो विश्‍वसायोग्य साक्षी और मरे हुओं में से जी उठनेवालों में पहिलौठा और पृथ्वी के राजाओं का हाकिम है,* तुम्हें अनुग्रह और शान्ति मिलती रहे।

वह हम से प्रेम रखता है, और उसने अपने लहू के द्वारा हमें पापों से छुड़ाया है, 6 और हमें एक राज्य और अपने पिता परमेश्‍वर के लिये याजक भी बना दिया;* उसी की महिमा और पराक्रम युगानुयुग रहे। आमीन। 7 देखो, वह बादलों के साथ आनेवाला है,* और हर एक आँख उसे देखेगी, वरन् जिन्होंने उसे बेधा था वे भी उसे देखेंगे, और पृथ्वी के सारे कुल उसके कारण छाती पीटेंगे।† हाँ। आमीन।

8 प्रभु परमेश्‍वर, जो है और जो था और जो आनेवाला है,* जो सर्वशक्‍तिमान है, यह कहता है, "मैं ही अल्फ़ा और ओमेगा हूँ।"†

यूहन्ना को मसीह का दर्शन

9 मैं यूहन्ना, जो तुम्हारा भाई और यीशु के क्लेश और राज्य और धीरज में तुम्हारा सहभागी हूँ, परमेश्‍वर के वचन और यीशु की गवाही के कारण पतमुस नामक टापू में था। 10 मैं प्रभु के दिन आत्मा में आ गया, और अपने पीछे तुरही का सा बड़ा शब्द यह कहते सुना, 11 "जो कुछ तू देखता है उसे पुस्तक में लिखकर सातों कलीसियाओं के पास भेज दे, अर्थात् इफिसुस, और स्मुरना, और पिरगमुन, और थूआतीरा, और सरदीस, और फिलदिलफिया, और लौदीकिया को।"

12 तब मैं ने उसे,* जो मुझ से बोल रहा था, देखने के लिये अपना मुँह फेरा; और पीछे घूमकर मैं ने सोने की सात दीवटें देखीं, 13 और उन दीवटों के बीच में मनुष्य के पुत्र सदृश एक पुरुष को देखा, जो पाँवों तक का वस्त्र पहिने, और छाती पर सोने का पटुका बाँधे हुए था।* 14 उसके सिर और बाल श्‍वेत ऊन वरन् पाले के समान उज्ज्वल थे, और उसकी आँखें आग की ज्वाला के समान थीं। 15 उसके पाँव उत्तम पीतल के समान थे जो मानो भट्ठी में तपाया गया हो,* और उसका शब्द बहुत जल के शब्द के समान था।† 16 वह अपने दाहिने हाथ में सात तारे लिये हुए था, और उसके मुख से तेज दोधारी तलवार निकलती थी। उसका मुँह ऐसा प्रज्वलित था, जैसा सूर्य कड़ी धूप के समय चमकता है। 17 जब मैं ने उसे देखा तो उसके पैरों पर मुर्दा सा गिर पड़ा। उसने मुझ पर अपना दाहिना हाथ रखकर कहा, "मत डर; मैं प्रथम और अन्तिम और जीवता हूँ;* 18 मैं मर गया था, और अब देख मैं युगानुयुग जीवता हूँ; और मृत्यु और अधोलोक की कुंजियाँ मेरे ही पास हैं। 19 इसलिये जो बातें तू ने देखीं हैं और जो बातें हो रही हैं और जो बातें इसके बाद होनेवाली हैं, उन सब को लिख ले। 20 अर्थात् उन सात तारों का भेद जिन्हें तू ने मेरे दाहिने हाथ में देखा था, और उन सात सोने की दीवटों का भेद : वे सात तारे सातों कलीसियाओं के दूत हैं, और वे सात दीवट सात कलीसियाएँ हैं।

इफिसुस को संदेश

2 "इफिसुस की कलीसिया के दूत को यह लिख :

"जो सातों तारे अपने दाहिने हाथ में लिये हुए है, और सोने की सातों दीवटों के बीच में फिरता है, वह यह कहता है कि 2 मैं तेरे काम, और तेरे परिश्रम, और तेरे धीरज को जानता हूँ;

1:4* निर्ग 3:14 † प्रका 4:5 5* यशा 55:4; भजन 89:27 6* निर्ग 19:6; प्रका 5:10 7* दानि 7:13; मत्ती 24:30; मर 13:26; लूका 21:27; 1 थिस्स 4:17 † जक 12:10; यूह 19:34, 37 8* प्रका 22:13 † निर्ग 3:14 12* यू० *उस शब्द को*
13* दानि 7:13; 10:5 14,15* दानि 7:9; 10:6 15† यहेज 1:24; 43:2 17* यशा 44:6; 48:12; प्रका 2:8; 22:13

और यह भी कि तू बुरे लोगों को देख नहीं
सकता, और जो अपने आप को प्रेरित कहते हैं,
और हैं नहीं, उन्हें तू ने परखकर झूठा पाया।
3 तू धीरज धरता है, और मेरे नाम के लिये
दु:ख उठाते उठाते थका नहीं। 4 पर मुझे तेरे
विरुद्ध यह कहना है कि तू ने अपना पहला-सा
प्रेम छोड़ दिया है। 5 इसलिये स्मरण कर कि तू
कहाँ से गिरा है, और मन फिरा और पहले के
समान काम कर। यदि तू मन न फिराएगा, तो मैं
तेरे पास आकर तेरी दीवट को उसके स्थान से
हटा दूँगा। 6 पर हाँ, तुझ में यह बात तो है कि
तू नीकुलइयों के कामों से घृणा करता है, जिनसे
मैं भी घृणा करता हूँ। 7 जिसके कान हों वह सुन
ले कि आत्मा कलीसियाओं से क्या कहता है। जो
जय पाए, मैं उसे उस जीवन के पेड़ में से जो
परमेश्वर के स्वर्गलोक में है, फल खाने को
दूँगा।*

स्मुरना को संदेश

8 ''स्मुरना की कलीसिया के दूत को यह
लिख :

''जो प्रथम और अन्तिम है, जो मर गया था
और अब जीवित हो गया है*, वह यह कहता
है कि 9 मैं तेरे क्लेश और दरिद्रता को जानता
हूँ (परन्तु तू धनी है), और जो लोग अपने आप
को यहूदी कहते हैं और हैं नहीं, पर शैतान की
सभा हैं, उनकी निन्दा को भी जानता हूँ। 10 जो
दु:ख तुझ को झेलने होंगे, उन से मत डर। क्योंकि
देखो, शैतान* तुम में से कुछ को जेलखाने
में डालने पर है ताकि तुम परखे जाओ; और
तुम्हें दस दिन तक क्लेश उठाना होगा। प्राण
देने तक विश्वासी रह, तो मैं तुझे जीवन का
मुकुट दूँगा। 11 जिसके कान हों वह सुन ले
कि आत्मा कलीसियाओं से क्या कहता है।
जो जय पाए, उस को दूसरी मृत्यु से हानि न
पहुँचेगी।*

पिरगमुन को संदेश

12 ''पिरगमुन की कलीसिया के दूत को यह
लिख :

''जिसके पास दोधारी और तेज तलवार है,
वह यह कहता है कि 13 मैं यह जानता हूँ कि तू
वहाँ रहता है जहाँ शैतान का सिंहासन है; तू मेरे
नाम पर स्थिर रहता है, और मुझ पर विश्वास
करने से उन दिनों में भी पीछे नहीं हटा जिनमें
मेरा विश्वासयोग्य साक्षी अन्तिपास, तुम्हारे बीच
उस स्थान पर घात किया गया जहाँ शैतान रहता
है। 14 पर मुझे तेरे विरुद्ध कुछ बातें कहनी हैं,
क्योंकि तेरे यहाँ कुछ ऐसे हैं, जो बिलाम की
शिक्षा को मानते हैं,* जिसने बालाक को
इस्राएलियों के आगे ठोकर का कारण रखना
सिखाया कि वे मूर्तियों पर चढ़ाई गई वस्तुएँ
खाएँ और व्यभिचार करें†। 15 वैसे ही तेरे यहाँ
कुछ ऐसे हैं, जो नीकुलइयों की शिक्षा को मानते
हैं। 16 अत: मन फिरा, नहीं तो मैं तेरे पास शीघ्र
ही आकर अपने मुख की तलवार से उनके साथ
लड़ूँगा। 17 जिसके कान हों वह सुन ले कि
आत्मा कलीसियाओं से क्या कहता है। जो जय
पाए, उस को मैं गुप्त मन्ना में से दूँगा*, और उसे
एक श्वेत पत्थर भी दूँगा; और उस पत्थर पर एक
नाम लिखा हुआ होगा†, जिसे उसके पानेवाले
के सिवाय और कोई न जानेगा।

थुआतीरा को संदेश

18 ''थुआतीरा की कलीसिया के दूत को
यह लिख :

''परमेश्वर का पुत्र जिसकी आँखें आग की
ज्वाला के समान, और जिसके पाँव उत्तम पीतल
के समान हैं, वह यह कहता है कि 19 मैं तेरे
कामों, तेरे प्रेम और विश्वास और सेवा और
धीरज, को जानता हूँ और यह भी कि तेरे पिछले
काम पहलों से बढ़कर हैं। 20 पर मुझे तेरे विरुद्ध

2:7* उत्प 2:9; प्रका 22:2; यहेज 28:13; 31:8 **8*** यशा 44:6; 48:12; प्रका 1:17; 22:13 **10*** यू० *इब्लीस* **11*** प्रका 20:14; 21:8
14* गिनती 22:5,7; 31:16; व्य 23:4 † गिनती 25:1-3 **17*** निर्ग 16:14,15; 16:33,34; यूह 6:48-50 † यशा 62:2; 65:15

यह कहना है कि तू उस स्त्री इजेबेल* को रहने
देता है जो अपने आप को भविष्यद्वक्तिन कहती
है, और मेरे दासों को व्यभिचार करने और मूर्तियों
के आगे चढ़ाई गई वस्तुएँ खाना सिखलाकर
भरमाती है। 21 मैं ने उसको मन फिराने के लिये
अवसर दिया, पर वह अपने व्यभिचार से मन
फिराना नहीं चाहती। 22 देख, मैं उसे रोगशैय्या
पर डालता हूँ; और जो उसके साथ व्यभिचार
करते हैं यदि वे भी उसके से कामों से मन न
फिराएँगे तो मैं उन्हें बड़े क्लेश में डालूँगा।
23 मैं उसके बच्चों को मार डालूँगा; तब सब
कलीसियाएँ जान लेंगी कि हृदय और मन का
परखनेवाला मैं ही हूँ,* और मैं तुम में से हर
एक को उसके कामों के अनुसार बदला दूँगा।†
24 पर तुम थुआतीरा के बाकी लोगों से, जितने
इस शिक्षा को नहीं मानते और उन बातों को
जिन्हें शैतान की गहरी बातें कहते हैं नहीं जानते,
यह कहता हूँ कि मैं तुम पर और बोझ न डालूँगा।
25 पर हाँ, जो तुम्हारे पास है उस को मेरे आने
तक थामे रहो। 26 जो जय पाए और मेरे कामों
के अनुसार अन्त तक करता रहे, मैं उसे जाति
जाति के लोगों पर अधिकार दूँगा, 27 और वह
लोहे का राजदण्ड लिये हुए उन पर राज्य करेगा,
जिस प्रकार कुम्हार के मिट्टी के बर्तन चकनाचूर
हो जाते हैं :* मैं ने भी ऐसा ही अधिकार अपने
पिता से पाया है; 28 और मैं उसे भोर का तारा
दूँगा। 29 जिसके कान हों वह सुन ले कि आत्मा
कलीसियाओं से क्या कहता है।

सरदीस को संदेश

3 ''सरदीस की कलीसिया के दूत को यह
लिख :
''जिसके पास परमेश्वर की सात आत्माएँ
और सात तारे हैं, वह यह कहता है कि मैं तेरे
कामों को जानता हूँ : तू जीवित तो कहलाता है,
पर है मरा हुआ। 2 जागृत हो, और उन वस्तुओं
को जो बाकी रह गई हैं और जो मिटने को
हैं, उन्हें दृढ़ कर; क्योंकि मैं ने तेरे किसी काम
को अपने परमेश्वर के निकट पूरा नहीं पाया।
3 इसलिये स्मरण कर कि तू ने कैसी शिक्षा प्राप्त
की और सुनी थी, और उसमें बना रह और मन
फिरा। यदि तू जागृत न रहेगा तो मैं चोर के
समान आ जाऊँगा, और तू कदापि न जान
सकेगा कि मैं किस घड़ी तुझ पर आ पड़ूँगा।*
4 पर हाँ, सरदीस में तेरे यहाँ कुछ ऐसे लोग
हैं जिन्होंने अपने-अपने वस्त्र अशुद्ध नहीं किए,
वे श्वेत वस्त्र पहिने हुए मेरे साथ घूमेंगे, क्योंकि
वे इस योग्य हैं। 5 जो जय पाए उसे इसी प्रकार
श्वेत वस्त्र पहिनाया जाएगा, और मैं उसका नाम
जीवन की पुस्तक में से किसी रीति से न काटूँगा;*
पर उसका नाम अपने पिता और उसके स्वर्गदूतों
के सामने मान लूँगा†। 6 जिसके कान हों वह
सुन ले कि आत्मा कलीसियाओं से क्या कहता
है।

फिलदिलफिया को संदेश

7 ''फिलदिलफिया की कलीसिया के दूत
को यह लिख :
''जो पवित्र और सत्य है, और जो दाऊद की
कुंजी रखता है, जिसके खोले हुए को कोई बन्द
नहीं कर सकता और बन्द किए हुए को कोई
खोल नहीं सकता,* वह यह कहता है कि 8 मैं
तेरे कामों को जानता हूँ; देख, मैं ने तेरे सामने
एक द्वार खोल रखा है, जिसे कोई बन्द नहीं कर
सकता; तेरी सामर्थ्य थोड़ी सी तो है, फिर भी तू
ने मेरे वचन का पालन किया है और मेरे नाम का
इन्कार नहीं किया। 9 देख, मैं शैतान के उन
सभावालों को तेरे वश में कर दूँगा जो यहूदी बन
बैठे हैं, पर हैं नहीं वरन् झूठ बोलते हैं—देख,
मैं ऐसा करूँगा कि वे आकर तेरे पैरों पर गिरेंगे,
और यह जान लेंगे कि मैं ने तुझ से प्रेम रखा
है।* 10 तू ने मेरे धीरज के वचन को थामा है,

2:20* 1 राजा 16:31; 2 राजा 9:22,30 **23*** भजन 7:9; यिर्म 17:10 † भजन 62:12 **26,27*** भजन 2:8,9 **3:3*** मत्ती 24:43,44; लूका 12:39,40; प्रका 16:15 **5*** निर्ग 32:32,33; भजन 69:28; प्रका 20:12 † मत्ती 10:32; लूका 12:8 **7*** यशा 22:22; अय्यू 12:14 **9*** यशा 49:23; 60:14; 43:4

प्रकाशितवाक्य 3:11—4:8

इसलिये मैं भी तुझे परीक्षा के उस समय बचा रखूँगा जो पृथ्वी पर रहनेवालों के परखने के लिये सारे संसार पर आनेवाला है। 11 मैं शीघ्र ही आनेवाला हूँ; जो कुछ तेरे पास है उसे थामे रह कि कोई तेरा मुकुट छीन न ले। 12 जो जय पाए उसे मैं अपने परमेश्वर के मन्दिर में एक खंभा बनाऊँगा, और वह फिर कभी बाहर न निकलेगा; और मैं अपने परमेश्वर का नाम और अपने परमेश्वर के नगर अर्थात् नये यरूशलेम का नाम,* जो मेरे परमेश्वर के पास से स्वर्ग पर से उतरनेवाला है, और अपना नया नाम† उस पर लिखूँगा। 13 जिसके कान हों वह सुन ले कि आत्मा कलीसियाओं से क्या कहता है।

लौदीकिया को संदेश

14 ''लौदीकिया की कलीसिया के दूत को यह लिख :

''जो आमीन और विश्वासयोग्य और सच्चा गवाह है, और परमेश्वर की सृष्टि का मूल कारण है,* वह यह कहता है कि 15 मैं तेरे कामों को जानता हूँ कि तू न तो ठंडा है और न गर्म : भला होता कि तू ठंडा या गर्म होता। 16 इसलिये कि तू गुनगुना है, और न ठंडा है और न गर्म, मैं तुझे अपने मुँह में से उगलने पर हूँ। 17 तू कहता है कि मैं धनी हूँ और धनवान हो गया हूँ और मुझे किसी वस्तु की घटी नहीं; और यह नहीं जानता कि तू अभागा और तुच्छ और कंगाल और अंधा और नंगा है। 18 इसी लिये मैं तुझे सम्मति देता हूँ कि आग में ताया हुआ सोना मुझ से मोल ले कि तू धनी हो जाए, और श्वेत वस्त्र ले ले कि पहिनकर तुझे अपने नंगेपन की लज्जा न हो, और अपनी आँखों में लगाने के लिये सुर्मा ले कि तू देखने लगे। 19 मैं जिन जिन से प्रेम करता हूँ, उन सब को उलाहना और ताड़ना देता हूँ;* इसलिये सरगर्म हो और मन फिरा। 20 देख, मैं द्वार पर खड़ा हुआ खटखटाता हूँ; यदि कोई मेरा शब्द सुनकर द्वार खोलेगा, तो मैं उसके पास भीतर आकर उसके साथ भोजन करूँगा और वह मेरे साथ। 21 जो जय पाए मैं उसे अपने साथ अपने सिंहासन पर बैठाऊँगा, जैसे मैं भी जय पाकर अपने पिता के साथ उसके सिंहासन पर बैठ गया। 22 जिसके कान हों वह सुन ले कि आत्मा कलीसियाओं से क्या कहता है।''

स्वर्ग में आराधना

4 इन बातों के बाद जो मैं ने दृष्टि की तो क्या देखता हूँ कि स्वर्ग में एक द्वार खुला हुआ है, और जिसको मैं ने पहले तुरही के से शब्द से अपने साथ बातें करते सुना था, वही कहता है, ''यहाँ ऊपर आ जा; और मैं वे बातें तुझे दिखाऊँगा, जिनका इन बातों के बाद पूरा होना अवश्य है।'' 2 तुरन्त मैं आत्मा में आ गया; और क्या देखता हूँ कि एक सिंहासन स्वर्ग में रखा है, और उस सिंहासन पर कोई बैठा है। 3 जो उस पर बैठा है वह यशब और माणिक्य-सा दिखाई पड़ता है, और उस सिंहासन के चारों ओर मरकत-सा एक मेघधनुष दिखाई देता है।* 4 उस सिंहासन के चारों ओर चौबीस सिंहासन हैं; और इन सिंहासनों पर चौबीस प्राचीन श्वेत वस्त्र पहिने हुए बैठे हैं, और उनके सिरों पर सोने के मुकुट हैं। 5 उस सिंहासन में से बिजलियाँ और गर्जन निकलते हैं* और सिंहासन के सामने आग के सात दीपक जल रहे हैं, वे परमेश्वर की सात आत्माएँ हैं,† 6 और उस सिंहासन के सामने मानो बिल्लौर के समान काँच का सा समुद्र है।

सिंहासन के बीच में और सिंहासन के चारों ओर चार प्राणी हैं, जिनके आगे पीछे आँखें ही आँखें हैं। 7 पहला प्राणी सिंह के समान है, और दूसरा प्राणी बछड़े के समान है, तीसरे प्राणी का मुँह मनुष्य का सा है, और चौथा प्राणी उड़ते हुए उकाब के समान है।* 8 चारों प्राणियों के छ: छ: पंख हैं, और चारों ओर और भीतर आँखें ही आँखें हैं;* और वे रात दिन बिना विश्राम लिये यह कहते रहते हैं,

---

3:12* प्रका 21:2 † यशा 62:2; 65:15 14* नीति 8:22 19* नीति 3:12; इब्रा 12:6 4:2,3* यहेज 1:26–28; 10:1
5* निर्ग 19:16; प्रका 8:5; 11:19; 16:18 † यहेज 1:13; प्रका 1:4; जक 4:2 6,7* यहेज 1:22, 5–10; 10:14 8* यहेज 1:18; 10:12

"पवित्र, पवित्र, पवित्र प्रभु परमेश्‍वर, सर्वशक्‍तिमान,
जो था और जो है और जो आनेवाला है।"†
9 जब वे प्राणी उसकी जो सिंहासन पर बैठा है,
और जो युगानुयुग जीवता है, महिमा और आदर
और धन्यवाद करेंगे; 10 तब चौबीसों प्राचीन
सिंहासन पर बैठनेवाले के सामने गिर पड़ेंगे,
और उसे जो युगानुयुग जीवता है प्रणाम करेंगे;
और वे अपने-अपने मुकुट सिंहासन के सामने
यह कहते हुए डाल देंगे,

11 "हे हमारे प्रभु और परमेश्‍वर, तू ही महिमा
और आदर और सामर्थ्य के योग्य है;
क्योंकि तू ही ने सब वस्तुएँ सृजीं और वे
तेरी ही इच्छा से थीं और सृजी गईं।"

मुहरबन्द पुस्तक और मेम्ना

5 जो सिंहासन पर बैठा था, मैं ने उसके दाहिने
हाथ में एक पुस्तक देखी जो भीतर और
बाहर लिखी हुई थी,* और वह सात मुहर लगाकर
बन्द की गई थी†। 2 फिर मैं ने एक बलवन्त
स्वर्गदूत को देखा जो ऊँचे शब्द से यह प्रचार
करता था, "इस पुस्तक के खोलने और उसकी
मुहरें तोड़ने के योग्य कौन है?" 3 परन्तु न
स्वर्ग में, न पृथ्वी पर, न पृथ्वी के नीचे कोई उस
पुस्तक को खोलने या उस पर दृष्‍टि डालने के
योग्य निकला। 4 तब मैं फूट फूटकर रोने लगा,
क्योंकि उस पुस्तक के खोलने या उस पर दृष्‍टि
डालने के योग्य कोई न मिला। 5 इस पर उन
प्राचीनों में से एक ने मुझ से कहा, "मत रो;
देख, यहूदा के गोत्र का वह सिंह जो दाऊद का
मूल है,* उस पुस्तक को खोलने और उसकी
सातों मुहरें तोड़ने के लिये जयवन्त हुआ है।"

6 तब मैं ने उस सिंहासन और चारों प्राणियों
और उन प्राचीनों के बीच में, मानो एक वध
किया हुआ मेम्ना खड़ा देखा।* उसके सात सींग
और सात आँखें थीं;† ये परमेश्‍वर की सातों
आत्माएँ हैं जो सारी पृथ्वी पर भेजी गई हैं।
7 उसने आकर उसके दाहिने हाथ से जो सिंहासन
पर बैठा था, वह पुस्तक ले ली। 8 जब उसने
पुस्तक ले ली, तो वे चारों प्राणी और चौबीसों
प्राचीन उस मेम्ने के सामने गिर पड़े। उनमें से
हर एक के हाथ में वीणा और धूप, जो पवित्र
लोगों की प्रार्थनाएँ हैं,* से भरे हुए सोने के
कटोरे थे। 9 वे यह नया गीत गाने लगे,*

"तू इस पुस्तक के लेने, और इसकी मुहरें
खोलने के योग्य है;
क्योंकि तूने वध होकर अपने लहू से
हर एक कुल और भाषा और लोग और
जाति में से
परमेश्‍वर के लिये लोगों को मोल लिया
है,
10 और उन्हें हमारे परमेश्‍वर के लिये एक
राज्य और याजक बनाया;*
और वे पृथ्वी पर राज्य करते हैं।"

11 जब मैं ने देखा, तो उस सिंहासन और उन
प्राणियों और उन प्राचीनों के चारों ओर बहुत से
स्वर्गदूतों का शब्द सुना, जिन की गिनती लाखों
और करोड़ों की थी,* 12 और वे ऊँचे शब्द से
कहते थे, "वध किया हुआ मेम्ना ही सामर्थ्य
और धन और ज्ञान और शक्‍ति और आदर और
महिमा और धन्यवाद के योग्य है!" 13 फिर मैं
ने स्वर्ग में और पृथ्वी पर और पृथ्वी के नीचे
और समुद्र की सब सृजी हुई वस्तुओं को, और
सब कुछ को जो उनमें हैं, यह कहते सुना, "जो
सिंहासन पर बैठा है उसका और मेम्ने का धन्यवाद
और आदर और महिमा और राज्य युगानुयुग
रहे!" 14 और चारों प्राणियों ने आमीन कहा,
और प्राचीनों ने गिरकर दण्डवत् किया।

सात मुहरों का खोला जाना

6 फिर मैं ने देखा कि मेम्ने ने उन सात मुहरों
में से एक को खोला; और उन चारों प्राणियों
में से एक का गर्जन का सा शब्द सुना, "आ!"

4:8† यशा 6:2,3 5:1* यहेज 2:9,10 † यशा 29:11 5* उत्प 49:9; यशा 11:1,10 6* यशा 53:7 † जक 4:10
8* भजन 141:2 9* भजन 33:3; 98:1; यशा 42:10 10* निर्ग 19:6; प्रका 1:6 11* दानि 7:10

2 मैं ने दृष्टि की, और देखो, एक श्‍वेत घोड़ा है, और उसका सवार धनुष लिये हुए है;* और उसे एक मुकुट दिया गया, और वह जय करता हुआ निकला कि और भी जय प्राप्‍त करे।

3 जब उसने दूसरी मुहर खोली, तो मैं ने दूसरे प्राणी को यह कहते सुना, ''आ!'' 4 फिर एक और घोड़ा निकला जो लाल रंग का था;* उसके सवार को यह अधिकार दिया गया कि पृथ्वी पर से मेल उठा ले, ताकि लोग एक दूसरे का वध करें; और उसे एक बड़ी तलवार दी गई।

5 जब उसने तीसरी मुहर खोली, तो मैं ने तीसरे प्राणी को यह कहते सुना, ''आ!'' मैं ने दृष्टि की, और देखो, एक काला घोड़ा है,* और उसके सवार के हाथ में एक तराजू है; 6 और मैं ने उन चारों प्राणियों के बीच में से एक शब्द यह कहते सुना, ''दीनार* का सेर भर गेहूँ, और दीनार का तीन सेर जौ, पर तेल और दाखरस की हानि न करना।''

7 जब उसने चौथी मुहर खोली, तो मैं ने चौथे प्राणी का शब्द यह कहते सुना, ''आ!'' 8 मैं ने दृष्टि की, और देखो, एक पीला-सा घोड़ा है; और उसके सवार का नाम मृत्यु है, और अधोलोक उसके पीछे पीछे है; और उन्हें पृथ्वी की एक चौथाई पर यह अधिकार दिया गया कि तलवार, और अकाल, और मरी, और पृथ्वी के वनपशुओं के द्वारा लोगों को मार डालें।*

9 जब उसने पाँचवीं मुहर खोली, तो मैं ने वेदी के नीचे उनके प्राणों को देखा जो परमेश्‍वर के वचन के कारण और उस गवाही के कारण जो उन्होंने दी थी वध किए गए थे। 10 उन्होंने बड़े शब्द से पुकारकर कहा, ''हे स्वामी, हे पवित्र और सत्य; तू कब तक न्याय न करेगा? और पृथ्वी के रहनेवालों से हमारे लहू का बदला कब तक न लेगा?'' 11 उनमें से हर एक को श्‍वेत वस्त्र दिया गया, और उनसे कहा गया कि और थोड़ी देर तक विश्राम करो, जब तक कि तुम्हारे संगी दास और भाई जो तुम्हारे समान वध होनेवाले हैं उनकी भी गिनती पूरी न हो ले।

12 जब उसने छठवीं मुहर खोली, तो मैं ने देखा कि एक बड़ा भूकम्प हुआ,* और सूर्य कम्बल के समान काला और पूरा चंद्रमा लहू के समान हो गया।† 13 आकाश के तारे पृथ्वी पर ऐसे गिर पड़े जैसे बड़ी आँधी से हिलकर अंजीर के पेड़ में से कच्चे फल झड़ते हैं। 14 आकाश ऐसा सरक गया जैसा पत्र लपेटने से सरक जाता है;* और हर एक पहाड़, और टापू अपने अपने स्थान से टल गया।† 15 तब पृथ्वी के राजा, और प्रधान, और सरदार, और धनवान और सामर्थी लोग, और हर एक दास और हर एक स्वतंत्र पहाड़ों की खोहों में और चट्टानों में जा छिपे,* 16 और पहाड़ों और चट्टानों से कहने लगे, ''हम पर गिर पड़ो; और हमें उसके मुँह से जो सिंहासन पर बैठा है, और मेम्ने के प्रकोप से छिपा लो।* 17 क्योंकि उन के प्रकोप का भयानक दिन आ पहुँचा है,* अब कौन ठहर सकता है?''

इस्राएल के 1,44,000 लोग

7 इसके बाद मैं ने पृथ्वी के चारों कोनों पर चार स्वर्गदूत खड़े देखे। वे पृथ्वी की चारों हवाओं को थामे हुए थे ताकि पृथ्वी या समुद्र या किसी पेड़ पर हवा न चले।* 2 फिर मैं ने एक और स्वर्गदूत को जीवते परमेश्‍वर की मुहर लिये हुए पूरब से ऊपर की ओर आते देखा; उसने उन चारों स्वर्गदूतों से जिन्हें पृथ्वी और समुद्र की हानि करने का अधिकार दिया गया था, ऊँचे शब्द से पुकारकर कहा, 3 ''जब तक हम अपने परमेश्‍वर के दासों के माथे पर मुहर न लगा दें, तब तक पृथ्वी और समुद्र और पेड़ों को हानि न पहुँचाना।''* 4 जिन पर मुहर दी गई मैं ने उनकी गिनती सुनी, अर्थात् इस्राएल की सन्तानों के सब

6:2* जक 1:8; 6:3,6 **4*** जक 1:8; 6:2 **5*** जक 6:2,6 **6*** *एक दीनार बराबर एक दिन की मजदूरी* **8*** यहेज 14:21
12* प्रका 11:13; 16:18 **†** यशा 13:10; योएल 2:10,31; 3:15; मत्ती 24:29; मर 13:24, 25; लूका 21:25
13,14* यशा 34:4 **14†** प्रका 16:20 **15*** यशा 2:19, 21 **16*** होशे 10:8; लूका 23:30 **17*** योएल 2:11; मलाकी 3:2
7:1* यिर्म 49:36; दानि 7:2; जक 6:5 **3*** यहेज 9:4,6

गोत्रों में से एक लाख चौवालीस हजार पर मुहर दी गई : 5 यहूदा के गोत्र में से बारह हजार पर मुहर दी गई; रूबेन के गोत्र में से बारह हजार पर, गाद के गोत्र में से बारह हजार पर। 6 आशेर के गोत्र में से बारह हजार पर, नप्ताली के गोत्र में से बारह हजार पर, मनश्शिह के गोत्र में से बारह हजार पर, 7 शमौन के गोत्र में से बारह हजार पर, लेवी के गोत्र में से बारह हजार पर, इस्साकार के गोत्र में से बारह हजार पर, 8 जबूलून के गोत्र में से बारह हजार पर, यूसुफ के गोत्र में से बारह हजार पर, और बिन्यामीन के गोत्र में से बारह हजार पर मुहर दी गई।

एक बड़ी भीड़

9 इसके बाद मैं ने दृष्टि की, और देखो, हर एक जाति और कुल और लोग और भाषा में से एक ऐसी बड़ी भीड़, जिसे कोई गिन नहीं सकता था, श्वेत वस्त्र पहिने और अपने हाथों में खजूर की डालियाँ लिये हुए सिंहासन के सामने और मेम्ने के सामने खड़ी है, 10 और बड़े शब्द से पुकारकर कहती है, ''उद्धार के लिये हमारे परमेश्वर का, जो सिंहासन पर बैठा है, और मेम्ने का जय-जय कार हो!'' 11 और सारे स्वर्गदूत उस सिंहासन और प्राचीनों और चारों प्राणियों के चारों ओर खड़े हैं; फिर वे सिंहासन के सामने मुँह के बल गिर पड़े और परमेश्वर को दण्डवत् कर के कहा, 12 ''आमीन! हमारे परमेश्वर की स्तुति और महिमा और ज्ञान और धन्यवाद और आदर और सामर्थ्य और शक्ति युगानुयुग बनी रहें। आमीन!''

13 इस पर प्राचीनों में से एक ने मुझ से कहा, ''ये श्वेत वस्त्र पहिने हुए कौन हैं? और कहाँ से आए हैं?'' 14 मैं ने उससे कहा, ''हे स्वामी, तू ही जानता है।'' उसने मुझ से कहा, ''ये वे हैं, जो उस महाक्लेश में से निकलकर आए हैं;* इन्होंने अपने-अपने वस्त्र मेम्ने के लहू में धोकर श्वेत किए हैं।

15 इसी कारण वे परमेश्वर के सिंहासन के सामने हैं,
और उसके मन्दिर* में दिन-रात उसकी सेवा करते हैं,
और जो सिंहासन पर बैठा है, वह उनके ऊपर अपना तम्बू तानेगा।
16 वे फिर भूखे और प्यासे न होंगे;
और न उन पर धूप, न कोई तपन पड़ेगी।*
17 क्योंकि मेम्ना जो सिंहासन के बीच में है उनकी रखवाली करेगा,*
और उन्हें जीवन रूपी जल के सोतों के पास ले जाया करेगा;†
और परमेश्वर उनकी आँखों से सब आँसू पोंछ डालेगा।§

सातवीं मुहर और सोने का धूपदान

8 जब उसने सातवीं मुहर खोली, तो स्वर्ग में आधे घण्टे तक सन्नाटा छा गया। 2 तब मैं ने उन सातों स्वर्गदूतों को देखा जो परमेश्वर के सामने खड़े रहते हैं, और उन्हें सात तुरहियाँ दी गईं।

3 फिर एक और स्वर्गदूत सोने का धूपदान लिये हुए आया, और वेदी के निकट खड़ा हुआ; और उसको बहुत धूप दिया गया कि सब पवित्र लोगों की प्रार्थनाओं के साथ सोने की उस वेदी पर, जो सिंहासन के सामने है चढ़ाए*। 4 उस धूप का धुआँ पवित्र लोगों की प्रार्थनाओं सहित स्वर्गदूत के हाथ से परमेश्वर के सामने पहुँच गया। 5 तब स्वर्गदूत ने धूपदान लेकर उसमें वेदी की आग भरी और पृथ्वी पर डाल दी; और गर्जन और शब्द और बिजलियाँ और भूकम्प होने लगे।*

सात तुरहियाँ

6 तब वे सातों स्वर्गदूत जिनके पास सात तुरहियाँ थीं उन्हें फूँकने को तैयार हुए।

7 पहले स्वर्गदूत ने तुरही फूँकी, और लहू से मिले हुए ओले और आग उत्पन्न हुई, और

7:14* दानि 12:1; मत्ती 24:21; मर 13:19 15* यू॰ पवित्रस्थान 16*यशा 49:10 17* भजन 23:1; यहेज 34:23
† भजन 23:2; यशा 49:10 § यशा 25:8 8:3* आमोस 9:1; निर्ग 30:1,3
5* लैव्य 16:12; यहेज 10:2; निर्ग 19:16; प्रका 11:19; 16:18

पृथ्वी पर डाली गई;* और पृथ्वी की एक तिहाई जल गई, और पेड़ों की एक तिहाई जल गई, और सब हरी घास भी जल गई।

8 दूसरे स्वर्गदूत ने तुरही फूँकी, तो मानो आग-सा जलता हुआ एक बड़ा पहाड़ समुद्र में डाला गया; और समुद्र का एक तिहाई लहू हो गया, 9 और समुद्र के एक तिहाई प्राणी मर गए, और एक तिहाई जहाज नष्ट हो गए।

10 तीसरे स्वर्गदूत ने तुरही फूँकी, और एक बड़ा तारा जो मशाल के समान जलता था स्वर्ग से टूटा,* और नदियों की एक तिहाई पर और पानी के सोतों पर आ पड़ा। 11 उस तारे का नाम नागदौना है; और एक तिहाई पानी नागदौना-सा कड़वा हो गया,* और बहुत से मनुष्य उस पानी के कड़वे हो जाने से मर गए।

12 चौथे स्वर्गदूत ने तुरही फूँकी, और सूर्य की एक तिहाई, और चाँद की एक तिहाई और तारों की एक तिहाई पर आपत्ति आई, यहाँ तक कि उनका एक तिहाई अंग अन्धेरा हो गया और दिन की एक तिहाई में उजाला न रहा, और वैसे ही रात में भी।*

13 जब मैं ने फिर देखा, तो आकाश के बीच में एक उकाब को उड़ते और ऊँचे शब्द से यह कहते सुना, ''उन तीन स्वर्गदूतों की तुरही के शब्दों के कारण, जिनका फूँकना अभी बाकी है, पृथ्वी के रहनेवालों पर हाय, हाय, हाय!''

9 जब पाँचवें स्वर्गदूत ने तुरही फूँकी, तो मैं ने स्वर्ग से पृथ्वी पर एक तारा गिरता हुआ देखा, और उसे अथाह कुण्ड की कुंजी दी गई। 2 उसने अथाह कुण्ड को खोला, और कुण्ड में से बड़ी भट्ठी का सा धुआँ उठा,* और कुण्ड के धुएँ से सूर्य और वायु अन्धकारमय हो गए। 3 उस धुएँ में से पृथ्वी पर टिड्डियाँ निकलीं,* और उन्हें पृथ्वी के बिच्छुओं की सी शक्ति दी गई। 4 उनसे कहा गया कि न पृथ्वी की घास को, न किसी हरियाली को, न किसी पेड़ को हानि पहुँचाएँ, केवल उन मनुष्यों को हानि पहुँचाएँ जिनके माथे पर परमेश्वर की मुहर* नहीं है। 5 उन्हें लोगों को मार डालने का तो नहीं पर पाँच महीने तक पीड़ा देने का अधिकार दिया गया : और उनकी पीड़ा ऐसी थी जैसे बिच्छू के डंक मारने से मनुष्य को होती है। 6 उन दिनों में मनुष्य मृत्यु को ढूँढ़ेंगे और न पाएँगे; और मरने की लालसा करेंगे, और मृत्यु उन से भागेगी।*

7 उन टिड्डियों के आकार लड़ाई के लिये तैयार किए हुए घोड़ों जैसे थे,* और उनके सिरों पर मानो सोने के मुकुट थे; और उनके मुँह मनुष्यों के जैसे थे। 8 उनके बाल स्त्रियों के बाल जैसे और दाँत सिंहों के दाँत जैसे थे।* 9 वे लोहे की सी झिलम पहिने थे; और उनके पंखों का शब्द ऐसा था जैसा रथों और बहुत से घोड़ों का जो लड़ाई में दौड़ते हों।* 10 उनकी पूंछ बिच्छुओं की सी थीं और उनमें डंक थे, और उन्हें पाँच महीने तक मनुष्यों को दु:ख पहुँचाने की जो शक्ति मिली थी, वह उनकी पूंछों में थी। 11 अथाह कुण्ड का दूत उन पर राजा था; उसका नाम इब्रानी में अबद्दोन,* और यूनानी में अपुल्ल-योन* है।

12 पहली विपत्ति बीत चुकी, देखो, अब इसके बाद दो विपत्तियाँ और आने वाली हैं।

13 जब छठवें स्वर्गदूत ने तुरही फूँकी तो सोने की वेदी जो परमेश्वर के सामने है उसके सींगों में से मैं ने ऐसा शब्द सुना,* 14 मानो कोई छठवें स्वर्गदूत से, जिसके पास तुरही थी, कह रहा है, ''उन चार स्वर्गदूतों को जो बड़ी नदी फुरात के पास बन्धे हुए हैं, खोल दे।'' 15 वे चारों दूत खोल दिए गए जो उस घड़ी, और दिन, और महीने, और वर्ष के लिये मनुष्यों की एक तिहाई के मार डालने को तैयार किए गए थे। 16 उनकी फौज के सवारों की गिनती बीस करोड़ थी; मैं ने उन की गिनती सुनी। 17 मुझे इस दर्शन में घोड़े और उन के ऐसे सवार दिखाई दिए जिनकी झिलमें आग, और धूम्रकान्त, और गन्धक की सी थीं, और उन घोड़ों के सिर सिंहों

8:7* निर्ग 9:23-25; यहेज 38:22 **10*** यशा 14:12 **11*** यिर्म 9:15 **12*** यशा 13:10; यहेज 32:7; योएल 2:10,31; 3:15
9:2* उत्प 19:28 **3*** निर्ग 10:12-15 **4*** यहेज 9:4 **6*** अय्यू 3:21; यिर्म 8:3 **7*** योएल 2:4 **8*** योएल 1:6
9* योएल 2:5 **11*** अर्थात् *विनाशक* **13*** निर्ग 30:1-3

के सिरों के समान थे; और उनके मुँह से आग, धुआँ और गन्धक निकलते थे। 18 इन तीनों महामारियों अर्थात् आग और धुएँ और गन्धक से, जो उनके मुँह से निकलते थे मनुष्यों की एक तिहाई मार डाली गई। 19 क्योंकि उन घोड़ों की सामर्थ्य उनके मुँह और उनकी पूंछों में थी; इसलिये कि उनकी पूंछें साँपों जैसी थीं, और उन पूंछों के सिर भी थे और इन्हीं से वे पीड़ा पहुँचाते थे। 20 बाकी मनुष्यों ने जो उन मरियों से न मरे थे, अपने हाथों के कामों से मन न फिराया, कि दुष्टात्माओं की, और सोने और चाँदी और पीतल और पत्थर और काठ की मूर्तियों की पूजा न करें जो न देख, न सुन, न चल सकती हैं;* 21 और जो खून, और टोना, और व्यभिचार, और चोरी उन्होंने की थी, उनसे मन न फिराया।

स्वर्गदूत और छोटी पुस्तक

10 फिर मैं ने एक और शक्तिशाली स्वर्गदूत को बादल ओढ़े हुए स्वर्ग से उतरते देखा। उसके सिर पर मेघधनुष था। उसका मुँह सूर्य के समान और उसके पाँव आग के खंभे के समान थे। 2 उसके हाथ में एक छोटी सी खुली हुई पुस्तक थी। उसने अपना दाहिना पाँव समुद्र पर और बायाँ पृथ्वी पर रखा, 3 और ऐसे बड़े शब्द से चिल्लाया, जैसा सिंह गरजता है; और जब वह चिल्लाया तो गर्जन के सात शब्द सुनाई दिए। 4 जब सातों गर्जन के शब्द सुनाई दे चुके, तो मैं लिखने पर था, पर मैं ने स्वर्ग से यह शब्द सुना, ''जो बातें गर्जन के उन सात शब्दों से सुनी हैं उन्हें गुप्त रख,* और मत लिख।'' 5 जिस स्वर्गदूत को मैं ने समुद्र और पृथ्वी पर खड़े देखा था, उसने अपना दाहिना हाथ स्वर्ग की ओर उठाया, 6 और जो युगानुयुग जीवता है, और जिसने स्वर्ग को और जो कुछ उसमें है, और पृथ्वी को और जो कुछ उस पर है, और समुद्र को और जो कुछ उसमें है सृजा, उसी की शपथ खाकर कहा, ''अब तो और देर न होगी*। 7 वरन् सातवें स्वर्गदूत के तुरही फूँकने पर होने वाले शब्द के दिनों में परमेश्वर का गुप्त मनोरथ† उस सुसमाचार के अनुसार जो उसने अपने दास भविष्यद्वक्ताओं को दिया, पूरा होगा।''* 8 जिस शब्द को मैं ने स्वर्ग से बोलते सुना था, वह फिर मेरे साथ बातें करने लगा, ''जा, जो स्वर्गदूत समुद्र और पृथ्वी पर खड़ा है, उसके हाथ में की खुली हुई पुस्तक ले ले।'' 9 मैं ने स्वर्गदूत के पास जाकर कहा, ''यह छोटी पुस्तक मुझे दे।'' उसने मुझ से कहा, ''ले, इसे खा ले; यह तेरा पेट कड़वा तो करेगी, पर तेरे मुँह में मधु सी मीठी लगेगी।'' 10 अत: मैं वह छोटी पुस्तक उस स्वर्गदूत के हाथ से लेकर खा गया। वह मेरे मुँह में मधु सी मीठी तो लगी, पर जब मैं उसे खा गया, तो मेरा पेट कड़वा हो गया।* 11 तब मुझ से यह कहा गया, ''तुझे बहुत से लोगों, और जातियों, और भाषाओं और राजाओं के विषय में फिर भविष्यद्वाणी करनी होगी।''

दो गवाह

11 फिर मुझे नापने के लिये एक सरकंडा दिया गया, और किसी ने कहा, ''उठ, परमेश्वर के मन्दिर और वेदी, और उसमें उपासना करनेवालों को नाप ले।* 2 पर मन्दिर के बाहर का आँगन छोड़ दे; उसे मत नाप क्योंकि वह अन्यजातियों को दिया गया है, और वे पवित्र नगर को बयालीस महीने तक रौंदेंगी।* 3 मैं अपने दो गवाहों को यह अधिकार दूँगा कि टाट ओढ़े हुए एक हजार दो सौ साठ दिन तक भविष्यद्वाणी करें।''

4 ये वे ही जैतून के दो पेड़ और दो दीवट हैं, जो पृथ्वी के प्रभु के सामने खड़े रहते हैं।* 5 यदि कोई उनको हानि पहुँचाना चाहता है, तो उनके मुँह से आग निकलकर उनके बैरियों को भस्म करती है; और यदि कोई उनको हानि पहुँचाना चाहेगा, तो अवश्य इसी रीति से मार डाला जाएगा। 6 उन्हें अधिकार है कि आकाश

9:20* भजन 115:4-7; 135:15-17; दानि 5:23 **10:4*** यू० *उन पर छाप दे* **5-7*** निर्ग 20:11; व्य 32:40; दानि 12:7; आमोस 3:7
6* या *समय न होगा* **7†** यू० *भेद* **8-10*** यहेज 2:8—3:3 **11:1*** यहेज 40:3; जक 2:1,2 **2*** लूका 21:24 **4*** जक 4:3, 11-14

को बन्द करें, कि उनकी भविष्यद्वाणी के दिनों में मेंह न बरसे; और उन्हें सब पानी पर अधिकार है कि उसे लहू बनाएँ, और जब जब चाहें तब तब पृथ्वी पर हर प्रकार की विपत्ति लाएँ।* 7 जब वे अपनी गवाही दे चुकेंगे, तो वह पशु जो अथाह कुण्ड में से निकलेगा, उनसे लड़कर उन्हें जीतेगा और उन्हें मार डालेगा।* 8 उनके शव उस बड़े नगर के चौक में पड़े रहेंगे, जो आत्मिक रूप से सदोम और मिस्र कहलाता है, जहाँ उनका प्रभु भी क्रूस पर चढ़ाया गया था।* 9 सब लोगों और कुलों और भाषाओं और जातियों के लोग उनके शवों को साढ़े तीन दिन तक देखते रहेंगे, और उनके शवों को कब्र में रखने न देंगे। 10 पृथ्वी के रहनेवाले उनके मरने से आनन्दित और मगन होंगे, और एक दूसरे के पास भेंट भेजेंगे, क्योंकि इन दोनों भविष्यद्वक्ताओं ने पृथ्वी के रहनेवालों को सताया था। 11 परन्तु साढ़े तीन दिन के बाद परमेश्वर की ओर से जीवन का श्वास उनमें पैठ गया, और वे अपने पाँवों के बल खड़े हो गए, और उन के देखनेवालों पर बड़ा भय छा गया।* 12 तब उन्हें स्वर्ग से एक बड़ा शब्द सुनाई दिया, ''यहाँ ऊपर आओ!'' यह सुन वे बादल पर सवार होकर अपने बैरियों के देखते देखते स्वर्ग पर चढ़ गए।* 13 फिर उसी घड़ी एक बड़ा भूकम्प हुआ, और नगर का दसवाँ भाग गिर पड़ा; और उस भूकम्प से सात हजार मनुष्य मर गए, और शेष डर गए और स्वर्ग के परमेश्वर की महिमा की।*

14 दूसरी विपत्ति बीत चुकी; देखो, तीसरी विपत्ति शीघ्र आनेवाली है।

सातवीं तुरही

15 जब सातवें दूत ने तुरही फूँकी, तो स्वर्ग में इस विषय के बड़े बड़े शब्द होने लगे : ''जगत का राज्य हमारे प्रभु का और उसके मसीह का हो गया, और वह युगानुयुग राज्य करेगा।''* 16 तब चौबीसों प्राचीन जो परमेश्वर के सामने अपने अपने सिंहासन पर बैठे थे, मुँह के बल गिरकर परमेश्वर को दण्डवत् करके 17 यह कहने लगे,

''हे सर्वशक्तिमान प्रभु परमेश्वर, जो है
और जो था,
हम तेरा धन्यवाद करते हैं कि
तू ने अपनी बड़ी सामर्थ्य को काम में
लाकर राज्य किया है।
18 जातियों ने क्रोध किया, पर तेरा प्रकोप
आ पड़ा,
और वह समय आ पहुँचा है कि मरे हुओं
का न्याय किया जाए,
और तेरे दास भविष्यद्वक्ताओं और पवित्र
लोगों को और
उन छोटे बड़ों को जो तेरे नाम से डरते हैं
बदला दिया जाए,
और पृथ्वी के बिगाड़नेवाले नष्ट किए
जाएँ।*''

19 तब परमेश्वर का जो मन्दिर स्वर्ग में है वह खोला गया, और उसके मन्दिर में उसकी वाचा का सन्दूक दिखाई दिया; और बिजलियाँ और शब्द और गर्जन और भूकम्प हुए और बड़े ओले पड़े।*

स्त्री और अजगर

12 फिर स्वर्ग में एक बड़ा चिह्न दिखाई दिया, अर्थात् एक स्त्री जो सूर्य ओढ़े हुए थी, और चाँद उसके पाँवों तले था, और उसके सिर पर बारह तारों का मुकुट था। 2 वह गर्भवती हुई, और चिल्लाती थी, क्योंकि प्रसव की पीड़ा में थी। 3 एक और चिह्न स्वर्ग में दिखाई दिया; और देखो, एक बड़ा लाल अजगर था, जिसके सात सिर और दस सींग थे, और उसके सिरों पर सात राजमुकुट थे।* 4 उसकी पूंछ ने आकाश के तारों की एक तिहाई को

11:6* 1 राजा 17:1; निर्ग 7:17-19; 1 शमू 4:8 **7*** दानि 7:7,21; प्रका 13:5-7; 17:8 **8*** यशा 1:9,10 **11*** यहेज 37:10
12* 2 राजा 2:11 **13*** प्रका 6:12; 16:18 **15*** निर्ग 15:18; दानि 2:44; 7:14,27 **18*** भजन 2:5; 110:5; 115:13
19* प्रका 8:5; 16:18,21 **12:3*** दानि 7:7

खींचकर पृथ्वी पर डाल दिया।* वह अजगर उस
स्त्री के सामने जो जच्चा थी, खड़ा हुआ कि जब
वह बच्चा जने तो उस बच्चे को निगल जाए।
5 वह बेटा जनी जो लोहे का दण्ड लिये हुए सब
जातियों पर राज्य करने पर था, और वह बच्चा
एकाएक परमेश्वर के पास और उसके सिंहासन
के पास उठाकर पहुँचा दिया गया;* 6 और वह
स्त्री उस जंगल को भाग गई जहाँ परमेश्वर की
ओर से उसके लिये एक जगह तैयार की गई थी
कि वहाँ वह एक हजार दो सौ साठ दिन तक
पाली जाए।

7 फिर स्वर्ग में लड़ाई हुई, मीकाईल और
उसके स्वर्गदूत अजगर से लड़ने को निकले;
और अजगर और उसके दूत उससे लड़े,*
8 परन्तु प्रबल न हुए, और स्वर्ग में उनके लिये
फिर जगह न रही। 9 तब वह बड़ा अजगर,
अर्थात् वही पुराना साँप जो इब्लीस और शैतान
कहलाता है और सारे संसार का भरमानेवाला है,
पृथ्वी पर गिरा दिया गया,* और उसके दूत उसके
साथ गिरा दिए गए। 10 फिर मैं ने स्वर्ग से यह
बड़ा शब्द आते हुए सुना, ''अब हमारे परमेश्वर
का उद्धार और सामर्थ्य और राज्य और उसके
मसीह का अधिकार प्रगट हुआ है, क्योंकि हमारे
भाइयों पर दोष लगानेवाला, जो रात दिन हमारे
परमेश्वर के सामने उन पर दोष लगाया करता
था,* गिरा दिया गया है। 11 वे मेम्ने के लहू के
कारण और अपनी गवाही के वचन के कारण
उस पर जयवन्त हुए, और उन्होंने अपने प्राणों
को प्रिय न जाना, यहाँ तक कि मृत्यु भी सह ली।
12 इस कारण हे स्वर्गो और उनमें रहनेवालो,
मगन हो; हे पृथ्वी, और समुद्र, तुम पर हाय!
क्योंकि शैतान* बड़े क्रोध के साथ तुम्हारे पास
उतर आया है, क्योंकि जानता है कि उसका थोड़ा
ही समय और बाकी है।''

13 जब अजगर ने देखा कि मैं पृथ्वी पर गिरा
दिया गया हूँ, तो उस स्त्री को जो बेटा जनी थी,
सताया। 14 पर उस स्त्री को बड़े उकाब के दो
पंख दिए गए कि साँप के सामने से उड़कर जंगल
में उस जगह पहुँच जाए, जहाँ वह एक समय
और समयों, और आधे समय तक पाली जाए।*
15 और साँप ने उस स्त्री के पीछे अपने मुँह से
नदी के समान पानी बहाया कि उसे इस नदी से
बहा दे। 16 परन्तु पृथ्वी ने उस स्त्री की सहायता
की, और अपना मुँह खोलकर उस नदी को जो
अजगर ने अपने मुँह से बहाई थी पी लिया।
17 तब अजगर स्त्री पर क्रोधित हुआ, और उसकी
शेष सन्तान से, जो परमेश्वर की आज्ञाओं को
मानते और यीशु की गवाही देने पर स्थिर हैं,
लड़ने को गया। और वह समुद्र के बालू पर जा
खड़ा हुआ।

दो पशु

13 तब मैं ने एक पशु को समुद्र में से
निकलते हुए देखा, जिसके दस सींग
और सात सिर थे। उसके सींगों पर दस राजमुकुट,
और उसके सिरों पर परमेश्वर की निन्दा के नाम
लिखे हुए थे।* 2 जो पशु मैं ने देखा वह चीते
के समान था;* और उसके पाँव भालू के से,
और मुँह सिंह का सा था। उस अजगर ने अपनी
सामर्थ्य और अपना सिंहासन और बड़ा अधिकार
उसे दे दिया। 3 मैं ने उसके सिरों में से एक पर
ऐसा भारी घाव लगा देखा मानो वह मरने पर है,
फिर उसका प्राणघातक घाव अच्छा हो गया, और
सारी पृथ्वी के लोग उस पशु के पीछे-पीछे
अचम्भा करते हुए चले। 4 लोगों ने अजगर की
पूजा की, क्योंकि उसने पशु को अपना अधिकार
दे दिया था, और यह कहकर पशु की पूजा की,
''इस पशु के समान कौन है? कौन इससे लड़
सकता है?''

5 बड़े बोल बोलने और निन्दा करने के लिये
उसे एक मुँह दिया गया, और उसे बयालीस
महीने तक काम करने का अधिकार दिया गया।
6 उसने परमेश्वर की निन्दा करने के लिये मुँह
खोला कि उसके नाम और उसके तम्बू अर्थात्

12:4* दानि 8:10 **5*** यशा 66:7; भजन 2:9 **7*** दानि 10:13,21; 12:1; यहूदा 9 **9*** उत्प 3:1; लूका 10:18
10* अय्यू 1:9-11; जक 3:1 **12*** यू० *इब्लीस* **14*** दानि 7:25; 12:7 **13:1*** दानि 7:3; प्रका 17:3, 7-12 **2*** दानि 7:4-6

स्वर्ग के रहनेवालों की निन्दा करे।* 7 उसे यह भी
अधिकार दिया गया कि पवित्र लोगों से लड़े और
उन पर जय पाए,* और उसे हर एक कुल और
लोग और भाषा और जाति पर अधिकार दिया
गया। 8 पृथ्वी के वे सब रहनेवाले, जिनके नाम
उस मेम्ने के जीवन की पुस्तक में लिखे नहीं
गए* जो जगत की उत्पत्ति के समय से घात हुआ
है, उस पशु की पूजा करेंगे। 9 जिसके कान हों
वह सुने।

10 जिसको कैद में पड़ना है, वह कैद में
पड़ेगा;
जो तलवार से मारेगा, अवश्य है कि वह
तलवार से मारा जाएगा।
पवित्र लोगों का धीरज और विश्‍वास इसी
में है।*

11 फिर मैं ने एक और पशु को पृथ्वी में से
निकलते हुए देखा, उसके मेम्ने के से दो सींग
थे, और वह अजगर के समान बोलता था।
12 वह उस पहले पशु का सारा अधिकार उसके
सामने काम में लाता था; और पृथ्वी और उसके
रहनेवालों से उस पहले पशु की, जिसका प्राण–
घातक घाव अच्छा हो गया था, पूजा कराता था।
13 वह बड़े-बड़े चिह्न दिखाता था, यहाँ तक कि
मनुष्यों के सामने स्वर्ग से पृथ्वी पर आग बरसा
देता था। 14 उन चिह्नों के कारण, जिन्हें उस पशु
के सामने दिखाने का अधिकार उसे दिया गया
था, वह पृथ्वी के रहनेवालों को भरमाता था और
पृथ्वी के रहनेवालों से कहता था कि जिस पशु
के तलवार लगी थी वह जी गया है, उसकी मूर्ति
बनाओ। 15 उसे उस पशु की मूर्ति में प्राण डालने
का अधिकार दिया गया कि पशु की मूर्ति बोलने
लगे, और जितने लोग उस पशु की मूर्ति की पूजा
न करें, उन्हें मरवा डाले। 16 उसने छोटे–बड़े,
धनी–कंगाल, स्वतंत्र–दास सब के दाहिने हाथ
या उनके माथे पर एक एक छाप करा दी, 17 कि
उसको छोड़ जिस पर छाप अर्थात् उस पशु का
नाम या उसके नाम का अंक हो, अन्य कोई
लेन–देन न कर सके। 18 ज्ञान इसी में है : जिसे
बुद्धि हो वह इस पशु का अंक जोड़ ले, क्योंकि
वह मनुष्य का अंक है, और उसका अंक छ: सौ
छियासठ है।

मेम्ना और उसके लोग

14 फिर मैं ने दृष्टि की, और देखो, वह
मेम्ना सिय्योन पहाड़ पर खड़ा है, और
उसके साथ एक लाख चौवालीस हजार जन हैं,
जिनके माथे पर उसका और उसके पिता का नाम
लिखा हुआ है।* 2 और स्वर्ग से मुझे एक ऐसा
शब्द सुनाई दिया जो जल की बहुत धाराओं और
बड़े गर्जन का सा शब्द था, और जो शब्द मैं ने
सुना वह ऐसा था मानो वीणा बजानेवाले वीणा
बजा रहे हों। 3 वे सिंहासन के सामने और चारों
प्राणियों और प्राचीनों के सामने एक नया गीत गा
रहे थे। उन एक लाख चौवालीस हजार जनों को
छोड़, जो पृथ्वी पर से मोल लिये गए थे, कोई
वह गीत न सीख सकता था। 4 ये वे हैं जो
स्त्रियों के साथ अशुद्ध नहीं हुए, पर कुँवारे हैं; ये
वे ही हैं कि जहाँ कहीं मेम्ना जाता है, वे उसके
पीछे हो लेते हैं; ये तो परमेश्‍वर के निमित्त पहले
फल होने के लिये मनुष्यों में से मोल लिए गए
हैं। 5 उनके मुँह से कभी झूठ न निकला था, वे
निर्दोष हैं।*

तीन स्वर्गदूत

6 फिर मैं ने एक और स्वर्गदूत को आकाश
के बीच में उड़ते हुए देखा, जिसके पास पृथ्वी
पर के रहनेवालों की हर एक जाति, और कुल,
और भाषा, और लोगों को सुनाने के लिये सनातन
सुसमाचार था। 7 उसने बड़े शब्द से कहा,
''परमेश्‍वर से डरो, और उसकी महिमा करो,
क्योंकि उसके न्याय करने का समय आ पहुँचा
है; और उसका भजन करो, जिसने स्वर्ग और
पृथ्वी और समुद्र और जल के सोते बनाए।''
8 फिर इसके बाद एक और, दूसरा, स्वर्गदूत

13:5,6* दानि 7:8, 25; 11:36 7* दानि 7:21 8* भजन 69:28 10* यिर्म 15:2; 43:11 14:1* यहेज 9:4; प्रका 7:3
5* सप 3:13

यह कहता हुआ आया, ''गिर पड़ा, वह बड़ा
बेबीलोन गिर पड़ा, जिसने अपने व्यभिचार की
कोपमय मदिरा सारी जातियों को पिलाई है।''*
9 फिर इनके बाद एक और, तीसरा, स्वर्गदूत
बड़े शब्द से यह कहता हुआ आया, ''जो कोई
उस पशु और उसकी मूर्ति की पूजा करे, और
अपने माथे या अपने हाथ पर उसकी छाप ले
10 वह परमेश्वर के प्रकोप की निरी मदिरा, जो
उसके क्रोध के कटोरे में डाली गई है, पीएगा
और पवित्र स्वर्गदूतों के सामने और मेम्ने के
सामने आग और गन्धक की पीड़ा में पड़ेगा।*
11 उनकी पीड़ा का धुआँ युगानुयुग उठता रहेगा,*
और जो उस पशु और उसकी मूर्ति की पूजा
करते हैं, और जो उसके नाम की छाप लेते हैं,
उनको रात दिन चैन न मिलेगा।''
12 पवित्र लोगों का धीरज इसी में है, जो
परमेश्वर की आज्ञाओं को मानते और यीशु पर
विश्वास रखते हैं।
13 फिर मैं ने स्वर्ग से यह शब्द सुना, ''लिख :
जो मृतक प्रभु में मरते हैं, वे अब से धन्य हैं।''
आत्मा कहता है, ''हाँ, क्योंकि वे अपने सारे
परिश्रम से विश्राम पाएँगे, और उनके कार्य उनके
साथ हो लेते हैं।''

कटनी

14 मैं ने दृष्टि की, और देखो, एक उजला
बादल है, और उस बादल पर मनुष्य के पुत्र
सरीखा कोई बैठा है,* जिसके सिर पर सोने का
मुकुट और हाथ में चोखा हँसुआ है। 15 फिर
एक और स्वर्गदूत ने मन्दिर में से निकलकर
उससे, जो बादल पर बैठा था, बड़े शब्द से
पुकारकर कहा, ''अपना हँसुआ लगाकर लवनी
कर, क्योंकि लवने का समय आ पहुँचा है, इसलिये
कि पृथ्वी की खेती पक चुकी है।''* 16 अतः
जो बादल पर बैठा था उसने पृथ्वी पर अपना
हँसुआ लगाया, और पृथ्वी की लवनी की गई।
17 फिर एक और स्वर्गदूत उस मन्दिर* में से
निकला जो स्वर्ग में है, और उसके पास भी
चोखा हँसुआ था। 18 फिर एक और स्वर्गदूत,
जिसे आग पर अधिकार था, वेदी में से निकला,
और जिसके पास चोखा हँसुआ था उससे ऊँचे
शब्द से कहा, ''अपना चोखा हँसुआ लगाकर
पृथ्वी की दाखलता के गुच्छे काट ले, क्योंकि
उसकी दाख पक चुकी है।'' 19 तब उस स्वर्गदूत
ने पृथ्वी पर अपना हँसुआ लगाया और पृथ्वी की
दाखलता का फल काटकर अपने परमेश्वर के
प्रकोप के बड़े रसकुण्ड में डाल दिया; 20 और
नगर के बाहर उस रसकुण्ड में दाख रौंदे गए,
और रसकुण्ड में से इतना लहू निकला कि घोड़ों
की लगामों तक पहुँचा, और सौ कोस तक
बह गया।*

अन्तिम विपत्तियों के साथ स्वर्गदूत

15 फिर मैं ने स्वर्ग में एक और बड़ा और
अद्‌भुत चिह्न देखा, अर्थात् सात स्वर्ग-
दूत जिनके पास सातों अन्तिम विपत्तियाँ थीं,
क्योंकि उनके समाप्त हो जाने पर परमेश्वर के
प्रकोप का अन्त है।
2 तब मैं ने आग मिले हुए काँच का सा एक
समुद्र देखा; और जो लोग उस पशु पर और
उसकी मूर्ति पर और उसके नाम के अंक पर
जयवन्त हुए थे, उन्हें उस काँच के समुद्र के
निकट परमेश्वर की वीणाओं को लिये हुए खड़े
देखा। 3 वे परमेश्वर के दास मूसा का गीत, और
मेम्ने का गीत गा गाकर कहते थे,

''हे सर्वशक्तिमान प्रभु परमेश्वर,
तेरे कार्य महान् और अद्‌भुत हैं;
हे युग-युग के राजा,
तेरी चाल ठीक और सच्ची है''।*
4 ''हे प्रभु,
कौन तुझ से न डरेगा और तेरे नाम
की महिमा न करेगा?
क्योंकि केवल तू ही पवित्र है।
सारी जातियाँ आकर तेरे सामने
दण्डवत् करेंगी,
क्योंकि तेरे न्याय के काम

14:8* यशा 21:9; यिर्म 51:8; प्रका 18:2 **10*** यशा 51:17; उत्प 19:24; यहेज 38:22 **11*** यशा 34:10 **14*** दानि 7:13
15* योएल 3:13 **17*** यू० *पवित्रस्थान* **20*** यशा 63:3; विलाप 1:15; प्रका 19:15 **15:3*** निर्ग 15:1

प्रगट हो गए हैं।*''
5 इसके बाद मैं ने देखा कि स्वर्ग में साक्षी के
तम्बू का मन्दिर खोला गया;* 6 और वे सातों
स्वर्गदूत जिनके पास सातों विपत्तियाँ थीं, मलमल
के शुद्ध और चमकदार वस्त्र पहिने और छाती
पर सोने की पट्टियाँ बाँधे हुए मन्दिर से निकले।
7 तब उन चारों प्राणियों में से एक ने उन सात
स्वर्गदूतों को परमेश्वर, जो युगानुयुग जीवता है,
के प्रकोप से भरे हुए सोने के सात कटोरे दिए;
8 और परमेश्वर की महिमा और उसकी सामर्थ्य
के कारण मन्दिर धुएँ से भर गया,* और जब
तक उन सातों स्वर्गदूतों की सातों विपत्तियाँ समाप्त
न हुईं तब तक कोई मन्दिर में न जा सका।

परमेश्वर के प्रकोप के सात कटोरे

16 फिर मैं ने मन्दिर में किसी को ऊँचे
शब्द से उन सातों स्वर्गदूतों से यह
कहते सुना, ''जाओ, परमेश्वर के प्रकोप के
सातों कटोरों को पृथ्वी पर उंडेल दो।''
2 अत: पहले स्वर्गदूत ने जाकर अपना कटोरा
पृथ्वी पर उंडेल दिया। तब उन मनुष्यों के, जिन
पर पशु की छाप थी और जो उसकी मूर्ति की
पूजा करते थे, एक प्रकार का बुरा और दु:खदाई
फोड़ा निकला।*
3 दूसरे स्वर्गदूत ने अपना कटोरा समुद्र पर
उंडेल दिया, और वह मरे हुए मनुष्य के लहू
जैसा बन गया, और समुद्र में का हर एक जीवधारी
मर गया।
4 तीसरे स्वर्गदूत ने अपना कटोरा नदियों
और पानी के सोतों पर उंडेल दिया, और वे लहू
बन गए।* 5 तब मैं ने पानी के स्वर्गदूत को यह
कहते सुना,

''हे पवित्र, जो है और जो था, तू न्यायी
है और तू ने यह न्याय किया।
6 क्योंकि उन्होंने पवित्र लोगों और भविष्य-
द्वक्ताओं का लहू बहाया था,
और तू ने उन्हें लहू पिलाया;
क्योंकि वे इसी योग्य हैं।''
7 फिर मैं ने वेदी से यह शब्द सुना,
''हाँ, हे सर्वशक्तिमान प्रभु परमेश्वर,
तेरे निर्णय ठीक और सच्चे हैं।''

8 चौथे स्वर्गदूत ने अपना कटोरा सूर्य पर
उंडेल दिया, और उसे मनुष्यों को आग से झुलसा
देने का अधिकार दिया गया। 9 मनुष्य बड़ी तपन
से झुलस गए, और परमेश्वर के नाम की जिसे
इन विपत्तियों पर अधिकार है, निन्दा की पर
उसकी महिमा करने के लिये मन न फिराया।
10 पाँचवें स्वर्गदूत ने अपना कटोरा उस पशु
के सिंहासन पर उंडेल दिया, और उसके राज्य
पर अन्धेरा छा गया।* लोग पीड़ा के मारे अपनी
अपनी जीभ चबाने लगे, 11 और अपनी पीड़ाओं
और फोड़ों के कारण स्वर्ग के परमेश्वर की निन्दा
की; पर अपने अपने कामों से मन न फिराया।
12 छठवें स्वर्गदूत ने अपना कटोरा महानदी
फरात पर उंडेल दिया, और उसका पानी सूख
गया कि पूर्व दिशा के राजाओं के लिये मार्ग
तैयार हो जाए।* 13 फिर मैं ने उस अजगर के
मुँह से, और उस पशु के मुँह से, और उस झूठे
भविष्यद्वक्ता के मुँह से तीन अशुद्ध आत्माओं
को मेंढकों के रूप में निकलते देखा। 14 ये चिह्न
दिखानेवाली दुष्टात्माएँ हैं, जो सारे संसार के
राजाओं के पास निकलकर इसलिये जाती हैं कि
उन्हें सर्वशक्तिमान परमेश्वर के उस बड़े दिन
की लड़ाई के लिये इकट्ठा करें — 15 ''देख, मैं
चोर के समान आता हूँ; धन्य वह है जो जागता
रहता है,* और अपने वस्त्र की चौकसी करता है
कि नंगा न फिरे, और लोग उसका नंगापन न
देखें।'' — 16 और उन्होंने उनको उस जगह
इकट्ठा किया जो इब्रानी में हर-मगिदोन कहलाता
है।*
17 सातवें स्वर्गदूत ने अपना कटोरा हवा पर
उंडेल दिया, और मन्दिर* के सिंहासन से यह

15:4* यिर्म 10:7; भजन 86:9 **5*** निर्ग 38:21 **8*** निर्ग 40:34; 1 राजा 8:10,11; 2 इति 5:13,14; यशा 6:4 **16:2*** निर्ग 9:10
4* निर्ग 7:17-21; भजन 78:44 **10*** निर्ग 10:21 **12*** यशा 11:15 **15*** मत्ती 24:43,44; लूका 12:39, 40; प्रका 3:3
16* 2 राजा 23:29; जक 12:11 **17*** यू० *पवित्रस्थान*

बड़ा शब्द हुआ, "हो चुका!" 18 फिर बिजलियाँ चमकीं, और शब्द और गर्जन हुए, और एक ऐसा बड़ा भूकम्प आया कि जब से मनुष्य की उत्पत्ति पृथ्वी पर हुई, तब से ऐसा बड़ा भूकम्प कभी न आया था।* 19 इससे उस बड़े नगर के तीन टुकड़े हो गए, और जाति जाति के नगर गिर पड़े; और बड़े बेबीलोन का स्मरण परमेश्वर के यहाँ हुआ कि वह अपने क्रोध की जलजलाहट की मदिरा उसे पिलाए।* 20 और हर एक टापू अपनी जगह से टल गया, और पहाड़ों का पता न चला।* 21 आकाश से मनुष्यों पर मन-मन भर के बड़े ओले गिरे, और इसलिये कि यह विपत्ति बहुत ही भारी थी, लोगों ने ओलों की विपत्ति के कारण परमेश्वर की निन्दा की।*

बड़ी वेश्या

17 जिन सात स्वर्गदूतों के पास वे सात कटोरे थे, उनमें से एक ने आकर मुझ से यह कहा, "इधर आ, मैं तुझे उस बड़ी वेश्या का दण्ड दिखाऊँ, जो बहुत-से पानी पर बैठी है,* 2 जिसके साथ पृथ्वी के राजाओं ने व्यभिचार किया; और पृथ्वी के रहनेवाले उसके व्यभिचार की मदिरा से मतवाले हो गए थे*।" 3 तब वह मुझे आत्मा में जंगल को ले गया, और मैं ने लाल रंग के पशु पर, जो निन्दा के नामों से भरा हुआ था और जिसके सात सिर और दस सींग थे,* एक स्त्री को बैठे हुए देखा। 4 यह स्त्री बैंजनी और लाल रंग के कपड़े पहिने थी, और सोने और बहुमूल्य मणियों और मोतियों से सजी हुई थी, और उसके हाथ में एक सोने का कटोरा था जो घृणित वस्तुओं से और उसके व्यभिचार की अशुद्ध वस्तुओं से भरा हुआ था।* 5 उसके माथे पर यह नाम लिखा था, "भेद — बड़ा बेबीलोन पृथ्वी की वेश्याओं और घृणित वस्तुओं की माता।" 6 मैं ने उस स्त्री को पवित्र लोगों का लहू और यीशु के गवाहों का लहू पीने से मतवाली देखा; उसे देखकर मैं चकित हो गया।

7 तब उस स्वर्गदूत ने मुझ से कहा, "तू क्यों चकित हुआ? मैं इस स्त्री और उस पशु का, जिस पर वह सवार है और जिसके सात सिर और दस सींग हैं, तुझे भेद बताता हूँ। 8 जो पशु तू ने देखा है, वह पहले तो था पर अब नहीं है, और अथाह कुंड से निकलकर विनाश में पड़ेगा; और पृथ्वी के रहनेवाले जिनके नाम जगत की उत्पत्ति के समय से जीवन की पुस्तक में लिखे नहीं गए, इस पशु की यह दशा देखकर कि पहले था और अब नहीं है और फिर आ जाएगा, अचम्भा करेंगे।* 9 उस बुद्धि के लिये जिसमें ज्ञान है, यही अवसर है : वे सातों सिर सात पहाड़ हैं जिन पर वह स्त्री बैठी है। 10 वे सात राजा भी हैं, पाँच तो हो चुके हैं, और एक अभी है, और एक अब तक आया नहीं, और जब आएगा तो कुछ समय तक उसका रहना भी अवश्य है। 11 जो पशु पहले था, और अब नहीं है, वह आप आठवाँ है और उन सातों में से उत्पन्न हुआ, और विनाश में पड़ेगा। 12 जो दस सींग तू ने देखे वे दस राजा हैं जिन्होंने अब तक राज्य नहीं पाया,* पर उस पशु के साथ घड़ी भर के लिये राजाओं का सा अधिकार पाएँगे। 13 ये सब एक मन होंगे, और वे अपनी अपनी सामर्थ्य और अधिकार उस पशु को देंगे। 14 वे मेम्ने से लड़ेंगे, और मेम्ना उन पर जय पाएगा, क्योंकि वह प्रभुओं का प्रभु और राजाओं का राजा है, और जो बुलाए हुए और चुने हुए और विश्वासी हैं वे उसके साथ हैं; वे भी जय पाएँगे।"

15 फिर उस ने मुझ से कहा, "जो पानी तू ने देखे, जिन पर वेश्या बैठी है, वे तो लोग और भीड़ और जातियाँ और भाषाएँ हैं। 16 जो दस सींग तू ने देखे, वे और पशु उस वेश्या से बैर रखेंगे, और उसे लाचार और नंगी कर देंगे, और उसका मांस खा जाएँगे, और उसे आग में जला देंगे। 17 क्योंकि परमेश्वर उनके मन में यह डालेगा कि वे उसकी मनसा पूरी करें, और जब तक परमेश्वर के वचन पूरे न हो लें तब तक एक

16:18 * प्रका 8:5; 11:13,19   19 * यशा 51:17   20 * प्रका 6:14   21 * निर्ग 9:23; प्रका 11:19   17:1 * यिर्म 51:13
2 * यशा 23:17; यिर्म 51:7   3 * प्रका 13:1   4 * यिर्म 51:7   8 * दानि 7:7; प्रका 11:7; भजन 69:28   12 * दानि 7:24

मन होकर अपना अपना राज्य पशु को दे दें।
18 वह स्त्री, जिसे तू ने देखा है, वह बड़ा नगर है
जो पृथ्वी के राजाओं पर राज्य करता है।''

बेबीलोन का पतन

18 इसके बाद मैं ने एक स्वर्गदूत को स्वर्ग
से उतरते देखा, जिसे बड़ा अधिकार
प्राप्त था; और पृथ्वी उसके तेज से चमक उठी।
2 उसने ऊँचे शब्द से पुकारकर कहा,

''गिर गया, बड़ा बेबीलोन गिर गया है!
वह दुष्टात्माओं का निवास,
और हर एक अशुद्ध आत्मा का अड्डा,
और हर एक अशुद्ध और घृणित पक्षी
का अड्डा हो गया।*
3 क्योंकि उसके व्यभिचार की भयानक मदिरा
के कारण सब जातियाँ गिर गई हैं,
और पृथ्वी के राजाओं ने उसके साथ
व्यभिचार किया है,
और पृथ्वी के व्यापारी उसके सुख-विलास
की बहुतायत के कारण धनवान हुए हैं।*''

4 फिर मैं ने स्वर्ग से एक और शब्द सुना,

''हे मेरे लोगो, उस में से निकल आओ
कि तुम उसके पापों में भागी न हो,
और उसकी वित्तियों में से कोई तुम पर आ
न पड़े।*
5 क्योंकि उसके पापों का ढेर स्वर्ग तक पहुँच
गया है,
और उसके अधर्म परमेश्वर को स्मरण
आए हैं।*
6 जैसा उसने तुम्हें दिया है वैसा ही उसको
दो,
और उसके कामों के अनुसार उसे दो
गुणा बदला दो;
जिस कटोरे में उसने भर दिया था उसी में
उसके लिये दो गुणा भर दो।*
7 जितनी उसने अपनी बड़ाई की और सुख-
विलास किया,
उतनी उसको पीड़ा और शोक दो;
क्योंकि वह अपने मन में कहती है, 'मैं
रानी हो बैठी हूँ, विधवा नहीं; और
शोक में कभी न पड़ूँगी।'
8 इस कारण एक ही दिन में उस पर विपत्तियाँ
आ पड़ेंगी,
अर्थात् मृत्यु, और शोक, और अकाल;
और वह आग में भस्म कर दी जाएगी,
क्योंकि उसका न्यायी प्रभु परमेश्वर
शक्तिमान है।*

9 ''पृथ्वी के राजा जिन्होंने उसके साथ
व्यभिचार और सुख-विलास किया, जब उसके
जलने का धुआँ देखेंगे, तो उसके लिये रोएँगे
और छाती पीटेंगे। 10 उसकी पीड़ा के डर के
मारे वे बड़ी दूर खड़े होकर कहेंगे,

'हे बड़े नगर, बेबीलोन! हे दृढ़ नगर, हाय!
हाय!
घड़ी भर में ही तुझे दण्ड मिल गया है।'*

11 ''पृथ्वी के व्यापारी उसके लिये रोएँगे
और कलपेंगे, क्योंकि अब कोई उनका माल
मोल न लेगा;* 12 अर्थात् सोना, चाँदी, रत्न,
मोती, और मलमल, और बैंजनी, रेशमी, और
लाल रंग के कपड़े, और हर प्रकार का सुगन्धित
काठ, और हाथीदाँत की हर प्रकार की वस्तुएँ,
और बहुमूल्य काठ और पीतल और लोहे और
संगमरमर की सब भाँति की वस्तुएँ, 13 और
दालचीनी, मसाले, धूप, इत्र, लोबान, मदिरा, तेल,
मैदा, गेहूँ, गाय-बैल, भेड़-बकरियाँ, घोड़े, रथ,
और दास, और मनुष्यों के प्राण।* 14 अब तेरे
मन भावने फल तेरे पास से जाते रहे, और स्वादिष्ट
और भड़कीली वस्तुएँ तुझ से दूर हुई हैं, और वे
फिर कदापि न मिलेंगी। 15 इन वस्तुओं के व्यापारी
जो उसके द्वारा धनवान हो गए थे, उसकी पीड़ा
के डर के मारे दूर खड़े होंगे, और रोते और
कलपते हुए कहेंगे,*

18:2* यशा 13:21; 21:9; यिर्म 50:39; 51:8; प्रका 14:8 **3*** यशा 23:17; यिर्म 51:7 **4*** यशा 48:20; यिर्म 50:8; 51:6, 45
5* उत्प 18:20, 21; यिर्म 51:9 **6*** भजन 137:8; यिर्म 50:29 **7,8*** यशा 47:7–9 **9,10*** यहेज 26:16,17
11* यहेज 27:31,36 **12,13*** यहेज 27:12,13,22 **15*** यहेज 27:31,36

16 'हाय! हाय! यह बड़ा नगर
जो मलमल, और बैंजनी और लाल
रंग के कपड़े पहिने था,
और सोने और रत्नों और मोतियों से सजा
था;
17 घड़ी भर में ही उसका ऐसा भारी धन नष्ट
हो गया।'
हर एक माझी और यात्री और मल्लाह, और
जितने समुद्र से कमाते हैं, सब दूर खड़े हुए,*
18 और उसके जलने का धुआँ देखते हुए पुकारकर
कहेंगे,
'कौन सा नगर इस बड़े नगर के समान है?'*
19 और अपने अपने सिरों पर धूल डालेंगे, और
रोते हुए और कलपते हुए चिल्ला चिल्लाकर
कहेंगे,
'हाय! हाय! यह बड़ा नगर
जिसकी सम्पत्ति के द्वारा समुद्र के सब
जहाजवाले धनी हो गए थे,
घड़ी भर में ही उजड़ गया।'*
20 हे स्वर्ग, और हे पवित्र लोगो,
और प्रेरितो, और भविष्यद्वक्ताओ, उस
पर आनन्द करो,
क्योंकि परमेश्वर ने न्याय करके उससे
तुम्हारा बदला लिया है!*''
21 फिर एक बलवन्त स्वर्गदूत ने बड़ी चक्की
के पाट के समान एक पत्थर उठाया, और यह
कहकर समुद्र में फेंक दिया,
''बड़ा नगर बेबीलोन ऐसे ही बड़े बल
से गिराया जाएगा,
और फिर कभी उसका पता न चलेगा।*
22 वीणा बजानेवालों, और गायकों, और
बंसी बजानेवालों, और तुरही
फूँकनेवालों का शब्द
फिर कभी तुझ में सुनाई न देगा;
और किसी उद्यम का कोई कारीगर भी
फिर कभी तुझ में न मिलेगा;
और चक्की के चलने का शब्द फिर कभी
तुझ में सुनाई न देगा;*
23 और दीया का उजाला फिर कभी तुझ में
न चमकेगा,
और दूल्हे और दुल्हिन का शब्द फिर
कभी तुझ में सुनाई न देगा;
क्योंकि तेरे व्यापारी पृथ्वी के प्रधान थे,
और तेरे टोने से सब जातियाँ भरमाई
गईं थीं।*
24 भविष्यद्वक्ताओं और पवित्र लोगों,
और पृथ्वी पर सब घात किए हुओं
का लहू उसी में पाया गया।*''

19 इसके बाद मैं ने स्वर्ग में मानो बड़ी
भीड़ को ऊँचे शब्द से यह कहते सुना,
''हल्लिलूय्याह! उद्धार और महिमा और
सामर्थ्य हमारे परमेश्वर ही की है।
2 क्योंकि उसके निर्णय सच्चे और ठीक हैं।
उसने उस बड़ी वेश्या का, जो अपने
व्यभिचार से पृथ्वी को भ्रष्ट करती थी,
न्याय किया और उससे अपने दासों के
लहू का बदला लिया है*।''
3 फिर दूसरी बार उन्होंने कहा,
''हल्लिलूय्याह! उसके जलने का धुआँ
युगानुयुग उठता रहेगा।''*
4 तब चौबीसों प्राचीनों और चारों प्राणियों
ने गिरकर परमेश्वर को दण्डवत् किया, जो
सिंहासन पर बैठा था, और कहा, ''आमीन!
हल्लिलूय्याह!''

मेम्ने का विवाह

5 तब सिंहासन में से एक शब्द निकला,
''हे हमारे परमेश्वर से सब डरनेवाले
दासो,
क्या छोटे, क्या बड़े; तुम सब उसकी
स्तुति करो।''*
6 फिर मैं ने बड़ी भीड़ का सा और बहुत जल
का सा शब्द, और गर्जन का सा बड़ा शब्द सुना :*
''हल्लिलूय्याह! क्योंकि प्रभु हमारा

18:17* यशा 23:14; यहेज 27:26-30 **18*** यहेज 27:32 **19*** यहेज 27:30-34 **20*** व्य 32:43; यिर्म 51:48
21* यिर्म 51:63,64; यहेज 26:21 **22*** यहेज 26:13; यशा 24:8 **22,23*** यिर्म 7:34; 25:10 **24*** यिर्म 51:49
19:2* व्य 32:43; 2 राजा 9:7 **3*** यशा 34:10 **5*** भजन 115:13 **6*** यहेज 1:24

परमेश्वर सर्वशक्तिमान राज्य करता
है।†
7 आओ, हम आनन्दित और मगन हों, और
उसकी स्तुति करें,
क्योंकि मेम्ने का विवाह आ पहुँचा है,
और उसकी दुल्हिन ने अपने आप को
तैयार कर लिया है।
8 उसको शुद्ध और चमकदार महीन मलमल
पहिनने का अधिकार दिया गया''—
क्योंकि उस महीन मलमल का अर्थ पवित्र लोगों
के धर्म के काम है।
9 तब स्वर्गदूत ने मुझ से कहा, ''यह लिख,
कि धन्य वे हैं, जो मेम्ने के विवाह के भोज में
बुलाए गए हैं।''* फिर उसने मुझ से कहा, ''ये
वचन परमेश्वर के सत्य वचन हैं।'' 10 तब मैं
उसको दण्डवत् करने के लिये उसके पाँवों पर
गिर पड़ा। उसने मुझ से कहा, ''देख, ऐसा मत
कर, मैं तेरा और तेरे भाइयों का संगी दास हूँ जो
यीशु की गवाही देने पर स्थिर हैं। परमेश्वर ही
को दण्डवत् कर।'' क्योंकि यीशु की गवाही
भविष्यद्वाणी की आत्मा है।

सफेद घोड़े का सवार

11 फिर मैं ने स्वर्ग को खुला हुआ देखा,
और देखता हूँ कि एक श्वेत घोड़ा है; और उस
पर एक सवार है, जो विश्वासयोग्य और सत्य
कहलाता है; और वह धर्म के साथ न्याय और
युद्ध करता है।* 12 उसकी आँखें आग की ज्वाला
हैं,* और उसके सिर पर बहुत से राजमुकुट हैं।
उस पर एक नाम लिखा है, जिसे उसको छोड़
और कोई नहीं जानता। 13 वह लहू छिड़का
हुआ वस्त्र पहिने है, और उसका नाम परमेश्वर
का वचन है। 14 स्वर्ग की सेना श्वेत घोड़ों पर
सवार और श्वेत और शुद्ध मलमल पहिने हुए
उसके पीछे पीछे है। 15 जाति जाति को मारने
के लिये उसके मुँह से एक चोखी तलवार
निकलती है। वह लोहे का राजदण्ड लिये हुए
उन पर राज्य करेगा, और सर्वशक्तिमान परमेश्वर
के भयानक प्रकोप की जलजलाहट की मदिरा
के कुंड में दाख रौंदेगा।* 16 उसके वस्त्र और
जाँघ पर यह नाम लिखा है : **''राजाओं का
राजा और प्रभुओं का प्रभु।''**
17 फिर मैं ने एक स्वर्गदूत को सूर्य पर खड़े
हुए देखा। उसने बड़े शब्द से पुकारकर आकाश
के बीच में से उड़नेवाले सब पक्षियों से कहा,
''आओ, परमेश्वर के बड़े भोज के लिये इकट्ठे
हो जाओ, 18 जिस से तुम राजाओं का मांस,
और सरदारों का मांस, और शक्तिमान पुरुषों का
मांस, और घोड़ों का और उनके सवारों का मांस,
और क्या स्वतंत्र क्या दास, क्या छोटे क्या बड़े,
सब लोगों का मांस खाओ।''*
19 फिर मैं ने उस पशु, और पृथ्वी के राजाओं
और उनकी सेनाओं को उस घोड़े के सवार और
उसकी सेना से लड़ने के लिये इकट्ठे देखा।
20 वह पशु, और उसके साथ वह झूठा भविष्य-
द्वक्ता पकड़ा गया जिसने उसके सामने ऐसे चिह्न
दिखाए थे जिनके द्वारा उसने उनको भरमाया
जिन पर उस पशु की छाप थी और जो उसकी
मूर्ति की पूजा करते थे। ये दोनों जीते जी उस
आग की झील में, जो गन्धक से जलती है, डाले
गए।* 21 शेष लोग उस घोड़े के सवार की
तलवार से, जो उसके मुँह से निकलती थी, मार
डाले गए; और सब पक्षी उनके मांस से तृप्त हो
गए।

हजार वर्ष का राज्य

20 फिर मैं ने एक स्वर्गदूत को स्वर्ग से
उतरते देखा, जिसके हाथ में अथाह-
कुंड की कुंजी और एक बड़ी जंजीर थी। 2 उस
ने उस अजगर, अर्थात् पुराने साँप को, जो इब्लीस
और शैतान है,* पकड़ के हजार वर्ष के लिये
बाँध दिया, 3 और उसे अथाह-कुंड में डालकर
बन्द कर दिया और उस पर मुहर लगा दी कि वह
हजार वर्ष के पूरे होने तक जाति जाति के लोगों

19:6 † भजन 93:1; 97:1; 99:1   9* मत्ती 22:2,3   11* यहेज 1:1; भजन 96:13; यशा 11:4   12* दानि 10:6
15* भजन 2:9; यशा 63:3; योएल 3:13; प्रका 14:20   17,18* यहेज 39:17–20   20* प्रका 13:1–18   20:2* उत्प 3:1

को फिर न भरमाए। इसके बाद अवश्य है कि वह थोड़ी देर के लिये फिर खोला जाए।

4 फिर मैं ने सिंहासन देखे, और उन पर लोग बैठ गए, और उनको न्याय करने का अधिकार दिया गया। मैं ने उनकी आत्माओं को भी देखा, जिनके सिर यीशु की गवाही देने और परमेश्वर के वचन के कारण काटे गए थे, और जिन्होंने न उस पशु की, और न उसकी मूर्ति की पूजा की थी, और न उसकी छाप अपने माथे और हाथों पर ली थी। वे जीवित होकर मसीह के साथ हजार वर्ष तक राज्य करते रहे।* 5 जब तक ये हज़ार वर्ष पूरे न हुए तब तक शेष मरे हुए न जी उठे। यह तो पहला पुनरुत्थान है। 6 धन्य और पवित्र वह है, जो इस पहले पुनरुत्थान का भागी है। ऐसों पर दूसरी मृत्यु का कुछ भी अधिकार नहीं, पर वे परमेश्वर और मसीह के याजक होंगे और उसके साथ हजार वर्ष तक राज्य करेंगे।

शैतान का विनाश

7 जब हजार वर्ष पूरे हो चुकेंगे तो शैतान कैद से छोड़ दिया जाएगा। 8 वह उन जातियों को जो पृथ्वी के चारों ओर होंगी, अर्थात् गोग और मागोग को जिनकी गिनती समुद्र की बालू के बराबर होगी, भरमाकर लड़ाई के लिये इकट्ठा करने को निकलेगा।* 9 वे सारी पृथ्वी पर फैल कर पवित्र लोगों की छावनी और प्रिय नगर को घेर लेंगी; और आग स्वर्ग से उतरकर उन्हें भस्म करेगी। 10 उन का भरमानेवाला शैतान* आग और गन्धक की उस झील में, जिसमें वह पशु और झूठा भविष्यद्वक्ता भी होगा, डाल दिया जाएगा; और वे रात दिन युगानुयुग पीड़ा में तड़पते रहेंगे।

बड़ा श्वेत सिंहासन और अन्तिम न्याय

11 फिर मैं ने एक बड़ा श्वेत सिंहासन और उसको, जो उस पर बैठा हुआ है, देखा; उसके सामने से पृथ्वी और आकाश भाग गए, और उनके लिये जगह न मिली। 12 फिर मैं ने छोटे बड़े सब मरे हुओं को सिंहासन के सामने खड़े हुए देखा, और पुस्तकें खोली गईं; और फिर एक और पुस्तक खोली गई, अर्थात् जीवन की पुस्तक; और जैसा उन पुस्तकों में लिखा हुआ था, वैसे ही उनके कामों के अनुसार मरे हुओं का न्याय किया गया।* 13 समुद्र ने उन मरे हुओं को जो उसमें थे दे दिया, और मृत्यु और अधोलोक ने उन मरे हुओं को जो उनमें थे दे दिया; और उन में से हर एक के कामों के अनुसार उनका न्याय किया गया। 14 मृत्यु और अधोलोक आग की झील में डाले गए। यह आग की झील दूसरी मृत्यु है; 15 और जिस किसी का नाम जीवन की पुस्तक में लिखा हुआ न मिला, वह आग की झील में डाला गया।

नया आकाश और नई पृथ्वी

21 फिर मैं ने नये आकाश और नयी पृथ्वी को देखा, क्योंकि पहला आकाश और पहली पृथ्वी जाती रही थी, और समुद्र भी न रहा।* 2 फिर मैं ने पवित्र नगर नये यरूशलेम को स्वर्ग से परमेश्वर के पास से उतरते देखा।* वह उस दुल्हिन के समान थी जो अपने पति के लिये सिंगार किए हो। 3 फिर मैं ने सिंहासन में से किसी को ऊँचे शब्द से यह कहते हुए सुना, "देख, परमेश्वर का डेरा मनुष्यों के बीच में है। वह उनके साथ डेरा करेगा, और वे उसके लोग होंगे, और परमेश्वर आप उनके साथ रहेगा और उनका परमेश्वर होगा।* 4 वह उनकी आँखों से सब आँसू पोंछ डालेगा; और इसके बाद मृत्यु न रहेगी, और न शोक, न विलाप, न पीड़ा रहेगी; पहली बातें जाती रहीं*।"

5 जो सिंहासन पर बैठा था, उसने कहा, "देख, मैं सब कुछ नया कर देता हूँ।" फिर उसने कहा, "लिख ले, क्योंकि ये वचन विश्वास के योग्य और सत्य हैं।" 6 फिर उसने मुझ से कहा, "ये बातें पूरी हो गई हैं। मैं अल्फा और ओमेगा, आदि और अन्त हूँ। मैं प्यासे को जीवन

20:4* दानि 7:9,22 **8*** यहेज 7:2; 38:2,9,15 **10*** या *इब्लीस* **11,12*** दानि 7:9,10 **21:1*** यशा 65:17; 66:22; 2 पत 3:13
2* यशा 52:1; 61:10; प्रका 3:12 **3*** यहेज 37:27; लैव्य 26:11,12 **4*** यशा 25:8; 35:10; 65:19

के जल के सोते में से सेंतमेंत पिलाऊँगा।* 7 जो
जय पाए वही इन वस्तुओं का वारिस होगा, और
मैं उसका परमेश्वर होऊँगा और वह मेरा पुत्र
होगा।* 8 परन्तु डरपोकों, और अविश्वासियों,
और घिनौनों, और हत्यारों और व्यभिचारियों,
और टोन्हों, और मूर्तिपूजकों, और सब झूठों का
भाग उस झील में मिलेगा जो आग और गन्धक
से जलती रहती है : यह दूसरी मृत्यु है।''

नया यरूशलेम

9 फिर जिन सात स्वर्गदूतों के पास सात
अन्तिम विपत्तियों से भरे हुए सात कटोरे थे,
उनमें से एक मेरे पास आया, और मेरे साथ बातें
करके कहा, ''इधर आ, मैं तुझे दुल्हिन अर्थात्
मेम्ने की पत्नी दिखाऊँगा।'' 10 तब वह मुझे
आत्मा में एक बड़े और ऊँचे पहाड़ पर ले गया,
और पवित्र नगर यरूशलेम को स्वर्ग से परमेश्वर
के पास से उतरते दिखाया।* 11 परमेश्वर की
महिमा उनमें थी, और उसकी ज्योति* बहुत ही
बहुमूल्य पत्थर, अर्थात् बिल्लौर के समान यशब
की तरह स्वच्छ थी। 12 उसकी शहरपनाह बड़ी
ऊँची थी, और उसके बारह फाटक और फाटकों
पर बारह स्वर्गदूत थे; और उन फाटकों पर
इस्राएलियों के बारह गोत्रों के नाम लिखे थे।
13 पूर्व की ओर तीन फाटक, उत्तर की ओर तीन
फाटक, दक्षिण की ओर तीन फाटक, और पश्चिम
की ओर तीन फाटक थे।* 14 नगर की शहरपनाह
की बारह नींवें थीं, और उन पर मेम्ने के बारह
प्रेरितों के बारह नाम लिखे थे। 15 जो मेरे साथ
बातें कर रहा था उसके पास नगर और उसके
फाटकों और उसकी शहरपनाह को नापने के
लिये एक सोने का गज़ था।* 16 वह नगर
वर्गाकार बसा हुआ था और उसकी लम्बाई, चौड़ाई
के बराबर थी; और उसने उस गज़ से नगर को
नापा, तो साढ़े सात सौ कोस का निकला : उसकी
लम्बाई और चौड़ाई और ऊँचाई बराबर थी।
17 उसने उसकी शहरपनाह को मनुष्य के अर्थात्
स्वर्गदूत के नाप से नापा, तो एक सौ चौवालीस
हाथ निकली। 18 उसकी शहरपनाह यशब की
बनी थी, और नगर ऐसे शुद्ध सोने का था जो
स्वच्छ काँच के समान हो। 19 उस नगर की
नींवें हर प्रकार के बहुमूल्य पत्थरों से सँवारी हुई
थीं; पहली नींव यशब की, दूसरी नीलमणि की,
तीसरी लालड़ी की, चौथी मरकत की, 20 पाँचवीं
गोमेदक की, छठवीं माणिक्य की, सातवीं पीतमणि
की, आठवीं पेरोज की, नवीं पुखराज की, दसवीं
लहसनिए की, ग्यारहवीं धूम्रकान्त की, और
बारहवीं याकूत की थी। 21 बारहों फाटक बारह
मोतियों के थे; एक एक फाटक एक एक मोती
का बना था। नगर की सड़क स्वच्छ काँच के
समान शुद्ध सोने की थी*।

22 मैं ने उसमें कोई मन्दिर* न देखा, क्योंकि
सर्वशक्तिमान प्रभु परमेश्वर और मेम्ना उसका
मन्दिर है। 23 उस नगर में सूर्य और चाँद के
उजियाले की आवश्यकता नहीं, क्योंकि परमेश्वर
के तेज से उस में उजियाला हो रहा है, और
मेम्ना उसका दीपक है।* 24 जाति-जाति के
लोग उसकी ज्योति में चले-फिरेंगे, और पृथ्वी
के राजा अपने अपने तेज का सामान उसमें
लाएँगे।* 25 उसके फाटक दिन को कभी बन्द
न होंगे, और रात वहाँ न होगी। 26 लोग जाति
जाति के तेज और वैभव का सामान उसमें
लाएँगे।* 27 परन्तु उसमें कोई अपवित्र वस्तु,
या घृणित काम करनेवाला, या झूठ का गढ़नेवाला
किसी रीति से प्रवेश न करेगा, पर केवल वे लोग
जिनके नाम मेम्ने के जीवन की पुस्तक में लिखे
हैं।*

22 फिर उसने मुझे बिल्लौर की सी
झलकती हुई, जीवन के जल की नदी
दिखाई, जो परमेश्वर और मेम्ने के सिंहासन से
निकलकर* 2 उस नगर की सड़क के बीचों
बीच बहती थी। नदी के इस पार और उस पार

21:6* यशा 55:1 **7*** 2 शमू 7:14; भजन 89:26,27 **10*** यहेज 40:2 **11*** या *ज्योति देनेवाला* **12,13*** यहेज 48:30-35
15* यहेज 40:3 **18-21*** यशा 54:11,12 **22*** यू० *पवित्रस्थान* **23*** यशा 60:19, 20 **24*** यशा 60:3
25,26* यशा 60:11 **27*** यशा 52:1; यहेज 44:9 **22:1*** यहेज 47:1; जक 14:8

जीवन का वृक्ष था; उसमें बारह प्रकार के फल लगते थे, और वह हर महीने फलता था; और उस वृक्ष के पत्तों से जाति-जाति के लोग चंगे होते थे।* 3 फिर स्राप न होगा, और परमेश्वर और मेम्ने का सिंहासन उस नगर में होगा और उसके दास उसकी सेवा करेंगे।* 4 वे उसका मुँह देखेंगे, और उसका नाम उनके माथों पर लिखा हुआ होगा। 5 फिर रात न होगी, और उन्हें दीपक और सूर्य के उजियाले की अवश्यकता न होगी, क्योंकि प्रभु परमेश्वर उन्हें उजियाला देगा, और वे युगानुयुग राज्य करेंगे।*

यीशु का पुनरागमन

6 फिर उसने मुझ से कहा, ''ये बातें विश्वास के योग्य और सत्य हैं। प्रभु ने, जो भविष्यद्वक्ताओं की आत्माओं का परमेश्वर है, अपने स्वर्गदूत को इसलिये भेजा कि अपने दासों को वे बातें, जिनका शीघ्र पूरा होना अवश्य है, दिखाए।''

7 ''देख, मैं शीघ्र आनेवाला हूँ! धन्य है वह, जो इस पुस्तक की भविष्यद्वाणी की बातें मानता है।''

8 मैं वही यूहन्ना हूँ, जो ये बातें सुनता और देखता था। जब मैं ने सुना और देखा, तो जो स्वर्गदूत मुझे ये बातें दिखाता था, मैं उसके पाँवों पर दण्डवत् करने के लिये गिर पड़ा। 9 पर उसने मुझ से कहा, ''देख, ऐसा मत कर; क्योंकि मैं तेरा, और तेरे भाई भविष्यद्वक्ताओं, और इस पुस्तक की बातों के माननेवालों का संगी दास हूँ। परमेश्वर ही को दण्डवत् कर।''

10 फिर उसने मुझ से कहा, ''इस पुस्तक की भविष्यद्वाणी की बातों को बन्द मत कर;* क्योंकि समय निकट है। 11 जो अन्याय करता है, वह अन्याय ही करता रहे; और जो मलिन है, वह मलिन बना रहे; और जो धर्मी है, वह धर्मी बना रहे; और जो पवित्र है; वह पवित्र बना रहे।*''

12 ''देख, मैं शीघ्र आनेवाला हूँ; और हर एक के काम के अनुसार बदला देने के लिये प्रतिफल मेरे पास है।* 13 मैं अल्फा और ओमेगा, पहला और अन्तिम, आदि और अन्त हूँ*।

14 ''धन्य वे हैं, जो अपने वस्त्र धो लेते हैं, क्योंकि उन्हें जीवन के वृक्ष के पास आने का अधिकार मिलेगा, और वे फाटकों से होकर नगर में प्रवेश करेंगे।* 15 पर कुत्ते, और टोन्हें, और व्यभिचारी, और हत्यारे और मूर्तिपूजक, और हर एक झूठ का चाहनेवाला और गढ़नेवाला बाहर रहेगा।

16 ''मुझ यीशु ने अपने स्वर्गदूत को इसलिये भेजा कि तुम्हारे आगे कलीसियाओं के विषय में इन बातों की गवाही दे। मैं दाऊद का मूल और वंश, और भोर का चमकता हुआ तारा हूँ।*''

17 आत्मा और दुल्हिन दोनों कहती हैं, ''आ!'' और सुननेवाला भी कहे, ''आ!'' जो प्यासा हो वह आए, और जो कोई चाहे वह जीवन का जल सेंतमेंत ले।*

उपसंहार

18 मैं हर एक को, जो इस पुस्तक की भविष्यद्वाणी की बातें सुनता है, गवाही देता हूँ : यदि कोई मनुष्य इन बातों में कुछ बढ़ाए तो परमेश्वर उन विपत्तियों को, जो इस पुस्तक में लिखी हैं, उस पर बढ़ाएगा। 19 यदि कोई इस भविष्यद्वाणी की पुस्तक की बातों में से कुछ निकाल डाले, तो परमेश्वर उस जीवन के वृक्ष और पवित्र नगर में से, जिसका वर्णन इस पुस्तक में है, उसका भाग निकाल देगा।*

20 जो इन बातों की गवाही देता है वह यह कहता है, ''हाँ, मैं शीघ्र आनेवाला हूँ।'' आमीन। हे प्रभु यीशु आ!

21 प्रभु यीशु का अनुग्रह पवित्र लोगों के साथ रहे। आमीन।

22:2* उत्प 2:9; यहेज 47:12 **3*** जक 14:11 **5*** यशा 60:19; दानि 7:18 **10*** *या पर छाप न दे* **11*** दानि 12:10
12* यशा 40:10; 62:11; भजन 28:4; यिर्म 17:10 **13*** प्रका 1:8,17; 2:8; यशा 44:6; 48:12 **14*** उत्प 2:9; 3:22
16* यशा 11:1,10 **17*** यशा 55:1 **18,19*** व्य 4:2; 12:32

अब्राहाम की यात्राएं
मीलों का मापदंड
५० १०० २०० ३००
उत्तर
अरारात पर्वत
अश्कनज
तूबल
कुप्रुस
महासागर
कर्कमीश
हारान
पद्दनराम
तिप्सह
हमात
नीनवे
कालह
अश्शूर
अराम
फरात
बाबुल
हिद्देकेल
बाबेल
कसद
ऊर
एलाम
शूशन
मादै
फारस
दमिश्क
सूर
हेर्मोन पर्वत
किन्नेरेत सागर
कर्मेल पर्वत
रामोत-गिलाद
यरूशलेम
मोआब
हेब्रोन
एदोम
कादेश
सोअन
गोशेन
सुक्कोत
मारा
एलीम
रपीदीम
सीना पर्वत
एलत
लाल सागर

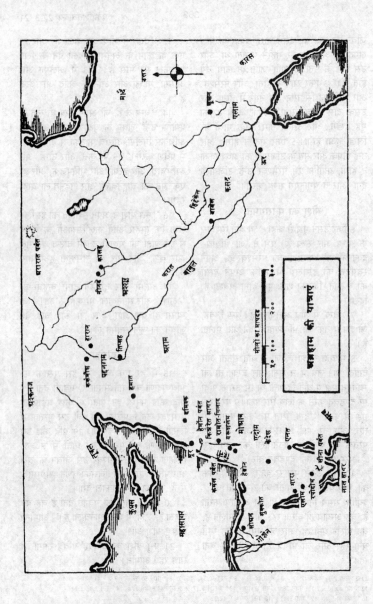

१ रूबेन
२ शिमोन
३ यहूदा
४ जबूलून
५ इस्साकार
६ दान
७ गाद
८ आशेर
९ नप्ताली
१० इफ्राईम
११ मनश्शेई
१२ बिन्यामीन
सैदा
फीनीके
लबानोन पर्वत
सूर
हेर्मोन पर्वत
दमिश्क
दान
केदेश
मेरोम सर
अक्को
हासोर
बाशान
किन्नेरेत सागर
कर्मेल पर्वत
अपेक
दोर
ताबोर पर्वत
मगिद्दो
यिज्रेल
तानाक
बेतशान
गिलाद
दोतान
गिलबो
आबेल महोला
महासागर
शकेम
सुक्कोत
पनीएल
यब्बोक
याफा
गिरिज्जीम पर्वत
शीलो
एक्रोन
बेतेल
रब्बा
अम्मोनी
बेथोरोन
ऐ
यरीहो
गिलगाल
रामाह
यरूशलेम
हेशबोन
कनानी
बेतलहम
नबो पर्वत
तकोई
लवण सागर
अज्जाह
हेब्रोन
जीप
दबीर
एनगदी
मोआबी
बेर्शेबा
उत्तर
हित्ती
रब्बा
कीर
रहोबोत
पलस्तीन देश का
मानचित्र और
इस्राएल के वंश
एदोम
मीलों का मापदंड
५ १० २० ४० ६०

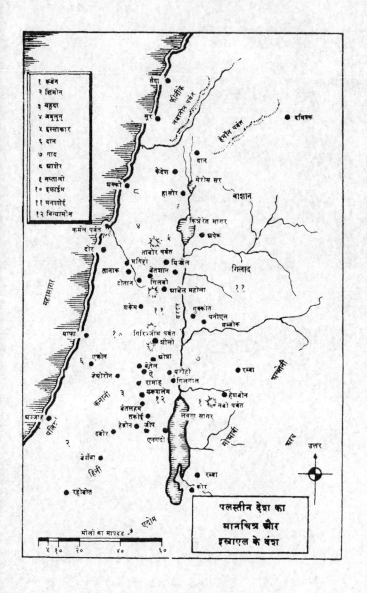